Robert Spruytenburg

Das LaSalle-Quartett
Gespräche mit Walter Levin

Robert Spruytenburg, geb. 1949 in Amsterdam, ist promovierter Chemieingenieur (ETH Zürich) und in der Basler chemischen Industrie tätig. Er interessierte sich früh für musikalische Formen und Strukturen und wurde während der Studienzeit in seinem Musikverständnis entscheidend durch die Schriften von Charles Rosen geprägt (*The Classical Style*, 1971). 1988 lernte er Walter Levin, den Primarius des LaSalle-Quartetts, kennen und nahm seitdem regelmäßig als Hörer an dessen Kammermusik-Kursen teil. Seit 2003 hat er sich intensiv mit dem Archiv des LaSalle-Quartetts in der Paul Sacher Stiftung in Basel befasst. Er hat bei Radio Suisse Romande mehrfach an Sendungen mit Schallplattenvergleichen teilgenommen und dort auch zwei eigene, fünfteilige Sendungen veranstaltet: *Le tempo dans la musique de Beethoven* (2006) und *Les surprises et folies de Papa Haydn* (2009).

Das LaSalle-Quartett

Gespräche mit Walter Levin

Robert Spruytenburg

Bibliografische Information der Deutschen Nationalbibliothek

Die Deutsche Nationalbibliothek verzeichnet diese Publikation in der Deutschen Nationalbibliografie; detaillierte bibliografische Daten sind im Internet über http://dnb.de abrufbar.

ISBN 978-3-86916-102-0

Umschlagentwurf: Thomas Scheer
Umschlagabbildung: „Logo" des LaSalle-Quartetts, Wire chairs von Charles und Ray Eames, 1951

Das Werk einschließlich aller seiner Teile ist urheberrechtlich geschützt. Jede Verwertung, die nicht ausdrücklich vom Urheberrechtsgesetz zugelassen ist, bedarf der vorherigen Zustimmung des Verlages. Dies gilt insbesondere für Vervielfältigungen, Bearbeitungen, Übersetzungen, Mikroverfilmungen und die Einspeicherung und Verarbeitung in elektronischen Systemen.

© edition text + kritik im Richard Boorberg Verlag GmbH & Co KG,
München 2011
Levelingstraße 6a, 81673 München
www.etk-muenchen.de
Gesamtherstellung: Druckhaus „Thomas Müntzer", Neustädter Straße 1–4,
99947 Bad Langensalza

Inhaltsverzeichnis

Vorwort 9

1 Walter Levins Jugend- und Ausbildungsjahre 15
    1.1   Berlin 17
    1.2   Prägende musikalische Jugendeinflüsse 24
            1.2.1   Yehudi Menuhin, Jascha Heifetz und Carl Flesch 24
            1.2.2   Oper und Gesang 26
            1.2.3   Arturo Toscanini 28
    1.3   Palästina 30
    1.4   Die Überfahrt nach Amerika 51
    1.5   New York 54
    1.6   Evi Marcov-Levin 62
    1.7   Arturo Toscanini 72

2 Die Mitglieder des LaSalle-Quartetts 77

3 Die Geschichte des LaSalle-Quartetts 97
    3.1   Juilliard School 99
    3.2   Colorado Springs 102
    3.3   Cincinnati 110
    3.4   Darmstadt 122
    3.5   Konzerttourneen 125
    3.6   Die Auflösung des LaSalle-Quartetts 130

4 Die Arbeitsweise des LaSalle-Quartetts 133

5 Die Instrumente 145

6 Schallplattenfirmen 153

7 Die Lehrtätigkeit 163
    7.1   Kinderkonzerte 180

8 Aufbau des Repertoires und Vorlieben 183
    8.1   Grundlegendes zum Aufbau des Repertoires 185
    8.2   Joseph Haydn (1732–1809) 187
    8.3   Wolfgang Amadeus Mozart (1756–91) 190
    8.4   Ludwig van Beethoven (1770–1827) 194
    8.5   Tschechische und russische Komponisten 200
    8.6   Hugo Wolf (1860–1903) 201
    8.7   Gaetano Donizetti (1797–1848) 202
    8.8   Giuseppe Verdi (1813–1901) 203

- 8.9 Claude Debussy (1862–1918) und Maurice Ravel (1875–1937)   205
- 8.10 Robert Schumann (1810–56), Johannes Brahms (1833–97), Felix Mendelssohn (1809–47)   205
- 8.11 Louis Spohr (1784–1859)   208
- 8.12 Einmalige Aufführungen   209
- 8.13 Anton Bruckner (1824–96)   210
- 8.14 Béla Bartók (1881–1945)   210
- 8.15 Neue Wiener Schule   216

9 Alexander Zemlinsky (1871–1942)   229

10 Auftragswerke und Uraufführungen   243
- 10.1 Witold Lutoslawski (1913–94)   245
- 10.2 György Ligeti (1923–2006)   254
- 10.3 Luigi Nono (1924–90)   263
- 10.4 Franco Evangelisti (1926–80)   275
- 10.5 Mauricio Kagel (1931–2008)   280
- 10.6 Gottfried Michael Koenig (*1926)   283
- 10.7 Henri Pousseur (1929–2009)   285
- 10.8 Krzysztof Penderecki (*1933)   286
- 10.9 Giuseppe Englert (1927–2007)   290
- 10.10 Pierre Boulez (*1925) und Karlheinz Stockhausen (1928–2007)   293
- 10.11 Herbert Brün (1918–2000)   295
- 10.12 Wolf Rosenberg (1915–96)   297
- 10.13 Michael Gielen (*1927)   299
- 10.14 Friedhelm Döhl (*1936)   305
- 10.15 Earle Brown (1926–2002)   307
- 10.16 Robert Mann (*1920)   309
- 10.17 Gerhard Samuel (1924–2008)   310
- 10.18 William DeFotis (1953–2003)   313
- 10.19 László Kalmár (1931–95)   314
- 10.20 Hans Erich Apostel (1901–72)   315
- 10.21 Igor Strawinsky (1882–1971)   319
- 10.22 Betrachtungen zu den Auftragswerken   320

11 Weitere Komponisten des 20. Jahrhunderts   325
- 11.1 Artur Schnabel (1882–1951)   327
- 11.2 Mátyás Seiber (1905–60)   330
- 11.3 Theodor W. Adorno (1903–69)   332
- 11.4 Ernst Toch (1887–1964) und Ernst Krenek (1900–91)   335

12 Amerikanische Komponisten   339
- 12.1 Elliott Carter (*1908)   341
- 12.2 Wallingford Riegger (1885–1961)   342
- 12.3 John Cage (1912–92)   344

12.4 Leon Kirchner (1919–2009)   347
12.5 Gunther Schuller (*1925)   348

13 Fragen zur musikalischen Interpretation   353
13.1 Beständigkeit des Interpretationskonzepts und Änderungen   355
13.2 Die Tempoangaben von Béla Bartók   364
13.3 Das Tempo in Alban Bergs Streichquartett Opus 3   366
13.4 Tempovergleich zwischen Studio- und Live-Aufnahmen   369
13.5 Wiederholungen in Sonatenhauptsätzen   372
13.6 Ausdrucksvolle Interpretation der Neuen Wiener Schule   376

14 Nachwort   379
Das Gewissen des Streichquartetts
Nachwort von Werner Grünzweig   381

Anhang   387
I. Repertoire des LaSalle-Quartetts   389
II. Aufführungshäufigkeit nach Komponisten   393
III. Aufführungshäufigkeit nach Werken   395
IV. Liste der Auftragswerke und Uraufführungen   399
V. Diskografie des LaSalle-Quartetts   401
VI. Vortrag von Walter Levin „Wie man ein Stück wählt"   403

Bildnachweis   405

CD-Trackliste   411

Register   417

Vorwort

Das LaSalle-Quartett wurde 1947 von Musikstudenten an der Juilliard School in New York gegründet und hat bis 1987 konzertiert. Nach vier Jahren in Colorado Springs war es ab 1953 bis zu seiner Auflösung in Cincinnati ansässig. Seit seiner Gründung hat es sich durch seinen Einsatz für die Musik des 20. Jahrhunderts einen Namen gemacht: allem voran die Neue Wiener Schule – Arnold Schönberg, Anton Webern, Alban Berg. Mit diesem Repertoire ist das LaSalle-Quartett berühmt geworden. Sein Einsatz galt aber genauso der Musik der unmittelbaren Gegenwart. Schon kurz nach seiner Gründung spielte es die Quartette Béla Bartóks, damals noch Neue Musik und in Amerika nur wenig bekannt. Mit nie nachlassender Neugier und Energie widmete es sich aber auch unbekanntem und vernachlässigtem Repertoire, so etwa vielen selten aufgeführten Haydn-Quartetten, und hat durch seine Aufführung und Schallplattenaufnahme der vier Streichquartette Alexander Zemlinskys wesentlich zur Renaissance dieses vom Nazi-Regime verpönten Komponisten beigetragen. Bahnbrechend für die Entwicklung der Streichquartettliteratur waren jedoch die Kompositionsaufträge an die jungen Komponisten der Nachkriegszeit. Als das LaSalle-Quartett Mitte der 1950er Jahre zum ersten Mal an den Darmstädter Ferienkursen für Neue Musik teilnahm, stellte es mit Erstaunen fest, dass keine neuen Streichquartette komponiert wurden, angeblich weil es kein Ensemble gäbe, das sie spielen würde. Als Resultat der Aufträge, die das LaSalle-Quartett daraufhin in den folgenden Jahren vergab, entstand eine ganze Reihe von Werken, die das LaSalle-Quartett uraufgeführt und auf Tourneen der Musikwelt vorgestellt sowie zum Teil auch auf Schallplatten aufgenommen hat. Das Streichquartett von Witold Lutoslawski (1964), das zweite Streichquartett von György Ligeti (1968) sowie *Fragmente – Stille, An Diotima* von Luigi Nono (1980) sind inzwischen als Klassiker in die Streichquartettliteratur eingegangen. Charakteristisch für den eigenwilligen Weg des LaSalle-Quartetts ist, dass es erst nach 20 Jahren Konzerttätigkeit 1967 zum ersten Mal einen Vertrag mit einer Schallplattenfirma abschloss, der Deutschen Grammophon, woraus eine äußerst fruchtbare Zusammenarbeit entstand. Kompromisslos, wie in all seinem Tun, veröffentlichte es als erste Aufnahmen die Streichquartette von Krzysztof Penderecki, Witold Lutoslawski sowie das große, völlig vernachlässigte d-Moll-Quartett von Hugo Wolf: ein gewiss unpopuläres, kommerziell riskantes Repertoire. Darauf folgte, gegen den anfänglichen Widerstand der Deutschen Grammophon, 1971 die bahnbrechende Gesamtaufnahme der Werke der Neuen Wiener Schule für Streichquartett: Sie wurde zu einem unerwarteten Verkaufserfolg und ist die wohl einzige Quartettaufnahme überhaupt, die ohne Unterbrechung und auch nach 40 Jahren immer noch auf dem Markt ist. Die Auffassung vom Auftrag eines Streichquartettensembles, die aus dem Dargestellten hervorgeht, war in den späten 1940er, 1950er und 1960er Jahren die Ausnahme. Vorreiter in dieser Beziehung war das von Arnold Schönberg 1921 in Wien mitbegründete Kolisch-Quartett, das auch sonst in mehrfacher Hinsicht für das LaSalle-Quartett beispielhaft war. Ebenso zeichnete sich das Juilliard-Quartett, mit dem das LaSalle-Quartett an der Juilliard School studierte, durch eine verwandte Ausrichtung aus.

War das LaSalle-Quartett ein amerikanisches Quartett? Seine ganze Karriere, alles, was es war und geworden ist, war nur in Amerika möglich: finanziell abgesichert als Quartet in Residence am College-Conservatory der Universität von Cincinnati und gefördert von

Vorwort

einem kulturinteressierten, finanzkräftigen Freundeskreis: die „Sunday Group", die ihm viele interessante Projekte sowie Kompositionsaufträge ermöglichte. In seinem Wesenskern war das LaSalle-Quartett aber zutiefst europäisch geprägt, denn drei seiner vier langjährigen Mitglieder waren deutsche Emigranten, die auf zum Teil abenteuerliche Weise den Weg nach Amerika gefunden hatten. Die Familie von Peter Kamnitzer (*1922), dem Bratschisten, stammte aus Berlin. Sie hatte die Zeichen der Zeit schon früh erkannt und war rechtzeitig nach Amerika ausgewandert. Henry Meyer (1923–2006), der zweite Geiger, war in Dresden aufgewachsen und hat nur durch eine unvorstellbare Verkettung von regelrechten Wundern in äußerster Not die Konzentrationslager Auschwitz und Buchenwald überlebt. Seine gesamte Familie aber ist umgekommen. Als Henry Meyer nach Amerika auswandern wollte, hat sich General Eisenhower persönlich für die erforderliche Bürgschaft, das Affidavit, eingesetzt. Bis es soweit war, verbrachte Henry Meyer drei Jahre in Paris und studierte bei René Benedetti und George Enescu. Walter Levin (*1924), der erste Geiger, hat mit seiner Familie erst im Dezember 1938, das heißt nach der „Reichskristallnacht" vom 9. November, Deutschland verlassen, und zwar mit dem Ziel Palästina. Dort verbrachte Walter Levin sieben äußerst fruchtbare und prägende Jahre des Unterrichts mit erstklassigen Lehrern, die alle ebenfalls Emigranten aus dem deutschsprachigen Raum waren: Rudolf Bergmann als Geigenlehrer, Frank Pelleg (vormalig Pollak) als Klavierlehrer und Paul Ben Haim (vormalig Frankenburger) für die theoretischen Musikfächer. Im Dezember 1945 reiste Walter Levin nach New York, um an der Juilliard School of Music zu studieren und seinen Lebenswunsch zu erfüllen, nämlich, ein Streichquartett zu gründen.

Meine Frau und ich haben Walter Levin 1988 anlässlich des letzten Meisterkurses der vier Mitglieder des LaSalle-Quartetts an der Musikhochschule Basel kennengelernt. Obschon ich selbst kein Musiker bin, sondern Chemieingenieur, empfand ich gleich eine Wahlverwandtschaft mit Walter Levins analytischem, unsentimentalem Zugang zur Musik, mit seiner interpretatorischen Strenge, seinem Drang nach Erkenntnis sowie mit seinem trockenen Humor und sprühenden Sprachwitz. Dass wir es mit einer zentralen Leitfigur in der Welt des Streichquartetts zu tun hatten, war uns nicht von Anfang an klar, sondern wurde uns erst richtig bewusst, als wir im Schallplattenmagazin *The Gramophone* die Rezensionen der Diskografie des LaSalle-Quartetts entdeckten, die in jenen Jahren auf CDs neu aufgelegt wurde.

In den nachfolgenden Jahren sind wir Walter Levin und seiner Frau Evi häufig nachgereist, um am Steans Institute in Ravinia bei Chicago sowie in Paris im Rahmen der Organisation ProQuartet Walter Levins Interpretationskursen beizuwohnen. Einfacher war dies natürlich direkt in Basel, wo Walter und Evi Levin zu unserem Glück ihren europäischen Zweitwohnsitz haben. So konnten wir unmittelbar aus der Quartettwerkstatt erfahren, welche vielfältigen Entscheidungen bei der Realisierung einer Partitur ständig zu treffen sind, und vor allem, wie sie zu treffen sind. „Wie es mir gefällt' ist kein Kriterium" lautet einer der Leitsprüche Walter Levins. Man beruft sich auf die Originalliteratur zur Aufführungspraxis der jeweiligen Epoche, auf verbürgte Aussagen der Komponisten über ihre Werke, man benutzt Urtextausgaben und liest die kritischen Berichte dazu, man spielt aus Partituren statt aus Stimmen. Praktisch für jede Fragestellung hat er aus seinem enzyklopädischen musikalischen Wissen eine rationale Begründung parat. Und wenn einmal nicht, dann konsultiert er minutenlang konzentriert eine Kopie der Originalhandschrift, von denen er eine einzigartige Sammlung besitzt. Nichts wird bei der Einstudierung eines Stückes dem Zufall überlassen: Bogenführungen sollen der Phrasierung angepasst werden und nicht umgekehrt. Fingersätze werden im Hinblick auf die Sicherheit der technischen Ausführung ausgefeilt, denn: „Das oberste Ziel ist, möglichst wenig zu üben", fügt er verschmitzt an, ohne eine Miene zu verziehen. Rhythmische und sonstige Schludrigkeiten, Gedankenlosigkeit und ungenaues Zusammenspiel werden nicht toleriert, und nichts entgeht Walter Levins unerbittlichem Gehör: „*F*, nicht *Fis* in der zweiten Geige!", kann er mitten im dichtesten Getöse einer Durchführung ausrufen. Die sprichwörtliche Transparenz der Interpretationen des LaSalle-Quartetts beruht nicht auf einem Geheimnis, sondern ist das Resultat genauer Überlegungen und des bewussten Einsatzes von Klangfarben sowie sämtlicher Mittel der Streichertechnik. Die fanatische Genauigkeit bei der Umsetzung der Partitur, die großen dynamischen Kontraste sowie die rhetorische Expressivität des LaSalle-Quartetts sind ein Erbe des Kolisch-Quartetts und gehen auf die Vortragslehre Arnold Schönbergs zurück, die bestrebt war, die Werke vor der Willkür der Interpreten zu schützen.

Während einer der legendären Partys in der Wohnung von Walter und Evi Levin nach dem Abschlusskonzert des Kammermusikkurses 1989 an der Musikhochschule Basel wünschte Rainer Schmidt, der zweite Geiger des Hagen-Quartetts, eine Live-Aufnahme des LaSalle-Quartetts von Beethovens Quartett Opus 59 Nr. 2 zu hören. Diese Aufnahme wurde für mich zum elementaren musikalischen Ereignis: Wie es Walter Levin als Zwölfjähriger in Berlin widerfahren war, als er zum ersten Mal eine Aufnahme mit dem Dirigenten Arturo Toscanini hörte, geschah es nun auch mir: Ich war „wie vom Donner gerührt": So und nicht anders musste gespielt werden, eine solche vorwärtsdrängende Intensität, rhythmische Präzision und Wucht hatte ich noch nie gehört. Von Beethovens Metronomangaben, die das LaSalle-Quartett selbstverständlich befolgte, wusste ich damals noch nichts. Von da an war es mein oberstes Ziel, die Interpretationen des LaSalle-Quartetts umfassend kennenzulernen. Bald musste ich aber feststellen, dass die verfügbare Diskografie nur einen beschränkten Ausschnitt seines Repertoires abdeckte: Die Klassiker zum Beispiel, das heißt die Quartette Haydns, Mozarts sowie die frühen und mittleren Beethoven-Quartette, fehlten. Auf meinen Wunsch hat uns Walter Levin dann die in der Diskografie fehlenden Beethoven-Quartette aus seinem Archiv auf Kassetten kopiert. Sie setzten die mit Opus 59 Nr. 2 ausgelöste Offenbarung fort und leiteten ein grundlegendes Umdenken meiner bisherigen Auffassung von musikalischer Interpretation ein. Diese Live-Aufnahmen hielten aber für mich eine Überraschung bereit: Diejenigen von Opus 18 Nr. 2 und Opus 95 stammten aus dem Jahre 1956, die Aufnahme von Opus 18 Nr. 1 von 1958 und diejenige von Opus 18 Nr. 5 von 1962. Warum gab es denn keine jüngeren Aufnahmen von diesen Quartetten? Hatte das LaSalle-Quartett diese Stücke später nicht mehr gespielt? Diese Frage trug ich mit mir herum, bis 2003 der Glücksfall eintrat, dass das LaSalle-Quartett sich entschied, sein gesamtes Archiv der Paul Sacher Stiftung in Basel anzuvertrauen: sozusagen direkt vor meiner Haustür. Plötzlich war das gesamte Repertoire des LaSalle-Quartetts auf 236 CDs mit Live-Aufnahmen aus Cincinnati verfügbar. Außerdem gab es 18 Alben mit sämtlichen Konzert- und Tourneeprogrammen sowie Zeitungsberichten und Rezensionen: die sogenannten „Scrapbooks", eine Art Tagebuch, das Evi Levin mit eiserner Disziplin während der ganzen Karriere des LaSalle-Quartetts geführt hat. In dieses Universum, denn als ein solches entpuppte sich die Sammlung, bin ich in den nachfolgenden Jahren eingetaucht. Ein Geflecht von Zusammenhängen und Beziehungen offenbarte sich in Umrissen, sodass ich immer stärker das Bedürfnis spürte, Walter Levin um Präzisierungen und Klärungen zu bitten. So kamen unsere Gespräche zustande, zuerst noch etwas unstrukturiert und spontan, dann immer gezielter, wobei die Antworten meist zu neuen Fragen führten, sodass mit der Zeit sozusagen Schicht um Schicht eines ungemein intensiven Musikerlebens sowie einer außergewöhnlichen Quartettkarriere freigelegt wurde.

Die im vorliegenden Buch transkribierten Gespräche fanden zwischen April 2003 und Mai 2008 statt. Diese lange Zeitspanne war eine Folge des äußerst gedrängten Terminkalenders von Walter Levin. Sie fanden in der Küche der kleinen, mit Büchern, CDs und Partituren überfüllten Dachwohnung von Walter und Evi Levin in Basel statt. Nach dem Abendbrot wurde das Geschirr abgeräumt und das Mikrofon aufgestellt. Unermüdlich und aus einem quasi unfehlbaren Gedächtnis beantwortete Walter Levin meine Fragen bereitwillig und ausführlich, unterstützt von seiner Frau.

Es ist eine besondere Gabe von Walter und Evi Levin, Kontakte zu knüpfen und auch über Jahrzehnte zu pflegen. So ist ein riesiges, für den Außenstehenden schier unüberblickbares Netzwerk von persönlichen Beziehungen entstanden, das in wenigen Gesprächen unmöglich nachgezeichnet werden kann. Diejenigen Leser, die Walter und Evi Levin schon seit langen Jahren gut kennen, werden unweigerlich vielerlei Lücken entdecken. Die hier dokumentierten Gespräche sind aber keine Memoiren und erheben denn auch keinerlei Anspruch auf Vollständigkeit, denn sie sind aus einem besonderen Blickwinkel heraus entstanden. Mein Anliegen war es, die verschiedenen Einflüsse festzuhalten, die die einzelnen Mitglieder des LaSalle-Quartetts und insbesondere Walter Levin geprägt haben, und welche die Voraussetzung bilden für die einzigartigen Fähigkeiten und die einmalige Karriere dieses Ensembles. Ebenso wichtig schienen mir die zahlreichen und manchmal unglaublichen Fügungen und Wendepunkte, die den Werdegang Walter Levins und des LaSalle-Quartetts entscheidend geprägt haben und die meist in Verbindung mit Personen standen, die im entscheidenden Moment ihren Weg kreuzten. Und – meine ursprüngliche Frage – mich interessierte, wie sich das Repertoire chronologisch und inhaltlich entwickelt hatte.

Die ersten sieben Kapitel dieses Buches sind biografisch-geschichtlicher Natur und gehen auf die einzelnen Quartettmitglieder ein, schildern Walter Levins Werdegang, die Entwicklung und Arbeitsweise des LaSalle-Quartetts, seine Zusammenarbeit mit Schallplattenfirmen und Lehrtätigkeit seiner Mitglieder, die für sie von entscheidender Bedeutung war. Die Kapitel 8 bis 12 behandeln die Komponisten im Repertoire des LaSalle-Quartetts und ihre Werke und zeigen auf, wie und warum sich dieses Repertoire schrittweise so aufgebaut hat, wie wir es kennen. Kapitel 13 schließlich geht auf spezifische Interpretationsprobleme ein, die mir beim Anhören der vielen Aufnahmen aufgefallen sind, und deren Diskussion für die Denkweise von Walter Levin und des LaSalle-Quartetts wie auch in allgemeiner Hinsicht aufschlussreich ist. Zur Illustration des Geschriebenen sind einige Beispiele auf der mp3-CD-Beilage zu hören.

Ein Aspekt, der bei der Transkription der Gespräche zu meinem Bedauern nicht übertragen werden kann, ist der äußerst expressive Sprachduktus von Walter Levin, der bei einem so ausdrucksstarken Musiker nicht weiter erstaunt. Man hätte den Text mit Vortragsbezeichnungen versehen müssen, so wie Arnold Schönberg es für seine eigenen Vorträge getan hat. Damit der Leser aber einen Eindruck von Walter Levins Originalton bekommen kann, wurden einige wenige, besonders typische Gesprächspassagen auf die beigelegte mp3-CD übertragen.

Dank

Zuallererst bin ich Walter und Evi Levin zutiefst dankbar für ihre großzügige Gastfreundschaft und die mir und meiner Frau entgegengebrachte Warmherzigkeit während all der Jahre sowie für ihre Geduld und Bereitschaft, in vielen Stunden meine Fragen zu beantworten. Wir verdanken ihnen eine ungeahnte kulturelle Horizonterweiterung und eine Lehre in unerschütterlicher Lebensfreude.

Mein ganz besonderer Dank gilt Dr. Felix Meyer, dem Direktor der Paul Sacher Stiftung, der dieses Projekt von Anfang an mit großem Wohlwollen begleitet und unterstützt hat. Die Entstehung des vorliegenden Buches wäre nicht möglich gewesen ohne die Paul Sacher Stiftung in Basel, die mir während ungezählter Arbeitssitzungen uneingeschränkten Zugang zur Sammlung des LaSalle-Quartetts gewährt hat. Frau Henrike Hoffmann danke ich für ihre freundliche und kompetente Betreuung. Zu besonderem Dank bin ich der Paul Sacher Stiftung für die großzügige finanzielle Unterstützung der vorliegenden Veröffentlichung verpflichtet.

Professor Volker Scherliess, Musikhochschule Lübeck, hat mir sehr freundlich die Erlaubnis erteilt, ein Podiumsgespräch an der Musikhochschule Basel als Grundlage für den Abschnitt über Walter Levins Berliner Jugendjahre zu verwenden. Dafür bin ich ihm besonderen Dank schuldig.

Sehr dankbar bin ich Dr. Werner Grünzweig, dem Leiter des Musikarchivs der Akademie der Künste zu Berlin, für seine spontane Bereitschaft, das Nachwort zu diesem Buch zu verfassen. Als langjährigen Kenner des LaSalle-Quartetts und Gesprächspartner von Walter Levin in der Sendung „Walter Levin und das LaSalle-Quartett", die 2009 in 26 Folgen auf Deutschlandradio Kultur ausgestrahlt wurde, war Dr. Grünzweig sozusagen der prädestinierte Autor für das Nachwort.

Gedankt sei an dieser Stelle auch Bálint András Varga für seine Angaben zum Komponisten László Kalmár.

Mein Dank gilt weiter Malgorzata Albinska-Frank, die das Material für die CD-Beilage mit der ihr eigenen Leidenschaft aufbereitet hat.

Günther Pichler, dem Primarius des Alban-Berg-Quartetts, danke ich für sein wunderbares Foto von Walter Levin mit Küchentuch und Telefon während der sprichwörtlichen Arbeitsferien in Flims.

Schließlich danke ich dem Verleger, der sich spontan für das Manuskript begeistert hat sowie dem Verlag edition text + kritik für die Betreuung des Manuskripts und für die Berücksichtigung mancher meiner Sonderwünsche.

Von ganzem Herzen danke ich meiner Frau Christiane, die bei allen Gesprächen mit Walter Levin dabei war: Zusammen haben wir die von Walter Levin angeregte Entdeckungsreise in der Welt der Musik und ihrer Interpretation unternommen. Ohne ihre unbeirrte Unterstützung während all der Jahre wäre die Realisierung des vorliegenden Buches nicht möglich gewesen.

1
Walter Levins Jugend- und Ausbildungsjahre

1.1 Berlin

VOLKER SCHERLIESS[1]:
Könnten Sie uns zum Anfang bitte etwas über den Ursprung Ihrer Familie sagen?

WALTER LEVIN:
Meine Familie stammt aus zwei völlig verschiedenen Gegenden Deutschlands. Die Familie meines Vaters stammt aus Schleswig-Holstein, mein Vater und seine Geschwister sprachen auch noch Mecklenburger Platt, was ich leider nicht kann. Mein Vater, Alfred Levin[2], ist in Lübeck geboren, keine 300 Meter von der Adresse der heutigen Musikhochschule, wo ich von 1988 bis 2008 regelmäßig unterrichtete. Die Geburtsstadt meines Vaters habe ich als Kind nie mit ihm besucht. Ich habe sie erst in den Jahren, in denen ich in Lübeck unterrichtete, kennengelernt. Es ist ein eigentümliches Gefühl: Jedesmal wenn ich zur Musikhochschule ging, musste ich daran denken, dass das Orte sind, wo mein Vater als Kind gespielt hat, denn die ganze Stadt hat sich ja trotz des Krieges in ihren Grundstrukturen kaum verändert. Lübeck ist mir also von Seiten meiner Familie ein beziehungsvoller Ort. Meine Großeltern zogen dann 1907 nach Berlin, als mein Vater 14 war.

Meine Mutter, Erna Levin geborene Zivi[3], stammt aus dem Rheinland, sie ist in Düsseldorf geboren und hat in Köln an der Hochschule Musik studiert. Mein Großvater mütterlicherseits, der selbst Gesang und Komposition studiert hatte, wurde Oberkantor in der Synagoge in Elberfeld. Dort habe ich bei meinen Großeltern viele Ferien verbracht und habe so die Atmosphäre einer jüdischen Gemeinde in einer kleineren deutschen Stadt kennengelernt zu einer Zeit, als es noch nicht lebensgefährlich war, dort zu leben und zu arbeiten.

Mein Vater hatte sich vorgenommen, eine Frau zu heiraten, die Musik macht. Er selbst hatte eine Kaufmannslehre absolviert, aber er war ein ungeheuer Musik liebender Mensch und wollte unbedingt eine Frau haben, die professionell oder im Hause musiziert. Das war jedenfalls das Hauptkriterium. Und er hat sie tatsächlich gefunden, als sie noch in Köln Musik studierte. Meine Mutter war eine vorzügliche Musikerin, Organistin und Pianistin, sie konnte jedes Stück vom Blatt spielen, konnte auch wunderbar improvisieren und nach dem Gehör Opernarien und Lieder begleiten. Ich bin also in Berlin in einem Haus geboren, in dem Musik immer präsent war. Ich war mir aber damals überhaupt nicht bewusst, dass es gar nicht selbstverständlich war, dass bei uns zu Hause ständig Kammermusik gespielt wurde: Klavierquartett und Klavierquintett, Trio und auch Streichquartett, besonders Streichquartett war sehr beliebt. Die Freunde meiner Eltern waren sehr gute Amateure, die diese Literatur sehr gut spielten. Und ich saß da als kleines Kind und habe zugehört, auch

---

[1] Der Abschnitt über die Jugendjahre in Berlin basiert größtenteils auf einem Podiumsgespräch, das Volker Scherliess am 8. Dezember 2004 an der Musikhochschule Basel mit Walter Levin anlässlich dessen 80. Geburtstags (6.12.) führte. Wir danken Volker Scherliess für seine freundliche Genehmigung, Teile dieses Gesprächs zu verwenden. Volker Scherliess (*26.3.1945) studierte Musikwissenschaft, Kunstgeschichte und Philosophie in Hamburg. Nach seiner Promotion 1971 war er 1972–76 Mitarbeiter der Musikgeschichtlichen Abteilung des Deutschen Historischen Instituts in Rom, 1977–79 Assistent an der Universität Tübingen. 1979–91 wirkte er als Professor für Musikwissenschaft an der Staatlichen Hochschule für Musik Trossingen. 1991 wurde er auf den neu gegründeten Lehrstuhl für Musikwissenschaft an der Musikhochschule Lübeck berufen.
[2] Alfred Levin (Lübeck 3.9.1893 – Tel Aviv 16.4.1963).
[3] Erna Levin, geb. Zivi (Düsseldorf 21.6.1894 – Chur 6.8.1973).

Abb. 1: Alfred und Erna Levin, Ramat Gan (Tel Aviv), ca. 1943

wenn meine Mutter jeden Tag mehrere Stunden Klavier übte. Ich war am leichtesten zu beruhigen, wenn ich direkt unter dem Klavier auf einem kleinen Hocker saß: Da war ich still und habe zugehört. Auf diese Weise habe ich unbewusst einen großen Teil der klassischen und romantischen Klavierliteratur kennengelernt und dann auch die Kammermusikliteratur, als ich am Abend dabei bleiben durfte, wenn Kammermusik gemacht wurde. Ich kann mich tatsächlich nicht daran erinnern, die Hauptwerke der klassisch-romantischen Kammermusikliteratur nicht gekannt zu haben und hatte dafür auch ein sehr gutes Gedächtnis: Wenn jemandem das Thema eines Satzes nicht einfiel, dann fragten meine Schwestern mich und ich sang es lauthals vor. Und so kam es dann ziemlich schnell dazu, dass auch ich, als Jüngster in der Familie Levin, wie schon meine Schwestern, Klavierunterricht bekommen durfte. Ich spielte alles nach dem Gehör nach und meine Lehrerin, Marie Zweig, merkte zuerst nicht, dass ich überhaupt nicht Noten lesen konnte. Das brauchte ich auch nicht, denn die Stücke, die meine Schwestern spielten, konnte ich alle nachspielen und tat dann so, als ob ich Noten lesen könnte. Und als ich dann ein Stück spielen musste, das ich noch nicht gehört hatte, war ich natürlich verloren und musste jetzt mühsam anfangen, Noten zu lernen. Durch diese Form von Bluff waren auch meine Lehrer in der Schule oft davon überzeugt, dass ich etwas schon konnte, was ich überhaupt nicht konnte.

VS:
Ihr erstes Instrument war also das Klavier. Wie ist dann die Geige zu Ihrem Instrument geworden?

WL:
Geige war für mich ein Wahlinstrument, obschon ich zur Geige eher durch einen eigentümlichen Zufall gekommen bin. Als mein väterlicher Großvater in Berlin seinen 70. Geburtstag feierte, lud er die gesamte Familie mit allen Enkelkindern ein. Und bei diesem Anlass schenkte er allen Enkelkindern, das heißt den Jungen, eine Geige, ich habe keine Ahnung warum. Anscheinend fand er das ein angemessenes Kinderspielzeug. Und mein Vetter Peter Hamburger, mit dem ich sehr eng befreundet war, nahm denn auch die Geige sofort auseinander, um zu sehen, was denn drin wäre. Ich habe aber gemacht, was ich mit allen Instrumenten tat, die ich geschenkt bekam. Denn ich bekam ständig Kinderinstrumente von Leuten, die gehört hatten, ich sei musikalisch. Ich hatte also eine Ziehharmonika, eine Mundharmonika, eine Trommel, eine Trompete, ein Kindersaxophon und habe all die Instrumente einfach auf eigene Faust gelernt. So fing ich also auch an, diese

Violine so gut ich konnte zu spielen. Bei den Kammermusikabenden bei uns zu Hause hatte ich ja gesehen wie man das machte. Es ging auch ganz gut, nach dem Gehör einfache Stücke zu spielen, und meine Schwestern animierten mich, dass wir doch jetzt Trio spielen könnten. Ich hatte nur eines nicht richtig gesehen, nämlich dass man mit der linken Hand auf der Geige mehrere Finger benutzen kann. Ich spielte alles mit einem einzigen Finger und entwickelte also eine geradezu sensationelle Lagenwechseltechnik, ohne allzu viele Glissandi zu machen, denn heute sind Portamenti ja Tabu. So habe ich angefangen, Geige zu spielen. Dann spielte ich mit meiner Schwester zum Geburtstag meiner Mutter ein kleines Rondo von Beethoven vor. Sie war davon zwar sehr angetan, aber auch völlig entsetzt, wie ich mir das selbst völlig falsch beigebracht hatte, und entschied, dass ich sofort Geigenunterricht bekommen müsse, da ich sonst völlig verdorben würde. So bekam ich einen

Abb. 2: Walter Levin, Berlin ca. 1936

Abb. 3: Walter Levin mit seinen Schwestern Eva und Friedelore, Dahlem ca. 1936

wunderbaren Geigenlehrer, Jürgen Ronis, einen Flesch-Schüler, mit dem ich sehr schnell Fortschritte machte. Bei ihm habe ich Geigenunterricht gehabt, bis wir ausgewandert sind. Das war wunderbar für mich. Ich fand die Geige immer ziemlich leicht zu spielen, eigentlich leichter als Klavier. Jetzt spielte ich also zwei Instrumente und konnte daher bald auch bei der häuslichen Kammermusik mitmachen. Das war natürlich richtungsweisend, denn die Geiger und Bratscher, die bei uns zu Hause mitspielten, hatten einen sehr guten Geschmack und spielten zum Beispiel nicht nur die „berühmten" Haydn-Quartette mit den Namen, sondern auch einige seiner 68 Quartette, die niemand je spielt. Da durfte ich manchmal zweite Geige mitspielen und habe dadurch gemerkt, wie reichhaltig die Quartettliteratur ist. Und dieses Interesse hat sich rasch so weit verstärkt, dass ich mit 13 Jahren zu meiner Einsegnung von meinen Eltern ein einziges Geschenk bekam, das es aber in sich hatte, und zwar die gesamte klassisch-romantische und impressionistische, bis zur Moderne gehende Quartettliteratur in Stimmen als Notenbibliothek. Das war ein ungeheures Geschenk, das ich heute noch als Grundlage meiner Notensammlung besitze. Es enthielt die Streichquartette angefangen von der Frühklassik über Haydn, Mozart, Beethoven, Schubert, Brahms, Schumann, Reger, auch das Bruckner-Quintett war dabei, aber auch, und das bewundere ich bis heute, das erste und zweite Quartett von Schönberg. Ich habe keine Ahnung, wieso meine Mutter auf diese Idee gekommen ist, denn sie war keine Liebhaberin von Schönbergs Musik. Sie kannte etwas von Alban Berg und meine Eltern waren in der Premiere von *Wozzeck* gewesen. Ich nehme es ihnen übrigens bis heute ein bisschen übel, dass sie mich nicht mitgenommen haben, aber ich war eben erst ein Jahr alt und sie hielten das wohl für zu früh. Aber diese Notensammlung war ein unglaublich weitsichtiges und wichtiges Geschenk, vielleicht das schönste, das ich in meinem ganzen Leben bekommen habe. Es ist für mich auch heute noch ungeheuer eindrucksvoll, wie man voraussehen kann, was einen 13-, 14-Jährigen für sein Leben interessieren wird. Und diese Noten haben mich außerordentlich angeregt, diese Literatur so schnell wie möglich durch Selberspielen kennenzulernen. Zudem hat mir mein Großvater mütterlicherseits zu meiner Einsegnung eine sehr hübsche Geige geschenkt: eine Pfretzschner-Geige. Das war die erste relativ anständige Geige, die ich besaß.[4] Die hat mich noch bis nach Amerika begleitet.

VS:
Könnten Sie uns etwas über Ihre Schulzeit und Ihre musikalische Ausbildung in Berlin erzählen?

WL:
Ab Frühjahr 1931 ging ich in Lankwitz, im Vorort von Berlin, in dem ich geboren bin, zuerst auf eine deutsche Volksschule. Die Schule gibt es heute noch, das Gebäude ist unzerstört und ich habe es vor einigen Jahren besucht. Der Schulweg kam mir als Kind unglaublich lang und abenteuerlich vor. Man musste einige große Straßen überqueren, es war eine ganze Weltreise. Vor drei, vier Jahren bin ich diesen selben Weg gegangen und es ist sozusagen um die Ecke: Erstaunlich, was für Eindrücke man hat, wenn man ein Kind ist. Eigentlich war es sehr erfreulich in dieser Schule: Ich hatte eine sehr angenehme Klassen-

---

[4] Es handelt sich mit einiger Wahrscheinlichkeit um eine Geige von Hermann Richard Pfretzschner (1857–1921), der vor allem als Bogenbauer bekannt war.

lehrerin, Frau Hermsen, und fand den Unterricht auch sehr anregend. Mit meinen Mitschülern hatte ich aber relativ wenig zu tun. Dann kam 1933, da war ich inzwischen in der dritten Klasse, und jetzt fing plötzlich etwas an, worauf ich überhaupt nicht vorbereitet war. Ich wurde auf dem Schulhof von einigen Klassenkameraden plötzlich angepöbelt und angerempelt und mit Schimpfworten belegt, mit denen ich überhaupt nichts anzufangen wusste. Besonders nicht von Klassenkameraden, von denen ich eigentlich immer gedacht hatte, wir seien doch irgendwie befreundet: Man war immerhin zivil miteinander. Jetzt war da plötzlich eine Feindseligkeit, die, so schien mir, durch nichts provoziert worden war. Es ist nicht angenehm, wenn man plötzlich von einem Klassenkameraden als „dreckiger Judenbengel" bezeichnet wird. Das kam ganz klar aus dem Vokabular des Elternhauses, wie immer, oder aus dessen Umgebung. Damals waren das Schimpfworte, die in jeder Nazi-Zeitung standen, und „Der Angriff" und „Der Stürmer" waren zwei üble Hetzblätter, die an öffentlichen Kästen für alle Welt zum Lesen ausgestellt waren, und das Vokabular wurde natürlich von Kindern unkritisch übernommen. Meine Reaktion darauf war eine aggressive: Ich habe diesem Jungen einen Faustschlag ins Gesicht versetzt und ihm dabei einen Zahn ausgeschlagen. Dieser Schlag saß! Daraufhin wurde ich zur Rede gestellt, was mir denn einfiel, einen anderen zu schlagen. Ich sagte: „Ich lasse mich von niemandem so bezeichnen, wie er mich bezeichnet hat." Und der Aufsicht habende Lehrer sagte zu meinem Mitschüler: „Hast Du das wirklich gesagt?" „Sicher, es stimmt doch!" Das war das erste wirkliche Erlebnis dieser Art am eigenen Leib, an das ich mich erinnern kann. Es gab dann noch einige weitere, weniger direkte Erlebnisse, aber immerhin, man wird hellhörig. Meine Eltern haben dann sehr schnell entschieden, dass man einen Neunjährigen nicht mehr auf eine solche Schule gehen lassen könne, und haben mich auf eine private Schule des jüdischen Schulvereins eingeschult, die Theodor-Herzl-Schule am Kaiserdamm, direkt hinter dem Funkhaus an der Masurenallee. Da bin ich von 1934 bis 1938 weiter in die Schule gegangen: eine zionistische Schule, die die Schüler auf ihre Auswanderung nach Palästina vorbereitete. Man hatte täglichen Hebräischunterricht, sodass man die zukünftige Landessprache lernen konnte.

In dieser Theodor-Herzl-Schule bekam ich nun einen wirklich erstaunlich interessanten, fesselnden Unterricht, der mich auch wieder fürs Leben geprägt hat. Es gab nämlich zeitbedingt wunderbare Lehrer, und ich begann, Dinge zu lieben, von denen ich vorher überhaupt keine Ahnung hatte, oder die ich einfach als langweilig empfand. Sie wurden in einer Art und Weise vermittelt, die man heute in einem modernen Schulsystem als selbstverständlich empfindet, aber damals war das neu für mich. Wie ich erst später herausfand, waren die Lehrer nämlich zum großen Teil Universitätsprofessoren, die durch die Nazis ihres Amtes enthoben worden waren und jetzt auf ein Visum warteten, um auswandern zu können. Das dauerte oft sehr lange, sodass sie inzwischen eine Stelle als Schullehrer annahmen. Besondere Erinnerungen habe ich an unseren Musiklehrer. Als er das erste Mal in unsere Klasse kam, sagte er zu uns: „Ich bin Euer neuer Musiklehrer und ich schlage Euch Folgendes vor: Ich werde jetzt denjenigen, die sich interessieren, Opern vorspielen und wir werden uns darüber unterhalten. Aber die, die sich dafür nicht interessieren, schlage ich vor, sollen in den Hof gehen, zwei Mannschaften bilden und während der Stunde Fußball spielen. Aber ihr müsst leise sein, denn es ist natürlich verboten. Wenn das herauskommt, fliegen wir alle aus der Schule raus." Etwa 80 Prozent der Schüler gingen Fußball spielen. Aber die, die zurückblieben, bekamen nun einen unglaublichen Unterricht. Dieser Mann „setzte sich ans

Walter Levins Jugend- und Ausbildungsjahre

Abb. 4: Theodor-Herzl-Schule am Kaiserdamm, Berlin

Klavier mit krächzender Stimme" und sang uns Opern vor, begleitete sich am Klavier und sprach dazu. In der neueren Literatur gibt es eine Figur, die dem sehr ähnlich ist, nämlich Wendell Kretzschmar im *Doktor Faustus* von Thomas Mann: Der macht das auch und Adrian Leverkühn, der junge Komponist, lernt bei diesem Mann sehr viel. Und auch wir haben ungeheuer viel gelernt, das war ein faszinierender Unterricht. Und von Musik, dachte ich, verstünde ich schon einiges, aber eigentlich verstand ich davon gar nichts, wie ich jetzt merkte. Das war Willi Apel[5], wie ich erst viel später herausfand: Solche Leute hatte man da als Lehrer, während sie darauf warteten auszuwandern. Und das war ähnlich in der Physik, in der Mathematik, im Malunterricht und im Werkunterricht: Es war eine herrliche Schule. Wir haben zum Beispiel ein ganzes Jahr als Projekt gehabt, den Urfaust zu lernen, zu studieren und aufzuführen, das Puppentheater dafür selbst zu bauen und die Puppengestalten selbst zu kleben. Ein fabelhafter Unterricht! Das war die Jüdische Schule in Berlin, sodass meine Schulerfahrung eine außerordentlich positive war.

VS:
Das war also schon in der Nazi-Zeit: Wie haben Sie diese Zeit als Kind in Berlin erlebt?

WL:
Das Erleben einer Zeit, in der man lebt, ist etwas ganz Anderes als der Rückblick aus der Sicht des Wissens, was in dieser Zeit wirklich geschah oder sich anbahnte. Man projiziert das rückblickend vielleicht manchmal etwas zu stark auf das eigene Erleben. Man erlebt ja

---

[5] Zu Willi Apel siehe auch Kapitel 3, „Geschichte des LaSalle-Quartetts".

sein Leben, indem man es lebt, nicht so bewusst, ich jedenfalls nicht. Ich habe immer das getan, was mich interessierte. Ich musste morgens zur Schule gehen und als ich zurück nach Hause kam, machte ich so schnell wie möglich meine Schularbeiten, damit ich gleich an die Geige oder ans Klavier konnte und abends gelegentlich mit meiner Mutter oder mit meinen Eltern in ein Konzert gehen konnte oder in die Oper, was mir noch wichtiger war. Aber jetzt rückblickend muss ich mich fragen, wie das eigentlich möglich war: Wie konnte man in einer Zeit relativ normal aufwachsen, in der die Nazis an die Macht kamen? Ich bin in Berlin ja auch noch einige Jahre in der Weimarer Republik zur Schule gegangen. Und das war natürlich in Berlin eine unglaubliche, kulturelle Glanzzeit: Es gab bis Anfang der 1930er Jahre die drei Opernhäuser: die Staatsoper, das Deutsche Opernhaus und die berühmte Kroll-Oper. Es gab mehrere Symphonieorchester, nicht das schlechteste davon die Berliner Philharmoniker, und viele Kammermusik- und Solistenkonzerte. Ich erinnere mich an einen Sonatenzyklus von Georg Kulenkampff mit Edwin Fischer, dem Schweizer Pianisten, und Quartette kamen aus aller Herren Ländern nach Berlin. Und wann immer ein Quartett kam, nahm meine Mutter mich mit ins Konzert. So habe ich schon damals sehr gute Quartettkonzerte gehört. Dann durfte ich 1935 zum ersten Mal in die Staatsoper mitgehen und das war ein Riesenerlebnis: Von da an entwickelte ich mich zum leidenschaftlichen Opernliebhaber. Oktober 1938 ist die letzte Aufführung gewesen, die ich in Berlin gehört habe. Das war schon gefährlich, denn als Jude durfte man eigentlich nicht mehr in die deutschen Theater gehen.

Denn ab 1933 änderte sich etwas, das mir heute bewusst ist, aber damals nicht so zu Bewusstsein kam. Und zwar änderte sich die Beteiligung von Künstlern im öffentlichen Konzertleben: Plötzlich verschwanden einige der wichtigsten und größten Künstler Europas und Amerikas von der Bildfläche: Juden durften in Deutschland plötzlich nicht mehr am öffentlichen Konzertleben teilnehmen oder spielen. Sie durften auch in der Oper nicht mehr singen, und einige der ganz großen und auch sehr beliebten Sänger, der Bassist Alexander Kipnis zum Beispiel, durften nicht mehr in der Staatsoper auftreten und verschwanden. Auch einigen Dirigenten wurde verboten, ihren Beruf weiterhin in Deutschland auszuüben. Nun kannte ich diese Leute zum Teil nicht, und es gab ja weiterhin berühmte und namhafte Künstler, die in Deutschland spielten, eben Nicht-Juden, sodass ich diesen Bruch, der ziemlich plötzlich und radikal war, als Kind nicht sonderlich bemerkte. Später ist mir das sehr zu Bewusstsein gekommen. Ich denke oft darüber nach, wie es möglich ist, dass man eine Zeit erlebt, in der das eigene Leben zusehends im wahrsten Sinne des Wortes bedroht wird, ohne daraus wirklich die Konsequenzen zu ziehen. Warum sind meine Eltern zum Beispiel bis Ende 1938, nach der „Kristallnacht" vom 9. auf den 10. November, also bis einige Monate vor Ausbruch des Zweiten Weltkrieges, in Deutschland geblieben? Die Zeichen an der Wand waren klar, und trotzdem konnten sich einige Menschen nicht trennen. Und das hat sehr, sehr vielen das Leben gekostet. Das wissen wir heute. Damals war das wohl auch meinem Vater nicht so bewusst, obschon seine ganze Familie 1933 sofort nach Palästina ausgewandert ist und ihn bedrängt hat, dasselbe zu tun. Auch er konnte sich wohl nicht trennen. Als wir dann endlich vom englischen Konsulat, denn Palästina war ja britisches Mandatsgebiet, das Emigrationsvisum bekommen haben, wurden uns vom Polizeipräsidium ohne Angabe von Gründen im letzten Moment die Pässe verweigert. Jemand fand daraufhin die Adresse eines Anwaltes heraus, der anscheinend Rat wusste. Dort wurde meinen Eltern erklärt, dass sie eine ziemlich große Summe, die sogenannte „Reichsfluchtsteuer", auf ein Konto einzahlen mussten, dann würde der Emigration nichts mehr im Wege stehen.[6] Es stellte sich später heraus, dass dieses Geld für das private Konto des damaligen Polizeipräsidenten von Berlin war, Heinrich Graf von Helldorf. Als das Geld eingezahlt worden war, ging die Auswanderung plötzlich sehr schnell. Wir bekamen einen Anruf vom Polizeipräsidium, die Pässe wurden uns ausgehändigt, und jetzt wurde sozusagen unter der Oberaufsicht der Berliner Polizei die Ausreise organisiert. Meine letzte Erinnerung an Deutschland vor dem Krieg ist die Abfahrt von der Cäcilienallee Nr. 47 in Dahlem zum Bahnhof Zoo, Dezember 1938.

1.2 Prägende musikalische Jugendeinflüsse

1.2.1 Yehudi Menuhin, Jascha Heifetz und Carl Flesch

ROBERT SPRUYTENBURG:
Sie haben vorhin den Anfang der 1930er Jahre in Berlin als kulturelle Glanzzeit erwähnt. Können Sie sich noch an das erste Konzert erinnern, in das Ihre Eltern Sie mitgenommen haben?

WL:
Ganz sicher, denn das hat mich entscheidend geprägt. Mein erstes Konzert war eine Generalprobe des Berliner Philharmonischen Orchesters unter Bruno Walter im Jahre 1932 mit dem Solisten Yehudi Menuhin. Er spielte in diesem Konzert zwei Werke: das Violinkonzert von Mendelssohn, und ein Mozart-Konzert, und dieses war es, was es mir angetan hat. Es handelte sich um das D-Dur-Konzert Nr. 7 KV 271a, das kaum jemand kennt, denn es gibt offiziell nur fünf Violinkonzerte von Mozart, dann gibt es ein gefälschtes Nr. 6. Auch Nr. 7 ist heute noch in seiner Authentizität umstritten, denn man hat davon keine Originalpartitur. Es ist virtuoser als die anderen fünf Konzerte, die Geigenstimme könnte bearbeitet worden sein, aber es ist so unverkennbar Mozart und für mich immer ein faszinierendes und hinreißendes Konzert geblieben, das ich selbst später auch gespielt habe. Und diese Aufführung durch Menuhin war und blieb für mich das größte Erlebnis für viele Jahre. Der rhythmische Elan von Menuhins Spiel zu dieser Zeit in einem klassischen Werk ist unvergleichlich. Er hat das Stück mit einer ungeheuren Spritzigkeit im Rhythmischen gespielt und dabei mit einer klanglichen Schönheit, Intensität und Gesanglichkeit, die nie sentimental wird. Gut, er macht gewisse Portamenti, die heute kein Mensch mehr wagen würde, aber er macht sie sehr geschmackvoll. Es ist gesangliches, auch rhetorisches Geigenspiel der besten Art, und es hat Humor. Es hat alle Eigenschaften des „sprechenden" Mozart-Stils, die sehr selten zu hören sind. Eine solche Aufführung gibt es äußerst selten.

Nachdem ich meiner Klavierlehrerin, Marie Zweig, von meiner großen Begeisterung vom jungen Yehudi Menuhin berichtet hatte und dass ich mir Platten mit seinen Aufnahmen gekauft hätte, fragte sie: „Hast Du schon mal Jascha Heifetz gehört?" Ich muss ehrlich gestehen, zu dem Zeitpunkt, etwa 1933, hatte ich noch nicht einmal den Namen gehört, ge-

---

[6] Walter Levin untertreibt: Die Familie büßte ihr gesamtes Barvermögen ein.

schweige denn eine Aufführung von Jascha Heifetz, denn es war schon die Nazi-Zeit und es gab keine wirklich international großen Geiger mehr, die in Deutschland spielten. Ich ging also ins Plattengeschäft und fragte nach Aufnahmen mit Heifetz. Sie hatten das fünfte Mozart-Konzert in einer Einspielung mit dem London Symphony Orchestra unter Sir Malcolm Sargent, die ich mir gleich habe vorspielen lassen und das war für mich eine absolute Erleuchtung. Ein Geigenspiel in dieser Art hatte ich noch nicht gehört. Menuhins Geigenspiel war lyrisch und klanglich von einer anderen Art, unglaublich auch von einem so jungen Geiger. Aber Heifetz hatte noch dazu eine Komponente des Rhythmischen, des Elans, des Springenden, eine Klarheit in der Tongebung und dabei jeder Ton schön klingend, auch die kürzesten, und eben im Tempo unnachgiebig, er machte keine unnötigen Ritardandi und spielte diese Musik in wirklich klassisch reinster Weise. Das war für mich genauso richtungsweisend wie mein Erlebnis mit Yehudi Menuhin und etwas später mit Arturo Toscanini.

RS:
Hatten Sie später Gelegenheit, Heifetz persönlich kennenzulernen?

WL:
Nein, aber ich habe ihn sehr viel spielen gehört. Einmal habe ich eine erstaunliche Erfahrung mit ihm gemacht. Als ich in New York bei Ivan Galamian studierte, spielte Jascha Heifetz mit dem New Yorker Philharmonischen Orchester das Brahms-Konzert, zu dem ich mit ein paar Kollegen aus Galamians Sommerschule in Meadowmount in Upstate New York angereist war. Wir wollten vor dem Konzert ins Künstlerzimmer gehen und schauten durch das kleine Fenster hinein und Heifetz übte, und zwar übte er wie ein Student Tonleitern, zuerst Einzeltöne, dann in Terzen, dann Arpeggien, sozusagen das Flesch-Skalensystem: Da übte also der größte Techniker seiner Zeit vor dem Brahms-Konzert wie ein junger Schüler grundlegende technische Übungen. Das war ungeheuer eindrucksvoll, denn wir dachten, die großen Solisten brauchten überhaupt nicht mehr zu üben. Heifetz hat aber immer geübt, jeden Tag, und zwar gründlichst, das heißt angefangen mit allgemeiner Technik, dann die Stücke zuerst im langsamen Tempo, dann Intonation: so wie man eben üben soll. Da konnte man sich ein Beispiel daran nehmen. Wir sind dann nicht ins Künstlerzimmer gegangen, wir hätten es nicht gewagt ihn zu stören.

RS:
Konnten Sie in Berlin nach 1933 noch weiterhin in die öffentlichen Konzerte gehen?

WL:
Ja, denn ich habe mich damals um die Verbote der Nazis wenig gekümmert. Zudem gab es die vom Kulturbund veranstaltenden Konzerte.[7] So wie im Juli 1933 der Kulturbund Deutscher Juden gegründet wurde, waren meine Eltern dort Mitglieder und nahmen mich sehr früh zu Konzerten mit. Meine erste *Eroica* habe ich mit dem Kulturbund-Symphonieorchester unter Hans Wilhelm Steinberg gehört, der für Arturo Toscanini das Palästina-Orchester vorbereitet und später in Amerika das Pittsburgh-Orchester dirigiert hat: einer der

---

[7] Zum Kulturbund Deutscher Juden siehe Kapitel 2 „Die Mitglieder des LaSalle-Quartetts".

ganz großen Dirigenten.[8] Im Kulturbund habe ich viele Konzerte gehört, auch Solo-Abende wie man sie heute kaum noch kennt: Ein für mich prägendes Erlebnis war ein Solo-Recital von Carl Flesch, dem berühmten Geiger und Lehrer an der Hochschule in Berlin. Carl Flesch war 1934 nach England emigriert und kam nach Berlin zurück, um ausschließlich für Kulturbund-Mitglieder ein Recital zu geben. Es gibt leider nur wenige Aufnahmen mit Carl Flesch, aber diese Dokumente sind einzigartig und man sollte sie sich des Öfteren anhören. Sie dokumentieren in Reinkultur einen gesanglichen Stil des Violinspiels ohne jede Sentimentalität, der leider verloren gegangen ist. Flesch verwendet das heute bei den Geigenlehrern und jungen Geigern so verpönte Portamento, das heißt das gesangliche Verbinden zweier Töne, sowie das Rubato, die sprachähnliche Freiheit des Rhythmus. Mir ist diese Art des Geigenspiels schon seit sehr früh vertraut, weil mein erster Geigenlehrer, Jürgen Ronis, ein Flesch-Schüler war. Es ist mir rätselhaft, wie sich der Stil des Violinspiels im Verlaufe von wenigen Jahrzehnten so radikal verändern konnte. Wenn ich einem jungen Studenten heute einen Fingersatz suggeriere, der zwei Töne lyrisch verbindet, schaut er mich verdutzt an und sagt: „Wollen Sie etwa, dass ich ein Portamento mache und die beiden Töne mit einem Glissando verbinde?" „Selbstverständlich! Das ist Gesangsart, und die Geige ist ein Gesangsinstrument!" „Aber Herr Levin, das macht man heute nicht mehr!" Ich muss immer wieder feststellen, dass junge Instrumentalisten häufig mit der Gesangsmusik völlig unvertraut sind. Heute kümmern sich die Instrumentalisten in ihrer Ausbildung leider meist nur um ihr eigenes Instrument und nicht um die Musikliteratur im Allgemeinen. Geiger gehen nicht in „Gesangsunternehmungen", sie kennen oft keine Opernliteratur, und Cellisten kennen keine Lieder. Die Liedliteratur von Schubert, Schumann und Brahms ist der jungen Instrumentalisten-Generation weitgehend unbekannt, daher kennen sie auch keine Sänger und hören nicht, wie gesungen wird. Gesangsstil ist ihnen deshalb fremd, und sie verstehen nicht, dass das essenziell zum Geigenspiel gehört. Als Streicher sollte man sich deswegen unbedingt Sänger und die Gesangsmusik anhören, denn dort kommen die Streichinstrumente her: Es sind Gesangsinstrumente.

1.2.2 Oper und Gesang

RS:
Solange wir Sie kennen, haben Sie sich immer begeistert über die Oper geäußert. Wann hat denn Ihre Leidenschaft für die Oper angefangen?

---

[8] Hans Wilhelm Steinberg (William Steinberg, Köln 1.8.1899 – New York City 16.5.1978) studierte bei Hermann Abendroth am Kölner Konservatorium Orchesterleitung und wurde 1924 Assistent von Otto Klemperer an der Kölner Oper. 1925–29 war er musikalischer Leiter des Deutschen Landestheaters Prag, 1929–33 an der Frankfurter Oper, wo er u. a. die Uraufführung von Arnold Schönbergs *Von Heute auf Morgen* dirigierte. Ab 1933 musste er seine Auftritte auf Konzerte für den Kulturbund beschränken und emigrierte 1936 nach Palästina. Gemeinsam mit Bronislaw Huberman gründete er 1936 das Palästina-Orchester, dessen erster Chefdirigent er zwei Jahre lang war. 1938 holte ihn Arturo Toscanini in die USA, wo er zunächst stellvertretender Dirigent des NBC-Orchesters wurde. 1952–76 leitete er das Pittsburgh Symphony Orchestra und 1969–72 das Boston Symphony Orchestra.

WL:

Ich habe mich schon sehr früh für Gesangsmusik interessiert und war schon als Kind ein Opernnarr. Meine Eltern hatten eine große Plattensammlung mit Opernausschnitten und die habe ich mir immer wieder angehört, stundenlang. Die erste Oper, die ich gehört habe, war schon 1935, nämlich *Samson und Dalila* von Camille Saint-Saëns in einer Veranstaltung des Kulturbundes. Diese Veranstaltungen waren damals auf einem ungeheuer hohen Niveau, denn es gab hervorragende Künstler, die alle in ihren Opernhäusern in Deutschland nicht mehr singen durften, weil sie Juden waren. Etwas später, 1936, bin ich für eine *Carmen*-Vorstellung in die Staatsoper gegangen. Der Dirigent war Leo Blech, ein wunderbarer Kapellmeister und großer Musiker. Dusolina Giannini[9] sang die Rolle der Carmen. Ich habe viele Opern an der Staatsoper gesehen, es war mein Lieblingsopernhaus. Besonders in Erinnerung bleibt mir eine Aufführung von Mozarts *Zauberflöte* 1937 unter Robert Heger[10], denn die Königin der Nacht wurde von einer Sängerin gesungen, die zu einer meiner Lieblingssängerinnen werden sollte: Erna Berger[11], eine Koloratur-Sopranistin ganz außergewöhnlichen Ranges. Das war für mich ein Welterlebnis: So eine Koloratur-Sopranistin hatte ich noch nie gehört, die Mozart mit einer solchen brillanten Technik und dabei so musikalisch sang, mit einem ungeheuren rhythmischen Elan und einer Klangschönheit sondergleichen.

Wir gingen in Berlin auch oft in Gesangsveranstaltungen, in Liederrecitals. Liederabende sind heute Raritäten geworden. Ich habe damals viele Konzerte mit Heinrich Schlusnus[12] gehört, denn sein Begleiter, Sebastian Peschko[13], war ein Freund meiner ältesten Schwester Friedelore und er kam häufig zu uns nach Dahlem ins Haus. Auf diese Weise bekamen wir Freikarten für die Konzerte von Schlusnus in der Philharmonie oder in einem der Säle, wo er Liederabende gab. Er war also einer der Sänger, deren Stimme und Art des Singens ich sehr früh kennenlernte. Er war ein sehr guter Liedersinger. Noch ein Recital, das mir sehr

---

[9] Dusolina Giannini (Philadelphia 19.12.1902 – Zürich 29.6.1986) war ein dramatischer Sopran. Sie studierte zuerst mit ihrem Vater, dem Tenor Ferruccio Giannini, dann mit Marcella Sembrich in New York und machte 1925 in Hamburg ihr Debüt als Aida. 1934–36 sang sie am Salzburg Festival, u.a. Donna Anna in Mozarts *Don Giovanni* unter Bruno Walter und Alice Ford in Verdis *Falstaff* unter Arturo Toscanini. 1936–1941 sang sie an der Metropolitan Opera in New York u. a. die Partien der Aida, Donna Anna, Santuzza und Tosca. Sie trat ebenfalls in Chicago (1938–42) und San Francisco auf (1939–43). In späteren Jahren widmete sie sich dem Gesangsunterricht, vor allem in Zürich. Der Komponist Vittorio Giannini war Dusolinas Bruder und später Walter Levins Kompositionslehrer an der Juilliard School in New York.

[10] Robert Heger (Straßburg 19.8.1886 – München 14.1.1978), Dirigent und Komponist, dirigierte 1911–13 an der Wiener Volksoper, 1913–20 in Nürnberg, dann an der Münchner Oper (1920–25) und der Wiener Staatsoper (1925–33). Ab 1933 dirigierte er an der Staatsoper in Berlin. Nach dem Krieg dirigierte er dort an der Städtischen Oper, bis er 1950 an die Staatsoper München zurückkehrte.

[11] Erna Berger (Dresden 19.10.1900 – Essen 14.6.1990) gehörte zu den bedeutendsten deutschen Sopranistinnen des 20. Jahrhunderts. Zu ihren bevorzugten Partien zählten die Königin der Nacht in Mozarts *Zauberflöte*, die Violetta in Verdis *La Traviata*, die Mimi in Puccinis *La Bohème*, die Gilda in Verdis *Rigoletto* und die Konstanze in Mozarts *Entführung aus dem Serail*. Mit letztgenannter Partie erwarb sie sich internationalen Ruf.

[12] Heinrich Schlusnus (Braubach 6.8.1888 – Frankfurt/M. 19.6.1952), Bariton, Opern- und Konzertsänger, debütierte 1915 in Hamburg als Heerrufer in Wagners *Lohengrin*. Danach war er am Stadttheater Nürnberg engagiert, 1917–44 an der Staatsoper Berlin. Seine bekanntesten Partien waren der Wolfram in Wagners *Tannhäuser*, die Titelrolle in Verdis *Rigoletto* sowie Giorgio Germont in Verdis *La Traviata*. Als Liedinterpret war er gemeinsam mit dem Pianisten Sebastian Peschko international erfolgreich.

[13] Sebastian Peschko (Berlin 30.10.1909 – Celle 29.9.1987) studierte 1927–33 an der Hochschule für Musik in Berlin und war ein Schüler von Edwin Fischer. Gemeinsam mit dem Bariton Heinrich Schlusnus musizierte er 1934–50 im In- und Ausland. Er war als Klavierpartner bedeutender Sänger hoch geschätzt.

großen Eindruck gemacht hat, war das von Alexander Kipnis[14], dem damals international berühmten Bassisten der Berliner und der Wiener Staatsoper. Er kam auch nach Berlin, etwa 1936, und hat im Rahmen des Kulturbundes einen Liederabend gegeben. Das war das erste große Lieder-Recital, das ich gehört habe. Es fing an mit einer Arie aus Verdis Requiem, mit Klavierbegleitung, und dann folgten Lieder. Das war für mich ein ungeheurer Eindruck. Wenn man sich Aufnahmen mit Kipnis anhört, kann man feststellen, dass seine Art des Singens dem Geigenspiel von Carl Flesch gar nicht so unähnlich ist. Auch Kipnis setzt das Rubato ein, die rhetorische, rhythmische Freiheit, und auch das Portamento, das lyrische Verbinden zweier Töne. Meine ganze Klangvorstellung auf der Geige hatte immer sehr viel mit Gesang zu tun, und hat es auch heute noch, sie ist geprägt von großen Sängern, vom Lied- und Operngesang und deswegen war die Oper ein zentraler Bestandteil meiner Entwicklung als Musiker. Ich versuche immer, meine Studenten zu animieren, in die Oper zu gehen, denn es geht dabei um die Rhetorik der Musik, um Begriffe wie Legato, Portato, Portamento und Messa di voce, also all die Kriterien und Spezialitäten in der Technik des Belcanto der italienischen Gesangsschule: Wenn man die nie gehört hat, dann kann man sie sich auf der Geige auch nicht vorstellen. Lange Noten zum Beispiel kann man nicht einfach flach aushalten wie das heute meistens geschieht, sie erheischen eine Intensivierung, indem man ein Crescendo zur Mitte hin macht und dann wieder ein Diminuendo, das sogenannte Messa di voce, oder indem man sie sonst durch klangliche Veränderung belebt. All diese Dinge, die aus der Gesangskunst kommen, muss man als Streicher kennen.

1.2.3 Arturo Toscanini

RS:
Eine Musiker-Persönlichkeit, die für Sie schon sehr früh prägend gewesen ist, war Arturo Toscanini. Wie haben Sie ihn entdeckt?

WL:
Die musikalische Persönlichkeit von Toscanini war mir schon als Kind in Berlin durch einen Besuch in einem Plattengeschäft vertraut. Wir hatten bei uns zu Hause nämlich merkwürdigerweise von Beethovens Siebter Symphonie nur den zweiten Satz, mit Weingartner und dem London Symphony Orchestra auf Columbia. Auf der einen Platte war das Ende des ersten Satzes und auf der anderen war der Anfang des dritten Satzes, und

---

[14] Alexander Kipnis (Schitomir, heute Ukraine, 1.2.1891 – Westport, Connecticut, USA 14.5.1978), Bass, studierte Dirigieren in Warschau und Gesang in Berlin, und debütierte 1915 in Hamburg. 1916–18 sang er in Wiesbaden, 1919–30 an der Deutschen Oper Berlin, 1932–35 an der Berliner Staatsoper, 1935–38 an der Wiener Staatsoper und 1940–52 an der Metropolitan Opera in New York. 1927–33 sang Kipnis in Bayreuth und trat 1937 an den Salzburger Festspielen unter Arturo Toscanini in der Rolle des Sarastro in Mozarts *Zauberflöte* auf. Kipnis beherrschte fünf Sprachen und sang ein breit gefächertes deutsches, italienisches, französisches und russisches Repertoire, das über 100 Rollen umfasste und einen Schwerpunkt in den Opern Mozarts und Wagners hatte. Kipnis galt auch als hervorragender Liedinterpret, insbesondere der Spätromantik (Brahms, Wolf). Nach seinem Rücktritt als Sänger lehrte er in New York Gesang.

das schien mir unbefriedigend. Nach vielem Drängen wurde ich von der Familie beauftragt, im Plattengeschäft, an dem ich nach meiner Geigenstunde immer vorbeikam, die weiteren Sätze von Beethovens Siebter Symphonie anzuschaffen. Ich bekam dafür die nötigen 18 Mark, denn die 78er-Platten waren damals sehr teuer. Ich ging also in das Plattengeschäft und sagte, dass ich diesmal nicht wie sonst nur die Neuerscheinungen hören möchte, sondern tatsächlich drei Platten kaufen wollte. Und das Fräulein, das mir immer die neuen Platten vorspielte, sagte: „Ich würde aber vorschlagen, bevor Du die Weingartner-Aufnahme kaufst, dass Du Dir mal eine neue Aufnahme von Beethovens Siebter Symphonie anhörst, die wir gerade bekommen haben, mit den New Yorker Philharmonikern unter einem Dirigenten namens Arturo Toscanini." Der war mir kein Begriff, aber ich hörte mir diese Aufnahme an und war buchstäblich wie vom Donner gerührt. Das war ein Erlebnis, wie man es ganz selten hat, wo man mit einem Schlag erkennt: So muss man Musik machen. So etwas von brillanter, rhythmischer, genauer und fantastischer Orchesterwiedergabe hatte ich überhaupt noch nie gehört. Das hatte mit dem, was ich vorher gewohnt war, nicht das Geringste zu tun und ich war davon einfach überwältigt. So wie hier dirigiert wurde, so wie hier das Orchester spielte, so wie diese Beethoven-Symphonie dargestellt war, so musste es sein. Ich weiß nicht, wieso ich dieses Gefühl hatte, denn ich hatte die Partitur noch nie gesehen und eigentlich stand mir ein solches Urteil überhaupt nicht zu. Aber ich war absolut sicher, dass diese Aufnahme unvergleichlich war, und habe auf eigene Faust nicht die Weingartner-Aufnahme gekauft, sondern die Toscanini-Aufnahme. Das hat zu Hause natürlich einiges Befremden ausgelöst. Aber im Laufe der Jahre hat mich Toscaninis ungeheure Darstellungskraft und Wahrheitssuche in der Musik immer mehr überzeugt und je genauer ich Musik kennenlernte, desto mehr bestätigte sich, wie recht ich gehabt hatte, damals diese Aufnahme zu kaufen, obschon Weingartner ja durchaus kein schlechter Dirigent war.

RS:
In welcher Hinsicht war Toscanini für Sie prägend?

WL:
Meine Kollegen und ich waren große Bewunderer dieser Art der Darstellung, der Selbstenteignung, dass man nicht Interpretation missverstanden hat als Selbstdarstellung, sondern als Realisation der Absichten eines Komponisten: Das ist uns immer Vorbild geblieben. Man kann eine Toscanini-Aufführung jeder Zeit erkennen an ihrem rhythmischen Elan, an ihrer inneren Spannung, auch an ihrer Durchhörbarkeit. Und ich glaube, im Rhythmischen und in der Durchhörbarkeit unserer Aufführungen ist das durchaus nachzuvollziehen. Auch Toscaninis Art zu proben, seine Unerbittlichkeit in der Genauigkeit, seine Kompromisslosigkeit und seine unsentimentale Art der musikalischen Darstellung – alle diese Charakteristika seines Musizierens waren mir von Anfang an beispielhaft.

RS:
Wie wir später noch sehen werden, hatten Sie in New York dann ausgiebig Gelegenheit, Toscanini in den Proben und Rundfunkkonzerten des NBC-Orchesters zu erleben.

1.3 Palästina

RS:
Als Sie Ende 1938 nach Palästina gekommen sind, konnten Sie schon recht gut Geige spielen. Sie brauchten also einen guten Violinlehrer. Wie haben Sie Rudolf Bergmann als Violinlehrer gefunden[15]?

WL:
Bergmann wurde uns von Bronislaw Huberman empfohlen.[16] Meine Eltern wollten ein unabhängiges Urteil einholen, ob denn meine Begabung genügen würde, um mich später dem doch etwas unsicheren Beruf des Musikers zuwenden zu können. Nun kannte meine Familie Huberman, denn mein Onkel Erich war sein Arzt. Und als es darum ging, einen Rat einzuholen, vermittelte mein Onkel einen Besuch bei Huberman in seinem Hotel in Tel Aviv. Meine Mutter und ich gingen hin und ich spielte ihm vor. Das war ein denkwürdiger Nachmittag. Er war sehr freundlich und hat sich intensiv mit mir unterhalten und wollte genau wissen, was denn mein Interesse an der Musik wäre und was ich denn damit anfangen wolle. Ich spielte ihm vor, und anschließend hat er mit meiner Mutter noch ein privates Gespräch geführt und entschieden, dass eine Musikerlaufbahn durchaus möglich wäre, aber er würde raten, mir eine gründliche Ausbildung zukommen zu lassen und hat Lehrer empfohlen, mit denen ich arbeiten sollte. Und das waren die besten Empfehlungen, die man sich überhaupt nur vorstellen konnte. Huberman war offensichtlich ein genialer Erzieher, neben allem anderen, und wusste ganz genau, was für einen Typ Lehrer ich brauchen würde. So hat er als Geigenlehrer Rudolf Bergmann empfohlen, der einer seiner Konzertmeister im Palästina-Orchester war, und den er sehr schätzte. Er fand, dass wäre der richtige Lehrer für mich, da er ja auch aus Deutschland war. Und da ich damals noch kaum Hebräisch sprechen konnte, dachte er, es wäre gut für mich, einen Lehrer zu haben, der aus dem gleichen Kulturkreis kam wie ich. Es gab nämlich noch drei weitere Konzertmeister: Andreas Weissgerber war zwar aus Wien[17], aber Jozéf Kaminski war aus Polen[18] und Lorand Fenyves[19] aus Ungarn. Bergmann hatte in Budapest bei Jenö Hubay Geige studiert, einem der

---

[15] Rudolf Bergmann, Groß-Baudiss (Schlesien) 7.2.1892 – Wiesbaden Februar 1961.
[16] Bronislaw Huberman hatte 1936 das Palästina-Orchester gegründet und kam dann wiederholt nach Palästina, um sich des Orchesters anzunehmen.
[17] Andreas Weissgerber wurde 1900 geboren und unternahm schon als siebenjähriges Wunderkind eine Tournee durch den Balkan. Er studierte an den Musikakademien in Budapest und Wien, zuletzt an der Berliner Musikhochschule und setzte als Jugendlicher seine Karriere als Violinvirtuose erfolgreich fort. Mäzene hatten ihm eine Stradivari und eine Amati-Geige zur Verfügung gestellt, die ihn auf allen Reisen begleiteten. Weissgerber wanderte 1936 nach Palästina aus (aus „Musik war unsere Rettung", Barbara von der Lühe, S. 103, Verlag Mohr Siebeck, 1998).
[18] Jozéf Kaminski wurde 1903 in Odessa geboren und war als kleines Kind mit seiner Familie nach Polen gekommen. Er studierte Violine in Warschau, Wien und Berlin, u. a. bei Arnold Rosé sowie Komposition bei Hans Gál in Wien. Kaminski war Konzertmeister des Warschauer Rundfunkorchesters und gründete in den 1930er Jahren das Warschauer Streichquartett. Er emigrierte 1937 nach Palästina (aus „Musik war unsere Rettung", B. von der Lühe, S. 174).
[19] Lorand Fenyves wurde 1918 in Budapest geboren und studierte Violine bei Jenö Hubay. Er trat schon als 14-Jähriger mit Erfolg als Violinvirtuose auf und musizierte als Solist mit Orchestern in Ungarn und anderen europäischen Ländern. Er emigrierte 1936 nach Palästina (aus „Musik war unsere Rettung", B. von der Lühe, S. 113–114).

großen Geigenlehrer in jener Zeit[20], nebst Joseph Joachim und Carl Flesch. Überhaupt waren viele Streicher im Palästina-Orchester Schüler von Hubay, auch Ödön Partos, ein fabelhafter Bratscher und wunderbarer Musiker[21], mit dem ich später viel zu tun hatte. Es gab viele Deutsche und Ungarn im Orchester, denn Huberman hatte die für viele Musiker rettende Idee gehabt, in Palästina mit jüdischen Musikern ein Orchester zu gründen, um sie vor Nazi-Deutschland zu retten und ist in den Europäischen Städten herumgereist, um sie anzuwerben.[22] Huberman hatte die Zeichen der Zeit erkannt. Es gibt zwei Briefe von Musikern, die erkannt hatten, worum es ging. Der eine ist von Schönberg an Kandinsky und der andere ist von Huberman an Furtwängler, in dem er erklärt, warum er nicht mit ihm beim Brahms-Festival spielen würde. Das waren Leute, die den Mut hatten, aus moralischer Überzeugung ihren Mund aufzutun und nicht klein beizugeben. Es gab auch Leute, die keine Juden waren, die aus moralischer Überlegung weggegangen sind: die Busch-Brüder Adolf, Fritz und Hermann, auch Casals zum Beispiel, der nicht bereit war, mit dem Franco-Regime zu kollaborieren. Mit den Nazis und Franco konnte man nicht kollaborieren, das waren diktatorische Mörder.

Huberman hat es tatsächlich zustande gebracht, 1936 das Palästina-Orchester ins Leben zu rufen. Damit hat er einen wunderbaren kulturellen Beitrag zur Entwicklung dieses Landes gemacht und einer Gruppe von bis zu 100 Menschen das Leben gerettet. Denn wenn man als Musiker eine Anstellung in Palästina vorweisen konnte, gab einem die britische Mandatsregierung ein Visum und man konnte auswandern. So kamen die wirklich außerordentlichsten Musiker als Mitglieder dieses Orchesters nach Palästina. Zudem hat Huberman einen der allergrößten Dirigenten unserer Zeit dazu gewonnen, Ende Dezember 1936 und Anfang Januar 1937 die Eröffnungskonzerte zu dirigieren: Arturo Toscanini, der auch im April 1938 nochmal nach Palästina gekommen ist.[23] Ich habe leider die ersten Konzerte des Palästina-Orchesters unter Toscanini versäumt, da wir erst Ende 1938 angekommen sind. Aber dank Huberman ist in Palästina auf einer Basis und auf einem Niveau ein Musikleben gegründet worden, wie man es sich sonst nicht hätte vorstellen können. Huberman war eine unglaubliche musikalische und menschliche Persönlichkeit.

RS:
Haben Sie damals Huberman als Geiger schon gekannt?

---

[20] Jenö Hubay (15.9.1858–12.3.1937). Zu seinen Schülern gehören André Gertler, Stefi Geyer, Eugene Ormandy, Zoltán Székely und Joseph Szigeti.

[21] Ödön Partos (1.10.1907–6.7.1977) nahm ab acht Jahren Violinunterricht bei Jenö Hubay an der Budapester Musikakademie, wo er auch bei Zoltán Kodály Komposition studierte. 1924–27 war er zuerst Konzertmeister des Luzerner Stadtorchesters, dann des Budapester Konzertorchesters. Ab 1927 trat er als Solist auf und wurde 1933 in Deutschland Konzertmeister des Kulturbund-Orchesters. 1938 lud ihn Bronislaw Huberman ein, erster Bratscher des neu gegründeten Palästina-Orchesters in Tel Aviv zu werden. Diese Funktion behielt er bis 1956 und war auch 1939–54 der Bratscher des Israel-Quartetts. 1951 wurde er zum Direktor der Israel Musikakademie in Tel Aviv berufen. In seinen Kompositionen verband Partos Elemente jüdischer Volksmusik mit Kompositionstechniken seiner europäischen Zeitgenossen, besonders Bartók und Kodály, und später auch mit der Zwölftontechnik.

[22] Zu Hubermans Bemühungen, jüdische Musiker für das Palästina-Orchester anzuwerben, siehe: „Die Musik war unsere Rettung" von Barbara von der Lühe, op. cit.

[23] Während seiner beiden Aufenthalte in Palästina hat Arturo Toscanini ohne Honorar im ganzen 21 Konzerte dirigiert.

Walter Levins Jugend- und Ausbildungsjahre

WL:
Nein, ich habe ihn beim Gespräch in seinem Hotel überhaupt erst kennengelernt und bin natürlich sofort in eines der Konzerte gegangen, in denen er als Solist mit seinem Orchester, dem Palästina-Orchester, auftrat und das Brahms-Violinkonzert spielte. Man muss dazu sagen, dass Huberman schon mit zwölf Jahren dieses Konzert, das damals noch als praktisch unspielbar galt, Brahms vorgespielt hat. Brahms war davon so beeindruckt, dass er ihm eine wunderbare Widmung in die Partitur geschrieben hat. Wenn man Huberman, wie ich damals, live spielen hörte, strahlte er eine ungeheure Energie aus, und er spielte mit einer Waghalsigkeit sondergleichen, die auch gewisse tonliche Härten in Kauf nahm. Die Tongebung von Huberman war durchaus nicht das, was sich ein Geiger heute unter dem vielgerühmten „schönen Ton" vorstellt. Bei Huberman ging es aber um den Charakter der Musik, und den erzeugte er unter Hintansetzung jeglicher Vorsicht. Aber schon damals hatte eine andere Generation von Geigenspiel die Oberhand gewonnen. So wie Huberman spielten auch die Geiger nicht, die zum Beispiel bei Hubay in Budapest studiert hatten, wie Joseph Szigeti und auch mein Lehrer Bergmann. Seitdem spielte man mit einer klanglichen Raffinesse, die dieser Art von charakteristischem Geigenspiel ganz entgegengesetzt war. So schreibt auch der große Lehrer Carl Flesch sehr negativ über Hubermans Spiel. Schon für den Anfang des 20. Jahrhunderts vertrat Huberman eine vergangene Welt, denn seit Fritz Kreisler spielte man alles mit Vibrato, Huberman spielte hingegen über weite Strecken ohne viel Vibrato und reservierte es für die Ausdrucksstellen. Das ist jetzt, in der Ära der authentischen Aufführungspraxis wieder sehr beliebt geworden, aber für eine lange Zeit, während der zweiten Hälfte des 20. Jahrhunderts, war das völlig inakzeptabel. Und deshalb war Huberman damals schon ein Geiger aus einer vergangenen Ära. Was bei Huberman auch noch auffällt, ist sein rhythmisches Spiel: Er macht kaum Rubati und spielt äußerst gerade. Das ist heute auch nicht üblich, denn es wurde für eine ganz lange Zeit außerordentlich romantisiert und sehr frei im Rhythmus und mit Rubato gespielt. Jedenfalls war es ein unglaubliches Erlebnis und ein prägender Eindruck für mich, der mit dem Geigenstudium jetzt richtig anfing, mitzuerleben, wie ein ganz großer Musiker und Solist ein solches Werk wie das Brahms-Konzert darstellt. Außerdem verfügte dieser Mann offenbar über eine unerschöpfliche Energie, denn er spielte an jenem Abend drei der allergrößten Violinkonzerte, Bach, Brahms und Mendelssohn, eins nach dem anderen, und dazwischen noch einige Zugaben aus Bach-Solosonaten. Alle diese Dinge haben mich damals, und auch die Mitglieder des Palästina-Orchesters, sehr beeindruckt und mein Lehrer Bergmann hat immer mit allerhöchster Hochachtung von Huberman gesprochen.

RS:
Kommen wir nochmals auf Ihren Lehrer Rudolf Bergmann zurück. Was war Bergmann in Deutschland, bevor er nach Palästina emigrierte?

WL:
Er war Konzertmeister und weithin bekannter Solist des Wiesbadener Städtischen Kurorchesters unter dessen ständigem Dirigenten Carl Schuricht. Im Februar 1933 wurde er wegen seiner jüdischen Herkunft entlassen, fand aber 1934 im Kulturbund-Orchester in Frankfurt als Konzertmeister eine neue Aufgabe. Schon 1935 emigrierte er in die Niederlande

und von dort 1936 nach Palästina, wo ihn Huberman als einen der Konzertmeister des Palästina-Orchesters engagierte.[24]

RS:
Sie haben einmal gesagt, dass es über Ihren Violinlehrer Bergmann eine direkte Linie zu Beethoven gibt.

WL:
Ja, richtig. Bergmann hatte als junger Geiger in Berlin kurze Zeit bei Joseph Joachim studiert, und Joachim war ein Schüler von Joseph Böhm, der mit Beethoven dessen späte Quartette erarbeitet und uraufgeführt hat.

RS:
Nach welcher Methode hat Bergmann Geige unterrichtet?

WL:
Wie schon Jürgen Ronis in Berlin hat auch Bergmann nach der Geigenschule von Carl Flesch unterrichtet und mir empfohlen, sie mir zu besorgen: ein fabelhaftes Buch![25] Es ist darin alles genau analysiert, sodass man, wenn man klug genug wäre, nur aus diesem Buch Geige lernen könnte: wie man übt, wie man stimmt, wie man steht, wie man vibriert, die korrekte Daumenhaltung, die franco-belgische Bogenhaltung, und was darin alles über Interpretation steht, unglaublich! Das war mir alles vom Unterricht mit Jürgen Ronis schon bestens vertraut. Es ging bei Bergmann aber nicht nur um Geigentechnik, sondern um die Musik überhaupt, um Interpretation: wie man bei Mozart die Vorschläge macht und wonach man sich bei Interpretationsfragen orientiert, dass man sich zum Lernen eines Stückes möglichst auf Urtextausgaben und Originalquellen stützen soll und möglichst genau realisiert, was der Komponist vorschreibt. Also all das, was mir dann später wichtig war. Pädagogisch war Bergmann ausgezeichnet. Bei ihm habe ich gelernt, wie man Geigenunterricht gibt und habe schon früh, noch in Palästina, angefangen, selbst Geigenunterricht zu geben.

RS:
Welche Art Geigenliteratur haben Sie bei Bergmann studiert?

WL:
Ich habe mit ihm Mozart-Violinkonzerte erarbeitet, aber auch Konzerte von Giovanni Battista Viotti und Pierre Rode. Das 22. Violinkonzert von Viotti war erstaunlicherweise eines der Lieblingskonzerte von Brahms: Damit hat mich Bergmann auch dazu bewogen, dieses Konzert ernst zu nehmen, denn daran konnte man enorm viel lernen. Dann habe ich das Konzert Nr. 8 „In Form einer Gesangsszene" von Louis Spohr gelernt, ein Stück, mit dem ich später meine eigenen Schüler getriezt habe, weil es eine ausgezeichnete Vorstudie zum

---

[24] Rudolf Bergmann war kurze Zeit Konzertmeister im Arnheimer Orchester. Er trat in den Niederlanden auch als Solist hervor, unter anderem mit Bruno Walter und dem Concertgebouw-Orchester in Amsterdam (Quelle: von der Lühe, *Die Musik war unsere Rettung* [s. Anm. 17], S. 101).
[25] Carl Flesch, *Die Kunst des Violinspiels*, Band 1: *Allgemeine und angewandte Technik*; Band 2: *Künstlerische Gestaltung und Unterricht*, Verlag Ries & Erler, Berlin 1928/29. Siehe dazu auch Kapitel 11.1 „Artur Schnabel".

Beethoven-Violinkonzert ist. Spohr wird heute leider völlig vernachlässigt. Auch die Kreutzer-Etüden habe ich studiert: Etüden werden heute von den Geigenlehrern kaum mehr beigebracht, auch Sonaten meistens nicht. Ich habe mit Herbert Brün bei Bergmann Mozart-Sonaten, zwei große Beethoven-Sonaten und die große C-Dur-Fantasie von Schubert einstudiert, denn wir wollten zusammen ein Sonaten-Recital aufführen. Später kam natürlich das Beethoven-Konzert, mit etwa 16 das Brahms-Konzert und die große, virtuose Geigenliteratur wie die Konzerte von Vieuxtemps und Wieniawski.

RS:
Rudolf Bergmann war für Sie nicht nur Geigenlehrer, sondern auch sonst ein sehr gebildeter Mann.

WL:
Ja, er war für mich auch ein Geisteslehrer und hat mein Interesse an geistigen Dingen sehr gefördert. Ich verbrachte ganze Nachmittage und Abende bei ihm, und er zeigte mir Bücher, von denen ich vorher keine Ahnung hatte. Zum Beispiel habe ich bei ihm zum ersten Mal das zehnbändige *Handbuch der Musikwissenschaft* gesehen, das damals relativ neu herausgekommen war, und er hat mir den Band über Aufführungspraxis geliehen.[26] Ich hatte noch nie etwas über Aufführungspraxis gehört! So zeigte er mir die entsprechende Literatur, wann immer im Gespräch eine Frage auftauchte, gab mir ein Buch mit und forderte mich auf, es zu lesen. Auf diese Weise habe ich auch viel der klassischen deutschen Literatur kennengelernt. Es war für mich die Entdeckung einer ganzen Welt. Er hat mich immer behandelt wie einen Erwachsenen. Es war also eine Privatausbildung von einer umfassenden Art, wie man sie sonst im Instrumentalunterricht überhaupt nicht bekommen kann, besonders nicht in diesem Alter. Und so bin ich Bergmann immer noch dankbar dafür, dass er mich auf einen Weg gebracht hat, der für meine ganze Zukunft richtungsweisend war, und ich bin Huberman ewig dankbar, dass er mich zu Bergmann als Lehrer geschickt hat.

Es hat Bergmann sehr gut getan, dass ich mich immer für alles interessiert habe, was er tat. Er komponierte auch, mit größter Schwierigkeit, und hat es mir immer vorgespielt und war sehr interessiert, sich meine Kritik anzuhören. Das stand mir eigentlich gar nicht zu, denn ich hatte nicht viel Ahnung, hatte aber ein gutes Gespür dafür, was geht und was nicht. Und zudem hatte ich mit Herbert Brün und Wolf Rosenberg sehr avancierte Freunde, die bei Stefan Wolpe studierten. Und Wolpe war Webern-Schüler und ein avancierter Komponist. So habe ich viel darüber gehört was wirklich neue Musik ist und das habe ich wiederum Bergmann gezeigt. Aber das Komponieren war bei ihm eine Frustration. Ich glaube, er hat nicht ein einziges Stück zu Ende gebracht.

RS:
Sie hatten also sehr viel Musikunterricht und mussten sehr viel üben. Aber daneben gingen Sie noch zur Schule.

---

[26] Ernst Bücken (Hrsg.), *Handbuch der Musikwissenschaft*, Athenaion, Wildpark-Potsdam 1928–34.

WL:
Im ersten Jahr in Palästina, als ich 14 war, ging ich in das Schalwa-Gymnasium. Nachher hatte ich nur noch Privatunterricht. Mein Vater wollte, dass ich das Abitur mache. Das „Matriculation Certificate" nannte sich das, kurz „Matric", die Aufnahmeprüfung für die englischen Universitäten, denn man wollte ja auf einer europäischen Universität studieren. Dafür musste man in England das „Matriculation Certificate" haben, das entsprach dem Abitur und wurde im ganzen British Empire angeboten, man musste dafür nicht nach London fahren. Und Palästina war ja Britisches Mandatsgebiet, wurde also unter den Gesetzen der Britischen Regierung verwaltet und so wurde auch die „Matriculation" angeboten: Einmal im Jahr konnte man diese Prüfungen ablegen. Man musste sich aber darauf vorbereiten, und zwar in Abendkursen, denn viele junge Leute, die studieren wollten, waren schon älter, Anfang 20, und mussten tagsüber ihr Brot verdienen. Und so gab es die verschiedensten Schulen in Tel Aviv, die sich spezialisierten auf Abendunterricht, wo es vier, fünf Fächer gab, die man für die „Matriculation" lernen musste. Genauso wie in der Musik gab es dort erstklassige Lehrer, die in Europa ihre Stelle verloren hatten. So bin ich drei Jahre lang drei bis viermal pro Woche von 20 bis 23 Uhr in die Abendschule gegangen und habe 1943 das „Matriculation Certificate" bestanden.

RS:
Waren das für das „Matric" also allgemeine Fächer?

WL:
Ja: Mathematik, Englisch, Musik, Geschichte und eine Fremdsprache, da habe ich Deutsch genommen. Es gab ganz bestimmte englische Bücher, die speziell für die „Matriculation" geschrieben waren, in denen auch alle Fragen standen, die man beantworten musste. Um die Musikkurse habe ich mich aber nicht gekümmert, denn die Fragen, die man für das „Matriculation-Certificate" in der Musikprüfung bekam, zeugten von einer kaum zu fassenden Einfalt und Sturheit. Ich hatte auf Empfehlung von Rudolf Bergmann einen wunderbaren privaten Musikunterricht: Für Klavier hat er Frank Pelleg (ursprünglich Pollak)[27] empfohlen, denn ich spielte sowohl Geige als auch Klavier, und Paul Ben-Haim (ursprünglich Frankenburger)[28] aus München für Komposition, Theorie, Harmonielehre und Analyse. Ben-Haim war ein wunderbarer Mann, der Typ des protestantischen Pfarrers, ein ruhiger, großer, ernster, blonder Mann. Er war sowohl Komponist, als auch Theoretiker und Dirigent. Ich habe ihn später als Mahler-Dirigenten sehr schätzen gelernt, auch als Begleiter

---

[27] Frank Pelleg (Frank Pollak; Prag 24.9.1910 – Haifa 20.12.1968), Pianist und Cembalo-Spieler, studierte an der Prager Musikakademie und an der Universität Prag. Auf Einladung von Bronislaw Huberman emigrierte er 1936 nach Palästina. Nach dem Krieg unternahm er mehrere internationale Tourneen und spielte u. a. unter Klemperer, Paray, Dorati, Celibidache, Solti, Fricsay und Bertini. 1939 war er Gründungsmitglied des Forschungsinstituts für Jüdische Musik in Jerusalem und 1951 des Haifa Symphonie Orchesters, dessen Direktor er bis zu seinem Lebensende war. Das IGNM-Fest 1954 fand auf seine Initiative in Haifa statt.

[28] Paul Ben-Haim (Paul Frankenburger; München 1.10.1897 – Tel Aviv 14.1.1984) war Chorleiter und Korrepetitor am Bayrischen Staatstheater unter Bruno Walter und wurde 1924 Kapellmeister an der Oper Augsburg. Im Oktober 1933 wanderte er nach Palästina aus, wo er mehrmals das Palästina-Orchester dirigierte. Er konzentrierte sich aber in der Folge auf das Unterrichten (u. a. an der Jerusalemer Musikakademie) und das Komponieren. Er wurde Israels berühmtester Komponist.

Abb. 5: Richard Kapuscinski, Frank Pelleg, Erich Levin (Onkel von Walter Levin), Rudolf Bergmann, Walter Levin, Ernst Schreuer (Ehemann von Eva, geb. Levin), Tel Aviv 1954

und Kammermusikspieler. Bei ihm hatte ich einmal pro Woche Theorieunterricht. Ben-Haim habe ich verehrt. Seine Frau war Nicht-Jüdin. Merkwürdigerweise waren die Frauen meiner drei Lehrer alle Nicht-Juden, aber sie sind ihren Männern nach Palästina gefolgt. Bei Frank Pelleg hatte ich zweimal pro Woche Klavierunterricht. Pelleg stammte aus Prag und war ein ausgezeichneter Solist, sowohl auf dem Klavier als auch auf dem Cembalo. Er war ein Bach-Spezialist und hatte sich schon ganz früh, nach dem Vorbild von Wanda Landowska, auf das Cembalo spezialisiert, spielte aber auch das klassische Klavier-Repertoire. Er spielte in den Mozart-Konzerten auch seine eigenen Kadenzen, wie ich es später auch von Artur Schnabel hören würde, aber das hatte ich bis dahin noch nicht gehört. Es war also ein sehr umfassender und aufschlussreicher Unterricht, den ich bei allen drei Lehrern bekam. Man lernte, die Zusammenhänge zu erkennen.

Ich war also umgeben von der Kultur aus Prag und Wien. Von all dem kannte ich damals noch nichts, Karl Kraus zum Beispiel war bei meinen Eltern kein Thema. Bei Frank Pelleg habe ich zum ersten Mal die roten Hefte von Karl Kraus' Zeitschrift „Die Fackel" gesehen. Ich habe aber nicht verstanden, worum es da eigentlich ging: Ich hatte noch viel nachzuholen. Ich war also in einem ganz deutschen Kulturkreis in Tel Aviv. Meine Freunde, Herbert Brün, Wolf Rosenberg und Wolfgang Hildesheimer, sprachen alle Deutsch, und mit meinen Lehrern sprach ich auch nur Deutsch.

RS:
Es ist eigentlich erstaunlich, dass Sie überhaupt Hebräisch gelernt haben!

WL:
Nur durch die Schule. Das hat mein Vater sofort erkannt: „Du gehst jetzt erstmal zur Schule, bis Du so viel Hebräisch kannst, dass Du dem Unterricht folgen kannst." Dabei hat mir dann meine Leidenschaft für Thomas Mann sehr geholfen, die durch einen meiner Kollegen im Schalwa-Gymnasium geweckt wurde. Neben mir saß nämlich ein deutscher Junge, der schon länger da war und sehr gut Hebräisch konnte. Während des Unterrichts las er immer in größter Ruhe unter der Schulbank ein Buch. „Was liest Du denn da?", fragte ich ihn. „,Die Buddenbrooks' von Thomas Mann". „So? Ist das so interessant?" „Lies es mal!" Im Bücherschrank meiner Eltern habe ich es natürlich gleich gefunden und habe also *Buddenbrooks* gelesen: Ich war hingerissen. So habe ich aus dem Bücherschrank meiner Eltern ein Buch von Thomas Mann nach dem anderen gelesen. Und da ich Hebräisch lernen und sprechen musste, war ich damals auch in einer Jugendgruppe, die von einem Amateurtrompeter, Galibow, geleitet wurde. Galibow stammte aus Bulgarien, hatte eine deutsche Frau und war ein exzellenter Hebräischlehrer. Und in dieser Jugendgruppe musste jeder einen Vortrag über irgendein Interessengebiet halten. „Worüber willst Du denn einen Vortrag halten?", fragte er mich. „Über ‚Tonio Kröger' von Thomas Mann." Ich habe den Vortrag auf Deutsch geschrieben und mit Galibows Hilfe auf Hebräisch übersetzt. Es war schon nicht ganz leicht, Fächer wie Mathematik, Geometrie oder Geschichte in einer Sprache zu lernen, mit der man kaum vertraut ist. Aber viel schlimmer war, dass ich in der Schule auch Arabisch als Fremdsprache hatte, und das wurde auf Hebräisch unterrichtet. Das war nun abenteuerlich, denn ich war ja erst dabei, überhaupt Hebräisch zu lernen. Ich musste aber unbedingt durchkommen, denn mein Vater hatte mir als Ziel gesagt: „Wenn Du in Deiner Klasse anständig mitkommst, dann können wir darüber reden, ob ich Dich Musik studieren lasse, vorher nicht." Ich musste also in Arabisch eine relativ anständige Zensur bekommen. Ich habe mir dann einige Geschichten mit lateinischen Buchstaben transkribiert, sie morgens im Bett auswendig gelernt, und in der Schule aufgesagt. Der Akzent war nicht schwer für mich, dafür hatte ich immer ein gutes Gehör, aber ich habe keinen Ton verstanden, von dem was ich da aufsagte. Der Lehrer fand es aber ganz gut, und ich bin tatsächlich durchgekommen. Das war derselbe Bluff, mit dem ich schon in Berlin vorgetäuscht hatte, Noten lesen zu können.

RS:
Sie hatten sich schon sehr früh dazu entschieden, Quartettspieler werden zu wollen, und als Sie in Palästina angekommen sind, haben Sie schon sehr früh ein eigenes Quartett gegründet. Wie alt waren Sie damals?

WL:
Als ich in Palästina ankam, war ich gerade 14 geworden und lernte in Tel Aviv ziemlich schnell Gideon Strauss kennen, einen Bratscher, der etwa zehn Jahre älter war als ich. Er war auch nach Palästina ausgewandert und arbeitete bei der Bank Leumi, der „Bank des Staates". Er war ein begeisterter Bratscher, der nicht Berufsmusiker geworden war, weil er sein Leben damit nicht bestreiten konnte. Aber in seiner Freizeit spielte er ausgezeichnet Bratsche und war einer von diesen Amateuren, die so gut sind wie die Berufsmusiker und eine ungeheure Literaturkenntnis haben: ein intelligenter, belesener Intellektueller, der sich auskannte. Er hatte sein Leben lang, schon in Berlin, intensiv Kammermusik gespielt. Das war für mich eine unglaubliche Anregung. Er wurde eigentlich mein Mentor für Kammer-

Abb. 6: Plakat eines Konzerts mit Frank Pollak und Walter Levin, Tel Aviv 15.2.1941

musik. Mit Rudolf Bergmann hatte ich zwar einen fabelhaften Violinlehrer, der selbst auch Quartett spielte, aber dessen Aufgabe war es, mir Geige beizubringen. Mein Quartettspielen wurde durch Gideon Strauss recht eigentlich in die richtige Richtung gebracht. Er hat zum Beispiel darauf gedrungen, zum Einstudieren eines Quartetts die Partitur zu studieren, statt einfach nur aus den Stimmen zu spielen. Dann lernte ich ziemlich schnell lauter junge Musiker kennen: In Tel Aviv war das nicht schwer. Ich kam in eine Klasse von Kommilitonen, von denen etwa ein Drittel Geige spielte und die anderen zwei Drittel Klavier, und zwar hervorragend. Es gab auch ein, zwei Cellisten und Bratscher, und in der großen Pause bildeten wir ein Kammerorchester und spielten Bach, das dritte *Brandenburgische Konzert*, Concerti grossi von Händel und Vivaldi. Ich hatte also sofort musikalische Gesellschaft, und zwar mit sehr guten Geigern. Mein Klassenkamerad Chaim Taub ist der erste Geiger vom Tel Aviv Streichquartett geworden und später Konzertmeister vom Israel Philharmonic Orchestra. Viele meiner Mitschüler waren sehr gute Instrumentalisten und später im Palästina-Orchester. Und mit ihnen und anderen Freunden habe ich, als ich etwa 15 war, ein Quartett gegründet: Es war meine Initiative, weil ich schon immer Quartett spielen wollte. Die Besetzung habe ich immer wieder ein wenig geändert, als ich merkte, dass es nicht die richtige war. So hatte ich am Anfang zwei Kollegen, die auch bei Bergmann studierten, ein irrsinnig begabter Geiger, Itzhak Markowetzki, so ein „Zigeuner"- oder Kaffeehausgeiger, unglaublich virtuos, der ohne jegliche Mühe alles spielen konnte, aber von Musik wenig

Palästina

Abb. 7: Plakat eines Konzerts mit Rudolf Bergmann, Frank Pollak und Walter Levin, Tel Aviv 27.3.1943

Ahnung hatte. Bergmann hat sich sehr aufgeregt, weil er dem Jungen nicht beibringen konnte, wie man es richtig macht, sondern er spielte einfach alles instinktiv. Der war am Anfang bei mir im Quartett. Ich spielte zuerst zweite und er erste Geige. Auch Erich Grünberg hat bei mir im Quartett gespielt, und wir haben uns als erste und zweite Geige abgewechselt und sind in die Kibbuzim auf Tournee gegangen. Auch mein Freund Werner Torkanowsky war Geiger im Quartett. Als Cellist hatte ich Jaakov Mense, der noch ins große Herzlia Gymnasium in Tel Aviv zur Schule ging. Er war ein Mitschüler meiner Schwester Friedelore bei Theo Salzmann, einer der ersten Cellisten im Palästina-Orchester[29]. Wir haben unter anderem Beethovens Opus 18 Nr. 4 gespielt, im Ohel-Theater, einem der großen Theater in Tel Aviv. Mit Frank Pelleg am Cembalo haben wir auch in kammermusikalischer Besetzung das fünfte *Brandenburgische Konzert*, das d-Moll-Klavierkonzert und das Tripelkonzert von Bach in Museumskonzerten aufgeführt. Das war im Februar 1941, als ich gerade 16 geworden war, das heißt ziemlich jung für die Erfahrung, mit einem sol-

---

[29] Theo Salzmann (Wien 31.8.1907 – Santa Barbara [CA] 17.1.1982) erhielt seine musikalische Ausbildung am Neuen Wiener Konservatorium bei Wilhelm Jeral und Julius Lubowsky (Cello). Bei Simon Pullman bekam er Kammermusikunterricht (gleichzeitig mit den Geschwistern Galimir: siehe weiter unten) und nahm anschließend Privatunterricht bei Julius Klengel in Leipzig. Mit 19 Jahren wurde er Solocellist der Wiener Symphoniker und Lehrer am Neuen Wiener Konservatorium. 1938 emigrierte er nach Palästina und war bis 1947 erster Cellist im Palästina Orchester. Anschließend lebte Salzmann bis 1951 in Australien und wanderte dann in die USA aus, wo er durch William Steinberg als Solocellist im Pittsburgh Symphony Orchestra engagiert wurde. Daneben pflegte er weiter seine Leidenschaft für Kammermusik und Lehrtätigkeit.

chen außerordentlichen Solisten zu spielen. Man lernte bei ihm ungeheuer gut zuzuhören, und lernte auch eine klangliche Art, Musik zu machen, die mir später bei einem Tasteninstrumentspieler kaum jemals wieder begegnet ist.

Ich habe also die Besetzung im Quartett immer wieder ein bisschen geändert. So kamen wir einmal mit dem Quartett zum Kibbuz Givat Brenner und haben dort im Chadar Ochel, im großen Esssaal, ein Konzert gespielt, denn das war der einzige große Saal. Das war sehr schön in Palästina: Wenn man Musik spielte, war man überall sehr willkommen, denn die Kibbuzbewohner waren außerordentliche Musikliebhaber. Man wurde kostenlos untergebracht, setzte sich mit allen Leuten zum Abendbrot zusammen und aß von den wunderbaren Sachen, die da wuchsen. Nachher wurden die Stühle umgestellt, und wir spielten ein Konzertprogramm. Die Leute waren begeistert, wir spielten verschiedene Zugaben, aber damit war es nicht getan, denn jetzt kam der wichtigste Teil des Abends: ein Wunschkonzert. Man tat gut daran, darauf vorbereitet zu sein, denn da wurden die schwersten Quartettstücke gewünscht. Wir lernten also sehr schnell, uns in der großen Quartettliteratur zu orientieren. Die Kibbuzmitglieder kannten sich auch gründlich aus, sogar mit den späten Beethoven-Quartetten, und eine Mehrzahl der Zuhörer verfolgte das Konzert mit Taschenpartituren. Das ging stundenlang, bis in den frühen Morgen. Und dann kam jemand auf uns zu und sagte: „Wollen wir nicht das Schubert-Quintett spielen?" Das war Chaim Rothschild, ein Cellist. Den ganzen Tag hat er im Kibbuz gearbeitet und abends hat er Cello gespielt, aber wie! Er hatte in Leipzig mit Julius Klengel[30] studiert und kannte auch die ganze Quartettliteratur, so wie Gideon Strauss: es gab außerordentlich gebildete, wissende Leute in den Kibbuzim. Mit ihm als Quartettcellisten sind wir auf Tournee gegangen, einfach zu Fuß durch die Kibbuzim, vom einen zum nächsten und man wurde mit einer Freude aufgenommen und behandelt, als ob man der engste Verwandte wäre. Da haben wir Konzerte gespielt und übernachtet, manchmal mit einem Moskitonetz im Freien, wenn es sehr heiß war. So etwas hatte ich noch nicht gesehen, solche Leute, die sich mit der Musik gründlich auskannten, und die einem ihre ganzen Kenntnisse beibrachten: Das war schon eine sehr gute Lehre und eine herrliche Erfahrung. Das waren Konzerterlebnisse, wie ich sie später nie wieder erlebt habe. Ich habe viel gelernt in Palästina. Das war eine ganz andere Atmosphäre als in Berlin. Das Leben in den Kibbuzim verbreitete damals eine wunderbare, harmonische Atmosphäre: Das war mein großer Eindruck, als ich diese Tourneen mit meinem Quartett machte, und es gab unglaubliche Leute in diesen Kibbuzim. Meine Schwester Eva ist ja auch in einen Kibbuz gegangen.

RS:
Haben Sie mit diesem Jugendquartett regelmäßig geprobt?

WL:
So oft wie möglich, wann immer die Leute Zeit hatten. Es war in dem Sinne kein reguläres Quartett, wir hatten ja alle anderes zu tun. Aber wenn Gelegenheit war, haben wir Stücke einstudiert, damit wir wieder auf Tournee gehen konnten. Wir haben zum Beispiel ein Haydn-Quartett ausgewählt und geübt, dann haben wir Tschaikowskys Opus 11 gespielt und Schuberts a-Moll-Quartett.

---

[30] Julius Klengel (24.9.1859–27.10.1933) war 1881–1924 erster Cellist im Gewandhaus-Orchester Leipzig. Zu seinen bekanntesten Schülern gehörten Emanuel Feuermann und Gregor Piatigorsky.

In dieser Zeit habe ich auch intensiv und viel darüber gelernt wie man als Quartett arbeitet. Und, wenn man in einem Quartett ist, dass man auch mit den Kollegen umgehen muss, dass man sich nicht einfach dickköpfig durchsetzen kann, sondern auch andere Meinungen gelten lassen muss. In dieser Hinsicht war Gideon Strauss immer ein pazifizierender Einfluss für mich, auch später. Er hat sich das LaSalle-Quartett angehört, in San Francisco, erinnere ich mich, und kam nachher zu mir und sagte: „Ich finde Deine Intonation nicht gut, Du spielst ein bisschen zu hoch. Weißt Du woher das kommt?" Es war das Vibrato, denn ich habe über die Noten vibriert. Das wusste ich zwar, habe es aber trotzdem getan. Das hört sich dann zu hoch an, weil sich das Ohr am höchsten Ton orientiert. Ich musste lernen das zu ändern. Gideon war immer ein sehr guter Zuhörer und hat mir sehr geholfen. Er wusste auch wie man mit mir redet. Er kam auch zu uns in Colorado zu Besuch, und auch später haben wir uns noch jahrelang immer irgendwann regelmäßig gesehen, denn er kam mit seiner Familie nach Amerika, und hat noch lange in New York gelebt.

RS:
Kamen die Repertoirevorschläge für das Jugendquartett vor allem von Gideon Strauss?

WL:
Ja. Ich hatte ja wenig Ahnung. Ich wusste nur, dass ich gerne Beethovens Opus 59 Nr. 2 und Opus 127 spielen wollte, weil ich die vom Calvet-Quartett in Berlin gehört hatte. Aber Gideon hat mir davon abgeraten – das hätte noch Zeit.

RS:
Eigentlich hatten Sie bezüglich Quartettspiel damals kaum Vorbilder, denn so viele Quartette gab es in Palästina damals nicht.

WL:
Nein. In Palästina gab es die Quartette der vier Konzertmeister im Palästina-Orchester: Rudolf Bergmann, Józéf Kaminski, Lorand Fenyves und Andreas Weissgerber mit seinem Bruder, dem Cellisten Joseph Weissgerber. Bergmann hatte ein sehr gutes Quartett, mit dem er in Tel Aviv regelmäßig Konzerte im Museum am Boulevard Rothschild gab. Es bestand aus einem zweiten Geiger aus dem Palästina-Orchester, der Bratscherin Renée Galimir und dem Cellisten Theo Salzmann. Dieses Quartett war für mich in jeder Hinsicht beispielhaft, weil es in sehr gut geprobten Aufführungen viele der großen Werke der Literatur spielte, wie die späten Beethoven-Quartette, die Quartette von Brahms und alle Haydn gewidmeten Quartette von Mozart, sodass ich diese Literatur zum ersten Mal wirklich professionell kennenlernte. Renée Galimir war eine phänomenale Bratscherin. Es wurde mir aber erst viel später bewusst, was für eine großartige Musikerin da in Bergmanns Quartett mitspielte. Sie war eine der drei Schwestern von Felix Galimir, mit denen er in den 1920er Jahren in Wien das Galimir-Quartett gegründet hatte: Adrienne Galimir spielte die zweite Geige und Marguerite Galimir das Cello.[31] Felix Galimir war mit seiner Schwester Renée

---

[31] Felix Galimir (Wien 12.5.1910 – New York City 10.11.1999) hatte 1927 mit seinen drei Schwestern Adrienne (*1912), Renée (*1908) und Marguerite (*1905), anlässlich des 100. Todesjahres Beethovens in Wien das Galimir-Quartett gegründet, welches sich unter der besonderen Förderung ihres Kammermusiklehrers Simon Pullman zu einem ausgezeichneten, auf neue Musik spezialisierten Ensemble entwickelte.

auf Einladung Hubermans 1936 dem Palästina Orchester beigetreten, er war aber schon 1938 durch Toscanini nach New York ins NBC-Orchester abgeworben worden, während Renée Galimir Zeit ihres Lebens in Palästina blieb.[32] Das Galimir-Quartett hatte bereits in Jugendjahren in Wien eine enorme Rolle gespielt, aber Renée Galimir war ganz bescheiden und hat nie erwähnt, dass sie ein ganzes Repertoire, das in Palästina zu dieser Zeit nicht gespielt wurde, bereits als Jugendliche in Wien kennengelernt und selbst gespielt hatte. Das Galimir-Quartett hatte zum Beispiel schon in den späten 1920er Jahren, kurz nach der Uraufführung durch das Kolisch-Quartett, die *Lyrische Suite* von Alban Berg einstudiert: Das ist ein Stück, das normalerweise durchaus nicht von Teenagern gespielt wird. Im April 1931 hatten sie Berg zu ihrer Erstaufführung des Werkes eingeladen, wovon er so beeindruckt war, dass er eine wunderbare Widmung in Felix Galimirs Partitur geschrieben hat. 1936 hat das Galimir-Quartett die *Lyrische Suite* in Paris sogar auf Platte aufgenommen, wofür sie den Grand Prix du Disque gewonnen haben.[33] Wenn man die Aufnahme heute hört, auch ihre technische Qualität, bezeugt sie, was für ein hervorragendes Ensemble dieses Galimir-Quartett war.[34] Felix Galimir habe ich aber erst in New York kennengelernt. Eines der ersten Konzerte des LaSalle-Quartetts haben wir 1949 bei Stefan Wolpe in dessen Privatwohnung gespielt. Bei diesem Konzert war Felix Galimir als Zuhörer dabei.[35]

In Berlin habe ich damals von den guten Berufsquartetten nur das Calvet-Quartett[36] gehört. Denn das Busch-Quartett hat nach 1933 in Nazi-Deutschland nicht mehr gespielt. Die wirklich guten Quartette spielten alle nicht mehr in Deutschland. Warum Calvet in Nazi-Deutschland gespielt hat, verstehe ich bis heute nicht, denn mindestens ein Mitglied, der zweite Geiger, Daniel Guilet, war ein reiner Jude.[37]

RS:
Bis dahin kannten Sie also vor allem die in den Hauskonzerten bei Ihren Eltern gespielte Quartettliteratur.

WL:
Ja. Das war gehobener Dilettantismus, und es wurde nur das klassisch-romantische Repertoire gespielt. Auch in Palästina bin ich eigentlich nicht über die Romantik und eventuell mal ein impressionistisches Stück hinausgekommen. Man war damals in Palästina sehr reaktionär, was den Musikgeschmack anbelangt. Modernes Repertoire habe ich erst in Tel

---

[32] Felix Galimir war 1939–54 Konzertmeister im NBC Symphony Orchestra. Adrienne Galimir heiratete 1936 den Geiger Louis Krasner und wanderte mit ihm nach Amerika aus.
[33] Das Galimir-Quartett hatte gehofft, dass Alban Berg die Aufnahmesitzungen beaufsichtigen könnte, aber glücklicherweise hatten sie ihn vor seinem Tod noch wegen Einzelheiten der Partitur zu Rate ziehen können.
[34] Die Aufnahme von Alban Bergs *Lyrischer Suite* durch das Galimir-Quartett ist beim Label Testament erhältlich, Bestellnummer SBT 1004. Die CD enthält zudem die Einspielung aus dem Jahre 1936 von Bergs Violinkonzert mit Louis Krasner als Solist und dem BBC Symphony Orchestra unter der Leitung von Anton Webern.
[35] Siehe dazu Kapitel 3, „Die Geschichte des LaSalle-Quartetts".
[36] Das Calvet-Quartett wurde 1919 gegründet und 1940 aufgelöst. Auf Anregung von Nadia Boulanger gab es 1928 seinen ersten Zyklus sämtlicher Beethoven-Quartette. Joseph Calvet gründete 1945 in neues Quartett, das 1950 aufgelöst wurde.
[37] Daniel Guilet (ursprünglich Guilevitch, 10.1.1899–14.10.1990) war 1929–40 der zweite Geiger im Calvet-Quartett. 1942 gründete er in New York das Guilet-Quartett und war ab 1951 Konzertmeister im NBC-Orchester unter Arturo Toscanini. 1955 gründete er mit Menahem Pressler das Beaux Arts Trio, dessen Mitglied er bis 1969 war.

Aviv durch meine beiden Freunde Herbert Brün und Wolf Rosenberg kennengelernt. Durch sie lernte ich zum ersten Mal etwas über die Zwölftonmusik, von der ich damals noch nichts gehört hatte. Sie haben versucht, sie mir beizubringen, aber ich habe mich dafür nicht sonderlich interessiert. Dann gab es die Gelegenheit, beim Musikwissenschaftler Peter Gradenwitz[38] am Samstag, dem Sabbat, auf dem Dach seines Hauses in Tel Aviv an Plattenkonzerten teilzunehmen. Gradenwitz war eine ungeheuer anregende Persönlichkeit. Er bekam interessante Platten und spielte nicht nur das gängige Repertoire, sondern auch eine außerordentliche Serie von Aufnahmen, die zu Schönbergs 70. Geburtstag gemacht worden waren. Das mir damals noch völlig unbekannte Kolisch-Quartett hatte auf Veranlassung von Alfred Newman, einem bekannten Filmkomponisten und Schüler von Schönberg, in einem Filmstudio in Hollywood dessen vier Quartette aufgenommen, die nun privat vertrieben und mit einer Einführung von Schönberg auf einer der Platten an die früheren Schüler und an Freunde verschickt wurden. Auf diese Weise habe ich zum allerersten Mal das dritte und das vierte Schönberg-Quartett gehört.[39] Das war ein unglaublicher Schock und für mich ein Buch mit sieben Siegeln, ich habe gar nichts verstanden, und es war mir völlig unbegreiflich, wie man eine solche Musik überhaupt spielen und wie man sich darin denn orientieren konnte. Wenn man sich die Daten der Aufnahmen ansieht, stellt sich zudem heraus, dass diejenige des vierten Quartetts am Vormittag des Tages der Uraufführung im Konzert am Abend entstanden ist.[40] Dass das Kolisch-Quartett so etwas gewagt hat, ist mir bis heute ein Rätsel. Noch unglaublicher ist, dass das Kolisch-Quartett die ersten drei Quartette sämtlich auswendig gespielt hat. Hier war also zum ersten Mal eine Musik, die mit dem, womit ich vertraut war, kaum irgendetwas zu tun hatte: Das musste ich unbedingt kennenlernen. So kam ich zuerst zu den Schönberg-Quartetten. Webern und Berg habe ich erst später in New York wirklich kennengelernt. Aber der Eindruck von diesem Plattenkonzert auf dem Dach bei Peter Gradenwitz hat mich mein ganzes Leben lang begleitet. Es war wieder derselbe Eindruck, den ich hatte, als ich in Berlin das Calvet-Quartett Beethoven hatte spielen hören. Wie die beiden Beethoven-Quartette, die ich in Berlin gehört hatte, gehörten das dritte und das vierte Schönberg-Quartett zu den ersten Stücken, die ich später mit dem LaSalle-Quartett selbst einstudiert habe: Es ließ mich nicht mehr los – ich musste diese Stücke lernen, um verstehen zu können, wie man ein solches Stück lernt.

RS:
Sie haben in Tel Aviv doch auch noch ein Orchester gegründet?

---

[38] Peter Gradenwitz (Berlin 24.1.1910 – Tel Aviv 27.7.2001) studierte Musikwissenschaft, Literaturgeschichte und Philosophie in Freiburg im Breisgau, Berlin und Prag sowie Komposition und Musiktheorie u. a. bei Julius Weismann und Josef Rufer. Er promovierte 1936 in Prag. Seit 1933 war Peter Gradenwitz mit Rosi Wolfsohn verheiratet (gestorben 1965), der Tochter von Dr. Georg Wolfsohn, Freund und Arzt Schönbergs in Berlin. Gradenwitz emigrierte im Oktober 1936 nach Palästina, wo er Mitbegründer der nationalen Sektion der IGNM wurde und 1949 den ersten israelischen Musikverlag internationaler Prägung gründete (Israeli Music Publications). 1968–77 war er Dozent am Musikwissenschaftlichen Institut der Universität Tel Aviv.

[39] Diese Aufnahmen entstanden Ende Dezember 1936 und Anfang Januar 1937 in den Studios der United Artists in Hollywood als Privataufnahme. Sie sind heute auf CD erhältlich bei Archiphon (ARC 103/104), Verein für musikalische Archiv-Forschung e. V., 77694 Kehl/Rhein. Im CD-Begleitheft (S. 12–19) erzählt Fred Steiner die abenteuerliche Entstehungsgeschichte dieser Aufnahmen.

[40] Das Kolisch-Quartett spielte in einem von der Sponsorin Elisabeth Sprague Coolidge organisierten Zyklus an der UCLA Schönbergs vier Streichquartette sowie die späten Beethoven-Quartette.

Walter Levins Jugend- und Ausbildungsjahre

WL:
Ja. Das geschah, als ich soweit war, dass mein Lehrer Bergmann mich als Zuzügler für das Palästina-Orchester empfehlen konnte. Wenn ein Teil des Orchesters nämlich nach Ägypten auf Tournee gegangen war, dann blieb ein Rumpforchester, das in den Kibbuzim Konzerte spielen ging. Aber manchmal brauchten sie für größere Besetzungen noch Aushilfen und dann konnte ich ab und zu im Orchester mitspielen. So habe ich zum ersten Mal die Vierte Symphonie von Mahler gespielt: Das war eine ziemliche Aufgabe für mich, denn ich hatte keine Ahnung, wie schwer Mahler-Symphonien sind. Und dann gingen wir zu Kibbuzim mit einem Hornkonzert von Mozart, mit frühen Beethoven- und Mozart-Symphonien: Dort habe ich das alles kennengelernt. Daraufhin sagte ich mir: „Wenn man später einmal beruflich in einem Orchester spielen sollte, müsste man doch eigentlich die Orchesterliteratur kennenlernen. Aber es gibt in Tel Aviv keine Musikschule, die ein Orchester hat. Wir Musikstudenten müssen doch unser eigenes Orchester haben!" So haben wir in Tel Aviv ein Musikstudenten-Orchester gegründet: „The Tel Aviv Music Students' Symphony Orchestra" nannten wir uns stolz. Es bestand aus ausgezeichneten Instrumentalisten. Noten konnte man in den Antiquariaten zum Teil kaufen. Es gab ein wunderbares Antiquariat in einem Treppeneingang: Schreiber und Fromm hießen sie, ausgezeichnete Leute, die sich ganz genau auskannten. Sie hatten nicht genug Geld für ein eigenes Geschäft und hatten sich die Erlaubnis geholt, im Treppeneingang eines Hauses ihre Musikalien zu verkaufen. Und dann gab es natürlich das Musikgeschäft Litauer. Ich habe noch viele Partituren, wo das drin steht. Herr Litauer war ein wunderbarer Mensch, ein ganz ruhiger, feiner Mann, der mich sehr mochte. An Partituren gab es ja alles, denn die Emigranten hatten ihre Noten mitgebracht und hatten dafür jetzt keinen Platz mehr. Sie verkauften sie also für einen Spottpreis. Die Klassiker konnte man wirklich für fünf Piaster kaufen, zehn Rappen für alle Beethoven-Symphonien!

Wir hatten aber nicht immer genug Geld, um die Noten zu kaufen. Als wir einmal Haydns D-Dur-Symphonie Nr. 104 spielen wollten, haben wir die Stimmen aus Eulenburg-Taschenpartituren abgeschrieben: Der Oboist hat die Oboenstimme abgeschrieben, der Fagottist die Fagottstimme, der erste Cellist die Cellostimme, und ich die Stimme der ersten Geigen – so hat jedes Orchestermitglied seine Aufgabe bekommen. So lernt man die Stücke natürlich sehr gut kennen, wenn man sie von Hand abschreibt. Mein Vater hat aber gesagt: „Das ist doch Zeitverschwendung! Ihr könnt euch die Noten doch sicher vom Palästina-Orchester borgen! Geh doch zu Leo Kestenberg und sag, dass Du die Stimmen ausleihen möchtest." Leo Kestenberg war als Ministerialrat im preußischen Ministerium für Kultur Leiter der Musik-, Kunst- und Theaterabteilung gewesen und hatte in Preußen eine wichtige und sehr fortschrittliche Reform der Musikerziehung eingeleitet. Er war auch beteiligt an der Gründung der fortschrittlichen Kroll-Oper in Berlin. Außerdem war er ein hervorragender Pianist. Kestenberg war also ein bekannter Mann, der Schönberg 1925 als Nachfolger von Ferruccio Busoni nach Berlin an die Musikhochschule der Akademie der Künste geholt hatte sowie auch Artur Schnabel und Carl Flesch. Jetzt war er Generalintendant vom Palästina-Orchester in Tel Aviv. Ich ging also zu Leo Kestenberg und habe ihm mein Anliegen erklärt, aber vergebens. Da nützte auch mein ganzes Verhandlungsgeschick nicht, er wollte einfach nicht. Er sagte: „Wir brauchen keine Nachwuchsmusiker für das Palästina-Orchester!" Als ich das meinem Vater erzählt habe, sagte er: „Das kann nicht sein, ich rede selbst mit ihm." Mein Vater war ein guter Verhandler, energisch, und hat Herrn Kestenberg angebrüllt, aber das hat genauso wenig genutzt: Er hat die Noten nicht bekommen. Daraufhin hat mein Vater gesagt: „Kaufe die Noten: Das zahle ich selbst und wir werden auch genug Geld bekommen, damit Ihr einen Dirigenten bezahlen könnt." Nebst Frank Pelleg, meinem Klavierlehrer, hatten wir dann verschiedene Dirigenten. Einer war Georg Singer, ein tschechischer Operndirigent erster Klasse, der sich fabelhaft auskannte. Ein richtiger Opernkapellmeister, der in Prag schon viel dirigiert hatte, das ganze Repertoire kannte und mit jungen Leuten umgehen konnte.[41] Und dann Chanan Eisenstaedt, der einarmige Dirigent aus dem Kibbuz Ben Shemen, der hat auch wunderbar dirigiert. Geprobt haben wir zweimal pro Woche im großen Studio in Frank Pellegs Haus. So haben wir ein paar Jahre gearbeitet. Konzerte gab es jeweils im Museum: die *Don-Giovanni*-Ouvertüre, die g-Moll-Symphonie von Mozart und die Erste Symphonie von Beethoven. Ein schönes Programm, und zum Teil mit abgeschriebenen Stimmen! Wir haben alles selbst gemacht, auch die Programme bei einer Druckerei drucken lassen. Ich habe sehr viel gelernt als Organisator eines Orchesters. Der Saal war bis zum letzten Platz voll und es war ein Riesenerfolg. So etwas konnte man in Tel Aviv machen, und es gab auch Leute, die einen dabei unterstützt haben.

RS:
Also eigentlich wie später in Amerika.

WL:
Ja, genau. Zu seiner Ehrenrettung muss ich jedoch anfügen, dass ich auch eine ganz entgegengesetzte Erfahrung mit Kestenberg hatte. Das war durch meinen Freund und Kollegen Max Pressler, später nannte er sich Menahem Pressler, der mit Kestenberg als Pianist befreundet war. Er schätzte Kestenbergs pianistische Fähigkeiten außerordentlich, die man nur privat hören konnte, denn Kestenberg gab keine Konzerte mehr. Max Pressler arrangierte, dass Kestenberg für unsere Gruppe junger Musikstudenten bei sich zu Hause Vortragskonzerte gab. Da gab es wunderbare Nachmittage, in denen er uns große Werke der Klavierliteratur vorspielte und sie analysierte, zum Beispiel Beethovens Diabelli-Variationen, eines der ganz großen späten Beethoven-Werke. Daran erinnere ich mich ganz besonders, denn dieses Stück kannte ich vorher nicht.

RS:
Kannten Sie Max Pressler schon aus Berlin?

WL:
Nein, wir haben uns erst in Tel Aviv getroffen. Er kam im selben Jahr wie ich aus Berlin und sein Vater hatte, wie auch meiner, ein Herrenkonfektionsgeschäft in Tel Aviv. Er studierte Klavier und wir befreundeten uns sofort. Er gehörte auch zum Kreis junger Leute, die überall hingingen, wo es Platten zu hören gab, und die gemeinsam in Konzerte gingen. Er war ein außerordentlich begabter Pianist und schon sehr früh Solist mit dem Orchester. Er

---

[41] Georg Singer (Prag 6.8.1908 – Tel Aviv 30.9.1980) studierte an der Prager Musikakademie bei Franz Langer und Erwin Schulhoff Klavier sowie Komposition bei Alexander Zemlinsky. 1926–30 dirigierte er am Neuen Deutschen Theater in Prag, dann bis 1934 an der Hamburger Staatsoper. Nach seiner Rückkehr nach Prag emigrierte er 1939 nach Palästina, wo er im Dezember des selben Jahres zum ersten Mal das Palästina-Orchester dirigierte, dessen permanenter Gastdirigent er nachher wurde.

ging dann im selben Jahr wie ich, 1946, nach Amerika, wo er 1955 mit Daniel Guilet und Bernard Greenhouse das Beaux Arts Trio gründete.

RS:
Sie haben schon mehrfach Ihre Freunde Herbert Brün und Wolf Rosenberg erwähnt. Wie haben Sie die kennengelernt? Beide waren ja einige Jahre älter als Sie.

WL:
Herbert Brün kannte ich sozusagen seit meiner Geburt. Die Eltern Brün gehörten in Berlin nämlich zu den besten Freunden meiner Eltern. Und am Abend, an dem ich geboren wurde, am 6. Dezember 1924, gab es beim Onkel von Herbert Brün einen Kostümball, zu dem auch meine Eltern eingeladen waren. Aber meine Mutter blieb zu Hause, denn sie hatte das Gefühl, dass die Geburt bevorstand. Sie hat den Frauenarzt, Doktor Rosenberger, angerufen und brachte mich zur Welt. Da war Herbert sechs Jahre alt. Und als ich sechs war, kam ich schon in das Kinderorchester, für das Herbert Brün eine Kindersymphonie geschrieben hat. Wir haben sie uraufgeführt mit Herbert am Klavier, und sein Vetter, Heinz Brün, dirigierte. Ich kann mich also nicht erinnern, Herbert Brün nicht gekannt zu haben.

RS:
Hat er damals tatsächlich schon komponiert?

WL:
O ja! Er hat von Anfang an komponiert, unglaublich begabt. Er hat auch ein wunderbares Lied zum Geburtstag des Leiters des Jüdischen Kulturbundes geschrieben, Kurt Singer, mit dessen Tochter er damals befreundet war: den Text und die Musik. Im Kinderorchester waren auch meine beiden Schwestern und alle jungen Musiker, die es in Berlin gab. Wir sind in Berlin auf Tournee gegangen, und haben auch bei der Eröffnung des neuen Rundfunkhauses in der Masurenallee gespielt, bei „Onkel Brauns Kinderstunde", dem berühmten Radiomann. 2006 wurde im Rundfunkhaus das 75-jährige Jubiläum gefeiert, und dazu wurde ich, als einer der ersten, die da mitgewirkt hatten, auch eingeladen. Ich habe damals, 1931, bereits in demselben Sendesaal gespielt, in dem wir später mit dem LaSalle-Quartett regelmäßig unsere Lecture-Recitals machten: Der Sendesaal ist unverändert. Damals war ich aber vor allem vom Paternoster begeistert: Auch den gibt es heute noch.

Herbert Brün ist schon 1936 auf Einladung von Emil Hauser nach Palästina ausgewandert. Emil Hauser, der ehemalige erste Geiger vom Budapest-Quartett, hatte nämlich in Jerusalem ein Konservatorium gegründet, das einzige vernünftige Konservatorium, das es damals in Palästina gab, denn das Konservatorium in Tel Aviv war miserabel. Herbert Brün wurde von Emil Hauser eingeladen, um am Jerusalemer Konservatorium bei Stefan Wolpe Komposition zu studieren und bekam dazu ein Stipendium.[42] Stefan Wolpe als Lehrer für Komposition zu haben, besser geht es schon nicht! Und wenn man ein Stipendium hatte, das einem Lebensunterhalt und alles bezahlte, dann bekam man von den Engländern, die

---

[42] Emil Hauser war 1917–32 erster Geiger im Budapest-Quartett. Von Palästina aus bereiste er Anfang der 1930er Jahre Deutschland, um jungen Musikern und jungen Komponisten Stipendien zu verleihen, damit sie in Jerusalem studieren konnten. Durch diese Aktion von Emil Hauser wurde Herbert Brün und auch Wolf Rosenberg, der bei dieser Gelegenheit ebenfalls ein Stipendium bekam, das Leben gerettet.

mit Visen äußerst restriktiv waren, ein Studentenvisum. Das war sonst praktisch unmöglich zu bekommen. Und das hat Herbert Brün das Leben gerettet. Seine Schwester ist aus Deutschland auch noch herausgekommen, seine Eltern, Richard und Steffa, sind aber im KZ umgebracht worden. Sie waren für mich wie Onkel und Tante. Von ihnen habe ich zu meiner Einsegnung, meiner Bar Mizwa, das Brahms-Violinkonzert auf Schallplatte bekommen, mit Joseph Szigeti und dem Hallé-Orchester unter Sir Hamilton Harty[43], eine wunderbare Aufnahme. Wenn Sie die heute spielen, ist es nicht zu glauben, wie gut das aufgenommen ist, mit einem einzigen Mikrofon! In 1929 war das elektrische Mikrofon gerade erst erfunden worden!

RS:
Kannten Sie Wolf Rosenberg auch schon aus Berlin?

WL:
Nein, Wolf Rosenberg habe ich über Herbert Brün erst in Palästina kennengelernt.[44] Rosenberg studierte wie Herbert Brün bei Stefan Wolpe. Brün war sein bester Freund und beide spielten abends in Jerusalem als Nebenverdienst Klavier in einer Bar. Brün war ein idealer Jazzpianist, Rosenberg ein miserabler, aber er hatte auch eine Stelle. Wolf Rosenberg war ein wunderbarer Mensch, und für mich eine solche Inspiration! Er hatte eine unglaubliche Plattensammlung, lauter Werke, die ich noch nie gehört hatte. Die Neunte Symphonie von Mahler zum Beispiel, in der neuen Aufnahme mit Bruno Walter und den Wiener Philharmonikern, die 1938 erschienen war. Da muss man mitten im Ländler die 78er-Plattenseite wenden und dann kommen dieselben Takte noch einmal: Wenn ich die heutigen Aufnahmen höre, wo das nicht doppelt kommt, fehlen mir diese Takte sehr, ich kenne dieses Stück eben ganz anders! Und auch die alte *Aida*-Aufnahme auf Columbia habe ich bei ihm gehört, eine herrliche Aufnahme! Lauter solche Platten hatte er. Er war ein Opernfanatiker und hatte sie alle auf 78er-Platten. Das war unglaublich: Ich konnte mich in Jerusalem stundenlang in seinem Zimmerchen aufhalten. Von Rosenberg habe ich zudem auch mehr über musikalische Interpretation gelernt als damals von meinen Instrumentallehrern, denn er kannte sich aus mit Dingen, die ich erst an der Juilliard School oder noch später gelernt habe. Zum Beispiel kannte er sich sehr genau mit der Aufführungspraxis in der Mozart-Zeit aus, schon lange vor der Bewegung der authentischen Aufführungspraxis, die ab den 1960er Jahren entstanden ist.

RS:
Sie haben dann auch Wolfgang Hildesheimer kennengelernt.[45]

---

[43] Hamilton Harty (4.12.1879 – 19.2.1941), irischer Komponist, Dirigent und Pianist, war 1920–33 Dirigent des Hallé-Orchesters in Manchester, das er zum damals wohl besten Orchester in England formte. Er dirigierte die ersten Aufführungen in England von Mahlers Neunter Symphonie (27.2.1930) und von Schostakowitschs Erster Symphonie (21.1.1932) sowie die ersten Aufführungen in Manchester von Mahlers Vierter Symphonie (1927) und vom *Lied von der Erde* (1930). Nach 1933 dirigierte Harty hauptsächlich die Londoner Orchester.
[44] Wolf Rosenberg (Dresden 17.1.1915 – Frankfurt/M. 18.1.1996), siehe auch Kapitel 10.12.
[45] Wolfgang Hildesheimer (Hamburg 9.12.1916 – Poschiavo 21.8.1991).

Walter Levins Jugend- und Ausbildungsjahre

WL:
Hildesheimer war schon in der Odenwaldschule in Deutschland ein großer Freund von Rosenberg. Das war ein freier, ganz progressiver Schulverein. Hildesheimer erzählt, wie er Rosenberg 1932 zum ersten Mal kennengelernt hat, als der mit seinem Chemielehrer vierhändig am Klavier Bruckners Vierte Symphonie gespielt hat. Mit den Erzählungen von Hildesheimer über Rosenberg in der Odenwaldschule könnte man ein Buch schreiben! Die beiden kümmerten sich überhaupt nicht um den normalen Schulbetrieb, denn sie konnten das alles schon! Hildesheimer ist 1933 mit seinen Eltern nach Palästina emigriert und hat 1937–39 in London Malerei und Bühnenbildnerei studiert. Er konnte also perfekt Englisch. Deswegen bekam er nach seiner Rückkehr nach Palästina auch sofort eine Stelle als Englischlehrer am British Council in Tel Aviv und als Informationsoffizier in Jerusalem für die Engländer. So lernte ich Hildesheimer in Jerusalem bei Rosenberg kennen. Ich war erst zwischen 15 und 16, und sie waren schon Mitte 20. Aber da ich Geige spielen konnte, mit Brün am Klavier Violinsonaten von Mozart und Beethoven spielte und mich mit Musik auskannte, wurde ich gleich akzeptiert. Hildesheimer hat mich angeregt, die Deutschen Klassiker zu lesen: „Kennst Du ‚Über das Marionettentheater' von Kleist? Und hast Du ‚Die Marquise von O' schon gelesen? Kleist hat wunderbare Novellen geschrieben: Die musst Du kennen. Und Lessing?" Ich hatte keine Ahnung. Bei uns zu Hause gab es das alles zwar: Wir hatten in Berlin eine Bibliothek, die oben auf einer Galerie um das ganze Zimmer herumging, mit Tausenden von Büchern. Einige davon habe ich geerbt, die stehen jetzt bei uns in Cincinnati: die vollständige Goethe-Ausgabe, die Schiller-Ausgabe, die Heine-Ausgabe, in Halbleder gebunden. Die Klassiker hatte ich damals doch noch nicht gelesen! Aber jetzt wollte ich das alles selbst haben, denn ich hatte in Tel Aviv inzwischen ein eigenes Zimmer, um die Ecke bei Ernst Markus, einem Rechtsanwalt, und seiner Frau Irene: Meine Eltern fanden es nämlich lästig, dass ich immer so spät nach Hause kam. Und in dieser Zeit habe ich entdeckt, dass man in Tel Aviv in den Antiquariaten diese Bücher für einen Spottpreis kaufen konnte, denn die Einwanderer hatten alle ihre Bibliotheken mitgebracht und hatten jetzt überhaupt keinen Platz mehr dafür. So habe ich mir lauter Bücher gekauft, Kleist und Lessing, die ganze deutsche, klassische Literatur. Die dreibändige, blaue Heine-Ausgabe habe ich jetzt noch. Und diese Bücher habe ich dann gelesen. Auch Bergmann, mein Geigenlehrer, sagte immer: „Kennst Du das nicht?" Sie erwarteten einfach alle, dass man die ganze Nacht lang las und tagsüber arbeitete. Schlafen könne man ein anderes Mal.

RS:
Sie haben in Palästina dann auch Hermann Scherchen persönlich kennengelernt. Was war der Anlass?

WL:
Hermann Scherchen war gleich am Anfang, also 1939, Gastdirigent vom Palästina-Orchester und hat viele Konzerte dirigiert. Einige davon habe ich gehört, denn mein Lehrer Bergmann war ja einer der Konzertmeister vom Palästina-Orchester. So habe ich im Sommer 1939 zum ersten Mal ein Orchesterwerk von Arnold Schönberg gehört, nämlich *Pelleas und Melisande*. Das war nun eine Musik, von der ich keine Ahnung hatte. Dann dirigierte er auch noch seine eigene Bearbeitung von Bachs *Kunst der Fuge*. Mein Vater hatte ein großes Herrenkonfektionsgeschäft, an sich waren es fünf Geschäfte in ganz Palästina,

eines in Jerusalem, zwei in Tel Aviv und zwei in Haifa. Und da kamen alle Musiker hin, um sich weiße, leichte Sommerjackets schneidern zu lassen, denn im Geschäft gab es eine Maßabteilung. Es war selbstverständlich, dass man in Tel Aviv zu OBG ging und dort Deutsch sprach[46]. Mein Vater hat sich von den Musikern, die ins Geschäft kamen, für mich immer Autogramme geben lassen. Auch Bronislaw Huberman kam dahin und eines Tages auch Hermann Scherchen! Er ließ sich ein weißes Palm-Beach-Jacket schneidern und mein Vater sagte zu ihm: „Mein Sohn studiert Geige bei Ihrem Konzertmeister Bergmann, und er möchte Sie so gerne einmal treffen und mit Ihnen reden." „Dann soll er doch ans Meer kommen, da gehe ich jeden Morgen hin, dann können wir Medizinball spielen." Gesagt, getan! Ich ging morgens um sieben Uhr ans Meer, denn wir wohnten am Meer, und da war tatsächlich Hermann Scherchen! Ich bin also mit ihm den Strand auf und ab, habe Medizinball gespielt und ihn dabei ausgefragt. Das war hochinteressant. Ich habe ihn gefragt: „Nach was für Unterlagen haben Sie denn Bachs ‚Kunst der Fuge' bearbeitet?" „Davon gibt es nur die Handschrift und darin sind keine Instrumente angegeben. Kennst Du das nicht? Das musst Du Dir einmal anschauen! Geh zu Litauer, dem Musikaliengeschäft, und besorge Dir das!" Das habe ich dann gekauft, auch die Choräle von Bach. Und er hat gesagt: „Schönberg kennst Du nicht? Na hör mal, das muss man doch kennen! Komme zur Probe, *Pelleas und Melisande*' musst Du Dir anhören! Das ist ein tolles Stück." Er hat mir über Schönberg und Webern erzählt, von denen ich noch nie gehört hatte! Aber er kannte sie alle! Und er hat mir nahegelegt, sein Buch über das Dirigieren zu lesen[47]. Das habe ich heute noch: ein hochinteressantes Buch, das zum Lernen des Dirigierens meiner Ansicht nach völlig untauglich ist, aber zu allem anderen Studium in der Musik außerordentlich anregend. Das war im Sommer am Strand in Tel Aviv als ich 14 oder 15 war. Während des Tages war es sehr heiß, aber morgens früh war es wunderschön. Das Meer war noch glatt, wir sind schwimmen gegangen, haben Medizinball gespielt, und dann hat er mich schon erwartet, am nächsten Morgen.

RS:
In Ihrer Erfahrung war er also nicht so unangenehm wie man oft hört.

WL:
Nein, überhaupt nicht. Meine Erfahrung mit ihm war absolut wunderbar! Ich habe mich ja sehr interessiert für das, was er machte. Es ist immer angenehm für einen Musiker, wenn sich jemand interessiert für das, was er weiß, und ihm intelligente Fragen stellt.

RS:
Mit Musiklehrern wie Paul Ben-Haim, Frank Pelleg und Rudolf Bergmann hatten Sie eine vorzügliche musikalische Ausbildung genossen. Was hat Sie dazu veranlasst, nach New York an die Juilliard School gehen zu wollen?

---

[46] Das Herrenkleidergeschäft von Walter Levins Vater hieß OBG (O-Be-Ge) nach den Anfangsbuchstaben der hebräischen Worte „Ofnat Bigdei Gevarim", übersetzt „Mode – Kleider – Herren", d. h. Herrenmode. Die drei Buchstaben OBG sind aber auch die drei Anfangsbuchstaben des hebräischen Alphabets: Alef – Bet – Gimel.
[47] Hermann Scherchen, *Lehrbuch des Dirigierens*, Verlag Schott, Mainz 1929.

Walter Levins Jugend- und Ausbildungsjahre

WL:
Es war schon während des Musikstudiums in Palästina mein Ziel, nach Ende des Krieges sobald wie möglich an eine der großen amerikanischen Musikschulen zu gehen und dort wirklich ernsthaft zu studieren. Es war mir damals nämlich gar nicht bewusst, was für ein ungewöhnlich exzellentes Musikstudium ich mit Rudolf Bergmann, Frank Pelleg und Paul Ben-Haim bekommen hatte, und was für eine außerordentliche Gelegenheit es war, mit bedeutenden Musikern die Grundlagen zu lernen, das heißt mit Lehrern, zu denen man als Jugendlicher in normalen Zeiten nie Zugang bekommen hätte. Aber als junge Musikstudenten fühlten wir uns in Palästina von der Welt abgeschnitten und dachten, wir hätten später sehr viel nachzuholen. Dieses Gefühl, abgeschnitten zu sein, hat aber dazu geführt, dass wir uns besonders angestrengt haben, so viel Musik wie möglich zu hören. Wir sind als Musikstudenten gemeinsam zu den verschiedensten Häusern gepilgert, wo Plattenkonzerte veranstaltet wurden, sodass wir sehr intensiv Musik in uns aufnahmen. Und damit habe ich mir schon früh ein sehr breites Spektrum der Musikliteratur erarbeitet. Und zwar nicht nur, wie es sonst in den Musikschulen oft üblich ist, auf dem eigenen Gebiet, dass man also nur ausschließlich Violinmusik hört, wenn man Geiger ist, oder Klaviermusik als Pianist, sondern wir haben auch Vokalmusik, Lieder, Opern und Klaviermusik gehört, entsprechend den Interessen der Leute, die bei den Plattenkonzerten versammelt waren. Aber trotzdem hatte ich immer das Gefühl, dass mein wirklich professionelles Musikstudium eigentlich erst an einer der großen amerikanischen Musikschulen anfangen würde, und bereitete mich also sehr ernsthaft darauf vor, auf einer solchen Schule aufgenommen zu werden. Ich wollte aber unbedingt nach New York, nachdem ich ab und zu die Sonntagsausgabe der *New York Times* in die Hände bekommen und gesehen hatte, was dort in einer Woche in Konzerten und in der Oper gespielt wurde. Mitte der 1940er Jahre war New York das Mekka der Musik, dort waren die großen Dirigenten, die großen Orchester, die großen Solisten und Opernsänger. Es war ein goldenes Zeitalter und das wollte ich unbedingt erleben, denn ich dachte, im isolierten Palästina wären wir sehr rückständig. Es gab zwar ein sehr ordentliches Musikleben, auch mehrmals wöchentlich Kammermusikkonzerte, aber so etwas wie in New York hatte ich noch nicht erlebt. Nachdem ich mich also in Palästina intensiv umgeschaut hatte, was es an amerikanischen Musikschulen gab, wollte ich unbedingt in New York an die Juilliard School gehen. Zudem war es von Anfang an meine Absicht, Quartettspieler zu werden und auch dazu wollte ich nach Amerika auswandern, denn nur in einem so reichen und weitläufigen Land wie Amerika schien mir, könnte man vom Quartettspiel leben. Das hat sich auch bewahrheitet. Ich bekam also tatsächlich eine briefliche Bestätigung meiner provisorischen Annahme an der Juilliard School aufgrund der Empfehlungen meiner Lehrer, aber es hieß, ich müsse noch eine Aufnahmeprüfung ablegen. Nachdem ich Ende 1944 angefangen hatte, mein Studium in Amerika zu organisieren, hatte es Monate gedauert, bis das Administrative mit der Juilliard School per Schiffspost und während des Krieges geregelt war. Dann, nachdem der Krieg zu Ende war, war die nächste Schwierigkeit, auch nur ein Studentenvisum zu bekommen. Dazu musste ich nach Jerusalem ins amerikanische Konsulat fahren. Dort sagte man mir: „Sie wollen nach Amerika fahren und an der Juilliard School studieren? Wer soll denn das bezahlen?" „Mein Vater!" „Ihr Vater ist aber als Britischer Mandatsbürger vom ‚Sterling-Block' betroffen, das heißt, man kann britische Pfund nicht ohne Weiteres in US-Dollar umwandeln, da gibt es eine Beschränkung. Dazu müssen Sie zuerst eine Bescheinigung haben vom Controller of Foreign Ex-

change der britischen Regierung, Herrn Hogben, der auch hier in Jerusalem sitzt." Zum Glück war mein Wirt, Dr. Rosenberger, der in Jerusalem Arzt war und mich in Berlin zur Welt gebracht hatte, mit Herrn Hogben bekannt und hat mir ein Treffen verschafft. Herr Hogben hörte sich mein Anliegen sehr freundlich an, fragte aber: „Warum wollen Sie denn ausgerechnet nach New York, können Sie denn nicht auch in London studieren? Wir haben doch sehr gute Konservatorien in London!" Es war für mich nicht einfach, ihm diplomatisch zu erklären, dass ich New York weitaus attraktiver fand als London. Dann hat er geantwortet: „Wie soll ich denn mit einer beschränkten Anzahl an Dollars den Kibbuzimbewohnern, die einen neuen Traktor aus Amerika brauchen, erklären, dass ich leider kein Geld dafür hätte, weil ich das Geld Walter Levin gegeben hätte, um in Amerika Geige zu studieren?" Ich musste also meinen Eltern diesen negativen Bescheid mitteilen. Mein Vater hat sich dann eines Besseren besonnen: „Ich werde das mit Deinem Onkel Paul Zivi in Brasilien besprechen." Daraufhin bekam ich sehr schnell eine Zusage, dass das notwendige Geld für mich auf ein amerikanisches Konto überwiesen worden war. Das genügte der amerikanischen Botschaft in Jerusalem und ich bekam endlich ein Studentenvisum, um nach Amerika abfahren zu können. Jetzt war noch das Problem, ein Transportmittel zu bekommen. Schließlich bin ich mit drei anderen Musikstudenten in einer Kabine auf einem Frachtdampfer der Waterman Steamship Company in einer wahrhaften Odyssee von zwei Monaten von Haifa über Limassol, Malta, Marseille, Oran und Casablanca nach Baltimore, Maryland, gefahren.

1.4 Die Überfahrt nach Amerika

RS:
Während dieser Reise waren Sie auch noch als Zwischenstation in Paris. War das, weil das Schiff eine gewisse Zeit in einem Hafen liegen musste?

WL:
Ja, über Weihnachten und Neujahr lagen wir im Hafen von Marseille, und über die Feiertage wurden weder Ladungen gelöscht noch aufgeladen. Der Kapitän sagte zu uns: „Ich gebe Euch einen Schiffsausweis, dass Ihr Mannschaft seid, dann seid Ihr Amerikaner. Im besetzten Frankreich könnt Ihr machen, was Ihr wollt, Ihr habt alle Vorteile und könnt in den PX-Läden der Armee überall billig einkaufen. Und Ihr nehmt Euch für einen Dollar einen Kasten Zigaretten mit zehn Schachteln mit und noch einen Kasten Cadbury-Schokolade, damit könnt Ihr zwei Wochen bequem in Paris leben, die Eisenbahnfahrt sogar inbegriffen." Gesagt, getan! Wir wollten also nach Paris. Aber zuerst haben wir uns Marseille angeschaut, denn ich war ja noch nie in Frankreich gewesen. Dann sind wir zum Bahnhof gegangen, um zu fragen, wie man von Marseille nach Paris kommt. Da es Weihnachten war, standen die Leute vor den Schaltern Schlange. Als wir endlich an der Reihe waren, sagte mein Kollege: „Wir wollen nach Paris fahren." „Nach Paris? Das ist hoffnungslos. Es gibt nur einen Zug, und der ist schon völlig überfüllt." Da kamen dann die Zigaretten zum Zug. „Wir haben Chesterfield-Zigaretten, wir sind amerikanische Besatzungsmitglieder." Darauf sagte er:

„Kommen Sie drei Schalter weiter", und machte den Schalter zu. Die Leute haben gemurrt. Wir sind also drei Schalter weiter gegangen, wo er aufgemacht hat: „Ihr habt Zigaretten? Ihr wollt nach Paris? Also gebt mir mal ein Päckchen, dann kann ich Euch zwei Fahrkarten geben, hin und zurück, und dann müsst Ihr in zwei Stunden auf Bahnsteig 3 ganz hinten warten: Das ist der Frachtbahnsteig, da treffen wir uns." Es war jetzt nachmittags um drei, der Zug sollte um elf Uhr nachts fahren. Wir gingen also um fünf hin, und da war auch schon der Schalterbeamte. Er sagte: „Jetzt gehen wir ein Stück die Gleise entlang, das ist zwar streng verboten, aber ich darf." So sind wir zu einem Wagen gekommen, der zum Zug nach Paris gehörte, aber noch nicht angehängt worden war. „Jetzt setzt Ihr Euch hier hin, in eines dieser Abteile und bewegt Euch nicht davon fort, denn wenn der Wagen nachher mit dem Zug in den Bahnhof gerollt wird, dann stürmen die Leute herein, aber Ihr habt Eure Plätze schon." Wir haben sechs Stunden warten müssen, bis der Zug fuhr, und es war kalt. Ich habe mich dann auch auf der Rückfahrt irrsinnig erkältet. Aber so sind wir nach Paris gekommen. Unser Kapitän hatte uns bereits gesagt, dass es am Bahnhof eine Empfangsstelle gäbe für die Truppen, die ankamen, und dort würde man uns eine Unterkunft vermitteln. Da gingen wir also hin. „Habt Ihr ein bisschen Geld?", wollte man wissen. „Ja, wir haben Geld und auch Zigaretten." „Nur nicht zu viel, fünf Zigaretten, nicht immer gleich ein ganzes Päckchen! Das ist viel zu viel! Auch die Schokolade: immer schön langsam, damit das auch für eine Weile ausreicht." Wir haben also gelernt, mit einzelnen Zigaretten zu handeln. Davon konnte man für die Folies Bergère ein wunderbares Billet bekommen. Wir bekamen also unsere Zimmer zugewiesen, in einer sehr schönen Privatwohnung, wo wir von einer sehr netten, feinen Dame empfangen und sehr schön untergebracht wurden. Es war offensichtlich eine Art Mädchenpensionat, denn überall in den Zimmern waren sehr hübsche, nette junge Mädchen. Wir haben erst später erfahren, dass wir in einem sehr hochklassigen Bordell untergebracht worden waren.

Wir sind auch in die Oper und in Konzerte gegangen, mit dem von Paul Paray dirigierten Orchester[48]. In der Oper habe ich *Samson und Dalila* von Saint-Saëns gesehen, in einer Aufführung unter Inghelbrecht[49], einem Dirigenten, den Toscanini hoch geschätzt hat. Als Zugabe hat er *L'Après-midi d'un faune* gespielt als Ballett: Das war so üblich, dass als Zugabe noch ein Ballett gegeben wurde. Aber die Ausstattung war unvorstellbar: Sie bestand aus lauter alten Vorhangfetzen! Sie hatten ja kein Geld für eine neue Inszenierung. Aber ich war mal wieder in einem großen Opernhaus!

Auch zu Durand bin ich gegangen, dem Musikgeschäft an der Madeleine, das es heute nicht mehr gibt. Das war der Herausgeber von Debussy und Strawinsky. Alle meine französischen Ausgaben von Samuel Dushkins Bearbeitungen der Geigenstücke Strawinskys habe ich damals in Paris gekauft und bin damit über Nacht nach Marseille zurückgefahren. Am nächsten Tag wollte ich unbedingt in die Oper gehen, denn das hatte ich vor dem Ausflug nach Paris versäumt, und was gab es? *Samson und Dalila*! Die Oper hat mich wirklich

---

[48] Paul Paray (24.5.1986–10.10.1979) dirigierte ab 1928 das Monte Carlo Philharmonische Orchester und war ab 1933 Chefdirigent der Concerts Colonne in Paris. Während des Zweiten Weltkrieges dirigierte er in Marseille und Monte Carlo, kam aber nach Paris zurück, um nach der Befreiung die Concerts Colonne zu reorganisieren. Er blieb dort bis zu seiner Berufung als Chefdirigenten des Detroit Symphony Orchestra (1952–63).

[49] Désiré-Emile Inghelbrecht (17.9.1880–14.2.1965), Komponist und Dirigent, war mit Claude Debussy befreundet und bekannt für die exemplarische Aufführung der Werke Debussys, Maurice Ravels, Albert Roussels und Florent Schmitts. Er hat die erste Gesamtaufnahme der Orchesterwerke Debussys dirigiert. 1934 gründete er das Orchestre National de la Radiodiffusion Française und dirigierte 1945–50 an der Pariser Oper.

verfolgt! Das war ja auch die erste Oper gewesen, die ich 1935 in Berlin im Kulturbund gehört hatte.

RS:
Wann sind Sie in New York angekommen? Das muss ja mittlerweile Februar gewesen sein.

WL:
Das war eine abenteuerliche Reise über den Ozean. Zuerst sind wir nach Algerien gefahren, nach Oran, und auf dem Schiff bin ich krank geworden. In Marseille hatte ich schon Fieber und Grippe, denn für die Rückfahrt aus Paris hatten wir nicht daran gedacht, Plätze zu reservieren, und der Zug war wieder übervoll. Wir saßen also im Übergang zwischen zwei Wagons 14 Stunden im Durchzug, und es war immer noch eisig kalt. Der Kapitän wollte mich an Land schicken, weil er befürchtete, dass ich eine Lungenentzündung hätte, und die konnte an Bord nicht gepflegt werden. Zum Glück waren in der ersten Klasse aber zwei sehr freundliche Damen von der Hadassah, einer Wohltätigkeitsorganisation der Zionisten auf der ganzen Welt, die auch in Palästina Hospitäler gegründet haben. Das Hadassah-Spital gibt es heute noch in Jerusalem. Als diese Damen erfahren haben, dass ich krank war und dass der Kapitän mich an Land schicken wollte, haben sie interveniert und einen französischen Arzt aus Oran an Bord kommen lassen, der mich gründlich untersucht hat und sagte: „Er hat keine Lungenentzündung, sondern eine Erkältung mit Grippe und Fieber. Das wird vier, fünf Tage dauern, wir geben ihm jetzt Medikamente und er braucht viel Flüssigkeit, Bettruhe und dann wird er von alleine wieder genesen, aber es ist keine infektiöse Krankheit." Daraufhin hat mich der Kapitän an Bord gelassen. Einer der Unteroffiziere war auch als Rotkreuz-Sanitäter geschult und hat mich im Schiffshospital betreut, und nach einer Woche war ich wieder gesund. Inzwischen fuhr das Schiff auch noch nach Casablanca, da durfte ich aber nicht aussteigen, sonst hätte ich mir auch Casablanca angesehen. Und dann ging die Reise los über den Ozean, mit so einem kleinen Liberty-Frachtschiff. Und nach vier, fünf Tagen kam ein Orkan. So etwas hatte ich noch nicht erlebt! Wir mussten in den Kabinen im Bett angeschnallt bleiben, bis es vorbei war, und es war fürchterlich, denn diese kleinen Schiffe brachen leicht auseinander, wenn sie in solche Stürme gerieten.

RS:
Man muss immer quer zu den Wellen fahren.

WL:
Genau, darauf kam es an. Während circa 48 Stunden war die Belegschaft nur damit beschäftigt, das Schiff in den Wind zu steuern. Es fuhr weder vorwärts, noch rückwärts, nur mit voller Kraft in den Wind. Aber alles, was an Deck war, alle Rettungsbote, alles war weggespült worden. Und dann war absolute Stille, und das Meer war spiegelglatt. Das war ein Erlebnis, aber es gab auch noch andere. Einer der Schiffsmaate, mit dem ich mich angefreundet hatte, war nämlich ein fanatischer Rassist, und einige Mitglieder der Besatzung waren Schwarze. Er hasste die. Und er war genauso ein Antisemit, und zwar so einer, der noch nie einen Juden gekannt hatte. Ich sagte: „Was redest Du da eigentlich? Ich bin Jude!" Sagt er: „Nein, das meine ich nicht!" „Was meinst Du denn?" „Ich meine nicht den Juden,

sondern die Juden!" Da habe ich zum ersten Mal gemerkt, was das heißt, solch irrsinnige Vorurteile zu haben.

Und zwölf Stunden vor New York hieß es, dass es wegen eines Streiks keine Lotsenboote gäbe und niemand uns in den Hafen lotsen könne. Wir mussten weiter südlich nach Baltimore fahren. So bin ich nach Amerika gekommen. Das war am 10. Februar 1946, einem Sonntag.

1.5 New York

WL:
Als ich Anfang Februar 1946 in New York ankam, war es viel zu spät für die normalen Aufnahmeprüfungen an der Juilliard School und ich musste sie deswegen alleine in einem Zimmer nachholen. Eine Dame brachte mir die Prüfungsaufgaben, und immer als ich eine fertig hatte, brachte sie mir die nächste. Es fing ziemlich einfach an und wurde allmählich schwieriger, aber es war nichts dabei, was ich nicht schon längst in Tel Aviv gelernt hatte. Das ging von morgens um zehn bis abends um etwa halb sechs, und nachdem ich die letzte Prüfungsarbeit abgegeben hatte, kam die Dame wieder herein und fragte mich: „Was wollen Sie hier, am Institute of Musical Art, eigentlich studieren? Sie haben nämlich gerade die Abschlussprüfung bestanden. Wir müssen Sie also in die Graduate School schicken und dort müssen Sie nochmals eine eigene Aufnahmeprüfung ablegen." Dank meiner umfassenden musikalischen Ausbildung in Palästina konnte ich also die ersten vier Studienjahre gleich überspringen.

RS:
In New York wurde dann Ivan Galamian[50] Ihr Geigenlehrer. War er auch an der Juilliard School?

WL:
Nein, er war noch am Curtis Institute in Philadelphia und nur privat in New York. An die Juilliard School kam er erst im Herbst 1946.

RS:
Wollten Sie zu ihm oder hat sich das so ergeben?

---

[50] Ivan Galamian (Täbriz 23.1.1903 – New York 14.4.1981) studierte 1916–22 bei Konstantin Mostras an der Schule der Philharmonischen Gesellschaft in Moskau. Während der Oktoberrevolution flüchtete er nach Paris und setzte dort 1922–23 seine Studien bei Lucien Capet fort. 1937 emigrierte er in die USA, wurde Fakultätsmitglied des Curtis Institute in Philadelphia und unterrichtete ab 1946 an der Juilliard School of Music in New York. 1944 gründete er seine eigene Sommerakademie in Meadowmount im Staate New York. Zu seinen bekanntesten Schülern gehören Itzhak Perlman, Pinchas Zukerman, Kyung-Wha Chung, Michael Rabin und Miriam Fried.

WL:

Ich kannte Galamian überhaupt nicht. Ich wollte an die Juilliard School, kam aber mitten im Semester und musste jetzt irgendeinem Geigenlehrer zugeteilt werden, der noch Platz hatte. Der erste Lehrer, dem ich vorgespielt habe, war Edouard Déthier, ein sehr guter belgischer Geiger und ein sehr feiner Mann, aber dessen Klasse war voll, und er empfahl, dass ich zu Hans Letz gehen solle. Das war gut gemeint, denn Letz war aus Straßburg, ein gebildeter Europäer, und war im Kneisel-Quartett zweite Geige gewesen. Das Kneisel-Quartett war das erste bedeutende amerikanische Quartett[51], und als eines der ersten Ensembles überhaupt Quartet in Residence am Institute of Musical Art gewesen, so hieß die Schule noch, bevor sie zur Juilliard School wurde: Damals war das noch die Undergraduate School. Hans Letz unterrichtete an der Juilliard School, hatte sehr gute Schüler, aber für mich war er nicht der richtige Geigenlehrer. Es war altmodische Deutsche Schule, und ich hatte bei Bergmann schon eine weitaus modernere Violinschule gelernt, die franko-belgische Schule von Eugène Ysaÿe. Ich war todunglücklich bei Letz und wusste nicht, was ich machen sollte. Es war mein erstes Semester an der Juilliard School, schon Ende Februar, und im Juni war die Schule zu Ende. Und in dieser Zeit gab es am Wochenende mit den vielen Geigern, Bratschern und Cellisten der Juilliard School Kammermusikabende, zu denen auch Musikstudenten kamen, die nicht an der Juilliard School studierten, und zwar sehr gute Geiger. Dort habe ich Berl Senofsky[52] und David Nadien kennengelernt, ein phänomenaler Geiger, der später den Leventritt-Wettbewerb gewonnen hat.[53] Ich fragte sie, wo sie denn studierten. „Wir studieren alle bei Galamian." „Bei wem?" „Bei Ivan Galamian. Hast Du noch nie von ihm gehört? Das ist der Geigenlehrer." „Wo unterrichtet er denn?", wollte ich wissen. „Am Curtis Institute und dann im Sommer an seiner eigenen Schule in Meadowmount in Upstate New York, und er kommt vielleicht an die Juilliard School." „Und wie kann ich ihn kennenlernen?" „Hier ist seine Adresse in New York, ruf ihn an und sag, dass Du ihm vorspielen möchtest."

Dazu kam, dass ich am Ende des Semesters durch Glück von einem Studenten, der gerade in die Ferien ging, ein Zimmer im International House bekommen hatte, denn sonst gab es dort gar keine Zimmer. Das war ein Studentenwohnheim von der Rockefeller Foundation, 500 Riverside Drive bei der Claremont Avenue, direkt gegenüber von der alten Juilliard School, wo jetzt die Manhattan School ist. In meinem Zimmer auf der obersten Etage habe ich Geige geübt, was man gar nicht durfte, und auf dem Gang gegenüber von mir war auch ein Geiger, der übte. Und da habe ich angeklopft: Es war ein Mann, der schon älter war als ich, Ende 30. Er war sehr freundlich, ein Inder. Er fragte mich: „Ich sehe, Du übst auch Geige, bei wem studierst Du denn?" „Ich bin an der Juilliard School bei Hans Letz, aber ich möchte gerne zu Galamian wechseln, von dem habe ich schon viel gehört."

---

[51] Das Kneisel-Quartett wurde 1885 aus Mitgliedern des Boston Symphony Orchestra gegründet, übersiedelte 1905 nach New York und wurde dort Quartet in Residence am Institute of Musical Art der Juilliard School. Das Quartett wurde 1917 aufgelöst. Hans Letz war 1912–17 der letzte zweite Geiger des Quartetts. Das Kneisel-Quartett spielte eine bedeutende Rolle in der Verbreitung der Kammermusik in den USA.

[52] Berl Senofsky (Philadelphia 19.4.1926 – Baltimore 21.6.2002) studierte an der Juilliard School und gewann 1946 den Naumburg-Wettbewerb in New York. 1951–55 war er stellvertretender Konzertmeister im Cleveland Orchestra unter George Szell. 1955 gewann Berl Senofsky den Reine-Elisabeth-Wettbewerb in Brüssel. 1965–96 war er Mitglied der Fakultät am Peabody Conservatory in Baltimore.

[53] Als David Nadien den ersten Preis des Leventritt-Wettbewerbs gewann, saßen Adolf Busch, Rudolf Serkin, Nathan Milstein und Arturo Toscanini in der Jury.

Abb. 8: Ivan Galamian und Berl Senofsky, Meadowmount 1948

„Ich bin ein Galamian-Schüler", sagte er. „Komme doch im Sommer nach Meadowmount in Upstate New York zu Galamian, da sind lauter wunderbare Geiger und da kannst Du schon mal mit ihm studieren." Das war natürlich ein großer Glücksfall. Dieser Inder war Mehli Mehta. Er war schon Konzertmeister im Bombay-Orchester gewesen, und dann wollte er noch weiter Geige studieren. Mehli Mehta war der arbeitsamste Geiger, den ich je gehört habe. Er hat zehn, zwölf Stunden am Tag geübt. So bin ich zu Galamian gekommen. Ich habe ihm in seiner Wohnung an der 74th Street vorgespielt und war dann gleich im ersten Sommer in seiner Schule in Meadowmount. Dort habe ich mit Mehli Mehta zusammen im selben kleinen Häuschen gewohnt. Das war eine großartige Begegnung, ein reizender, wunderbarer Mann. Er hat sehr lange gelebt und bis vor ganz wenigen Jahren ein Jugendorchester in Los Angeles geleitet.[54] Er hatte zwei Söhne, Zubin und Zarin, und erzählte immer von seinen Kindern, die noch in Indien waren und die so musikalisch wären. Sie waren tatsächlich sehr musikalisch, hat sich später herausgestellt. Zarin Mehta war ja für einige Jahre der Leiter vom Ravinia Festival, als ich auch dort war als Leiter des Steans Institute for Young Artists. Da habe ich mit ihm sehr viel zu tun gehabt, mit Zubin weniger. Heute ist Zarin Mehta Direktor der Carnegie Hall in New York.

Berl Senofsky und David Nadien haben dann auch an der Juilliard School studiert, weil Galamian als Lehrer an die Juilliard School ging. In einem der nächsten Sommer in Meadowmount teilte ich dort das Cottage mit David Nadien.

RS:
Hat Galamian Ihre bisherige Geigentechnik auf den Kopf gestellt?

WL:
Er hat schon erkannt, dass ich etwas konnte. Aber ich musste eine ganz neue Bogentechnik lernen. Und meine Art zu üben hat er auf den Kopf gestellt sowie meinen Widerstand dagegen, technische Stücke, das heißt virtuose Geigenliteratur zu arbeiten, die mir musikalisch

---

[54] Mehli Mehta (25.9.1908–19.10.2002) war Geiger und Dirigent. 1935 gründete er das Bombay Symphony Orchestra, dessen Konzertmeister er während zehn Jahren war, bevor er dessen Dirigent wurde. In 1940 gründete er das Bombay String Quartet. Von 1945 bis 1950 studierte er in New York Violine bei Ivan Galamian. Ab 1955 war er fünf Jahre Konzertmeister des Hallé-Orchesters in Manchester unter Sir John Barbirolli. 1959 wurde er Mitglied des Curtis Quartet in Philadelphia und war 1964–76 Direktor der Orchesterabteilung an der University of California in Los Angeles (UCLA). 1964 organisierte er mit Musikstudenten aus Los Angeles die America Youth Symphony, die er bis 1998 leitete.

als nicht ganz erstklassig vorkam. „Musik kannst Du schon sowieso. Geige lernt man an den Stücken, die man nicht kann und nicht indem man immer das macht, was man schon kann. Und zudem muss man sehr viel und lange üben: Mittagsschlaf gibt es nicht." Er wusste, dass ich immer einen Mittagsschlaf machte und hat regelmäßig bei mir angerufen und gesagt: „Gib mir ein A!" Ich musste also während des Mittagsschlafs immer die Geige ausgepackt lassen. Er war streng mit mir und hat sofort meine Schwächen erkannt. Also alles, wovon ich meinte, dass ich das nicht brauchte, weil ich Quartett spielen wollte. „Wenn Du Quartett spielen willst, musst Du noch viel besser Geige spielen können als die Konzertsolisten", hat er gesagt.

RS:
Hatten Sie auch als Quartett noch Unterricht bei Galamian?

WL:
Ja, nachdem wir in Colorado Springs engagiert worden waren, haben wir jeden Sommer während acht Wochen bei ihm in Meadowmount Unterricht genommen.[55] Er hat uns aber nicht als Quartett unterrichtet, sondern jeden einzeln in Privatstunden.

RS:
Hat er denn auch Bratscher und Cellisten unterrichtet?

WL:
Ja, es war auf meinem dringenden Wunsch, dass er nicht nur mich, sondern auch meine Kollegen unterrichtet hat, auch Jackson Wiley, unseren ersten Cellisten.[56] Ich glaube nicht, dass er sonst je noch einen Bratscher oder Cellisten unterrichtet hat. Die ganze technische Ausbildung von Galamian, die Bogenführung, schien mir essenziell für ein Quartett, das in einer bestimmten Weise spielen wollte: Das musste homogen gemacht werden, dass alle dieselbe Art der Artikulation, der verschiedenen Stricharten lernten, auch Intonationsfragen, dass beim Spiccato die kurzen Noten gut klingen: Wie bringt man gewisse Artikulationen zum Klingen, wie spielt man ausdrucksvoll, ohne sentimental zu werden, wie benutzt man Vibrato, ohne dass es übertrieben wird: Bei Enrico Caruso zum Beispiel hat man kaum gehört, dass er vibriert hat. Solche Sachen muss man lernen und das konnte Galamian wunderbar.

RS:
Galamian war also nicht nur auf Geiger fixiert.

WL:
Nein, er war am Quartettspiel sehr interessiert, weil er seinen Lehrer Lucien Capet als großen Quartettspieler bewunderte. Das Quartettspiel war für ihn das Höchste. Und er hat es sehr unterstützt, dass wir so ernsthaft Quartett spielten. Das gab es sonst bei ihm nicht, bei ihm wollten sonst nur Geigenvirtuosen lernen.

---

[55] Zu Colorado Springs siehe Kapitel 3 „Die Geschichte des LaSalle-Quartetts".
[56] Zu den Mitgliedern des LaSalle-Quartetts siehe Kapitel 2.

RS:
Hat Galamian damals eigentlich selbst noch konzertiert?

WL:
Nein, außer vielleicht in seiner Jugend hat er nie mehr konzertiert, auch schon während seiner Zeit in Paris nicht.

RS:
Im Gegensatz zu Rudolf Bergmann war Galamian also vor allem Geigenlehrer.

WL:
Ja, aber er hatte einen sehr guten musikalischen Geschmack und hat all seinen Schülern ganz erstklassige Stücke beigebracht. Er konnte ihnen aber nicht beibringen, wie man ein guter Musiker wird, das war nicht seine Sache. Er war aber ein fabelhafter Lehrer. Er hat nicht einfach gesagt: „Mache es so", sondern hat auch sofort gezeigt und erklärt warum. Es war immer alles sehr anschaulich. Er konnte einem innerhalb von einer halben Minute den Unterschied zeigen, wie etwas anders klingt, wenn man den Ellbogen so hält oder ihn anders hält, wenn man anstatt Druck, Gewicht auf den Bogen macht und vieles mehr. Er konnte es auch wunderbar auf der Geige demonstrieren.

RS:
Im Prinzip ist das auch Ihre Art, zu unterrichten: Sie erklären ja auch immer genau, was passiert, wenn man technisch etwas auf die eine oder die andere Art macht, wobei Sie aber alles immer nur in Worten erklären, das heißt ohne Instrument.

WL:
Ja. Ich demonstriere nicht auf dem Instrument, weil ich nicht will, dass man mich einfach imitiert, sondern man soll von der Musik aus verstehen, um was es sich handelt, und das dann übersetzen in die technischen Notwendigkeiten, die dazu am effizientesten sind. Dazu gibt es immer auch verschiedene Möglichkeiten. Kreisler zum Beispiel hat Geige gespielt, dass es jeder theoretischen Effizienz spottet, aber es hat fabelhaft geklungen! Sicher, er war nie technisch so überlegen wie Jascha Heifetz, das war seine Sache nicht. Aber das war eine Art von Bogenführung wie man eigentlich gar nicht Geige spielen kann.

RS:
Was war geigentechnisch die Herkunft von Galamian?

WL:
Die französische Schule von Lucien Capet, und auch die russische Schule. Capet muss ein vorzüglicher Lehrer gewesen sein, und auch er hat, wie Carl Flesch, eine Violinschule verfasst, die aber heute niemand mehr liest.[57] Als Armenier hatte Galamian aber auch in Moskau studiert. Dann war er lange in Paris, wo er an der russischen Schule unterrichtet hat. Von da ist er kurz vor dem Krieg nach Amerika ausgewandert.

---

[57] Lucien Capet (1873–1928): La Technique Supérieure de l'Archet (1916). Englische Übersetzung von Margaret Schmidt bei Encore Music Publishers 2004 (Ed. Stephen B. Shipps): Superior Bowing Technique.

RS:
An der Juilliard School hat Ihnen William Schuman ein Curriculum für Streichquartett bewilligt. Wie ist Ihnen das gelungen?

WL:
Es war ein außerordentlicher Glücksfall, dass ich gleich in den ersten Wochen meines Studiums an der Juilliard Graduate School von einem Geiger angesprochen wurde: „Wir suchen einen zweiten Geiger für das zweite Streichquartett von Charles Ives, das wir nächstens beim Ives-Festival an der Columbia University aufführen werden.[58] Wärst Du bereit, mitzumachen?" Ich hatte ehrlich gesagt noch nie von Ives gehört, aber ich sagte: „Quartett? Gerne! Jederzeit!" Der erste Geiger dieses Quartetts war Robert Koff, der damalige zweite Geiger des Juilliard-Quartetts. So lernte ich in den nächsten Tagen auch die anderen Mitglieder des Juilliard-Quartetts kennen. Wir spielten aus handgeschriebenen Stimmen, denn Ives wurde damals noch nicht gedruckt. Es war außerordentlich verblüffend für mich, denn so ein modernes Stück hatte ich überhaupt noch nie gesehen: rhythmisch sehr schwer, praktisch ohne jede Phrasierungsnotation, ganz wenige dynamische Zeichen: Man musste sich alles selbst erarbeiten. Die Aufführung wurde zu einem großen Erfolg.

Und dann, nach dem Konzert mit dem Ives-Quartett, lernte ich auch William Schuman kennen, der kurz vor meiner Ankunft zum neuen Präsidenten der Juilliard School ernannt worden war.[59] William Schuman, Komponist und Organisator, war ein außergewöhnlicher Mann, ein wirklich großartiger Musiker und Mensch. Durch ihn wurde die Schule zu einem Experimentierfeld für neue Ideen, was mir sehr entsprach. Er änderte das Curriculum völlig um, etablierte das sogenannte L&M-System, „Literatur und Materialien der Musik". Anstatt dass man separate Fächer hatte, studierte man die Musik anhand ihrer historischen Entwicklung, wie sie durch die Geschichte hindurch komponiert worden ist, analysierte sie, lernte ihre theoretischen Grundlagen kennen, führte sie auf und lernte etwas über die geschichtlichen Verhältnisse, unter denen sie zustande kam. Ein Einheitsstudium also, das natürlich hervorragende Lehrkräfte erforderte, die Schuman aber mit Erfolg heranzog. Es war also eine Aufbruchstimmung an der Juilliard School und dieses Ambiente erlaubte mir etwas, was es meines Wissens wahrscheinlich nie irgendwo vorher gegeben hat. Ich wollte als Hauptfach Streichquartett lernen. Das gab es aber nicht, man konnte immer nur als Hauptfach ein Instrument lernen. Ich wollte aber den Hauptakzent meines Studiums auf Quartettspielen legen und auch die meiste Zeit damit verbringen. Und nach dem Ives-Konzert ergab es sich, dass William Schuman mich in sein Büro bat, weil er sich für meine Herkunft aus Palästina interessierte. Bei dieser Gelegenheit sagte ich ihm, dass ich an der Juilliard School eigentlich als Hauptfach Quartett studieren möchte. Das fand er eine ausgezeichnete Idee, besonders da das Juilliard-Quartett von ihm gerade als Quartet in Residence an der Juilliard School gegründet worden war. Es wurde tatsächlich ein neues Haupt-

---

[58] Es handelte sich bei diesem Konzert um die Erstaufführung der vollständigen Fassung von Ives' Zweitem Streichquartett, komponiert zwischen 1907 und 1913. Das Konzert im MacMillan Theater der Columbia University fand am 2. Mai 1946 statt. Das Ad-hoc-Quartett bestand aus Robert Koff und Walter Levin, Violinen, Rena Robbins, Bratsche, und Ala Goldberg, Cello.
[59] William Schuman (4.8.1910–15.2.1992) war ein bekannter amerikanischer Komponist. 1945 wurde er zum Präsidenten der Juilliard School ernannt, die er tiefgreifend reorganisierte: Er fusionierte das Institute of Musical Art mit der Juilliard Graduate School zur Juilliard School of Music und gründete das Juilliard-Quartett, das damit zum Modell für viele Quartets in Residence an amerikanischen Universitäten wurde.

fach Streichquartett eingerichtet, und so haben wir drei Jahre lang äußerst intensiv mit dem Juilliard-Quartett studiert.[60] Das war genau was ich gesucht hatte, und diese Studienzeit ist für mich eine außerordentlich produktive Zeit gewesen.

RS:
Ich hatte schon sehr oft den Eindruck, dass Ihr Leben aus einer unglaublichen Verkettung von glücklichen Umständen besteht.

WL:
Ja, das muss man schon sagen. Wenn man es sich im Nachhinein überlegt, hätte es an so vielen Stellen um ein Haar schiefgehen können, und alles wäre erledigt gewesen. Es ist vielleicht doch auch irgendwie eine Schicksalsfügung und das genaue Wissen dessen was man tun will, wo man hin will.

RS:
Haben Sie sich an der Juilliard School dann tatsächlich ausschließlich auf Quartettspielen konzentrieren können?

WL:
Nein, denn es stellte sich bald heraus, dass ich trotzdem auch die Fächer des normalen Curriculums belegen musste. Das wollte ich aber nicht, denn diese Fächer hatte ich in Palästina alle schon gehabt und hatte zudem die Aufnahmeprüfungen für die Juilliard School ja alle bestanden, ohne irgendeinen Kurs zu besuchen. Vor allem aber sollte ich auch im Orchester der Juilliard School mitspielen. Und auch das wollte ich nicht, denn ich hatte schon genug Orchestererfahrung, da ich schon in Tel Aviv im Studentenorchester und im Palästina-Orchester gespielt hatte. Ein Semester lang habe ich aber doch im Orchester mitgespielt und war der Liebling vom Dirigenten Edgar Schenkman, weil ich die Stücke alle praktisch auswendig konnte. Aber nachher wollte ich nicht mehr, es war mir zu anstrengend, das Repertoire interessierte mich zum großen Teil nicht, und außerdem brauchte ich meine Zeit, um Quartett zu üben. Das habe ich dem Dean, Norman Lloyd, auch gesagt. Er war aber nicht zu bewegen: „Das geht nicht, ich kann Dich unmöglich vom Orchester dispensieren. Nur wenn Du krank bist, kannst Du einen Attest bekommen und entschuldigt werden." Das hätte er besser nicht gesagt, denn darauf bin ich zu meinem Bekannten, Doktor Brandstetter, gegangen und habe ihn gebeten, mich zu untersuchen, weil ich seit Wochen todmüde und kraftlos wäre. Er hat mich also untersucht und sagte: „Du bist überanstrengt und das kann sich durchaus auf Deine Gesundheit niederschlagen. Diese Anstrengung kannst Du so nicht durchhalten. Kannst Du nicht jetzt ein Semester Pause machen?" „Nein, ein Semester aussetzen geht nicht, aber eine Entlastung würde mir sicher helfen." „Wovon könnte ich Dich denn an der Schule befreien?" Ich sagte ihm: „Schreibe im Attest, dass ich unbedingt nachmittags frei haben muss, um zu ruhen, weil ich gesundheitlich geschwächt bin. Das ist nämlich wenn die Orchesterproben sind." Das Attest kam also an den Dean, und vom Dean an den Dirigenten Schenkman. Der war wütend und hat mir einen Brief geschrieben, dass ich ein selbstsüchtiger, undisziplinierter Mensch sei. Das wäre zu durchsichtig, ich hätte zwar

---

[60] Zum Studium des LaSalle-Quartetts mit dem Juilliard-Quartett siehe Kapitel 3.

meinen Willen durchgesetzt, aber das wäre eine Art, mit der man auf der Welt nicht weit komme. Man müsse auch lernen, Kompromisse zu machen, man könne nicht immer seinen Dickkopf durchsetzen. Schenkman hat sogar nachgeforscht, ob Brandstetter wirklich ein approbierter Arzt wäre, hat bei ihm angerufen und gefragt, was denn mit mir los sei. Darauf hat Brandstetter geantwortet: „Er ist ein sehr überspannter Charakter, er arbeitet sehr hart und ist sehr intensiv, und das schlägt sich auf seine Nerven und auf seinen Körper nieder, und das ist nicht gut. Er ist überarbeitet, das zeigt sich schon an seiner Reizbarkeit und an seinem überhöhten Blutdruck. Er wird sehr leicht sehr böse, und diese explosive Art ist ungesund. Sie müssen ihm ein bisschen helfen, seine Überspanntheit zu überwinden." Was sollte Schenkman machen, er konnte ja nicht gegen ein solches Attest handeln. Es blieb also dabei, ich habe nicht mehr im Orchester gespielt. Es war schon eine sehr unangenehme Situation. Er hatte nicht unrecht und hatte mich durchschaut.

Aber nachdem dieses Problem aus dem Weg war, kam schon gleich das nächste. Ich musste nämlich Amerika verlassen, um ein Immigrationsvisum zu bekommen. Das konnte man aber nur im Ausland. Seitdem ich an der Juilliard School war, wollte nämlich WQXR, die Radiostation klassischer Musik in New York, ein Quartet in Residence engagieren. Als erster Geiger war Andrew Toth vorgesehen, ein ausgezeichneter Geiger, der auch bei Galamian studierte, ein verrückter Junge mit dem ich mich ausnehmend gut verstand. Und als Cellistin war Madleine [sic!] Foley vorgesehen, die später viel mit Pablo Casals gespielt hat. Wer der Bratscher hätte sein sollen, weiß ich nicht mehr. Und diese Gruppe wollte mich als zweiten Geiger haben. Aber ich durfte als Student in Amerika nicht arbeiten, das war streng verboten. Deswegen haben sie mich gefragt, ob ich nicht ein Immigrationsvisum bekommen könne. Ich bin also in den Weihnachtsferien 1946 nach Brasilien zu meinem Onkel Paul Zivi geflogen. Das war noch mit einem alten viermotorigen DC4, ein ziemliches Unternehmen. So kurz nach dem Krieg galt aber für die amerikanischen Visen eine ganz strenge Quotenregelung: In Venezuela durften zehn Visen pro Monat ausgestellt werden, in Uruguay sieben, und in Argentinien 25, völlig willkürlich. Die Visen wurden aufgrund des Geburtslands vergeben. In Brasilien, in Rio de Janeiro, hatten sie jedoch seit vier Jahren kaum einen Antrag gehabt von jemandem, der in Deutschland geboren war und in die USA emigrieren wollte. Da gab es noch und noch Visen, während die Leute woanders jahrelang auf ein Immigrationsvisum warteten! Mein Onkel kannte den Konsul und rief dort an: „Mein Neffe braucht ein Immigrationsvisum." „Wann möchte er es denn haben, morgen?" Einen Tag später bekam ich tatsächlich mein Immigrationsvisum für die USA! Das Quartett für WQXR ist leider nicht zustande gekommen, aber jetzt durfte ich in Amerika arbeiten!

Dann kam aber schon gleich das nächste Problem, und das habe ich nicht geahnt: Jetzt sollte ich nämlich in die Armee! Der Krieg war zwar zu Ende, aber die Mobilisation war immer noch in Kraft, und ich gehörte zur Alterskategorie, die zwei, drei Jahre in die Armee eingezogen wurde. Das fehlte mir gerade noch. Ich bekam also eine Vorladung, um mich in Brooklyn für die Musterung zu melden. Ich ging also hin und sah alle diese Militärtypen, mit denen mich nichts verband. Da fiel mir Gott sei Dank ein: „Die Geschichte mit der Musterung kenne ich doch, die kommt doch bei Thomas Mann im ‚Felix Krull' vor." Ich konnte davon ausgehen, dass sie diese Geschichte nicht kannten. *Felix Krull* hatte ich schon vor meiner Ausreise nach Amerika gelesen. Denn als ich in Haifa auf das Schiff nach Amerika wartete, wohnte ich bei Walter und Leni Mendel, Freunde meiner Eltern schon aus ihrer Jugendzeit in Elberfeld. Walter Mendel hatte alle Werke von Thomas Mann, und er hat mir den ersten Teil des *Felix Krull* empfohlen, den zweiten gab es damals noch nicht. Ich war davon hingerissen. Und die Geschichte von der Musterung hatte ich immer wieder gelesen, sodass ich sie fast auswendig konnte. Krull wollte auch nicht in die Armee und hatte sich durch fleißiges Lesen den Ablauf eines Epilepsieanfalls beigebracht, den er bei der Untersuchung durch den Stabsarzt simuliert. Das Erste, was man bei einem solchen Anlass macht, hatte ich von Krull gelernt: Man geht hinein und bevor das Komitee, das da sitzt, überhaupt etwas sagen kann, sagt man: „Ich bin kerngesund, ich warte nur darauf, in die Armee aufgenommen zu werden, ich möchte unbedingt diesen Krieg mitmachen und Hitler besiegen! Das ist mein Herzensanliegen!" Zwei Jahre nach Ende des Krieges! Sie saßen da wie vom Donner gerührt und meinten, sie hätten einen Verrückten vor sich. Sagte einer: „Ein Moment mal, was haben Sie gesagt?" Und dann wiederholte ich ganz leise: „I'm absolutely fit, I'm desperate to join the army, I want to do my share in defeating the Germans. I can't wait to defeat the Nazis." Mit einem kleinen deutschen Akzent dazu. „Woher sind Sie?" „Aus Palästina." Damit sie auch wissen, dass ich kein Deutscher bin, sondern deutscher Jude. „Und vorher?" „Aus Berlin." „Einen Augenblick, wir müssen mal kurz mit einem Offizier nebenan sprechen." Dann führte mich ein Wachsoldat in einen anderen Raum, zu einem sehr netten, offenbar hohen Offizier, der sehr ruhig mit mir sprach und mich über meine Vergangenheit ausfragte und feststellte, dass ich psychisch außerordentlich belastet war und in Palästina offensichtlich schon in einem Sanatorium gewesen war, nämlich im Sanatorium des Psychiaters Dr. Bodenheimer in Haifa. Das war ein bekanntes Sanatorium, wo man aber auch Ferien machen konnte. Meine Eltern verbrachten dort häufig ihre Ferien und dann kam ich sie ab und zu besuchen. Es war eine wunderbare Anlage, wie ein großes Hotel mit einem herrlichen Park. Der Offizier sagte: „Ich möchte Ihnen raten, einen Psychiater zu konsultieren, denn Sie haben offensichtlich viel durchgemacht." Ich war inzwischen in einem Zustand, wo meine Hände vor Aufregung völlig schweißgebadet waren. Er fügte hinzu: „Für Sie ist die Armee momentan genau das Falsche." Ich war natürlich „sehr enttäuscht", ging nach Hause und bekam ein paar Wochen später eine Postkarte mit dem Bescheid: 4F – das ist die Kategorie: absolut untauglich. Ich glaube, das stimmte auch: Es war nicht im Interesse der Armee, mich zu rekrutieren. Diese Gefahr war also auch gebannt: Man musste eben ein bisschen seine literarischen Kenntnisse ausnutzen, das ist ja völlig in Ordnung! Ich wurde nur den Verdacht nicht los, dass dieser Offizier *Felix Krull* vielleicht kannte. Das wäre doch wunderbar gewesen und hätte der Geschichte die Krone aufgesetzt, wenn er gesagt hätte: „Sind Sie denn so ein Thomas-Mann-Bewunderer?" Leider hat er das nicht gesagt, aber vielleicht hat er es doch gemerkt.

1.6 Evi Marcov-Levin

RS:
Frau Levin, Sie wurden in Sofia, Bulgarien, geboren.[61] Könnten Sie uns bitte etwas über Ihre Eltern und Ihre Jugend dort erzählen?

---

[61] Evi Levin, geborene Mayer (* Sofia 4.3.1923).

EVI LEVIN:
Mein Vater, Hugo Mayer, stammte aus Bad Kreuznach im Rheinland, wo seine Familie als Weinbauern tätig war. Er hatte sechs Geschwister. Meine Mutter, Rosel Kolski, entstammte einer prominenten Familie in Duisburg. Meine Eltern heirateten in der Türkei, wo mein Vater schon ganz jung in einem Exportunternehmen arbeitete. Allerdings mussten meine Eltern als Deutsche schon vor dem Ende des Ersten Weltkrieges nach Deutschland zurückkehren. So wurde meine dreieinhalb Jahre ältere Schwester Inge 1919 in Berlin geboren. Ein oder zwei Jahre später ließen sich meine Eltern in Sofia nieder, wo mein Vater mit seinem Freund Max Bachmann ein Exportunternehmen für Felle und Häute gründete. Wir wohnten in einem großen Haus mit viel Personal. Meine Eltern hielten jahrelang zwei Pferde im Stall an der Seite des Hauses, und ritten jeden Morgen aus. In diesem Stall verbrachten meine Schwester und ich ab und zu eine Nacht auf dem Heu wegen häufiger Erdbeben in und um Sofia. Meine Mutter führte in Sofia ein Prinzessinnenleben: Diners für internationale Gäste mit Kaviar und Champagner, tagsüber war sie am Tennisplatz und im Diana-Bad, und verrichtete Wohltätigkeitsarbeit. Mit uns Kindern ging sie in den Ferien nach Bled in Jugoslawien, nach Velden am Wörthersee oder nach Istanbul-Bebek am Marmarameer, aber hauptsächlich nach Warna, dem beliebten bulgarischen Kurort am Schwarzen Meer. Meine Eltern verbrachten oft Ferien in Meran, Taormina oder am Bodensee – ohne Kinder, die zu Hause mit reichlich Personal gut aufgehoben waren. Wir hatten im Garten vor dem Haus ein eingebautes Schwimmbassin und im Hinterhof viele Tiere: Kaninchen, Hühner, ein Lamm, eine Ziege, zwei Katzen, für jedes Kind eine, und natürlich Kotti, den Schäferhund. Im Haus gab es zudem im Wintergarten an einer ganzen Wand einen Käfig für zwei wunderbar singende Kanarienvögel.

RS:
Spielte Musik in Ihrem Elternhaus, wie in der Familie Levin, auch eine Rolle?

EL:
Ja, zu Hause war immer Musik: meine Mutter nahm Gesangstunden, wir hatten ein großes Radio und ein Grammophon, und hörten „en famille" Schallplatten: das Gängige in der „haute bourgeoisie", das heißt Beethoven-Symphonien, Ausschnitte aus Wagner-Opern, *Tannhäuser* oder *Der Fliegende Holländer*, meist vorgetragen von Sängern und Dirigenten, die bei uns einkehrten. Auch Schauspieler kamen zu Besuch und wohnten bei uns, denn in unserem Haus gab es eine Gästewohnung mit Hausangestellten und Chauffeur. Meine Eltern waren in allen kulturellen Bereichen immer aktiv. Sie haben auch bewirkt, dass internationale Sänger wie Alexander Kipnis und Herbert Janssen[62] sowie Schauspieler wie Hans Jaray[63] nach Sofia kamen, und die haben sich bei uns ins Gästebuch eingetragen. Das ist in

---

[62] Herbert Janssen (Köln 22.9.1892 – New York 3.6.1965) erhielt 1922 sein erstes Engagement an der Berliner Staatsoper, die für mehr als anderthalb Jahrzehnte sein Stammhaus blieb. 1930–37 sang er regelmäßig bei den Bayreuther Festspielen. 1937 musste er Deutschland verlassen und wanderte nach Amerika aus. 1939–51 sang er an der Metropolitan Oper in New York.
[63] Hans Jaray (Wien 24.6.1906 – ebenda 6.1.1990). Sein erstes Engagement als Schauspieler führte ihn an die Neue Wiener Bühne, 1925–30 an das Wiener Volkstheater. 1930 holte ihn Max Reinhardt an das Theater in der Josefstadt. 1938 musste Jaray als Jude in die USA emigrieren, wo er bis 1948 an Theatern in Hollywood und New York arbeitete. 1948 kehrte Jaray nach Wien zurück, wo er zuerst am Volkstheater, ab 1951 auch am The-

der Emigration leider alles verloren gegangen. Auch gingen wir regelmäßig in die sehr gute Nationaloper: Die Vorstellungen waren auf Bulgarisch, außer wenn gastierende Sänger in der ursprünglichen Opernsprache sangen – dann war es eine zweisprachige Opernproduktion. Die Eltern nahmen uns auch mit in viele Konzerte international gastierender Solisten: das Wunderkind Wolfgang Schneiderhan, Elly Ney[64], Fritz Kitzinger[65], der Dirigent Issay Dobroven[66] und viele andere.

Mit fünf Jahren bekam ich Klavierunterricht, denn ich spielte meiner Schwester Inge alles nach dem Gehör nach. Ich erinnere mich, dass ich – sechs- oder siebenjährig – im großen Konzertsaal von Sofia (genannt „Voennen Klub") in einem öffentlichen Konzert etwas vorspielte – ich konnte die Pedale nur im Stehen erreichen. Als ich dann in der Deutschen Schule in Sofia war, nahm ich ständig an Schulveranstaltungen teil, begleitete Sängerinnen aus höheren Klassen, auch Geiger. Einer davon war Fredy Ostrovsky: Als er elf war und ich zehn traten wir als Duo in Recitals auf. Dann spielten wir zwei mit einer Cellistin aus der Schule auch Trio, hauptsächlich zu Hause zum Vergnügen. Fredy Ostrovsky ist später nach Wien gegangen, um sich bei Wolfgang Schneiderhan ausbilden zu lassen.[67] An der Deutschen Schule wurden nicht nur öffentliche Konzerte veranstaltet, auch Humperdincks *Hänsel und Gretel* wurde aufgeführt: Meine Schwester sang Gretel, und ich spielte am Klavier das Orchester. Auch später, 1938–39, als ich am American College in Sofia war, trat ich regelmäßig bei musikalischen Veranstaltungen auf. Auch Akkordeon habe ich damals gespielt, denn ein Jahr vor dem Krieg hat mir meine Schwester, die zu jener Zeit in Grenoble Kunstgeschichte studierte, als Geschenk ein kleines Akkordeon mitgebracht. Später in New York habe ich dann ein richtiges, wunderbares Akkordeon bekommen, das ich auch überall hin mitnahm.

RS:
Welche Sprache wurde in Ihrer Familie in Bulgarien gesprochen?

---

ater in der Josefstadt auftrat, an dem er später auch inszenierte. 1954–64 unterrichtete er am Max-Reinhardt-Seminar, dessen Direktor er 1960 wurde.

[64] Elly Ney (Düsseldorf 27.9.1882 – Tutzing 31.3.1968) studierte Klavier am Kölner Konservatorium. Nachdem sie 1901 in Berlin den Mendelssohn-Preis gewonnen hatte, setzte sie ihre Studien in Wien bei Theodor Leschitizky und Emil Sauer fort. 1908 fing sie ihre internationale Konzertkarriere an.

[65] Fritz Kitzinger (München 27.1.1904 – New York 23.5.1947), Dirigent und Pianist.

[66] Issay Dobroven (Nischni Novgorod 27.2.1891 – Oslo 9.12.1953) trat als Fünfjähriger erstmals als Pianist auf und trat mit neun Jahren in das Moskauer Konservatorium ein. Nach weiteren Studien in Wien dirigierte er an der Moskauer Oper, verließ aber Russland nach der Revolution. Dobroven hatte Engagements als Opern- und Konzertdirigent in Berlin und Dresden (ab 1924), an der Nationaloper in Sofia (1927–28), San Francisco (1930–34) und an der Ungarischen Staatsoper (1936–39). Als der Zweite Weltkrieg ausbrach, übersiedelte er nach Oslo und nahm die norwegische Staatsbürgerschaft an. 1949 initiierte er eine vielbeachtete Aufführungsserie russischer Opern an der Mailänder Scala.

[67] Fredy Ostrovsky (Sofia 1922 – Venice, Florida, 21.3.2006) war ein Wunderkind und trat als Kind vor dem König von Bulgarien auf. Mit 13 Jahren ging Ostrovsky zum Musikstudium nach Wien. Als der Zweite Weltkrieg ausbrach, war er zurück in Sofia, wanderte aber zuerst nach London, dann nach New York aus. Nachdem er fast einen Monat auf Ellis Island ausgeharrt hatte, intervenierte eine amerikanische Gönnerin, die ihm eine Wohnung besorgte und zum Studium in das Berkshire Music Center in Tanglewood bei Boston schickte. In den ersten Jahren nach dem Krieg spielte Ostrovsky im Orchester des Radio City in New York, dann während 41 Jahren im Boston Symphony Orchestra.

EL:
Aufgewachsen bin ich zweisprachig: Bulgarisch und Deutsch. Als ich drei war, kam eine französisch-russische Dame zu uns, um mit uns Kindern zu spielen, damit wir Französisch lernten. Später kam der Unterricht in der Schule dazu, und wöchentlich eine Privatstunde für Französisch bei Madame Fackler aus Lausanne. Ab der vierten Klasse lernte ich Latein und später Englisch, um 1938 am American College – Sofia aufgenommen zu werden. In der Emigration kamen dann Italienisch und Spanisch dazu. Sprachen lernen fiel mir immer sehr leicht.

RS:
Als Sie auf dem American College waren, brach der Krieg aus.

EL:
Ja, und dadurch änderte sich unser Leben von einem Tag auf den anderen dramatisch. Zu Hause wurden wir „humanistisch" erzogen, wir hatten keinen Religionsunterricht und wussten vom Judentum so gut wie nichts. Als ich nach dem ersten oder zweiten Schuljahr in der Deutschen Schule mein Zeugnis bekam, fragte mich eine Freundin auf dem Heimweg: „Was heißt auf Deinem Zeugnis unter ‚Religionsunterricht: mos.'?" Ich staunte und sagte kurz: „Das heißt mosamedanisch!" Dass „mos." für „mosaisch" stand, wusste ich nicht, und was das bedeutete, auch nicht. Später, vor einer Deutschprüfung in der Schule, pflegten meine Freundinnen und ich in der deutsch-protestantischen Kirche auf Deutsch zu beten, oder wir gingen vor einer Französischprüfung in die französische katholische Kirche, da wir annahmen, dass Gott unsere Bitte für eine gute Note auf diese Weise viel eher erhören würde, und vor einer Bulgarischprüfung gingen wir selbstverständlich in die griechisch-orthodoxe Alexander-Nevsky-Kathedrale beten. Bulgarien war eines der wenigen Länder Europas, das die Direktive der Nazi-Partei zur Deportation der bulgarischen Juden nicht befolgt hat. Aber mein Vater hatte seine deutsche Staatsbürgerschaft nie aufgegeben, da er als viel reisender Geschäftsmann viel besser mit einem deutschen, als mit einem bulgarischen Pass auskam. Und obwohl sich meine Eltern schon vor meiner Geburt in Sofia niedergelassen hatten, erwies sich die deutsche Staatsangehörigkeit 1939 als fatal: Ein Bulgare, der das Unternehmen meines Vaters übernehmen wollte, verklagte ihn (ich wusste nie weshalb, nehme aber heute an, es könnte wegen Besitzes ausländischer Valuta gewesen sein) und bewirkte einen Landesverweis. Zunächst hat mein Vater seiner Familie davon nichts gesagt, weil er sicher war, den Landesverweis für ungültig erklären lassen zu können. Erst nach einigen Monaten, als seine Bemühungen erfolglos blieben, informierte er uns über die bevorstehende Ausweisung.

RS:
Gab es unter den vielen Beziehungen, die Ihre Eltern in Bulgarien pflegten denn niemanden, der die Ausweisung verhindern konnte?

EL:
Leider nicht. Selbst die Verbindung mit König Boris, dem meine Eltern morgens beim Reiten des Öfteren begegneten, konnte den Ausweisungsbefehl nicht mehr aufheben. Als auch weitere Schritte negativ ausgingen, mussten wir das Land innerhalb von 24 Stunden

verlassen, und mein Vater musste beim deutschen Konsulat zur sofortigen Ausreise für die ganze Familie Pässe beantragen. Aber wohin sollten wir gehen? Letztlich bekamen wir ein Besuchervisum für Italien mit drei Wochen Aufenthaltsgültigkeit, doch Jugoslawien erlaubte uns mit deutschem „J"-Pass keine Durchreise. Wir sind also nach Burgas, dem bulgarischen Hafen am Schwarzen Meer geflüchtet, um uns in einem winzigen italienischen 2000-Tonnen-Dampfer nach Neapel einzuschiffen. Unser ganzes Hab und Gut – inklusive die wertvolle Sammlung Perserteppiche meines Vaters – haben wir zurücklassen müssen. Alles wurde von unseren Freunden in „Liftvans" verpackt und an eine Spedition in Triest geschickt, die dort auf unsere weiteren Anweisungen wartete. Das war im Oktober 1939. Als wir später in New York erfolglos versuchten, mit der Spedition in Verbindung zu treten, informierte man uns, unsere Bestände seien nirgends zu finden – sie sind entweder bei einem Bombenangriff zerstört oder irgendwann geplündert worden.

Da schon Krieg war, herrschte bereits die Mittelmeer-Blockade, und unsere Reise von Burgas nach Neapel wurde zu einer unglaublichen Odyssee. Mitten in der Nacht wurden wir in den Dardanellen von einem britischen Kriegsschiff angehalten, und wegen Verdachts auf Schmuggel für die Achsenmächte wurde unser italienisches Schiff geentert, und die britische Besatzung übernahm dessen Führung. Anstatt in Neapel ging das Schiff vor dem Hafen von Valletta auf Malta vor Anker, und die meisten britischen Matrosen und Offiziere verließen unser Schiff in kleinen Ruderbooten; wir aber durften nicht an Land gehen. Es dauerte Tage der Ungewissheit, bis die Meldung kam, dass das Schiff keine Schmuggelware führe und also weiterfahren dürfe. Mit etwa drei Wochen Verspätung kamen wir in Neapel an.

RS:
Dort durften Sie aber nur drei Wochen bleiben!

EL:
Ja, und während dieser Zeit versuchte mein Vater verzweifelt, durch seine guten Beziehungen zum deutschen Konsulat in Sofia ein Visum für irgendwohin zu bekommen, aber vergebens. Zum Glück hat die Polizei in Neapel unser Aufenthaltsvisum ausnahmsweise noch einmal um drei Wochen verlängert, aber auf keinen Fall länger, wurde uns gesagt. Inzwischen kam ein ermutigender Bericht meines Onkels in Argentinien: Dr. Kurt Mayer war der Bruder meines Vaters und ein erfolgreicher Chemiker, der in Deutschland das Mittel Gelonida gegen Kopfschmerzen mit entwickelt und produziert hatte. Anfang der 1930er Jahre war er nach Argentinien ausgewandert. Er würde uns ein Immigrationsvisum nach Argentinien beschaffen. Wie lang das aber dauern würde, war völlig ungewiss. Eines Tages, als das Ende der letzten drei Wochen bedrohlich nahte, spazierten mein Vater und ich – sehr verzweifelt – in Neapel auf der Passeggiata, als mein Vater plötzlich auf einen älteren Herrn zulief und rief: „Monsieur Baton! Monsieur Baton!" Sie kannten sich aus der Zeit in der Türkei, als beide dort vor dem Ersten Weltkrieg arbeiteten. Sie umarmten sich, und mein Vater erzählte ihm von unserer verzweifelten Lage. Darauf sagte Herr Baton: „Sie brauchen sich keine Sorgen mehr zu machen! Mein Schwiegersohn ist Polizeipräfekt in Alassio, und er wird Ihnen gerne die erforderlichen Papiere für einen längeren Aufenthalt ausstellen. Seine Mutter besitzt dort ein kleines Hotel, L'Albergo Centrale, wo Ihr werdet wohnen können." So geschah es auch: Wir verbrachten sechs vom Polizeipräfekten bewilligte Mo-

nate im wunderschönen Kurort Alassio unweit von San Remo an der italienischen Riviera im entzückenden kleinen Hotel seiner Mutter. Der Polizeipräfekt und dessen Mutter waren antifaschistisch eingestellt und haben uns sehr geholfen. Während des Aufenthalts in Alassio kam ein amerikanischer Geschäftsfreund meines Vaters zu Besuch, der auf dem Weg nach Sofia war, und versprach, beim US-Konsulat in Sofia ein Immigrationsvisum zu beschaffen, für das er ein Affidavit gab. Dieses könnte aber einige Zeit dauern. Inzwischen bekamen wir ein Besuchervisum für Spanien, das Freunde in Bulgarien „schwarz" gekauft hatten, aber mit der eindringlichen Warnung, es nur in äußerster Not zu verwenden. Dann kam endlich ein Telegramm meines Onkels in Argentinien, das argentinische Visum wäre vorbehaltlos gewährt worden. Wir machten uns also in Feststimmung zu viert nach Genua auf zum argentinischen Konsulat und zeigten das Telegramm vor. „Ihre Pässe bitte!" Mit einem Blick auf das riesengroße, rot gedruckte „J" auf der ersten Seite meinte der argentinische Beamte: „Schön und recht, aber ich kann Ihnen das Visum nicht ausstellen ohne ein Leumundszeugnis." Und er händigte uns die Pässe wieder zurück. Sie können sich vorstellen, wie riesig unsere Enttäuschung war. Also warteten wir weiter in Alassio. Meine klugen Eltern ließen meine Schwester und mich durch einen pensionierten Professor in täglichen Italienischstunden die Sprache lernen. Inzwischen war es aber Frühling 1940, und der Krieg nahm einen immer ungünstigeren Verlauf. Die italienischen Panzer und Kanonen rollten durch Alassio zur französischen Grenze, sodass zu befürchten war, dass demnächst Italien auch in den Krieg eintreten würde. Dann kam aber wieder ein Telegramm aus Buenos Aires, dass das Visum noch einmal nach Genua geschickt worden sei. Nachdem endlich auch das Leumundszeugnis eingetroffen war, ging mein Vater diesmal nur mit meiner Schwester zum Konsulat in Genua. „Wunderbar", sagte der Beamte, nachdem er das bulgarische Polizeizertifikat geprüft hatte, „so ein Zeugnis brauchen wir aber auch für Ihre Kinder!" Jetzt war schon Anfang Juni, es gab immer noch kein Zeichen aus Sofia wegen des beantragten amerikanischen Visums, und die italienische Armee rollte weiterhin unaufhaltsam zur französischen Grenze. Daraufhin beschloss mein Vater, das nächste Schiff nach Spanien zu nehmen.

Es war nur eine kurze Überfahrt von Genua nach Barcelona, wo wir am 8. Juni 1940 eintrafen. Alle Passagiere gingen von Bord, nur wir vier wurden nicht an Land gelassen, wir wussten ja, dass das „schwarz" gekaufte Visum für Spanien nur im äußersten Notfall benutzt werden sollte. Wir saßen ganz niedergeschlagen auf unseren Koffern und hörten wie die italienische Besatzung sagte, sie hätten den Befehl bekommen, sofort nach Genua zurückzukehren. Auf dem Kai wartete ein Klassenfreund meines Vaters aus Deutschland auf uns. Mein Vater rief ihm zu, dass die Polizei uns nicht vom Schiff ließe! Wir waren völlig verzweifelt und deprimiert, denn was sollte aus uns als „J"-Pässe-Deutsche werden in Mussolinis faschistischem Italien? Dann betrat plötzlich ein hoch-dekorierter Offizier das Schiff, streckte die Hand zum Falangegruss: „Eviva Franco! Eviva España!" und schritt auf meinen Vater zu. Wir erschraken sehr. Der Offizier flüsterte meinem Vater etwas ins Ohr („Ich bin ein ungarischer Jid!") und bat uns vier, mit ihm zu kommen. Er holte unsere vier Pässe vom Tisch des Polizisten, ließ uns herunter an Land gehen, wo der Klassenkamerad meines Vaters wartete, und verschwand. Völlig im Schockzustand über das, was uns gerade geschehen war, fragten wir den uns erwartenden Freund meines Vaters nach einer Erklärung des Vorfalls. Es stellte sich heraus, dass der Freund einen ungarischen Juden besorgt hatte, der mit der Uniform eines im drei Jahre vorher beendeten Bürgerkrieg gefallenen

Offiziers oder Generals Juden rettete! Am 10. Juni erklärte Italien Großbritannien und Frankreich den Krieg.

RS:
Nach diesem allerdings lebensrettenden Eingriff befanden Sie sich aber wieder bloß in einem Provisorium. Wie lange haben Sie mit Ihrer Familie in Barcelona ausharren müssen?

EL:
Wir waren fünf Monate in Barcelona, und warteten täglich auf das Visum für die USA oder für Argentinien. Man verbrachte nachmittags Stunden in Cafés, um aufzuschnappen: „Heute gibt das venezuelanische Konsulat Visa aus!", und alle rannten zum Konsulat. Oder am nächsten Tag war es das Konsulat von Honduras oder Ecuador, alles kam infrage. Plötzlich tauchte auch das Konsulat von Santo Domingo auf, und mein Vater konnte für einige Tausend Dollar ein Visum für uns vier ergattern! Jetzt mussten wir schleunigst eine Schiffspassage dorthin bekommen. Auch das zahlte mein Vater, denn wir waren ja illegal in Spanien und wollten unbedingt sobald wie möglich raus und irgendwo wieder Fuß fassen. Leider stellte es sich aber heraus, dass Kuba uns kein Durchreisevisum gewährte, das Visum für Santo Domingo verfiel inzwischen, und wegen der hohen Ausgaben, die mein Vater hatte tätigen müssen, waren wir noch schlechter dran als vorher. Doch dann – endlich! – war eines Tages plötzlich das argentinische Visum da und zum bedingungslosen Abholen bereit, und zwei Stunden später traf ein Telegramm ein, dass auch das amerikanische Immigrationsvisum angekommen sei. Embarras du choix! Sollten wir nun nach Argentinien auswandern, wo der Bruder meines Vaters lebte, von wo man allerdings viel Schlechtes über Antisemitismus berichtete – oder in die USA zu den Geschäftsfreunden, die das Visum für uns beantragt hatten? Da ich seit meinem Jahr am American College in Sofia eine begeisterte Anhängerin der USA war, die anderen Familienmitglieder aber auch, beschlossen wir gemeinsam, in die USA auszuwandern. Einige Tage später, Anfang November 1940, schifften wir uns in Bilbao ein, und nach Aufenthalten in Santander, Lissabon und Gibraltar folgte eine abenteuerliche Überfahrt, denn auch im Atlantik herrschte schon Krieg, und Passagierschiffe wurden laufend torpediert.

RS:
Wann sind Sie und Ihre Familie dann letztlich in Amerika angekommen?

EL:
Wir trafen Ende November 1940 gerade rechtzeitig zur „Thanksgiving"-Parade wohlbehalten in New York ein. Fünf Tage später schrieb ich mich an der Julia Richman High School in Manhattan Upper East Side ein. Ich war siebzehneinhalb und hatte in der unfreiwilligen Emigration ein ganzes Gymnasiumjahr versäumt, überzeugte aber die Schulleitung, dass ich das Pensum für das Abitur in den nächsten sieben Monate bewältigen könnte. Dazu meldete ich mich zu Staatsexamen in Englisch, Französisch, Deutsch, Italienisch und Latein an, die ich mit höchsten Noten bestand. An der High School belegte ich die erforderlichen Fächer Englisch, amerikanische Geschichte usw. Weitere Pflichtfächer wurden mir durch meine Zeugnisse aus Sofia angerechnet. Nebenher formte ich eine „Band", spielte Klavier, Akkordeon, Ukulele oder Maracas, trat an Schulanlässen auf und verdiente Ta-

schengeld, indem ich für eine Tanzschule Klavier spielte, und zwar improvisiert, je nach Vorgabe der Tanzlehrerin. Auch zur Eröffnung eines neuen Woolworth-Ladens in Forest Hills, unserem New Yorker Wohnviertel, spielte ich für die hereinströmenden Kunden am Klavier jeden gewünschten Schlager. Im Juni 1941 erlangte ich das Abitur „cum laude". Zu diesem Abschluss schenkte mir die Musiklehrerin aus der Schule ein Klavier!

RS:
Sie haben einmal erzählt, dass Sie in New York als freiberufliche Übersetzerin tätig waren.

EL:
Ja, sofort nach Schulabschluss ging ich im Sommer auf die Rhodes Business School in New York und lernte dort nach dem Zehnfingersystem blind Schreibmaschine schreiben sowie Stenografie, Buchhaltung und mehrsprachigen Export. Schon nach drei Monaten bekam ich ein Zertifikat und bewarb mich für meine erste Stelle, um Geld zu verdienen und meinen Vater finanziell zu unterstützen. So trat ich im Herbst 1941 in eine Rückversicherungsgesellschaft ein, die hauptsächlich mit Südamerika arbeitete. Es war ein großer Erfolg, und ich bekam fast jeden Monat eine Gehaltserhöhung, bis mich Alexander Marcov von der Bulgarischen Abteilung der „Voice of America" täglich telefonisch belästigte, ich müsse meine patriotische Pflicht erfüllen, meine gegenwärtige Stelle aufgeben und im State Department bei „Voice of America" dem Bulgarian Desk beitreten. Sogar das Angebot meines Chefs, mir die Prokura des Unternehmens zu geben, genügte nicht, um mich vor Marcovs Hartnäckigkeit zu bewahren. So geschah es dann auch, dass ich 1942 bei „Voice of America" eintrat. Dort waren wir nur zu dritt, Marcov als Chef, ich als Übersetzerin, Drehbuchautorin und Redakteurin und Ivan Petrov als Sprecher. Später vergrößerte sich unsere bulgarische Abteilung. Unter anderem musste ich eine Zeit lang Nachrichten in anderen slawischen Sprachen anhören und übersetzen, zum Beispiel aus Polen oder aus der Tschechoslowakei, damit die Zensur erfahre, was über die amerikanischen Nachrichten gesagt wurde. Es war eine höchst interessante Arbeit. Der hartnäckige Marcov, ein höchst musikalischer, studierter Ingenieur, der sieben Jahre älter war als ich, heiratete mich im Juli 1943. Die Ehe ging auseinander, als er direkt nach dem Krieg den großen Fehler beging, nach Bulgarien zurückzukehren. Zum Glück haben meine Eltern mich davon abhalten können, ihn zu begleiten, denn es lief gerade das amerikanische Einbürgerungsverfahren, und sonst hätte ich nie den amerikanischen Pass bekommen.

Nachdem der Krieg zu Ende war, hatte ich in New York freiberufliche Stellen bei sehr interessanten Geschäftsleuten, Schriftstellern oder Künstlern, die nicht gut Englisch konnten, und habe Briefe für sie ins Englische übersetzt und geschrieben. Es gab damals nicht viele Leute in New York, die slawische Sprachen ins Englische übersetzen konnten, sodass ich sehr viel Geld verdiente. Nur eines fehlte mir: Nach dem High-School-Abitur, während der Kriegsjahre in New York, hatte ich nichts mit Musik zu tun, denn ich fand, dass Krieg und Musik nicht zusammen passten, aber ich war dadurch sehr unglücklich. Dann traf ich auf der Straße in New York zufällig Fredy Ostrovsky wieder, den Geigerfreund aus meiner Kindheit in Sofia, der inzwischen im Orchester des Radio City in New York spielte. Er sagte zu mir: „Dir fehlt die Musik, und deshalb bist Du nicht glücklich hier. Du musst wieder anfangen, Klavier zu spielen! Geh doch nach Tanglewood und melde Dich dort bei der Internationalen Sommerakademie an!" Ich konnte aber nicht als Pianistin nach Tanglewood gehen, weil dort all diese pianistisch fabelhaft ausgebildeten Juilliard-Absolventen waren, mit denen ich mich nicht messen konnte. Da habe ich mir überlegt: „Ich versuche es im Chor!" Zwar hatte ich noch nie in einem semi-professionellen Chor gesungen, aber ich meldete mich für ein Vorsingen an. In der Jury saßen Aaron Copland, Serge Koussewitzky, Robert Shaw und Leonard Bernstein. Man hat mir eine Partitur gegeben – J. S. Bachs *Matthäus-Passion* – und ich habe mit Solmisation und durch mein absolutes Gehör in der korrekten Tonart gesungen.

WL:
Die Jury war hingerissen, dass jemand nicht nur alle Töne richtig intonierte, sondern dass sie alles auch noch mit Solmisation singen konnte. Das kannte man in Amerika damals gar nicht. Aber die Leute, die in Paris bei Nadia Boulanger studiert hatten, wie Aaron Copland, hatten das lernen müssen.

EL:
Copland fragte also: „Wo hattest Du denn Deine Gesangsausbildung?" Ich sagte: „In Bulgarien." Ich hatte aber gar keine Gesangsausbildung gehabt! Als Kind in Sofia hatte ich zugehört, wie ein Musiklehrer, der gerade aus Deutschland zurückkam, seine neu erworbene Solmisationslehre bei uns zu Hause vor der bulgarischen Schulkommission vorführte. Seitdem dachte ich, dass man immer mit „do-re-mi" singt, wenn man ein Notenstück ohne Text vor sich hat. Und so wurde ich in den Chor aufgenommen, und habe unter Serge Koussewitzky, Leonard Bernstein und Robert Shaw das Brahms-Requiem, J. S. Bachs *Johannes-Passion* und Mahlers Zweite Symphonie gesungen.

WL:
Und wenn es im Chor zu wenig Tenöre gab, bat der Dirigent sie, als Tenor mitzusingen.

RS:
Waren Sie nur einmal in Tanglewood?

EL:
Ja, nur dieses eine Jahr, 1948. Dort lernte ich Herbert Brün kennen.

WL:
Herbert Brün hatte nämlich als Kompositionspreis vom Konservatorium in Jerusalem ein Stipendium bekommen, um in Tanglewood bei Copland zu studieren. Dort spielte er mit Leonard Bernstein zusammen vierhändig Jazz!

RS:
Haben Sie dann wieder mit Klavier angefangen?

EL:
Herbert Brün hat mir Klavierunterricht gegeben, natürlich ganz anders als ich es gewohnt war. Als Etüden hat er mir *Ludus Tonalis* von Hindemith gegeben. Und am Ende jenes Sommers in Tanglewood habe ich Herbert Brün mit nach Hause genommen, nach Forest Hills, wo meine Eltern wohnten.

Abb. 9: Herbert Brün (hinten links) und Evi Marcov, Tanglewood Summer School of Music 1948

WL:
Dort kam auch ich dazu, um Herbert Brün wiederzusehen. So habe ich Evi kennengelernt, und Brün hat durch mich seine spätere Frau kennengelernt: Marianne Kortner, die Tochter des Schauspielers Fritz Kortner[68], mit der ich befreundet war, und die in New York eine Schauspielschule besuchte. Nach Tanglewood studierte Herbert Brün dank eines Stipendiums von Mrs. Ethel Cohen in New York an der Columbia University, sodass wir dann sehr viel zusammen waren.

EL:
An der Columbia University wurde von Brün ein Ballett aufgeführt, bei dem ich im Orchester Klavier gespielt habe, und das LaSalle-Quartett hat auch mitgespielt.

WL:
Und für mein Recital für das Graduate-Diplom an der Juilliard School habe ich das Violinkonzert von Alban Berg, die d-Moll-Partita von Bach und die Solo-Sonate von Brün vorbe-

---

[68] Fritz Kortner (12.5.1892–22.7.1970), einer der großen Schauspieler in Berlin vor der Hitler-Zeit, war 1937 in die USA emigriert und spielte in Hollywood in einigen Filmen mit. 1947 kehrte er nach Europa zurück.

reitet: ein heftiges Programm.[69] Das war der Anlass, bei dem der Geigenlehrer Joe Fuchs wutentbrannt das Studio verließ mit dem Kommentar zum Berg-Konzert, er wolle sich dieses „Gekratze von Musik" nicht noch einmal antun, nachdem er es schon damals in Cleveland während der Aufnahme für Columbia mit Louis Krasner gehört hatte, und knallte die Tür zu.[70]

1.7 Arturo Toscanini

RS:
Einer der Gründe für Ihren Wunsch, in New York Musik und Geige zu studieren, waren die Proben und Rundfunkkonzerte des NBC-Orchesters unter Arturo Toscanini. Es war aber notorisch sehr schwierig, Zugang dazu zu bekommen. Wie ist Ihnen das gelungen?

WL:
Das war genial. Es gab nämlich nur Einladungen, die die NBC an Geschäftsleute, Geldgeber und Leute verschickt hat, die bei NBC Reklame gekauft haben. Die Rundfunk-Konzerte waren ja alle durch Werbung finanziert, zum Beispiel von General Motors: Das wurde in den Ansagen auch so erwähnt. Und weil die Konzerte durch Werbung finanziert waren, konnten aus steuerlichen Gründen nur Freikarten angeboten werden, und es gab keinen öffentlichen Verkauf. Die NBC hatte also eine Liste mit 300–400 Adressen und in den Umschlägen für die Adressaten befanden sich immer zwei Eintrittskarten. Ich ging also eines Tages mit Evi zum Rockefeller Center, und wollte ins Rundfunkkonzert. Aber ich hatte ihr gesagt: „Es hat überhaupt keinen Sinn, hinzugehen. Du kommst da nie rein!"

EL:
Das musste ich nur hören! Ich fragte also die Leute, die in das große RCA Building hineingingen: „Hätten Sie nicht zufällig eine Freikarte übrig?" Dann fragten sie: „Warum meinen Sie?" „Schauen Sie doch mal in Ihren Umschlag: da sind zwei Karten drin. Brauchen Sie denn beide?" „Zwei sind drin? Tatsächlich! Ich brauche nicht beide, Sie können eine haben: bitte." Aber dann, ich glaube beim zweiten Mal, machte ich einen wunderbaren Fund. Ich sagte wieder: „Hätten Sie nicht zufällig eine Freikarte übrig?", und habe dem Herrn ein ganz großes Märchen erzählt, warum ich unbedingt in dieses Konzert wollte, und dann sagte er: „Okay, kommen Sie mit." Ich sagte aber: „Das geht doch nicht, ich komme ja nicht an den Kontrolleuren vorbei!" Er sagte nur: „Kommen Sie", und dann ging ich mit ihm an der Schlange vorbei und mit dem Lift in den achten Stock, dort wo das Studio 8H ist, und dann sagte er: „Würden Sie bitte hier einen Augenblick warten? Dann besorge ich

---

[69] Dieses Recital fand Anfang des Wintersemesters 1946–47 statt.
[70] Joseph Fuchs (New York 26.4.1900 – New York 14.3.1997) studierte Violine bei Franz Kneisel am Institute of Musical Art, war 1926–40 Konzertmeister im Cleveland Orchestra und debütierte 1943 in New York als Solist. Ab 1946 unterrichtete er an der Juilliard School of Music. Die Aufnahme von Alban Bergs Violinkonzert mit Louis Krasner und dem Cleveland Orchestra unter der Leitung von Arthur Rodzinsky fand am 15.12.1940 statt.

Ihnen eine Eintrittskarte." Ich sagte aber: „Hätten Sie nicht bitte zwei? Ich bin hier mit einem Geiger aus Palästina."

WL:
Und ich stand noch unten und hatte keine Eintrittskarte! Das war ja mein Trick, das so zu machen!

EL:
Er kam also wirklich mit zwei Eintrittskarten zurück und gab mir seine Visitenkarte: Das war Ben Grauer, der Ansager der Toscanini-Konzerte am Samstagnachmittag. Und er fügte hinzu: „Wann immer Sie ins Konzert kommen wollen, rufen Sie mich an und ich besorge Ihnen Karten." Wir haben uns dann mit ihm angefreundet und konnten auch zu den Generalproben.

RS:
Da hatten Sie aber wirklich ein glückliches Händchen! Dass Sie gerade auf ihn gestoßen sind!

WL:
Unglaublich, nicht wahr? Wie im Märchen!

EL:
Das war Glücksache! Und dann kam ich also mit diesen zwei Tickets runter, und Walter stand noch auf der Straße und versuchte krampfhaft, eine Eintrittskarte zu bekommen.

WL:
Man hatte mich sogar hinausgeworfen. Denn auf dem Trottoir ist eine Linie eingezeichnet: Die Innenseite ist Privatbesitz, denn das Rockefeller Center gehört den Rockefellers und die haben dort ihren eigenen Bewachungsdienst, weil sie nicht irgendwelchen Pöbel haben wollen, der die reichen Leute stört.

RS:
Sie fielen da also unangenehm auf.

WL:
Allerdings! Man durfte nur auf der Innenseite der Linie sein, aber ohne Eintrittskarte wurde man vom Bewachungsdienst weggejagt, und auf der anderen Seite der Linie kam die New York City Police. „Loitering" nannte sich das, „sich herumtreiben". Man musste immer weglaufen, wenn ein Polizist kam.

RS:
Hatten Sie nicht auch schon viel früher, vor Evis genialem Streich, Zugang zu den Konzerten?

WL:
Nein, das waren die Proben. Das war nochmals eine andere Geschichte. Als ich im International House, dem Studentenheim von der Rockefeller Foundation, ein Zimmer hatte,

wohnten dort auch Richard Farrell und Leonard Hutcheson, ein neuseeländischer und ein australischer Pianist. Mit diesen beiden war ich gleich sehr befreundet. Das waren sehr nette Jungen und vorzügliche Pianisten. Ich spielte auch gut Klavier, und es hat ihnen ungeheuer imponiert, dass ein Geiger so gut Klavier spielte, dass er Klavierkonzerte von Mozart spielen konnte. Eines Tages in der Juilliard School stand irgendwo die Tür offen, und in dem Zimmer gab es zwei Klaviere, also haben wir dort Mozart-Klavierkonzerte auf zwei Klavieren gespielt: Ich war der Solist und sie spielten das Orchester. Das war aber streng verboten, denn es war das Studio von Edgar Schenkman, des Dirigenten des Orchesters der Juilliard School. So habe ich ihn auch kennengelernt, denn er kam herein, um sich ein paar Partituren zu holen und sagte zu mir: „Wer bist Du, ich kenne Dich gar nicht. Mit wem studierst Du denn hier, mit Madam Samaroff?" Das war die große Klavierlehrerin an der Juilliard School.[71] „Nein, ich studiere mit Hans Letz." „Mit Letz? Der ist doch Geigenlehrer." „Ja, mein Hauptfach ist Geige". „Aber wenn Du Geiger bist, warum bist Du dann nicht bei mir im Orchester?" So habe ich Schenkman kennengelernt. Da war ich ganz schön in die Falle geraten.

Aber ich wollte also zu den Toscanini-Proben gehen. Da ist mir eingefallen, dass wir mit Samuel Chotzinoff reden sollten, dem Referenten des NBC-Orchesters, der zusammen mit David Sarnoff Toscanini dazu überredet hatte, das speziell für ihn ins Leben gerufene NBC-Orchester zu übernehmen. Chotzinoff war auch Pianist und der Schwager von Jascha Heifetz. Er war ein berüchtigter Mann, den alle fürchteten. Aber ich sagte mir, das kann doch nicht so schlimm sein, wollen wir doch mal sehen. Wir riefen also bei seiner Sekretärin an und sagten, dass wir gern eine Unterredung mit Herrn Chotzinoff hätten: „Warum geht es denn?", fragte sie. „Wir möchten gerne als Zuhörer in die Toscanini-Proben." „Das ist ganz unmöglich: Herr Toscanini erlaubt keine Zuhörer." „Deshalb wollen wir mit Herrn Chotzinoff sprechen. Wir sind drei junge Musikstudenten und wir wären Ihnen sehr dankbar, wenn Sie eine kurze Unterredung mit Herrn Chotzinoff vereinbaren würden." Ich habe nicht locker gelassen, bis sie uns eine halbe Stunde gegeben hat. So sind wir also hingegangen und Chotzinoff fragte: „Worum handelt es sich denn?" Dann habe ich ihm erklärt: „Wir sind aus drei verschiedenen Ländern: Ich komme aus Palästina, Leonard Hutcheson kommt aus Australien und Richard Farrell aus Neuseeland. Und einer der Hauptgründe, warum wir zum Studium nach New York gekommen sind, sind Ihre Toscanini-Konzerte. Von den Proben mit Toscanini zu lernen, ist für uns von größerer Bedeutung als so manche Klasse, die wir an der Juilliard School nehmen müssen. Wir wissen, wie Sie zu Toscanini stehen und bewundern, dass es Ihnen gelungen ist, ihn hier zu engagieren, und diese Gelegenheit dürfen wir nicht versäumen. Könnten Sie uns nicht helfen, Zugang zu den Proben zu bekommen?" „Da werden wir schon etwas finden, und meine Sekretärin wird Sie anrufen." Drei Tage später kam dann tatsächlich ein Telefonanruf von der Sekretärin. Sie sagte: „Herr

---

[71] Olga Samaroff (Lucy Mary Agnes Hickenlooper, 8.8.1880–17.5.1948) war Konzertpianistin und die erste Amerikanerin, die alle 32 Klaviersonaten Beethovens als Zyklus aufführte. Sie entdeckte den damals unbekannten Leopold Stokowski (1882–1977), als er Organist an der St. Bartholomew-Kirche in New York war, und bewirkte über ihre einflussreichen Freunde, dass er 1912 die Stelle als Chefdirigent des renommierten Philadelphia Orchesters bekam. Sie war 1911–23 mit Leopold Stokowski verheiratet. 1925 zwang sie eine Schulterverletzung, ihre Konzertkarriere aufzugeben. Von da an bis zu ihrem Lebensende unterrichtete sie an der Juilliard School of Music in New York und am Philadelphia Conservatory. Ihre Studenten mussten sie mit „Madam" ansprechen. Zu ihren bekanntesten Schülern gehören William Kapell, Jerome Lowenthal und Alexis Weissenberg.

Chotzinoff lässt ausrichten, dass Sie sich eine Stunde vor der Probe einfinden sollen, und er wird Ihnen sagen, wo Sie sich während der Probe aufhalten können." Wir bekamen dann erstaunlicherweise die Erlaubnis, Toscaninis Proben in der Loge von David Sarnoff beizuwohnen, dem Generaldirektor von NBC. Diese glasverkleidete Loge befand sich hinter dem Orchester, sodass wir Toscanini ins Gesicht sehen konnten, was bei Proben natürlich ideal war. Und von da ab gingen wir regelmäßig zu Toscaninis Proben. David Sarnoff selbst erschien nur ganz selten und bat uns dann um Erlaubnis, auch zuzuhören.

Auf diese Art und Weise waren wir auch zu Zeiten bei NBC, wo sonst niemand da war. Es gab lauter Angestellte, die wussten, dass wir immer zu den Proben gingen und dachten, wir gehörten auch dazu. Ich brachte auch immer meine Geige mit: Das war eine gute Tarnung. Und so haben wir uns einmal erkundigt: „Wo ist denn das Büro dieser Damen, die die Freikarten für die Toscanini-Konzerte verschicken?" „Im Zimmer 827." Wir sind also hin, und da waren zwei Mädchen, die wir uns sozusagen „angelacht" haben, und wir haben ihnen erzählt, wie wichtig uns der Zugang zu den Toscanini-Konzerten wäre, und haben dann ab und zu mal Karten zugeschickt bekommen. Aber das war nicht ganz zuverlässig, denn diese Mädchen konnten ja über die Karten nicht einfach verfügen, ihre Aufgabe war es, sie an die 300 oder 400 Adressen zu verschicken, und die Nachfrage war größer, als ihre Anzahl Karten. Zudem haben sie immer zwei Karten an jede Adresse verschickt. Und uns in dieser Situation Karten zu schicken, war ein bisschen gefährlich. Aber auf diese Art und Weise haben wir auch entdeckt, dass man die Leute fragen konnte: „Hätten Sie nicht zufällig eine Eintrittskarte übrig?" Sie wussten meistens gar nicht einmal, dass sie zwei hatten!

2
Die Mitglieder des LaSalle-Quartetts

ROBERT SPRUYTENBURG:
Im ersten dokumentierten Konzert des LaSalle-Quartetts, am 13. Dezember 1947, spielen Sie, Henry Nigrine, Max Felde und Jackson Wiley. Aber offenbar haben Henry Nigrine und Max Felde das Quartett bald schon wieder verlassen. Was ist mit Max Felde passiert?

WALTER LEVIN:
Max Felde ist einfach verschwunden, im Sommer 1949 kurz vor unserem Engagement in Colorado Springs. Als wir 1949 von der Juilliard School graduiert sind, waren wir schon für das Colorado College in Colorado Springs als Quartet in Residence engagiert worden, und wollten uns darauf mit Repertoire noch sehr intensiv vorbereiten. Wir gingen ja jeden Sommer zu unserem Lehrer, Ivan Galamian, in seine Sommerresidenz in Meadowmount in Upstate New York, zwischen West Port und Elisabeth Town. Wir hatten eine Unterkunft in einem Bauernhaus, wo wir jedes Jahr wohnten und verköstigt wurden, und während des Tages übten und probten wir in einer Scheune. Als Quartett waren wir schon einige Jahre da, ich auch schon vorher als Geiger, im ganzen sieben Jahre. Es war von entscheidender Bedeutung, dass wir uns intensiv auf Colorado Springs vorbereiteten. Und eines Tages war unser Bratscher, Max Felde, den wir alle sehr mochten, verschwunden, buchstäblich verschwunden. Wir fanden dann einen Brief von ihm, in dem er sagte, es täte ihm wahnsinnig

Abb. 10: Das LaSalle-Quartett mit Walter Levin, Max Felde, Jackson Wiley und Henry Meyer, 1949

leid, uns so im Stich zu lassen. Aber er hätte sich das sehr gut überlegt: Er könne das nicht durchstehen, es wäre ihm zu viel, die Arbeit zu anstrengend, zu belastend, und er schaffe das nicht.

RS:
Hat er etwa auch schon an die Tourneen gedacht?

WL:
Ich nehme an, ja, aber vor allem an die intensiven Proben. Max Felde war ein ganz besonders feiner Kerl und die Intensität unserer Arbeit war schon sehr ausgeprägt. So hatte er sich das offensichtlich nicht ganz vorgestellt. Jedenfalls hat er die Flinte ins Korn geworfen und ist einfach weggefahren. Wir wussten gar nicht, wohin. Jetzt saßen wir etwas entgeistert da. Wenn Sie sich vorstellen können, plötzlich hatten wir nur noch sechs Wochen vor Ende des Sommers und Antritt unseres Engagements im Colorado College …

RS:
… und schon ein Repertoire im Aufbau ….

WL:
… und unser Repertoire war ja schon zum Teil in den Jahren davor aufgebaut worden, wir hatten schon zwei oder drei Programme. Aber das genügte ja nicht, wenn man in Colorado drei Programme im Jahr spielen sollte, wie sollte das jedes Jahr weitergehen? Wo sollte das Repertoire herkommen? Wir mussten also dringend am Repertoire arbeiten, und jetzt sollten wir plötzlich nochmals mit einem neuen Mitglied anfangen, das war überhaupt nicht vorgesehen. Wir mussten also schleunigst überlegen, wo wir jetzt einen passenden Ersatz herkriegen hier in Upstate New York, weit von allem – woher nehmen, ohne zu stehlen? Gott sei Dank fiel uns ein Kollege ein, der inzwischen nicht mehr an der Juilliard School war, sondern in New Orleans im Orchester: Peter Kamnitzer aus New York. Wir wussten aber nicht genau, wo er jetzt im Sommer war. Wir riefen bei seinem Vater an, einem Arzt, der sehr nah bei Galamian wohnte, in Midtown Manhattan. Wir fragten ihn: „Wo ist Peter?" „Er ist in New Orleans, die Telefonnummer habe ich. Sie können ja mal versuchen ihn anzurufen." Das haben wir getan und ihm die Geschichte erzählt. Dann sagte er: „Ja, das würde mich schon interessieren, aber ich habe ja hier eine Verpflichtung im Orchester. Wie soll ich das machen? Und ab wann?" „Ab gestern. Wenn, dann sofort. Du musst eine passende Ausrede finden und gleich hierherkommen. Denn wir müssen dringend anfangen, Repertoire zu erarbeiten, in zwei Monaten ist unser erstes Konzert in Colorado Springs. Dann müssen wir ja auch noch umziehen und alles organisieren. Inzwischen müssen wir ja mindestens ein Programm gelernt haben." Also haben wir ihn überredet. Er hat in New York seine Noten abgeholt und ist sofort nach Meadowmount gekommen, und von dem Moment an war Peter Kamnitzer bis zum letzten Tag der Bratscher vom LaSalle-Quartett.[1]

---

[1] Peter Kamnitzer, *27.11.1922.

RS:
Hat Peter Kamnitzer die Repertoirestücke schon von früher gekannt oder musste er alles neu lernen?

WL:
Er war ein begeisterter Kammermusikspieler, aber das neue Repertoire, das spielte man als Student oder als junger Kammermusikspieler eher selten. Die Bartók-Quartette kannte er also nicht und Alban Bergs *Lyrische Suite*, die wir gerade studierten schon gar nicht. Aber auch von Beethoven und Mozart zum Beispiel kannte er das eine oder andere, aber doch nicht das, was wir gerade brauchten. Denn im ersten Konzert in Colorado Springs spielten wir Haydn Opus 64 Nr. 6, Bartók Nr. 6 und Schuberts d-Moll-Quartett *Der Tod und das Mädchen*. Das war ein ganz heftiges Programm, das wir gründlich studieren mussten. Und nicht nur das, denn wir haben schon auf die Zukunft hin weitergearbeitet. Einige Stücke kannten wir schon. Beethovens Opus 59 Nr. 3 hatten wir schon im Februar 1949 bei Stefan Wolpe in New York gespielt und dann in Konzerten in New Jersey. Auch Mozarts B-Dur-Quartett KV 589 und einiges mehr hatten wir schon in New York und Umgebung gespielt.

RS:
Und wie war es mit den zweiten Geigern, nachdem Sie Henry Nigrine unterwegs verloren hatten?

WL:
Ja, nun gut, das war vorauszusehen. Eine Quartettgründung von vier Studenten an einer Schule ist nie notwendigerweise schon das Endgültige für eine Berufslaufbahn. Man nimmt zuerst mal die, die einem über den Weg laufen und sich dafür interessieren – dann merkt man erst beim Zusammenarbeiten, um was für Typen es sich handelt. Und Henry Nigrine war ein sehr netter Kerl und ein mir sehr sympathischer Mann. Er war etwa zwei Jahre im Quartett, 1946–48, aber nicht so exklusiv auf Quartettspielen ausgerichtet, sondern eher auf eine New Yorker Karriere als guter Geiger, der vieles machen kann, und dann ist er ins New Yorker Philharmonische Orchester gegangen. Das war ja ein hoch renommiertes Orchester, und da hineinzukommen war gar nicht leicht. Man verdiente da relativ viel Geld und machte Platten und so. Er war ein richtiger New Yorker, in Brooklyn geboren, und das war sein Nährboden. Und jetzt da in den Wilden Westen zu gehen, als sich dieses Angebot in Colorado Springs ergab, das war auch nicht seine Sache. Wir haben aber an sich erstaunlicherweise nicht so viele Wechsel gehabt. Denn Henry Nigrine war der erste ernsthafte zweite Geiger, den wir hatten, gleich am Anfang. Jackson Wiley war auch von Anfang an unser Cellist. Und dann war da Max Felde, auch von Anfang an, der dann durch Peter Kamnitzer ersetzt wurde. Und als Henry Nigrine sich entschloss, das Quartett zu verlassen, war es ein großes Glück, dass Evi Henry Meyer kennengelernt hat. Die Geschichte kannst Du erzählen.

Evi Levin:
Als ich im Sommer 1948 in Tanglewood war, hatte ich beim Abschlusskonzert im Chor die Zweite Symphonie von Mahler gesungen. Meine Schwester war gekommen, um das Konzert zu hören, und brachte einen jungen Musiker mit, der gerade aus Paris angekommen

war: Das war Henry Meyer. Und in Tanglewood hatte ich Herbert Brün[2] kennengelernt, der gerade aus Israel gekommen war und ein Stipendium hatte, um in Tanglewood mit Aaron Copland Komposition zu studieren. Als ich wieder nach New York zurückging, sagte Herbert Brün: „Du musst unbedingt meinen Freund Walter Levin kennenlernen, einen Geiger." Er rief ihn also an, und ich sagte, er solle doch auch herkommen. Wir waren in der Wohnung meiner Eltern, und so kam Walter nach Forest Hills. Er war in sehr schlechter Verfassung, weil er seinen zweiten Geiger verloren hatte und sagte: „Was soll ich nun machen? Das Studienjahr an der Juilliard School fängt wieder an." Da sagte ich, ich hätte gerade Henry Meyer kennengelernt. Wir riefen ihn also an und so kam es zustande, dass Henry Meyer der Nachfolger von Henry Nigrine wurde.

RS:
Offenbar muss der zweite Geiger im LaSalle-Quartett einfach Henry heißen.

WL:
Das war selbstverständlich das Hauptkriterium.

EL:
Wir, das heißt Walter und die anderen Quartettkollegen, haben dann für ihn sofort ein Stipendium an der Juilliard School besorgt.

WL:
Wir haben ihn da hineingeschleust, sozusagen. Inzwischen waren wir an der Juilliard School ja bekannt wie die bunten Hunde, kannten alle Leute, und alle kannten uns, und das lag ziemlich auf der Hand, Henry Meyer aufzunehmen. Außerdem war er ein ganz besonderer Fall, denn er war einer der ersten Studenten an der Juilliard School, die aus einem deutschen Konzentrationslager nach Amerika kamen. Das war von höchster Stelle in der amerikanischen Armee, von Eisenhower persönlich organisiert worden, dass Henry nach Amerika auswandern konnte. Sonst war das ja sehr schwierig. Henry war von den Amerikanern aus dem Konzentrationslager gerettet worden, und er war für sie zudem ein interessanter Fall, denn Ende 1945, als der Krieg kaum zu Ende war, gab es noch nicht so viele Überlebende aus Konzentrationslagern, mit denen man sprechen konnte. Und jetzt waren da ein paar solcher Flüchtlinge, die für die Amerikaner zuverlässig waren. Henry hatte Gelegenheit, mit General George Patton zu reden, der ihn dann mit weiteren Flüchtlingen für genauere Interviews nach Paris ins Hauptquartier schickte, wo Eisenhower saß. Dort sagte er, dass er nach Amerika wolle. „Ja", fragte man ihn, „haben Sie denn dort Verwandte oder Bekannte?" „Doch, mein Onkel, der Bruder meiner Mutter, ist mit seinen Kindern nach Amerika ausgewandert. Ich habe aber keine Ahnung, wo er genau ist." „Geben Sie uns alle Daten über ihre Familie, Namen usw., alles was Ihnen bekannt ist, und wir werden das herausfinden." Das hat aber Monate und Monate gedauert, ehe sie seinen Onkel gefunden hatten. Ich glaube, der war in Chicago. Eisenhower hat Henry auch kennenlernen wollen und hat sich persönlich für sein Affidavit eingesetzt. Aber inzwischen war Henry einige

---

[2] Zu Herbert Brün siehe Kapitel 1 und 10.11.

Jahre in Paris. Wir waren sogar Anfang 1946 im selben Konzert im Châtelet-Theater, ohne dass wir uns kannten.

EL:
Und nach dem Konzentrationslager hatte er natürlich keine Geige, aber in Paris hat er Nathan Milstein kennengelernt, der ihm dann eine Geige schenkte.

WL:
Er hat in Paris auch mit guten Leuten studiert, mit René Benedetti und mit George Enescu. Also, das war für ihn auch eine tolle Zeit. Und dann, 1948, kam er nach Amerika und wollte da auch studieren. Da waren die Juilliard School und das LaSalle-Quartett für ihn natürlich ein gefundenes Fressen, denn er war von Kind an ein gewiefter Kammermusikspieler. Er hatte auch im Kulturbund-Quartett in Berlin mitgespielt. Nach 1933 haben es sich die Nazis zur Aufgabe gemacht, jüdische Künstler und Akademiker so schnell wie möglich auszuschließen, aus allen deutschen Organisationen, seien es Schulen, seien es Universitäten oder seien es Orchester oder seien es später auch Privatlehrer, und ihnen das Leben zunehmend unmöglich zu machen. Das gipfelte endlich in dem *Lexikon der Juden in der Musik* von Herbert Gerigk und Theophil Stengel. Und das war an sich ein Verzeichnis, das dazu diente, sie in das Konzentrationslager zu deportieren und umzubringen. Es war sozusagen das Telefonbuch der Juden in der deutschen Kultur, in der Musik. Das habe ich übrigens. Das ist 1999 wieder veröffentlicht worden, mit einer sehr interessanten Geschichte davon.[3] Auch mein Großvater steht drin. Es wurde für jüdische Künstler zusehends schwieriger, wenn nicht gar unmöglich, in Deutschland zu arbeiten. Sie wurden also in kürzester Zeit arbeitslos und konnten nicht gleich auswandern. Denn mit der Auswanderung haperte es daran, dass man dazu ein Visum brauchte, um in ein anderes Land aufgenommen zu werden. Und die anderen Länder waren nicht sonderlich interessiert daran, jetzt eine große Anzahl von arbeitslosen, vertriebenen Juden bei sich aufzunehmen. Keines dieser Länder hat seine Grenzen so aufgemacht, wie man es hätte erwarten dürfen oder wie man es hätte müssen. Das kann man sich kaum mehr vorstellen, wie das ist, wenn man in einem Land verfolgt wird und gezwungen wird, auszuwandern, weil man keinen Lebensunterhalt mehr hat, und kein Land gibt einem die Möglichkeit auszureisen. Man brauchte finanzielle Garantien, um ein Visum zu bekommen. Ja, wo sollten die denn herkommen? In Amerika zum Beispiel musste man das sogenannte Affidavit beibringen, eine Bürgschaft, dass jemand für einen die finanzielle Sicherheit garantieren würde, wenn man nach Amerika käme, damit man nicht dem Staat zur Last fallen würde. Vielleicht verständlich, da gerade die große Depression zu Ende gegangen war, aber im Falle eines Emigranten, der verzweifelt versucht, rauszukommen, war das eine riesige Hürde. Wie viele Menschen auf diese Art und Weise daran gehindert worden sind, Deutschland noch im rechten Augenblick zu verlassen, darüber gibt es wenig Statistiken. Jedenfalls viel zu viele.

Die Leute saßen also fest. Sie konnten aus Deutschland nicht weg, hatten aber inzwischen keine Arbeit und konnten sich und ihre Familien nicht mehr ernähren und das prak-

---

[3] Eva Weissweiler, *Ausgemerzt! Das Lexikon der Juden in der Musik und seine mörderischen Folgen*, Dittrich, Köln 1999. Enthält S. 181–375 einen Neudruck von *Lexikon der Juden in der Musik*, Berlin 1940. Weitere Literatur: *Geschlossene Vorstellung. Der Jüdische Kulturbund in Deutschland 1933–1941*, hrsg. von der Akademie der Künste, Edition Hentrich, Berlin 1992.

tisch von einem Tag zum anderen. Da wurde von Hitler ein Gesetz erlassen, 1934 oder spätestens 1935, das „Gesetz zur Wiederherstellung des Berufsbeamtentums" nannte sich das[4] und war nichts weiter als ein Gesetz, das es allen deutschen Organisationen zur Auflage machte, Juden fristlos zu entlassen, ohne jegliche Entschädigung, ohne jeglichen Grund, außer dass sie Juden sind. Das geschah denn auch. Plötzlich wurden Tausende und Abertausende von erstklassigen Leuten arbeitslos und hatten nichts mehr zu tun. Darauf hat die Leitung der jüdischen Gemeinden in Deutschland eine Organisation geschaffen, die sich Kulturbund Deutscher Juden nannte.[5]

RS:
Nicht nur Musiker also?

WL:
Nein, auch Schauspieler, Bühnenbildner, Regisseure.

RS:
Auch Maler?

WL:
Nein, es war eigentlich erstmal für Aufführungen gedacht. Maler waren ja nicht in Gruppen tätig, die ein Publikum brauchten. Es war für Leute gedacht, die es gewohnt waren, in Theatern zu singen oder zu spielen. Da wurde also diese Organisation gebildet, und zwar in Zusammenarbeit mit der Nazi-Regierung. Reichskulturverwalter Hans Hinkel war der Mann, der von den Nazis dafür beauftragt wurde, den Kulturbund zu überwachen und eine Trennung der jüdischen von den nicht-jüdischen Künstlern zu erwirken, was ja eine Isolation bedeutete. Denn die Deutschen hatten ja von Anfang an im Sinne die Leute zu sammeln und sie dann endgültig umzubringen. Das geht ja nicht so leicht. Man muss sie ja erst einmal identifizieren. Man muss sie erst einmal sammeln. Man muss ja erst einmal wissen, wo sie sich alle befinden. Und sie haben da eine Organisation geschaffen, die eben idealerweise so aussah, als ob sie den Juden jetzt hilft. So wie Theresienstadt. Das war ja dieselbe Idee. Nach außen hin sollte es so aussehen: „KZ ist ja nur eine Trennung der Leute, nichts weiter. Sie sollen genauso weiterarbeiten wie vorher, nur wollen wir eine Trennung haben." Jaja: Worauf es damit aber hinaus wollte, ist etwas anderes. So wurde also 1933 der Kulturbund gegründet, und das war eine Riesenorganisation, die jetzt in allen großen deutschen Städten aufgebaut wurde aus den entlassenen Juden: Orchester, Theater, Opernaufführungen, Kammermusikensembles: alles, mit der ganzen Organisation, die dazugehört – hochinteressant. Da wurden jetzt in speziellen Theatern Opernaufführungen und Symphoniekonzerte gegeben. Aber man kam nur als Mitglied des Kulturbundes herein und Nicht-Juden war der Zugang verboten. Sie können sich vorstellen, was diese Aufführungen für eine Qualität hatten. Die besten Leute waren ja in diesen Orchestern, und die besten Sänger, die von der Staatsoper, waren plötzlich nur noch für Juden da. Das Orchester des Kulturbundes in Berlin war ein erstklassiges Symphonieorchester. Wilhelm Steinberg hat dort dirigiert.

---

[4] Das Gesetz wurde am 7. April 1933 erlassen.
[5] Der „Kulturbund" wurde am 15. Juli 1933 in Berlin gegründet.

Meine ersten Symphonieorchesterkonzerte waren also im Jüdischen Kulturbund. Ich erinnere mich ganz genau, die erste Live-*Eroica*, die ich gehört habe, war mit diesem Orchester unter Steinberg. Das war bestimmt eine sehr gute Aufführung, von der ich ungeheuer beeindruckt war. Zu meinen ersten Operneindrücken gehört *Samson und Dalila*, das durfte man spielen. Das erlaubte Repertoire wurde nämlich auch sehr beschränkt. Und der Kulturbund hat sehr viele große Künstler angezogen, nochmal nach Deutschland zu kommen. Alexander Kipnis, der große Bassist der Berliner Staatsoper, kam aus dem Ausland, um ein Sonderkonzert im Kulturbund zu geben, und viele, viele Opernliebhaber versuchten vergeblich, in dieses Konzert hereinzukommen, aber es war ihnen genauso verboten, wie einem Juden, in ein nicht-jüdisches Theater oder Konzert zu gehen. Auch Carl Flesch kam, um ein Konzert zu geben. Ungeheuer eindrucksvoll für mich, der wenig Gelegenheit hatte, große Geiger kennenzulernen, denn die waren beinahe alle vertrieben worden. Ich habe all die Programme vom Kulturbund hier. Das war unglaublich! Und das war nur für Juden, die Leute haben sich darum gerissen, da hereinzukommen.

RS:
Hat man dann damit als Musiker wieder Geld verdienen können?

WL:
Doch, im Kulturbund konnte man Geld verdienen. Es sah also so aus, als ob das durchaus eine Möglichkeit wäre, in Deutschland doch weiterzumachen, was gefährlich war. Denn dadurch kamen die Leute zur falschen Annahme, dass man vielleicht doch in Deutschland bleiben sollte. Man wähnte sich in Sicherheit. Aber was blieb ihnen denn anderes übrig? Und der Leiter, der musikalische und organisatorische Leiter, Kurt Singer, ein Neurologe und hochintelligenter Mann, kolossal begabt, auch als Dirigent, hat sich derartig darein verbissen, verhandelte ständig mit Hinkel und hat aber selbst die ganze Angelegenheit völlig missverstanden. Das zeigen seine Briefe, als Leute aus dem Kulturbund-Orchester Gelegenheit hatten, nach Palästina auszuwandern und im Palästina-Orchester eine Stelle bekommen konnten. Kurt Sommerfeld zum Beispiel, der Schlagzeuger, hat von Singer einen bösen Brief bekommen. Er hat das wie eine Fahnenflucht aufgefasst: „Sie lassen uns hier im Stich! Sie können doch nicht einfach weggehen! Wie sollen wir denn Ersatz herbekommen?" Die Sache entwickelte jetzt ein Eigenleben. Und der gute Mann, Kurt Singer, ging 1938 auf eine Fahrt nach Amerika, und ist, obschon ihm alle gesagt haben „Bleib dort!", zurückgekommen nach Holland, wohin inzwischen der Kulturbund übersiedelt war. Was heißt übersiedelt? In Deutschland wurden die meisten Einrichtungen des Kulturbundes 1938 nach den Novemberpogromen zur Schließung gezwungen, und dann gingen die Leute zwangsweise nach Holland, da konnten sie noch weiter arbeiten. Dort wurde Singer von den Nazis sofort verhaftet und ist im Konzentrationslager umgekommen. Also, dieses völlige Missverständnis! Dieses Nichtsehen, was die Stunde geschlagen hat, und die Leute nicht im Stich lassen zu wollen, aus Verantwortung. Meine Schulleiterin, Paula Fürst, die die Zionistische Theodor-Herzl-Schule in Berlin geleitet hat, eine wunderbare Frau, ist auch nicht ausgewandert. Sie wollte die Kinder in ihrer Schule erst alle in Sicherheit wissen, bevor sie gehen würde. Und dann war es zu spät, sie ist nach Theresienstadt deportiert worden und dort umgekommen. Das gab es leider, leider, sehr viel. Aber der Kulturbund war eine wichtige Auffangmöglichkeit für Leute, die sonst keine Möglichkeit mehr hatten, einen Pfennig zu verdienen.

RS:
Und so ist dann Henry Meyer nach Berlin gekommen? Er stammte ja aus Dresden.[6]

WL:
Ja, er ist aus Dresden nach Berlin gekommen und kam zuerst im Kulturbund ins Orchester, als ganz junger Mann. Und dann gab es das Kulturbund-Quartett, in dem hat er die zweite Geige gespielt. Da war er 16 oder so. In diesem Quartett waren vorzügliche Leute. Der Kulturbund war eine wahnsinnig wichtige Organisation, und so hat er seine großen Erfahrungen mit Konzerten schon gemacht. Er war also ein gewiefter Quartettspieler. Allerdings, Neue Musik wurde da kaum, praktisch gar nicht gespielt. Aber immerhin, er kannte schon sehr viel Repertoire und hatte das auch als Kind schon gelernt. Für ihn war es also nicht schwer, sich bei uns hineinzufinden. Bartók-Quartette und neueres Repertoire waren für ihn aber völlig neu. Da hat er hart daran beißen müssen.

RS:
Aber einmal daran gebissen …

WL:
Ja und nein, es war für Henry immer etwas schwirig mit der Neuen Musik. Er hat es dann wunderbar gelernt, aber seine eigene Richtung wäre das wahrscheinlich nicht gewesen. Im Nachhinein war er dann sehr begeistert davon, nachdem er es langsam gelernt hat. Aber ich bin immer wieder auf Widerstand gestoßen bei der Auswahl von Stücken. „Muss das sein?" Es ist auch schwer, solche Stücke zu lernen, aus dem Nichts.

RS:
War Peter Kamnitzer diesbezüglich offener?

WL:
Ja, er war offener, denn seine Familie hatte Verbindungen zur Modernen Kunst: Seine Mutter war entfernt mit Lyonel Feininger verwandt. Peter hatte auch einen ganz anderen Werdegang als Henry Meyer, er war mit seiner Familie rechtzeitig ausgewandert, war an der Juilliard School gewesen und kam aus einer intellektuellen Familie. Sein Vater war Arzt und ein Onkel Senator in Danzig. Peter war ein interessierter Mensch, und die Neue Musik fand er geistig anregend. Henry, den musste man über das Gefühl erreichen. Das hat dann aber auch sehr gut geklappt. Er hat mitgemacht, gar keine Frage, sonst wäre das ja nicht gegangen.

RS:
Kehren wir nochmals kurz zurück zu den zweiten Geigern. Es gibt ein Foto von Ihnen aus dem Jahr 1948 in der Summer School von Galamian in Meadowmount, auf dem Sie abgebildet sind mit Mrs. Burpee, der Eigentümerin des Cottage, in dem Sie wohnten, und mit Ruth und Isidore Cohen sowie Fluffy, einem Hund. War also Isidore Cohen der dirckte Nachfolger von Henry Nigrine als zweitem Geiger und nicht Henry Meyer?

---

[6] Henry Meyer, Dresden 29.6.1923 – Cincinnati 18.12.2006.

Die Mitglieder des LaSalle-Quartetts

Abb. 11: Jackson Wiley, Max Felde, Walter Levin, Mrs. Burpee, Ruth und Isidore Cohen mit Fluffy, Meadowmount 1948

WL:
Ja.

EL:
Das war im Sommer, bevor Henry Meyer ins Quartett kam [siehe Abb. 12, S. 88 und Abb. 13, S. 89]. Ich habe Henry Meyer im August 1948 in Tanglewood kennengelernt. Walter war zu der Zeit bei Galamian in der Summer School, und ich kannte ihn noch nicht.

RS:
Also war Isidore Cohen nur während ein paar Monaten im Quartett?

WL:
Das war nur während des Sommers 1948. Er war ein ausgezeichneter Geiger, er hat ja dann im Juilliard-Quartett und später lange Jahre im Beaux Arts Trio gespielt[7], und er war Konzertmeister im Juilliard-Orchester. Nur war er ein eher langweiliger Typ. Außerdem ging einem Fluffy auf die Nerven. Da hatte meine Tierliebe ihre Grenzen.

---

[7] Isidore Cohen war 1958–66 zweiter Geiger im Juilliard-Quartett. Er war der Nachfolger von Robert Koff und wurde durch Earl Carlyss ersetzt. 1969 wurde Isidore Cohen Nachfolger von Daniel Guilet im Beaux Arts Trio, dessen Mitglied er bis 1992 blieb.

RS:
Ach, war das der Hund der Cohens! Ich meinte, er gehörte zum Cottage. Aber Sie hatten ja in Cincinnati selbst auch einen Hund.

WL:
Wir hatten einen sehr lieben Hund, er war nur ein bisschen doof.

EL:
Nix doof! Du hast ihn ja kaum gekannt!

RS:
Wie war es mit dem Cellisten? Da hatten Sie ja einige Wechsel.

WL:
Unser erster Cellist war Jackson Wiley [siehe Abb. 11, S. 87]: Er war sozusagen ein Gründungsmitglied des LaSalle-Quartetts in 1946, kam 1949 mit nach Colorado Springs und war bis 1951 im Quartett.

RS:
Was hat ihn dazu bewogen, das LaSalle-Quartett zu verlassen?

Abb. 12: Das LaSalle-Quartett mit Walter Levin, Peter Kamnitzer, Paul Anderson, Henry Meyer, Colorado Springs 1951

Die Mitglieder des LaSalle-Quartetts

Abb. 13: Das LaSalle-Quartett mit Richard Kapuscinski als Cellist, Colorado Springs 1952/53

WL:
Er hat in Colorado Springs eine Freundin gefunden, die er heiraten wollte, eine Cellostudentin, die aber ganz dezidiert gesagt hat, dass sie keinen Mann haben wollte, der ständig auf Tournee ist. Er hat dann nachher an einem kleinen College in Indiana unterrichtet und war bestimmt ein sehr guter Lehrer, denn er hat von unserer Art zu musizieren sehr viel verstanden.

Und dann kam Paul Anderson für ein Jahr, also in der Saison 1951–52: ein sehr netter Junge, aus Chicago, ein lieber, sanfter Typ. Wir waren ihm denn auch viel zu aggressiv, und er hat bald gesagt: „Das wird nicht gehen." Und für die letzte Saison in Colorado Springs, 1952–53 kam dann Richard Kapuscinski. Kapuscinski war unser großer Fund! Das war der Cellist, der hätte bleiben müssen!

RS:
War er auch an der Juilliard School?

WL:
Nein, er war vom Curtis Institute in Philadelphia, ein Schüler von Felix Salmond und Leonard Rose.

RS:
Wie haben Sie ihn dann gefunden?

WL:
Wir haben alle Leute alarmiert, die wir kannten, vor allem die Lehrer und auch das Juilliard-Quartett, und gesagt, dass wir einen Cellisten suchen. Inzwischen waren wir ja auch etwas bekannt und hatten viele Kontakte. Dann hat man uns Leute empfohlen, und wir haben sie ausprobiert. Kapuscinski war im Baltimore-Orchester. Das war sensationell: Erstens mal spielte er so wie Lee Fiser später, ein phänomenaler Cellist und ein lustiger Kerl. Wir waren ein Herz und eine Seele. Der passte zu uns, das war eine Freude!

RS:
Und er hatte auch keine Probleme mit dem Repertoire, auch nicht mit modernen Stücken?

WL:
Nein! Er war zu allen Schandtaten bereit und lernte schnell.

RS:
Hatte er auch schon Kammermusikerfahrung, als er ins LaSalle-Quartett gekommen ist?

WL:
Ja, einigermaßen. Er war so jemand, der alles schnell gelernt hat, ein sehr heller Kopf und ein vorzüglicher Cellist. Mit ihm haben wir 1954 die ganze Europatournee, die frühe Europakarriere gemacht und in Israel am IGNM-Fest teilgenommen und viel neue Musik gespielt. Das war ein reines Vergnügen. Richard Kapuscinski war ein lustiger und angenehmer Kollege.

RS:
Er war dann aber auch nur drei Jahre im Quartett, bis 1955?

WL:
Ja, denn seine Frau hat Kinder bekommen, und als sie das dritte Kind erwartete, verdienten wir einfach nicht genug, um eine Familie mit drei Kindern zu ernähren.

EL:
Als er zuerst ins Quartett kam, hatte er schon zwei Kinder, und ihr, das heißt die anderen drei, habt von eurem kleinen Gehalt, wirklich ganz kleinen Gehalt, noch etwas abgegeben, weil er mit zwei Kindern natürlich mehr brauchte als wir.

WL:
Das fand ich auch nur recht und richtig. Aber als seine Frau nach zwei Jahren das dritte Kind erwartete, war es vorprogrammiert, dass er die Flinte ins Korn werfen würde. 1955 ging er dann nach Boston ins Orchester und war da unglücklich. Aber wir blieben in gutem Kontakt. Er ist dann wieder ins College gegangen, nach Oberlin in Ohio bei Cleveland, war dort Lehrer und war da dann wieder sehr viel zufriedener. Er hat dort auch viel Kammer-

musik gemacht und den Leuten das beigebracht, was er gelernt hatte und konnte, er war auch ein wunderbarer Lehrer. Leider ist er viel zu früh gestorben. Er war kaum 60, Dick war jünger als wir. Das war ein Jammer. Nach Kapuscinski haben wir uns sehr schwer getan, jemanden zu finden.

RS:
Nach Richard Kapuscinski war Jack Kirstein also so etwas wie eine zweite Wahl.[8]

WL:
Er war nicht unser Typ, er war eher phlegmatisch. Er hat dann sehr gut gespielt, das ist keine Frage, aber wir haben zuerst Mühe gehabt mit ihm.

EL:
Seine Frau hat auch sehr viel getan, dass er mitmacht. Sie war sehr begeistert davon, dass er im Quartett mitspielt.

Abb. 14: Jack Kirstein im Sportflugzeug, Cincinnati 1959

---

[8] Jack Kirstein (Cleveland 15.2.1921 – Cincinnati 4.8.1996) war wie Richard Kapuscinski ein Schüler von Felix Salmond und Leonard Rose.

WL:
Sie war eine phänomenale Pianistin und eine sehr, sehr patente Frau.[9] Sie hat das sehr gefördert. Immerhin hat Jack 20 Jahre lang mitgemacht, von 1955 bis 1975, und das ist ja nicht zu unterschätzen. Auch moderne Stücke, er hat alles mitgemacht. Aber es war auch mühsam für ihn, und letztlich war er dann froh, als er aufgehört hat, er hatte genug. Sie haben alle irgendwann genug gehabt.

EL:
Am Ende der Saison 1973/74 hat er uns gesagt, er würde aussteigen, aber bleiben, bis wir jemanden gefunden hätten.

RS:
Das heißt, Sie hatten dann ausreichend Zeit Ersatz zu finden.

WL:
Ja, aber das Problem war, dass bei uns die Cellowechsel meist zur gleichen Zeit stattfanden wie beim Juilliard-Quartett. Dass war schon 1955 der Fall gewesen, als Richard Kapuscinski uns verließ und Arthur Winograd beim Juilliard-Quartett aufhörte. Und jetzt, als Jack Kirstein uns seine Absicht ankündigte, aufhören zu wollen, verließ auch Claus Adam das Juilliard-Quartett.[10] Einen, den wir dann gefunden hatten, hat uns denn auch das Juilliard-Quartett weggenommen: Joel Krosnick. Den hatten wir in Los Angeles gefunden. Er kam nach Cincinnati, und wir waren uns einig, dass er zu uns ins Quartett kommen würde. Aber dann ist das Juilliard-Quartett eben auf die glorreiche Idee gekommen, ihn auch zu bitten.

RS:
Und dann war der Meistbietende Sieger.

WL:
Nun, er wollte nach New York und nicht nach Cincinnati. Damit konnten wir nicht konkurrieren.

RS:
Schade! Was hat Jack Kirstein gemacht, nachdem er aus dem Quartett ausgestiegen war?

---

[9] Jeanne Rosenblum Kirstein war Konzertpianistin und stammte aus New York. Sie hat an der Juilliard School bei Carl Frieberg studiert und ihr Studium mit Auszeichnung abgeschlossen. Außerdem hat sie den Walter-W.-Naumburg-Preis und den Young Artists Award gewonnen. Jeanne Kirstein hat sich leidenschaftlich für die zeitgenössische Klaviermusik eingesetzt und so unter anderem 1962 mit dem Cincinnati Symphony Orchestra unter Max Rudolf das Klavierkonzert von Gunther Schuller uraufgeführt. Dieses Konzert ist auf CD dokumentiert: GM Recordings, Bestellnummer GM2044CD. Jeanne Kirsteins Interpretation früher Klavierwerke (1935–48) von John Cage sind erhältlich bei NewWorld Records, Bestellnummer 80664.

[10] Arthur Winograd war 1946 Gründungsmitglied des Juilliard-Quartetts und spielte dort bis 1955 mit. Sein Nachfolger war Claus Adam, der Ende der Saison 1973/74 aufhörte.

Die Mitglieder des LaSalle-Quartetts

Abb. 15: Das LaSalle-Quartett mit Lee Fiser als Cellisten, Salzburg 1976

WL:
Er hat dann noch eine Zeit weiter unterrichtet. Aber es ging ihm nicht gut am Ende, er war in einem Heim und ist inzwischen gestorben.

RS:
Wie haben Sie dann Lee Fiser gefunden?

WL:
Das war leicht, Lee Fiser zu finden. Er war ein Schüler von Lynn Harrell in Cleveland und war dort im Orchester und im Schülerkreis von Jimmy Levine, der ja am Cleveland Institute das Studentenorchester leitete. Mit diesem hat Jimmy viele fabelhafte Sachen gemacht, während er der Assistent von George Szell am Cleveland Symphony Orchestra war. Und Lynn Harrell war erster Cellist im Cleveland-Orchester. Er hat aber gleichzeitig auch die Celloklasse am Cleveland Institute geleitet und auch im Studentenorchester des Cleveland Instituts das erste Cello gespielt, weil er mit Jimmy Levine zusammenarbeiten wollte. In dem Studentenorchester haben viele Leute aus dem Cleveland-Symphonieorchester mitgemacht, und das war vorzüglich! Die Konzerte und die Opernaufführungen von diesem Studentenorchester, die können sich sehen lassen. Was das für ein Niveau war! Und da war als junger Cellist Lee Fiser. Und am Cleveland Institute wurde auch viel Kammermusik ge-

macht. Es gibt eine Aufnahme vom Mendelssohn-Oktett mit Lee Fiser und Lynn Harrell. Lauter solche Leute. Also, diese ganze Art, Musik zu machen, kam ja letztlich von mir, so wurde er erzogen.[11] Das heißt, als er zu uns ins Quartett kam, kannte er das alles schon. Er wusste, wie man arbeitet, er wusste, wie man ein Stück lernt, er wusste, wie man eine Partitur liest, er kannte das alles, darum brauchte ich mich überhaupt nicht zu kümmern. Und zudem war er ein fabelhafter Cellist.

RS:
Ich habe eine Liste davon gemacht, was der arme Mann im ersten Jahr, als er zu Ihnen gekommen ist, alles neu lernen musste! Sie haben es zwar pädagogisch wunderbar gemacht, weil Sie auch Werke erarbeitet haben, die für die anderen Mitglieder des Quartetts ebenfalls neu waren. Aber für Lee Fiser waren das in der ersten Saison 1975/76 20 neue Werke und darunter waren wirklich schwere Stücke, wie zum Beispiel das Quartett von Lutoslawski, das erste und das dritte Quartett von Schönberg, Adagio und Fuge KV 546 von Mozart, von Beethoven die Quartette Opus 127, 132, 135 und die *Große Fuge* Opus 133, von Brahms das Quartett Opus 67, von Zemlinsky das zweite Quartett, die *Bagatellen* Opus 9 und das Quartett Opus 28 von Webern, von Strawinsky die *Drei Stücke* für Streichquartett und schließlich noch das Quartett von Earle Brown. Also alles schwere Stücke. In der zweiten Saison, 1976/77 waren es dann immerhin noch elf neue Stücke, darunter Beethovens Opus 131, Schönbergs viertes Quartett, Berg Opus 3 und Schuberts Streichquintett.

WL:
Herr Spruytenburg, wissen Sie, das haben wir ihm vorher nicht gesagt!

RS:
Hoffentlich, ja! Aber, wie viele Monate hat er denn dazu gebraucht?

WL:
Wir haben eins nach dem anderen mit ihm erarbeitet und schon im Sommer davor damit angefangen. Und zudem, für Lee Fiser war das eher einfach, denn er lernte schnell. Sonst ging das auch nicht. Jemand, der bei uns nicht schnell lernte, den konnten wir nicht aufnehmen, denn wir waren schon zu weit in unserer Karriere. Aber es ist doch so, dass auch ein Orchestermusiker jede Woche ein oder zwei neue Programme lernen muss und das über 36 Wochen im Jahr! Und die muss er können! Und das sind zum Teil wahnsinnig schwere und lange Programme! Berufsmusiker sind das gewohnt! Besonders Leute, die im Orchester spielen! Das wird den Musikstudenten in Europa aber leider nicht beigebracht. Dieses Verhätscheln, von dem man hier glaubt, es sei eine Berufsausbildung, ist keine. Deshalb wird auch häufig nichts daraus.

EL:
War es nicht so, dass ein Cellist, der bei euch vorspielte, Webern auswendig spielen musste?

---

[11] James Levine war in Cincinnati schon als Zehnjähriger Schüler von Walter Levin geworden: siehe Kapitel 7 „Die Lehrtätigkeit".

WL:
Nein, er musste nicht, aber wenn er gut war, dann hat er das gemacht! Lee zum Beispiel hat sich hingesetzt und hat die *Bagatellen* Opus 9 und die *Fünf Stücke* Opus 5 auswendig gespielt! Er konnte das auswendig, wir nicht!

RS:
Unglaublich! Aber so ein ganzes Repertoire sich anzueigen, sieht für den Nicht-Musiker aus wie ein unglaublicher Berg!

WL:
Ist es auch!

RS:
Es geht ja nicht nur darum, die Stücke an sich zu lernen, aber man muss ja dann auch noch lernen, wie das LaSalle-Quartett sie haben will.

WL:
Das ist dann das nächste! Das ist etwas Anderes – klar! Aber das Stück erstmal können, das war für ihn nicht schwer! Er hat sehr schnell gelernt und hat sich immer wieder daran gestoßen, dass wir so lange brauchten. Wenn wir neue Stücke studiert haben, dann kam er zur Probe und konnte das Stück, und wir anderen konnten es noch nicht!

RS:
Würden Sie sagen, dass dabei auch der Generationsunterschied eine Rolle spielte?[12]

WL:
Ja, das und ein besonderes Talent.

EL:
Und noch etwas kommt dazu, glaube ich: Lee hat von Jack Kirstein die Stimmen mit allen Fingersätzen bekommen.

WL:
Die hat er aber nur sehr wenig benutzt! Lee hat sich um die Sachen von Jack wenig gekümmert. Er hat ja kaum Fingersätze in seine eigenen Stimmen notiert.

RS:
Hat er seine Fingersätze denn einfach im Moment kreiert?

WL:
Na gut, für ganz schwere, neue Stücke hat er sich schon etwas notiert. Aber, wenn Sie sich seine Stimme von Schönbergs *Verklärter Nacht* oder vom ersten Schönberg-Quartett ansehen, dann steht da wenig drin. Er war nicht der Typ! Er konnte vom Blatt spielen. Ihn konn-

---

[12] Lee Fiser wurde am 26.4.1947 in Portland, Oregon, geboren.

ten wir vor irgendeine Stimme setzen, und die konnte er spielen! Das ist dieser Typ Musiker, und das war für uns ideal.

RS:
Also haben Sie in seinem Fall nicht besonders Rücksicht nehmen müssen auf das Repertoire?

WL:
Nein, überhaupt nicht: Null Komma Null. Es zeigt mehr wes' Geistes Kind Lee Fiser war oder immer noch ist. Deshalb waren für ihn unsere Proben auch eigentlich immer zu lang! So viel brauchte er nicht. Die anderen schon!

3
Die Geschichte des LaSalle-Quartetts

3.1 Juilliard School

ROBERT SPRUYTENBURG:
Nachdem Sie an der Juilliard School von William Schuman ein Curriculum für Streichquartett als Hauptfach bewilligt bekommen hatten, haben Sie mit dem Juilliard-Quartett studiert. Wie funktionierte der Unterricht mit dem Juilliard-Quartett? Hatten Sie mit den einzelnen Mitgliedern Unterricht?

WALTER LEVIN:
Ja, jedes Mitglied hat ein anderes Stück unterrichtet. Am Anfang haben wir mit einem der Mitglieder ein Bartók-Quartett gearbeitet und mit einem anderen *Der Tod und das Mädchen* von Schubert. Und als wir weit genug waren, um Neues dazu zu nehmen, haben die zwei anderen Mitglieder die nächsten zwei Stücke übernommen. Da wir Repertoire aufbauen wollten, um Konzerte zu geben, wurden die neuen Stücke mit Rücksicht auf ein gutes Konzertprogramm ausgewählt.

RS:
Kamen die Vorschläge für dieses Repertoire von Ihnen oder vom Juilliard-Quartett?

WL:
Beides: Es wurde miteinander besprochen. Ich wollte Beethovens Opus 59 Nr. 2 spielen, aber sie sagten, es wäre vielleicht doch besser, zuerst ein Quartett aus Opus 18 zu erarbeiten, Opus 59 Nr. 2 könne man dann später immer noch machen. Das Opus 59 Nr. 2 hatte ich übrigens schon in Palästina gearbeitet, obschon Gideon Strauss mir davon abgeraten hatte. Ich kannte das Stück also und hatte meine Stimme auch schon mit Fingersätzen und Bögen versehen, nicht so gut, aber immerhin, einmal muss man anfangen.

RS:
Dieses Unterrichtsmodell haben Sie dann selbst auch angewandt: Als die jungen Quartette zu Ihnen nach Cincinnati kamen, wurden sie immer von den einzelnen Mitgliedern des LaSalle-Quartetts unterrichtet.

WL:
Ja, anders geht es nicht, meiner Ansicht nach. Es gibt andere Quartette, bei denen alle vier Mitglieder gleichzeitig unterrichten. Das haben wir nie gemacht.

RS:
Sie waren offenbar von Anfang an sehr gepackt von der unglaublichen Intensität, mit der das Juilliard-Quartett gespielt hat. Woher hatte das Juilliard-Quartett denn diese Art zu spielen, da es in Amerika eigentlich keine Streichquartettradition gab?

WL:
Es gehörte zu ihrem Temperament. Der Cellist, Arthur Winograd, und der erste Geiger, Robert Mann, waren Feuerköpfe: Sie hatten von Natur aus eine unglaubliche Intensität. So

einen Cellisten wie Winograd kann man sich überhaupt nicht vorstellen, von einer Intensität und einer Unnachgiebigkeit, phänomenal! Und dann haben sie mit Eugene Lehner gearbeitet, dem Bratscher vom Kolisch-Quartett[1]: Der hat noch das seine dazu gegeben. Bei Lehner haben sie natürlich Schönberg und Webern gelernt: Darauf sind sie nicht von alleine gekommen. In ihrem Debütkonzert in der Town Hall haben sie die *Fünf Stücke* Opus 5 von Webern, Beethovens Opus 130 mit der *Großen Fuge* und Haydns Opus 77 Nr. 1 in G-Dur gespielt. Da war ich in der Generalprobe und im Konzert. Aber ein Vorbild für ihre Art zu spielen gab es eigentlich nur für die Orchestermusik mit Toscanini. Ihn haben sie aber nie gehört, denn damals ging das Juilliard-Quartett nicht zu Konzerten. Robert Mann hat auch keine Ahnung von Opern gehabt, er mochte Opern nicht. Ich habe ihn also in die Oper mitgenommen: *Don Giovanni* hat Bobby zum ersten Mal mit mir gehört. Da habe ich aber argumentiert mit ihm: „Ihr spielt Mozart und kennt seine Opern nicht?" Es war also ein Geben und Nehmen, er konnte von mir auch etwas lernen. Aber wie sie Quartett gespielt haben, war schon sehr wichtig für uns. Wie sie damals spielten, kann man in den frühen Aufnahmen mit Winograd als Cellist hören: die Bartók-Aufnahmen und die frühen Beethoven-Aufnahmen.[2]

RS:
Wann genau war das Gründungsdatum vom LaSalle-Quartett?

WL:
Als ich im Februar 1946 in New York angekommen bin, habe ich gleich angefangen, an der Juilliard School ein Quartett zu gründen. In der Zeit während des Studiums an der Juilliard School hat sich das zwar im Personal noch ziemlich verändert, aber bereits ab 1947 sind wir als LaSalle-Quartett aufgetreten. Unser offizielles Debütkonzert im Museum of the City

---

[1] Das Kolisch-Quartett wurde 1921 ursprünglich als das Neue Wiener Streichquartett gegründet, das sich im Rahmen von Schönbergs „Verein für Musikalische Privataufführungen" der Aufführung von zeitgenössischen Streichquartetten widmete, aber ebenso auch der Aufführung der klassischen Quartettliteratur im Sinne von Schönbergs Interpretationslehre. Rudolf Kolisch und Fritz Rothschild wechselten als erste und zweite Geige ab, Marcel Dick war der Bratscher und Joachim Stutschewsky der Cellist. Ab 1927 nannte sich das Ensemble Kolisch-Quartett und bestand aus Rudolf Kolisch, Felix Khuner (2. Geige), Eugene Lehner (Bratsche) und Benar Heifetz (Cello). Zu den wichtigsten Uraufführungen des Kolisch-Quartetts gehörten Bartóks fünftes (8.4.1935) und sechstes Streichquartett (20.1.1941), Schönbergs drittes (19.9.1927) und viertes Streichquartett (8.1.1937), Alban Bergs *Lyrische Suite* (8.1.1927) und Weberns Streichquartett Opus 28 (22.9.1938). Das Kolisch-Quartett zeichnete sich dadurch aus, dass es nicht nur das klassische Repertoire, sondern auch moderne Werke höchsten Schwierigkeitsgrads wie Bergs *Lyrische Suite* auswendig aufführte. Dies war das Ergebnis ihrer äußerst gründlichen Probenarbeit und hatte den Vorteil, dass die Spieler während der Aufführung musikalisch viel spontaner aufeinander eingehen konnten. Zur gründlichen Probenarbeit gehörte auch, dass das Kolisch-Quartett sein Repertoire grundsätzlich immer gleich als Ganzes, d. h. aus der Partitur, und nicht aus den Stimmen lernte. Das Kolisch-Quartett wurde 1942 in den USA aufgelöst. Es sind die folgenden Aufnahmen des Kolisch-Quartetts erhältlich: 1) Schönberg Quartette Nr. 1–4: Archiphon, Bestellnummer ARC-103/104; 2) Schubert Quartette a-Moll D 804, G-Dur D 887 und Quartettsatz c-Moll D 703: Archiphon, Bestellnummer ARC-107; 3) Mozart Streichquartett KV 575, *Musikalischer Spaß* KV 522, Schumann Klavierquartett op. 47, Hugo Wolf, *Italienische Serenade*: Archiphon, Bestellnummer ARC-108; 4) Mozart Streichquartette KV 589 und KV 465; Schwann Musica Mundi, Bestellnummer CD 11403. Mit dem Pro Arte Quartett, das Kolisch 1944 als Quartet in Residence an der University of Wisconsin in Madison gründete, wurde Alban Bergs *Lyrische Suite* eingespielt. Die Aufnahme (Februar 1950) ist erhältlich bei Music&Arts, CD-1056 (2003).

[2] Die erste Aufnahme der sechs Bartók-Quartette mit dem Juilliard-Quartett aus dem Jahre 1950 ist bei Pearl auf CD erhältlich, Bestellnummer GEMS 0147.

of New York war im Dezember 1947.³ Und dann haben wir in New York und Umgebung, in New Jersey, auch schon einige Konzerte gegeben, zum Beispiel auch Beethovens Opus 59 Nr. 3 und Bartóks sechstes Quartett in einem Hauskonzert bei Stefan Wolpe.⁴ Das war Anfang 1949, denn es war schon mit Henry Meyer, der erst Herbst 1948 dazugekommen ist.

RS:
Kannten Sie Stefan Wolpe damals schon?⁵

WL:
Ich kannte Stefan Wolpe über meine Freunde Herbert Brün und Wolf Rosenberg. Er war ja deren Lehrer, als er in Jerusalem unterrichtete, und war schon 1938 nach Amerika gegangen. Rosenberg hatte mir sein erstes Streichquartett mitgegeben, das ich Wolpe in New York gebracht habe. So habe ich ihn kennengelernt. Rosenbergs Quartett ist dann verloren gegangen, weil es bei Wolpe gebrannt hat, und dabei hat er alles verloren, alle Noten, alle eigenen Werke, Manuskripte, alles: furchtbar. Und Rosenberg hatte keine Kopie von seinem ersten Streichquartett: Das gibt es also nicht mehr. Wir haben Wolpe später noch in Darmstadt getroffen, wo er auch unterrichtet hat. Aber eigentlich hatten wir nie größeren Kontakt zu ihm, weil uns die Richtung, die er damals vertrat, erst viel später interessiert hat und wir seine Werke nicht spielten. Aber als Person, als Musiker und als Komponist war er uns als Referenz sehr wichtig und stand hoch im Kurs. Und da ich sehr viel auf das Urteil solcher Leute hielt, haben wir ihn gefragt, ob wir bei ihm vielleicht ein Hauskonzert machen könnten, da er auch alle ernsthaften Musiker in New York kannte.

RS:
Das war also ein Konzert vor erlauchtem Kreis.

WL:
Vor sehr erlauchtem Kreis: Es waren Musiker aus dem NBC-Orchester da, auch viele Quartettspieler, so Felix Galimir, und ein paar Komponisten. Das war schon sehr wichtig für uns. Und auch das Juilliard-Quartett war da, mit dem wir das Programm erarbeitet hatten, sodass sie den Erfolg ihres Unterrichts in der Praxis eines Konzerts prüfen konnten.

RS:
Aber es war nicht für diesen Anlass, dass Robert Mann einen Namen für das Quartett finden musste?

---

³ Das erste offizielle Konzert des LaSalle-Quartetts fand am 13. Dezember 1947 statt. Auf dem Programm standen Mozarts Streichquartette KV 155 und KV 575 sowie das Streichquintett KV 406. Der zweite Bratscher im Quintett war Sol Greitzer.
⁴ Im Hauskonzert bei Stefan Wolpe standen Mozarts Quartett KV 589, Bartóks sechstes Quartett und Beethovens Opus 59 Nr. 3 auf dem Programm.
⁵ Stefan Wolpe (Berlin 25.8.1902 – New York 4.4.1972) fühlte sich als Komponist schon früh zur Avantgarde hingezogen. Nach der „Machtübernahme" der Nazis 1933 floh er nach Wien, wo er Kompositionsunterricht bei Anton Webern nahm. Im selben Jahr floh er nach Palästina, wo er bis zu seiner Emigration in die USA 1938 ab 1936 am Konservatorium in Jerusalem unterrichtete. In den USA gab er an verschiedenen Institutionen Vorlesungen, wie auch ab den 1950er Jahren bei den Darmstädter Ferienkursen für Neue Musik.

WL:
Nein, das war schon vorher geschehen. Das Juilliard-Quartett hat uns nämlich hin und wieder zu Konzerten in New York und Umgebung verholfen, denn sie konnten die Konzerte, die sie damals offeriert bekamen, nicht immer alle annehmen. So bekam Robert Mann einmal einen Anruf von einer Dame einer Konzertorganisation in New Jersey, die das Juilliard-Quartett für ein Konzert einladen wollte. Der Termin passte dem Juilliard-Quartett aber nicht und Robert Mann sagte: „Ich kann Ihnen aber ein sehr gutes, junges Quartett empfehlen, das dieses Konzert sicher gerne übernehmen würde." „Wie heißt denn dieses junge Quartett?" Da schaute Robert Mann etwas verzweifelt aus dem Fenster des Drugstore, von dem aus er telefonierte, denn er wusste sehr wohl, dass die Dame ein namenloses Quartett nicht einladen würde. Er sah die Straßenschilder an der Ecke: Broadway und LaSalle Street, und er antwortete kurzerhand: „LaSalle-Quartett." Das war die Straße, an der er wohnte. Es hätte aber schlimm enden können, denn er hätte uns ja genauso gut Broadway-Quartett taufen können und das wäre wohl doch nicht so gut gewesen.

3.2 Colorado Springs

RS:
Wie ist es zustande gekommen, dass Sie nach dem Studium an der Juilliard School als Quartet in Residence ans College in Colorado Springs engagiert wurden?

WL:
Das geschah auf Initiative von Carol Truax, der Leiterin der Musikabteilung des Colorado College, eines kleinen Liberal Arts College mit vorzüglichen Lehrern und einer winzigen Musikabteilung, aber von erlesenster Qualität, wie man sich das in Europa überhaupt nicht vorstellen kann. Und Carol Truax, die das leitete, war überhaupt keine Musikerin. Sie war vor Jahrzehnten nach Colorado gekommen, so wie man in Europa früher nach Davos ging, weil sie Tuberkulose hatte. Colorado Springs liegt etwa 1800 Meter hoch und war wegen des guten, trockenen Gebirgsklimas ein Kurort für Lungenkranke. Sie stammte aus New York aus der bekannten Truax-Familie. Ihr Vater war ein renommierter Jurist und Richter und ein großer Musikliebhaber. Das war eines dieser großen New Yorker Häuser, die die Kunst pflegten und wo es immer große Abendgesellschaften gab, zu denen zum Beispiel Caruso und Schaliapin kamen und wo alle großen Sänger ein- und ausgingen. Carol Truax kannte also von Kind auf lauter Künstler, hat sich immer mit Künstlern umgeben und hatte ein Flair dafür, mit ihnen umzugehen. Und als sie diese Schule in Colorado Springs übernahm, hat sie sie eingeladen. Als Organisatorin war sie unübertroffen.

EVI LEVIN:
Sie hat auch ein Kochbuch geschrieben mit lauter Anekdoten über Caruso und all die Leute bei ihr zu Hause: *The Sixty Minute Chef*, ein Bestseller.

WL:
Sie war eine unglaubliche Frau und hat uns ans Colorado College engagiert. An ihrer Fakultät waren Roy Harris, der Komponist[6], und seine Frau Johana [sic!], eine großartige Pianistin.[7] Als sie sich entschieden, Colorado Springs zu verlassen, hat Carol Truax gesagt: „Mit den 10000 Dollar Gehalt von Roy Harris und Johana wollen wir jetzt ein junges Quartett engagieren, wenn wir eines finden können, denn zu viert können sie mindestens vier Kurse unterrichten, sie können Konzerte spielen und damit den Namen des College verbreiten, und sie können für unsere Kompositionsstudenten ihre neuen Werke ausprobieren." Dann hat sie sich an ihren Freund Thor Johnson gewandt, der am Colorado College an der Summer School unterrichtete, ob er vielleicht ein junges Quartett kenne. Thor Johnson[8] kannten wir schon von der Juilliard School, wo er zusammen mit Edgar Schenkman das Orchester dirigiert hat. Später war er jahrelang der Dirigent des Cincinnati Symphony Orchestra. Und so kam Carol Truax nach New York, um mit Hilfe ihrer beiden Freunde, Virgil Thomson[9] und Thor Johnson, ein junges Quartett zu suchen. Und da gab es nur eines, nämlich uns. Wir hatten immer sehr intensiv Quartett gearbeitet im Hinblick darauf, dass wir eines Tages eine Anstellung finden wollten. Und kurz vor unserer Graduierung an der Juilliard School als Quartett haben wir in der Times Hall in New York für die League of Composers ein Konzert gespielt, eine sehr avancierte Konzertorganisation, in der alle namhaften Komponisten in Amerika Mitglied waren. Damals war Aaron Copland der Leiter dieser Organisation. Wir waren eingeladen worden, ein Stück für Streichquartett von Guido Turchi, einem italienischen Komponisten, aufzuführen: *Concerto breve (in memoriam Béla Bartók)* hieß es.[10] Das war ein schicksalhaftes Konzert für uns, denn im Publikum saß auch Carol Truax. Sie hat uns tatsächlich engagiert, und ab September 1949 waren wir am Colorado College in Colorado Springs. Aber im Sommer zuvor ist Evi hingefahren, um auszukundschaften, was denn eigentlich dieses Colorado College sei und ob sie wirklich mit mir dahin gehen wollte. Ich meinerseits war sehr dafür, dass sie mitkäme.

EL:
Aber ich war New Yorker, und in einen Kurort in den Bergen zu gehen, fand ich furchtbar!

WL:
Sie fuhr aber hin und entdeckte auf dieser Sommerschule eine unglaubliche Fakultät. Da war als Pianist Eduard Steuermann[11], der Pianist der Schönberg-Schule, einer der besten

---

[6] Roy Harris (12.2.1898–1.10.1979) war ein amerikanischer Komponist, der maßgeblich zur Entwicklung einer spezifisch amerikanischen Symphonik beigetragen hat.
[7] Beula Duffey war eine junge kanadische Pianistin, die Roy Harris 1934 an der Juilliard Summer School kennengelernt und 1936 geheiratet hatte. Er nannte sie fortan „Johana".
[8] Thor Johnson (10.6.1913–16.1.1975) war ein amerikanischer Dirigent, der sich bei Bruno Walter, Hermann Abendroth und Serge Koussewitzky ausbilden ließ. 1946–47 leitete er das Juilliard School Orchestra und war 1947–58 musikalischer Leiter des Cincinnati Symphony Orchestra. Während dieser Zeit dirigierte er wenig bekannte Werke, unter anderem schon 1953 eine viel beachtete Aufführung von Schönbergs *Gurre-Liedern*. Zudem dirigierte er die Erstaufführung von ca. 120 Werken, wovon er die Hälfte selbst in Auftrag gegeben hatte.
[9] Virgil Thomson (25.11.1896–30.9.1989) war ein amerikanischer Komponist und Musikkritiker.
[10] Dieses Konzert fand am 10. April 1949 statt. Das Stück von Guido Turchi war 1947 komponiert worden.
[11] Eduard Steuermann (18.6.1892–11.11.1964) nahm 1912 teil an der Uraufführung von Arnold Schönbergs *Pierrot Lunaire* und spielte auch in den meisten Uraufführungen von Schönbergs späteren Werken. Er war der Pianist in Schönbergs 1918 gegründetem „Verein für musikalische Privataufführungen". Er unterrichtete bei

Klavierlehrer, die es überhaupt gab. Mit ihm hatte Evi dann Klavierstunden. Und Komposition unterrichtete ein auch nicht ganz unbekannter Komponist namens Paul Hindemith. Einer der Geigen- und Kammermusiklehrer war Louis Persinger, der berühmte Lehrer des jungen Yehudi Menuhin. Musikwissenschaft und Musikgeschichte unterrichtete der große Musikologe von der Indiana University, Willi Apel, der vorher Professor an der Harvard University gewesen war[12]: ein Mediävist, der die großen, heute noch gängigen Lehrbücher über die Musik im Mittelalter geschrieben hat, und der auch der Herausgeber des Harvard Dictionary of Music war, also ein ganz renommierter Mann. Nachdem wir dann nach Colorado Springs übersiedelt waren, hatten wir einmal Tee zusammen und ich schaute diesen Mann an und dachte: „Den habe ich doch schon einmal gesehen!" Und dann wurde es mir plötzlich klar, dass er mein Musiklehrer an der Theodor-Herzl-Schule in Berlin gewesen war! Und er sagte: „Warst Du einer dieser Bengel, die lieber Fußball spielen gingen, oder hast Du meinem Unterricht zugehört?" Ich hatte zugehört. Am Fine Arts Center in Colorado Springs war auch der Maler Mark Rothko: für uns damals noch kein Begriff. Das war also eine phänomenale Fakultät am Colorado College, und auch heute noch ist es eines der hervorragendsten kleinen Fine Arts Colleges in Amerika. Evi fand das großartig. Sie kam also mit nach Colorado Springs.

RS:
Waren Sie damals noch nicht verheiratet?

WL:
Nein, das geschah dann aber ziemlich umgehend. Denn als Erstes wollte Evi nachholen, was sie schon immer wollte, nämlich an einer Universität oder an einem College studieren. Und jetzt bot sich dazu die Gelegenheit.

EL:
Als ich mich immatrikulieren wollte, zwang ich mich durch die verschiedenen bürokratischen Stellen und gelangte schließlich zum Kassierer. Vor mir stand eine Studentin am Schalter, die gerade ihr Studiengeld bezahlen wollte, als der Kassierer zu ihr sagte: „Sie brauchen aber nicht zu zahlen, denn Sie sind doch die Frau eines Fakultätsmitglieds?" Das musste ich nur hören! Ich nahm meine Einschreibungsformulare gleich mit nach Hause und eröffnete Walter: „Komm, wir müssen sofort heiraten, dann bekomme ich das Studium hier gratis!" Wir sammelten also Peter Kamnitzer und Henry Meyer als Zeugen ein, meldeten uns beim Standesamt und bekamen ein Zertifikat mit Engelchen darauf, die meinen Namen von Marcov auf Levin änderten. Gerne schrieb ich mich nun als Evi Levin ein.

RS:
Was haben Sie dann studiert?

---

den Darmstädter Ferienkursen für Neue Musik und lehrte 1952–64 sowohl an der Juilliard School of Music in New York als auch am Philadelphia Conservatory of Music.
[12] Willi Apel (Konitz 10.10.1893 – Bloomington, Indiana 14.3.1988), Pianist und Musikwissenschaftler. Er promovierte 1936, dem Jahr seiner Emigration in die USA, über die Tonalität im 15. und 16. Jahrhundert. Er gab 1938–42 Vorlesungen an der Harvard University und war 1950–70 Professor für Musikwissenschaft an der Indiana University in Bloomington.

Colorado Springs

Abb. 16: Klavierklasse Eduard Steuermann, Colorado Springs Summer School 1949 (Evi Levin links von E. Steuermann)

EL:
Musikgeschichte, Musiktheorie, Klavier und alle Fächer, die es für ein Bachelor of Arts in Musik braucht. Ich hatte das große Glück, dass gerade David Kraehenbuehl auf Empfehlung von Paul Hindemith ans Colorado College berufen worden war. Er wurde mein Lehrer in Musikgeschichte und Theorie.

RS:
Wer war David Kraehenbuehl?

WL:
Er war ein äußerst begabter Yale-Student, der bei Hindemith studiert hatte[13] – ein fantastischer Lehrer und ein phänomenaler, kluger, wirklich genialer Musiker. Er hat genauso

---

[13] David Kraehenbuehl (Urbana, Illinois 1923 – Trempealeau, Wisconsin 3.1.1997) war Pianist und Komponist. Im September 1947 begann er sein Studium bei Paul Hindemith an der Yale School of Music, das er schon nach zwei Jahren abschloss. Hindemith bezeichnete ihn als den begabtesten Studenten, den er je gehabt hatte. In 1949 gewann Kraehenbuehl den renommierten Ditson-Preis für ein Nachdiplomstudium im Ausland, das er an der Schola Cantorum Basiliensis in Basel verbrachte, um die Musik des Mittelalters, der Renaissance und des Barock zu studieren. Auf Empfehlung Hindemiths wurde er zum Assistenzprofessor für Musikgeschichte und Theorie am Colorado College ernannt. Als Hindemith sich 1953 entschied, nach Europa zurückzukehren, bat er

unterrichtet wie an der Juilliard School im Curriculum „Musik, Literatur und Materialien". Er hat in einer breiten Weise die Musikliteratur im Zusammenhang mit den geschichtlichen Gegebenheiten ihrer Entstehungszeit vermittelt.

EL:
„Integrated curriculum" hieß dieses Unterrichtssystem am Colorado College.

RS:
Wie muss man sich dieses Curriculum vorstellen?

EL:
Zum Beispiel, wenn wir im Kurs das Thema „Musik im Mittelalter" behandelten und über den Gregorianischen Gesang mit parallelen Quinten und Verbot der meisten anderen Intervalle unterrichtet wurden, dann sangen wir gregorianische Gesänge und mussten selbst Lieder im gregorianischen Stil komponieren. Zudem mussten wir Gemälde finden, zum Beispiel von singenden Mönchen, aus ungefähr dieser Zeit. Auch behandelten wir die Literatur jener Zeit, suchten nach Beschreibungen der Gesellschaft, wie man sich kleidete – als Mann oder Frau, als Adeliger oder als Bediensteter – und welches politische System in den verschiedenen Ländern herrschte. Man durchschritt die gesamte Musikgeschichte chronologisch in Bezug auf Musiktheorie, Harmonielehre, Kontrapunkt und allgemeine Geschichte der jeweiligen Epoche. Das „integrated curriculum" war also ein breit gefächertes, multidisziplinäres System, das aber nach einigen Jahren aus Mangel an Lehrern, die dafür ausgebildet werden mussten, leider gescheitert ist. David Kraehenbuehl war einer der wenigen, die dieses breite Wissen besaßen und weitervermitteln konnten – und ich war unter den Glücklichen, die drei Jahre lang am Colorado College davon profitiert haben. Nach diesen drei Jahren habe ich das Studium mit einem akademischen Bachelor of Arts, Major in Music, „cum laude" abgeschlossen. Ich blieb aber noch ein viertes Jahr, solange das Quartett in Colorado Springs engagiert war, und unterrichtete am Colorado College in der Deutschabteilung. 1950 wurde ich zudem an der University of Colorado in Boulder in die Sommerschule engagiert, um im Foreign Language House mit dem Akkordeon im Freien beim Klassenunterricht oder bei Sprachveranstaltungen deutsche, französische, italienische und spanische Lieder zu spielen.

RS:
Haben Sie nicht während dieser Zeit auch Bratsche gelernt?

EL:
Richtig, im ersten Jahr in Colorado Springs fing ich an, bei Peter Kamnitzer Bratschenunterricht zu nehmen. Denn ich wollte unbedingt selbst die Probleme kennenlernen, mit denen sich Walter so intensiv im Quartett beschäftigte und von denen ich als Pianistin nicht viel Ahnung hatte. Ich brachte das Bratschenstudium so weit, dass ich in Kammermusiken-

---

Kraehenbuehl, an der Yale School of Music sein Nachfolger zu werden. In 1960 wechselte er zur New School for Music Study in Princeton, wo er für die Frances Clark Library Hunderte pädagogischer Klavierstücke in den unterschiedlichsten Stilrichtungen komponierte.

sembles mitspielen konnte: Das war mein eigentliches Ziel. Danach gab ich die Bratsche auf.

RS:
Nebst der hochkarätigen Fakultät der Sommerschule, wie war die normale Fakultät zusammengesetzt?

WL:
Die Musikfakultät am Colorado College bestand aus lauter erstaunlich jungen Leuten Ende 20, Anfang 30, von einem Elan und Interesse wie man es sich nur wünschen kann. Wir wurden wie lang ersehnte, alte Freunde begrüßt und sofort in das gesamte Curriculum integriert. Wir spielten in ihren Klassen, und als eine wichtige Funktion unseres Quartetts führten wir auch Kompositionen der Studenten von David Kraehenbuehl auf.

RS:
Von David Kraehenbuehl haben Sie in Colorado Springs auch ein lustiges Stück aufgeführt: die Variationen auf *Pop goes the Weasel*.

WL:
Das hat er für uns geschrieben als Auftragswerk für die Kinderkonzerte, die wir in Colorado Springs gegeben haben. Das Thema beruht auf einem allgemein bekannten, amerikanischen Volkslied.

RS:
Aber was heißt der Titel *Pop goes the Weasel*?

WL:
Das Wiesel taucht plötzlich aus dem Boden auf: it „pops up!"

RS:
Was durch ein Pizzicato im Unisono der vier Instrumente dargestellt wird!

WL:
Genau! Wir haben das Stück in einem Lecture-Recital aufgeführt. Es ist aber ziemlich lang, und wir haben daraus immer nur einige Teile gespielt.

RS:
Ich finde es ein äußerst witziges Stück, denn die Variationen im Stile von Bach, Haydn, Beethoven, Mendelssohn, Strawinsky und Schönberg sind eine sehr gescheite Parodie und unglaublich gut getroffen. Das Publikum lacht denn auch ständig[14].

---

[14] Die Aufführung von *Pop goes the Weasel* durch das LaSalle-Quartett ist in der Paul Sacher Stiftung auf CD Nr. 9 dokumentiert und vermittelt einen lebendigen Eindruck von der ansteckenden Aufbruchstimmung des LaSalle-Quartetts am Colorado College: siehe auch die CD-Beilage. Kraehenbuehl besaß offenbar eine besondere parodistische Begabung, denn schon als Zwölfjähriger hatte er eine viersätzige Sonate für Violine und Klavier im Stile von Brahms, Chopin, Beethoven und Debussy komponiert.

WL:
Nicht wahr? Es ist einfach glänzend gemacht!

RS:
Ja, absolut. So wie zum Beispiel das Thema von Schuberts Militärmarsch fließend in das Thema von *Pop goes the Weasel* übergeht[15], und die Schönberg-Persiflage, von der Sie sagen: „Sie können mir glauben, dass alle Töne von ‚Pop goes the Weasel' da sind!"

Wenn wir schon über Schönberg sprechen: Es war offenbar geplant, dass Schönberg im Sommer 1951 als Member of the Faculty for the Summer School nach Colorado Springs kommen sollte. Geschah das auf Ihre Initiative?

WL:
Ja, sicher. Gleich in der ersten Saison am Colorado College hatten wir in einem unserer Konzerte das dritte Schönberg-Quartett auf dem Programm, und ich wollte Schönberg schon immer kennenlernen. Da das Colorado College eine solch avancierte Musikabteilung hatte, kam ich auf die Idee, dass es eine wunderbare Gelegenheit wäre, ihn jetzt einzuladen. Das haben wir also vorgeschlagen, und Carol Truax fand es eine ausgezeichnete Idee. Man hat sofort an ihn geschrieben, und er war einverstanden. Er würde einen Kurs über seine Quartette geben, und wir würden sie spielen. Ich habe mir nicht viel dabei gedacht: bis zum nächsten Sommer die anderen drei Schönberg-Quartette zu lernen? Gott behüte, das wäre nicht so gut gewesen! Aber es ist nichts daraus geworden. Er hat zugesagt, auch im Katalog war er aufgeführt, aber dann wurde er krank und musste absagen. Ich habe Schönberg leider nie kennengelernt.

RS:
In Colorado Springs haben Sie nicht nur Quartettrepertoire gespielt, sondern auch sonst in Konzerten mitgewirkt, die mit Aufnahmen dokumentiert sind.[16] Es gibt zum Beispiel eine Aufnahme von Haydns *Sinfonia Concertante* für Violine, Cello, Oboe und Fagott.[17]

WL:
Ja, Peter Kamnitzer hat sie für Streichquartett bearbeitet. Das Orchester ist zwar etwas dilettantisch, aber wir als Quartett spielen sehr schön. Das war ein großes Vergnügen! Ich finde es ein großartiges Stück, ein erstklassiger Haydn und lustig! Toscanini hat es übrigens auch dirigiert.

RS:
Mit welchem Orchester haben Sie das gespielt?

---

[15] Es handelt sich um Schuberts Militärmarsch Nr. 1 D-Dur, D 733 für Klavier zu vier Händen.
[16] Das LaSalle-Quartett hat sich während der ganzen Karriere darum bemüht, von seinen Konzerten, die z. B. vom Rundfunk mitgeschnitten wurden, eine Kopie auf Band zu bekommen. Von einigen Konzerten in Colorado Springs und von den meisten Konzerten am College-Conservatory of Music in Cincinnati befinden sich Mitschnitte in der Sammlung LaSalle-Quartett in der Paul Sacher Stiftung in Basel, die auf insgesamt 236 CDs kopiert wurden.
[17] Das Konzert mit Haydns *Sinfonia Concertante* B-Dur Opus 84 fand am 8. März 1951 statt und ist in der Paul Sacher Stiftung auf CD Nr. 2 dokumentiert.

WL:
Das war mit dem Colorado Springs Symphony Orchestra unter dem Dirigenten Frederick Boothroyd, einem Engländer, der auch nach Colorado Springs gekommen war, weil er Tuberkulose hatte. Er war Chordirigent gewesen, spielte in Colorado Springs als Organist in einer Kirche und hat dieses Orchester gegründet und dirigiert. Als wir in Colorado Springs ankamen, hat man uns gesagt, dass wir unbedingt die ersten Positionen im Orchester übernehmen müssten. Wir haben aber nur am Anfang mitgewirkt. So haben wir in einem Konzert Kirsten Flagstad als Solistin im „Liebestod" aus *Tristan und Isolde* begleitet, und mit dem Pianisten William Kapell gespielt, bevor er mit dem Flugzeug umgekommen ist.[18] Aber mit Flagstad, der größten Wagner-Sängerin des Jahrhunderts auf derselben Bühne gespielt zu haben, das ist schon etwas! In 1949 war ich ja erst 24!

EL:
Und mit Rose Bampton![19]

WL:
Ja, und mit der Mezzosopranistin Frances Bible.[20] Das Beste war ihnen in Colorado Springs gerade gut genug.

RS:
Es gibt auch eine Aufnahme einer Triosonate von Händel und von Bartóks Duetten für zwei Violinen.[21]

WL:
Ja, die haben Henry Meyer und ich gespielt. Den Klavierpart in der Triosonate von Händel spielte David Kraehenbuehl.

RS:
Das muss in Colorado Springs eine sehr anregende Zeit gewesen sein, während der Sie in sehr verschiedene Aspekte des Musiklebens involviert waren und vieles ausprobieren konnten.

WL:
Allerdings!

---

[18] William Kapell (20.9.1922–29.10.1953) hatte mit Olga Samaroff in Philadelphia und an der Juilliard School studiert. In 1941 gewann er den Jugendwettbewerb des Philadelphia Orchesters, den Naumburg Award und den New York City Town Hall Award.
[19] Rose Bampton (28.11.1907–21.8.2007) sang unter anderem die Leonore in Beethovens *Fidelio* unter Arturo Toscanini. Arnold Schönberg, in dessen *Gurre-Liedern* sie mitwirkte, nannte ihre drei Oktaven umfassende Stimme ein „Wunder".
[20] Frances Bible (27.1.1919–29.1.2001) war 1948–77 Ensemble-Mitglied an der New York City Opera, wo sie die meisten Hauptrollen sang. Sie war vor allem wegen ihren Hosenrollen sowie Rollen in zeitgenössischer Musik bekannt. Der Durchbruch gelang ihr 1949 mit dem Octavian im *Rosenkavalier* von Richard Strauss.
[21] Das Konzert mit Händels Triosonate und Bartóks Duetten für zwei Violinen fand am 21. März 1951 statt. Es ist in der Paul Sacher Stiftung auf CD Nr. 7 dokumentiert. Zu den Duetten von Bartók siehe auch die CD-Beilage.

Die Geschichte des LaSalle-Quartetts

Abb. 17: Frances Bible mit dem LaSalle-Quartett bei einem Kinderkonzert in Colorado Springs 1952

3.3 Cincinnati

RS:
Im letzten Jahr Ihrer Zeit in Colorado Springs waren Sie auf Tournee und haben auch in Cincinnati ein Konzert gegeben. Dazu gibt es ein Foto des LaSalle-Quartetts vom März 1953 mit Frederick Schmidt, dem Präsidenten des College of Music. Wie war dieses Konzert in Cincinnati zustande gekommen?

WL:
Die Tochter von Fred Smith, dem technischen Leiter des College of Music in Cincinnati, wollte bei Galamian Geige studieren, und daraufhin war er im Sommer 1952 mit ihr nach Meadowmount gekommen, denn während der vier Jahre in Colorado Springs haben wir jeden Sommer als Quartett bei Galamian Unterricht genommen und für die nächste Saison neues Repertoire vorbereitet. Wir wohnten im Cottage von Mrs. Burpee und Fred Smith gegenüber von uns. Da Galamian seine Tochter nicht annehmen wollte, hatte er empfohlen, sie bei mir studieren zu lassen. Fred Smith kam also zu mir ins Cottage herüber und fragte, wo ich denn unterrichten würde. „Im Moment am Colorado College." „Warum kommen Sie nicht nach Cincinnati?", fragte er. „Ich habe dort ein College."

Cincinnati

Abb. 18: Das LaSalle-Quartett mit Frederick Schmidt, Präsident des Cincinnati College of Music, März 1953

RS:
Wurde Ihnen anlässlich dieses Konzerts in Cincinnati dann tatsächlich ein Vertrag als Quartett in Residence angeboten?

WL:
Ja. Ich habe den Vertrag mit zusammengebundenen Zähnen verhandelt, denn ich hatte beim Skilaufen in Aspen meinen Kiefer doppelseitig gebrochen: Ich wollte unbedingt noch einmal auf den Berg hinauf, aber es war schon vereist. Damals wurden einem die Zähne mit Draht zusammengebunden, damit der Kiefer genau in der richtigen Position fixiert blieb, zwei Monate lang. Ich durfte nur Flüssiges essen: Das war gut zum Abnehmen. Und auch gut zum Unterrichten, denn ich sah ganz böse aus, dazu brauchte ich mir gar keine Mühe zu geben. Und in diesem Zustand bin ich nach Cincinnati gefahren und habe unseren Vertrag verhandelt.

RS:
Da war wohl nicht viel zu verhandeln, denn Sie waren wahrscheinlich gleich als „Ironman" gefürchtet!

EL:
Der Kiefer musste, glaube ich, sechs oder sieben Wochen fixiert bleiben. Und als schönen Abschluss, als diese Zeit endlich vorüber war, haben wir gesagt: „Morgen feiern wir, dass Du wieder normal essen kannst." Und ich hatte ein Riesensteak gekauft, mindestens anderthalb Inches. Walter ging also zum Zahnarzt, und als er nach Hause kam, machte ich dieses herrliche Steak, aber er konnte den Mund kaum aufmachen! Nach sechs Wochen hatte er keine Muskeln mehr!

WL:
Das ist eine der wenigen Zeiten gewesen, wo ich meinen Mund nicht aufgemacht habe ...

RS:
Und Ihre Familie hat selten ein Steak so genossen.

WL:
Das war wirklich eine große Enttäuschung, das kann ich Ihnen sagen. Ich habe mich noch selten so auf ein Steak gefreut. Es hat auch noch etwa zwei Wochen gedauert bis ich den Mund wieder aufmachen konnte, das musste ich üben!

RS:
Was war der Inhalt des Vertrags als Quartet in Residence am College of Music?

WL:
Er beinhaltete, dass wir Instrumentalunterricht und Kammermusikunterricht geben und eine Konzertreihe im College spielen würden, zuerst drei und später dann vier Konzerte pro Saison. Zudem war die Freiheit festgehalten, dass wir auf Tournee gehen konnten. Die Tochter von Fred Smith habe ich aber nie unterrichtet.

RS:
Es war doch eine erstaunliche Fügung, dass sich das LaSalle-Quartett ausgerechnet in Cincinnati niedergelassen hat, denn der Entdecker des Oberlaufs des Ohio River war der Sieur de LaSalle.[22] War es derselbe LaSalle nach dem das Quartett benannt wurde?

WL:
Wir sind nach der LaSalle Street in New York benannt. Ich weiß nicht, ob es derselbe LaSalle war. Es gab übrigens auch bei General Motors ein sehr schönes Auto namens LaSalle.

RS:
Als Sie dann im September 1953 in Cincinnati Ihre Stelle als Quartet in Residence am College of Music angetreten haben, wurden Sie offenbar sehr großzügig empfangen, denn es gibt ein Foto vom LaSalle-Quartett mit Rembert Wurlitzer und William Albers, einem Sponsor des LaSalle-Quartetts, und vier Stradivari-Instrumenten. Wurden Sie tatsächlich gleich mit diesen Stradivari-Instrumenten empfangen?

---

[22] René Robert Cavelier, Sieur de LaSalle (Rouen 22.11.1643 – Texas 20.3.1687).

Cincinnati

Abb. 19: Rembert Wurlitzer, William Albers und das LaSalle-Quartett mit Stradivari-Instrumenten, Cincinnati September 1953

WL:
Ja. Rembert Wurlitzer war ein Freund von uns, den wir schon aus New York kannten.[23] Und jetzt kamen wir nach Cincinnati, seiner Heimatstadt, und einer der großen Sponsoren vom College of Music, an dem wir engagiert worden waren, war William Albers, der Besitzer einer Supermarktkette in Cincinnati. Zum feierlichen Debüt hatte er uns in seine riesige Villa eingeladen, Alberly Manor, mit allen Leuten, die in Cincinnati etwas bedeuteten, damit wir richtig eingeführt würden. Und für diesen Anlass hat Fred Smith, der Leiter vom College of Music, Rembert Wurlitzer gesagt: „Jetzt ist das LaSalle-Quartett bei uns und wir machen ein großes Debüt, könntest Du Ihnen nicht ein paar anständige Instrumente bringen?" Darauf hat er uns für unser Debütkonzert das Stradivari-Quartett gebracht.[24]

RS:
Das war also wirklich ein unglaublicher Empfang! Das gibt es auch nur in Amerika!

---

[23] Zu Rembert Wurlitzer siehe auch Kapitel 5 „Die Instrumente" sowie Anmerkung 3 dort.
[24] Das Debütkonzert im Alberly Manor fand am 20. September 1953 statt. Auf dem Programm standen Mozarts Quartett KV 155 und das Quartett von Ravel.

WL:
Nur in Amerika. Unsere ganze Karriere, alles, was wir sind und geworden sind, ist nur in Amerika möglich.

RS:
So eine Großzügigkeit! Aber das weckt natürlich auch sehr hohe Ansprüche!

WL:
Selbstverständlich! Und so sind wir später auch an die Amati-Instrumente gekommen, eben mit Hilfe desselben Rembert Wurlitzer. Er hat immer daran gedacht, bis der Moment gekommen war, uns mit Gerald Warburg in Verbindung zu bringen.[25]

RS:
Wer waren die Hauptsponsoren des LaSalle-Quartetts in Cincinnati?

WL:
Die Hauptsponsoren des LaSalle-Quartetts waren William Albers und Schmidt Real Estate. Frederick Schmidt war ein Makler und der Präsident vom College of Music. Fred Smith war der Direktor. Aber dann haben wir allmählich viele Leute kennengelernt, die uns in Cincinnati wirklich gefördert haben. Das war die deutsch-jüdische Emigration von vor 100 Jahren, das heißt nicht die Nazi-Emigration, sondern die frühere, die inzwischen etabliert war. Das waren die großen Sponsoren, und nicht nur jüdische, denn Albers und Schmidt waren keine Juden, sondern Katholiken. Es gab übrigens zwei Musikschulen: Das College of Music war rein katholisch, und das Conservatory of Music war rein protestantisch. Und das College of Music hat das LaSalle-Quartett nach Cincinnati geholt, als es noch eine ziemlich kleine, bescheidene Schule war. Später wurden beide Schulen zusammengeschlossen und schließlich von der University of Cincinnati als deren Musikabteilung übernommen – daher der etwas umständliche Name: College-Conservatory of Music of the University of Cincinnati. Aber damit ist es quasi zu der wichtigsten Quartettschule von Amerika geworden. Wir sind dort 40 Jahre geblieben, und diese Zeit haben wir genutzt.

RS:
Einer der Förderer des LaSalle-Quartetts in Cincinnati war Ferdinand Donath.

WL:
Ja. Als wir in Cincinnati ankamen, suchten wir einen Arzt, und da hatte man uns Ferdinand Donath empfohlen, einen wunderbaren Menschen. Er stammte aus Wien und war ein Student von Sigmund Freud. Wir haben uns gleich glänzend mit ihm angefreundet, denn so Leute wie uns gab es in Cincinnati nicht so viele. Erstens war er ein Musik- und Literaturfanatiker, ein Karl-Kraus-Experte, hatte eine riesige deutsche Bibliothek, und wir als junge Leute sprachen Deutsch! Wir waren ja jünger als seine Kinder!

---

[25] Siehe dazu weiter in Kapitel 5 „Die Instrumente".

EL:
Und seine Frau, Anni Schnitzler, war eine Nichte von Arthur Schnitzler.

WL:
Ja. Aus diesen Kreisen in Wien stammte er. Dort war er auch Gründungsmitglied von Schönbergs „Verein für musikalische Privataufführungen". Seine Frau hat mir seine Mitgliedskarte aus Wien vererbt.

RS:
Er war aber auch Gründungsmitglied der Gruppe für Privataufführungen in Cincinnati.

WL:
Ja, das hat er aus einem bestimmten Anlass angeregt. Als wir nämlich unser erstes Konzert als neues Quartet in Residence am College of Music in Cincinnati spielen sollten, fragte Fred Smith, der Leiter vom College of Music, was wir denn spielen würden. Ich sagte: „Schuberts Quartettsatz, fünftes Bartók-Quartett und Beethoven Opus 18 Nr. 5." Darauf hat er geantwortet: „Das geht nicht. Bartók können Sie bei uns nicht spielen, da kommt niemand ins Konzert. In Cincinnati interessiert man sich nicht für moderne Musik." „Wir spielen aber kein Konzert ohne ein solches Stück." Wir haben es durchgesetzt, aber angekündigt, dass wir zwei Tage vor dem Konzert, am Sonntag Nachmittag, für das fünfte Bartók-Quartett ein Lecture-Recital machen würden, das heißt einen Einführungsvortrag mit Beispielen. Zu diesem Lecture-Recital kamen dann tatsächlich etwa 30 bis 40 Leute und es wurde ein Riesenerfolg. Jedenfalls hat es sich herumgesprochen wie ein Lauffeuer, dass da ein junges Quartett ganz aufregend neue Musik spiele, und das Konzert zwei Tage später war praktisch ausverkauft. Fred Smith war völlig überrascht, und von da an hatten wir bei der Programmgestaltung Narrenfreiheit. Und Ferdinand Donath kam zu allen unseren Konzerte und hat angeregt: „So eine Einführung wie Ihr für das fünfte Bartók-Quartett gemacht habt, müsst Ihr auch für alle neuen Stücke machen, die Ihr spielt. Das hat Schönberg in Wien gemacht, und das müsst Ihr hier jetzt auch machen." Und so haben wir diesen Privatverein gegründet, die „Sunday Group", die sich jeweils am Sonntag vor unserem Konzert am Dienstag in einem der Privathäuser der Mitglieder getroffen hat. Und diese Einführungsvorträge hat es bis zum Schluss gegeben. Ich mache ja auch heute noch immer wieder solche Lecture-Recitals. Cincinnati war eben eine frühe Kulturstadt, und deshalb war es möglich, dass sich eine Gruppe gebildet hat, die einfach spontan neue Musik kennenlernen wollte: „Da ist etwas, was wir noch nicht kennen." Und was das für ein breites Spektrum an Interessenten war: Geschäftsleute, Unternehmer, Rechtsanwälte, Universitätsprofessoren, Ärzte, noch und noch, keineswegs Musiker also, sondern musikinteressierte Bürger der Stadt, etwa 40 bis 50 Leute. So haben sie sich jahrein, jahraus die neuen Werke angehört, die wir in Lecture-Recitals vorgestellt haben und haben auf diese Art und Weise viele Stücke in Amerika kennengelernt, lange bevor man sie in Europa wieder gespielt hat. Immerhin haben wir Adorno in Amerika bereits 1986 gespielt, während man ihn als Komponisten erst jetzt wieder entdeckt.[26] Wir haben auch die englische Übersetzung von Adornos Schriften propagiert. Aber wir haben nicht nur neue, sondern auch komplizierte Werke des klassi-

---

[26] Zu Adorno als Komponist siehe Kapitel 11.3.

schen Repertoires vorgestellt, späte Beethoven-Quartette zum Beispiel oder solche, von denen die Musikliebhaber eine falsche Vorstellung haben und die, richtig gespielt, oft ganz anders klingen, als man gewohnt ist, sie zu hören. So haben wir zu unserem dritten Konzert Beethovens drittes Rasumowsky-Quartett Opus 59 Nr. 3 analysiert und demonstriert, in dem Beethoven für die Fuge des Finales ein extrem virtuoses Tempo fordert, das von den Spielern selten beachtet wird.[27] Diese „Sunday Group" hat dann eine „LaSalle-Foundation" gegründet, in die von den Mitgliedern freiwillig Gelder gespendet wurden, die uns über Jahrzehnte interessante Projekte und die Bestellung neuer Werke ermöglicht haben. Auch Komponisten, die damals in den 1950er Jahren in Amerika noch nicht so bekannt waren, haben wir dank dieser „Foundation" einladen können: So kamen zum Beispiel Karlheinz Stockhausen, Pierre Boulez und John Cage nach Cincinnati.[28]

RS:
Wie hat es sich ergeben, dass Cincinnati so ein ausgeprägtes Kulturzentrum geworden ist?

WL:
Cincinnati ist nur eines unter mehreren im mittleren Westen etablierten Kulturzentren. Dazu gehören auch Saint Louis, Cleveland, Philadelphia und natürlich Chicago. Das sind große Städte im mittleren Westen, die im 19. Jahrhundert zum Teil auch eine große deutsche Immigration hatten. Cincinnati ist deswegen auch, wie Saint Louis und Milwaukee, eine große Bierstadt. Und die deutschen Immigranten brachten natürlich auch ihre Kultur mit. In all diesen Städten gab es zudem große jüdische Gemeinden, besonders auch in Cincinnati, und die sind von jeher besonders kulturorientiert. Als in den 1930er Jahren die neue Welle von Immigranten kam, wurden sie auch in Cincinnati von anderen jüdischen Familien mit offenen Armen aufgenommen, die ihnen das sogenannte Affidavit, die finanzielle Garantie stellten, sodass sie sich ein neues Leben aufbauen konnten. Noch zu unserer Zeit kamen dann jüdische Immigranten aus Russland, und auch sie wurden wieder genauso aufgenommen. Diese Zusammengehörigkeit, das Verantwortungsgefühl, sind sehr typisch jüdische Veranlagungen, welche die Gruppe zusammenhalten, sonst hätte sie nicht so lange überlebt. Das hat sich auch sehr im Kulturellen niedergeschlagen. So wurde das älteste regelmäßige Chorfestival in Amerika, wo also deutsche Chorliteratur aufgeführt wurde, 1873 in Cincinnati gegründet[29], und zwar von Theodore Thomas, einem großartigen Musiker, der ein eigenes Quartett hatte und bei Brahms-Uraufführungen mitgewirkt hat.[30] Es gibt

---

[27] Das Konzert mit Beethovens Quartett Opus 59 Nr. 3 fand am 9. März 1954 statt. Auf dem Programm standen außerdem Mozarts Quartett KV 499 und das erste Streichquartett von Leon Kirchner (siehe dazu Kapitel 12.4).
[28] Zu Karlheinz Stockhausen, Pierre Boulez und John Cage siehe Kapitel 10.10 und Kapitel 12.3.
[29] Das zunächst zweijährliche Cincinnati May Festival wurde 1873 gegründet und findet heute jedes Jahr statt.
[30] Theodore Thomas (Esens, Ostfriesland 11.10.1835 – Chicago 4.1.1905). Seine Familie wanderte 1845 nach New York aus. 1855 gründete er mit dem Pianisten William Mason eine Kammermusikreihe, in deren erstem Konzert er Brahms' Klaviertrio Opus 8 uraufführte. Mit dem ca. 1865 gegründeten Theodore Thomas Orchestra unternahm er mehrere Tourneen durch die USA und Kanada. Beim May Festival in Cincinnati leitete er mit der ersten vollständigen amerikanischen Aufführung von J. S. Bachs *Matthäus-Passion* sowie mit Händels *Messias* eine Renaissance des öffentlichen Interesses an der Musik Bachs und Händels ein. 1877–91 leitete er das New York Philharmonic Orchestra. 1891 gründete er das Chicago Symphony Orchestra, das drittälteste Orchester der USA.

von ihm übrigens eine hochinteressante Autobiografie.[31] Neben New York, Chicago und San Francisco hatte Cincinnati eines der ersten großen Symphonieorchester.[32] Und die Dirigenten, die engagiert wurden, konnten sich sehen lassen. Das erste Engagement von Leopold Stokowski[33] und auch das erste Engagement von Fritz Reiner in Amerika waren in Cincinnati.[34] Auch Eugène Ysaÿe hat in Cincinnati mehrere Jahre dirigiert.[35] Es wurden immer die ganz großen Dirigenten eingeladen: zum Beispiel auch Richard Strauss und Arturo Toscanini. Cincinnati hatte auch die zweitälteste Operngesellschaft der USA[36], und die erste Musiker-Gewerkschaft Nordamerikas wurde in Cincinnati gegründet.[37]

In Cincinnati waren also Bürger, denen Kultur wichtig war. Es gab auch sehr wohlhabende, industrielle Familien, die ebenfalls sehr kulturbeflissen waren: Die Wurlitzers zum Beispiel waren eine in Cincinnati ansässige Familie, die Kammermusik finanziert hat. Kammermusik war in Amerika ja kein Geschäft, sie wurde durch Privatorganisationen, das heißt von Kammermusikliebhabern in Privathäusern organisiert. Die Wurlitzer-Serie von Konzerten ist bis heute eine Privatgesellschaft, die Quartette aus aller Welt einlädt. Cincinnati war also eine frühe Kulturstadt für Musik.

RS:
Aber nicht nur für Musik, sondern auch für andere Kunstformen.

WL:
Ja, das ist es noch heute. Wir waren kürzlich im neuen Contemporary Arts Center, einem ganz avantgardistischen Bau von Zaha Hadid. Auch das Cincinnati Art Museum ist heute noch eine private Institution.

EL:
Wir waren 2004 in Riehen, in der Beyeler-Stiftung, wo das Cincinnati Mural Painting von Joan Miró ausgestellt wurde. Es war das erste Mal, dass es Cincinnati verlassen hat.

WL:
Das ist auch wieder ein typisches Beispiel. Die Emerys, deren Kinder wir gut kannten und die uns sehr gefördert haben, hatten in Cincinnati viele Immobilien und haben unter anderem auch das Hotel Terrace Plaza gebaut und Miró und Calder eingeladen, es zu dekorieren.[38] Das war immerhin in 1947 keine Selbstverständlichkeit, auch in Europa nicht. Aber die Einstellung Europas gegenüber der Kultur Amerikas ist geprägt von einer Überheblich-

---

[31] Theodore Thomas, *A Musical Autobiography*, Da Capo Press, New York 1964, herausgegeben von George P. Upton, mit einer Einleitung von Leon Stein.
[32] Das Cincinnati Symphony Orchestra (CSO) ist das fünftälteste Symphonieorchester der USA. Das erste Konzert des CSO fand am 17. Januar 1895 unter Frank Van der Stucken statt.
[33] Leopold Stokowski hat das CSO 1909–12 dirigiert und Busoni sowie Rachmaninoff eingeladen.
[34] Fritz Reiner hat das CSO 1922–31 dirigiert und Bartóks erstes Klavierkonzert mit dem Komponisten als Solisten aufgeführt.
[35] Eugène Ysaÿe hat das CSO 1918–22 dirigiert und aufblühen lassen.
[36] Die Cincinnati Opera Association besteht seit 1920.
[37] Cincinnati Musicians Union n° 1, deren Mitglieder alle vier Musiker des LaSalle-Quartetts waren.
[38] Das Mural von Joan Miró dekorierte ursprünglich die Wand des Panoramarestaurants im 19. Stock des Hotels, während Alexander Calders Mobile in der sieben Stockwerke hohen Lobby hing. Nachdem John J. Emery das Hotel verkauft hatte, schenkte er 1965 Mirós Mural und Calders Mobile dem Cincinnati Art Museum.

keit, die kaum zu glauben ist. Dabei muss man gesehen haben, was dort alles möglich ist, und auch das Niveau der großen amerikanischen Universitäten erlebt haben sowie die Großzügigkeit der Leute und ihre Offenheit für gute Ideen.

RS:
Es ist wirklich das Land der unbeschränkten Möglichkeiten.

WL:
Ja, das ist es immer noch! Wenn man eine gute Idee hat, kann man sie in Amerika immer noch durchsetzen, und man findet Leute, die einen dabei unterstützen: Das LaSalle-Quartett ist das beste Beispiel dafür. Und das geht heute genauso wie damals. Das LaSalle-Quartett bekam für die Ensembles, die wir nach Cincinnati einladen wollten, ohne Weiteres finanzielle Unterstützung, und da sagte niemand: „Wir müssen aber zuerst den und den fragen." Entweder man erkennt an, dass jemand auf einem Gebiet etwas versteht und etwas leistet: Dann muss man es unterstützen, ohne viel zu hinterfragen. Und das gibt es in Europa leider nur ganz selten. Auch über die Einstellung, wie rückständig und ahnungslos Amerika sei, kann ich mich sehr aufregen. Denn während des Krieges hat zum Beispiel in Los Angeles eine Gruppe von Leuten gewohnt, von denen man sich in Europa damals kaum eine Vorstellung hätte machen können: Dort lebten in unmittelbarer Nachbarschaft Thomas Mann, Franz Werfel, Adorno und Lion Feuchtwanger und Komponisten wie Strawinsky, Schönberg, Eisler und Ernst Toch. Und sie kamen abends zusammen und haben diskutiert. Auch Jascha Heifetz, Emanuel Feuermann, Arthur Rubinstein und Gregor Piatigorsky lebten dort. Amerika muss man kennen, und man muss dort länger gelebt haben, um zu wissen, was da alles möglich ist. Sie haben es ja selbst gesehen: Das Steans Institute for Young Artists in Ravinia ist ein typisches Beispiel.[39] Das war Edward Gordons Idee, und er hat dafür Sponsoren begeistern können, und zwar Großbankiers, sodass es unbegrenzt Geld gab, um das Institut nach den neuesten Erkenntnissen zu bauen: Besser kann man es sich gar nicht vorstellen. Und was Evi in Tanglewood erlebt hat: unglaublich, wie man da begabte junge Leute mit Stipendien gefördert hat! Ich muss sagen, dass ich in dieser Hinsicht nach wie vor ein begeisterter Amerikaner bin, und diese Voreingenommenheit Amerika gegenüber stört mich sehr. Es gibt Negatives, natürlich, das braucht man nicht zu betonen: Das wird schon immer breitgetreten. Aber ich finde es auch sehr wichtig zu sagen, was es Positives gibt. Eine LaSalle-Quartettkarriere wäre in Europa nicht möglich gewesen. Und warum mussten denn das Alban-Berg-Quartett und das Pražak-Quartett, und die anderen jungen Quartette, für ihre Quartettausbildung nach Cincinnati kommen? Wir sind deswegen Amerika und besonders Cincinnati wirklich sehr verbunden. Dass man ein junges Quartett wie uns direkt von der Schule engagiert, um an einem vorwärts blickenden College zu unterrichten: Wer käme denn in Europa auf so eine Idee? Wir waren ja völlig unerfahren! Carol Truax konnte sich nur auf ihren Instinkt verlassen, als sie uns engagiert hat. Wir waren vier Studenten von einer zwar sehr renommierten Schule, aber mehr nicht.

---

[39] Das Steans Institute for Young Artists ist eine Sommerakademie im Rahmen des Ravinia Festivals, des Festivals des Chicago Symphony Orchestra. Das Steans Institute hatte 1988 seine erste Saison und wurde 1989–93 von Walter Levin geleitet.

RS:
Das ist eben die typisch amerikanische Pioniereinstellung: „Give them a chance!"

WL:
Genau, das ist doch großartig!

RS:
Und für ein junges Quartett bedeutet diese Erwartungshaltung natürlich eine große Herausforderung!

WL:
Aber natürlich! Diese Großzügigkeit ist in Amerika auch heute immer noch ein Teil des Lebens, zum Beispiel in Form von Schenkungen. Das haben wir am College-Conservatory of Music selbst noch erlebt. Eines Tages nämlich bekam Jack Watson, der damalige Direktor, einen Anruf von einem Ölmagnaten in Texas, Frank M. Starling. Seine Frau sei kürzlich gestorben und die hätte früher am College of Music während einiger Jahren Geigenunterricht gehabt.[40] Zu ihrem Andenken wollte er eine Schenkung machen – einen sehr großen Betrag.

Evi und ich haben dann sozusagen über Nacht ein großes Projekt ausgearbeitet, was man mit diesem Geld machen könnte und hatten drei Verwendungszwecke im Sinn. Erstens wollten wir einen hochkarätigen Geigenpädagogen für eine Geigenprofessur an die Schule engagieren. Dafür haben wir Dorothy DeLay gefragt, die wir schon aus unserer Studentenzeit kannten, denn sie war ja Galamian-Schülerin und während mehr als 20 Jahre seine Assistentin gewesen. Sie fragte: „What is the incentive for me to come?" Ich antwortete: „Unlimited funds!" „Then I'll come!" Ich kannte ja Dorothy. So hat sie ab 1974 fast 30 Jahre lang in Cincinnati eine Meisterklasse für Geige geleitet.

Als Weiteres wollten wir am College-Conservatory eine Geigenbauschule einrichten sowie eine Abteilung für Artist Management, damit die jungen Musiker lernen, wie man eine Karriere vorbereitet und was alles dazu gehört. Die Geigenbauschule ist nicht zustande gekommen, aber für das Artist Management gibt es heute eine große Abteilung, die sich dank der Starling Foundation unglaublich entwickelt hat. Die Starling Foundation leitet Kurt Sassmannshaus heute und er hat wirklich „unlimited funds". Er unterrichtet auch an einer Kinderabteilung, phänomenal.[41]

RS:
Sie haben einmal erwähnt, dass Cincinnati über eine ausgezeichnete Stadtbibliothek verfügt.

---

[40] Es handelt sich um die Dorothy Richard Starling Foundation. Dorothy Richard Starling hatte 1918–21 am Cincinnati Conservatory of Music Geigenunterricht, ab 1920 bei Eugène Ysaÿe, und erhielt ihr Diplom cum laude.

[41] Nach dem Tod von Dorothy DeLay (31.3.1917–24.3.2002) hat seit 2003 Kurt Sassmannshaus den Dorothy-Richard-Starling-Lehrstuhl für Violine übernommen.

WL:
Ja, das war unglaublich. Wenn mir ein Buch fehlte, irgendetwas Obskures auf Deutsch, das ich nirgends finden konnte, habe ich regelmäßig Alice Plaut angerufen, die Leiterin der Public Library Music Division, eine hochgebildete Absolventin der Harvard University. Sie sagte dann: „Ich schau mal nach, und wenn wir es nicht haben, bestellen wir es und werden es in drei Wochen bekommen." Eine Stadtbibliothek! Und die Universität in Cincinnati hat eine bessere deutsche Bibliothek als die meisten deutschen Städte: Es gibt eigentlich praktisch nichts, was man da nicht findet, weil auch nie etwas zerstört oder beseitigt wurde wie zur Nazi-Zeit in den deutschen Universitätsbibliotheken.

Diese Cincinnati Public Library war einfach unglaublich. So gab es auch die hübsche Geschichte mit dem Quartett Opus 14 von Beethoven, seiner Bearbeitung der Klaviersonate. Als es uns zum ersten Mal bewusst wurde, dass es das gibt, haben wir lange herumgeforscht, wo man wohl die Noten bekommen könnte, und haben während unserer Europatourneen überall in den Musikgeschäften nachgefragt. Aber niemand hatte je davon gehört, dass es das überhaupt gibt. Wir waren etwas enttäuscht, kamen von einer Tournee zurück nach Cincinnati, und da wurde von Alice Plaut eine Party gegeben. Ich erzählte ihr, dass wir diese Noten nicht finden konnten, worauf sie sagte: „Hast Du schon einmal bei uns nachgefragt?" „Nein, wieso?" „Wenn es so etwas je gegeben hat, dann haben wir das bestimmt, besonders bei alten Noten. Denn wir bekommen immer die Nachlässe der Quartettliebhaber. Wir haben also Tausende und Abertausende von Noten, die niemand je benutzt. Ich frage mal nach." Am nächsten Tag hat sie angerufen: „Du kannst die Noten abholen." Die Stimmen, die Partitur, alles war da, in der alten Peters-Edition. Aus diesem Material haben wir das Stück das erste Mal gelernt.[42]

RS:
Unglaublich! Das ist wirklich ein Kulturzentrum!
In Cincinnati war ja auch Max Rudolf, der Dirigent und hochgebildete Musiker.[43] Er scheint mir mit Ihnen ziemlich geistesverwandt. Hatten Sie nicht engen Kontakt mit ihm?

WL:
Doch, weil wir dieselben Freunde hatten, haben wir uns immer wieder bei Partys getroffen. Und wir haben mit ihm das Konzert für Streichquartett von Louis Spohr gespielt.[44] Er kam auch zu unseren Konzerten, zum Beispiel in New York war er in unserem Konzert in der Little Carnegie Hall.[45] Davon war er begeistert. Wir waren wohl von ähnlicher musikalischer und geistiger Richtung.

---

[42] Das LaSalle-Quartett hat Beethovens Streichquartettfassung der Sonate Opus 14 Nr. 1 im Februar 1987 für die Deutsche Grammophon aufgenommen. Die Klavierfassung spielt Stefan Litwin. Die Aufnahme ist momentan nicht erhältlich.
[43] Max Rudolf war 1958–70 Musikdirektor des Cincinnati Symphony Orchestra. Von 1946 bis 1960 dirigierte er an der Metropolitan Opera in New York und leitete 1970–73 und ab 1981 die Abteilungen für Oper und Dirigieren am Curtis Institute in Philadelphia.
[44] Das Konzert für Streichquartett a-Moll Opus 131 (1845) von Louis Spohr wurde am 28. und 29. April 1966 vom LaSalle-Quartett und dem Cincinnati Symphony Orchestra aufgeführt. Siehe dazu auch Kapitel 8 „Aufbau des Repertoires und Vorlieben".
[45] Das Konzert in der Little Carnegie Hall fand am 7. Februar 1959 statt. Auf dem Programm standen Mozarts B-Dur-Quartett KV 458, Webern Opus 5, Opus 9, Opus 28 sowie Schuberts d-Moll-Quartett *Der Tod und das Mädchen*.

RS:
Ja, absolut, ich lese das Buch mit seinen Schriften und Briefen mit Begeisterung.[46] Noch mit 90 Jahren war er voll aktiv und arbeitete nebst vielem anderen auch noch an der dritten Auflage seines Buches über das Dirigieren.[47]

Abb. 20: Das LaSalle-Quartett mit Max Rudolf, Cincinnati 1966

---

[46] Max Rudolf, *A Musical Life, Writings and Letters*, herausgegeben von Michael Stern, Pendragon Press, Hillsdale, NY 2001.
[47] Max Rudolf, *The Grammar of Conducting. A Comprehensive Guide to Baton Technique and Interpretation*, Schirmer Verlag, New York 1995.

Die Geschichte des LaSalle-Quartetts

WL:
Er war ein phänomenaler Musiker, ein großer Könner, ein intelligenter, gebildeter und feiner Mann. Er ist dann nachher an das Curtis Institute in Philadelphia gegangen. Es gibt viele Aufnahmen mit ihm von der MET aus den 1940er und 1950er Jahren. Solche Leute hatte man in Cincinnati, und später Michael Gielen, sieben Jahre lang.

RS:
Dank Ihnen!

WL:
Na gut! Wir hatten einigen Einfluss, und die Leute im Kuratorium des Orchesters haben auf uns gehört.

3.4 Darmstadt

RS:
Eine prägende und zukunftsträchtige Erfahrung für Sie und das LaSalle-Quartett war ohne Zweifel die Teilnahme an den Darmstädter Ferienkursen für Neue Musik. Wie ist das zustande gekommen?

WL:
Das war 1954, im Anschluss an unsere Teilnahme am IGNM-Fest[48], das in jenem Jahr in Israel stattfand und zu dem wir über Peter Gradenwitz, der in Israel in der Neuen Musik eine große Rolle spielte, eingeladen worden waren. Ich kannte ihn schon seit ich mit 14 Jahren an den Plattenkonzerten auf dem Dach seines Hauses in Tel Aviv teilgenommen hatte, und Evi kannte er aus Tanglewood. Er hatte das LaSalle-Quartett für das IGNM-Festival in Israel vorgeschlagen, um die amerikanischen Quartette zu spielen, die für das Programm ausgewählt worden waren: das zweite Quartett von Roger Sessions und das erste Quartett von Leon Kirchner. Und so sind wir nach Israel gereist und haben auf dem Weg dorthin unsere Debüts in verschiedenen europäischen Städten gemacht,[49] denn man musste von Amerika aus sowieso über Europa fliegen. Und in Israel haben wir den Kritiker von der *Welt*, Heinz Joachim, kennen- und schätzen gelernt. Er war als erster Repräsentant eines deutschen Blattes nach Israel eingeladen, um über das IGNM-Festival zu referieren. Und nach dem IGNM-Fest in Israel waren wir bei meinem Onkel in Gstaad zu Besuch und fuhren mit seinem Auto nach Salzburg, um uns dort einiges anzuhören, und da haben wir Heinz Joachim wiedergetroffen sowie Michael Gielen und seinen Onkel Eduard Steuermann. Mit Steuermann und seiner Frau Clara Silvers, einer Schülerin von Schönberg, waren wir schon seit Colorado Springs befreundet. Und am Ende unseres Aufenthalts in Salz-

---

[48] Internationale Gesellschaft für Neue Musik (IGNM) oder International Society of Contemporary Music (ISCM).
[49] Diese Debütkonzerte fanden zwischen den 18. und 26. Mai 1954 in London, Amsterdam, Den Haag, Kopenhagen und Zürich statt. Auf dem Programm standen Mozarts D-Dur-Quartett KV 499, Bartóks drittes Quartett und Beethoven Opus 59 Nr. 3. Siehe dazu auch den Schluss dieses Kapitels.

burg sagten Joachim und Gielen, sie würden jetzt nach Darmstadt fahren zu den Internationalen Ferienkursen für Neue Musik. Das war mir kein Begriff. Sie haben uns also erzählt, was da los ist, und wir haben uns gesagt: „Ferienkurs tönt gut, das werden wir uns auch anhören." Evi war noch nie in Deutschland gewesen, die Gelegenheit war günstig, und wir hatten ein Auto. Wir haben vorgeschlagen, alle im Auto mitzunehmen und zusammen von Salzburg nach Darmstadt zu fahren. Eine lustige Reise, mit Michael Gielen, Heinz Joachim, Evi und mir in einem Plymouth Cabriolet mit offenem Dach. Wir sind nicht über die Autobahn gefahren, sondern über die Landstraßen und sind unterwegs in diesen herrlichen Landgasthöfen abgestiegen und haben uns köstlich amüsiert. Ich glaube, dass ich Gielen nie wieder so viel habe lachen sehen, er war in so großartiger Laune! Es war eine herrliche Fahrt. Wir kamen also ganz lustig in Darmstadt an, und als Erstes an dem Nachmittag wurde auf Tonband die Uraufführung von Schönbergs *Moses und Aaron* vorgeführt, die gerade in Hamburg unter Hans Rosbaud stattgefunden hatte. Gertrud Schönberg war auch da, mit ihrer Tochter Nuria: Die war damals 22, bildhübsch.

Das war also 1954. Und da lernten wir alle Leute kennen, die für unsere weitere Karriere so wichtig wurden: Luigi Nono, György Ligeti, Henri Pousseur, Krzysztof Penderecki, Franco Evangelisti, Mauricio Kagel, Giuseppe Englert, Pierre Boulez, Karlheinz Stockhausen. Alle waren da. Und René Leibowitz, Adorno und Stefan Wolpe unterrichteten. Es war ein Sammelsurium sondergleichen, und wir waren natürlich hingerissen. Wir lernten auch den Leiter, Wolfgang Steinecke, kennen. Er war an uns interessiert, denn er hatte vom LaSalle-Quartett schon gehört. Wir hatten aber noch nie in Deutschland gespielt, und Herr Steinecke sagte: „Ihr müsst unbedingt nach Deutschland kommen, um hier zu spielen!" Aber Henry Meyer hatte große Bedenken, ob er das jemals wieder machen wollte. Herr Steinecke hat ihn jedoch überzeugen können und so haben wir auf Einladung von Herrn Steinecke während unserer nächsten Europatournee im Herbst 1956 unser erstes Konzert in Deutschland gespielt, ein Privatkonzert im Kranichsteiner Musikinstitut in Darmstadt.[50]

So entwickelte sich unsere Bekanntschaft mit Darmstadt, und so ist unsere Beziehung zu den jungen Komponisten der Nachkriegs-Avantgarde zustande gekommen. In Darmstadt haben wir sie auch gefragt: „Hier gibt es wunderbare Konzerte, aber das Einzige, was es hier nicht gibt, sind neue Streichquartette. Warum eigentlich nicht?" Und die Antwort war immer dieselbe: „Wer soll denn das spielen? Es gibt kein Quartett, das sich dafür interessiert!" "Aber uns würde das schon interessieren!" „Also, organisiert doch ein paar Bestellungen!" Dann haben wir angefangen, Stücke zu bestellen, und zwar mit Hilfe der „Sunday Group" in Cincinnati, denen wir das erzählt hatten, und die daran sehr interessiert waren. Und so fingen wir an, etwa ab 1960 neue Stücke zu bekommen, die wir im Laufe der Zeit gelernt und eins nach dem anderen gespielt haben.

RS:
An den Ferienkursen in Darmstadt hat es im September 1958 Konzerte zu Anton Weberns 75. Geburtstag gegeben, bei denen auch Rudolf Kolisch gespielt hat, eine für Sie ja in mehrerer Hinsicht wichtige Persönlichkeit.[51] Haben Sie ihn dort persönlich kennengelernt?

---

[50] Auf dem Programm dieses Konzerts am 23. Oktober 1956 standen Webern Opus 28, Leon Kirchners erstes Streichquartett und Schönbergs drittes Streichquartett.
[51] Rudolf Kolisch (20.7.1896–1.8.1978) studierte an der Wiener Musikakademie bei Otakar Ševčík Geige sowie Komposition bei Franz Schreker und Arnold Schönberg. Er spielte eine führende Rolle in Schönbergs Verein

WL:
Sicher, natürlich. Ich bin ihm mehrfach begegnet, denn er war mehrmals in Darmstadt, aber wir hatten ihn schon vorher während einer Tournee in Boston kennengelernt. Dort haben wir ihn besucht wegen seiner Aufnahmen der Beethoven-Quartette, die er mit seinem neuen Kolisch-Quartett[52] nochmals aufgenommen hatte, die aber nie veröffentlicht wurden. Davon wollte ich gerne Kopien haben. Ich habe sie aber nicht bekommen. Und dann, im Herbst 1961, sollte Kolisch an den Darmstädter Ferienkursen über die Neue Wiener Schule einen Kurs geben und die Streichquartette aus erster Hand erklären und demonstrieren. Leider hat er aber kurz vor dem Anfang der Ferienkurse einen Autounfall gehabt und musste absagen. Darauf rief mich Wolfgang Steinecke in der Schweiz in Schönried an, wo wir den Sommer verbrachten, und fragte mich, ob ich den Kurs übernehmen könnte. Er hat mich aber sehr überreden müssen, denn eigentlich wollte ich das nicht. Ich konnte Kolisch ja unmöglich ersetzen. Zwar kannte ich das Repertoire auch, aber nicht so gut wie Kolisch. Außerdem hatte ich nicht die Erfahrung, das alles gemeinsam mit Schönberg erarbeitet zu haben. Also war ich ein schlechter Ersatz. Aber Steinecke sagte mit Recht: „Es gibt außer Ihnen überhaupt niemand, der dieses Repertoire kennt. Ich will doch nicht den ganzen Kurs absagen, wir haben lauter Anmeldungen." Wir kamen also für diesen Kurs in Darmstadt an, packten im Hotel aus, und in der Lobby saß Heinz-Klaus Metzger und unterhielt sich mit Adorno. Er rief mich herbei und stellte mich Adorno vor: „Das ist Walter Levin vom LaSalle-Quartett." Adorno: „Ja, bitte schön." Und dann fragte Metzger: "Was machst Du denn schon hier, ich dachte, Ihr kämt erst in zwei Wochen?" Da sagte ich: „Steinecke hat mich angerufen, weil Kolisch verunglückt ist, und hat mich gebeten, seinen Kurs über die Streichquartette der Neuen Wiener Schule zu übernehmen." Da wurde Adorno aufmerksam, schaute mich etwas skeptisch an und sagte: „Junger Mann, wenn Sie glauben, Sie könnten hier Rudolf Kolisch ersetzen, dann irren Sie sich." Gespräch beendet: Das war meine Introduktion zu Adorno. Ich bin ihm aber doch treu geblieben, das hat mich in keiner Weise abgeschreckt: Der Satz hätte ja von mir sein können!

Der Kurs ging dann übrigens sehr gut. Ich habe einige Quartette unterrichtet, Vorträge über die Neue Wiener Schule gehalten und die Streichquartette mit Aufnahmen des LaSalle-Quartetts demonstriert.

RS:
Haben Sie sich mit Kolisch auch über seine Untersuchungen zu Beethovens Tempi unterhalten?[53]

WL:
Nein, die hatte ich schon an der Juilliard School kennengelernt. Davon war ich so überzeugt, darüber brauchte man nicht zu diskutieren. Und dass er dann noch weiter daran gear-

---

für musikalische Privataufführungen. Arnold Schönberg heiratete 1924 in zweiter Ehe Rudolf Kolischs Schwester Gertrud. Siehe auch Anmerkung 1 dieses Kapitels.

[52] Nach der Auflösung des Kolisch-Quartetts 1942 leitete Rudolf Kolisch ab ca. 1944 das Pro Arte Quartett.

[53] Rudolf Kolisch, „Tempo and Character in Beethoven's Music", in: *Musical Quarterly* vol. 29/2 (April 1943), S. 169–187 (part 1); vol. 29/3 (July 1943), S. 291–312 (part 2). Erweiterte deutsche Fassung: *Musik-Konzepte* 76/77, edition text + kritik, München 1992: „*Rudolf Kolisch, Tempo und Charakter in Beethovens Musik*". Die englische Übersetzung der erweiterten Fassung wurde veröffentlicht in *Musical Quarterly*, vol. 77 (1993), S. 90–131 (part 1), S. 268–344 (part 2), mit einer Einleitung von Thomas Y. Levin (S. 81–89). Zu Beethovens Tempi und Rudolfs Kolischs Studie siehe eingehender Kapitel 13 „Fragen zur musikalischen Interpretation".

beitet hat, habe ich erst im Nachhinein erfahren und zur Kenntnis genomen. Und ich habe Kolisch sehr bewundert in der Vielfalt seiner Interessen und Arbeiten. Ein Großteil dieser Arbeiten ist bis heute immer noch unveröffentlicht und liegt in der Houghton Library an der Harvard-Universität. Als wir dort waren, lag alles völlig ungeordnet in Pappkästen, so wie sie es bekommen hatten. Es hat sich noch niemand darum gekümmert.

RS:
Hat sich Kolischs Mitarbeiter David Satz, der an der Überarbeitung des Aufsatzes „Tempo und Charakter in Beethovens Musik" beteiligt war, auch nicht um diesen Nachlass gekümmert?

WL:
David Satz hat sich nach Kolischs Tod 1978 aus dieser Arbeit zurückgezogen. Mit Kolisch zu arbeiten war auch schwierig. So wie die ganze Schönberg-Schule autoritär und eigensinnig war, apodiktisch und nicht immer ganz einfach. Aber, es ist sehr merkwürdig, dass diese Leute irgendwo mit ihrer Entwicklung aufhören: bis hierhin und nicht weiter. Und alles, was danach kommt, interessiert sie relativ wenig, und damit wollen sie sich auch nicht beschäftigen. So kam die Neue Musik, das heißt die Nachkriegs-Avantgarde für sie überhaupt nicht in Frage, auch für Eugene Lehner nicht, den Bratscher des Kolisch-Quartetts. Wir spielten damals das zweite Ligeti-Quartett, und Lehner wollte wissen, was wir denn davon hielten, ob das denn ein gutes Stück sei. Ich finde es ein großartiges Stück. Oder auch Lutoslawski: Diese Art von neuer Musik wollte die ältere Generation um Schönberg nicht wahrnehmen. Sie waren die Avantgarde von ehemals und hatten dafür gekämpft, sich eingesetzt und alles riskiert, aber wie das so oft ist, damit war Avantgarde für sie erledigt. Dass es jetzt eine neue Avantgarde geben könnte, das wollten sie nicht wahrnehmen. Denn dadurch waren sie sozusagen in die zweite Ebene gerutscht: historisiert, und das will ja keiner so gerne. Aber es war eine etwas erschreckende Erkenntnis, dass man äußerst vorsichtig sein muss, nicht irgendwo einen arbiträren Schlussstrich zu ziehen, dass man nicht versteinert in irgendwelchen, wie auch immer interessanten Entdeckungen. Denn auch die werden dann doch mit der Zeit ein Teil der Geschichte, die sich weiterentwickelt und verändert.

3.5 Konzerttourneen

RS:
Sie haben mit dem LaSalle-Quartett im Verlaufe der Karriere im ganzen 67 Tourneen gemacht. Vor allem am Anfang war es aber sicher nicht einfach, Engagements zu bekommen. Wie sind die ersten Tourneen zustande gekommen? Offenbar hatten Sie auch ein Empfehlungsschreiben von Joseph Szigeti bekommen.

WL:
Szigeti war bei Galamian zu Besuch an der Summer School in Meadowmount, wo wir im Sommer immer Unterricht hatten. Da fanden jeden Sonntag Studentenkonzerte statt, bei denen wir manchmal auch mitgewirkt haben, und da hat er uns spielen gehört. Ich war ein

großer Szigeti-Bewunderer seit ich zu meiner Einsegnung das Brahms-Konzert unter Sir Hamilton Harty bekommen hatte und war während des Studiums in New York in vielen Szigeti-Konzerten, auch in den Kammermusikkonzerten in der Frick Gallery, wo er mit Artur Schnabel und Pierre Fournier Trio gespielt hat sowie Sonaten mit Schnabel. Ich habe ihn also in Meadowmount gebeten, ob er uns nicht eine kleine Empfehlung schreiben würde. Und er hat einen wunderschönen Brief geschrieben.[54] Wir hatten auch eine Empfehlung von Samuel Dushkin, dem Geiger, der verschiedene Werke Strawinskys uraufgeführt hat.[55] Auch er kam zu Galamian zu Besuch in Meadowmount. Mit ihm haben wir oft sehr nett zu Abend gegessen in unserem Dorf, in Lewis, und haben ihn ausgefragt zu seiner Zusammenarbeit mit Strawinsky: Das war hochinteressant für uns. Er hat ja in Berlin das Violinkonzert uraufgeführt, und es gibt einige Platten mit ihm, auch von der Aufführung des Violinkonzerts. Von Szigeti hätte man über Bartók viel erfahren können, aber soweit war unsere persönliche Beziehung nicht. Das waren also wichtige Musiker, die uns eine Empfehlung geschrieben haben. Und am Anfang, als wir nach Colorado Springs kamen, haben wir, um Konzertengagements zu bekommen, eine Werbebroschüre gedruckt mit den Empfehlungsschreiben von Szigeti und Dushkin als Referenzen und haben unsere Freunde, Bekannte und Lehrer gebeten, uns Adressen von Musikveranstaltern anzugeben. Das hat Evi alles gemacht.

EL:
Mein Musikstudium am Colorado College sowie mein „business training" an der Rhodes Business School in New York erwiesen sich als die perfekte Kombination, um die Karriere des LaSalle-Quartetts zu lancieren. Wir hatten uns den „Lovejoy's Catalog of Colleges and Universities" besorgt. Daraus haben wir 500 Musikabteilungen von Universitäten ausgesucht, ihnen einen Brief geschrieben und die Werbebroschüre beigelegt. Darauf haben wir etwa 50 Antworten bekommen, und davon etwa fünf bis zehn Engagements.

WL:
Entscheidend ist, dass man sich selbst um seine Karriere kümmert. Heute glauben die Leute, dass einem die Engagements einfach vom Himmel fallen müssten. Man muss aber alles selbst machen.

---

[54] Joseph Szigeti schrieb: „Die Vollendung und der Zusammenhalt im Spiel des LaSalle-Quartetts haben mir außerordentlich gefallen. Es ist von größter Bedeutung für die Dezentralisierung der Kammermusik, dass sie jetzt Quartett in Residenz am Colorado College werden."

[55] Samuel Dushkin (13.12.1891–24.6.1976) studierte Geige bei Guillaume Rémy am Pariser Conservatoire sowie mit Leopold Auer und Fritz Kreisler in New York. Er war mit Igor Strawinsky befreundet, der 1931 sein Violinkonzert und 1932 das Duo Concertant für ihn schrieb. Die Uraufführung des Violinkonzerts durch Dushkin fand am 23. Oktober 1931 in Berlin unter der Leitung von Strawinsky statt. Zusammen mit Strawinsky transkribierte Dushkin *Pulcinella* und *Le baiser de la fée*, die er mit dem Duo Concertant 1932–34 während ausgedehnter Tourneen in Europa mit Strawinsky am Klavier aufführte. Eine Aufnahme des Violinkonzerts und des Duo Concertant mit Dushkin und Strawinsky ist bei Andante erhältlich: Stravinsky – Composer and Performer Vol. 2, Katalognummer AN1100.
Nachdem Samuel Dushkin in Meadowmount das LaSalle-Quartett gehört hatte, schrieb er handschriftlich und ganz spontan: „Ich hatte die große Freude, das LaSalle-Quartett in klassischer und zeitgenössischer Musik zu hören. Wundervolle Musik, großartig gespielt, mit Enthusiasmus und Überzeugung; wirklich begabte Musiker."

Abb. 21: Walter Levin mit seinen Eltern nach einem Konzert in Tel Aviv 1954

RS:
Nach Israel wurden Sie 1954 wegen des IGNM-Festes ja eingeladen, aber diese Tournee haben Sie kombiniert mit Konzerten in Europa. Wie sind Sie dazu gekommen?

WL:
Wir hatten einen Freund, Theodor Ranan, ursprünglich hieß er Rosenzweig, ein künstlerisch veranlagter Mensch, wie man ihn sich überhaupt nicht wunderbarer vorstellen kann, hochintelligent, gebildet, musikalisch informiert, unglaublich! Er lebte in Israel und mit ihm waren wir sehr eng befreundet. Als wir eingeladen wurden, 1954 am IGNM-Fest in Israel teilzunehmen, hat er uns eine Israeltournee vermittelt. Schon im Jahr davor hatten wir mit ihm beraten, wie man in Europa Fuß fassen könnte. Nun war er mit Peter Diamand befreundet, ursprünglich der Sekretär von Artur Schnabel in Tremezzo am Lago di Como und inzwischen Leiter des Edinburgh-Festivals. Theo Ranan war ein Schnabel-Verehrer und damals im Sommer auch bei Schnabel. Er kannte Peter Diamand also aus dieser Zeit. Und Ranan sagte: „Als Leiter des Edinburgh-Festivals kennt sich Peter Diamand

Abb. 22: Ankunft des LaSalle-Quartetts in London nach der Israel-Tournee 1954

mit Managern aus, denn um sich in Europa einzuführen, braucht man einen Manager. Ich werde mit ihm sprechen." Daraufhin haben wir uns im Sommer 1953 zu dritt in Amsterdam getroffen. Peter Diamand war ja Holländer und kannte sich in seinem Land sehr gut aus und hat eine Managerin in Den Haag empfohlen, Frau van Beek, und hat ihr eine Empfehlung geschrieben. Ich bin also nach Den Haag gefahren, und sie hat vorgeschlagen, eine Debüttournee in Europa mit Konzerten in London, Den Haag, Amsterdam, Kopenhagen und Zürich zu organisieren. „Und wie macht man das?", wollte ich wissen. „Das ist denkbar einfach: Man mietet den Saal, macht Reklame und hofft, dass das Publikum und die Kritiker kommen und dann werden wir sehen, was daraus wird. Das müssen Sie aber selbst bezahlen." „Und wie viel kostet das?" „Das kostet ungefähr 200 Dollar pro Konzert." „Gut, das machen wir." Sie hat also mit den Konzertagenturen Kontakt aufgenommen und unsere Debüttournee organisiert. So sind wir auch an unsere ersten europäischen Manager gekommen.

EL:
Und wir haben während der Debüttournee selbst auch ein paar Radio-Engagements organisiert: in Athen und in Paris, und die haben uns sogar dafür bezahlt!

RS:
Als Sie während der Debüttournee in Amsterdam spielten, wurden Sie von der Vertreterin der „Society of Arts Clubs of Indonesia" angesprochen.

WL:
Ja, Frau Hilfman van Dam. Sie hat uns gefragt, ob wir bereit wären, eine Konzerttournee nach Indonesien zu machen. Das war natürlich keine Frage, dass wir das wollten! Sie hat dann nicht nur unsere Konzerte in Indonesien organisiert, sondern auch Kontakte zu Musikorganisationen in anderen Ländern des Südpazifiks geknüpft. Wir waren ab Mitte Mai 1956 fast vier Monate unterwegs, über Hawaii und die Fidschi-Inseln nach Neuseeland und Australien, dann nach Indonesien, wo wir von Anfang Juli bis Ende August waren, danach Bombay und Bangkok.

RS:
Und im Anschluss an die Asientournee gab es nochmals eine ausgedehnte Europatournee in der Schweiz, in Österreich, Deutschland, Dänemark, Schweden, Holland und zuletzt in London.

WL:
Ja, und von da an gab es die Europatourneen regelmäßig, als Resultat von den ersten Konzerten, denn mit diesen muss man Erfolg haben, und die Erfolge in Holland zum Beispiel waren sensationell, auch in der Presse. Daraufhin haben uns die Konzertorganisationen in den verschiedenen Städten weitervermittelt, und so hat sich unsere Karriere allmählich entwickelt: Eine Empfehlung ergab die nächste, und so folgten auch die Konzertengagements. Aber die muss man dann auch wahrnehmen! Und das Entscheidende ist, dass man gut spielt und wieder engagiert wird. Das gilt auch heute noch, wenn junge Musiker einen Wettbewerb gewinnen. Wenn der Wettbewerb wirklich gut ist, vermittelt er ihnen eine Konzerttournee.

Abb. 23: Das LaSalle-Quartett bei der Ankunft auf Hawaii, Welttournee 1956

Die muss aber einschlagen, denn eine zweite bekommen sie nicht vermittelt: Die muss sich von alleine vermitteln, indem die Konzerte so erfolgreich sind, dass die Agenturen sie wieder engagieren. Man muss auch Briefe beantworten. Man muss auch mal, wenn jemand etwas besonders Nettes für einen getan hat, sich die Mühe geben, einen Dankesbrief zu schreiben. Aber das ist heute alles nicht mehr selbstverständlich. Und dann wird sich derjenige das nächste Mal sehr gut überlegen, ob er nochmal etwas für einen tut.

RS:
Das LaSalle-Quartett hatte offenbar keine feste Konzertagentur, und Sie haben alles selbst organisiert. War das immer so?

WL:
Evi hat schon in Colorado Springs mit dem Management des Quartetts angefangen und war bis zum Ende der General Manager.

EL:
Das heißt, ich habe immer die Gesamtkoordination zwischen dem Quartett und den lokalen Managements sichergestellt, überall, auch in Amerika. Wir haben es wiederholt mit einem externen Management versucht und haben es immer wieder aufgegeben.

Abb. 24: Evi und Walter Levin kontrollieren Tonbänder, Cincinnati 1959

Abb. 25: Walter und Evi Levin in Sofia 1965 (im Hintergrund die „Wire chairs" von Charles und Ray Eames: das „Logo" des LaSalle-Quartetts)

WL:
Evi war auch die Managerin von unserer ersten Europatournee. Wir hatten damals keinen General Manager in Europa. Aber wenn man dann einmal ein bisschen Renommee hat, werden auch die Manager interessierter, dann braucht man sie aber nicht mehr und wir haben dankend abgelehnt. In Amerika zahlt man nämlich 20 Prozent und mehr pro Konzert vom Brutto-Honorar an die Manager. Und zusätzlich noch alle Spesen, jede Briefmarke, jedes Telefongespräch, alles: furchtbar! Sie können also davon ausgehen, dass Sie ein Drittel des Honorars erst mal an den Manager abgeben, und zwar im Voraus: Die meisten Manager verlangten, dass man ihnen eine Summe garantiert und jeden Monat zahlt, damit sie von einem Ensemble, das sie übernehmen, ein Mindesteinkommen haben. Dann haben wir lieber Evi ein kleines Gehalt dafür bezahlt. So ist Evi während unserer ganzen Karriere die Managerin des LaSalle-Quartetts geblieben, und seit dessen Auflösung ist sie die Managerin meiner Lecture-Recitals und Kammermusikkursen weltweit.

3.6 Die Auflösung des LaSalle-Quartetts

RS:
Wie ist es dazu gekommen, dass sich das LaSalle-Quartett 1987, nach 40 Jahren, aufgelöst hat?

WL:
Im November 1986 wurde ich plötzlich sehr krank und musste ins Spital. Da ging es mir wirklich sehr schlecht, so schlecht wie es mir vorher noch nie gegangen war. In dieser Phase ist mir bewusst geworden, dass es so nicht ewig weitergehen kann: die nächste Saison, die übernächste Saison und immer weiter. Es kommt der Moment, wo man sich überlegen

muss, wann man mit diesem Stress Schluss macht. Das war ja doch immer Stress mit diesem Leben: Unterrichten, auf Tournee gehen und Konzerte spielen. Da bin ich zu dem Schluss gekommen, dass es nach 40 Jahren an der Zeit wäre, das Quartett aufzulösen. Es war vereinbart, dass wir im folgenden Jahr, in der Saison 1987/88, alle vier ein sogenanntes Sabbatical, ein Freijahr nehmen würden, zum ersten Mal in unserer Karriere. Das stand einem an sich an der Universität alle sieben Jahre zu, wir hatten es aber immer wieder verschoben, weil sonst ein Jahr lang vier Lehrer an der Musikschule fehlten. Nun erschien mir, dass das Sabbatical sich geradezu anbot, die Karriere des Quartetts zu beenden. Denn während des Sabbatical würden wir nicht nur mit dem Unterricht, sondern ebenso mit der Quartettarbeit pausieren. Folglich würden wir auch im nächsten Jahr keine Konzerte spielen, weil wir nichts vorbereitet haben würden: ganze zwei Jahre ohne Konzerttätigkeit also. So habe ich meinen Kollegen während des Sabbatical angekündigt, dass ich gerne mit dem Quartett aufhören möchte. Darauf waren sie nun überhaupt nicht vorbereitet und waren entsprechend konsterniert.

RS:
Das ist wohl auch verständlich, wenn man so lange und so intensiv miteinander geprobt und Konzerte gespielt hat, zusammen 67 Mal auf Tournee war und Schallplatten aufgenommen hat. Und für Henry Meyer als Junggeselle war das Quartett eine Art Ersatzfamilie.

WL:
Ja, natürlich. Es ist immer schwer für Musiker sich zu entscheiden, mit ihrem aktiven Konzertieren aufzuhören, denn das Einstudieren, Auf-Tournee-Gehen und Konzertieren ist zu einem Teil ihres Lebens geworden. Wirklich aufzuhören ist ein schwieriger Entschluss. Aber es wurde mit den Jahren immer schwieriger, die anspruchsvollen Programme, die wir bis zuletzt gespielt haben, einzustudieren. Meine Kollegen hatten mit der Zeit auch keine Lust mehr, immer wieder neue Werke ins Repertoire aufzunehmen, wie zum Beispiel das Quartett von Michael Gielen. Überhaupt wurde es immer schwerer, das Niveau des Quartetts, das wir mühsam erarbeitet hatten, zu halten, denn die Technik jedes Einzelnen wird nicht besser, wenn man über 60 ist. Ich musste im Quartett zunehmend Widerstände überwinden, um die Quartettarbeit, so wie ich sie mir vorstellte, aufrechtzuerhalten. Also, bevor die Leute sagen würden: „Jetzt wird es aber Zeit, dass sie aufhören", war mir umgekehrt viel lieber, dass sie sagen würden: „Schade, dass sie aufhören, denn sie spielen doch immer noch so gut!"

RS:
Was besonders auffällt, ist, dass das LaSalle-Quartett einfach still und ohne Aufhebens von der Bildfläche verschwunden ist. Niemand außer Sie alleine wusste, dass das Konzert am 21. Mai 1987 in Bochum das letzte sein würde. Die meisten prominenten Musiker und Kammermusikensembles markieren ihren Rücktritt von der Weltbühne jedoch mit einer Abschiedstournee.

WL:
Ja, das wurde bei uns natürlich auch diskutiert, und es gab dazu unterschiedliche Meinungen. Mir liegt das aber nicht, ich empfinde es als eine sentimentale Art, sich noch einmal

feiern zu lassen. Ich wollte das unter keinen Umständen. Das ist aber eine rein persönliche Geschmackssache.

4
Die Arbeitsweise des LaSalle-Quartetts

ROBERT SPRUYTENBURG:
Wenn man die Konzertprogramme des LaSalle-Quartetts betrachtet, fällt auf, dass häufig nach einer Tournee im ersten Konzert in Cincinnati ein Stück aufgeführt wurde, das Sie vorher noch nicht im Repertoire hatten. Heißt das, dass Sie auch auf Tournee an neuem Repertoire gearbeitet haben? Oder haben Sie auf Tournee nur die Stücke geübt, die Sie gerade brauchten?

WALTER LEVIN:
Je nachdem. Es konnte sein, dass wir auf Tournee auch das eine oder andere Stück gearbeitet haben, das wir erst nachher brauchten. Aber gewöhnlich hatten wir das schon im Sommer vorher gearbeitet. Neu waren die Stücke nie, die wir in Cincinnati gespielt haben. Die haben wir immer schon vorher gearbeitet, im Sommer.

RS:
Das waren also Arbeitsferien.

WL:
Das waren zum Teil Ferien, ich würde sagen 25 Prozent Ferien und dann 75 Prozent Arbeitsferien, indem wir morgens geprobt haben und den Rest des Tages frei hatten, um zu üben und nachher zu machen, was man wollte.

RS:
Das ganze Quartett kam dann also nach Schönried oder nach Flims.

WL:
Wir wohnten alle in Flims oder in Fidaz, sodass wir in der Skischule üben konnten.

EVI LEVIN:
Wir hatten auch einen Sommer mit dem Quartett in Grand Lake, in Colorado.

WL:
Das war als Jack Kirstein neu war, im Sommer 1955, also noch vor Flims. Aber während der ganzen Karriere, von Anfang an bis Ende, haben wir jedes Jahr im Sommer für die nächste Saison das neue Repertoire vorbereitet. Auf diese Art und Weise konnten wir immer neue Stücke lernen, weil wir nicht ständig nur Konzerte gespielt, sondern regelmäßig Arbeitsphasen eingeplant haben. Schon als wir in Colorado Springs waren, haben wir jeden Sommer als Quartett in Meadowmount bei Galamian weiter Unterricht genommen und für die nächste Saison Repertoire gelernt. Bereits damals hatten wir einen ganz genauen Tagesablauf: Morgens übte jeder zuerst für sich etwa anderthalb Stunden seinen Part, dann hatten wir zweieinhalb Stunden Quartettprobe, anschließend gab es Mittagessen und eine kurze Mittagspause. Dann hat jeder wieder etwa eine Stunde geübt und schließlich gab es nochmals zwei Stunden Quartettprobe. Nachher gingen wir nach Elisabeth Town Tennis spielen, zwei gegen zwei. Und nach einer Stunde Tennis-Doppelspiel fuhren wir nach Split Rock, wo es einen herrlichen Wasserfall gab, zum Schwimmen. Dann ging es mit großem Appetit zurück zu Mrs. Burpee zum Abendessen. Diesen Probenplan haben wir als Quartett jahrelang beibehalten.

RS:
Ich habe mir das gedacht, weil man auf einer Tournee wahrscheinlich nicht wirklich dazu kommt, neues Repertoire zu lernen.

WL:
Nein. Aber auf Tournee haben wir immer die Konzertprogramme geübt: Auch das ist anders als bei anderen Quartetten. Auf Tournee hatten wir ein ausgeklügeltes System. Morgens nach einem Konzert haben wir von zehn bis zwölf gearbeitet, und zwar indem jeder sich am Abend vorher oder am nächsten Morgen Notizen davon gemacht hat, was im vorigen Konzert nach seiner Meinung nicht gut gegangen war oder was wir für das nächste Konzert brauchten, sodass wir eine Liste von Stellen hatten, die gearbeitet werden mussten. Durchgespielt wurde bei uns nie. Sondern: „Takt 17 bis 29, da stimmt das und das nicht, los!" So konnte man in zwei Stunden enorm viel schaffen, da jeder seine Liste hatte. Und danach haben wir es so eingerichtet, dass wir mit dem Zug, in dem es einen Speisewagen gab, zum nächsten Konzert fuhren. Das durfte nie mehr als drei, vier Stunden sein, sonst haben wir dem Veranstalter gesagt, dass wir das Konzert nicht annehmen. Dann haben wir in der Bahn Lunch gegessen, man ging ins Hotel und da konnte jeder machen, was er wollte. Ich bin schlafen gegangen, habe dann nochmal von sechs bis sieben eine Stunde geübt, und dann war Konzertzeit. Im Gegensatz zu anderen Quartetten haben wir aber nicht auf der Bühne im leeren Saal geübt, denn ohne Publikum klingt es völlig anders. Essen sind wir erst nach dem Konzert gegangen.

RS:
Und auch im Speisewagen wurde nicht geübt …

WL:
Nein, und da haben wir auch nicht zusammengesessen.

RS:
Im Ernst?

WL:
Ja, sicher! Wenn man Ruhe haben möchte, will man ja nicht ständig Gespräche führen müssen! Das war aber nicht für alle so: Meine Kollegen haben gerne zusammen gesessen, ich nicht. Henry Meyer hatte meistens ein paar Bekannte, die mitfuhren, Henry war unser Society-Mensch, der immer mit Freunden zusammen war. Es war bei uns die Regel, dass man sich nie an den Tisch eines Kollegen setzen konnte, ohne zu fragen. Und bei mir brauchte man gar nicht erst zu fragen. In den Hotels wohnten wir auch immer auf verschiedenen Etagen, in verschiedenen Teilen des Hotels, sodass man sich gegenseitig nicht hören konnte. Keiner von uns wollte hören, ob der andere übt oder nicht.

RS:
Bezüglich des Übens kann man in den ganz frühen Zeitungsartikeln lesen, dass Sie als Quartett regelmäßig von sieben am Morgen bis zwölf geübt haben: Das kommt einem fast unmenschlich vor.

WL:
In Cincinnati haben wir am Anfang sehr früh mit den Proben angefangen, damit wir dann noch zwei Stunden unterrichten konnten, vor dem Lunch. Von sieben bis zehn geprobt, von zehn bis zwölf oder eins unterrichtet, und dann sind wir nach Hause gegangen und hatten den Nachmittag frei: ideal!

RS:
Da musste man ein Morgenmensch sein!

WL:
Wahrscheinlich! Einige meiner Quartettkollegen waren wohl keine Morgenmenschen, sie haben sich aber daran gewöhnt. Wenn man merkt, wie gut das ist, dass man den ganzen Nachmittag und Abend frei hat: Ein halber Tag frei ist doch wunderbar! Sonst musste man nochmals zur Schule fahren und nochmals nach Hause? Wann soll man denn üben? Auf diese Art und Weise konnte ich verlangen, dass am nächsten Tag wieder ein ganzer Satz geprobt wurde, und zwar gut geprobt wurde. Denn wenn man dann einmal da ist, ist man ja frisch, und kein Mensch stört einen, weil sie alle noch nicht da sind! Später haben wir dann gesagt: Okay, wir fangen um neun Uhr an zu proben, und ich unterrichte vorher zwei Stunden. Dann war ich genauso früh fertig. Meine Studenten haben gesagt: „Was? Um sieben Uhr in der Früh Geigenstunde?" „Ja, möchtest Du lieber um sechs?"

RS:
War das in Colorado anders?

WL:
Ja, in Colorado hatten wir praktisch keine Instrumentalstudenten, haben stattdessen aber Kurse gegeben. Wir haben also morgens zuerst vielleicht drei, vier Stunden geprobt und dann von elf bis eins oder von elf bis zwölf unterrichtet. Das war noch sehr gemütlich in Colorado.

RS:
Eine Eigenheit des LaSalle-Quartetts war ja, dass Sie jedes neue Stück sehr lange und sehr gründlich gearbeitet haben. Wenn Sie dann so ein schweres Stück wie das zweite Ligeti-Quartett oder das Quartett von Nono oder auch ein anderes Stück, das neu für Sie war, wie Bergs *Lyrische Suite* am Anfang, zum ersten Mal aufführten, hatten Sie da je Lampenfieber? Oder waren Sie dann eben derart gründlich vorbereitet, dass es nur noch den üblichen Adrenalinschub gab?

WL:
Ja, den normalen Adrenalinschub, aber Lampenfieber wegen einer Uraufführung oder Neuaufführung eines Stückes hatten wir nie. Wir hatten die Stücke ja auch schon vorher in einem Lecture-Recital ausprobiert und hatten es also bereits einmal gespielt, und wenn wir es dann im Konzert spielten, konnten wir es auch, und dann brauchte man nicht mehr oder nicht weniger Lampenfieber zu haben als bei einem Beethoven-Quartett oder einem von Schubert oder Mozart. Ganz unaufgeregt ist man bei öffentlichen Auftritten sowieso nicht,

aber nicht so, dass es einen daran hindert zu spielen. Nein, ich bin nicht der Typ gewesen, der Lampenfieber gehabt hat, nie. Und die anderen auch nicht. Wenn Sie sich unsere Erstaufführungen anhören, dann leiden die nicht unter Lampenfieber.

RS:
Nein. Aber es ist nicht selbstverständlich.

WL:
Nein, durchaus nicht.

RS:
Aber Sie waren natürlich durch Ihre Art zu arbeiten dermaßen gut vorbereitet, dass alles einfach „Wurzeln" hatte.

WL:
Ja. Wenn wir ein Stück nicht konnten, wie das zweite Ligeti-Quartett, haben wir die Uraufführung verschoben. Da waren wir auch rigoros. Das geht nicht, wenn man ein Stück nicht kann, soll man es lassen.

RS:
Wenn Sie hier in Basel klassisch-romantisches Repertoire unterrichten und Sie ihre Stimmen mitbringen, dann ist augenfällig, dass es häufig die alten Peters-Ausgaben sind, die Sie heute doch oft verschmähen.

WL:
Es gab damals nichts anderes.

RS:
Das ist mir schon klar, aber haben Sie dieses Repertoire wirklich bis zum Schluss aus diesen alten Ausgaben gespielt?

WL:
Nein. Wir haben im Laufe der Jahre neue bekommen. Als wir die Neue Mozart-Ausgabe von Alfred Einstein bekamen, die bei Novello erschienen ist, haben wir aus den Novello-Stimmen oder Partituren gespielt.

RS:
Die Neue Mozart-Ausgabe bei Bärenreiter gab es dann ab 1962.

WL:
Die Neue Mozart-Ausgabe haben wir benutzt, wenn wir die Novello-Ausgabe von Alfred Einstein, die besser ist, nicht benutzen konnten. Wir haben immer die besten neuen Ausgaben benutzt, auch die Urtextausgaben von Henle und von Doblinger für Haydn zum Beispiel. Und wir haben uns auch soweit wie möglich mit Kopien von Autographen versorgt. Das war zuerst schwer. Dann haben wir jedoch nach und nach mehr und mehr bekommen.

Wir haben also das gemacht, was die Musikwissenschaftler längst hätten machen sollen: Wir haben uns in den Originaltexten angeschaut, was die Komponisten wirklich geschrieben haben. Die Unterschiede zu den alten Ausgaben sind oft haarsträubend. Unregelmäßige Perioden bei Haydn und Schubert zum Beispiel wurden von den Herausgebern „verbessert", denn eine Periode muss selbstverständlich acht Takte haben und nicht sieben, fünf oder neun. So sind die traditionellen Ausgaben voller Fehler und Willkürlichkeiten und enthalten zudem noch und noch falsche Noten, die von den Interpreten brav gespielt werden, obschon sie offenkundig völliger Unfug sind. Die neuen Haydn-Ausgaben bei Doblinger und Henle waren schon ein großer Fortschritt. Aber jetzt entsteht bei Peters eine kritische Gesamtausgabe, die von englischen Musikwissenschaftlern erarbeitet wird und die wirklich vorzüglich ist. Dass die alte Eulenburg-Ausgabe unbrauchbar war, das war uns von Anfang an klar.

RS:
Und für Brahms gibt es immer noch keine vollständige Urtextausgabe.

WL:
Für Schumann auch erst in letzter Zeit. Was soll man machen!
Aber wir haben ja anhand dieser autographen Partituren unsere eigenen Fingersätze und Bögen in die Stimmen geschrieben. Die Stimmen, die ich noch habe, bringe ich ja immer mit nach Lübeck und Basel, da ist schon einiges Gutes drin.

RS:
Es gab aber einige Stücke, die Sie im Laufe der Karriere phasenweise gespielt haben, das heißt, dass Sie sie zum Beispiel nach zehn Jahren Pause wieder neu aufgegriffen haben. Haben Sie diese Stücke dann auch bezüglich Bögen und Fingersätzen neu erarbeitet?

WL:
Ja, im Allgemeinen schon. Aber sehr viel hat sich bei uns dann nicht geändert. Ich habe Beethovens Opus 59 Nr. 2 schon in Palästina gespielt, und Opus 135 haben wir ganz am Anfang einmal gearbeitet. Und wenn ich mir die Aufnahmen anhöre, die über die Jahre gemacht wurden …

RS:
… dann kann man sie vor allem anhand der technischen Aufnahmequalität unterscheiden.

WL:
Ja, und an einigen Kleinigkeiten. Prinzipiell hat sich aber nichts geändert. Und das hat nichts damit zu tun, dass ich stur wäre und nicht bereit mich zu ändern. Aber wenn man es einmal richtig gearbeitet und es sich gründlich angesehen hat, was gibt es denn da noch viel daran zu ändern? Es steht ja genau drin, was man spielen soll!

RS:
Es gibt zwei bemerkenswerte Parallelen zwischen dem Kolisch-Quartett und dem LaSalle-Quartett, nämlich erstens, dass Sie meistens aus Partituren spielten und nicht aus Stimmen, und zweitens, dass Sie von Anfang an die temperierte Stimmung angewandt haben. Ist das

rein zufällig, oder gibt es da einen gemeinsamen Ursprung, dass beide Ensembles so gearbeitet haben?

WL:
Ich glaube nicht, dass wir das Aus-der-Partitur-Spielen vom Kolisch-Quartett gelernt haben, denn wir hatten gar keinen Kontakt zum Kolisch-Quartett. Das hatte ich schon in Palästina von Gideon Strauss gelernt. Es kam aus der Notwendigkeit heraus, dass man ein Stück nicht lernen kann oder sehr viel langsamer lernt, wenn man keine Partitur vor sich hat: dass man das Stück also am besten gleich als Ganzes lernt und nicht nur seine eigene Stimme. Da das aber nur aus der Partitur möglich ist, haben wir sehr früh angefangen, aus Partituren zu spielen. Dann kam dazu, dass es für die Webern-Stücke schon immer nur die Partituren als Stimmen gab, sodass wir da schon sehr früh gesehen haben, wie gut das ist und dann auch andere neue Stücke aus Partituren gespielt haben, zum Beispiel auch Schönberg.

RS:
Wenn Sie sich einmal erheitern wollen, müssen Sie sich das Buch von Hans Keller über die Haydn-Quartette vornehmen.[1] Da sagt er, dass er Ensembles, die zu ihm kommen und aus Partituren spielen, gleich hinauswirft. Es wird bei ihm nur aus Stimmen gespielt.

WL:
Na ja. Er ist manchmal sehr avanciert und manchmal dermaßen reaktionär! Kolisch zum Beispiel hasst er.

RS:
Er ist manchmal ein etwas verblendeter Hitzkopf und dann wieder so luzid.

WL:
Ja, das finde ich auch. Aber hin und wieder werde ich wütend, was er so redet, manchmal. Aber andererseits wieder so viel wissend, und er sagt auch viele richtige Sachen.

RS:
Und wie war es mit der temperierten Stimmung?

WL:
Auch diesbezüglich glaube ich nicht, dass ich das von Kolisch gelernt habe, sondern das habe ich schon von meinem Lehrer Bergmann in Palästina gelernt. Erst nachher habe ich erfahren, dass Kolisch auch die temperierte Stimmung angewandt hat. Das war eigentlich in den 1930er Jahren schon Allgemeingut.

---

[1] Hans Keller, *The Great Haydn Quartets. Their Interpretation*. J. M Dent & Sons, London 1986, S. 104.

RS:
Aber offenbar nicht überall, weil es bei Streichern immer noch ein Streitpunkt ist.[2]

WL:
Nein, im Gegenteil! Man ist sehr stolz darauf falsch zu spielen.

RS:
Im LaSalle-Quartett gab es offenbar eine Aufgabenteilung, d. h. jedes Quartettmitglied hatte seine Funktion. So hat Jack Kirstein zum Beispiel die Programmbeilagen geschrieben.

WL:
Ja, ursprünglich wollten wir das so. Aber Jacks Programmbeilagen entsprachen nicht meiner Vorstellung. An sich wäre das gut gewesen, aber leider ging das nicht. Die Programmbeilagen mussten Evi und ich dann selbst schreiben.

RS:
Und worin bestand Peter Kamnitzers Aufgabe?

WL:
Er war für die Bibliothek verantwortlich, das heißt, er hatte ein Archiv, in dem unsere ganzen Stimmen waren. Jeder hatte ja von jedem Stück seine Stimme und die mussten irgendwo untergebracht werden, nicht bei jedem Einzelnen, sondern gesammelt bei ihm. Als wir dann auf Tournee gingen, holte er die Stimmen aus seinem Archiv und gab jedem seine Stimme. Er hat die einzelnen Stimmen auch sehr schön selbst gebunden.

RS:
Ich habe eigentlich die Musikalien immer mit Ihnen assoziiert, deswegen hat es mich erstaunt, dass sie bei Peter Kamnitzer untergebracht waren.

WL:
Meine Stimme habe ich hier, weil ich sie ja andauernd brauche.

EL:
Und als wir der Paul Sacher Stiftung das Archiv des LaSalle-Quartetts überlassen wollten, hat Henry Meyer seine Stimme, die er behalten oder von Peter Kamnitzer zurückverlangt hatte, dem Sacher-Archiv geschickt. Die zweite Geigenstimme vom LaSalle-Quartett liegt also im Sacher-Archiv. Aber das Schlimme ist, als wir Peter Kamnitzer sagten, dass wir die Stimmen an die Paul Sacher Stiftung schicken wollten, hat er geantwortet: „Ah, ich habe sie gerade vor

---

[2] Rudolf Kolisch, „Religion der Streicher", in: Musik-Konzepte 29/30: Rudolf Kolisch, *Zur Theorie der Aufführung*, edition text + kritik, München 1983. Die Polyphonie in der westlichen Musik setzt eine temperierte Stimmung voraus, bei der die Oktave in zwölf gleiche Intervalle unterteilt wird. Die Streicher sind es aber meist immer noch gewohnt, gegenüber der temperierten Skala zu große Quinten, zu große Durterzen und zu hohe Leittöne zu spielen. Letztere reduzieren den Halbtonschritt zur Tonika manchmal bis zu einem Drittelton. In der gleichen Gedankenlinie wird auch jeder durch ein ♯ erhöhte Ton zu hoch, jeder durch ein ♭ erniedrigte zu tief gegriffen. Weit verbreitet ist auch die Auffassung, dass zum Beispiel ein *Gis* und ein *As* zwei verschiedene Tonhöhen bezeichnen, und zwar ein *Gis* eine höhere als ein *As*.

Abb. 26: Peter Kamnitzer als Geigenbauer, Cincinnati 1959

einer Woche mit dem Müll entsorgt. Sie sind weg." Die Cello- und Bratschenstimmen fehlen also.

RS:
Das ist ja unglaublich! Wollte er einen Schlussstrich ziehen?

EL:
Nein, er brauchte den Platz.

RS:
Aber dass man nicht miteinander redet und zudem nach 40 Jahren Berufskarriere so wenig Geschichtsbewusstsein hat!

WL:
Er meinte wohl, das interessiere doch niemand! Wenn ich meine Stimme nicht gehabt hätte und Henry Meyer seine nicht ins Sacher-Archiv geschickt hätte, wären die auch alle weggeworfen worden. Aber ich habe meine Stimmen hier, quasi komplett: Alle die ich gebrauchen konnte, alles was einen Wert hatte, habe ich mitgenommen.

EL:
Peter Kamnitzer war auch für das Reparieren der Instrumente verantwortlich, am Anfang wenigstens.

WL:
Ja, bis zu einem gewissen Grad, er war ja gelernter Geigenbauer und hat am Anfang auch einfachere Reparaturen durchgeführt, wie den Steg aufstellen oder auch Leimen, und er konnte auch Bögen beziehen: Er hatte also alle Werkzeuge. Später, als wir die Amati-Instrumente hatten, hat er das aber nicht mehr gemacht.

RS:
Und was war die Funktion von Henry Meyer im Quartett?

WL:
Er hat auf Tournee die Quartettkasse geführt. Er hat die Hotels bezahlt, und er hat auch die Honorare eingesammelt. Er war also der „Treasurer", der Kassierer.

Dazu gibt es eine schöne Geschichte. In Warschau wurden wir ausschließlich in nichtkonvertierbaren Zlotys bezahlt. Immer solche Batzen von Zlotys, nach jedem Konzert in bar. Und Henry musste das in seinem Geigenkasten irgendwie unterbringen oder in Taschen stecken und im Hotel in den Safe tun, furchtbar. Und was sollte man dann damit anfangen? Die konnte man nur in Polen ausgeben. Wir sind in die Büchergeschäfte und in die Musikgeschäfte gegangen, denn da gab es wunderbare deutsche Bücher aus der DDR, die kosteten aber fast nichts. Ich habe ganze Bücherschränke von DDR-Noten gekauft und hatte immer noch diese Zlotys übrig. Dann waren wir in Krakau für ein Konzert und hatten auch schon am Tag vorher Geld bekommen, das Henry in seinem Geigenkasten in einen roten Samtüberzug eingepackt hatte. Wir waren in einem Künstlerzimmer, das nur einen Ausgang zur Bühne und einen zum Gang hatte, und davor stand ein Wachsoldat. Wir gingen also hinaus und spielten den ersten Teil des Programms. Dann kamen wir zurück für die Pause und Henry sagte: „Das Geld ist weg!" Wie konnte das sein? Wir waren auf der Bühne, der Soldat stand immer noch vor der Tür, aber das Geld war weg. Wir haben einen Krach geschlagen! „Wir sind in Polen", war die Antwort. Aber dann kamen wir nach Hause, und in Cincinnati gab es eine schöne Party. Da war auch unser Versicherungsagent, ein alter Freund von uns, Fritz Rauh. Wir erzählten der versammelten Gesellschaft diese wunderbare Geschichte, wie uns da Geld geklaut worden war. Da sagte Fritz: „Ein Moment mal, Ihr seid doch versichert gegen gestohlenes Geld bis zu soundsoviel Tausend Dollar, meldet das doch an!" Ich sagte: „Zlotys?" Er sagte: „Welche Währung steht nicht dabei." „Aber Fritzy, Zlotys, das ist doch gar nichts wert!" „Was heißt das, nichts wert? Guck mal in die *New York Times*, da steht der offizielle Kurs drin, das ist durchaus etwas wert." Der Dollar war damals auf dem Schwarzmarkt 400 Zlotys wert, aber er hat uns zum offiziellen Kurs von vier Zlotys zum Dollar das gestohlene Geld in Dollars zurückerstattet. So gut haben wir in Polen nie wieder verdient! Wir haben danach immer jemanden gesucht, der uns das Geld stehlen sollte!

5
Die Instrumente

ROBERT SPRUYTENBURG:
Für das Debütkonzert des LaSalle-Quartetts im September 1953 in Cincinnati hat Rembert Wurlitzer vier Stradivari-Instrumente mitgebracht, und 1958 hat er dem LaSalle-Quartett die Amati-Instrumente vermittelt. Wie wichtig waren diese Instrumente für Ihr Musizieren?

WALTER LEVIN:
Wenn man gewohnt ist, mit einem gebrauchten Chevrolet zu fahren, und man bekommt plötzlich einen Cadillac mit allem Komfort, ist das wunderbar! Aber fahren tun beide. Das heißt, die Instrumente, die wir bis dahin hatten, haben es auch getan. Sie waren nicht schlecht, aber sie waren nichts Besonderes. Ich hatte eine Ceruti-Geige,[1] Henry Meyer hatte zum Anfang immer noch die nachgemachte Stradivari von Nathan Milstein, ein modernes Instrument also, Peter Kamnitzer hatte eine französische Bratsche, und das Cello war schlecht und recht. Das waren mittelmäßige Instrumente, die man sich eben als Student noch einigermaßen hat leisten können, aber mehr nicht. Und damit haben wir unsere ganze, anfängliche Karriere gemacht, auch die europäische. Und da wurde immer wieder gesagt: „Diese glücklichen Amerikaner mit ihren hinreißenden italienischen Instrumenten!" Nichts dergleichen! Es kommt ein bisschen darauf an, was man damit macht, fand ich. Immer wieder nur die Instrumente! Wenn man spielen kann, kann man auch auf einem mittelmäßigen Instrument sehr gut spielen. So gut, dass es die Leute gar nicht hören können. Das ist alles etwas übertrieben. Heute hat es sich längst herumgesprochen, dass es Geigenbauer gibt, die phänomenale Instrumente machen. Die gab es damals übrigens auch schon: Carl Berger in Chicago hat fabelhafte Instrumente gebaut. Am Klang hat kein Mensch gemerkt, dass sie neu waren. Heute spielt Christian Tetzlaff lieber auf seiner Greiner-Geige[2] als auf seiner Stradivari und Günther Pichler auch.

RS:
So erzählt Heinrich Schiff in einem Interview, als es um das Unterrichten geht, dass seine Studenten oft zu ihm kommen und sagen: „Der Klang gefällt mir nicht, ich muss wieder zum Geigenbauer und den Steg richten lassen", usw., und dazu ist sein Kommentar: „Haben Sie es schon mal mit Üben probiert?"

WL:
Ja, genau, das ist es. Das sind alles Äußerlichkeiten und Oberflächlichkeiten, für die ich überhaupt keinen Sinn habe. Die Streicher messen dem Instrumentarium sehr oft eine viel zu große Bedeutung bei. Natürlich hilft es, ein gutes Gerät zu haben. Natürlich gibt es Feinheiten, die man auf solchen Instrumenten leichter machen kann, die man auf anderen nur sehr schwer realisieren kann: Dynamische Unterschiede und Klangliches sind schon differenzierter auf solchen Instrumenten, und sie sprechen zuverlässiger an. Aber sie sind auch sehr empfindlich, sodass man ständig zum Geigenbauer laufen muss, damit sie in

---

[1] Es handelt sich um eine Geige von Giovanni Battista Ceruti (Sesto Cremonese 21.11.1756 – Cremona 3.4.1817). Siehe dazu aber auch weiter unten.
[2] Stefan-Peter Greiner (*1966) führt seine Geigenbauwerkstatt in Bonn. Nebst Christian Tetzlaff und Günther Pichler – dem ersten Geiger des Alban-Berg-Quartetts – gehören auch Kim Kashkashian, Isabelle van Keulen und Mitglieder des Hagen-Quartetts zu seinen Kunden.

Ordnung bleiben. An die Amatis hat sich Peter Kamnitzer nie herangewagt: Auf Tournee mussten wir für die Einstellung der Instrumente nach Zürich fahren, zu Paul Bänziger.

RS:
Wie haben Sie Rembert Wurlitzer kennengelernt?

WL:
Als ich 1946 nach New York kam, war ich zuerst bei Emil Herrmann, da habe ich auch meine erste Geige gekauft und bin gleich betrogen worden, denn was er mir als Ceruti-Geige verkauft hat, war keine. Aber, nachdem ich das gemerkt habe, bin ich zu Rembert Wurlitzer gegangen. Und dann ist das ganze Quartett für die Betreuung der Instrumente auch immer zu Wurlitzer gegangen. Er entstammte der bekannten Wurlitzer-Familie aus Cincinnati, von den Wurlitzer-Orgeln, diesen Kino-Orgeln. Und der Sohn, Rembert, hatte in New York im Haus auf der 42nd Street, das den Wurlitzers gehörte, ein Geschäft für Streichinstrumente aufgemacht.[3] Dort hatte er eine ganze Etage, und das war das Tollste, was man sich vorstellen kann. Er hatte unbeschränkt Geld und große Kenntnisse, enorme Kenntnisse auf diesem Gebiet und hatte die besten Leute engagiert, um die Instrumente reparieren und betreuen zu lassen. Simone Sacconi, der bei Herrmann der große Geigenbauer war, hatte zu Wurlitzer gewechselt, als Herrmann sein Geschäft aufgab.[4] Bei Wurlitzer traf man alles, was einen Namen hatte. Wenn man dort war, dann spielte hinten Nathan Milstein, Joseph Szigeti war da, alle großen Geiger brachten ihre Geige hin und probierten etwas aus oder sahen, ob die Geige gut eingestellt war. Rembert Wurlitzer war ein wunderbarer, ruhiger, großer, feiner Mann. Ein richtiger Gentleman. Wir haben uns gleich großartig verstanden, und er hat mir immer anständige Instrumente geborgt.

So kam ich einmal mit einem Instrument, das ich von Wurlitzer geborgt hatte, aus Brasilien zurück, wo ich in den Weihnachtsferien 1947 bei meinem Onkel zu Besuch war. Damals waren das noch diese DC4 Propellerflugzeuge, die noch keinen Druckausgleich hatten. Und aus dem irrsinnig heißen Sommer in Brasilien, 40 °C jeden Tag ohne Klimaanlage und riesige Feuchtigkeit, flog man über den Äquator, und wir kamen nach New York, und da war ein Riesenschneesturm, einer der größten, schlimmsten Schneestürme, und wir konnten gar nicht in New York landen, denn der Flughafen war geschlossen. Wir wurden nach Bermuda umgeleitet, verbrachten eine Nacht in Bermuda und flogen erst am nächsten Tag nach New York. Dann ging ich im wahnsinnig verschneiten New York zu Wurlitzer, um ihm die geborgte Geige zurückzugeben. Ich machte den Kasten auf, und darin lagen

---

[3] Rembert Wurlitzer (27.3.1904 – 21.10.1963) verbrachte 1924 ein Jahr bei Amédée Dieudonné in Mirecourt, um Geigenbau zu lernen. Im folgenden Jahr verbrachte er sechs Monate in London als Gast von Alfred Hill von W. E. Hill & Sons, der ihm die Grundlagen für seinen Sachverstand auf dem Gebiet der Streichinstrumente vermittelte. In 1937 trat er in die Streichinstrumenten-Abteilung der Firma Wurlitzer in New York ein, die er 1949 als unabhängige Firma etablierte. Rembert Wurlitzer verfügte über ein fotografisches Gedächtnis, das ihm erlaubte, viele verloren geglaubte italienische Instrumente zu identifizieren. Das Geschäft wurde im Herbst 1974 geschlossen.
[4] Simone Fernando Sacconi (30.5.1895–26.6.1973) wurde schon als Schüler Assistent im Geigenbau-Atelier von Giuseppe Rossi in Rom. Er hatte eine besondere Begabung für die Anfertigung von Kopien und hatte bereits mit 16 Jahren seine eigene Kundschaft. In 1931 trat er in New York dem Geigenbau-Geschäft von Emil Herrmann bei. In 1951 wechselte er mit seinem Assistenten Dario D'Attili zu Wurlitzer, wo er ein erstklassiges Atelier aufbaute. Sacconi war ein unübertroffener Restaurator. In 1972 veröffentlichte er *I „segreti" di Stradivari*, in dem er Stradivaris Arbeitsmethoden detailliert beschreibt.

88 Stücke Holz: So einen Schreck habe ich in meinem ganzen Leben nicht gehabt: Ich muss käsebleich geworden sein. Und Wurlitzer lachte nur und sagte: „Ach, Du kommst wohl aus den Tropen! Gott sei Dank, dass das so ist: Deshalb sind die Geigen ja mit Leim geklebt, sodass sich der Leim aufweicht, wenn so etwas passiert, sonst reißt das Holz und dann kannst Du die Geige wegwerfen. Jetzt brauchen wir sie nur wieder zusammen zu kleben! Alle Teile sind ja offenbar noch da!" So hat er mich beruhigt, das fand ich so rührend: kein Wort des Vorwurfs. Wurlitzer war mit uns immer sehr nett, und er hat immer daran gedacht, dass wir Instrumente suchten.

Und eines Tages war ich bei Rembert Wurlitzer im Geschäft, weil eine Reparatur an meiner Geige gemacht werden sollte, und als ich wieder mit ihm darüber sprach, dass wir immer noch Instrumente suchten, sagte er: „Ich glaube, ich habe da eine Idee. Bei mir im Büro hinten sitzt gerade Gerald Warburg, kennst Du ihn?" Ich kannte ihn nicht. „Dann komm mal mit nach hinten." Also brachte er mich in sein Büro und stellte mich Gerald Warburg vor. Das war ein bekannter Amateurcellist, von Hause aus Bankier, aus der Familie von der Warburg-Bank, der leidenschaftlich gerne Kammermusik spielte und es sich leisten konnte, sehr schöne Instrumente zu besitzen und bei sich zu Hause mit bekannten Musikern aus New York und Umgebung auf diesen herrlichen Instrumenten Kammermusik zu spielen. Er hatte ein Stradivari-Quartett, ein Guarneri-Quartett und ein Amati-Quartett. Und er war eben im Begriff, das Stradivari-Cello zu kaufen, das Emanuel Feuermann gehört hatte, aber seine Frau hatte zu ihm gesagt: „Das kommt mir nicht ins Haus. Wenn Du noch ein Cello kaufen willst, dann verkaufe zuerst mal einige dieser Instrumente. Du brauchst hier doch nicht drei Quartette herumstehen zu haben!" Und das hatte er Wurlitzer gerade erzählt, und der sagte: „Gerald, Du hast doch dieses Amati-Quartett, das Du jetzt gerade bei uns reparieren und instand setzen lässt. Warum verkaufst Du das nicht? Es ist eben jemand hier im Geschäft, der ein Quartett von Streichinstrumenten sucht." Und so lud mich Gerald Warburg ein, noch am selben Abend zu ihm in seiner Wohnung an der 5th Avenue zu kommen, wo musiziert werden sollte. Das war ein unglaublich anregender Abend, denn es waren tolle Musiker da, und später beim Abendbrot hat er mich gefragt, ob wir denn an diesem Amati-Quartett interessiert seien. „Wenn Rembert Wurlitzer sagt, dass das für uns geeignet wäre, dann ist ‚interessiert' gar kein Ausdruck! Aber das können wir doch gar nicht bezahlen, soviel Geld haben wir nicht!" „Ihr seid doch in Cincinnati? Da ist mein Vetter Alfi Friedlander: kümmert Euch nicht um das Geld, das bespreche ich mit Alfi, das regeln wir schon!" Alfred Friedlander war einer unserer besten Freunde in Cincinnati, und er war Gerald Warburgs Vetter! Das wussten wir nicht. Als ich Gerald Warburg fragte, wie viel die Instrumente denn kosten würden, antwortete er, dass er es nicht wisse, denn der Verkaufspreis würde ihm als Verdienst angerechnet werden und dürfe deshalb eine bestimmte Summe nicht übersteigen, weil er sonst bei der Steuer für alle seine Verdienste in eine höhere Progressionsstufe kommen würde und das könne ihn ein Vermögen kosten. Sein Steuerberater müsse also den Preis festlegen. Und Alfi Friedlander hat uns für die Finanzierung an eine Bank in Cincinnati verwiesen. Dort habe ich gefragt, wie wir denn den Kauf dieser Instrumente finanzieren sollen. „Wir geben Ihnen jetzt das Geld, damit können Sie die Instrumente zahlen und es uns später zurückzahlen." „Und was kostet uns das inzwischen?" „Aber Herr Levin, wir wollen doch nicht von großen Musikern unserer Stadt Geld verdienen! Wir sind froh, Ihnen helfen zu können, diese schönen Instrumente zu erwerben und Geld verdienen wir mit ganz anderen Geschäften!" Die Garantie für das Geld war aber von unserem Freund Friedlander. Das

Die Instrumente

haben wir aber erst sehr viel später erfahren, denn er wollte nicht, dass wir ihm danken müssen. Aber bereits in vier, fünf Jahren haben wir das Geld zurückgezahlt, denn der Preis, den uns Gerald Warburg nach dem Gespräch mit seinem Steuerberater gemacht hat, war lächerlich niedrig und hatte mit dem eigentlichen Wert der Instrumente nicht das Geringste zu tun. Außerdem hatten wir damals schon relativ viele Konzertengagements und haben von jedem Konzert regelmäßig ungefähr die Hälfte des Honorars gleich an die Bank überwiesen.

So sind wir in den Besitz dieses herrlichen Amati-Quartetts gekommen, und die Instrumente gehören bis zum heutigen Tag den Mitgliedern des Quartetts. Später haben wir den gemeinsamen Besitz aufgelöst und jeder hat sein Instrument in Eigenbesitz genommen.[5] Das war ein gutes Investment, denn schon kurz nachher fingen die Instrumente an, im Wert zu steigen. Es ist schon eine wunderbare Angelegenheit, so eine Amati-Geige von 1648, ein relativ seltenes, großes Stradivari-Modell, phänomenal! Der einzige Nachteil dieser Geige ist ihre ausgeprägt gewölbte Decke, denn dadurch kann der Stimmstock sehr leicht wegrutschen. Übrigens war meine Geige schon vor mir einmal in Cincinnati, denn sie gehörte Eugène Ysaÿe, der ja vier Jahre lang Dirigent des Cincinnati-Orchesters und Geigenlehrer am Cincinnati College-Conservatory war. Es gibt ein bekanntes Bild von Ysaÿe mit der Geige, die ich jetzt habe. Peter Kamnitzers Instrument war die weltberühmte „Medici"-Bratsche von Girolamo Amati. Das Cello hatte Gregor Piatigorsky gehört und galt lange Zeit als Stradivari-Instrument. Rembert Wurlitzer hatte dann aber herausgefunden, dass es ein Amati-Cello war, an dem Stradivari gearbeitet hatte.

RS:
Man redet mit Ihnen immer über die Amati-Instrumente, aber niemand redet je über die Geigenbögen. Was hatte das LaSalle-Quartett für Bögen?

WL:
Ja, das ist ein leidiges Kapitel. Mit Bögen waren wir nie so glücklich wie mit den Instrumenten. Es ist auch eine schwierige Angelegenheit, denn man muss äußerst sorgfältig auswählen, was einem liegt, man muss sich an einen sehr guten Bogen auch erst gewöhnen und zudem die Technik etwas anpassen.

RS:
Und nicht jeder Bogen eignet sich für alles.

WL:
Nein, nicht notwendigerweise. Ich war nie ein Instrumentenfetischist und habe mich auch um Bögen relativ wenig gekümmert. Wahrscheinlich war das ein großer Fehler. Ich hätte mich wahrscheinlich für einen wirklich erstklassigen Bogen, oder mehrere, interessieren müssen, aber schon damals wurden die Bögen sehr schnell immer teurer. Zudem wurden sie häufig unter falschen Namen und deswegen viel zu teuer verkauft. Ich war auf diesem Gebiet kein Experte und fühlte mich unsicher. Günther Pichler vom Alban-Berg-Quartett

---

[5] Die zwei Violinen (1648 und 1682) und das Cello (1670–84) sind von Nicolò Amati (Cremona 3.12.1596–12.4.1684, Sohn von Girolamo Amati), die Bratsche (1619) von Antonio (Cremona ca. 1540–4.2.1607) und Girolamo Amati (Cremona ca. 1561–21.10.1630).

hingegen verfügt über enorme Kenntnisse über Bögen und probiert sie immer wieder aus. Dass wir diese guten Instrumente bekommen haben, war ein Glücksfall. Ich hätte wahrscheinlich sonst mein Leben lang weiter auf meiner Ceruti-Geige gespielt.

RS:
Konnte Ihnen auch Rembert Wurlitzer bezüglich Bögen nicht helfen?

WL:
Er hätte schon helfen können, aber man muss zuerst mal sein Interesse dafür bezeugen.

RS:
War das bei Ihren Kollegen auch nicht anders?

WL:
Henry Meyer hatte mehrere gute Bögen und hat sich immer mehr dafür interessiert als ich. Die beiden anderen nicht, sogar Peter Kamnitzer als gelernter Geigenbauer nicht.

RS:
Nachdem Jack Kirstein 1975 das LaSalle-Quartett verlassen hatte, wollte er offenbar das Amati-Cello behalten.

WL:
Ja, das war eine unangenehme Angelegenheit. Er hat sich nicht an unseren Kontrakt gehalten, denn die vier Instrumente gehörten dem LaSalle-Quartett gemeinsam. Und da habe ich zum ersten Mal gelernt, dass Kontrakte nichts taugen, wenn die Leute sich nicht daran halten. Aber wir haben es zurückbekommen, und Lee Fiser spielt seitdem auf dem Amati-Cello.

RS:
Es gibt mit dem LaSalle-Quartett mehrere Versionen von Mozarts letztem Quartett, KV 590 in F-Dur, die wir uns kürzlich angehört haben. Meine Frau hat ein sehr feines Gehör, und bei der zweiten Aufnahme hat sie gesagt: „Das ist aber nicht dasselbe Cello wie in der ersten Aufnahme." Bei der dritten Aufnahme sagte sie: „Das ist jetzt wieder das Cello der ersten Aufnahme." Dann habe ich nachgeschaut: Die erste Aufnahme war vom Oktober 1967 mit Jack Kirstein, die zweite war vom April 1976 mit Lee Fiser, aber offenbar mit seinem ursprünglichen Cello. Und die dritte Aufnahme war vom Oktober 1986, mit Lee Fiser und dem Amati-Cello.

WL:
Ja, richtig, das ist ein Riesenunterschied. Bravo!

RS:
Daraus könnte man ableiten, wie lange es gedauert hat, bis Sie das Cello wiederbekommen haben.[6]

---

[6] Dazu müsste man noch eine Aufnahme aus dem Jahre 1977 haben, denn zwischen dem 21. März 1977 und dem 28. Oktober 1986 hat das LaSalle-Quartett Mozarts F-Dur-Quartett KV 590 nicht mehr gespielt.

Die Instrumente

WL:
Das hat ein bis zwei Jahre gedauert. Wir mussten praktisch vor Gericht gehen und haben uns dann außergerichtlich geeinigt, nachdem der zuständige Richter gesagt hat: „Ihr seid wohl verrückt geworden. Einigt Euch gefälligst, so etwas gehört nicht vors Gericht."

RS:
Es gibt ein frühes Foto, welches das LaSalle-Quartett in einer sehr unüblichen Aufstellung zeigt: Die erste und die zweite Geige sitzen einander gegenüber, das heißt die Aufstellung ist: erste Geige, Bratsche, Cello und zweite Geige.[7] An sich leuchtet mir das sehr ein, weil so viel Musik, zum Beispiel von Haydn, Mozart und Beethoven, antiphonisch komponiert ist. Haben Sie wirklich am Anfang in dieser Aufstellung gespielt?

WL:
Nein, so haben wir nie gespielt! Wahrscheinlich war es nur der Fotograf, der sich das für das Bild so gewünscht hat. Die Aufstellung war bei uns nie ein Thema.

RS:
Die Aufstellung war also immer mit der Bratsche außen, das heißt gegenüber der ersten Geige, und dem Cello innen?

WL:
Immer, von Anfang an. Nur finde ich es eigentlich ziemlich egal, in welcher Aufstellung ein Quartett spielt. Das ist persönliche Präferenz – natürlich muss die Balance stimmen. Ich finde die Aufstellung mit dem Cello außen allerdings in jeder Hinsicht ungünstig: sowohl vom Visuellen, als auch bezüglich der Balance und der Geschlossenheit eines Kreises, was ja ein Quartett auch demonstrieren soll. Für die Sitzordnung argumentieren die Leute, dass der Klang der Bratsche, wenn sie außen sitzt, zur Bühne abstrahlt statt in den Saal. Mit der Bratsche innen sitzt aber der Bratscher auch nie so, dass er wirklich zum Publikum spielt. Und mit dem Cello außen ist man gezwungen, etwas im Halbkreis offen zu sitzen, damit sein Klang in den Saal abstrahlt. Warum die Instrumente aber besser klingen sollen, wenn sie alle nach außen spielen, ist auch nicht bewiesen: Auch die Rückseite eines Instrumentes schallt ja ab.

RS:
Bei symphonischer Musik hingegen macht die antiphonische Aufstellung mit den ersten Geigen links und den zweiten rechts vom Dirigenten schon Sinn.

WL:
Bei symphonischer Musik finde ich es besser, so wie Toscanini das gemacht hat, und wie das früher so üblich war.[8] Dann hört man den „Stereoeffekt" ja auch, während im Quartett der Kreis dafür wohl doch zu eng ist. Aber ich finde es eigentlich nicht so wahnsinnig wichtig.

---

[7] Siehe Abbildung 10, S. 79.
[8] Die heute am meisten verbreitete Orchester-Sitzordnung mit den ersten und zweiten Violinen links vom Dirigenten sowie den Bratschen und Celli rechts geht auf Leopold Stokowski zurück, der während seiner Zeit als Dirigent des Philadelphia Orchestra (1912–36) aus akustischen Gründen mit verschiedenen Sitzordnungen experimentierte. Das Argument für die zuletzt von ihm bevorzugte Sitzordnung war, dass auf diese Weise der Klang sämtlicher Violinen zum Publikum hin abstrahlt.

6
Schallplattenfirmen

Robert Spruytenburg:
Das LaSalle-Quartett hatte ja sehr lange keinen Vertrag mit einer Schallplattenfirma. Wie ist es zustande gekommen, dass die Deutsche Grammophon dann 1967 Ihr Vertragspartner geworden ist?

Walter Levin:
Ja, das ist auch wieder so eine Fügung. Dass man sich bei der Deutschen Grammophon für uns interessiert hat, hatte mit einem der Produzenten bei der Grammophon zu tun, Karl Faust. Karl Faust war der Sohn eines Meisters in der Messer- und Stahlfabrik meines Onkels in Brasilien. Als mein Onkel Paul Zivi diese Sache anfing, zuerst ganz klein, hatte er ursprünglich aus dem Rheinland, aus Wuppertal, Solingen und Umgebung Heimarbeiter mitgebracht, die diesen Beruf beherrschten. Die wurden dann Meister in seiner Fabrik. Das waren relativ junge Deutsche mit Familie, die alle nach Brasilien zogen, nach Porto Alegre. Und einer von denen war Herr Faust, und dessen Sohn wurde Musiker. Er war Bratscher und Komponist und ging dann nach dem Krieg, 1946–47, nach Deutschland zurück und bekam eine Anstellung, nicht als Bratscher, sondern als Produzent bei der Deutschen Grammophon, die damals noch solche Leute brauchte, die sich auskannten mit Musik. Er war auch jemand, der mit Leuten umgehen konnte, der Flair hatte. Er war offensichtlich jemand, den sie gebrauchen konnten. Ich kannte ihn nicht. Aber er kannte uns aus der Zeitung, denn wir spielten auch in Hamburg, und er wusste, dass ich ein Neffe von Paul Zivi bin, bei dem sein Vater arbeitete, und hatte also schon von mir gehört. Und eines Tages erhielten wir einen Brief oder Anruf von ihm, dass er sich mit mir in Schönried bei Gstaad treffen wolle. Er kam also zu uns und sagte: „Ich habe vernommen, dass Sie ein sehr gutes Quartett haben. Wären Sie eventuell interessiert, für die Deutsche Grammophon etwas aufzunehmen?" „Ich denke schon, aber was denn zum Beispiel?" „Das müssten wir besprechen. Machen Sie doch einmal eine Liste, was Sie so haben und was Sie interessieren würde, damit ich mir überlegen kann, was sich daraus machen lässt." Ich habe mich also einen Nachmittag hingesetzt und habe mir überlegt, was ich gerne aufnehmen würde. Diese Liste haben wir neulich wieder gefunden: Wir haben sie praktisch von A bis Z aufgenommen, im Laufe der Jahre. Bitte schön, ich hätte gern auch ein paar Mozart-Quartette aufgenommen, aber vorrangig gab es andere Sachen, weil es immer meine Idee war, dass wir nicht alles was es schon x-fach gibt, zu verdoppeln brauchen. Ich muss nicht auch noch alle Beethoven-Quartette haben. Die späten Quartette, das ist etwas Anderes, da gibt es schon verschiedene Arten, die anzugehen, das hat mich gereizt. Die Schönberg-Schule, das hat mich gereizt, und Neue Musik. Wir haben uns sehr gut vertragen, Karl Faust und ich. Und irgendwann kam Bescheid von der Deutschen Grammophon, wir sollen doch einmal kommen und eine Aufnahme machen. So kamen unsere ersten Aufnahmen zustande: das d-Moll-Quartett von Hugo Wolf sowie die Quartette von Lutoslawski und Penderecki,[1] in dem tropfenden Filmstudio von der UFA in Tempelhof, wo der alte, mittlerweile geschlossene Flughafen ist. Da war ein alter Hangar, der leer war und wo das Dach tropfte. Also musste man ab und zu mal das Quartett etwas zur Seite rücken, weil die Regentropfen runter kamen. Primitiver ging es schon gar nicht mehr. Dort haben wir unsere ersten Platten gemacht für die Deutsche Grammophon.

---

[1] Diese Aufnahmen entstanden im Dezember 1967.

RS:
Hatte die Deutsche Grammophon denn keine eigenen Studios?

WL:
Nein, nie. Unsere Aufnahmen haben wir oft in der Aula einer Schule in Hamburg-Harburg gemacht. Da mussten wir während der Schulpausen die Aufnahmen unterbrechen, weil die Kinder auf dem Hof brüllten. In München fanden die Aufnahmen im Saal der Residenz statt, der war schön. Keine Plattenfirma hat heute noch Studios, das gibt es nicht mehr. Früher schon.

RS:
Ja, wie in London, die Abbey Road Studios von EMI. Hatten Sie zuerst einen Fünfjahresvertrag?

WL:
Ja, einen Exklusivvertrag. Das war sehr günstig für sie, denn wir haben praktisch nichts bekommen, wir waren prozentual nur ganz gering beteiligt. Am Anfang bekamen wir immer unsere Unkosten bezahlt, und dann warteten wir, dass die Platten erschienen, und von dem Verkauf erhielten wir eine geringe prozentuale Summe. Zuerst waren es nicht einmal zehn Prozent.

RS:
War in dem Vertrag auch festgelegt, was Sie aufnehmen sollten?

WL:
Nein, nie. Von Mal zu Mal wurde besprochen, was wir wann aufnehmen würden. Denn es musste ja auch mit unseren Tourneen übereinstimmen, wir mussten die Stücke im Repertoire haben und vorbereitet sein. Es schien uns selbstverständlich, dass man für die Aufnahme eines Werkes eine lange Vorbereitung braucht, dass man sie möglichst schon mehrere Jahre gespielt hat. Das Quartett von Nono zum Beispiel haben wir erst dreieinhalb Jahre, nachdem wir es uraufgeführt hatten, bei der Deutschen Grammophon aufgenommen. Man muss sich auf die Stücke konzentrieren können, damit sie bei der Aufnahme auch wirklich gut gehen. Deshalb haben wir die Aufnahmetermine immer ans Ende einer Tournee gelegt, wo diese Werke nochmal intensiv in Konzerten gespielt wurden und wir sie nochmal gründlich proben konnten.

Evi Levin:
Aber dann, bei späteren Kontrakten gab es sehr viel, auf dem Du bestanden hast: zum Beispiel musstest Du die Fotografien bewilligen.

WL:
Wie die Platte aussehen sollte, was an Text in der Beilage hereinkam, das musste uns alles vorgelegt werden.

EL:
Vor der Deutschen Grammophon gab es auch einige Anträge von anderen Plattenfirmen.

WL:
Ja. Gunther Schuller war bei uns in Cincinnati, weil wir sein Quartett gespielt haben, das erste Quartett, ein sehr schönes Stück übrigens.[2] Das haben wir recht oft gespielt. Inzwischen gibt es weitere Quartette von ihm, die ich nicht kenne.[3] Er kam also nach Cincinnati, und unser Konzert hat ihm sehr gut gefallen. Wir hatten schöne Programme gemacht mit den Purcell-Fantasien, dann Schuller-Quartett und dann irgendwas anderes. Daraufhin hat er gesagt: „Warum macht Ihr denn eigentlich keine Aufnahmen?" Ich habe ihm zu Hause vorgespielt, was wir so an Konzertaufnahmen hatten, die wir immer auf Platten überspielen ließen. Er fand: „Das ist doch besser als alles, was es gibt! Ich bin bei Columbia in New York, ich spreche mit denen, die sollen es sich einmal anhören." Also bekam ich einen Anruf aus New York: „Herr Schuller hat uns gesagt, dass Sie ein gutes Quartett sind, könnten Sie einmal vorbeikommen und etwas mitbringen?" Ich habe also meine Platten eingesammelt, ein Koffer voll, das Flugzeug nach New York genommen und bin hinauf zu dem Büro von der Columbia, zu dem Herrn, von dem Schuller gesprochen hatte. Ein schönes, riesiges Büro mit Blick über New York, herrlich. Und er war am Telefon. Er hatte zwei Telefone, und als das eine Telefonat fertig war, kam gleich das nächste, und ich saß da und wartete. Dann klingelte wieder das Telefon. Und nach einer Weile stand ich auf und war drauf und dran, wegzugehen. „Einen Moment, warten Sie auf mich?" „Ja, aber nicht mehr lange." „Oh, Entschuldigung, das wusste ich nicht", und meldete seiner Sekretärin: „Bitte, ich möchte während der nächsten 15 Minuten nicht gestört werden." „Und, was kann ich für Sie tun?" „Nun, Sie haben mich angerufen, ich bin Walter Levin vom LaSalle Quartett." „Ach, Sie sind also der, den Gunther Schuller empfohlen hat! Es freut mich sehr, Sie kennenzulernen! Nun, was haben Sie sich vorgestellt?" „Wir würden gerne Schallplatten aufnehmen. Wir sind ein junges Quartett, wir sind gut, und wir haben ein großes Repertoire. Ich habe Ihnen ein paar Sachen mitgebracht, aus allen Stilrichtungen, auch das Quartett von Gunther Schuller, das noch nicht aufgenommen worden ist, aber auch ältere Musik, klassische und romantische Stücke. Vielleicht ist etwas dabei, was Sie noch nicht haben." „Nun, wissen Sie, wir haben das Juilliard-Quartett, die sind natürlich eines der besten Quartette im Land, und wie gut Sie auch sein mögen, ich möchte nicht noch ein Quartett haben, das eine ähnliche Linie vertritt. Aber, ich habe eine ausgezeichnete Idee, etwas wovon ich meine, dass es für Sie sehr interessant sein könnte. Wir wollen eine Schallplatte mit Strauß-Walzern machen mit Alexander Schneider als Geigensolist, und wir brauchen eine Art Schrammel-Quartett, wie damals in den Wiener Heurigen, mit Kontrabass und einem Streichquartett und Schneider, der die Violinstimme improvisiert.[4] Das wird eine fabelhafte Platte, die sich wahrscheinlich sehr gut verkaufen wird. Wäre das nicht etwas für Sie?" „Nein, das ist überhaupt nicht, was wir uns vorgestellt hatten, und es ist weder das, was wir

---

[2] Dieses Konzert fand am 4. Mai 1965 statt. Zu Gunther Schuller siehe Kapitel 12.5.
[3] Das erste Quartett von Gunther Schuller wurde 1957 komponiert, das zweite 1966, das dritte 1986 und das vierte 2002. Zudem hat er 1988 ein Konzert für Streichquartett und Orchester komponiert.
[4] Das Schrammel-Quartett wurde 1878 von den Brüdern Johann und Josef Schrammel (Geiger) und deren Freund Anton Strohmayer (Kontragitarrist, 1848–1937) als Trio gegründet und 1879 durch den Klarinettisten Georg Dänzer (1848–1893) zum Schrammel-Quartett erweitert (Johann Schrammel, 22.5.1850–17.6.1893; Josef Schrammel, 3.3.1852–24.11.1895). Es spielte volkstümliche Wiener Musik. Nachdem Dänzer 1891 erkrankte, wurde er durch den Akkordeonisten Anton Ernst, einen Vetter der Brüder Schrammel, ersetzt. Das Original-Schrammel-Quartett fand zahlreiche Nachahmer und gehört bis heute zu den typischen Merkmalen der Wiener Unterhaltungsmusik.

tun möchten, noch ist es das, meine ich, was wir tun sollten. Denn es würde uns auf die falsche Art bekannt machen, und es wäre sehr schwer, das später wieder rückgängig zu machen. Es wäre also ein sehr schlechter Plan, obschon es mich sehr ehrt, für Columbia überhaupt mein Instrument auspacken zu dürfen. Aber, wenn Sie der Meinung sind, dass das, was wir tun, für Columbia von keinem Interesse ist, oder dass es für das Juilliard-Quartett eine Konkurrenz bedeuten könnte, dann haben Sie den Falschen gefragt. Besten Dank, und auf Wiedersehen." Das war meine Columbia-Erfahrung.

RS:
War es aber bei der Deutschen Grammophon wegen des Amadeus-Quartetts nicht ähnlich wie bei Columbia wegen des Juilliard-Quartetts? Das heißt, weil das Amadeus-Quartett schon das klassische Repertoire abdeckte, gab es keine Vereinbarung, dass deswegen das LaSalle-Quartett anderes Repertoire einspielen sollte?

WL:
Nein, nie. Wir waren ja mit dem Amadeus-Quartett befreundet, und das war überhaupt keine Konkurrenz. Erstens haben wir Repertoire gespielt, das sie nicht gespielt haben, und sie spielten ja vieles nicht. Und dann kam nach kurzer Zeit der Riesenerfolg der Kassette mit den Quartetten der Neuen Wiener Schule. Karl Faust war es, der diese Kassette machen wollte. Die Deutsche Grammophon hat diesen Plan zuerst aber abgelehnt. Sie sagten: „Davon verkaufst Du keine 30 Exemplare, das ist eine völlig sinnlose Geldverschwendung!" Aber er hat sich durchgesetzt, und wir haben es aufgenommen, und dann kam die Kassette in die Neuheiten-Ankündigungen zu Weihnachten 1971 und war innerhalb von wenigen Tagen ausverkauft.[5] Ganz offensichtlich hatten sie sich bei der Deutschen Grammophon völlig verschätzt und haben zuerst nochmals vielleicht 200 Exemplare gepresst, die genauso schnell ausverkauft waren. Dann wurden wie verrückt nochmal 1000 Exemplare gepresst. Und dann haben sie gemerkt, dass sie da einen Bestseller hatten und haben das in riesigen Mengen produziert, und die verkauften sich wie warme Semmeln.

RS:
Und immer noch.

WL:
Immer noch. Das gibt es sonst überhaupt nicht. Es ist meiner Ansicht nach die einzige Quartettaufnahme, die über 40 Jahre ständig im Katalog war und sich immer noch verkauft. Das war ein Riesenrenner. Und nachdem das passiert ist, da haben sie bei der Deutschen Grammophon gemerkt, wen sie da haben. Und die Kritiken davon waren so sensationell, das hat unsere Karriere gemacht in Europa.

---

[5] Die fünf Quartette von Arnold Schönberg, die zwei von Alban Berg sowie die *Fünf Stücke* Opus 5, die *Bagatellen* Opus 9 und das Quartett Opus 28 von Anton Webern wurden zwischen März 1968 und März 1970 aufgenommen. Die Kassette mit vier CDs hat bei der Deutschen Grammophon die Bestellnummer 419 994-2. Neuerdings ist die Gesamtaufnahme der Quartette der Neuen Wiener Schule bei Brilliant Classics erhältlich, Bestellnummer 9016. Mit der Gesamtaufführung dieser Quartette hatte das LaSalle-Quartett bei den Wiener Festwochen im Juni 1969 einen durchschlagenden Erfolg gehabt (siehe dazu Kapitel 8.15).

Abb. 27: Das LaSalle-Quartett mit dem Amadeus-Quartett, Hamburg 1976

RS:
Dann gab es den Deutschen Schallplattenpreis, den Grand Prix du Disque.

WL:
Alles, alles, und es ging durch die ganze Weltpresse, und in der Deutschen und Österreichischen Presse, das kann man sich überhaupt nicht vorstellen, was das für Kritiken gab. Ein Riesenartikel von Joachim Kaiser in der Plattenausgabe für Weihnachten in der *Welt*. Und von da an hatten wir bei der Deutschen Grammophon absolute Narrenfreiheit. Wir konnten sagen, was wir aufnehmen wollten, und das wurde gemacht. Bis zum Ende. Wer hätte eine Platte vom Gielen-Quartett und vom Schnabel-Quartett gemacht? Aber das wollte ich haben, als Dokumentation, und das hat die Grammophon dann auch aufgenommen.

RS:
Generell für die Aufnahmen selbst, hatten Sie eine gute Zusammenarbeit mit der Deutschen Grammophon?

WL:
Phänomenal, wir hatten ein Team, das man sich überhaupt nicht besser vorstellen konnte. Wir hatten immer denselben Aufnahmeleiter, Rainer Brock, ein wunderbarer Mensch ...

Schallplattenfirmen

RS:
… der dann leider 1986 gestorben ist.

Ja, schrecklich, leider, leider. Er war ein ganz, ganz wunderbarer, kultivierter, ruhiger Mann, von einer umfassenden musikalischen Bildung und einem unfehlbaren guten Geschmack. Er hatte in Wien bei Hans Swarowski Dirigieren studiert, zusammen mit Claudio Abbado. Er hat sich ganz auf uns eingestellt und hat die Arbeit wirklich geliebt. Er hatte nur drei Künstler, mit denen er regelmäßig arbeitete: Claudio Abbado, Maurizio Pollini und uns. Und das ging wunderbar. Die Deutsche Grammophon hat hervorragende Platten gemacht. Ich meine, die Technik war auch so gut. Immer mit dem gleichen Aufnahmeleiter und den gleichen Toningenieuren, Klaus Scheibe und später Wolfgang Mitlehner, braucht man praktisch überhaupt nichts mehr abzuhören. Wir haben die Aufstellung der Mikrofone nachher nicht mehr überprüft: Rainer Brock wusste ganz genau, was wir wollten. Er kam ja auch mit dem Toningenieur zu unseren Konzerten, um sich anzuhören, wie wir die Stücke, die wir aufnehmen wollten, im Konzert spielten. Sie wollten es genau so aufnehmen, dass es klang, wie wir es uns im Konzert vorstellten. Dass heißt, dass man alles und alle vier hören konnte und die Balance und die Dynamik nicht von der Tontechnik nachgeregelt wurden.

RS:
Haben Sie bei den Aufnahmen immer ganze Sätze durchgespielt?

WL:
Immer. Und dann, nach zwei oder drei Ganzversionen eines Satzes, sagte Rainer Brock: „Gut, ich brauche jetzt noch zwei kleine Stellen zur Sicherheit. Könnt Ihr bitte noch mal bei Takt 5 anfangen und bis Takt 20 spielen. Fangt einfach an und spielt los." „Jetzt brauche ich noch den zweiten Satz, aber wir wollen zuerst eine Pause machen und ein bisschen etwas trinken." Dann haben wir den zweiten Satz gemacht, auch dreimal, und wenn das gut war, hat er gesagt: „Es ist OK." Und wenn es nicht gut war, haben wir es entweder nochmals ganz durchgespielt oder kleine Teilstücke. Aber meistens sagte er: „Nochmals ganz, das ist besser, wenn Ihr es ganz spielt." Das ging im Nu, unsere Aufnahmen haben nie so lange gedauert wie geplant. Wir haben immer absichtlich mehr Zeit angesetzt, um nicht unter Druck zu geraten.

Aber manchmal gibt es im Studio schon merkwürdige Erfahrungen. So kam es manchmal bei Plattenaufnahmen dazu, dass Lee Fiser bei einer Aufnahme immer wieder unterbrochen hat. Während der Aufnahme! Das war streng verboten. „Das kommt gar nicht in Frage!", sagte er, „wir sollen noch mal von vorne anfangen. Das ist ja alles nicht zusammen." Schweigen. Wir haben also noch mal von vorne angefangen, und dann ging das immer so weiter: In kurzen Abständen hat er immer wieder abgebrochen. „Das klingt nicht zusammen." Oder: „Ich kann so nicht spielen." Die kann man ja alle wegwerfen, diese Aufnahmen! Bis nach ungefähr einer halben Stunde die Stimme von unserem ruhigen Rainer Brock kam: „Meine Herren, ich würde vorschlagen, wir machen mal eine kurze Pause. Ich möchte Sie doch bitten, mal einen Moment heraufzukommen. Hier gibt es Juice und Cookies, und da können Sie sich vielleicht den einen oder anderen Ausschnitt mal anhören." Gut, wunderbar. Wir waren alle heilfroh da rauszukommen. Wir gingen also alle hinauf, und Rainer Brock sagte: „Ich würde Ihnen jetzt gerne mal etwas vorspielen." Er fing an, die erste Aufnahme vorzuspielen, bis zum Unterbruch von Lee Fiser. Dann sagte er: „So", und guckte Lee an. „Jetzt möchte ich die nächste Aufnahme vorspielen." Dann ging er diese ganzen Aufnahmen durch. Nichts von dem, was Lee gesagt hatte, stimmte, nichts. Das war reine Einbildung. Er fühlte sich vielleicht nicht ganz wohl. Und er wurde immer stummer und in sich zurückgezogener. Dann hat Rainer Brock gesagt: „So, jetzt möchte ich doch nochmal bitten. Wir haben ja eine Verabredung, dass von Ihnen keiner unterbricht, und wenn jemand hier unterbricht, bin ich's. Bitte spielen Sie eine ganze Version von einem Satz, so wie wir es immer machen. Wenn dann etwas nicht in Ordnung ist, spielen wir eine zweite oder dann eine dritte Ganzversion. Und wenn dann noch etwas nicht stimmt, machen wir wie immer gezielt Aufnahmen. Sie können sich ja wirklich inzwischen auf mich verlassen." Und dann ging es weiter, so wie immer. Aber schrecklich, so etwas, wenn die Leute anfangen, verbiestert zu werden, und Lee Fiser hatte das manchmal an sich. Da konnte ihm niemand etwas recht machen. Und das Umgekehrte konnte auch passieren. Wenn er ein Steckenpferd für jemanden hatte, und ein Steckenpferd hatte er besonders für mich, der immer alles kritisierte, und wenn ihm das auf die Nerven ging, dann hat er gegen mich argumentiert. „Das stimmt überhaupt nicht, was Du sagst, das ist tadellos, wie wir das spielen." Das konnte aber miserabel sein. Es ist schwierig im Quartett, wenn jemand einen Konflikt an der anderen Person austrägt, auf einem anderen Feld, das mit der momentanen Sache gar nichts zu tun hat.

Eine andere Erfahrung ist, dass Aufnahmen, die man jahre- oder jahrzehntelang nicht gehört hat, klingen, als ob das jemand anderes spielt. Man hat überhaupt nicht mehr das Bewusstsein davon, wie die Aufnahme zustande kam. Am Anfang hört man nämlich nur alles, was daneben gegangen ist, das heißt alles, was nicht so ist, wie man es wollte. Das, was gut geht, nimmt man nicht einmal wahr. Kennen Sie die Geschichte von unserer Aufnahme von Schumanns F-Dur-Quartett bei Radio Zürich? Das haben wir aufgenommen am Ende einer Saison, nach einer Japantournee. Da kamen wir nach Zürich und hatten an einem Vormittag eine Rundfunkaufnahme bei Radio Zürich, u. a. Schumanns F-Dur-Quartett.[6] Das war der letzte Anlass vor unseren Ferien, und wir hatten überhaupt keine Lust zu dieser Aufnahme. Wir kamen also ins Studio, und da war als Aufnahmeleiter ein sehr netter älterer Herr. Wir haben angefangen zu spielen, und der erste Satz war – naja, ich habe schon mal einen größeren Zwerg gesehen. Und da sagte also Lee Fiser, der immer sehr selbstkritisch war: „Das können wir so nicht lassen. Spielen wir das nochmal." Gut, also haben wir den Satz nochmal gespielt. „Sehr schön", sagte der Aufnahmeleiter. „Können wir jetzt den zweiten Satz machen?" Aber Lee Fiser sagte: „So schön war es aber nicht." Trotzdem haben wir den zweiten Satz gespielt. „Das kommt überhaupt nicht infrage, sagte Lee Fiser, den spielen wir nochmal." Da sagte der Aufnahmeleiter: „Sagen Sie, meine Herren, warum spielen Sie denn alles zweimal? Das ist doch fabelhaft, wie Sie das gespielt haben!" „Es ist besser", sagte einer meiner Kollegen, „dass wir es zweimal machen, falls Ihnen dann nachher beim Schneiden etwas passiert. Dann können Sie darauf zurückgreifen." Also wir haben das Stück gespielt, und nach dem zweiten Satz, der uns auch überhaupt nicht gefiel, sagte Peter Kamnitzer zu mir: „Sag mal, das hat überhaupt keinen Sinn. Dieser Aufnahmeleiter hat ja keine Ahnung! Wir spielen jetzt weiter das Stück durch, und dann gehen wir weg, dann machen wir Ferien. Was soll's? Der wird nichts schneiden, der

---

[6] Diese Aufnahme bei Radio Zürich fand am 15. Juli 1983 statt.

Schallplattenfirmen

nimmt seine erste Aufnahme, und die bleibt so. Das nützt uns überhaupt nichts, dass wir es zweimal spielen." So gesagt, getan. Wir haben gespielt, auf Teufel komm raus und mit den Ferien fest im Blick, haben die Instrumente gepackt und sind abgehauen und haben uns geschworen, diese Aufnahme hören wir uns nie an. Sagte der Aufnahmeleiter: „Wollen Sie nicht mal eben reinhören?" „Nee", sagte Kamnitzer, „wir wollen nur rausgehen!" So war er. Gut. Wir sind also gegangen, und die Aufnahme war für uns gestorben und erledigt. Jetzt ist es 15 oder 20 Jahre später. Wir sind in Flims und denken uns nichts Schlechtes, und im Radio spielt irgend jemand Schumanns F-Dur-Quartett. „Ach", sage ich, „hübsches Stück." Ich habe das sehr gerne, das Stück. Und ich sage zu Evi: „Hör dir das mal an, die spielen wirklich gut, die Leute, das habe ich noch selten so gut gehört, dieses Stück. Donnerwetter, ich möchte mal wissen, wer das ist?" Wir haben es uns bis zum Ende angehört: Das war unsere Aufnahme ... Man hätte mich erschlagen können! Was wir damals hatten, im Studio, weiß ich nicht. Es war einem nichts mehr recht am Ende der Saison, man war überkritisch, man war kratzbürstig, man hatte keine Lust, und es war alles schlecht. Wir waren einfach schlechter Laune.

7
Die Lehrtätigkeit

ROBERT SPRUYTENBURG:
Eine Eigenheit vom LaSalle-Quartett war, dass es immer unterrichtet hat. Wann haben Sie damit angefangen?

WALTER LEVIN:
Angefangen, systematisch zu unterrichten, haben wir am Colorado College, wo wir ein Teil der Musikfakultät waren. Da es nur ein kleines Liberal Arts College war, gab es nicht sonderlich viele Instrumentalisten, sodass sich der Streicher- und Kammermusikunterricht in Grenzen hielt. Wir sollten aber je nach Interessengebiet auch verschiedene Fächer in der Musikabteilung unterrichten. Peter Kamnitzer hat zum Beispiel einen Kurs „Musik für den Laien" und Analysekurse gegeben. Und ich habe einen Kurs über Mozart-Opern gegeben, weil ich schon immer ein großer Mozart-Opern-Fan war. Schon mit zwölf Jahren habe ich den Klavierauszug der *Entführung aus dem Serail* mit in die Ferien nach England genommen, nach Swansea, und habe ihn mir selbst vorgespielt. Auch hatte ich schon in New York alle Partituren gekauft, und jetzt war Gelegenheit, die Opern endlich genauer zu studieren und den Leuten Plattenaufnahmen davon vorzuspielen. Damals gab es schon die Glyndebourne-Aufnahmen von Fritz Busch. Das hat mir Spaß gemacht. Die Studenten am Colorado College waren zum Teil um einiges älter als wir, denn es waren Leute, die als Veteranen aus dem Krieg gekommen waren und von der Regierung eine freie Erziehung offeriert bekommen hatten. Sie waren also Anfang, Mitte 30, Männer und auch Frauen, und außerordentlich motiviert. Solche Studenten hatten wir noch nie kennengelernt: erwachsene Leute, die das dringende Bedürfnis hatten, nachzuholen, was sie durch den Krieg versäumt hatten. Das war auch für uns sehr motivierend. Mit diesen Studenten bin ich nach Denver, der Hauptstadt von Colorado, gefahren, wo im Kino eine direkte Live-Übertragung von *Carmen* aus der Metropolitan Opera in New York gegeben wurde: Das war in den frühen 1950er Jahren! Damals war das noch schwarz-weiß, aber für Leute, die noch nie eine Oper gesehen hatten, war das ein unglaubliches Erlebnis.

RS:
Sie haben einmal erwähnt, dass Sie am Colorado College eine Mozart-Oper einstudiert haben.

WL:
Ja, sicher. Die Studenten in meinem Kurs über die Mozart-Opern studierten zum Teil Gesang. Wir hatten also Solisten, konnten einen kleinen Chor bilden, und es gab ein paar gute Bläser. Die Streicherstudenten am Colorado College waren nicht gut genug, sodass das LaSalle-Quartett die Streicherstimmen spielte. So haben wir für eines der Sonntagskonzerte, die regelmäßig im Colorado College stattfanden, den ganzen ersten Akt von Mozarts *Zauberflöte* einstudiert. Davon habe ich eine Aufnahme.

RS:
Haben die einzelnen Mitglieder des LaSalle-Quartetts alle auch in Cincinnati Instrumentalunterricht gegeben?

WL:
Ja, das war ein viel größeres Konservatorium, sodass es deutlich mehr Instrumentalisten gab. Einige davon haben später Karriere gemacht.

RS:
Haben Sie auch in Cincinnati noch Kurse über ausgewählte Themen wie die Mozart-Opern gegeben?

WL:
Nein, in Cincinnati haben wir keine Kurse mehr gegeben, denn neben dem Instrumentalunterricht hatten wir genug zu tun mit Kammermusikunterricht, der sich außerordentlich entwickelt hat, nachdem das College-Conservatory als Musikabteilung der University of Cincinnati integriert wurde, denn die hatte bis dahin keine Musikabteilung. Das war ab 1970, und mein Hauptinteresse war es, Quartett zu unterrichten. Inzwischen hatte unsere „Sunday Group" nicht nur eine LaSalle-Foundation gegründet, sondern auch ein Friedlander Chamber Music Fellowship gestiftet, mit dessen Erlös wir ermächtigt waren, jedes Jahr ein begabtes Quartett nach Cincinnati einzuladen, um mit uns zu studieren. Das College-Conservatory gab dazu ein Stipendium und erließ für das junge Quartett das Schulgeld. Das erste Quartett, das auf das Friedlander Fellowship nach Cincinnati kam, war das Alban-Berg-Quartett. Im Verlauf der folgenden Jahre kamen viele Quartette auf dieses Friedlander-Fellowship nach Cincinnati: das Brahms-Quartett aus Hamburg mit Uwe Haiberg als erstem Geiger, das Pražák-Quartett aus Prag, das Artis-Quartett aus Wien, das Buchberger-Quartett aus Frankfurt, das Ponche-Quartett aus Deutschland und, 1989 kurz vor der Wende, das Vogler-Quartett aus Ost-Berlin. Die hatten wir 1986 beim Evian-Wettbewerb kennengelernt, wo das LaSalle-Quartett in corpore in der Jury saß. Das Vogler-Quartett spielte dort das zweite Ligeti-Quartett und ein Mozart-Quartett so außerordentlich gut, dass sie den Wettbewerb gleich mit mehreren Preisen gewannen. Sie waren von Eberhard Feltz, ihrem Quartettlehrer an der Berliner Hochschule für Musik „Hanns Eisler" vorzüglich vorbereitet worden.

RS:
Sie haben einmal erwähnt, dass Sie das Unterrichten auch als Selbstreflexion betrachtet haben für das LaSalle-Quartett.

WL:
Wenn man unterrichtet, muss man ja genau begründen können, was man vermittelt, auch technisch auf dem Instrument. Da wir aber alle mit Galamian und ich schon mit meinem früheren Lehrer Bergmann sehr gute, systematische Geigenlehrer hatten, stellte es für uns kein Problem dar, wie man das Instrument unterrichtet. Wenn man aber einem Ensemble vermitteln soll, was Interpretation bedeutet, das heißt dem Quartett beibringen soll, wie man zum Beispiel Haydn, Mozart oder Beethoven spielt, dann muss man sich darüber Klarheit verschaffen, was ein Streichquartett eigentlich darstellen soll, das heißt, was von der Musik verlangt wird: Was sind die Charakteristiken der klassischen Quartettkomposition? Und um diese Stilrichtung handelt es sich ja in den meisten Fällen, denn jungen Quartetten unterrichtet man zuerst Haydn, Mozart, Beethoven, Schubert und Brahms. Neuere,

schwierigere Stücke setzen nämlich schon ein sehr hohes Niveau voraus. Erstens gibt es natürlich die rein technische Frage des Zusammenspiels. Dann gibt es zweitens die Fragen der Balance und der Klangfarben der Instrumente: Soll es so klingen wie ein einziges Instrument oder nicht? Die Reflexion besteht also darin: Was sind die Entscheidungen, die man treffen, die Fragen, die man an eine Komposition stellen muss, deren Beantwortung dann letztlich die Interpretation darstellt. Es handelt sich immer wieder um Fragen an die Komposition, an den spezifischen Stil und an gewisse Gegebenheiten der Entstehungszeit. Nur „weil es mir so gefällt" ist kein Kriterium. Dass ein Stück „forte" anfängt, wenn in der Partitur keine Dynamik steht: Dies und vieles mehr musste man ja zuerst auch selbst lernen. Wir schafften uns also im Laufe der Zeit Bücher an, die solche Fragen behandeln: Leopold Mozarts Violinschule[1] zum Beispiel, und Czernys Schrift über die Interpretation von Beethovens Klavierwerken[2], lauter solche historische Informationsquellen, die über diese Art von Interpretationsfragen Auskunft geben. Wir haben diesbezüglich auch selbst viel lernen müssen: Wenn zum Beispiel ein Stück „piano" anfängt und ein Takt später „forte" steht, dass das mit einem Crescendo verbunden wurde: Das wussten wir nicht und haben es deshalb nicht gemacht: Wenn Sie sich unsere frühen Aufnahmen von Mozarts F-Dur-Quartett KV 590 anhören, spielen wir „subito forte" im zweiten Takt. Man lernt also selbst sehr viel, wenn man unterrichtet. Leider unterrichten die meisten Lehrer aber genau umgekehrt: Sie haben eine eigene Vorstellung, wie die Musik gehen soll und interessieren sich nicht dafür, was in der Partitur steht.

RS:
Haben Sie diese Quellen erst gelesen im Hinblick auf das Unterrichten, oder waren sie Ihnen schon vorher bekannt?

WL:
Zum Teil, aber keineswegs alle, denn ich wusste zum Teil gar nicht, dass sie existieren. Man lernt aber enorm viel im Laufe der Zeit. Mit 24 ist man ja noch nicht fertig mit seiner Bildung, und wann ist man schon fertig? Ich habe immer gelesen und mir ständig wieder neue Bücher angeschafft und war immer wieder überrascht, wie viel ich nicht weiß. Ich wollte zum Beispiel die Analyse von Alban Bergs *Lyrischer Suite* aus dem Buch von Willi Reich haben, das damals die einzige Berg-Biografie war[3], konnte sie aber nirgends finden. Als Evi im Sommer vor unserer Anstellung am Colorado College dort war, um das College auszukundschaften, hat sie das Buch in der Bibliothek gefunden und hat mir das Kapitel über die *Lyrische Suite* mit der Schreibmaschine abgeschrieben. Als ich das zum ersten Mal gelesen habe, dachte ich: „Was ist denn das für ein Deutsch?" Das war der erste Text von Adorno, mit dem ich konfrontiert war. Dass er von Adorno war, habe ich aber erst viel später herausgefunden, denn im Buch ist natürlich vermerkt, welche Kapitel von Adorno

---

[1] Leopold Mozart, *Versuch einer gründlichen Violinschule*, Augsburg, 1756; zweite, „vermehrte" Auflage 1760, dritte, erweiterte Auflage 1789. Nachdruck der ersten Auflage 1756: Bärenreiter, Kassel 1995; Faksimile-Nachdruck der dritten Auflage, Augsburg 1789, Geleitwort von David Oistrach, Breitkopf und Härtel, Wiesbaden 1991.
[2] Carl Czerny, *Über den richtigen Vortrag der sämtlichen Beethoven'schen Klavierwerke*, herausgegeben und kommentiert von Paul Badura-Skoda, 1963, Universal Edition, Wien 1963 (Nr. 13340).
[3] Willi Reich, *Alban Berg: mit Bergs eigenen Schriften und Beiträgen von Theodor Wiesengrund-Adorno* [sic!] *und Ernst Krenek*, Reichner Verlag, Wien 1937.

sind, aber das hatte ich damals noch nicht. Was für eine tolle Analyse das aber ist! Das kann ich heute erst verstehen, nachdem ich das Stück selbst analysiert habe.

RS:
Nachdem das LaSalle-Quartett 1987 aufgelöst wurde, hätten Sie auch sagen können: „Jetzt höre ich mit dem Unterricht auf und werde reisen."

WL:
Das habe ich auch gesagt!

RS:
Aber Sie haben sich dann doch auf das Unterrichten konzentriert und machen das jetzt schon über 20 Jahre! Das war also keineswegs aus freien Stücken?

WL:
Nein. Ich hatte nicht im Geringsten die Absicht zu unterrichten! Wir wollten Ferien machen! Als Erstes sind wir vier Wochen nach Florenz gefahren und haben uns die Stadt in aller Ruhe angesehen. Auf Tournee hatten wir diese Städte immer nur für einen Abend besucht, aber nie wirklich. Wir waren zwar überall, aber Zeit hatten wir nie. Nachdem das LaSalle-Quartett aufgelöst war, haben wir in Basel die Wohnung von Stefan Litwin übernommen, in der wir heute noch wohnen, und wollten von hier aus Europa bereisen, die Museen und Konzerte besuchen, in der Mailänder Scala in die Oper gehen, wir wollten nach Wien und Paris und uns Italien und Spanien ansehen. Aber es fing damit an, dass Rudolf Kelterborn, der damalige Direktor der Musikhochschule Basel mich fragte, ob ich, da ich jetzt frei wäre, nicht auch einmal im Winter Kammermusik unterrichten würde, so wie ich das immer im Sommer mit dem Quartett gemacht hatte, diesmal aber für die Studenten der Musikhochschule. Im Sommer waren es ja immer Studenten von außerhalb gewesen, die davon profitiert haben, dass die Schule uns eingeladen hat, Kurse zu geben, da die eigenen Studenten während der Sommerferien wegfuhren. Ich habe also zugesagt, es einmal zu machen. Das war vor mehr als 20 Jahren, aber dabei ist es nicht geblieben: Seitdem habe ich den Kammermusikkurs jedes Jahr gegeben. Dann fand im ersten Jahr, als ich hier unterrichtet habe, die Konferenz der Direktoren der verschiedenen Schweizer Hochschulen, die jedesmal an einer anderen Hochschule organisiert wird, gerade in Basel statt. Zu diesem Anlass hat mich Kelterborn gebeten, im Rahmen der Konferenz mit einem Studentenquartett aus der Schule ein Lecture-Recital zu halten. Anschließend kam der Leiter vom Conservatoire in Paris zu mir und fragte, ob ich nicht auch nach Paris kommen würde, um eine Woche zu unterrichten, und dann kam Friedhelm Döhl, der Direktor von der Lübecker Hochschule, und hat mich gefragt, ob ich nicht mal nach Lübeck käme. Und so hat sich das eine aus dem anderen ergeben, aber beabsichtigt war es keineswegs.

Und dann waren wir in Wien im Konzert und sind Robert Mann und seiner Frau Lucy begegnet, die uns vom Steans Institute in Ravinia erzählt haben, das gerade gegründet wurde, und sie haben mich gefragt, ob ich nicht auch in Ravinia unterrichten möchte. So habe ich fünf Jahre lang dort die Sommerakademie geleitet.

RS:
Die Frucht dieser inzwischen 20-jährigen Lehrtätigkeit ist jedenfalls, dass eine ganze junge Quartettkultur entstanden ist.

WL:
Ich glaube, das kann man sagen.

RS.
Ihr prominentester Schüler ist ohne Zweifel James Levine. Wie haben Sie ihn kennengelernt?

WL:
Als wir im September 1953 als Quartet in Residence am College of Music in Cincinnati ankamen, erhielten wir gleich am Anfang den Anruf einer Dame: „Hier ist Helen Levine, ich bin die Mutter von einem Jungen, der musikalisch sehr begabt ist und ich wollte fragen, ob Sie eventuell bereit wären, ihn zu unterrichten." Ich fragte, was er denn spiele, und sie sagte, er wäre Pianist. Da meinte ich, sie wäre bei der falschen Adresse, denn ich wäre Geiger und würde Geige unterrichten, nicht Klavier. Sie sagte: „Darum handelt es sich nicht. Bei einer Prüfung an der Juilliard School ist uns geraten worden, dass er allgemeinen Musikunterricht braucht." Ich wollte wissen, wie alt denn ihr Sohn sei. „Er ist zehn Jahre alt." „Wissen Sie, Frau Levine, ich unterrichte an einer Musikschule 17-, 18-jährige Studenten, die hauptberuflich Musik studieren wollen und Wunderkinder oder ganz junge Kinder unterrichte ich nicht." „Es handelt sich hier aber um einen besonderen Fall." Trotz all meiner Anstrengungen gelang es mir nicht, sie abzuweisen. Schließlich sagte sie: „Statt dass wir uns am Telefon länger darüber unterhalten, kommen Sie doch einmal zu uns zum Abendbrot, dann können Sie James kennenlernen und vielleicht ändern Sie dann Ihre Meinung." Wir haben also die Einladung angenommen, sind hingegangen und haben so die Familie Levine und deren ältesten Sohn, Jimmy, kennengelernt. Es war ein erstaunliches Abendbrot, denn das Erste was einem auffiel, war, dass mit James am Tisch praktisch niemand anderer zu Worte kam: Er sprudelte nur vor unterhaltsamen Reden und war von einem Temperament, das einfach umwerfend war. Weder seine Eltern noch wir als Gäste hatten da viel zu sagen. Er war gerade in New York bei der erwähnten Prüfung an der Juilliard School und bei dieser Gelegenheit auch in der Metropolitan Opera gewesen: Es stellte sich heraus, dass er ein ganz großer Opernfanatiker war. In einem der großen Spielwarengeschäfte in New York hatte er sich etwas für seinen Geburtstag aussuchen dürfen und sich ein Puppentheater gewünscht, das er uns zeigte, denn mit diesem Puppentheater machte er Opernaufführungen. Dieser Junge hatte mit seinen zehn Jahren ein enormes Repertoire von Opern, die er von Anfang bis Ende genau auswendig kannte, am Klavier spielte und zu denen er mit seinem Puppentheater die Inszenierungen machte. Er spielte uns also aus dem ersten Akt von Mozarts *Figaro* vor: Er bewegte die Figuren, spielte das Orchester am Klavier und sang die Stimmen dazu auf Italienisch, alles auswendig. Es war unglaublich! Es gab also mehrheitlich Gespräche über Oper, und er erzählte eine Szene in *Aida*, die im zweiten Akt wäre. Da sagte ich: „Verzeihung, das stimmt nicht. Was Du da erzählst ist nicht im zweiten, sondern im dritten Akt." Und da war es zum ersten Mal an dem ganzen Abend, dass er sich unterbrach und auf mich aufmerksam wurde. Er schaute mich völlig

überrascht an, und dann geschah etwas sehr Typisches für ihn: Er strahlte über das ganze Gesicht, lachte und sagte: „Stimmt! Du hast recht!" Das war ihm noch nicht oft passiert, dass jemand mehr wusste als er, und das hat ihm offensichtlich Eindruck gemacht. Denn wie uns seine Mutter am nächsten Tag telefonisch mitteilte, hätte er noch am gleichen Abend gesagt: „Könntest Du nicht vielleicht organisieren, dass mich dieser Walter Levin unterrichtet?" Das war seine Initiative, nicht meine. So entstand die erste Beziehung mit James Levine. Dann bekam ich nachträglich einen Brief von Mark Schubart, dem stellvertretenden Dekan von der Juilliard School, der von James' Prüfung gehört und den Eltern dringend geraten hatte, jemanden zu finden, der den Jungen in allgemeiner Musikausbildung betreuen solle. Es sei ihm eingefallen, dass das LaSalle-Quartett doch jetzt in Cincinnati wäre. Das wären alles Studenten von der Juilliard School, und seiner Meinung nach wäre Walter Levin ideal geeignet dafür, die Verantwortung zu übernehmen, den jungen James in allen Gebieten, die zu einem Musiker gehören, auszubilden.[4] Ich habe es mir gut überlegt und mit den Eltern besprochen, nachdem ich James noch näher kennengelernt hatte. Für seinen Klavierunterricht fuhr er zweimal im Monat nach New York zu Rosina Lhévinne, der Lehrerin von Van Cliburn und weiteren großen Pianisten.[5] Sie war eine wunderbare Frau und Musikerin. Später nahm er Klavierunterricht bei Rudolf Serkin in Marlboro. Alles andere übernahmen Evi und ich: Evi hat seinen Sprachunterricht übernommen und ich die theoretischen Musikfächer.

EVI LEVIN:
Als er in der High School war, wurde er vom Nachmittagsunterricht befreit und konnte den Sprachunterricht mit mir privat nehmen und am Ende des Jahres die Prüfungen ablegen. Dazu verwendeten wir Operntextbücher auf Französisch, Deutsch und Italienisch.

RS:
Eilte Ihnen schon damals ein Ruf als Pädagoge und Mentor voraus?

---

[4] In Mark Schubarts Brief vom März 1954 an Walter Levin stand u. a. Folgendes: „Heute brachten Herr und Frau Lawrence Levine ihren Sohn James an die Juilliard School, um unserer Beratungskommission vorzuspielen. Die Jury äußerte sich außerordentlich begeistert über das Vorspiel und aus diesen Reaktionen geht klar hervor, dass dieser junge Mann in jeder Hinsicht gefördert werden sollte. Nach dem Vorspiel kamen Herr und Frau Levine zu mir, die Zukunft ihres Sohnes mit mir zu besprechen. Er scheint einen kompetenten Klavierlehrer zu haben, doch die Jury war der Ansicht, dass es Zeit wäre, sich die verwandten musikalischen Fachbereiche anzueignen. Ich sagte den Levines, dass man nach meinem Dafürhalten James in die Hände eines bestmöglichen Musikers kommen lassen sollte, der verstehen würde, ihm das Material in aufgeklärter und lebendiger Weise zu präsentieren. Von allem was ich höre, ist es das, was er vor allem jetzt braucht. Die Eltern erinnerten mich daran, dass Du jetzt in Cincinnati bist, dass sie Dich kennen und hoch schätzen, und so kam mir der Gedanke, dass Du vielleicht fähig und willens wärest, diese interessante Aufgabe zu übernehmen. Vielleicht ist das etwas weit entfernt von Deinen normalen Aktivitäten, aber es scheint mir, Du wärest genau die richtige Medizin für diesen jungen Mann. Ich habe den Levines jedenfalls vorgeschlagen, sich mit Dir in Verbindung zu setzen, was sie sicher in einigen Tagen tun werden. Ich bin sehr neugierig, das Resultat zu hören."

[5] Rosina Lhévinne (Kiev 29.3.1880 – Glendale, CA 9.11.1976), fing mit sieben Jahren mit dem Klavierspiel an und trat 1889 ins Moskauer Konservatorium ein, wo sie gleichzeitig mit Alexander Skriabin und Sergej Prokofieff studierte. 1898 graduierte sie als jüngste Frau mit einer Goldmedaille. Im gleichen Jahr heiratete sie den Pianisten Joseph Lhévinne. Von 1924 bis kurz vor ihrem Tod unterrichtete Rosina Lhévinne an der Juilliard School in New York. Zu ihren bedeutendsten Schülern gehören Van Cliburn, John Browning, James Levine und Misha Dichter.

WL:
Nein, das war nur an der Juilliard School bekannt, da wir ja vier Jahre lang in Colorado unterrichtet hatten, und das hatte sich inzwischen etwas herumgesprochen.

RS:
Wie hatte sich James Levine in so jungem Alter seine erstaunlichen musikalischen Kenntnisse angeeignet?

WL:
Er hat sehr schnell sehr gut Klavier gelernt, wie ein Wunderkind eben alles sehr schnell lernt, auch musikalisch.

EL:
Als er ungefähr drei war, haben die Eltern den Kinderarzt konsultiert, weil James stotterte. Daraufhin hat der Arzt empfohlen, ihn Klavier spielen zu lassen, damit seine übermäßige Spannung in die Hände und ins Klavier gehe. So hat er mit Klavier angefangen, und das Stottern verschwand tatsächlich.

WL:
Er hat das Klavier richtiggehend entdeckt und sich zuerst selbst das Klavierspiel beigebracht, alles nach dem Gehör. Jimmys Vater war Geiger und hatte eine Band, aber er besaß viele Opernplatten, und die hat Jimmy stundenlang, immer wieder nach dem Gehör auf dem Klavier nachgespielt und war offensichtlich ungeheuer musikalisch interessiert. Dann nahmen ihn seine Eltern mit in die Sommeroper in Cincinnati, die im zoologischen Garten stattfand. Es gab dort ein Pavillon-Theater, und während den Opern hörte man die Elefanten und die Tiger. Da wurden mit großartigen Dirigenten sehr gute Opernaufführungen gemacht: mit Fausto Cleva zum Beispiel, einem hervorragenden italienischen Dirigenten von der Metropolitan Opera in New York.[6] Jimmy ging als Sechs-, Siebenjähriger immer mit seinem Klavierauszug hinter die Bühne, hörte sich die Opern an, lernte die Sänger kennen und gab ihnen das Zeichen, wenn sie auf die Bühne gehen mussten. Er war also der Manager hinter der Bühne, und das wurde als selbstverständlich angenommen. Und dann, als einmal der Chordirigent nicht da war, hat man Fausto Cleva gesagt, dass auch Jimmy Levine die Einsätze geben könne. Fausto Cleva wusste gar nicht, wer das ist, hat aber eingewilligt. Jimmy hat also die Choreinsätze gegeben, und das ging natürlich tadellos. Und als für die nächste Probe der Chordirigent wiederkam, klappte es überhaupt nicht, und Fausto Cleva rief: „Get the boy! Where is the boy!" So war Jimmy sozusagen schon Chordirigent, noch bevor wir ihn überhaupt kennenlernten. Er war in jeder Opernaufführung und kannte die Opern von Anfang bis Ende, mit den ersten Sängern von der Metropolitan Oper: Richard Tucker, der mit Toscanini ein paar Jahre vorher den Radames gesungen hat, und Roberta Peters, die phänomenale Koloratursopranistin!

---

[6] Fausto Cleva (Triest 17.5.1902 – Athen 6.8.1971) studierte am Verdi Konservatorium in Mailand und emigrierte 1920 in die USA. Im gleichen Jahr wurde er Chorleiter an der Metropolitan Opera in New York, später Dirigent. Zwischen 1950 und 1971 dirigierte er an der MET 650 Aufführungen. 1934–63 war Cleva Musikdirektor der Sommeroper in Cincinnati.

Die Lehrtätigkeit

Als Jimmy zum Unterricht zu uns kam, war eine der ersten Aufgaben, ein Konzert mit dem Symphonieorchester vorzubereiten. Er hatte schon mit dem Cincinnati Symphony Orchestra unter Thor Johnson das zweite Klavierkonzert von Mendelssohn gespielt, und jetzt sollte er ein Mozart-Konzert spielen, das „Jeunehomme"-Konzert KV 271, und das musste natürlich für die Orchesterproben genau vorbereitet werden. Seine damalige Klavierlehrerin in Cincinnati hat aber gesagt, dass sie Jimmy nicht mehr unterrichten würde, wenn er weiterhin Stunden mit mir haben möchte, denn das wäre Konkurrenz. Sie dachte natürlich, damit hätte sie das geeignete Druckmittel, denn dann könnte er das Konzert nicht spielen. Aber stattdessen kam Jimmy noch zusätzlich zwei-, dreimal pro Woche zu uns, um das „Jeunehomme"-Konzert ganz genau zu arbeiten, und Evi hat ihn an einem zweiten Klavier begleitet, das wir in unserer Wohnung aufgestellt haben. Das Konzert mit dem Symphonieorchester wurde ein Riesenerfolg, denn das war so gründlich vorbereitet wie man es sonst eben nicht macht. Das Konzert spielt er auch heute noch, sogar aus derselben Ausgabe, in der wir es damals gearbeitet haben, in der wir alles genau notiert hatten, und dirigiert es vom Klavier. Bei diesem Anlass hat er zum ersten Mal gemerkt, was es heißt, ein Stück wirklich zu erarbeiten, und was Interpretation bedeutet. Später haben wir viel mit ihm gespielt, Mozarts g-Moll-Klavierquartett und dann, als er 15, 16 war, sind wir mit Schumanns Klavierquintett auf Tournee gegangen, haben es in New York und in Yale gespielt und für die Deutsche Grammophon aufgenommen. Es wurde also eine sehr intensive Zusammenarbeit: Orchestrierung, Analyse und die Schönberg'sche Harmonielehre haben wir systematisch gearbeitet und auch Partiturlesen, zum Beispiel die Choräle von Bach in alten Schlüsseln.

Aber einmal kam er zur Stunde und sprudelte, was er alles zu tun gehabt hätte, aber ich sagte zu ihm: „Zeige mal Deine Hausaufgaben!" Er wollte sich offensichtlich herausreden. „Das wollte ich ja gerade erklären, dafür habe ich keine Zeit gehabt." „Wenn Du sie gemacht hast, kannst Du wiederkommen. Auf Wiedersehen." Aber seine Mutter hatte ihn mit dem Auto bei uns abgesetzt und war in die Stadt gefahren. Jetzt saß er unten vor unserem Haus auf der Treppe, und als seine Mutter nach zweieinhalb Stunden wieder kam, saß er ganz niedergeschlagen immer noch dort. Das hat er nie vergessen, und wenn er heute Studenten hat, erzählt er ihnen diese Geschichte: „Undiszipliniertheit gibt es nicht in der Musik." Das hat er aber auch nie wieder gemacht. Und als Nächstes hat er systematisch gelernt, Haydn-Quartette, in denen es auch Bratschenschlüssel gibt, aus der Partitur am Klavier zu spielen, auch Mozart-Quartette, dann ein Beethoven-Quartett: Das war schon schwieriger. Anschließend eine Haydn-Symphonie, denn da kommen die transponierenden Bläser hinzu. Wenn man Symphonien am Klavier aus der Partitur vom Blatt spielt, lernt man, zwischen Haupt- und Nebenstimmen zu unterscheiden, denn am Klavier muss man die Orchesterpartitur auf das Wesentliche reduzieren können. Da er ein begabter Pianist war und auch sehr schnell gelernt hat, wie man eine Partitur liest, machte er sehr rasche Fortschritte. Sogar Mahler-Symphonien haben wir durchgearbeitet.

Als Übung in Orchestrierung habe ich ihm als Aufgabe gegeben, eine Beethoven'sche Klaviersonate für Streichquartett umzusetzen, nämlich die Sonate Opus 14 Nr. 1. Und daran hat er sich wirklich die Zähne ausgebissen, denn das war schwer. Das Problem ist, dass die Sonate in E-Dur steht, dessen häufig benötigte fünfte Stufe, das heißt die Dominante, H-Dur ist. Dieser tiefe Ton liegt aber für eine Streichquartettfassung außerhalb des Umfangs der Bratsche und des Cellos: Ihr tiefster Ton ist die leere C-Saite. Beethoven hat deshalb die Tonart der Klaviersonate für die Quartettfassung nach F-Dur transponiert. In dieser Tonart können die Bratsche und das Cello die fünfte Stufe, nämlich C, auf ihrer leeren C-Saite spielen. Jimmy wollte nun aber unbedingt, dass man das Cello von C nach H herunterstimmt, so wie in der *Lyrischen Suite* von Alban Berg: Das habe ich ihm aber nicht erlaubt.[7] An dieser Aufgabe hat er wochenlang gezehrt, bis er sie fertig hatte. Dann bin ich an meinen Notenschrank gegangen und habe Beethovens eigene Bearbeitung herausgenommen: Er hätte mich am liebsten erschlagen! Aber daran lernt man dann, wie der Meister das selbst gemacht hat.

Nachdem er sechs, sieben Jahre bei uns Unterricht gehabt hatte, war er auch mit der Schule fertig und wollte jetzt nach New York an die Juilliard School gehen. Da stellte sich heraus, dass er den Stoff aller Grundfächer schon kannte. Er war also gleich Graduate Student und brauchte nur noch Dirigieren zu nehmen. So

Abb. 28: James Levine mit Evi und Walter Levin in Bayreuth 1966

hat er enorm viel Zeit gespart, so wie ich mir an der Juilliard School aus demselben Grund viel Zeit gespart hatte. Davon hat er sehr profitiert. Durch diese intensive Zeit des Unterrichtens ist dann eine lebenslange Freundschaft entstanden.

Und dann hat Jimmy an einem Dirigentenwettbewerb von der Symphony League in Baltimore für junge Dirigenten teilgenommen, in dessen Jury George Szell war. Jimmy war wohl der Begabteste und hat den Preis gewonnen. Nach dem Wettbewerb hat Szell ihn nach New York eingeladen, denn er wollte etwas mit ihm besprechen. Dort sagte Szell zu Jimmy: „Ich brauche einen Assistenten für das Cleveland-Orchester und möchte prüfen, ob Sie dafür geeignet wären. Könnten Sie mir bitte am Klavier aus der Partitur etwas vorspielen?", und hat ihm eine Haydn-Symphonie gegeben. Das war eine Symphonie, die er schon mit mir gearbeitet hatte, er tat aber so, als ob sie neu für ihn wäre und spielte sie ihm vor. Dann fragte Szell: „Können Sie auch alte Schlüssel lesen, zum Beispiel Bach-Choräle?" „Ja, sicher!" „Donnerwetter, wo haben Sie denn studiert?" „In Cincinnati, bei Walter Levin vom LaSalle-Quartett." Nachdem er Jimmy noch ein paar andere Stücke hatte vorspielen lassen,

---

[7] In Alban Bergs *Lyrischer Suite* muss im sechsten Satz „Largo desolato" die C-Saite des Cellos auf H heruntergestimmt werden.

fragte er ihn, ob er an der Stelle in Cleveland interessiert wäre. So hat Jimmy die Assistentenstelle am Cleveland-Orchester bekommen.[8]

EL:
Als Jimmy vielleicht zwölf, 13 war, ist er in Cincinnati in ein Studio gegangen und hat zu Walters Geburtstag die Webern-Variationen Opus 27 und die Schönberg *Klavierstücke* Opus 19 auf Platte aufnehmen lassen und ihm geschenkt.

WL:
Ja, die habe ich heute noch. Das war das erste Stück von Schönberg, das er gespielt hat. Er hatte vorher keine Ahnung von Neuer Musik: Zum Beispiel haben wir *Wozzeck* von Alban Berg mit ihm gelernt und sind zusammen nach New York in die Oper zu Karl Böhms Aufführung von *Wozzeck* gegangen. Die ganze Wiener Schule war für ihn damals neu, überhaupt die Neue Musik. Er sagt auch heute noch, dass er über das LaSalle-Quartett zur Neuen Musik gekommen sei. Er ist immer in jedes unserer Konzerte gekommen, und da wurden alle diese Stücke von Komponisten gespielt, von denen er noch nie gehört hatte. So spielte er 1962 mit uns das Klavierquintett von Schumann in einem Konzert, in dem Herbert Brüns drittes Streichquartett uraufgeführt wurde.[9]

RS:
James Levine ist sicher Ihr prominentester Schüler gewesen, aber gewiss nicht der einzige.

WL:
Linda Sharon war auch eine Schülerin von mir [siehe Abb. 29, S. 175], mit der ich das Bach-Doppelkonzert gespielt habe, davon gibt es eine sehr schöne Aufnahme.[10] Linda Sharon bildete auch mit James Levine und Robert Martin ein Kindertrio [siehe Abb. 30, S. 176]. Davon gibt es auch eine Aufnahme aus dem Konservatorium, auf der man hören kann, wie schön diese Kinder spielen.[11] Linda Sharon war auf Anregung von Galamian, bei dem sie schon im Sommer gearbeitet hatte, zu mir gekommen, und sie hatte auch schon mit dem Philadelphia-Orchester als Solistin das Prokofieff-Konzert gespielt: Das war eine fabelhafte Geigerin. Sie ist die Frau von David Cerone, dem Direktor vom Cleveland Institute of Music, geworden und unterrichtet da heute noch. Vor etwa 15 Jahren, als ich noch das Steans Institute in Ravinia geleitet habe, kamen sowohl Linda Sharon als auch Robert

---

[8] James Levine (* Cincinnati 23.6.1943) hatte ab 1957 Klavierunterricht bei Rosina Lhévinne, trat 1961 in die Juilliard School ein und nahm 1964 nach seinem Studienabschluss teil am American Conductors Project mit dem Baltimore Symphony Orchestra und studierte mit Alfred Wallenstein, Max Rudolf und Fausto Cleva. 1964–70 war James Levine Assistent von George Szell am Cleveland Symphony Orchestra und gründete ein Orchester mit Studenten des Cleveland Institute of Music. In 1973 wurde er zum Chefdirigenten der Metropolitan Opera in New York und zum Leiter des Ravinia-Festivals ernannt (1973–93). 1974 übernahm er auch die Leitung des Cincinnati May Festivals (bis 1978). 1975 wurde James Levine an der Metropolitan Opera zum Musikdirektor und 1986 zum künstlerischen Leiter ernannt, der er bis 2004 blieb. Seit 2004 ist James Levine auch Musikdirektor des Boston Symphony Orchestra.

[9] Dieses Konzert fand am 20. März 1962 in Cincinnati statt, als James Levine 18 Jahre alt war.

[10] Dieses Konzert fand am 4. April 1955 in Cincinnati statt. Die Aufnahme befindet sich auf CD Nr. 13 in der Sammlung LaSalle-Quartett in der Paul Sacher Stiftung in Basel.

[11] Dieses Konzert fand am 18. März 1956 am College-Conservatory in Cincinnati statt. Auch diese Aufnahme befindet sich in der Paul Sacher Stiftung: CD Nr. 16.

Martin, der am Steans Institute als Cello- und Kammermusiklehrer an der Fakultät war, und wir haben ein Bild gemacht mit Jimmy, der damals Musikdirektor des Ravinia-Festivals war: das Kindertrio fast 40 Jahre später [siehe Abb. 31, S. 177]. Aus jedem dieser drei ist etwas geworden: Bob Martin zum Beispiel hat in Philadelphia gleichzeitig am Curtis Institute Musik und am Haverford College Philosophie studiert und dann an der Yale University in Philosophie promoviert und ist heute Dean of Graduate Studies und Professor für Musik und Philosophie am Bard College in Upstate New York. Das waren außerordentlich begabte Leute, und alle haben an der Walnut Hills High School in Cincinnati gelernt, wo später auch unsere Kinder gelernt haben. Das war eine hervorragende Public School, eine öffentliche Schule, die es heute noch genauso gibt. Wenn man das Unterrichtssystem in Amerika kritisiert, weil man dort angeblich nichts lernt, stimmt das überhaupt nicht: es gibt fantastische Schulen, und viele junge Leute, die auf diese Public School gegangen sind, haben später an den besten Universitäten studiert.

Abb. 29: Linda Sharon (zweite von links), Jack Kirstein, Alex Cirin, Cincinnati 1956

Auch Jenny Wagner aus Lexington, Kentucky, kam als ganz junges Mädchen und hat bei mir jahrelang Geige und Kammermusik studiert. Ihre Geschichte ist interessant, denn wenn man eine umfassende musikalische Ausbildung bekommt und gründlich Geige studiert an einem Konservatorium, an dem auch Orchester- und Kammermusik ernst genommen wird, sodass man die ganze Literatur gründlich lernt, dann kann man beruflich eine Karriere machen, von der man sonst nur träumen könnte. Jenny Wagner war also nicht nur bei mir im Unterricht, sondern hat auch mit dem Konservatoriumsorchester Solo gespielt und eben auch Literatur wie Mozart-Konzerte gelernt. Als sie abgeschlossen hatte, wollte sie bei einem Orchester ein Vorspiel machen. Sie hat sich umgeschaut und erfahren, dass beim Chicago Symphony Orchestra ein zweiter Geiger gesucht würde und hat sich für das Vorspiel angemeldet. Als sie mir das sagte, meinte ich: „Ausgerechnet bei einem der allerbesten Orchester Amerikas, unter Georg Solti, machst Du Dein erstes Vorspiel? Das ist wohl ein bisschen größenwahnsinnig! Da werden Hunderte Geiger sein, die alle die virtuosesten Stücke spielen und schon viel Orchestererfahrung haben." „Das macht doch nichts, dann sehe ich, wie das so geht, das ist doch eine Erfahrung, die man machen kann! Warum nicht gleich bei einem guten Orchester? Dann sehe ich gleich, was ich da für Konkurrenz habe." „Bitte, wenn Du nachher nicht enttäuscht bist!" Sie ging also hin, und was geschah? Man machte den ersten Durchgang, bei dem schon über die Hälfte ausgeschieden wurde, aber Jenny blieb dabei. Im zweiten Durchgang wurde dann für die Schlussrunde auf drei Kandidaten reduziert. Sie spielte immer auch die Orchesterstellen so gut, dass sie von über 100 Leuten in der Schlussrunde blieb. Das Komitee musste blind urteilen und wusste also

Die Lehrtätigkeit

Abb. 30: Walter Levin mit Linda Sharon, James Levine und Robert Martin als Kindertrio, Cincinnati 1955

nicht, wer spielt, aber Jenny spielte eben sehr gut Geige. Und jetzt kam die letzte Runde, und da sagte Solti: „Jetzt möchte ich aber selbst dabei sein, denn immerhin soll das ja jemand sein, mit dem ich arbeiten muss." Er setzte sich also ans Klavier und begleitete die Kandidaten. Einer spielte das Tschaikowsky-Konzert, der andere ein Paganini-Konzert, und jetzt kam Jenny dran und Solti fragte: „Was wollen Sie spielen?" Da sagte sie: „Mozarts A-Dur-Konzert." Sie erzählt, dass er sich daraufhin zu ihr umgedreht habe und sagte: „So? Das ist ja erstaunlich! Spielen Sie mal!" Er hat sie also begleitet, und das A-Dur-Konzert spielte sie wirklich sehr schön. Und er fragte sie: „Wo haben Sie denn studiert?" „In Cincinnati am College-Conservatory, bei Walter Levin vom LaSalle-Quartett." Das kannte er offensichtlich. „Kennen Sie auch Orchesterliteratur?" „Doch, bis zu einem gewissen Grad." Sie hatte ein fabelhaftes Gedächtnis: Alle Stücke, die sie am College-Conservatory im Orchester mit Gerhard Samuel, der ein ausgezeichneter Dirigent war, gelernt hatte, konnte sie praktisch auswendig[12]. „Also setzen Sie sich beim nächsten Konzert neben dem Stimmführer ans erste Pult der zweiten Geigen." Das Konzert war am Sonntag und jetzt war Mittwoch, und es gab drei Stücke, die sie kannte und eines, das sie nicht kannte. Das hat sie aber schleunigst gelernt. Und dann kamen die Proben, und da geschah nun Folgendes (das

---

[12] Zu Gerhard Samuel siehe auch Kapitel 10.17.

Die Lehrtätigkeit

Abb. 31: Das Kindertrio 38 Jahre später: James Levine, Walter Levin, Linda Sharon und Robert Martin, Ravinia Festival 1993

hat mir jemand aus dem Orchester erzählt, der sowohl mich als auch sie kannte): Solti dirigierte, und immer wenn er auf die zweiten Geigen schaute, schaute sie ihn an, nie auf die Noten und spielte auswendig. Das hätte er ein paar Mal gemacht, und jedesmal schaute sie ihn an, und beim dritten Mal hätte er, was äußerst selten war, über das ganze Gesicht gelacht. Und in der Pause hat er sie ins Künstlerzimmer gebeten und sagte zu ihr: „Sie können die Stelle haben!" Bei ihrem ersten Vorspiel hat sie die Stelle im Chicago-Orchester bekommen! Das müsste das Resultat von Unterricht sein.

Auch Jorja Fleezanis hat bei mir Geigenunterricht gehabt. Sie war aus Cleveland, aus der Gruppe um Jimmy, und kam zur selben Zeit wie Lynn Harrell nach Cincinnati. Sie hatte bei uns Kammermusikunterricht und ihr Quartett war die erste Gruppe, welche Weberns *Bagatellen* Opus 9 auswendig gespielt hat: Auch Jorja konnte nämlich beneidenswert gut auswendig spielen. Nach ihrem Studienabschluss hat sie eine Konzertmeisterstelle in San Francisco bekommen: immerhin, in so einem Orchester! Inzwischen ist sie schon lange Konzertmeisterin im Minneapolis Symphony Orchestra und ist äußerst beliebt, weil sie es versteht, mit einer Gruppe von Musikern umzugehen. Ausbildung ist das Entscheidende bei einem jungen Musiker, und viele junge Begabungen werden dadurch verschwendet, dass man sie nicht richtig ausbildet.

RS:
Auch Christian Tetzlaff, Stefan Litwin und Rainer Schmidt hatten bei Ihnen Unterricht. Wie lange waren sie jeweils in Cincinnati?

Die Lehrtätigkeit

WL:
Stefan Litwin war 1984–85 und Christian Tetzlaff 1985–86 jeweils ein Jahr in Cincinnati. Tetzlaffs Lehrer, Uwe Haiberg, kannte ich sehr gut, seitdem er 1978–79 als erster Geiger im Brahms-Quartett bei uns in Cincinnati gewesen war. Er schickte mir Tetzlaff, den er in Lübeck unterrichtet hatte, 18-jährig für ein Jahr nach Cincinnati. Wir haben sehr ernsthaft gearbeitet, das Beethoven-Konzert, das Schönberg-Konzert, die Solosonate für Violine von Artur Schnabel sowie dessen Sonate für Violine und Klavier mit Stefan Litwin am Klavier. Die Solosonate ist ein riesiges Stück, etwa 45 Minuten lang, und wird von kaum jemandem gespielt. Ich hatte sie kennengelernt in *Die Kunst des Violinspiels* von Carl Flesch. Im zweiten Band *Künstlerische Gestaltung und Unterricht* gibt es im Anhang zwölf Notenbeispiele von verschiedenen Musikstilen. Das vorletzte Beispiel ist der dritte Teil von Schnabels Solosonate.[13] Gespielt habe ich sie selbst nicht, aber ich habe sie mir immer wieder angeschaut. Mit Tetzlaff fand ich zum ersten Mal jemanden, der interessiert war, dieses Stück wirklich zu studieren, und er hat es wirklich wunderbar gelernt.

Rainer Schmidt war bei mir für Kammermusik in Cincinnati und bei Dorothy DeLay für Geige, auch ein Jahr. Das Hagen-Quartett hat ihn als zweiten Geiger ausprobiert, als er noch in Cincinnati war. Als er aus Salzburg zurückkam, fragte ich ihn, wie denn das Vorspiel gegangen sei. Das Hagen-Quartett hatte ihn engagiert!

RS:
Ein weiterer Musiker, der inzwischen Karriere gemacht hat, ist Gordan Nikolić, der in Basel bei Ihnen Kammermusikunterricht hatte.

WL:
Ja, wir hören immer wieder seine Aufführungen am Radio, kürzlich das Violinkonzert von Beethoven, und er dirigiert jetzt auch. Gordan Nikolić hatte sich hier in Basel zum Quartettkurs angemeldet, etwa 1989–90. Er kam mit einem neuen Ensemble zu mir zum Unterricht und hatte sich angesagt für das sechste Bartók-Quartett. Es hat mich etwas verwundert, dass ein neues Ensemble gleich mit einem solchen Stück anfängt. Ich fragte also: „Habt Ihr das denn schon gearbeitet?" „Ja, sicher." Und sie fingen an zu spielen. Es war kaum zu glauben: Es stimmte überhaupt nichts! Ich habe sie eine Weile spielen lassen und sagte dann: „Wie lange habt Ihr denn daran gearbeitet?" „Wir haben schon zwei Proben gehabt!" „Das ist wohl offensichtlich nicht genug. Habt Ihr denn die Partitur?" „Ja, klar!" „Wer? Alle?" „Nein, einer." „Und, wo ist sie?" „Ich habe sie im Geigenkasten." „So kann man nicht Quartett lernen. Ihr müsst Euch Stimmen aus der Partitur zusammenstellen und ganz genau arbeiten, und wenn Ihr davon eine Seite genau gearbeitet habt, dann könnt Ihr wiederkommen." Und ich habe sie fortgeschickt. Wie ich später erfahren habe, sind sie zu Herrn Hildenbrandt, dem damaligen Direktor der Musikschule, ins Büro gegangen: „Wir sind für den Quartettkurs von Walter Levin eingeschrieben, und er hat uns gerade hinausgeworfen." Sagte Hildenbrandt: „Ach! Was ist denn passiert?" „Wir haben ihm das sechste

---

[13] Zu Artur Schnabel und seiner Solosonate für Violine siehe Kapitel 11.1.

Bartók-Quartett gebracht, und er hat gesagt, wir müssten das erst viel genauer lernen, es wäre völlig unvorbereitet, aber das stimmt gar nicht, wir haben schon zwei Proben gehabt." „Herr Levin wird schon wissen, warum er das gesagt hat. Wahrscheinlich sind zwei Proben für so ein schweres Stück auch nicht einigermaßen ausreichend." „Aber wir gehen doch in den Unterricht, damit er uns zeigt, wie man es spielt! Wenn wir das schon könnten, würden wir ihn ja nicht brauchen!" Hildenbrandt hat ihm gesagt: „Das ist aber eine völlig falsche Einstellung. Ich würde vorschlagen, Ihr geht zu Herrn Levin und entschuldigt Euch dafür, dass Ihr durch ein Missverständnis nicht gewusst habt, wie man sich auf einen solchen Unterricht vorbereiten muss, und Ihr werdet Euch alle Mühe geben, um es besser zu machen." Nach einigen Tagen kam Gordan Nikolić zu mir in den Kurs und sagte: „Unser Quartett ist auseinandergegangen, denn die anderen wollten so genau nicht arbeiten. Aber inzwischen habe ich mit einem Bratscher eines der Mozart-Duos vorbereitet. Würden Sie sich das mal anhören?" „Gordan, ich höre mir das gerne an, wenn es richtig vorbereitet ist, aus einer anständigen Ausgabe und wirklich gearbeitet, sonst nicht." „Ich habe es schon verstanden." Sie kamen also und spielten mir das Duo vor, sehr anständig: Das war etwas ganz Anderes. Es stellte sich heraus, dass er ein sehr guter, begabter Geiger war, auch musikalisch, und dass er ganz genau begriffen hatte, worum es mir im Unterricht ging. Er fing also an, mit einem neu gebildeten Ensemble ernsthaft bei mir Unterricht zu nehmen und kam auch häufig um zuzuhören, wenn ich andere Ensembles unterrichtete, und hatte immer die Partitur dabei. Und bei einem solchen Anlass, als ich ein Ensemble kritisierte und fragte, was man als Erstes machen müsse, wenn man anfängt, ein neues Stück zu arbeiten, schaute er mich an und sagte: „Darf ich mal etwas dazu sagen?" und wandte sich zum Quartett: „Habt Ihr eine Partitur von dem Stück?" Und er fing an, die Leute zu unterrichten, ganz in meinem Sinne: Ich brauchte überhaupt nichts mehr zu sagen. Er hatte das ganz genau verstanden und gelernt und wurde zu einem meiner größten Bewunderer, und wir haben uns glänzend verstanden. Er hat dann noch einige Stücke, unter anderem das Lutoslawski-Quartett mit mir gearbeitet und wurde zu einem wirklich beachtenswerten Musiker und Geiger. Er hatte Geigenunterricht bei Jean-Jacques Kantorow, der ihn als Konzertmeister nach Südfrankreich mitgenommen hat. Später ist er als Konzertmeister nach London engagiert worden, und jetzt ist er ein großer Solist und Musiker und dirigiert auch.

RS:
Jetzt dirigiert er das Amsterdam Kamerorkest.

WL:
Daran kann man wieder sehen, dass es entscheidend ist, wie man unterrichtet: bestimmt nicht, indem man einfach alles akzeptiert und immer nur lieb ist. Manchmal ist es besser, den Leuten die Wahrheit zu sagen.

Die Lehrtätigkeit

7.1 Kinderkonzerte

RS:
Ein anderer, zentraler Aspekt der Lehrtätigkeit des LaSalle-Quartetts waren die Kinderkonzerte. Sie haben häufig gesagt, Sie hätten Hunderte von Kinderkonzerten gegeben. Wann haben Sie damit angefangen?

WL:
Das war am Colorado College, sozusagen aus Selbsterhaltungstrieb. Wir haben uns gesagt, dass wir uns ein neues Publikum schaffen müssen. Überall beklagt man sich, dass man junge Leute überhaupt nicht mehr in Konzerten sieht: Was soll denn daraus werden? Dann wird die Musik langsam eingehen! Denn irgendwann ist das die Generation, welche die Musik unterstützen muss, und das kann sie nur, wenn sie sich für die Musik interessiert. Sonst gibt es bald keine Kammermusik mehr, keine Symphonieorchester und keine Oper. Aber Konservatorien gibt es weiterhin jede Menge. Für welches Publikum lernen die Studenten dort denn ihren Beruf? Wir wollten also die Kinder schon möglichst früh für Musik interessieren, und vielleicht würden ein paar von ihnen sogar lernen, ein Instrument zu spielen. Deshalb haben wir in den Schulen Kinderkonzerte veranstaltet, sind in Unterstufenklassen gegangen und haben Sechs- und Siebenjährigen Quartettkonzerte vorgespielt. Sie haben sich im Kreis um uns herum gesetzt, und wir haben ihnen kurze, kontrastierende Stücke demonstriert und ihnen auf verständliche Art erzählt, was darin passiert: Das war sehr erfolgreich, und wir hatten ein wundervolles Verhältnis zu ihnen.

RS:
Diese Kinderkonzerte waren also ursprünglich nur in Colorado Springs?

WL:
Ja, und dann in Boulder und weiteren Städten in Colorado. 1953 erschien sogar ein Artikel im *Time* Magazin, in dem beschrieben wurde, wie das LaSalle-Quartett Kinderkonzerte gibt.[14] Das war eine Riesenwerbung in ganz Amerika über diese Kinderkonzerte. Davon hat „Young Audiences" erfahren, eine nationale Bewegung von Kinderkonzerten in Amerika, die von Mrs. Rosalie Leventritt gerade gegründet worden war[15]. Und in den verschiedenen Städten, wo Gruppen gebildet werden sollten, um „Young Audiences"-Konzerte zu organisieren, hat man uns als Demonstrationsquartett eingeladen. So haben wir in ganz Amerika viele Demonstrationskonzerte für „Young Audiences" gespielt, um diese Idee zu fördern, und haben dadurch natürlich eine ungeheure Erfahrung gesammelt im Spielen für Schulkinder.

RS:
Sind Sie für diese Kinderkonzerte extra hingereist, oder haben Sie sie kombiniert mit Ihren Konzerttourneen?

---

[14] Artikel „Music: Argument for Strings", in: *Time*, 3. August 1953.
[15] Mrs. Rosalie Leventritt war später auch die Gründerin des gleichnamigen Wettbewerbs für junge Musiker in New York.

Kinderkonzerte

Abb. 32: Kinderkonzert mit dem LaSalle-Quartett, Boulder, Colorado 1952

WL:
Soweit wie möglich haben wir sie mit unseren Konzertengagements kombiniert. Auch die Werke, die wir vorspielten, stammten aus unserem Tourneerepertoire. In einem großen Artikel in der *Los Angeles Times* aus der Zeit, als wir schon Quartet in Residence in Cincinnati waren, beschreibt der Journalist die Stücke, die wir in den Kinderkonzerten gespielt haben: Sätze aus Haydn-Quartetten, aus dem Ravel-Quartett, aus dem großen G-Dur-Quartett von Schubert, der „Bärentanz" aus Strawinskys *Drei Stücken für Streichquartett*, oder einige Stücke aus *Mikrokosmos* von Bartók.[17]

In Cincinnati wurden die Kinderkonzerte zu einer riesigen Organisation. Horace Stewart, ein bekannter Kinderarzt, war ein Musikfanatiker. Er hatte keine Praxis und machte nur Hausbesuche, denn er sagte mit Recht, dass sich die Kinder in einer Praxis nur gegenseitig anstecken würden. Er war auch der Kinderarzt von Levines, und als eines der Kinder krank war, hat er die Eltern zum Schlafen geschickt und saß die ganze Nacht da und hat aufgepasst, dass nichts passiert. Er hat nie Rechnungen geschickt: Sie bestanden aus 98 Cents für eine Spritze. Er war eine Stadt-Figur, und die Leute in Cincinnati haben ihn geliebt! Auch wir haben uns mit ihm sehr angefreundet. Und als er gestorben ist, hat man sich

---

[17] Es handelt sich um fünf Stücke aus dem pädagogischen Sammelwerk *Mikrokosmos* für Klavier, die Tibor Serly für Streichquartett arrangiert hat.

Die Lehrtätigkeit

gefragt, was man zu seiner Erinnerung tun könnte, und wir haben vorgeschlagen, eine Organisation „Horace Stewart Children's Concerts Society" zu gründen. So geschah es. Und all diese Damen, die ihm für immer dankbar waren, haben sich zusammengeschlossen und in den Schulen von Cincinnati die Kinderkonzerte organisiert, und die haben wir gespielt, dutzendweise.

RS:
Sie haben auch einmal die schauerliche Geschichte erzählt, dass Sie in den Armenvierteln von New York in Schulen waren ...

WL:
... wo die Schüler ihre Messer abgeben mussten, bevor sie zum Konzert durften und die Schulleiter Angst hatten, dass sie uns die Instrumente zerschlagen würden. Wir hatten uns darauf eingestellt, und durch die Wahl geeigneter Musik und indem wir sie mit Fragen zur aktiven Teilnahme angeregt haben, ist es uns gelungen, sie völlig zu interessieren. Die Lehrer waren absolut fasziniert, denn sie hatten überhaupt noch nie gesehen, wie diese wirklich gefährlichen Burschen bei uns wie verwandelt waren. Die Juilliard School hat mit Absicht auch in solchen Schulen Jugendkonzerte organisiert und finanziert, um zu zeigen, dass man auch dort Musikinteresse wecken kann und dass das für die Jugend sehr wichtig wäre. Heute macht man das auch wieder: Simon Rattle hat in Berlin mit solchen jungen Leuten Strawinsky aufgeführt.

RS:
Haben Sie eigentlich während Ihrer Jugend in Palästina auch schon unterrichtet?

WL:
Ja, als junger Mann habe ich Musikstudenten, die kein Geld hatten und Theorieunterricht haben wollten, unterrichtet, weil mich das interessierte und mir Spaß gemacht hat. Ich habe immer unterrichtet, ich fand es immer faszinierend, und außerdem ist es eine sehr befriedigende Tätigkeit. Ich habe auch während der Studienzeit in New York privat Geigenunterricht gegeben. Geld habe ich dafür nie genommen, auch später nicht.

8
Aufbau des Repertoires und Vorlieben

8.1 Grundlegendes zum Aufbau des Repertoires

ROBERT SPRUYTENBURG:

Als Sie für uns vor einigen Jahren das erste Mal Kassetten mit Live-Aufnahmen des LaSalle-Quartetts der Beethoven-Quartette überspielt haben, war ich sehr erstaunt, dass die Aufnahmen von Opus 18 Nr. 2 und Opus 95 aus dem Jahre 1956, die Aufnahme von Opus 18 Nr.1 von 1958, und die Aufnahme von Opus 18 Nr. 5 von 1962 stammten. Ich habe mich damals gefragt, ob es denn keine jüngeren Aufnahmen von diesen Quartetten gäbe? Dann habe ich mich vor ein paar Jahren bei einigen Rundfunkgesellschaften nach ihren Beständen von Aufnahmen des LaSalle-Quartetts erkundigt, mit demselben Ergebnis: von einigen der frühen Beethoven-Quartette gab es nur alte Aufnahmen. Nachdem Sie 2003 das Archiv des LaSalle-Quartetts der Paul Sacher Stiftung in Basel anvertraut hatten, habe ich unter diesem Aspekt gleich angefangen zu suchen und feststellen müssen, dass es von den frühen Quartetten Opus 18, außer von Opus 18 Nr. 3 und Nr. 6, nach einem gewissen Zeitpunkt tatsächlich keine Aufnahmen aus Colorado Springs und Cincinnati mehr gibt. Andererseits gibt es von den späten Quartetten kaum frühe Aufnahmen. Zudem fällt häufig ein großer zeitlicher Abstand auf zwischen der ersten Einstudierung eines Werkes und der ersten regulären Aufführungsserie: Gerade das Opus 59 Nr. 2 von Beethoven, das Sie ja schon in Palästina unbedingt spielen wollten, haben Sie in der ersten Saison 1949–50 in Colorado nur ein einziges Mal gespielt, dann noch viermal in 1956–57, und wirklich oft haben Sie es eigentlich erst in den 1960er Jahren aufgeführt.

WALTER LEVIN:

Darauf können Sie sich doch leicht einen Reim machen! Offensichtlich hat sich das LaSalle-Quartett die Beethoven-Quartette im Laufe der Jahre erarbeitet. Und nachdem wir sie eine Weile auf Tournee gespielt hatten, wollten wir etwas Neues lernen. Wir haben die Beethoven-Quartette auch nicht in der chronologischen Reihenfolge erarbeitet. Zudem haben wir langsam gelernt: Das ist eine der Erklärungen für unser Repertoire. Das Arditti-Quartett bewundere ich ungeheuer, und seine Fähigkeit, über Nacht ein neues Stück zu lernen, sozusagen bevor es überhaupt geschrieben ist, ist mir absolut unverständlich. Auch in Amerika gibt es heute ein junges Quartett, das Pacifica-Quartett, das alle fünf Quartette von Elliott Carter spielt und aufgenommen hat. Das war nicht unsere Sache: Wir haben sehr schwer an allen Stücken gearbeitet, und es hat lange Zeit gedauert, manchmal länger als wir gedacht haben. Wir haben auch nicht Stücke für alle Zeiten im Repertoire behalten, sondern für Tourneen nur ein sehr beschränktes Repertoire angeboten, etwa zwölf Stücke. Wir haben genaue Programme gemacht und es einem Manager oder einem Veranstalter nie überlassen, selbst ein Programm aus unserem Repertoire zusammenzustellen. Das Amadeus-Quartett hingegen hatte eine Liste von etwa 40 Quartetten, die sie ständig angeboten haben, und daraus konnte der Veranstalter auswählen, was er wollte.

RS:

Während der vier Jahre in Colorado Springs hatten Sie noch relativ viel Zeit Repertoire aufzubauen.

Aufbau des Repertoires und Vorlieben

WL:
Ja, für jedes Konzert am Colorado College haben wir ein neues Repertoire gelernt.

RS:
Wie viele Konzerte hatten Sie damals üblicherweise am Colorado College in einer Saison?

WL:
Am Anfang, als wir in Colorado ganz neu waren, haben wir drei gespielt, aber das hat sich sehr bald auf vier eingependelt, und dabei blieb es während der ganzen Karriere, das heißt auch am College-Conservatory in Cincinnati. Mehr als vier hätten wir neben den Tourneen und dem Unterrichten nicht geschafft. Aber vier Konzerte mit möglichst viel neuem Repertoire: Das waren also pro Saison zwölf Stücke. Am Anfang war ja alles neu für uns und wir mussten das Repertoire zuerst allmählich aufbauen. Das hieß also, dass wir die Stücke, die wir in einer Saison neu gelernt hatten, in der nächsten Saison nicht nochmals gespielt haben, da wir inzwischen schon wieder neue einstudiert hatten. Dann kam noch dazu, dass in den ersten Jahren, bis 1955, die verschiedenen Wechsel am Cello waren: Das hat uns mit dem Repertoire immer wieder zurückgeworfen, denn die neuen Cellisten mussten die Stücke, die wir schon kannten, zuerst einmal lernen.

RS:
Es ist also nicht so, dass sie in Colorado Springs einen Grundstock aufgebaut haben, aus dem Sie nachher schöpfen konnten?

WL:
Nein, das kam erst ganz spät, dass wir aus einem Fundus, der sich inzwischen angesammelt hatte, schöpfen konnten. Dann konnten wir für die Tourneen auch Stücke anbieten, die wir nicht viel zu üben brauchten. So konnten wir auch einige Stücke, die uns besonders lagen und die wir gerne spielten, häufiger spielen. Aber auch dann haben wir immer noch neue Stücke gelernt, zur Verzweiflung meiner Kollegen. Die hatten gar keine Lust mehr, zum Beispiel das Gielen-Quartett zu lernen oder andere Stücke wieder aufzugreifen und aufzuarbeiten, um sie bei der Deutschen Grammophon aufzunehmen. Denn dazu mussten die Quartette, die wir schon kannten, wieder neu gearbeitet und ganz gründlich aufpoliert werden. Die späten Beethoven-Quartette zum Beispiel haben wir alle noch mal gearbeitet und in Konzerten gespielt, bevor wir sie aufgenommen haben. So zum Beispiel auch das Opus 12 von Mendelssohn, das wir schon ganz früh, 1954 gespielt hatten, aber erst wieder ins Repertoire aufgenommen haben, als wir es 1968 zusammen mit seinem Opus 13 aufnehmen wollten.

RS:
Und Alban Bergs *Lyrische Suite*? Das ist auch ein Werk, das zu einem Ihrer Leib- und Magenstücke wurde, aber erst zwölf Jahre nachdem Sie es schon 1950 in Colorado Springs gespielt hatten.

WL:
Die *Lyrische Suite* ist ein äußerst schwieriges Stück, das zu viel Aufwand erfordert, um es immer wieder mit einem neuen Cellisten einzustudieren. Man kann es nicht einfach so

wieder hervorzuzaubern: wir zumindest nicht! Wir waren eben kein begabtes Quartett in dem Sinne, dass wir solche Stücke einfach mit der linken Hand erarbeitet haben. Wir haben an allen Stücken sehr hart gearbeitet, und darum wurden sie mit der Zeit auch besser.

8.2 Joseph Haydn (1732–1809)

RS:
Angesichts der Bedeutung der Werke des 20. Jahrhunderts im Repertoire des LaSalle-Quartetts überrascht es vielleicht, dass Haydn mit über 500 dokumentierten Aufführungen zusammen mit Beethoven, Mozart und Webern mit großem Abstand zu den am häufigsten aufgeführten Komponisten in Ihrem Repertoire gehörte.[1]

WL:
Haydn war für mich ein wichtiger Komponist, schon bevor ich ernsthaft anfing, in Amerika ein professionelles Quartett aufzubauen. Ich hatte auch Haydn-Klaviersonaten gespielt, und es gibt eine Vielzahl von wunderschönen Klavierstücken von Haydn, die, wie so vieles von ihm, vernachlässigt werden. Von Anfang an war mir wichtig, Haydn-Quartette zu spielen. So war das erste Stück auf dem Programm unseres Debütkonzerts in Colorado Springs Haydns Quartett Opus 64 Nr. 6. Haydn hat als Erster die Gleichberechtigung der vier Instrumente im Quartett etabliert. Es handelt sich also nicht mehr um Stücke mit einer Solovioline und Begleitung von drei Instrumenten, sondern alle Instrumente sind in gleicher Weise am musikalischen Geschehen beteiligt: Das ist die berühmte Unterhaltung von vier vernünftigen Leuten, die Goethe beschwört.[2] Die Haydn-Quartette sind zudem unglaublich vielfältig: In jedem hat er sich ein anderes Problem gestellt und es wieder neu gelöst, er wiederholt sich nie. So hat man, wenn man zehn oder 20 Haydn-Quartette gespielt hat, mehr vom grundlegenden Quartettstil gelernt, als wenn man die gesamte darauf folgende Literatur gelernt hätte. Die kann man eigentlich nur lernen auf der Grundlage von Haydns Quartetten, denn er hat alles etabliert, was die anderen Komponisten nach ihm dann ausgeführt haben. Insofern sind die Haydn-Quartette eine absolute Grundlage des Quartettspiels. Wenn ich heute unterrichte, verlange ich denn auch von allen Ensembles, dass sie praktisch in jeder Saison, in der sie mit mir arbeiten, ein neues Haydn-Quartett lernen. Auch wir haben immer wieder neue Haydn-Quartette in unser Repertoire aufgenommen, wegen dieser Vielfalt von musikalischen Problemen, die sich Haydn ganz bewusst gestellt hat, um sie zu lösen.

---

[1] Zur Aufführungsrangliste der Komponisten im Repertoire des LaSalle-Quartetts siehe Anhang Kapitel II.
[2] In einem Brief vom 9. November 1829 schrieb Goethe an seinen Musikfreund Carl Friedrich Zelter in Berlin über Streichquartettdarbietungen: „Diese Art Exhibitionen waren mir von jeher von der Instrumentalmusik das Verständlichste, man hört vier vernünftige Leute sich untereinander unterhalten, glaubt ihren Discursen etwas abzugewinnen und die Eigentümlichkeiten der Instrumente kennen zu lernen." Zitiert nach: Georg Feder, *Haydns Streichquartette – Ein musikalischer Werkführer*, Verlag C. H. Beck, München 1998, S. 8.

RS:
Haydn hat im Ganzen 68 Streichquartette komponiert.[3] Ich nehme an, dass Sie nicht die Absicht hatten, alle zu spielen, sondern dass Sie eine Auswahl getroffen haben.

WL:
Genau. Ich glaube, wir haben etwa 20 Haydn-Quartette gespielt.

RS:
Ja, es sind genau 20.[4] Haben Sie sich bei der Auswahl auf die Peters-Ausgabe mit den „30 berühmten Quartetten" gestützt, die Sie mit 13 Jahren zu Ihrer Einsegnung als Geschenk bekommen hatten?

WL:
Es blieb mir zuerst nicht viel anderes übrig, denn es gab kaum Alternativen.

RS:
Kannten Sie die Haydn-Quartette, die Sie mit dem LaSalle-Quartett gespielt haben, also schon dorther?

WL:
Nicht alle, denn ich habe mir in New York während des Studiums an der Juilliard School bei Frank's Music Shop gleich die anderen, die „nicht-berühmten" Haydn-Quartette besorgt, ebenfalls in der alten Peters-Ausgabe. Die war nie nachgedruckt worden, weil kein Mensch sie gekauft hat. Die späteren, besseren Ausgaben der Haydn-Quartette sind erst in den 1970er Jahren herausgekommen. Leider sind aber die Stimmen in der Doblinger-Ausgabe nicht zu benutzen. Die Partituren sind schon sehr ordentlich, nur wurde dazu leider nie ein kritischer Bericht veröffentlicht. Heute sind auch die Edition Peters und der Henle Verlag dabei, Urtextgesamtausgaben der Haydn-Quartette zu veröffentlichen, wobei ich besonders die neue Ausgabe der Edition Peters ganz hervorragend finde, auch dank der ausgezeichneten kritischen Berichte.

RS:
Aufgrund der Konzertprogramme des LaSalle-Quartetts habe ich eine Aufführungsstatistik erstellt, aus der klar hervorgeht, dass Sie die meisten Haydn-Quartette jeweils in einer einzigen Phase der Karriere gespielt haben: Opus 20 Nr. 2 zum Beispiel in den Jahren 1975–77, Opus 20 Nr. 4 dagegen in den Jahren 1978–82 und Opus 20 Nr. 3 in den Jahren 1982–85. Andere wiederum haben Sie in mehreren Phasen gespielt: Opus 33 Nr. 5 zum Beispiel in der Saison 1957–58 und dann erst wieder 1979–81 oder Opus 50 Nr. 2 in der Saison 1961–63 und dann wieder 1969–72 sowie Opus 76 Nr. 6, das Sie 1963–65 und später nochmals, nämlich 1981–83, gespielt haben.

---

[3] Diese Anzahl setzt sich wie folgt zusammen: zehn „Fürnberg-Quartette" (op. 1 Nr. 0–4 und Nr. 6; op. 2 Nr. 1, Nr. 2, Nr. 4, Nr. 6), Opus 9, 17, 20, 33 (je sechs Quartette), Opus 42 (ein Quartett), Opus 50 (sechs Quartette), Opus 54, 55 (je drei Quartette), Opus 64 (sechs Quartette), Opus 71, 74 (je drei Quartette), Opus 76 (sechs Quartette), Opus 77 (zwei Quartette), Opus 103 (ein unvollständiges Quartett).
[4] Das Repertoire des LaSalle-Quartetts an Haydn-Quartetten ist im Anhang Kapitel I aufgeführt.

WL:
Es hat uns nicht gereizt, immer dasselbe zu spielen. Denn, um die Frische zu halten, muss man sich ein Stück immer wieder vornehmen und arbeiten, sonst wird es zum Routinestück, und dazu waren uns die Haydn-Quartette zu gut. Außerdem wollten wir immer wieder neue lernen, aber auch nicht alle 68, denn so schnell lernten wir nicht. Es gibt Ensembles, die sechs Haydn-Quartette in einer Saison lernen. Ich bewundere das, wenn sie das können: Wir konnten es nicht. Auch haben wir die Haydn-Quartette, die wir erarbeitet hatten, durchaus nicht alle angeboten: wir haben in einer Saison nie 20 Haydn-Quartette gespielt, sondern höchstens zwei oder drei. Zudem haben wir immer gemischte Programme gemacht und nicht in einem Programm drei Haydn-Quartette gespielt,[5] sondern ein Haydn-Quartett, dann ein romantisches Quartett und ein zeitgenössisches Stück. Und um die zeitgenössischen Stücke zu lernen, brauchte es sehr viel Zeit.

RS:
Ja, wenn man sich die Sammlung an Programmen des LaSalle-Quartetts anschaut, ist das ein wunderbarer Leitfaden in Programmgestaltung.

WL:
Die Programme waren immer wieder neu: Bei uns gab es weder in der Programmwahl noch in der Programmzusammenstellung eine Routine. Es gab schon gewisse Schwerpunkte, das heißt wir wollten gemischte, gegensätzliche Programme anbieten: je gegensätzlicher desto besser. Ein typisches LaSalle-Quartett-Programm war: Purcell-Fantasien, Beethovens *Große Fuge*, Pause, erstes Schönberg-Quartett.

RS:
Die Fantasien von Henry Purcell waren bei Ihnen beliebte Einleitungsstücke. Wie sind sie darauf gekommen, sie zu spielen?

WL:
Die Purcell-Fantasien waren auch Teil der Notenbibliothek der Quartettliteratur, die ich zu meiner Einsegnung als Geschenk bekommen hatte. Es sind kurze, im Tempo und Charakter sehr gegensätzliche Stücke, die harmonisch oft überraschend modern klingen. Sie haben uns gereizt, weil sie einerseits kontrapunktisch und dann wieder ganz homophon sind und sehr modern für so alte Musik.

RS:
Am Anfang haben Sie jeweils vier davon gespielt, später nur noch drei.

WL:
Ab einem gewissen Zeitpunkt haben wir uns auf die gleichen drei festgelegt. Vier war ein bisschen viel desselben Stils.

---

[5] Eine Ausnahme bildet das Konzert vom 10. September 1982 in Sydney aus Anlass von Haydns 250. Geburtstag, in dem das LaSalle-Quartett die Quartette Opus 20 Nr. 3, Opus 64 Nr. 1 und Opus 76. Nr. 6 spielte.

RS:
Nochmals zurück zu Haydn: Es gibt ein Haydn-Quartett, dass Sie von Anfang bis Ende der Karriere immer wieder und im Ganzen mit Abstand am häufigsten gespielt haben: das Opus 71 Nr. 2.[6]

WL:
Das war tatsächlich eines unserer Lieblingsquartette.

RS:
Was bei der Auswahl der Haydn-Quartette im Repertoire des LaSalle-Quartetts weiter auffällt, ist, dass Sie sich mit wenigen Ausnahmen ausschließlich auf selten gespielte Stücke konzentriert haben: Wer spielte denn schon in den 1950er Jahren das A-Dur-Quartett Opus 55 Nr. 1 oder in den 1960er Jahren das C-Dur-Quartett Opus 50 Nr. 2 und das d-Moll-Quartett Opus 9 Nr. 4? Auch das C-Dur-Quartett Opus 64 Nr. 1, das Sie 1980 einstudiert haben sowie das Es-Dur-Quartett Opus 76 Nr. 6 gehören zu den selten aufgeführten Werke.

WL:
Das ist richtig: Es war immer unsere Absicht, die Stücke aufzuführen, die alle anderen nicht spielten. Die Spieler heute bevorzugen die Quartette mit einem Namen, wie das „Vogel-Quartett", das „Scherz-Quartett", das „Lerchen-Quartett" und das „Reiter-Quartett", sodass von den 68 Haydn-Quartetten höchstens etwa 20 gespielt werden, immer wieder dieselben, auch junge Quartette wollen immer wieder dieselben Stücke spielen. Wir haben uns dagegen ganz bewusst die Stücke von Haydn ausgesucht, die selten gespielt wurden und die zum Teil von einer phänomenalen Faktur sind. Da sind die allerbesten Streichquartette dabei, die kaum jemand kennt, und dazu gehört zum Beispiel auch das Opus 76 Nr. 6, ein ganz ungewöhnliches Stück, das ganz „regelwidrig" gleich mit einem Variationensatz anfängt. Alle vier Sätze sind in jeder Beziehung ungewöhnlich: Der zweite Satz weist in seinem ersten Teil erstaunlich zukunftsweisend keine Tonartsignatur auf, wie das sonst erst anfangs des 20. Jahrhunderts am Ende der tonalen Musik auftrat. Und der letzte Satz ist von einer solchen rhythmischen Schwierigkeit, dass man selbst als gewiefter Quartettspieler sehr aufpassen muss, nicht aus dem Tritt zu geraten.

8.3 Wolfgang Amadeus Mozart (1756–91)

RS:
Wenn ich meine Aufführungsstatistik aufgrund der Konzertprogramme des LaSalle-Quartetts betrachte, fällt auf, dass Sie auch bei den Mozart-Quartetten eindeutige Präferenzen hatten: Das d-Moll-Quartett KV 421 haben Sie in mehreren Phasen im Verlauf der

---

[6] Von Haydns Quartett Opus 71 Nr. 2 sind von 1957-87 im ganzen 80 Aufführungen durch das LaSalle-Quartett dokumentiert.

Karriere über 100 Mal aufgeführt, dicht gefolgt vom A-Dur-Quartett KV 464 mit 95 Aufführungen. Auch das D-Dur-Quartett KV 499 gehörte mit gut 60 Aufführungen offensichtlich zu Ihren bevorzugten Stücken. Andererseits hat es mich überrascht, dass Sie das G-Dur-Quartett KV 387, das ein sehr polyphones Finale aufweist, relativ selten und praktisch nur Ende der 1960er Jahre gespielt haben. Einen besonders großen Bogen haben Sie aber um das berühmte „Dissonanzen"-Quartett KV 465 gemacht: Davon gibt es sogar nur drei Aufführungen, zwei davon in Cincinnati und eine für den Schwedischen Rundfunk, das heißt, auf Tournee haben Sie es nie gespielt.

WL:
Das G-Dur-Quartett ist ein schönes Stück, ich gebe es gerne zu, aber es hat uns nicht gelegen, auch das „Dissonanzen"-Quartett nicht, damit haben wir große Mühe gehabt. Das d-Moll-Quartett und das A-Dur-Quartett haben wir, wie Sie sagen, sehr oft und sehr gerne gespielt, denn sie lagen uns besonders. Das d-Moll-Quartett gehört für mich zu den emotional reifsten und ausdrucksvollsten von Mozarts letzten zehn Quartetten. Die Tonart d-Moll ist eine ganz besondere bei Mozart. Für ihn bedeutete sie geradezu eine Todestraurigkeit, was man auch am d-Moll-Klavierkonzert und am letzten seiner Werke, dem Requiem, ebenfalls in d-Moll, erkennen kann. Das d-Moll-Quartett hat eine tiefe, ruhige, ausdrucksvolle Traurigkeit, die in allen seinen Sätzen, ob sie nun in Moll oder in Dur sind, zum Ausdruck kommt. Wir haben es besonders deshalb oft gespielt, weil wir fanden, dass es in den gängigen Interpretationen, was die Tempi anbelangt, oft missverstanden wird, einige Sätze werden zu schnell, einige Sätze viel zu langsam gespielt und im ganzen zu kontrastlos und zu undramatisch, obwohl nicht d-Moll, sondern g-Moll die dramatischste der Mozart'schen Tonarten ist. Aber dieses d-Moll-Quartett hat eben alle Charaktere in sich. Und das hat uns gereizt, und es ist uns nie leid geworden. Es ist ein Stück, das wir immer wieder spielen konnten, und das man auch immer wieder hören kann. Aber auch das F-Dur-Quartett KV 590, das Es-Dur-Quartett KV 428 und das B-Dur-Quartett KV 458, das sogenannte „Jagd"-Quartett, haben wir in Phasen immer wieder gerne gespielt. Des D-Dur-Quartetts KV 575 bin ich überdrüssig geworden, nachdem wir es auf der Südasientournee 1956 sehr oft gespielt hatten.

RS:
Das zweite „Preußische Quartett" in B-Dur KV 589 ist in der Aufführungsstatistik ebenfalls auffällig wenig vertreten. Hatte das einen besonderen Grund?

WL:
Allerdings! Es ist ein außerordentlich schweres Stück für das Cello und deswegen nur mit großem Aufwand im Repertoire zu behalten.

RS:
Aber wenn Sie jetzt im Rahmen des Mozart-Zyklus an der Musikhochschule Basel[7] die Quartette unterrichten, merkt man keine Vorlieben: Sie behandeln alle Werke mit dem gleichen liebenden Respekt.

---

[7] Im Wintersemester 2006/07 hat Walter Levin zusammen mit Sebastian Hamann einen Zyklus „Mozart, Schönberg und die Schönbergschule" vorbereitet, in dem Mozarts zehn letzte Streichquartette unterrichtet wurden.

WL:
Ja. Wenn ich ein Stück unterrichte, dann ist es das beste Stück auf der Welt! Sonst soll man es sein lassen. Ich unterrichte keine Stücke, die ich nicht mag oder zu denen ich keine Beziehung habe. Kürzlich habe ich mit einem jungen Quartett verabredet, dass sie ein Mendelssohn-Quartett spielen sollen, entweder ein Opus 44 oder Opus 80, und habe ihnen gesagt, welche Stimmen sie sich besorgen sollen. „Wunderbar, das machen wir!" Vor zwei Tagen bekam ich aber eine E-Mail: „Wir haben uns entschieden: Wir wollen lieber Borodin spielen." Das ist für mich keine Alternative, ich unterrichte Borodin nicht.

RS:
Jetzt müssen Sie aber auch Mozarts „Dissonanzen"-Quartett unterrichten.

WL:
Das mache ich auch ganz gerne.

RS:
Aber spielen?

WL:
Es war nicht mein Lieblingsquartett von Mozart. Es wirkt auf den ersten Blick zu glatt und etwas banal, und das ist es auch bis zu einem gewissen Grad. Aber es ist mehr dahinter als am Anfang scheint, und da muss man zuerst dahinterkommen. Da habe ich auch etwas dazu gelernt. Es gibt jedoch bessere, das heißt kompliziertere Mozart-Quartette: Mich interessiert eine komplizierte Struktur wie beim A-Dur-Quartett, beim d-Moll-Quartett und bei Adagio und Fuge in c-Moll KV 546.[8] Wobei die Einleitung des „Dissonanzen"-Quartetts zum gewagtesten gehört, was Mozart überhaupt je geschrieben hat. Mich interessieren heute auch andere Dinge als damals zur Zeit des LaSalle-Quartetts. Wenn ich heute ein Stück unterrichte, interessiert mich gerade die Herausforderung: „Was ist an diesem Stück, was mir noch entgangen ist?" Mozart hat keine schlechten Quartette geschrieben. So lernt man immer dazu.

RS:
Es ist bekannt, dass Mozart 1782 im Kreis um Baron Gottfried van Swieten vier Fugen aus dem *Wohltemperierten Klavier* von Johann Sebastian Bach für Streichquartett umgesetzt hat: Sie sind im Köchelverzeichnis unter KV 405 aufgeführt. Anfang der 1980er Jahre ist es Ihnen aber gelungen, bisher nicht veröffentliche Präludien zu entdecken, die Mozart zu diesen Fugen komponiert hat. Wie sind Sie darauf gestoßen?

WL:
Das Manuskript von Mozarts Fugentranskriptionen war lange im Besitz des berühmten Cellisten Gregor Piatigorsky in Los Angeles. Dort hat es der Musikwissenschaftler Warren Kirkendale denn auch begutachtet und im *Mozart-Jahrbuch* 1962/63 beschrieben. Zu dem

---

[8] Das LaSalle-Quartett hat Adagio und Fuge KV 546 in der solistischen Besetzung, d. h. Streichquartett und Kontrabass, in zwei Phasen knapp 40 Mal aufgeführt: siehe Anhang Kapitel III.

Artikel hat er zudem eine handschriftliche Kopie der vier Fugen angefertigt. Dann hat die Schweizer Niederlassung des Eulenburg-Verlags Anfang der 1970er Jahre die Stimmen dieser vier Fugentranskriptionen veröffentlicht. Aber sowohl bei Kirkendale als auch bei Eulenburg handelte es sich nur um die Fugen, das heißt, es fehlten die Präludien. Das ist erstaunlich, denn Bach hat zu jeder Fuge ein Präludium komponiert. Es hat sich inzwischen herausgestellt, dass schon Baron van Swieten offenbar im Besitz einer Kopie war, in der die Präludien fehlten. Mozart konnte also nicht wissen, wie die Originalpräludien ausgesehen haben könnten. Da er aber wusste, wahrscheinlich weil es ihm van Swieten gesagt hat, dass es üblicherweise Einleitungen zu den Fugen gab, hat er eben neue komponiert. Das Manuskript ist leider verschollen, und es gibt nur eine Abschrift aus dem Jahre 1796, auf der Mozart als Komponist jedoch nicht aufgeführt ist. Diese Kopie wird von Kirkendale in seinem Artikel erwähnt und befindet sich in der Nationalbibliothek in Wien. Diese Spur haben wir aufgenommen und schließlich, nach einigem Hin und Her, von den Stimmen der vier Präludien einen Mikrofilm bekommen. Aus den Stimmen habe ich eine Partitur zusammengestellt, und dann haben wir die Präludien mit den Fugentranskriptionen aufgeführt[9] und für die Deutsche Grammophon aufgenommen. Ehe wir die Präludien aufgespürt hatten, haben wir lange gezögert, die Fugen auch ohne sie aufzuführen. Ich bin aber der Ansicht, dass man den Fugen damit nicht gerecht wird, denn vier Fugen nacheinander wirken auf die Dauer eintönig. Nicht umsonst hat Bach zu jeder Fuge eine Einleitung in einem völlig anderen, das heißt homophonen Stil geschrieben, damit sich der Hörer nach dem strengen Kontrapunkt der Fugen entspannen kann. Und genau diesen Zweck erfüllen Mozarts Präludien in vollkommener Weise: Es sind wundervolle, sehr kunstvolle und anspruchsvolle langsame Sätze in seinem reifen Stil, die bei aller Komplexität wie die Einfachheit selbst erscheinen, wie so oft bei Mozart.

RS:
Es ist äußerst selten, dass es von einem derart bekannten Komponisten wie Mozart noch unveröffentlichtes Material gibt.

WL:
Allerdings! Aber offenbar hatte sich bisher niemand näher um diese Handschriften in der Nationalbibliothek in Wien gekümmert, wahrscheinlich weil sie Mozarts Namen nicht nennen, und scheinbar hatte sich vor uns auch niemand die Mühe gemacht, Kirkendales Quellenangabe zu verfolgen. Zumindest hat niemand darüber geschrieben, nachdem er die Handschriften gesehen hätte, außer Kirkendale. Es ist mir auch nicht bekannt, ob es vor uns in neuerer Zeit eine Aufführung der Präludien gegeben hat. Jedenfalls war es eine außerordentliche Erfahrung beim Einrichten der Partitur aus den Stimmen vom Mikrofilm, sozusagen unter meinen Augen ein Stück von Mozart entstehen zu sehen. Eine solche Erfahrung war für mich neu und einzigartig, denn wir sind keine Musikwissenschaftler, für die das Entdecken von Musik zum Beruf gehört. Wir haben höchstens hin und wieder zeitgenössische Musik ausgegraben.

---

[9] Die Erstaufführung der Fugen mit den Präludien durch das LaSalle-Quartett fand am 2. September 1984 an der Musikhochschule Basel statt. In der Folge hat das LaSalle-Quartett sie bis zu den letzten Konzerten im Mai 1987 immer wieder gespielt, im Ganzen über 40 Mal.

RS:
Inzwischen bezweifelt die Musikwissenschaft offenbar die Autorschaft Mozarts in Bezug auf die beiden Präludien in E-Dur und D-Dur.

WL:
Ja, denn es fehlt natürlich der letzte Beweis, weil das Autograph von Mozarts Hand fehlt. Aber wenn man die Präludien wie wir oft gespielt hat, verfliegen solche Zweifel vollkommen.

8.4 Ludwig van Beethoven (1770–1827)

RS:
Kommen wir nochmals zum Repertoire der Beethoven-Quartette zurück. Wie eingangs erwähnt[10], war ich, als ich angefangen habe, mich mit dem Repertoire des LaSalle-Quartetts zu befassen, sehr erstaunt, auf welche unerwartete Weise sich die Beethoven-Quartette über die Karriere des LaSalle-Quartetts verteilen. Den vollständigen Überblick bekommt man erst, wenn man nicht, wie ich es anfänglich gemacht habe, nur die Konzertaufnahmen aus Colorado Springs und Cincinnati betrachtet, sondern sämtliche dokumentierten Konzerte. So habe ich aufgrund der Konzertprogramme des LaSalle-Quartetts, wie für alle Komponisten in Ihrem Repertoire, auch für die Beethoven-Quartette Aufführungsstatistiken erstellt. Daraus präzisiert sich einerseits der erste Eindruck, dass Sie die frühen und mittleren Quartette mehrheitlich am Anfang der Karriere und die späten Quartette hauptsächlich in der zweiten Hälfte der Karriere gespielt haben, die Aufführungsstatistik zeigt aber andererseits auch eindeutige Vorlieben auf. Opus 18 Nr. 1 zum Beispiel haben Sie nur zweimal gespielt, 1958, und Opus 18 Nr. 2 auch nur während einer Saison, 1956.

WL:
Opus 18 Nr. 1 hat mich damals nicht besonders interessiert, und Opus 18 Nr. 2 hatten wir auf der Südasientournee im Repertoire. Nachdem wir damit sieben Monate auf Tournee waren, wollte ich dieses Stück, und ein paar weitere auch, nie wieder spielen!

RS:
Auch Opus 18 Nr. 4 haben Sie nur in den Saisons 1961 bis 1963 gespielt, und dann nie wieder.

WL:
Ich betrachte Opus 18 Nr. 4 nicht als eines von Beethovens besten Quartetten, ich finde es teilweise etwas banal, und es fällt gegenüber anderen c-Moll-Stücken Beethovens eindeutig ab. Zudem habe ich das Stück viel zu früh schon in Palästina gespielt, und dabei wurde es

---

[10] Siehe Kapitel 8.1 „Grundlegendes zum Aufbau des Repertoires".

mir verleidet. Man soll Stücke nie zu früh spielen! Aber mit irgendetwas muss man ja anfangen.

RS:
Aber auch Opus 18 Nr. 5 und Nr. 6 haben Sie überraschenderweise nur ganz wenig gespielt, denn das sind doch schöne Stücke!

WL:
Opus 18 Nr. 5 haben wir gleich am Anfang in Cincinnati gespielt und später auch hin und wieder. Ich finde es ein sehr schönes Stück, da stimme ich Ihnen zu. Opus 18 Nr. 6 hingegen ist in jeder Hinsicht ein außerordentlich schwieriges Werk, auch musikalisch, und schwer im Repertoire zu behalten, weil man es immer wieder genau arbeiten muss.[11] Wir haben es aber sehr gerne und, meine ich, auch sehr gut gespielt. Von den Quartetten Opus 18 haben wir Nr. 3 am meisten aufgeführt, denn dieses Stück lag uns besonders gut. Aber ich habe mich nie darum gekümmert, ob wir etwas schon viel gespielt hatten oder nicht. Wir haben das aufgeführt, was uns ins Repertoire und in die Konzertprogramme passte und was wir auf Platte aufnehmen wollten. So kamen die späten Beethoven-Quartette dazu. Aber die Quartette Opus 18 haben wir nicht so oft gespielt, denn es war nie unsere Absicht, eine Gesamtaufnahme sämtlicher Beethoven-Quartette zu machen: Davon gibt es schon genügend.

RS:
Von den mittleren Quartetten haben Sie Opus 59 Nr. 2, das e-Moll Quartett, am häufigsten und über die ganze Karriere gespielt.

WL:
Das e-Moll-Quartett Opus 59 Nr. 2 stand zusammen mit dem Quartett Opus 127 auf dem Programm des französischen Calvet-Quartetts, das in Berlin 1936 einen Beethoven-Zyklus gab, bei dem ich zum ersten Mal ein Berufsquartett gehört habe. Das hat mich damals außerordentlich beeindruckt. Seitdem war ich immer wieder bestrebt, als ich später ein eigenes Quartett hatte, auch schon ganz früh in Palästina, diese beiden Stücke zu spielen. Wie das Calvet-Quartett dieses Stück gespielt hat, kann man sich auch heute noch anhören, denn ihre Aufnahme gibt es immer noch.[12] Wenn ich ihre zwar sehr kultivierte, aber doch sehr gemütliche Art, das Stück zu spielen, heute höre, kann ich mich nur wundern, denn Beethoven hat für seine Quartette bis Opus 95, wie auch für die Symphonien, genaue Metronombezeichnungen vorgeschrieben, und die sind ganz extrem anders als die Tempi, die das Calvet-Quartett gewählt hat. Offenbar hat sich das Calvet-Quartett mit diesen Metronombezeichnungen überhaupt nicht auseinandergesetzt. Das war damals auch durchaus noch nicht üblich. Wenige Dirigenten und wenige Ensembles haben sich um die Beethoven'schen Tempi gekümmert, wir hingegen schon. Durch die Anregung von Arnold Schönberg hatte das mit ihm eng verbundene Kolisch-Quartett als erstes Beethovens Metronombezeichnun-

---

[11] Zu Opus 18 Nr. 6 siehe auch Kapitel 13 „Fragen zur musikalischen Interpretation".
[12] Die Aufnahme des Calvet-Quartetts aus dem Jahre 1938 von Beethovens Quartett Opus 59 Nr. 2 ist bei Teldec Telefunken Legacy erhältlich, kombiniert mit Beethovens Quartett Opus 18 Nr. 5.

gen genau realisiert. Und wir waren diesbezüglich sehr beeinflusst durch den ehemaligen Bratscher des Kolisch-Quartetts, Eugene Lehner, der das Juilliard-Quartett unterrichtet hatte, und das Juilliard-Quartett wiederum hat uns unterrichtet, und daher war es für uns selbstverständlich, die Beethoven'schen Metronombezeichnungen ernst zu nehmen.[13] Und wenn man das macht, dann verändert sich der Charakter eines Stückes radikal. Wenn es uns aufgrund von ganz objektiven Kriterien klar war, dass ein Stück traditionell falsch interpretiert wird, war es uns immer ein Anliegen, dem Werk sozusagen zu seinem Recht zu verhelfen, und Opus 59 Nr. 2 gehört ganz klar zu dieser Kategorie.

RS:
Die beiden anderen Quartette Opus 59 haben Sie vergleichsweise weniger oft gespielt: das F-Dur-Quartett Opus 59 Nr. 1 nur in den Jahren 1959–61, das C-Dur-Quartett Opus 59 Nr. 3 vor allem am Anfang der Karriere. Auch im Falle dieser beiden Stücke werden üblicherweise zu langsame Tempi gewählt: Hatten Sie nicht das Bedürfnis, auch ihnen zu ihrem Recht zu verhelfen?

WL:
Nicht im gleichen Maße wie das doch radikalere e-Moll-Quartett, wobei wir natürlich auch im F-Dur-Quartett und im C-Dur-Quartett Beethovens Metronomangaben respektiert haben. Opus 59 Nr. 3 haben wir, wie Sie sagen, vor allem am Anfang der Karriere häufig gespielt, und die Fuge im Schlusssatz war eines unserer Leib- und Magenstücke: Die haben wir immer auf Tournee gespielt.

RS:
Das stimmt, Sie erzählen oft die Anekdote vom Freiluftkonzert 1954 in Athen.

WL:
Ja, dort wurden mitten in der Fuge die Notenblätter weggeweht, aber wir haben den Satz stoisch auswendig zu Ende gespielt, während das Publikum den Atem anhielt. Und dann, nachdem Evi mich am Hafen von Athen zu ihrem Lieblingsessen eingeladen hatte, wurde es mir so schlecht, dass ich mich hinter den Säulen vom Zappeon verstecken musste, um mich zu übergeben.

EVI LEVIN:
Wunderbare griechische Sachen, in Feigenblätter eingewickelt!

RS:
Von den mittleren Quartetten war Opus 74 offenbar nicht Ihr Lieblingsstück.

WL:
Ich mag das Stück sehr gerne, nur den letzten Satz nicht. Das ist gewiss keiner der großartigsten Variationensätze von Beethoven: Auch der Meister schöpft nicht immer nur aus dem Vollen.

---

[13] Zu Beethovens Metronomangaben und Rudolf Kolischs Untersuchungen zum Tempo bei Beethoven siehe eingehender Kapitel 13 „Fragen zur musikalischen Interpretation".

RS:
Das f-Moll-Quartett Opus 95 ist von den mittleren Quartetten dasjenige, welches Sie mit Abstand am häufigsten gespielt haben: fast 120 dokumentierte Aufführungen über die ganze Karriere verteilt!

WL:
Ja, weil das eines dieser Stücke ist, mit denen man das Publikum schockieren kann.

RS:
Ja, es ist so radikal wie die *Große Fuge* Opus 133.

WL:
Genau. Wie das schon vorher erwähnte Quartett Opus 59 Nr. 2 gehört vor allem auch Opus 95 zu den Stücken, deren landläufige Interpretation wegen zu langsamer Tempi vollkommen falsch ist. Wenn es sich herausgestellt hat, dass ein Stück im Kopf der Leute völlig falsch sitzt, hat uns das immer gereizt. Das war auch Rudolf Kolischs Erfahrung mit Opus 95: „C'est tout trop vite!", haben die Leute gesagt.[14] Man muss sich die üblichen Aufnahmen nur anhören, außer das Busch-Quartett: Die haben in diesem Stück schon in den 1930er Jahren anständige Tempi gespielt.

RS:
Das andere Beethoven-Quartett, das Sie nach dem Konzert des Calvet-Quartetts 1936 in Berlin schon immer spielen wollten, war Opus 127. Das war denn tatsächlich auch das erste der späten Beethoven-Quartette, das Sie einstudiert haben.

WL:
Richtig, das haben wir in Colorado Springs schon 1950, gleich in der ersten Saison, ein paar Mal gespielt, dann aber erst wieder viel später, als wir es 1976 für die Deutsche Grammophon aufnehmen wollten.

RS:
Und Opus 135 ist das andere späte Quartett, das Sie schon in Colorado Springs einstudiert haben. Aber offenbar mochten Sie es nicht besonders, denn Sie haben es 1952 in Colorado Springs nur drei Mal und dann erst 1970 wieder ein einziges Mal gespielt sowie 1976 noch einige Male auf einer Tournee vor der Aufnahme bei der Deutschen Grammophon.

WL:
Opus 135 war ein schwieriger Fall, weil ich zu dem Stück immer ein sehr ambivalentes Verhältnis hatte. Den ersten und den letzten Satz finde ich ziemlich banal.

---

[14] Walter Levin bezieht sich auf die folgende Anekdote von Rudolf Kolisch: „Ich erinnere mich mit Vergnügen eines Vorfalls in Paris, wo nach einer Aufführung von Opus 95, bei der ich die vorgeschriebenen Tempi spielte, ein Professor des Konservatoriums, ein wahrer Gralshüter der Tradition, sich, kaum dass die letzte Note verklungen war, mit dem Schrei ‚Tout ça trop vite!' Luft machte. Das folgende Für und Wider führte zu einem Handgemenge." Rudolf Kolisch, *Tempo und Charakter in Beethovens Musik*, Musik-Konzepte 76/77, edition text + kritik, München 1992, S. 11.

Aufbau des Repertoires und Vorlieben

RS:
Der letzte Satz wirkt wie ein Kinderlied.

WL:
Beide Sätze sind wie ein Kinderlied-Potpourri, während die Mittelsätze, das Scherzo und der langsame Satz, beide großartig sind. Das wusste Toscanini auch.

RS:
Ja, denn genau die beiden Sätze hat er in einer Fassung für Streichorchester dirigiert, die anderen nicht.

WL:
Selbstverständlich, er wusste, was gut ist! Durch seine Aufnahme dieser beiden Sätze mit den Streichern des NBC-Orchesters habe ich übrigens Beethovens Opus 135 überhaupt zum ersten Mal kennengelernt.

RS:
Beethovens Quartett Opus 130 haben Sie anfänglich, 1959, mit dem Alternativ-Finale gespielt und erst nach einer langen Pause, ab 1969 mit der *Großen Fuge*. Was hat zu dieser Wende geführt?

WL:
Wir mussten die *Große Fuge* erst einmal lernen! Es war uns einfach zu schwer, alle Sätze auf einmal zu lernen, denn die *Große Fuge* zu lernen, ist eine selbstständige Arbeit.

RS:
Die *Große Fuge* ist mit knapp 150 dokumentierten Aufführungen eines der Werke in Ihrem Repertoire, die Sie überhaupt am häufigsten gespielt haben.[15]

WL:
Ja, das Stück ist derart radikal und visionär und stellt solche Ansprüche an die Interpretation, dass es uns besonders lag. Strawinsky hat anlässlich seines 80. Geburtstags von der *Großen Fuge* sinngemäß gesagt: „Es ist das absolut Zeitgenössischste aller Stücke, die ich kenne, und bleibt für immer zeitgenössisch. Kaum von ihrem Alter gezeichnet, ist die Große Fuge im Rhythmischen allein subtiler als alle Musik meines eigenen Jahrhunderts."

RS:
Ähnliches gilt auch für das a-Moll-Quartett Opus 132, das Sie ab 1963 und bis zum Schluss in Phasen sehr oft gespielt haben sowie auch für das cis-Moll-Quartett Opus 131, das ab 1964 im Repertoire erscheint.[16]

---

[15] Häufiger als Beethovens *Große Fuge* Opus 133 hat das LaSalle-Quartett nur Weberns *Bagatellen* Opus 9 (243 dokumentierte Aufführungen) und das Quartett von Ravel gespielt (199 dokumentierte Aufführungen).

[16] Vom Quartett Opus 132 sind knapp 75 Aufführungen dokumentiert, vom Quartett Opus 131 knapp 60: siehe auch die Aufführungsstatistik im Anhang Kapitel III.

WL:
Opus 132 war eines unserer Lieblingsquartette, und beide, auch Opus 131, sind äußerst komplizierte Stücke, die höchste Anforderungen an die Interpretation stellen. Durch ihre strukturelle und zum Teil auch rhythmische Komplexität sind sie auf eine Art verwandt mit Bartóks Streichquartetten sowie mit einigen der zeitgenössischen Stücke, die wir gespielt haben. Die Auseinandersetzung mit den Werken des 20. Jahrhunderts hat denn auch sehr fruchtbar auf unsere Interpretation der letzten Beethoven-Quartette zurückgewirkt, insbesondere durch die gezielte Verwendung von Klangfarben zur Verbesserung der Durchhörbarkeit komplexer Texturen.[17]

RS:
Ein für das Repertoire des LaSalle-Quartetts typisches Ausnahmewerk ist Beethovens Transkription für Streichquartett seiner Klaviersonate Opus 14 Nr. 1, die Sie 1957 ins Repertoire aufgenommen haben, nachdem es Ihnen nach vielen Umtrieben gelungen war, ausgerechnet in Cincinnati die Partitur und die Stimmen aufzutreiben.[18] Dieses Werk wird meist immer noch nicht zum Kanon der Streichquartette Beethovens gerechnet und wird auch in den meisten Monografien über Beethovens Quartette nicht einmal erwähnt.

WL:
Gerade deshalb hat es uns auch interessiert! Es ist ein sehr schönes Stück und sozusagen als zusätzliches Beethoven-Quartett ein echtes Geschenk. Zudem ist es faszinierend zu sehen, wie der Meister persönlich eine Klaviersonate für Streichquartett umsetzt, denn er hat nicht einfach den Klaviersatz auf die vier Stimmen eines Streichquartetts verteilt, sondern teilweise aus der Sicht eines Streichquartetts neu komponiert. Transkriptionen jeder Art waren damals sehr in Mode, und Beethoven hat mit diesem Stück zeigen wollen, wie ein wahrer Schöpfer das macht.[19] Der Vergleich der beiden Fassungen bietet auch eine seltene Gelegenheit, die Entwicklung eines Komponisten in nur drei Jahren zu verfolgen, und zeigt unter anderem eine deutliche Intensivierung des Ausdrucks. Kein Wunder, denn seit der Komposition der Klaviersonate in 1799 hatte Beethoven inzwischen die sechs Streichquartette Opus 18, das Septett Opus 20, die Erste Symphonie Opus 21 und die ersten beiden Klavierkonzerte komponiert. In 1802 war er ein völlig anderer Komponist als drei Jahre zuvor. Wie wir schon gesehen haben, war die erste wesentliche Änderung, die Beethoven in der Quartettfassung vornahm, die Transposition von E-Dur, der Tonart der Klaviersonate,

---

[17] Die ursprüngliche Aufnahme bei der Deutschen Grammophon von Beethovens fünf letzten Streichquartetten durch das LaSalle-Quartett ist bei Brilliant Classics wieder erhältlich: Katalognummer 94064.
[18] Siehe dazu Kapitel 3, „Die Geschichte des LaSalle-Quartetts", Unterkapitel „Cincinnati".
[19] In einem Brief vom 13. Juli 1802 an Breitkopf und Härtel schreibt Beethoven: „Die unnatürliche Wut, die man hat, sogar Klaviersachen auf Geigeninstrumente überpflanzen zu wollen, Instrumente, die so einander in allem entgegengesetzt sind, möchte wohl aufhören können. Ich behaupte fest, nur Mozart könnte sich selbst vom Klavier auf andere Instrumente übersetzen, sowie Haydn auch; und ohne mich an beide große Männer anschließen zu wollen, behaupte ich es von meinen Klaviersonaten auch. Da nicht allein ganze Stellen gänzlich wegbleiben und umgeändert werden müssen, so muss man noch hinzutun, und hier steckt der missliche Stein des Anstoßes, den nur zu überwinden man entweder selbst der Meister sein muss oder wenigstens dieselbe Gewandtheit und Erfindung haben muss. Ich habe eine einzige Sonate von mir in ein Streichquartett für Geigeninstrumente verwandelt, worum man mich so sehr bat, und ich weiß gewiss, das macht mir so leicht nicht ein anderer nach." Zitiert nach dem Vorwort von Wilhelm Altmann zur Taschenpartitur Edition Eulenburg Nr. 297 (1910).

nach F-Dur.[20] Die Quartett-Fassung zeichnet sich außerdem durch eine enorme Erweiterung der Dynamikwechsel aus. Am häufigsten, im ganzen 18 Mal, hat Beethoven die Bezeichnung „Sforzato" hinzugefügt, den für ihn so typischen Lautstärkeakzent auf einem Ton oder Akkord. Zudem nutzt er ständig die Möglichkeit der Streichinstrumente, auf lang gehaltenen Noten Crescendi zu machen, während auf dem Klavier lang gehaltene Noten bekanntlich unvermeidlich verklingen. An 13 Stellen der Quartettfassung hat er solche Crescendi hinzugefügt, an neun Stellen unmittelbar gefolgt von einem Piano: auch dies eine typische Vorschrift für die mittleren Jahre Beethovens. Dann hat er rhythmisch prägnantere Gegenstimmen eingefügt, einige pianistische Begleitfiguren verwandelt, die für die Streicher ungünstig liegen und in der Coda des ersten Satzes eine Geigenstimme hinzukomponiert. In der Eulenburg-Taschenpartitur sind beide Fassungen übereinander abgedruckt, sodass man die Unterschiede schön verfolgen kann.[21] Wir haben die Streichquartettfassung und die Originalfassung für Klavier denn auch mit Stefan Litwin einige Male im selben Konzert aufgeführt und die Unterschiede in einem Lecture-Recital mit Beispielen demonstriert.[22] Beide Fassungen haben wir mit ihm auch für die Deutsche Grammophon aufgenommen.

8.5 Tschechische und russische Komponisten

RS:
Stammten die Vorschläge für das Repertoire meistens von Ihnen?

WL:
Ja, die kamen meistens von mir: Die ganze Richtung des Quartetts kam wohl von mir. Ich habe es ja auch gegründet.

RS:
Oder muss man es differenzieren und sagen, dass die Vorschläge für zeitgenössische Werke von Ihnen kamen und die Vorschläge für Werke aus dem klassisch-romantischen Repertoire von den anderen Mitgliedern?

WL:
Nein, auch da war die Ausrichtung des Quartetts weitgehend von mir bestimmt. Auch das, was wir nicht spielten, hatte mit meinen Abneigungen zu tun. Warum haben wir so wenig Dvořák gespielt, und Tschaikowsky gar nicht?

RS:
War dann Smetana eine Konzession?

---

[20] Zur Begründung dieser Transposition siehe den Abschnitt über James Levine in Kapitel 7.
[21] Edition Eulenburg Nr. 297. Die Klavierfassung ist leider durch eine Vielzahl fehlerhafter Bögen und dynamischer Bezeichnungen verfälscht.
[22] Zu diesem Lecture-Recital und einer Live-Aufführung beider Fassungen des 1. Satzes siehe auch die CD-Beilage.

WL:
Nein, da muss ich entschieden widersprechen! Ich bin nach wie vor ein großer Liebhaber von Smetanas Musik. Ich finde seine Oper *Die Verkaufte Braut* wunderbar: Ich habe sie 1936 als meine zweite Oper in der Staatsoper in Berlin unter Leo Blech gehört. Ich kann Ihnen heute noch die Besetzung sagen. Smetanas erstes Quartett *Aus meinem Leben* haben wir ziemlich oft und auch mit großer Begeisterung gespielt: ein sehr gutes Stück. Leider sind wir nicht dazu gekommen, das zweite Quartett zu spielen, das Schönberg als das bessere bezeichnet hat. Das möchte ich immer noch einem meiner jungen Quartette einreden. Wir haben auch das „Amerikanische" Quartett von Dvořák gespielt, einmal in Richmond, Virginia, einmal in Nazareth, Kentucky, und einmal in Cincinnati und dann nie wieder! Kennen Sie die Aufnahme davon?[23]

RS:
Ja, die ist absolut begeisternd. Sie spielen es auch völlig anders als man es gemeinhin hört: äußerst energisch und mit einem unglaublichen rhythmischen Elan.

WL:
Ja, ich finde die Aufnahme sehr gut. Aber mir genügte es, wenn man ein Stück so gelernt hat, dass man ihm Gerechtigkeit hat widerfahren lassen, dann war für mich der Fall erledigt. Denn es gab Wichtigeres, nämlich sich für Musik einzusetzen, die von mindestens ebenbürtigem Rang ist, und um die sich überhaupt niemand kümmert. Mir war immer wichtig, Stücke zu spielen, die nicht so berühmt waren: zum Beispiel das große d-Moll-Quartett von Hugo Wolf.

8.6 Hugo Wolf (1860–1903)

RS:
Wie sind Sie auf Hugo Wolfs d-Moll-Quartett gestoßen?[24]

WL:
Ich bin darauf gekommen durch eine Plattenaufnahme vom New Music Quartet mit Claus Adam als Cellist[25], die es bei Columbia aufgenommen hatten: eine ausgezeichnete Aufnahme. Das New Music Quartet hat überhaupt fabelhafte Plattenaufnahmen gemacht: Beethoven Opus 59 Nr. 3 und das dritte Bartók-Quartett zum Beispiel. Die Aufnahme von Hugo Wolfs d-Moll-Quartett habe ich in Akron bei unserem Freund Samuel Rosenfeld gehört,

---

[23] Walter Levin nimmt Bezug auf den Mitschnitt des Konzerts vom 12.2.1957 in Cincinnati, dokumentiert auf CD Nr. 20 in der Sammlung LaSalle-Quartett in der Paul Sacher Stiftung in Basel.
[24] Hugo Wolf (1860–1903) hat die drei ersten Sätze seines d-Moll Quartetts 1878–80 komponiert, den vierten Satz in 1884. Das Werk wurde im Februar 1903, kurz vor Hugo Wolfs Tod, in Wien durch Karl Prill und sein Quartett uraufgeführt.
[25] Das New Music Quartet wurde 1948 von Claus Adam gegründet. Claus Adam hatte mit Emanuel Feuermann Cello und mit Stefan Wolpe Komposition studiert. 1955–74 war Claus Adam Cellist im Juilliard-Quartett.

dessen Frau dort die Kinderkonzerte veranstaltet hat. Er war ein fanatischer Quartettmusikliebhaber und hatte eine riesige Plattensammlung: so auch das d-Moll-Quartett von Hugo Wolf, das ich noch nie gehört hatte. Das New Music Quartet hat aber noch aus der alten Peters-Ausgabe gespielt, die nicht mit der Original-Ausgabe von Hugo Wolf übereinstimmt, denn Joseph Hellmesberger hatte das Quartett 1903 nach den Stimmen herausgegeben, jedoch teilweise abgeändert. Das war die Ausgabe, die man bis zu der Zeit hatte. Nachdem aber 1955 das verlorenen geglaubte Autograph wieder aufgefunden worden war,[26] hat die Internationale Hugo-Wolf-Gesellschaft in Wien eine Neuausgabe publiziert, nach der wir es dann zuerst nur aus Interesse studiert haben. Aber als der Vertrag mit der Deutschen Grammophon kam, haben wir es gleich vorgeschlagen als eines der Werke, die man aufnehmen sollte.

RS:
Das war ja sehr bezeichnend für Ihre ganze Zusammenarbeit mit der Deutschen Grammophon, dass Sie gleich als Erstes ein Stück vorgeschlagen haben, das so weit abseits der ausgetretenen Pfade liegt.

WL:
Ja, sicher, die waren immer wieder wie vom Donner gerührt bei der Deutschen Grammophon. Aber das d-Moll-Quartett von Hugo Wolf ist nun wirklich ein erstaunlich reifes Stück von größter Intensität: Man würde dahinter nie einen kaum 20-jährigen Komponisten vermuten. Ganz offensichtlich hatte er sich mit den späten Beethoven-Quartetten auseinandergesetzt, und das Scherzo erinnert mit seinen vielen gegen den Takt gesetzten Akzenten an den dritten Satz von Beethovens f-Moll-Quartett Opus 95.

8.7 Gaetano Donizetti (1797–1848)

RS:
Ein weiterer Quartettkomponist, den Sie ausgegraben haben, ist Gaetano Donizetti, der zwischen 1817 und 1836 18 Streichquartette komponiert hat, wovon das LaSalle-Quartett das fünfte in e-Moll von 1818 einige Male aufgeführt hat. Woher hatten Sie Kenntnis der Quartette von Donizetti?

WL:
Ich habe mich immer für abwegige Werke interessiert und irgendwann herausgefunden, ich weiß aber nicht mehr wie, dass es von Francisco Prati, einem Industriellen italienischen Ursprungs in Buenos Aires, eine Gesamtausgabe der 18 Quartette gab,[27] nur konnte ich sie nirgends finden. Wie immer in solchen Fällen haben wir auf unseren Tourneen in den Mu-

---

[26] Das Autograph von Hugo Wolfs d-Moll-Quartett wurde 1955 von der Österreichischen Nationalbibliothek erworben.
[27] Gaetano Donizetti: *Diciotto Quartetti*, a cura dell'Istituto Italiano per la Storia della Musica. Francisco Prati, Roma – Buenos Aires 1948.

sikalienhandlungen aller großen Städte nachgeforscht, aber vergeblich. Aber nach vielen Jahren, eines Tages im Frühjahr 1972, kam aus heiterem Himmel ein Paket aus der Schweiz: Das war die gesuchte Gesamtausgabe von Francisco Prati! Einer der vielen Musikalienhändler hatte sie also tatsächlich auftreiben können und sich an das LaSalle-Quartett erinnert. Dann haben wir natürlich sofort eines davon, eben das fünfte Quartett, einstudiert und in der nächsten Saison aufgeführt.

8.8 Giuseppe Verdi (1813–1901)

RS:
Sie haben auch das Quartett von Giuseppe Verdi recht oft und sehr gerne gespielt, und zwar schon sehr früh, in 1953, und dann Mitte der 1970er Jahre wieder. Woher kannten Sie es? War es auch Teil der Peters-Notensammlung, die Sie zu Ihrer Einsegnung bekommen hatten?

WL:
Nein, aber ich war schon lange ein Verdi-Fan und habe mich dafür interessiert, was Verdi neben seinen Opern gemacht hat. Als er Ende 1872 für die Proben von *Aida* in Neapel weilte, musste die Arbeit wegen Krankheit der Hauptdarstellerin unterbrochen werden. Und so hat er in drei Wochen dieses Quartett komponiert, sozusagen als Entspannung, was sonst bei Komponisten von Streichquartetten eher selten vorkommt. Also habe ich mir gesagt: „Das möchte ich doch mal hören!"

RS:
Wurde es damals schon von anderen Quartetten gespielt?

WL:
Doch, es gab damals schon einige Quartette, die es gespielt haben, zum Beispiel das Quartetto Italiano, aber ich glaube nicht, dass ich es gehört habe, bevor wir es selbst gespielt haben. Es gab wahrscheinlich sogar schon Aufnahmen davon. Aber ich habe mir Stücke, die ich noch nicht kannte, nie sonderlich gerne auf Platten angehört, denn, wenn die Aufnahmen von einem Stück so sind wie die Aufnahmen von Beethoven-Quartetten, die ich gehört hatte, dann hätte ich auch Beethoven nie spielen mögen. Aber ich habe mir die Partitur gekauft, eine alte Eulenburg-Partitur, die ich heute noch habe. Inzwischen habe ich auch die Original-Ricordi-Partitur, aber jetzt soll nächstens von der Verdi-Gesellschaft eine neue Urtextausgabe erscheinen: Ich kann es kaum erwarten! Aber ich muss Ihnen noch etwas vorspielen. Als ich einmal in der Paul-Hindemith-Stiftung in Blonay Quartett unterrichtet habe, war ich im Wohnhaus von Hindemith, und da gab es die Platten mit dem Amar-Quartett, in dem er die Bratsche spielte. Von einigen dieser Aufnahmen habe ich mir Kopien gemacht, so auch vom letzten Satz des Verdi-Quartetts. Nun gibt es von Verdi für jeden Satz eine Metronomangabe, aber wie das Amar-Quartett diesen letzten Satz spielt, ist nicht zu glauben: viel zu schnell! Das klingt wie elektronische Musik, rückwärts ge-

spielt!²⁸ Im Zusammenhang mit dem Verdi-Quartett hatten wir übrigens einmal eine merkwürdige Erfahrung mit Eduard Steuermann. Als wir 1954 nach dem IGNM-Fest in Israel mit ihm von Salzburg nach Mondsee fuhren, sagte er mir, nachdem das Quartetto Italiano gerade das Verdi-Quartett gespielt hatte, er fände das oberflächliche Musik, die nicht ernst zu nehmen wäre. Erstaunlich, das finde ich überhaupt nicht. Die Musiker im Schönberg-Kreis mochten eigentlich auch die Verdi-Opern nicht.²⁹

RS:
Es war offenbar geplant, im Dezember 1974 bei der Deutschen Grammophon eine Aufnahme des Verdi-Quartetts und des fünften Quartetts von Donizetti zu machen.

WL:
Ja, die ist aber leider abgesagt worden, weil ich eine Nagelbettinfektion hatte. Aber trotz meines verbundenen Fingers haben wir vor diesem Aufnahmetermin noch in Frankfurt ein Konzert mit den Quartetten von Verdi und Kagel gespielt und anschließend in Bonn ein Lecture-Recital gemacht über das vierte Schönberg-Quartett und Beethoven Opus 132. Dann musste ich aber sofort zurück nach Frankfurt ins Universitätsspital, um die Vereiterung nach allen Regeln der Kunst aufschneiden zu lassen, denn ich riskierte sonst eine Blutvergiftung. Und Geige spielen war natürlich strikt verboten.

RS:
Konnten solche Aufnahmen nicht später nochmals nachgeholt werden?

WL:
Wir hatten es da auf Tournee gerade viel gespielt, auch im Hinblick auf die Aufnahme. Nachher hatten wir schon wieder anderes geplant, und um dann nochmal das Verdi-Quartett so zu arbeiten, wie wir das für eine Aufnahme gewohnt waren, fehlte einfach die Zeit.³⁰

RS:
Schade!

WL:
Sicher ist es schade, das finde ich auch. Es ist ungefähr das einzige, was mir sehr am Herzen lag, nebst ein paar Mozart-Quartetten, was wir nicht aufgenommen haben. Wir wollten auch mit James Levine das Klavierquintett von Brahms aufnehmen, dann hatte aber er keine Zeit.

---

[28] Verdis Metronomangabe für den letzten Satz ist Halbe = 100. Das Amar-Quartett spielt Halbe = 126.
[29] Schönberg selbst hielt Verdis letzte Oper *Falstaff* für „die Art von Zeugs, die ein altersschwacher Mann eben noch schreiben könne" (Erinnerung von Edward J. Dent, zitiert aus William Glock, „Schnabel und Berlin", in: *Artur Schnabel – Musiker/Musician, 1882–1951*, Katalog zur Ausstellung in der Akademie der Künste Berlin 2001, Wolke Verlag, Hofheim 2001, S. 29).
[30] Wenn man sich die konsequent durchstrukturierte, chronologische Liste der Aufnahmen bei der Deutschen Grammophon im Anhang Kapitel V, vor Augen führt, wird einem klar, dass abgesagte Aufnahmesitzungen tatsächlich kaum je noch nachgeholt werden konnten.

8.9 Claude Debussy (1862–1918) und Maurice Ravel (1875–1937)

RS:

Aus der französischen Quartettliteratur haben Sie einzig das Quartett von Debussy und dasjenige von Ravel gespielt. Wie bei den meisten Ensembles sind beide auch beim LaSalle-Quartett auf einer Platte vereinigt.[31] Daraus würde man aber nicht schließen, dass sich dahinter ganz unterschiedliche Vorlieben verbergen: Das Quartett von Ravel ist das Werk in Ihrem Repertoire, das Sie nach den *Bagatellen* Opus 9 von Webern überhaupt am meisten gespielt haben, denn es gibt davon gleichmäßig über die ganze Karriere verteilt knapp 200 dokumentierte Aufführungen. Das Debussy-Quartett haben Sie ab 1955 hingegen in zwei Phasen gesamthaft nur gut 20 mal aufgeführt, und nach 1972 nie wieder.

WL:

Das Quartett von Ravel war für uns ein Repertoirestück: Das konnten wir sozusagen im Schlaf spielen. Es ist auch weitaus leichter als das Quartett von Debussy, das ein sehr schweres Stück ist, an dem man immer wieder hart arbeiten muss. Man könnte es wahrscheinlich auch zum Repertoirestück machen, dazu ist es bei uns aber nie gekommen. So begeisterte Spieler von den französischen Impressionisten waren wir nicht. Wir haben ja auch weder Gabriel Fauré noch César Franck gespielt. Französische Literatur hat uns nicht so wahnsinnig interessiert – obschon ich das Debussy-Quartett für ein hervorragendes Stück halte. Aber auch das ist nicht ganz mein Fall. Das Ravel-Quartett haben wir sozusagen aus Selbstverteidigung gespielt: Damit war das Kapitel französische Quartettliteratur befriedigt, ohne dass wir uns jegliche Arbeit machen mussten, denn das Ravel-Quartett konnten wir einfach.

8.10 Robert Schumann (1810–56), Johannes Brahms (1833–97), Felix Mendelssohn (1809–47)

RS:

Sie haben im Verlaufe unserer Gespräche die Anekdote von der Aufnahme des F-Dur-Quartetts Opus 41 Nr. 2 von Schumann bei Radio Zürich erzählt.[32] Dieses Stück haben Sie in zwei Phasen recht oft gespielt, dazwischen auch ein paar Mal das A-Dur-Quartett Opus 41 Nr. 3, aber das erste, Opus 41 Nr. 1, gar nicht. Also auch hier eine ausgeprägte Vorliebe.

---

[31] Die Aufnahme mit den Quartetten von Debussy und Ravel ist momentan nicht erhältlich.
[32] Zu dieser Anekdote siehe Kapitel 6 „Schallplattenfirmen".

WL:
Das F-Dur-Quartett mag ich sehr gerne und finde es ein sehr gutes Stück. Aber ich bin nicht so ein Schumann-Fanatiker, muss ich ganz ehrlich sagen. Wenn ich die Wahl habe, Brahms zu spielen, spiele ich lieber Brahms als Schumann, oder auch hier und da mal Mendelssohn. Ich fand auch die Mendelssohn-Quartette sehr gute Stücke. Schade dass wir das e-Moll-Quartett Opus 44 Nr. 2 nie gespielt haben. Aber immerhin, die beiden Jugendquartette, dasjenige in Es-Dur Opus 12 und das a-Moll-Quartett Opus 13, haben wir recht oft gespielt.

RS:
Das Brahms-Quartett Opus 67 war, glaube ich, für Sie ein richtiges Repertoirestück.

WL:
Ja, das ist ein Stück, das mich von Anfang an angezogen hat und das wir ganz früh, schon in Colorado Springs gelernt haben.[33] Ich fand es immer ein besonders gutes Stück und interessanter als die beiden anderen Quartette, obschon auch die sehr gut sind.

RS:
Das Quartett Opus 67 haben Sie denn auch viel häufiger gespielt als die beiden anderen.[34] Von Schumann haben Sie sonst noch gerne das Klavierquintett Opus 44 gespielt, wobei Sie von diesem Werk in Abweichung von der üblichen Interpretation eine äußerst energische Auffassung haben.

WL:
Allerdings! Deswegen konnten wir es auch nur mit James Levine aufführen, denn er war mein Schüler, und mit ihm konnte ich es so arbeiten, wie ich es haben wollte. Wir haben es ein paar Mal versucht, mit jemand anderem zu spielen. Einmal mit Richard Goode, der ein berühmter Pianist geworden ist, aber nicht mein Typ. Und dann haben wir es mit Pierre Barbizet gespielt, dem Begleiter von Christian Ferras, sowie mit Michel Béroff. Und auch mit John Browning in New York. Aber bei solchen Anlässen hat sich gezeigt, dass es eigentlich unmöglich war, mit dem LaSalle-Quartett als fünftes Mitglied zu spielen. Das ging mit James Levine und mit Lynn Harrell für das Streichquintett von Schubert. Es waren nur wenige Leute, die wir akzeptiert haben und mit denen wir arbeiten konnten. Nun war John Browning ein Liebling in New York, der dort viele Konzerte gegeben hat, und das Management von Columbia Concerts wollte unbedingt, dass wir das Schumann-Quintett mit ihm in New York spielen. Wir trafen uns also zur Probe in seiner Riesenwohnung mit lauter Papageien und exotischen Pflanzen, zwei Bösendörfern und einem Steinway. Und er fing mit dem ersten Satz an, im „Uraufführungstempo", wie Schönberg gesagt hätte. Da hat mein Cellist aber schon aufgehört zu spielen, dann auch die anderen. Browning guckte sich ganz verstört um: „Was ist denn los?" „Spielen Sie das Stück etwa zum ersten Mal?"

---

[33] Die erste Aufführung von Brahms' Quartett Opus 67 durch das LaSalle-Quartett fand am 14. November 1951 in Albuquerque, New Mexico, statt, die letzte am 28. Oktober 1986 in Cincinnati.

[34] Von Brahms' Quartett Opus 67 gibt es über die ganze Karriere verteilt 98 dokumentierte Aufführungen durch das LaSalle-Quartett, gegen 23 von Opus 51 Nr. 1 und 42 von Opus 51 Nr. 2.

Abb.33: Das LaSalle-Quartett mit James Levine, Schumann Klavierquintett, Cincinnati September 1980

„Nein", sagte er, „ich habe das schon oft gespielt, auch mit dem Guarneri-Quartett." „Wir verstehen unter dem Schumann-Quintett aber etwas ganz anderes: Das Tempo ist viel zu langsam." „Ach, wollen Sie es schneller?" Und er fing wieder an, im gleichen Tempo wie vorhin. Dann wurde einer meiner Kollegen ungeduldig: „So geht das nicht. Das ist uns zu windelweich, wie Sie spielen. Wir spielen es so!" „Aber das ist ja unmöglich! So kann man doch nicht Schumann spielen", sagte der junge Mann, „Lassen Sie mich Ihnen doch mal vorspielen, wie es mir vorschwebt." Nachdem wir uns das angehört hatten, habe ich zu ihm gesagt: „Wenn Sie es so spielen wollen, dann haben Sie mit uns das falsche Quartett." Da war aber mein Cellist schon am Packen des Cellos. Ich brauchte gar nichts mehr zu sagen, es war hoffnungslos: Wir sind einfach weggegangen. Damit war unsere Reputation in der Chamber Music Society of Lincoln Center natürlich erledigt. Die spielten Kammermusik, so wie man eben Kammermusik spielt, auf gehobenem technischen Niveau. Das hatte aber überhaupt nichts mit dem zu tun, was wir uns darunter vorstellten. Deswegen haben wir nie Quintette gespielt: Das hatte keinen Sinn. So viel Arbeit wollte sich niemand machen, und wir wollten nicht so spielen, wie die spielen.

8.11 Louis Spohr (1784–1859)

RS:
Ein anderes ausgefallenes Stück, das Sie aufgeführt haben, ist das Konzert für Streichquartett von Louis Spohr.

WL:
Ja, das aufzuführen war außerordentlich aufwendig.

RS:
Wie sind Sie darauf gekommen, und was war der Anlass, es überhaupt aufzugreifen?

WL:
Ich weiß es nicht mehr genau, aber ich nehme an, dass Max Rudolf, der damals Dirigent des Cincinnati Symphony Orchestra war, uns angesprochen hat, ob wir nicht nach all den Jahren, die das LaSalle-Quartett in Cincinnati etabliert war, ein Konzert für Streichquartett und Orchester spielen würden. Und so haben wir uns überlegt, welche Möglichkeiten es denn wohl gäbe. Das Konzert für Streichquartett von Schönberg hatten wir noch nicht studiert, und das ist so außerordentlich schwer, dass es zu jenem Zeitpunkt nicht in Frage kam. Dann ist mir das Konzert von Spohr eingefallen, das ich zwar noch nicht kannte, aber Spohr ist ein guter Komponist, der sein Metier kannte, und das Violinkonzert Nr. 8 „In Form einer Gesangsszene" habe ich selbst oft gespielt und auch meinen Schülern immer beigebracht.[35] Zudem kannte ich seine Streichquartette im konzertanten Stil. Denn Spohr ist als fahrender Virtuose von Stadt zu Stadt gereist und hat sich dort jeweils drei Leute ausgesucht, um mit seinen Werken Quartettabende zu veranstalten. Das waren sozusagen Violinkonzerte mit Begleitung von drei Streichern, die Um-pah-pah Um-pah-pah spielten, und zwischendurch mal einen Lauf. Solche Stücke konnte man quasi ohne Probe vom Blatt aufführen, aber für ein professionelles Streichquartett sind sie nun wirklich etwas zu banal. Aber das Konzert für Streichquartett ist ganz schön, und die Aufführung[36] unter Max Rudolf war sehr gut, denn er war ein vorzüglicher Dirigent.[37] Wir haben es nämlich 1970 auch in Köln für den WDR aufgenommen mit Othmar Mága als Dirigenten. Bei dieser Aufnahme sind wir aber beinahe weggelaufen. So wütend wie bei dieser Aufnahme habe ich meine Kollegen selten gesehen. Das Orchester war völlig uninteressiert, und auch dem Dirigenten war alles egal, und so klingt es auch. Und meine Kollegen hätten am liebsten alles hingeworfen.

Neulich hatte ich übrigens ein lustiges Erlebnis. Vor ungefähr zwei Wochen schrieb mir das junge Ullmann-Quartett: „Wir haben uns kürzlich für eine Aufführung des Konzerts für

---

[35] Das Violinkonzert Nr. 8 op. 47 in a-Moll hat Louis Spohr 1816 komponiert. Es wurde durch seinen eigenartigen Aufbau „In Form einer Gesangsszene" berühmt. Der Opernkomponist Spohr überträgt hier gewissermaßen eine große lyrische Gesangsszene mit Rezitativ, Arioso und Arie ohne Worte auf die Geige. Das Rezitativ befindet sich als musikalisches Beispiel im Anhang zum zweiten Band von Carl Fleschs Violinschule.

[36] Das Konzert für Streichquartett a-Moll Opus 131 (1845) von Louis Spohr wurde am 28. und 29. April 1966 vom LaSalle-Quartett und dem Cincinnati Symphony Orchestra aufgeführt.

[37] Zu Max Rudolf und seinen bemerkenswerten Schriften siehe auch Kapitel 3 „Die Geschichte des LaSalle-Quartetts".

Streichquartett von Spohr vorbereitet, und haben davon auf einem Speicher zufällig eine uralte Aufführung von Ihnen entdeckt." Ist das nicht wunderbar? Uralt, das ist bevor die geboren sind! Das ist ja nun wohl doch ein bisschen übertrieben, nein?

RS:
Ja, aber immerhin, es ist erstaunlich, dass sie überhaupt suchen und auch noch finden!

WL:
Und die erste Geigerin fügte an: „Das hat uns ungeheuer geholfen, das Stück überhaupt mal zu hören. Wir wussten ja gar nicht, wie es geht!"

8.12 Einmalige Aufführungen

RS:
Da ich lange in der Privatwirtschaft tätig war, kommt bei mir natürlich rasch die Frage auf nach Aufwand und Ertrag: Inwiefern lohnte es sich für Sie, den ganzen Aufwand zu treiben, ein Stück einzustudieren und es dann nur ein einziges Mal zu spielen?

WL:
Es lohnt sich bestimmt nicht, aber manchmal ist man dazu gezwungen, wenn Sie zum Beispiel als junges Quartett im Coolidge Auditorium der Library of Congress ein Konzert geben können, wo jahrzehntelang das Budapest-Quartett als Hausquartett spielte und später das Juilliard-Quartett. Da hereinzukommen war praktisch unmöglich. Aber eines Tages kam die Anfrage: „Wir brauchen eine Aufführung von einem Quartett einer Sponsorin der Library of Congress, die auch komponiert. Wenn Ihr dieses Stück aufführt, dann laden wir Sie ein, in der Library of Congress zu spielen." Es handelte sich um ein Quartett von Mary Howe.[38] Wir haben das Stück also gelernt, dort einmal gespielt und dann nie wieder. Dasselbe ist uns in Cincinnati dann nochmals passiert, als eine Feier zu Ehren von Martin Dumler[39] veranstaltet wurde. Dumler war einer der Sponsoren des College of Music und dessen Vizepräsident, ein Geschäftsmann mit viel Geld, der auch dazu beigesteuert hatte, dass das LaSalle-Quartett nach Cincinnati kommen sollte. Zudem war er der Präsident der Bruckner-Gesellschaft in Amerika, ein sehr kunstsinniger Mann, der selbst auch komponierte. Und zu dieser Feier wurden wir gebeten, sein Streichquartett aufzuführen. Im selben Konzert spielten wir noch Mozarts Sonaten für Orgel und Streichquartett und Bachs Doppelkonzert.[40] Das Quartett von Dumler ist eine Art schwacher Bruckner-Abguss, wenn ich

---

[38] Mary Howe (1882–1964), Pianistin und Komponistin. Ihr Kompositionsstil war konservativ. Das Quartett war 1939 komponiert worden. Das Konzert des LaSalle-Quartetts fand am 11. Februar 1955 statt.
[39] Martin G. Dumler (1868–1958, beide Cincinnati) studierte neben seinem Beruf Musik am Cincinnati College of Music, komponierte vor allem Kirchenmusik und war auch als Maler bekannt.
[40] Konzert vom 5. April 1955: Martin Dumler, Streichquartett op. 47; Mozart Sonaten für Orgel und Streichquartett KV 244, KV 328 und KV 336. Walter Levin erinnert sich auch hier noch genau an das Programm. Das Konzert ist auf CD Nr. 13 in der Paul Sacher Stiftung dokumentiert.

mich recht entsinne. Das mussten wir lernen, denn unsere Position hing davon ab, wir wollten ja an dieser Schule als Quartet in Residence bleiben, und dann lernt man es eben und spielt es ein einziges Mal.

8.13 Anton Bruckner (1824–96)

RS:
Martin Dumler hat Sie dann auch dazu überredet, das frühe Bruckner-Quartett zu spielen.[41]

WL:
Ja, das haben wir auf die Tournee nach Australien mitgenommen. Martin Dumler war ein großer Bruckner- und Mahler-Fan. Das war schon beeindruckend: ein Musiker-Dilettant, also von Hause aus ein Geschäftsmann, der sich zu einer Zeit für Bruckner und Mahler einsetzte, als diese in Amerika noch kaum bekannt waren.

RS:
In einem Zeitungsartikel steht über dieses Quartett: „Recently discovered by the Bruckner Society. Martin Dumler presented the first printed score to the LaSalle Quartet so that Cincinnati would hear the first American performance."

WL:
Ja, dieses frühe Bruckner-Quartett war neu damals. Ob wir damit eine Heldentat begangen haben, steht auf einem anderen Blatt. Von mir aus hätte ich es zumindest nicht ausgesucht.

8.14 Béla Bartók (1881–1945)

RS:
Ein zentraler Komponist im Repertoire des LaSalle-Quartetts war Béla Bartók. Was hat Sie dazu angeregt, Bartóks Musik spielen zu wollen, nachdem Sie in Palästina vor allem mit dem klassisch-romantischen Repertoire konfrontiert worden waren? Kam der Impuls in New York vom Juilliard-Quartett?

WL:
Nein, schon in Palästina hatte ich mit meinem Freund Werner Torkanowsky, der auch Geige spielte und später Dirigent des New Orleans Symphony Orchestra wurde, Bartóks Duette für zwei Geigen gespielt. Wir fanden sie sehr lustig, und es sind auch sehr gute Stücke. Wir

---

[41] Das c-Moll-Quartett hat Bruckner 1862 als Studienarbeit bei Otto Kitzler in Linz komponiert. Das Werk wurde erst ca. 1950 wiederentdeckt und 1951 vom Koeckert-Quartett zum ersten Mal in neuerer Zeit wieder aufgeführt.

haben sie mit großer Vorliebe in Privathäusern, aber auch in kleinen Auditorien in Tel Aviv gespielt. So habe ich Bartóks Musik zuerst kennengelernt.

RS:
Wie sind Sie auf die Duette gestoßen?

WL:
Es gab in Tel Aviv ein wunderbares kleines Musikgeschäft, Litauer an der Ben-Yehuda-Straße, wo ich mir regelmäßig besorgt habe, was ich noch nicht kannte.

RS:
Hatten Sie in Palästina auch Gelegenheit, Bartóks Orchesterwerke zu hören?

WL:
So viel ich mich erinnere, wurden Orchesterstücke von Bartók in Palästina nicht gespielt, jedenfalls habe ich sie nicht gehört, auch die Violinkonzerte nicht. Das alles habe ich erst später in Amerika kennengelernt.

RS:
Auch die Quartette wurden wohl nicht gespielt.

WL:
Nein, die wurden von den Streichquartettformationen in Palästina nicht aufgeführt. Auch mit der Besetzung meines Jugendquartetts hätten wir ein Bartók-Quartett nicht spielen können: Das war zu schwer für uns. Sogar für das LaSalle-Quartett in seinen Anfangszeiten war das noch die neuere Musik, die zu lernen uns die größte Mühe gekostet hat. Die Bartók-Quartette waren die Stücke, mit denen wir richtig angefangen haben, avancierte, neue Musik zu lernen, noch vor der Schönberg-Schule.

RS:
Als Sie Anfang 1946 an die Juilliard School kamen, war das Juilliard-Quartett gerade dabei, seinen legendären Zyklus aller Bartók-Quartette zu erarbeiten. Waren Sie damit konfrontiert?

WL:
Ja, sicher. Evi hat deren Bartók-Zyklus 1948 an der Summer School of Music in Tanglewood gehört, und wir haben dann zusammen 1949 in Times Hall in New York die beiden Konzerte mit dem Zyklus aller sechs Quartette gehört.[42] In einem der Konzerte saß vor mir der ungeheuer begeisterte Dmitri Schostakowitsch, der damals als Mitglied einer Friedensdelegation in New York weilte. Diese beiden Konzerte waren meine Einführung in Live-Aufführungen der Bartók-Quartette. Das Juilliard-Quartett hat sie dann auch für Columbia aufgenommen: Das ist immer noch die herausragende Referenzaufnahme.[43]

---

[42] Die beiden Konzerte des Juilliard-Quartetts in Times Hall mit dem Zyklus aller Bartók-Quartette fanden am 28. Februar und 28. März 1949 statt.
[43] Die Aufnahme von 1950 der sechs Bartók-Quartette durch das Juilliard-Quartett ist beim Label Pearl erhältlich: Katalognummer GEMS 0147.

RS:
Von Bartóks Violinduetten, die Sie schon kannten, zu seinen Streichquartetten war es wohl doch ein großer Schritt. Wie haben die Streichquartette denn beim ersten Hören auf Sie gewirkt? War das ein Schock für Sie?

WL:
Es war schon eine ungeheure Überraschung, denn die Duette sind einfacher und spielerischer, während die Quartette von einer Konzentration und Avanciertheit sind, die in ihrer Weise nur an den späten Beethoven erinnern. Das war also für mich völlig neu. Ich dachte, ich wüsste schon etwas über Bartók, aber da war ich im Irrtum. Ich hatte auch gehofft, Bartók noch in New York erleben zu können, aber er ist gestorben, kurz bevor ich angekommen bin: Das war eine riesige Enttäuschung. Eines der ersten Stücke von Bartók, die ich in New York kennenlernte, war das *Konzert für Orchester*, das er 1943 als Auftragswerk für Serge Koussewitzky komponiert hatte. Das war also ganz neu und wurde vom Juilliard Orchester, in dem ich mitspielte, unter Edgar Schenkman einstudiert und aufgeführt. Das war für mich auch ein Schock: ein schweres Stück, an dem wir alle sehr hart arbeiten mussten. So etwas hatte ich noch nie gespielt. Es ist ein außerordentlich effektvolles, brillantes Orchesterwerk. So habe ich also zum ersten Mal ein Orchesterstück von Bartók kennengelernt.

RS:
Wie haben Sie den Zugang zu den Quartetten gefunden? Haben Sie sich zuerst die Partituren beschafft und sich damit auseinandergesetzt, oder haben Sie zuerst vom Juilliard-Quartett die Musik gehört?

WL:
Das ist für mich heute schwer zu sagen. Ich nehme an, dass ich sie schon teilweise vom Juilliard-Quartett gehört hatte, aber Partituren waren für mich immer das Erste, womit ich mich beschäftigt habe. Partituren waren damals in New York nicht schwer zu bekommen. An der Juilliard School habe ich auch das zweite Violinkonzert gelernt und bei meiner Abschlussprüfung gespielt.[44] Ich war schon damals an Bartók interessiert, nicht nur an den Quartetten, sondern auch an den Orchesterwerken und am zweiten Violinkonzert. Wo immer ich Bartók hören konnte, bin ich hingegangen. Joseph Szigeti, den ich sehr schätzte und bewunderte, hat die Violinsonaten gespielt. So habe ich mir nach und nach Bartók angeeignet, zuerst vom Hören und dann durch das Studium der Partituren. Dann haben wir gleich angefangen, mit dem Juilliard-Quartett zuerst das sechste und anschließend das dritte Quartett zu studieren. Das sechste haben wir schon Anfang 1949 im Hauskonzert bei Stefan Wolpe aufgeführt, als wir zum ersten Mal vor Freunden, auch dem Juilliard-Quartett, ein ganzes Konzert gespielt haben.

---

[44] Walter Levins Abschluss-Recital fand Anfang Mai 1949 statt: Er musste eine Tournee des LaSalle Quartetts an der Ostküste der USA unterbrechen, um nach New York zu fliegen, dort sein Recital zu spielen, und gleich anschließend am 11. Mai in Norfolk, Virginia, ein Quartettkonzert spielen: Mozarts B-Dur-Quartett KV 589, Bartoks sechstes Quartett und Beethovens Opus 59 Nr. 3.

Béla Bartók (1881–1945)

RS:

Das war aber mutig, mit dem sechsten Quartett anzufangen, denn das war damals gerade erst zehn Jahre alt. Was hat Sie dazu bewogen, eben dieses als erstes zu lernen?

WL:

Das ist immer eine gute Frage: Mit welchen Stücken fängt man an, und aus welchem Grunde? Das ist für mich heute nicht mehr ganz nachzuvollziehen. Mich reizte das sechste Quartett durch seine Form: dieses „Mesto", das vor jedem Satz in neuen Versionen immer wiederkommt, und dann die kontrastreichen Sätze. Das ist für mich immer schon ein außerordentlich attraktives Stück Musik gewesen.

RS:

Obschon es eigentlich sehr deprimierend ist, gerade wegen des „Mesto".[45]

WL:

Nun ja, viel Musik ist nicht gerade lustig: Auch Schubert kann deprimierend sein. Die Idee, dass Musik einen bestimmten Charakter oder eine bestimmte Eigenschaft haben sollte, hat mich nicht sonderlich interessiert. Ich fand Bartóks sechstes Quartett ein außerordentlich kontrastreiches, faszinierendes Stück, das einem auch vom Technischen, Rhythmischen und Klanglichen her sehr viel abforderte. Die ganze Konstruktion dieses Stückes fand ich absolut faszinierend, und ich wollte es unbedingt spielen. Wir haben es auch in unserem Debütkonzert in Colorado Springs gespielt.[46]

RS:

Und im letzten Konzert des LaSalle-Quartetts in Bochum am 21. Mai 1987.

WL:

Ja, wir haben es sehr oft und sehr gerne gespielt.

RS:

Würden Sie das sechste vom Technischen, vom Rhythmischen und vom kompositorischen Konzept her als das avancierteste Quartett von Bartók bezeichnen?

WL:

Nein, das kann man nicht sagen. Es ist vielleicht das reifste seiner Quartette. Es hat viele von all den Charakteristiken, die Bartók auszeichnen, ohne sie überzubetonen, sondern sie sind integriert. Es ist ein in jeder Hinsicht klassisches Stück, während einige der anderen Quartette extrem kontrastierend sind, extrem avantgardistisch. Das dritte Quartett zum Beispiel ist viel avancierter, knapper: Es ist das kürzeste, in einem durchkomponierten Satz. Das hat uns aus diesem Grund gereizt. Das war vielleicht das modernste Stück, das wir am Anfang überhaupt lernen konnten. Daran musste auch unser neues Mitglied, Henry Meyer, hart arbeiten, um das zu lernen. Es war auch technisch, rhythmisch und klanglich in jeder

---

[45] Das italienische Wort „mesto" heißt „traurig".
[46] Das Debütkonzert des LaSalle-Quartetts in Colorado Springs fand am 9. November 1949 statt.

Beziehung außerordentlich fordernd. Das ist immer noch für viele junge Quartette auch heute noch ein sehr schwer zu spielendes Stück. Immer wieder wenn sie Bartók lernen wollen, schlage ich ihnen vor, zuerst das dritte Quartett zu lernen. Da ist alles drin, auf kürzestem Raum, da kann man sehr viel lernen, was man nachher in den anderen Bartók-Quartetten auch gebrauchen kann. Aber die anderen sind nicht so extrem und nicht so konzentriert. Nachdem wir das sechste Quartett einstudiert hatten, haben wir als nächstes das dritte gelernt und im Laufe der Jahre auch die anderen vier, zuletzt das erste Quartett.[47]

RS:
Hatten Sie mit diesem, dem ersten Quartett, keine besondere Affinität? Sie haben es nämlich praktisch nur in einer einzigen Saison gespielt, 1965, und sogar im Ganzen nur acht Mal.

WL:
Nein, das würde ich nicht sagen. Nur hatten wir inzwischen an den Darmstädter Ferienkursen für Neue Musik die jungen Komponisten kennengelernt, sodass wir plötzlich eine große Auswahl an neuen Werken bekamen. Außerdem hatten wir inzwischen die Neue Wiener Schule gelernt, und von uns wurde immer wieder verlangt, dass wir Webern, Berg und Schönberg spielten und weniger Bartók. Und wenn schon Bartók, dann nicht gerade das erste Quartett, das noch konventioneller ist als die späteren. Trotzdem finde ich es ein sehr gutes Stück. Es wundert mich, dass wir es nur so selten gespielt haben. Es kann nur deshalb sein, weil wir es so spät gelernt haben.

RS:
Und das zweite Quartett? Auch dieses haben Sie kaum häufiger gespielt als das erste.

WL:
Das zweite finde ich ein ganz tolles Stück, aber schwierig, technisch äußerst anspruchsvoll.

RS:
Aus Ihren Kammermusikkursen habe ich den Eindruck gewonnen, dass das fünfte Quartett das schwerste ist.

WL:
Das vierte und fünfte. In beiden wendet Bartók zum ersten Mal die symmetrische, fünfsätzige Form an mit dem zentralen langsamen Satz. Das fünfte Quartett ist sehr lang, und nachdem man die vier ersten Sätze bewältigt hat, folgt noch das ungeheuer anspruchsvolle Finale, das fast nochmals so lang ist wie der erste Satz.

RS:
Ein ähnliches Konzept der Satzgewichtung also wie in Beethovens Opus 130 mit der *Großen Fuge* als Finale.

---

[47] Nachfolgend die chronologischen Erstaufführungsdaten der sechs Bartók-Quartette durch das LaSalle-Quartett: Nr. 6: 13. März 1949 (das Hauskonzert bei Stefan Wolpe war etwas früher); Nr. 3: 22. März 1950; Nr. 5: 17. November 1953; Nr. 2: 8. Januar 1957; Nr. 4: 6. Oktober 1959; Nr. 1: 14. Mai 1963.

Béla Bartók (1881–1945)

WL:
Ja, richtig. Das fünfte Quartett ist ein großes, massives Werk und wirklich sehr schwer. Das vierte Quartett ist ein fabelhaftes Stück, auch sehr anspruchsvoll und schwer zu spielen, jedoch ganz anders als das fünfte und vom quartetttechnischen Standpunkt aus durchaus nicht leichter, aber es ist viel konzentrierter und weniger lang als das fünfte.[48] Heutzutage werden die Bartók-Quartette leider nicht mehr so viel gespielt. Inzwischen gibt es anderes, was die Leute interessiert, aber damals war das sehr viel avanciertere Musik als heute.

RS:
Das sechste und das dritte Quartett waren die beiden, die Sie mit Abstand am meisten gespielt haben. Würden Sie also sagen, dass das für Sie Repertoirestücke waren?

WL:
Ja, absolut, die konnten wir einfach, ohne noch viel Arbeit investieren zu müssen. Die anderen weniger: Die mussten jedesmal neu und wieder genau gearbeitet werden.[49]

RS:
Dann gibt es noch die Stücke für Streichquartett aus *Mikrokosmos*: Wie sind Sie darauf gestoßen? War das etwas Bekanntes?

WL:
Nein, Tibor Serly hatte die ursprünglichen Klavierstücke für Streichquartett bearbeitet. Die Partitur war durch Boosey & Hawkes herausgebracht worden, und die hatte ich mir einmal besorgt. Da habe ich mir gedacht, das wäre doch ideal für Kinderkonzerte, und dafür haben wir sie denn auch schon in Colorado Springs gelernt.

RS:
Sie sind tatsächlich sehr ansprechend.

WL:
Sehr! Und voller Humor!

RS:
Es ist erstaunlich, wie die Bartók-Quartette die ganze Karriere des LaSalle-Quartetts von Anfang bis Ende begleitet haben. Nicht ganz vom ersten Konzert an, aber immerhin ab 1949 und dann bis zum allerletzten Konzert.

WL:
Das sind auch Werke, die sich beim Spielen nicht abnutzen und einem niemals langweilig werden. Dagegen gibt es Stücke, die wir einige Male gespielt haben und dann nie wieder: zum Beispiel das dritte Quartett von Paul Hindemith oder auch das erste Quartett von Wal-

---

[48] In der Interpretation des LaSalle-Quartetts und des Juilliard-Quartetts dauert das vierte Quartett 22–23 Minuten, das fünfte Quartett 30 Minuten.
[49] Es gibt vom LaSalle-Quartett 78 dokumentierte Aufführungen von Bartóks drittem Quartett, 56 vom sechsten, 36 vom vierten, 19 vom fünften, zehn vom zweiten und acht vom ersten.

ter Piston.[50] So gab es einige amerikanische Stücke, die wir notwendigerweise am Anfang gelernt haben, die uns dann langweilig wurden. Das ist bei den Bartók-Quartetten niemals der Fall gewesen. Das ist ganz großartig komponierte Musik, die zum allerbesten des 20. Jahrhunderts gehört.

RS:
Ich habe zudem den Eindruck, dass man diese Stücke wahnsinnig gern spielt.

WL:
Nicht wahr? Es ist auch Musik, die glänzend für das Instrument geschrieben ist, selbst wenn es schwer ist. Es klingt phänomenal. Bartók wusste wie kaum ein anderer, wie man für Streicher schreibt.

RS:
Erstaunlich für einen Pianisten! Hat er auch einen Berater für Streichermusik gehabt wie Brahms mit Joseph Joachim?

WL:
Ja, Imre Waldbauer. Das Waldbauer-Quartett hat auch Bartóks vier erste Quartette uraufgeführt.[51] In Budapest gab es sehr gute Streicher, mit denen Bartók sehr eng zusammengearbeitet hat.

8.15 Neue Wiener Schule

RS:
Ein wesentliches Merkmal des LaSalle-Quartetts ist ohne Zweifel, dass es sich während der ganzen Karriere für die Musik der Gegenwart eingesetzt hat. Diese bildet denn auch neben den Werken der Klassik und Romantik einen Schwerpunkt seines Repertoires. Man vergisst heute vielleicht, in welchem Ausmaß diese Ausrichtung seit der Gründung des LaSalle-Quartetts ausgeprägt war. Wie wir schon vorhin gesehen haben, war Bartóks sechstes Streichquartett (1939), als es das LaSalle-Quartett 1949 als erstes modernes Stück in seinem Repertoire zum ersten Mal spielte, erst zehn Jahre alt[52]; und Bartóks fünftes Streichquartett (1934) war 1953, als es das LaSalle-Quartett zum ersten Mal aufführte[53], noch

---

[50] Das LaSalle-Quartett hat das erste Quartett von Walter Piston 1956 während der Welttournee 25 Mal aufgeführt und nachher nie wieder.
[51] Imre Waldbauer wurde 1892 in Ungarn geboren und wanderte 1945 nach Amerika aus, wo er bis zu seinem Tod 1952 an der School of Music an der University of Iowa unterrichtete. International bekannt wurde er als erster Geiger des Waldbauer-Quartetts, welches von 1910 bis 1945 konzertierte. Waldbauer stand in enger Verbindung mit Bartók und Kodály, deren Werke er schon zu einer Zeit uraufführte, als ihre Musik noch gleichgültig oder gar feindselig aufgenommen wurde.
[52] Das LaSalle-Quartett hat Bartóks sechstes Streichquartett zum ersten Mal am 13. März 1949 gespielt, in Orange, New Jersey.
[53] Dieses Konzert fand am 17. November 1953 im Rahmen des Debütkonzerts in Cincinnati statt.

keine 20 Jahre alt, wie auch Weberns Streichquartett Opus 28 (1936/38) bei dessen erster Aufführung durch das LaSalle-Quartett in 1956.[54] Eines der ersten Werke des 20. Jahrhunderts überhaupt, welches das LaSalle-Quartett schon 1949 einstudiert hat, war Schönbergs drittes Streichquartett Opus 30 (1927)[55]: Dieses war damals also auch erst knapp über 20 Jahre alt, und die *Lyrische Suite* von Alban Berg (1925/26) war 1950 bei der Einstudierung durch das LaSalle-Quartett gerade erst 25 Jahre alt.[56] Nebst den Uraufführungen der Werke, die Sie bei zeitgenössischen Komponisten in Auftrag gegeben haben, und über die wir später noch reden werden, haben Sie sich ganz besonders für die Komponisten der Neuen Wiener Schule eingesetzt. Wie ist es bei Ihnen zu diesem ausgeprägten Interesse gekommen?

WL:
Das hat schon in Palästina angefangen, als mir meine Freunde Herbert Brün und Wolf Rosenberg, die ja in Jerusalem beim Schönberg-Schüler Stefan Wolpe studierten, versucht haben, mich in die Zwölftonmusik einzuführen. Ich habe mich dafür aber nicht gleich sonderlich interessiert.

RS:
Dann hatten Sie in Tel Aviv aber die Gelegenheit, bei Peter Gradenwitz auf dem Dach seines Hauses das dritte und vierte Streichquartett von Schönberg in der Aufnahme des Kolisch-Quartetts zu hören.[57]

WL:
Und habe keinen Ton davon verstanden!

RS:
Gradenwitz hat diese Aufnahmen wahrscheinlich auch nicht von ungefähr auf dem Dach abgespielt, denn da konnte man nicht so leicht an die Decke springen.

WL:
Richtig. Aber ich war ungeheuer beeindruckt davon, dass das Kolisch-Quartett diese für mich völlig unverständlichen Stücke sogar auswendig spielte!

RS:
Sie haben alle Werke für Streichquartett der Neuen Wiener Schule gespielt, und es weht deswegen sozusagen ein Wind der Authentizität. Aber bei näherem Hinsehen stellt sich doch die Frage: woher letztlich dieser Anspruch? Denn eine direkte Linie zu Schönberg gab es ja nicht.

---

[54] Dieses Konzert fand am 3. April 1956 in Cincinnati statt.
[55] Das LaSalle-Quartett hat Schönbergs drittes Streichquartett am 23. Februar 1950 in Colorado Springs zum ersten Mal aufgeführt.
[56] Das LaSalle-Quartett hat Alban Bergs *Lyrische Suite* am 11. Februar 1951 in Colorado Springs zum ersten Mal aufgeführt.
[57] Siehe dazu Kapitel 1 „Walter Levins Jugend- und Ausbildungsjahre", Abschnitt „Palästina".

WL:
Nein. Diese Authentizität ist eine „Erfindung". Nur dass man für eine Sache Interesse hat und sich so genau informiert, wie man nur kann und ihr wieder zu einem wie auch immer gearteten Durchbruch verhilft, heißt noch nicht Authentizität. Der ganze Begriff „Authentizität" ist mir sowieso suspekt. Wer sagt, dass etwas authentisch ist? Ist es authentisch, wenn Brahms Brahms spielt?

RS:
Das ist die Frage, ja. Sie haben also dieses Repertoire nicht mit dem Juilliard-Quartett gelernt, das mit Eugene Lehner, dem Bratscher des Kolisch-Quartetts[58], gearbeitet hat und daher näher zu Schönberg war?

WL:
Nein, wir haben weder mit Lehner gearbeitet, noch haben wir jemals Werke der Neuen Wiener Schule mit dem Juilliard-Quartett gearbeitet.

RS:
Es kam also von Ihnen selbst.

WL:
Ja. Ich kannte natürlich die Aufführung des Juilliard-Quartetts von Alban Bergs *Lyrischer Suite*, und auch die Aufnahme der *Lyrischen Suite* vom neuen Kolisch-Quartett, das Rudolf Kolisch in Wisconsin gegründet hatte.[59] Und wir kannten Eduard Steuermann, den Pianisten der Schönberg-Schule, mit dem Evi auch Klavier studiert hat. Aber, genügt das für einen Anspruch auf Authentizität? Es gibt aber auch eine Authentizität der Sympathie, eine Authentizität dadurch, dass man sich mit einer Person oder ihrem Werk oder ihren Schriften verwandt fühlt. Mir schien Schönberg immer sympathisch. Das ist in Bezug auf Schönberg eigentlich eher ungewöhnlich: Er ist ja allen Leuten unsympathisch. Mir ist genau das, was allen Leuten unsympathisch ist, gerade sympathisch: seine scharfe, kritische Art, wie er sich gegen alles und jedes stellt, was in irgendeiner Weise vermischt oder kompromisslerisch ist, wie er sich für alles einsetzt, was alle anderen ablehnen. Diese Widersprüchlichkeit und Kratzbürstigkeit fand ich wunderbar, und beide haben mich immer angesprochen.

RS:
Und von dem ging dann Ihr Interesse auf seine Musik über?

WL:
Ja, denn seine Musik ist dem nicht unähnlich. Schönberg hat Musik geschrieben, von der er genau wusste, dass sie allen Leuten auf die Nerven geht. Mich hat interessiert, warum alle Leute so böse auf Schönberg sind, denn eigentlich ist er doch ein ganz einsichtiger Mensch! Was er schreibt, hat doch Hand und Fuß! Und seine *Harmonielehre* und die Gedanken

---

[58] Eugene Lehner war 1927–39 Bratscher im ursprünglichen Kolisch-Quartett.
[59] Gemeint ist das Pro Arte Quartett, das Kolisch 1944 als Quartet in Residence an der University of Wisconsin in Madison gründete. Die Aufnahme (Februar 1950) ist erhältlich bei Music & Arts, CD-1056 (2003).

darin sind toll. Mir hat das alles großen Spaß gemacht, und ich habe mir gesagt, seine Stücke sollte man doch spielen! Ich war überhaupt von der ganzen Schönberg-Schule und ihrer Umgebung sehr beeindruckt. Die Stücke kannte ich aber nicht, ich musste sie im Laufe der Zeit erst kennenlernen, und ich bin heute noch der Meinung, dass ich Schönberg eigentlich relativ schlecht kenne. Um die Werke wirklich gut zu kennen, muss man sie letztlich selbst spielen. Ich kann aber leider *Moses und Aron* nicht selbst spielen, und auch die Orchesterwerke, *Pelleas und Melisande*, ein Riesenstück, und *Erwartung*, was sind das für phänomenale und heute noch kaum zu analysierende Stücke: in einer freien Atonalität geschrieben, aber völlig überzeugende Musik, und kein Mensch kann einem sagen wieso. Nach was für Prinzipien hat er denn diese Stücke komponiert? So wie im Falle von Artur Schnabels drittem Streichquartett:[60] Was ist denn das für Musik, die völlig anders ist als alle andere Musik und trotzdem ungeheuer stark? Und man kann eigentlich nicht sagen warum. Es kann also nur insofern von Authentizität die Rede sein, als dass ich mich ehrlich dafür begeistert habe, aus Wahlverwandtschaft, weiter nichts. Das ist also Authentizität einer anderen Art. Ich nehme an, dass eine geistige Verwandtschaft damit angesprochen wird. Und wir haben diese Werke ernsthaft einstudiert, und zwar so, dass man sie wirklich spielen konnte und dass sie auch saßen. Und die Einspielung bei der Deutschen Grammophon hat ja eingeschlagen eben dadurch, dass die Werke zum ersten Mal wirklich durchhörbar waren, und einige der Kritiker haben das erkannt. Und wenn ich mir die Aufnahmen heute anhöre, finde ich sie immer noch sehr gut. Sie sind auch als Aufnahme, in ihrer akustischen Form durchaus repräsentativ: Sie klingen gut, und man kann alles hören. Aber ob das authentisch ist? Ich weiß nicht, was Schönberg dazu gesagt hätte. Vielleicht genau das selbe, was er zum Hollywood-Quartett gesagt hat, als sie ihm die *Verklärte Nacht* vorgespielt haben. Es war furchtbar heiß, und Schönberg hat sie nach ein paar Takten gleich unterbrochen. Und dann haben sie ihm gesagt: „Lassen Sie es uns doch bitte einmal ganz durchspielen, und dann können Sie uns alles sagen, was Sie wollen." Sie haben es also ganz durchgespielt und er hat gesagt: „Das ist sehr gut, sogar ausgezeichnet. Dazu habe ich gar nichts zu sagen, ändern Sie nichts." Das hätte er vielleicht bei uns auch gesagt. Es ist vielleicht anders als es das Kolisch-Quartett gespielt hat, aber eigentlich nicht einmal so anders. Wir spielen auch die angegebenen Tempi, das Kolisch-Quartett spielt oft vielleicht ein bisschen schneller. Für die Durchhörbarkeit und die Genauigkeit sind unsere Tempi eher vorteilhaft, glaube ich, aber es ist nicht grundsätzlich anders. Ich muss sagen, ich finde den Anspruch von Authentizität, der ja jetzt auch bei einigen Interpreten für die Alte Musik gemacht wird, immer fragwürdig: Es gibt ihn eigentlich nicht, denn wir waren ja nicht dabei!

Ab 1953 haben wir auch angefangen, Webern zu spielen, aber ich hatte damals wenig Ahnung, wie die Stücke komponiert sind. Im Laufe der Zeit erschienen dann die Bücher über Webern, und die habe ich mir angeschafft und mit Interesse gelesen: die große Monografie von Hans Moldenhauer zum Beispiel.[61]

EL:
Moldenhauer hat Dich auch gebeten, die Uraufführung von einer Studienkomposition zu machen.

---

[60] Das dritte Streichquartett von Artur Schnabel wurde 1923–24 komponiert: siehe dazu auch Kapitel 11.1.
[61] Hans Moldenhauer, Rosaleen Moldenhauer, *Anton von Webern, A Chronicle of his Life and Work*, Alfred A. Knopf, New York 1978.

WL:
Ja, von einer frühen Komposition von Webern, die er als Hausaufgabe für Schönberg geschrieben hat. Jetzt werden in der wunderbaren Berg-Gesamtausgabe auch die ganzen frühen Werke von Alban Berg herausgegeben, zum Teil wahrscheinlich gar nicht uninteressant, zum Beispiel eine Streichquintett-Fuge. Ich kenne das alles nicht. Jetzt, nachdem sie erscheinen, werden Leute wahrscheinlich anfangen, diese frühen Stücke zu spielen. Da gibt es noch eine Menge, was man lernen und spielen kann. So war es auch mit Schönbergs frühem Streichquartett aus dem Jahre 1897. Daran hing er sehr, hat es aber nie veröffentlicht. Nachdem es dann in seinem Nachlass gefunden worden war, wurde es 1966 bei Faber Music in London herausgegeben. Plötzlich gab es ein neues Stück von Schönberg! Ich habe mir sofort die Partitur gekauft, und wir haben es gleich gelernt.[62] Nach dem Krieg konnten zum ersten Mal die Musikwissenschaftler, auch die Europäer, wieder publizieren. Das konnten sie vorher nicht: Wer konnte denn über Webern publizieren, dessen Musik als „entartete Kunst" galt? Alles was mich interessierte, war in Europa „entartete Kunst". Und auch die Musikwissenschaftler hatte man vertrieben, die waren alle in Amerika. Und jetzt dauerte es, ehe die Bücher erschienen. Und sobald sie erschienen, habe ich sie mir gekauft.

Wir haben damals für die polnische Plattenfirma Musica eine Platte aufgenommen. Mit dem Lutoslawski-Quartett, dem Penderecki-Quartett und von Webern die *Fünf Stücke* Opus 5 und das Streichquartett Opus 28. Die *Bagatellen* Opus 9 sind leider nicht veröffentlicht worden: Schade, denn das ist eine fabelhafte Aufnahme. Ich habe davon aber eine Probeaufnahme.[63] Und wenn wir in Form waren, haben wir auf Konzerten abenteuerlich gut gespielt, als ob es gar nichts wäre. Viel besser, als es mir in Erinnerung ist. Wir setzten uns auf die Bühne und spielten den Anfang von Opus 5, ein ums andere Mal (singt die komplexe Struktur des Anfangs mit einer unnachahmlichen Selbstverständlichkeit[64]), als ob das ein einziges Instrument wäre. Und das ist wirklich sehr schwer. Das ging einfach ohne viel Aufhebens. Das hat uns damals niemand nachgemacht, dafür waren wir auch berühmt, und damit haben wir Karriere gemacht. Und mit dem Webern-Gedenkkonzert in Salzburg[65] haben wir unserer Karriere einen Auftrieb gegeben, wie man es sich nicht besser wünscht. Das hat eine Serie von sich überschlagenden Kritiken ausgelöst! Es war aber auch ein sehr gutes Konzert. Davon gibt es übrigens auch eine CD.[66]

RS:
Alle drei Werke sind Ihnen, glaube ich, gleichermaßen ans Herz gewachsen.

WL:
Ich würde sagen, Opus 9 und Opus 5 mehr als Opus 28.

---

[62] Das LaSalle-Quartett hat Schönbergs Streichquartett aus dem Jahre 1897 am 21. Mai 1968 in Cincinnati zum ersten Mal gespielt. Nach der Komposition im Sommer 1897 hat Schönberg das Quartett unter Anleitung von Alexander Zemlinsky eingehend revidiert.

[63] Diese Aufnahme befindet sich auf CD Nr. 66 in der Sammlung LaSalle-Quartett in der Paul Sacher Stiftung.

[64] Siehe die CD-Beilage.

[65] Dieses Konzert fand am 3. August 1965 aus Anlass des 20. Todestages Weberns statt. Auf dem Programm standen das Streichquartett 1905, das Streichtrio Opus 20, die *Fünf Stücke* Opus 5, die *Bagatellen* Opus 9 und das Streichquartett Opus 28.

[66] Das Webern-Gedenkkonzert ist auf CD Nr. 65 in der Sammlung LaSalle-Quartett in der Paul Sacher Stiftung dokumentiert. Weberns Opus 5 aus diesem Konzert befindet sich auf der CD-Beilage.

Neue Wiener Schule

Abb. 34: Das LaSalle-Quartett mit Hans Moldenhauer, Amalie Waller, Maria Halbich (zwei Töchter von Anton Webern) und Ernst Krenek vor der Webern-Gedenkstätte in Mittersill August 1965. Die Gedenktafel neben W. Levin stammt von Anna Mahler, der Tochter Gustav Mahlers. Darauf steht der lateinische Spruch: SATOR AREPO TENET OPERA ROTAS.

RS:
Erstaunlicherweise haben Sie Opus 28 aber häufiger gespielt als Opus 5.[67]

WL:
Das hat damit zu tun, dass es damals kaum jemand gab, der Opus 28 überhaupt gespielt hat. Es war für uns also wichtig, ein Stück von Webern in unserem Repertoire zu haben, das den ganzen Webern darstellte, und das Opus 28 ist ja in seiner Komplexität grundlegend anders als Opus 9 und Opus 5. Wie auch das Streichtrio Opus 20, das nun wieder einen ganz anderen Typus darstellt, ein Zwölftonwerk von größter Schwierigkeit und Komplexität, das seinesgleichen sucht. Das sind Stücke, die damals kaum jemand gespielt hat. Opus 5 haben wir sogar noch von Hand abgeschrieben, denn wir hatten nur eine einzige Taschenpartitur, und Kopieren und Vergrößern war damals noch nicht so geläufig.

RS:
Und wie war es bezüglich der beiden Quartette von Alban Berg: Hatten Sie eine besondere Vorliebe?

---

[67] Es gibt 125 dokumentierte Aufführungen von Weberns Opus 28 durch das LaSalle-Quartett, gegenüber 96 von Opus 5 und 243 von Opus 9.

WL:
Beide Quartette sind Lieblingsstücke von uns geblieben.

RS:
Ich hatte den Eindruck, die *Lyrische Suite* eher noch mehr, weil sie so außerordentlich vielschichtig und anspruchsvoll ist.

WL:
Das ist es auch. Aber das Opus 3, das Berg als Studienarbeit für Schönberg geschrieben hat, ist von einer Qualität und Komplexität, die bei einem jungen Komponisten selbst Schönberg überrascht hat. Und es ist ein außerordentlich schwieriges Stück wegen der Notation, denn das Quartett ist sozusagen ein auskomponiertes Rubato.[68]

RS:
Da das LaSalle-Quartett alle Werke für Streichquartett der Neuen Wiener Schule gespielt hat, gilt es als Experte für diese Musik …

WL:
Das kam aber nicht von heute auf morgen. Entscheidend für diesen Ruf war sicher der Zyklus bei den Wiener Festspielen 1969.

RS:
Wie hat sich das ergeben?

WL:
Im Dezember 1967 gab es in München nach einem Konzert mit dem d-Moll-Quartett von Hugo Wolf im Schweizer Restaurant neben dem „Vier Jahreszeiten" eine große Party, an der viele interessante Leute teilnahmen: auch Fritz Kortner war da. Und als wir da saßen, kam auch Peter Weiser dazu, der Generalsekretär vom Wiener Konzerthaus, ein Unikum von einem Menschen. Er hat uns böse Geschichten erzählt über die berühmtesten Leute, und zwar mit einem trockenen, sarkastischen Humor, ein genialer Wiener Schmäh, der die Leute mit einer liebenswürdigen Gemeinheit fertigmacht. Er und Kortner, der auch ein guter Wiener Raconteur war, haben sich beide übertroffen im Erzählen von Geschichten: Wir haben am Boden gelegen vor Lachen. Und dann, nachdem wir zwei Stunden Wein getrunken und gelacht hatten, sagte Weiser: „Ach, was ich noch fragen wollte: Ich würde Euch nächsten Juni gerne haben für die Wiener Festwochen für alle Quartette der Wiener Schule." „Wie bitte?" „Ja, die Quartette von Schönberg, Berg und Webern!" „Die haben wir aber gar nicht alle im Repertoire!" „Doch, die habt Ihr alle schon gespielt." Er hatte sich ganz genau kundig gemacht. Ich hingegen war mir dessen gar nicht bewusst. Wir haben einfach ein Stück nach dem anderen einstudiert: einmal eines von Webern, dann wieder eines von Schönberg, aber nie im Hinblick auf Vollständigkeit. Und so hat sich das Repertoire der Neuen Wiener Schule im Laufe der Zeit aufgebaut, sodass es Ende der 1960er

---

[68] Zur Interpretation von Alban Bergs Quartett Opus 3 siehe auch Kapitel 13.3 „Das Tempo in Alban Bergs Streichquartett Opus 3".

Jahre bezüglich der Hauptwerke vollständig war. Das war aber ein Prozess von fast 20 Jahren, in denen wir allmählich die ganzen Werke der Wiener Schule gelernt haben. Ein paar Jahre früher hätten wir diesen Zyklus nicht machen können. Es ist auch der einzige Zyklus, den wir je gespielt haben und zudem nur, weil Peter Weiser uns darauf festgenagelt hat. Dann wollte er jedoch das ganze Programm in einer Woche unterbringen, aber wir haben gesagt, dass das überhaupt nicht in Frage kommt. Wir haben die Programme so zusammengestellt, dass wir alle Stücke in vier Konzerten spielen konnten, aber mit vier Tagen Abstand dazwischen, obschon wir die Stücke alle im Repertoire hatten. So wurde es dann gemacht: Er hatte keine Wahl, denn es gab sonst niemanden. Das war im Juni 1969.[69] Aber wenn Sie sagen, das LaSalle-Quartett sei Experte für die Neue Wiener Schule: ja, denn wir haben mit der Zeit alle Stücke gespielt und für die Deutsche Grammophon aufgenommen, zuerst gegen ihren Willen.[70]

RS:
Es war also ein ganzer Prozess.

WL:
Ein langer, langer Prozess. Ja, wir waren langsam. Das ist etwas, was ich den jungen Quartetten versuche, beizubringen. Es ist keine Kunst, Stücke oberflächlich und schnell zu lernen. Ich finde es besser, dass man sich Zeit nimmt und sie langsam lernt, und gründlich. Und wenn man sie noch nicht beherrscht, dann soll man sie nicht spielen. Wir haben das zweite Ligeti-Quartett nicht in der Zeit gelernt für die geplante Uraufführung in Baden-Baden und haben sie um ein Jahr verschoben. Und wenn die Veranstalter das nicht akzeptiert hätten, hätten wir gesagt, dass wir es bleiben lassen. Wir haben unsere Arbeit so gemacht, wie wir es verstanden. Und das ging manchmal schneller, manchmal langsamer: meistens langsamer. Andere Leute haben vielleicht schneller gearbeitet: wunderbar! Aber dafür haben wir Stücke gelernt, die andere überhaupt nicht angefasst haben.

RS:
Der Zyklus der Neuen Wiener Schule von Wien 1969 wurde offenbar im Jahr darauf auch in Cleveland wiederholt.[71] Wie ist das zustande gekommen?

WL:
Das geschah auf Veranlassung von John Gidwitz zur Zeit, als Jimmy Levine am Cleveland Institute of Music das Studentenorchester leitete. Gidwitz war einer der Haupterben von Helene Curtis, einer berühmten Kosmetikfirma in Amerika und hatte unbeschränkt Geld.

---

[69] Während der Wiener Festwochen 1969 wurden von Schönberg, Berg und Webern nicht nur sämtliche Streichquartette aufgeführt, sondern alle Werke, die damals veröffentlicht waren: die Opern, d. h. *Moses und Aron*, *Wozzeck* und *Lulu*, dann sämtliche Orchesterwerke (Pierre Boulez dirigierte die Wiener Philharmoniker und das London Symphony Orchestra) sowie die Werke für gemischte Ensembles wie *Pierrot Lunaire*.
[70] Siehe dazu Kapitel 6 „Schallplattenfirmen".
[71] Der Zyklus in Cleveland fand am 8. und 15. April sowie am 3. und 6. Mai 1970 statt. Im Laufe der Jahre wurde dieser Zyklus noch in den folgenden Städten wiederholt: Düsseldorf und Hannover (November/Dezember 1971, Programme in den beiden Städten verschränkt), Ravinia Festival (Juli 1972), New York (Alice Tully Hall, Januar und April 1975) und zuletzt in Amsterdam und London (Februar/März 1978, Programme in den beiden Städten verschränkt).

Aber er war sehr bescheiden, gehörte zum Kreis um Jimmy Levine und hat für ihn die Opernaufführungen mit dem Studentenorchester vom Cleveland Institute organisiert, mit den größten Sängern der Zeit: Renata Tebaldi zum Beispiel, und auch Jan Peerce, der Tenor, der in den Opern mit Toscanini gesungen hat. Peerce erzählt übrigens in seiner Biografie, wie er an das Sommerfestival von Meadowbrook in der Nähe von Cleveland eingeladen worden war, um mit einem Studentenorchester *Rigoletto* zu singen. Als er ankam, hörte er, wie das Orchester unter Jimmy Levine probte, ohne aber sehen zu können, wer da spielte. Und er sagt: "Ich dachte, ich höre nicht recht. Als ich dieses Orchester spielen hörte, war das Einzige, woran ich denken konnte, die Aufführung von Toscanini." Es ist tatsächlich unglaublich, wie gut die waren. Und John Gidwitz hat das alles organisiert, weil er auch die Gelder dafür hatte. Er ist dann auch beruflich Manager geworden, zuletzt des Baltimore Symphony Orchestra. So wurde auch unser Zyklus der Neuen Wiener Schule in Cleveland zu einem großen Erfolg. Ein wunderbares Programmbüchlein wurde dazu veröffentlicht! Das zweite Schönberg-Quartett haben wir dort mit Bethany Beardslee aufgeführt: Das war wunderbar.

RS:
Das zweite Schönberg-Quartett war übrigens das Quartett von Schönberg, das Sie, abgesehen vom frühen Quartett von 1897, als Letztes gelernt haben.[72]

WL:
Ja, weil wir dazu eine Sängerin brauchten, die das nach unserer Vorstellung singen konnte, und mit der wir das gründlich arbeiten konnten. Das ging also nur mit einer lokalen Sängerin, denn wer würde sich sonst so viel Zeit nehmen? Unsere Erstaufführung haben wir also mit Helen Laird einstudiert, die Lehrerin am College-Conservatory war und eine ausgezeichnete Sängerin. Sie wurde später Direktorin an der Temple University in Philadelphia. Später, 1969–75, hat Bethany Beardslee[73] mitgewirkt und 1975–80 Benita Valente[74]. Und dann, was sollten wir denn machen für die Aufnahme bei der Deutschen Grammophon im Sommer 1969? An diesem Termin konnten Helen Laird und Bethany Beardslee beide nicht teilnehmen. Unser englischer Manager hat aber gesagt, er kenne eine junge Sängerin, die wir uns unbedingt mal anhören müssten: sie singe wunderschön. Sie wäre aus Wales und jemand nach meinem Geschmack, die auch lernen könne. „Sie hat auch das zweite Schönberg-Quartett schon gesungen. Hör sie Dir doch einmal an." Er hat mir also ein Tape geschickt. Das Quartett spielte miserabel, aber sie sang tatsächlich sehr schön. Nicht ganz mein Geschmack, aber wir konnten es mal probieren. Das war Margaret Price.[75] Wir haben

---

[72] Das LaSalle-Quartett hat das zweite Quartett von Schönberg am 23. Mai 1967 zum ersten Mal gespielt.
[73] Bethany Beardslee (Lansing, Michigan * 25.12.1927) ist insbesondere bekannt für ihre Aufführungen zeitgenössischer Musik. In den 1950er Jahren machte sie Aufnahmen mit Musik der Neuen Wiener Schule.
[74] Benita Valente (Delano, California * 19.10.1934) studierte an der Music Academy of the West in Santa Barbara Gesang mit Lotte Lehmann und besuchte anschließend das Curtis Institute of Music in Philadelphia, wo sie mit Martial Singher studierte. 1973 gab sie als Pamina in Mozarts *Zauberflöte* ihr Debüt an der Metropolitan Opera in New York, wo sie seitdem in vielen Rollen aufgetreten ist. Sie ist insbesondere für ihre Interpretationen von Mozart und Händel bekannt, hat sich aber auch in Verdi-Rollen ausgezeichnet.
[75] Margaret Price (Blackwood, Monmouthshire 13.4.1941–28.1.2011) studierte am Trinity College of Music in London Gesang bei Charles Kennedy Scott. 1962 sang sie ihr Operndebüt als Cherubino in Mozarts *Nozze di Figaro* an der Welsch National Opera. Im selben Jahr wurde sie am Royal Opera House in Londons Covent Garden engagiert. Dort gelang ihr 1963 der Durchbruch, wieder in der Rolle des Cherubino, als Teresa Ber-

Neue Wiener Schule

Abb. 35: Das LaSalle-Quartett mit Benita Valente, Perugia März 1980

uns also vor dem Zyklus der Neuen Wiener Schule in Wien getroffen und im Saal des Museums Moderner Kunst geprobt. Der Saal war dunkel, wir waren auf der Bühne und haben den dritten Satz des zweiten Schönberg-Quartetts gearbeitet. Margaret Price hatte eine wunderbare Stimme, aber es war noch vieles daran auszusetzen. Nach zwei Stunden haben wir gesagt: „Jetzt ist genug für heute, morgen proben wir diesen Satz nochmal und dann den vierten Satz." Ich dachte: „Mein Gott, das kann lange dauern, aber singen kann sie. Ob sie es aber lernt, wie wir es wollen, das ist die Frage." Am nächsten Tag kam sie zur Probe, und wir fingen den dritten Satz nochmal an. Wir spielten ihn von Anfang bis zum Ende: Da war nichts mehr daran auszusetzen, es war alles tadellos! Sie hatte sich innerhalb eines Tages sämtliche Korrekturen derartig angeeignet, dass es völlig überzeugend klang. Wir waren völlig überrascht und haben sie gefragt, wie sie das mache. „Ich habe einen Begleiter, der mir hilft: Er sitzt hinten im Saal." Das hatten wir nicht gesehen, denn der Saal war dunkel. Das war James Lockhart, der Leiter der Welsh-Opera-Company, mit dem Margaret Price damals liiert war: ein ausgezeichneter Dirigent und Korrepetitor, der wusste, wie man genau arbeitet. Er hatte sich jedes Wort von uns aufgeschrieben und das mit ihr am Nachmittag und Abend gearbeitet, und jetzt saß es. So war sie gewohnt zu arbeiten. Dann haben

ganza abgesagt hatte. Auf Bestreben von James Lockhart nahm sie weitere Gesangsstunden, um ihre Technik zu verbessern und ihr hohes Register zu entwickeln. So wurde sie zu einem der beliebtesten lyrischen Soprane der 1970er und 1980er Jahre. Margaret Price wurde berühmt für ihre Mozart-Rollen, sang aber auch Rollen in den Opern von Verdi und Richard Strauss.

wir den vierten Satz gearbeitet: Das ging genau so. In zwei Tagen war das Stück einstudiert. Nach dem Wiener Zyklus haben wir das zweite Schönberg-Quartett mit ihr nochmal in Graz aufgeführt und dann in München für die Deutsche Grammophon aufgenommen: Das war überhaupt kein Problem. Margaret Price ist die beste Sängerin, mit der wir jemals gearbeitet haben. Zu der Zeit war sie noch völlig unbekannt, aber dann hat sie Karriere gemacht. Und auf dem Weg von der Aufnahme zurück zum „Vier Jahreszeiten" fragte mich James Lockhart: „Kennst du vielleicht einen jungen Dirigenten, der bei uns *Aida* dirigieren könnte?" „Doch, da kann ich Dir einen empfehlen: Er heißt James Levine. Er ist noch sehr jung, aber er kann die *Aida* dirigieren, sogar besser als viele andere." Das war also James Levines Debüt in Europa: die *Aida* an der Welsh-Opera-Company. Das konnte er aus dem Effeff.

RS:
Das erste Quartett von Schönberg, das Sie studiert haben, war das dritte.

WL:
Ja, das haben wir auf Anregung von Eugene Lehner und des Juilliard-Quartetts noch an der Juilliard School angefangen zu lernen.

RS:
Ist mein Eindruck richtig, dass Ihnen von den fünf Quartetten Schönbergs das dritte am nächsten liegt?

WL:
Ja, das ist der „richtige" Schönberg, es ist also nicht mehr noch etwas in der Romantik verhaftet wie das erste und zweite Quartett, sondern das ist der Zwölfton-Schönberg. Und es ist das stärkste Stück, finde ich, auch stärker als das vierte, das zwar auch ein Zwölftonstück ist. Aber Schönberg hat das dritte Quartett komponiert, als die Zwölftontechnik gerade neu war, und wie bei allem, was wirklich neu ist, „brennt" es: extrem und kompromisslos, fabelhaft.

RS:
Im Zusammenhang mit dem Konzert für Streichquartett von Louis Spohr haben Sie gesagt, das Schönberg-Konzert für Streichquartett[76] sei so außerordentlich schwierig, dass es damals nicht in Frage kam, es einzustudieren. Später haben Sie es dann aber trotzdem gespielt.

---

[76] Es handelt sich um das Konzert für Streichquartett und Orchester in B-Dur aus dem Jahre 1933 nach dem Concerto Grosso Opus 6 Nr. 7 von Georg Friedrich Händel „in freier Umgestaltung". Die Bearbeitung ist dem Kolisch-Quartett gewidmet und wurde am 26. September 1934 vom Kolisch-Quartett mit dem Tschechoslowakischen Rundfunkorchester unter Karel Boleslav Jirák uraufgeführt. Die ursprünglich vorgesehene Uraufführung mit dem BBC Symphony Orchestra unter Schönbergs Leitung hatte sich wegen Schönbergs Abreise aus Europa zerschlagen.

WL:
Ja, wir haben es einmal mit James Levine und dem Cincinnati Symphony Orchestra aufgeführt[77] und dann noch einmal unter seiner Leitung mit dem Chicago Symphony Orchestra. Aber das zu lernen war wirklich eine äußerst aufwendige Arbeit. Es fing schon damit an, dass es zu diesem Stück keinen Klavierauszug gab. Wie will man aber ein Werk für Solisten und Orchester lernen, ohne dass man den Orchesterpart jemals gehört hat, bevor man in die erste Probe kommt? Zuerst hatte ich einen jungen Musikstudenten vom Cleveland Institute of Music, den mir Jimmy Levine vermittelt hatte, beauftragt, einen Klavierauszug anzufertigen. Was der gemacht hat, war aber so kompliziert, dass es unspielbar war. So ist es Schönberg auch mit den Klavierauszügen gegangen, die Alban Berg für ihn gemacht hat: Die waren auch viel zu kompliziert. Das ist der Ehrgeiz der Eleven, nichts auszulassen. Das Problem gibt es übrigens auch mit dem Klavierauszug zum Violinkonzert von Brahms. Die gängigen Klavierauszüge sind sehr dürftig, denn da steht aus dem Orchestersatz nun wirklich nur das Notwendigste drin. Daraufhin hat Artur Schnabel gesagt: „So geht das nicht: Ich mache Euch einen Klavierauszug, in dem man wirklich alles hören kann." Das hat er auch gemacht: ein sagenhafter Klavierauszug, aber so kompliziert, dass es keiner spielen kann![78] Ich musste also wieder von vorne anfangen und den ganzen Klavierauszug zum Schönberg-Konzert für Streichquartett selbst herstellen. Das ist ein guter Klavierauszug geworden: Den hätte man veröffentlichen sollen!

EL:
Nicht nur hast Du einen Klavierauszug gemacht, sondern auch einen Satz Orchesterstimmen gekauft.

WL:
Ja, die haben wir auch immer noch. Das Cincinnati Symphony Orchestra besaß die Stimmen für dieses Konzert nämlich nicht. Ich habe sie also gekauft und die Partitur handschriftlich eingerichtet. Inzwischen gibt es bei Schirmer eine gedruckte Partitur davon, aber damals gab es das nicht.

RS:
Es scheint also kein Stück zu sein, das man oft aufführen kann.

WL:
Nein, denn es ist auch schwierig aufzuführen und undankbar, denn das Orchester ist zu stark. Man muss es sehr zurücknehmen oder das Quartett verstärken, sonst hört man die schweren Stellen nicht. Es gibt zum Beispiel Fingersatz-Oktaven: Ich weiß nicht, was Schönberg sich dabei gedacht hat: wie bei seinem Violinkonzert setzt er Geiger mit sechs Fingern voraus. Es gibt auch eine Aufnahme aus dem Jahre 1937 mit dem Kolisch-Quartett und dem Los Angeles Philharmonic Orchestra unter Otto Klemperer, technisch leider von

---

[77] Die Aufnahme des Konzerts für Streichquartett von Schönberg, das am 2. November 1973 stattfand, ist auf CD Nr. 121 in der Sammlung LaSalle-Quartett in der Paul Sacher Stiftung erhalten. Probenausschnitte befinden sich auf CD Nr. 120.
[78] Carl Flesch und Artur Schnabel, Klavierauszug zum Violinkonzert von Johannes Brahms, Simrock Verlag Leipzig 1926.

ganz schlechter Qualität. Wir haben uns wirklich umgehört, was es gab, und uns beschafft, was man nur beschaffen konnte. Inzwischen gibt es gute Aufnahmen vom Schönberg-Konzert für Streichquartett. Neulich haben wir eine Aufnahme aus San Francisco gehört, fabelhaft gespielt vom jungen Pacifica-Quartett. Es ist ja immer so: Mit der Zeit werden die Leute besser und nachdem man viel schwere Musik gespielt hat, wird sie leichter. Und technisch sind die Quartette heute absolut auf der Höhe.

9
Alexander Zemlinsky
(1871–1942)

ROBERT SPRUYTENBURG:
Wie sind Sie auf Zemlinsky als Komponist gestoßen?

WALTER LEVIN:
Das ist ganz einfach. Wir spielten Alban Bergs *Lyrische Suite* für Streichquartett schon sehr lange, und die *Lyrische Suite* ist Zemlinsky gewidmet: die Widmung steht vorne in der Partitur. Und ich kannte natürlich auch das Zitat aus Zemlinskys *Lyrischer Symphonie* in der *Lyrischen Suite*.

RS:
Ist das in der Partitur vermerkt, dass es ein Zitat ist und woher es stammt?

WL:
Sicher! Die Noten stehen sogar in Anführungszeichen in der Partitur, wie bei einem Textzitat. Das gibt es sonst nicht: In der ganzen Musikliteratur kenne ich kein Zitat eines Themas in einer Partitur, das mit Anführungszeichen so explizit ist. Und unten auf der Partiturseite steht sogar noch als Vermerk, dass das Thema ein Zitat aus Zemlinskys *Lyrischer Symphonie* ist.[1] „Du bist mein eigen, mein eigen." Was es damit auf sich hat, mit diesem Zitat, davon hatte ich natürlich keine Ahnung. Die ganze Geschichte mit Hanna Fuchs, die ist ja erst in den 1970er Jahren zutage gekommen.[2] Und dann wollte ich natürlich die *Lyrische Symphonie* von Zemlinsky kennenlernen, aber das war damals, in den 1950er Jahren, gar nicht so einfach und es hat ziemlich lange gedauert, bis ich eine Partitur in den Händen hatte. Und dann war mir sofort klar, dass es sich dabei um ein Werk von der gleichen Bedeutung wie Mahlers *Lied von der Erde* handelte, das unbedingt aufgeführt werden musste. Von dem Moment an wurde ich nicht müde, die Leute für das Werk zu interessieren.

RS:
So haben Sie die *Lyrische Symphonie* dann an James Levine vermittelt.

WL:
Ja, und an Gerhard Samuel, der es dann mit dem Cincinnati Philharmonia Orchestra aufgeführt hat[3], und im selben Jahr auch James Levine, mit dem New York Philharmonic Orchestra.

RS:
Gibt es von dieser Aufführung unter Gerhard Samuel eine Aufnahme?

---

[1] Vierter Satz, Adagio appassionato, Takte 32–33 in der Bratsche und Takte 46–50 in der zweiten Geige.
[2] Constantin Floros, „Das esoterische Programm der Lyrischen Suite von Alban Berg. Eine semantische Analyse", in: *Hamburger Jahrbuch für Musikwissenschaft* Bd.1, 1975, S. 101–145. George Perle, „The Secret Program of the Lyric Suite", in: *International Alban Berg Society Newsletter* 5, June 1977. Beide Artikel sind vereint in: Musik-Konzepte 4, *Alban Berg Kammermusik I*, edition text + kritik, 2. Auflage, München 1981.
[3] Das Philharmonia Orchestra ist das Orchester des Cincinnati College-Conservatory of Music, das 1976–97 von Gerhard Samuel geleitet wurde. Die amerikanische Premiere von Zemlinskys *Lyrischer Symphonie* unter Gerhard Samuel fand am 1. Juni 1979 statt. Zu Gerhard Samuel siehe auch Kapitel 10.17.

Alexander Zemlinsky (1871–1942)

WL:
Ja, die gibt es, denn die WGUC[4] hat alles aufgenommen, ich habe eine Kopie davon. Das ist an sich eine historische Aufnahme! Es war die erste amerikanische Aufführung der *Lyrischen Symphonie*, 55 Jahre nach ihrer Uraufführung in Prag!

RS:
Eben, das ist auch was mich daran interessiert, dieses Brühwarme der Neuentdeckung.

WL:
Außerdem bin ich in New York immer zu Frank Music Company gegangen, in der 42nd Street. Das war ein kleiner Laden auf einer Etage, der tolle Sachen hatte. Der war immer voll mit antiquarischen Noten und Partituren. Da habe ich auch zum ersten Mal ein Buch von Adorno gesehen: *Die Philosophie der neuen Musik*. Die erste broschierte Ausgabe davon habe ich gekauft, weil ich dachte: Was ist das, „Philosophie der neuen Musik"? Kein Wort habe ich verstanden, als ich versucht habe, das zu lesen. In diesem Laden habe ich eine Partitur gesehen von Alexander Zemlinskys drittem Streichquartett, eine Philharmonia-Partitur, und dachte: „Alexander Zemlinsky? Den kennst du doch. Das ist doch der Lehrer von Schönberg gewesen! Das ist doch der, den Alban Berg in der *Lyrischen Suite* zitiert hat! Das nehme ich mit!" Gesagt, getan: gekauft. Im Flugzeug habe ich angefangen, in der Partitur herumzustöbern und dachte: „Das ist ein schönes Stück. Das müsste man doch spielen!"

RS:
Das dritte Streichquartett haben Sie 1963 einstudiert, und bis Sie dann als nächstes das zweite Streichquartett einstudiert haben, hat das noch ganze zwölf Jahre gedauert!

WL:
Ja. Das ist ein sehr, sehr schweres und langes Stück, aber meiner Ansicht nach eines der großartigsten Werke von Zemlinsky überhaupt. Zuerst habe ich jedoch Widerstände von einigen meiner Quartettkollegen überwinden müssen, die sagten: „Das wollen wir nicht spielen, das ist ein schlechtes Stück." Außerdem konnten wir Zemlinsky nicht aufführen, da es uns kein Mensch abgenommen hat. So haben wir das dritte Quartett von Zemlinsky in der ersten Saison, nachdem wir es gelernt hatten, in Europa nur dreimal gespielt, davon einmal für eine Aufnahme beim Südwestfunk.[5] Niemand wollte es haben! Ja, was soll ich denn machen, wenn die Leute das Stück nicht wollen? Auch die Deutsche Grammophon wollte es nicht. Bis die Deutsche Grammophon für Zemlinsky bereit war, mussten wir erst einmal die Kassette der Neuen Wiener Schule machen: Erst nachdem die ein Riesenerfolg wurde, ganz gegen die Voraussage aller Experten, wurde es einigen Leuten, auch den Aufnahmeleitern, klar, dass wir vielleicht doch eine bessere Idee hätten, was gute Musik ist und was es wert ist, auf Platten aufgenommen zu werden. Und wir haben der Deutschen Grammophon eingeredet, dass wir das zweite Quartett aufnehmen wollen und haben es gelernt,

---
[4] WGUC ist Cincinnatis öffentliche Rundfunkanstalt für klassische Musik und hatte ursprünglich eine Konzession für die University of Cincinnati.
[5] Das erste Konzert fand am 17. März 1964 in Cincinnati statt, die Studioaufnahme beim SWR am 24. März 1965.

um es zu spielen und aufzunehmen.⁶ Und das hat den gewünschten Erfolg gehabt. Doch wie es erfolgreich gewesen ist, das hätten wir uns aber nie denken können. Es war eine Sensation! Es fing an in Amerika, wo das zweite Quartett gegen den Widerstand des Vertreters der Deutschen Grammophon in Amerika veröffentlicht wurde, denn laut Kontrakt musste er, da wir ein amerikanisches Quartett waren, alle unsere Platten vertreiben. Er hat aber gesagt: „Nur über meine Leiche. Wenn Ihr das hier veröffentlichen wollt, kann ich davon keine zehn Exemplare loswerden, und Ihr könnt die ganze Auflage genau so wieder zurücknehmen. Ich zahle dafür nicht." „Das geht Dich gar nichts an. Das muss veröffentlicht werden, und Du vertreibst es." Und das wurde dann, als es veröffentlicht wurde, innerhalb von wenigen Wochen zum Bestseller. Es war auf der Liste von *Billboard*, dem kommerziellen Magazin für Veröffentlichungen von Jazz und allen Sparten der Musik. Und die machen Statistiken von den zehn meist verkauften Jazzplatten und Klassikplatten. Und da waren wir Nummer Zwei! Von den zehn meist verkauften Platten in den USA! Ein Streichquartett? Und neben dieser Statistik im *Billboard* stand eine Besprechung mit dem Satz: „Who is Zemlinsky?" Wer ist denn das? Das wussten sie nicht. Und die Aufnahme wurde gekauft wie warme Semmeln, bis heute weiß kein Mensch warum. In Chicago kam man in die Plattengeschäfte herein, die sonst nur Jazz verkaufen, und da war die ganze Wand voll mit den Covers von unserem Zemlinsky-Quartett mit dieser schönen, braunen Sepia-Fotografie vom jungen Zemlinsky, wunderbar! Und das haben die Jazzfans gekauft, und in den Jukeboxes, da war das zweite Quartett von Zemlinsky drin! So viel Platten wie von diesem Quartett haben wir nie wieder verkauft. Und das ging dann natürlich durch die Presse. Der *New Yorker* hatte einen Riesenartikel, einen fabelhaften Artikel, über Zemlinsky, von dem noch kaum jemand gehört hatte. Und jetzt plötzlich wurde der ein berühmter Komponist. Das hat Peter Dannenberg von der Hamburger Staatsoper dazu inspiriert, Zemlinskys Opern wieder aufzunehmen, und er hat sich sehr für sie eingesetzt. Dannenberg hat auch gesagt, dass die Zemlinsky-Renaissance eingeleitet worden war unter anderem durch die Aufnahme des zweiten Streichquartetts vom LaSalle-Quartett. Dann fing plötzlich das Interesse für Zemlinsky an, und wir konnten Zemlinsky spielen, auch das dritte Streichquartett. Später konnten wir auch die anderen Zemlinsky-Quartette aufnehmen, eines nach dem anderen.⁷

RS:
Was waren die Gründe für die Widerstände gegen Aufführungen von Zemlinskys Musik?

WL:
Dass man Zemlinsky nicht kannte und dass niemand an ihm interessiert war. Das heißt, er war ein unbekannter Komponist, der von den Nazis vertrieben worden war, und damit war er, im deutschsprachigen und im österreichischen Raum, wo seine Opern ja vorher berühmt waren, ausgelöscht. Er war zwar von den Nazis nicht tatsächlich umgebracht worden, aber

---

⁶ Das LaSalle-Quartett hat Zemlinskys zweites Quartett zum ersten Mal am 14. Oktober 1975 aufgeführt (in Cincinnati). Die Aufnahme bei der Deutschen Grammophon fand zwischen dem 3. und dem 9. Juni 1977 in Hannover statt. Ein kurzes Lecture-Recital des LaSalle-Quartetts zum zweiten Quartett von Zemlinsky am 20. Januar 1981 in Cincinnati ist in der Paul Sacher Stiftung auf CD Nr. 177 dokumentiert.
⁷ Die ursprünglichen Aufnahmen bei der Deutschen Grammophon der vier Streichquartette Zemlinskys durch das LaSalle-Quartett sind bei Brilliant Classics wieder erhältlich: Katalognummer 9188.

er war mundtot gemacht worden, musste nach Amerika emigrieren und ist dort, weitgehend unbekannt, während des Krieges 1942 gestorben. Damit gab es Zemlinsky nach dem Krieg nicht mehr, er war verschwunden, und niemand hat sich darum gekümmert, bis wir uns darum gekümmert haben. Und nach dem Riesenerfolg unserer Aufnahme des zweiten Quartetts wurde diese unangenehme Tatsache offenbar, dass die Nazis es vollbracht hatten, einen Komponisten auszuschalten. Sie haben nicht nur die Komponisten in Theresienstadt und in Auschwitz umgebracht, sie haben auch Komponisten mundtot gemacht, indem sie sie einfach verboten haben. Dasselbe ist ja mit Webern geschehen. Wenn Webern nicht durch diesen schrecklichen Unfall umgebracht worden wäre, hätte sich wahrscheinlich noch 20 Jahre später niemand für Webern interessiert. Wir waren sehr empfindlich dafür, wer von den Nazis als „entartet" gebrandmarkt worden war. Und Leute wie Zemlinsky, das wusste ich, die lagen mir am Herzen. Da war eine Wiedergutmachung unsererseits noch zu vollziehen. Und wir haben dann Frau Zemlinsky kennengelernt und waren dann mehr und mehr an diesem Mann interessiert. Der Briefwechsel[8] zum Beispiel ist ja eigentlich nur durch uns erschienen. Wir waren interessiert, weil wir allen Grund hatten, etwas umzudrehen, was die Nazis in einer ganz entsetzlichen Art und Weise verbrochen hatten. Und dazu gehörte Zemlinsky. Dazu gehörte auch Webern, dessen merkwürdige Einstellung zum Nationalsozialismus und zu Hitler ich jedenfalls damals nicht kannte, sonst hätte ich es mir auch zweimal überlegt. Aber vielleicht sollte man auch heute noch der Musik trotzdem das Primat geben.

EVI LEVIN:
Du hast ja auch einige Male Briefe bekommen: „Wieso spielt Ihr Webern, der doch ein Nazi war?"

WL:
Ja, das wurde mir damals von Leuten, die darüber schon Bescheid wussten, vorgehalten. Als die Moldenhauer-Biografie[9] erschien, hatten einige Leute das Kapitel darüber schon gelesen, ich noch nicht. Und da wurde es uns auch von einigen Leuten schwer vorgeworfen, dass man die Musik eines solchen Mannes aufführt, der sich in Briefen mit großer Bewunderung über Hitler geäußert hatte. Eine schwierige Frage: Wie weit darf man sich von solchen Dingen beeinflussen lassen in der Beurteilung von Musik, die viel früher geschrieben worden ist, und der Mann war ambivalent, das ist gar kein Ausdruck. Bis heute ist es mir kaum verständlich, diese Zwiespältigkeit in diesem Mann. Gut, darüber wollen wir jetzt nicht reden. Aber, wir haben versucht, die Neue Wiener Schule erstens mal in Amerika wieder zu spielen und dann auch in Europa. Denn es gab kein Quartett, das diese Werke im Repertoire hatte. Annähernd das Juilliard-Quartett, aber eben doch nicht alle. Und als es in Wien dann hieß, jetzt brauchen wir ein Quartett, das für die Wiener Festwochen sämtliche Quartette der Zweiten Wiener Schule spielt, gab es nur uns. Das hatte viel mit unserer Programmwahl zu tun, und bei Zemlinsky eben auch, dass wir da auf einen Komponisten gestoßen sind, den es eigentlich nicht mehr gab.

---

[8] *Zemlinskys Briefwechsel mit Schönberg, Webern, Berg und Schreker* (= *Briefwechsel der Wiener Schule*, Band 1), Schott Verlag 1995.
[9] Hans Moldenhauer, Rosaleen Moldenhauer, *Anton von Webern, A Chronicle of his Life and Work*, Alfred A. Knopf, New York 1978.

RS:
Aber nochmals zurück zur Frage, was der Grund für die Widerstände gegen Aufführungen von Zemlinskys Musik war.

WL:
Dadurch, dass seine Musik in Nazi-Deutschland verboten war, hatte man sie bis zum Ende des Zweiten Weltkrieges nicht hören können. Und nach dem Krieg wandte sich das Interesse an zeitgenössischer Musik sehr rasch Webern und dem postwebernschen Serialismus zu, und während dieser Zeit schien es uninteressant, sich mit Musik zu befassen, die in ihren Grundzügen postromantisch war, wie Mahler, Strauss und Reger, und so war auch Zemlinsky ein Komponist, der für die jüngere Generation zu der Zeit nicht interessant war: Sie musste zuerst nachholen, was man ihr vorenthalten hatte. Sie wollten also Schönberg und vor allem Webern nachholen, und auch Strawinsky. Und deshalb hatte Zemlinsky nach dem Krieg zunächst keine Renaissance.

RS:
In einem Gespräch mit Gerhard Samuel und Ann Santen in Cincinnati über Zemlinsky erwarten Sie, dass besonders Zemlinskys Opern seine Renaissance sehr beflügeln werden[10]. Das war Anfang der 1980er Jahre. Wie schätzen Sie die Lage heute, fast 30 Jahre später ein? Hat die Renaissance von Zemlinkys Opern tatsächlich stattgefunden?

WL:
Durchaus! Denn nebst Strauss und Puccini gibt es kaum Opern aus der Zeit der Wende zum 20. Jahrhundert, die das Niveau und die Qualität von Zemlinskys Opern erreichen. Sie sind also eine echte Bereicherung des Repertoires. Er ist zwar kein Puccini der heutigen Opernwelt geworden, aber immerhin, Zemlinskys Opern werden heute überall gespielt, besonders in Europa, und einige davon sehr häufig. *Der König Kandaules* wurde 1996 an der Hamburger Staatsoper uraufgeführt[11] und dann auch bei den Salzburger Festspielen gespielt.[12] Und Peter Dannenberg hat in Hamburg als Erster die beiden Einakter *Eine florentinische Tragödie* und *Der Zwerg* als Kombination auf den Spielplan gesetzt, die wir vor einem Jahr auch in Frankfurt wieder gesehen und gehört haben, sowie den *Kreidekreis* wegweisend zur Wiederaufführung gebracht.[13] Und James Conlon hat die meisten Zemlinsky-Opern aufge-

---

[10] Dieses Gespräch fand am 28. April 1981 statt und ist in der Paul Sacher Stiftung auf den CDs Nr. 180 und Nr. 181 dokumentiert. Ann Santen war die Leiterin von Cincinnatis öffentlicher Rundfunkanstalt für klassische Musik WGUC. Praktisch alle Konzerte des LaSalle-Quartetts am College-Conservatory wurden von WGUC mitgeschnitten und meistens von Ann Santen eingeleitet. Es gibt auch mehrere Interviews von Ann Santen mit Walter Levin, so am 28. Oktober 1980 ein weiteres über Zemlinsky, das in der Paul Sacher Stiftung auf CD Nr. 176 dokumentiert ist. Zu Ann Santen siehe auch Kapitel 10.13 „Michael Gielen".

[11] Zemlinsky hat die Orchestrierung der Oper *Der König Kandaules* 1938 wegen des „Anschlusses" abbrechen müssen. Die Orchestrierung wurde 1991–94 von Antony Beaumont im Auftrag der Hamburger Staatsoper fertiggestellt. Die Uraufführung dirigierte Gerd Albrecht. Ein Mitschnitt auf CD wurde bei Capriccio veröffentlicht: Bestellnummer 8056528.

[12] *Der König Kandaules* wurde 2002 an den Salzburger Festspielen unter der Leitung von Kent Nagano mit dem Deutschen Symphonie-Orchester Berlin aufgeführt. Ein Mitschnitt auf CD ist bei Andante erhältlich: Bestellnummer AN 3070.

[13] Peter Dannenberg war 1977–87 Chefdramaturg und Leiter der Hamburger Oper. Seit 1989 ist er Vorsitzender des Alexander-Zemlinsky-Fonds bei der Gesellschaft der Musikfreunde in Wien.

nommen.[14] Er hat sie in Köln alle aufgeführt und macht sie jetzt auch in Los Angeles. Also, das ist schon eine enorme Renaissance, weil man ja vom Punkt Null angefangen hat. *Der Traumgörge* zum Beispiel wurde erst 1980 in Nürnberg uraufgeführt.[15] Gustav Mahler hatte den *Traumgörge* angenommen für die Wiener Hofoper, dann ging Mahler weg, und Weingartner, sein Nachfolger, hat das Werk sofort wieder abgesetzt.[16] So ist *Der Traumgörge* nie aufgeführt worden. Mahler hatte auch die Oper *Es war einmal …* uraufgeführt.[17] Mahler glaubte sehr an Zemlinsky. Zeit seines Lebens war Zemlinskys Hauptinteresse die Oper. Er hatte seine Karriere ja als Operndirigent, eigentlich als Operettendirigent am Carltheater in Wien begonnen und sein ganzes Leben war er der große Operndirigent. Dazu haben wir das Zeugnis von keinem Geringeren als Strawinsky. Als Strawinsky in Cincinnati war[18], fragte er uns, was wir denn in unserem nächsten Konzert spielen würden, zu dem er hoffte, kommen zu können. Als wir sagten, dass wir Zemlinskys drittes Quartett spielen würden, wurde er geradezu ekstatisch, als er diesen Namen hörte: „Dieser außerordentliche Musiker! Das war der größte Dirigent, den ich je gehört habe!" Und dann erzählte er, wie er in Prag eine Aufführung von Mozarts *Hochzeit des Figaro* gehört hatte, und er war felsenfest davon überzeugt, dass das die beste Aufführung von irgendeinem Stück unter irgendeinem Dirigenten war, die er in seinem ganzen Leben je gehört hatte. Und das will etwas heißen, denn Strawinsky war äußerst kritisch in Bezug auf Dirigenten!

RS:
Sie hatten ja auch Zugang zu einigen Aufnahmen, auf denen Zemlinsky das Orchester der Kroll-Oper in Berlin dirigiert.

WL:
Ja, da war er Dirigent, zusammen mit Otto Klemperer, und hat mit dem Orchester einige Aufnahmen gemacht. Schlecht und recht, würde ich sagen. Denn das spielte man einmal durch, und damit war der Fall erledigt. Und das war kein Virtuosenorchester wie wir das heute gewohnt sind. Das beste Beispiel, wie schlecht das Orchester manchmal war, ist die Aufnahme von Mozarts g-Moll-Symphonie unter Richard Strauss. Glücklicherweise hat Frau Zemlinsky aber einige Aufnahmen ihres Mannes dem Archiv der Yale University geschenkt: Mozarts Ouvertüre zu *Così fan tutte*, *Ma Vlast* von Smetana, die *Fidelio*-Ouvertüre von Beethoven. Das sind aber alles Testplatten, das heißt, die waren noch nicht

---

[14] James Conlon hat die folgenden Opern von Zemlinsky mit dem Gürzenich Orchester Kölner Philharmoniker aufgenommen: *Der Traumgörge*, EMI Records 557 087-2; *Der Zwerg*, EMI Records 556 247-2; *Eine florentinische Tragödie*, EMI Records 556 472-2. Weitere Aufnahmen von Zemlinskys Opern: 1) *Der Traumgörge*, Gerd Albrecht, Radio Symphonie-Orchester Frankfurt, Capriccio 5211203; 2) *Eine florentinische Tragödie*, Riccardo Chailly, Royal Concertgebouw Orchestra Amsterdam, Decca 7881501; 3) *Es war einmal …*, Hans Graf, Dänisches Nationales Radio Symphonie-Orchester, Capriccio 5891763; 4) *Sarema*, István Dénes, Städtisches Orchester Trier, Koch Classics; 5) *Kleider machen Leute*, Ralf Weikert, Opern-Orchester Zürich, Koch Classics; 6) *Der Kreidekreis*, Stefan Soltesz, Radio Symphonie-Orchester Berlin.

[15] Die Uraufführung an der Nürnberger Oper fand am 11. Oktober 1980 statt.

[16] Die Uraufführung des *Traumgörge* an der Wiener Hofoper war für die Saison 1907/08 geplant. Wegen Mahlers Demissionierung fand sie nicht statt. Während seiner Zeit als Musikdirektor des Neuen Deutschen Theaters in Prag hatte Zemlinsky in der Saison 1914/15 die Uraufführung seiner Oper *Der Traumgörge* auf den Spielplan gesetzt. Sie musste aber wegen des Kriegsausbruchs abgesagt werden.

[17] Die Uraufführung von *Es war einmal …* unter Gustav Mahler fand am 22. Januar 1900 an der Wiener Hofoper statt.

[18] Siehe dazu Kapitel 10.21 „Strawinsky".

richtig gepresst und man muss sehr vorsichtig sein, dass sie einem nicht unter der Hand kaputt gehen. Später waren sie dann auf Langspielplatten erhältlich. Und diese Aufnahmen geben einen Eindruck von der enormen Intensität dieses Dirigenten, von seinem klassischen, nicht romantisierenden Zugang zur Musik und seiner Liebe zu großen dynamischen Kontrasten.

RS:
Es ist schon erstaunlich, wie eine Renaissance manchmal fast zeitgleich von verschiedenen Seiten stattfindet. In der Oper in Frankfurt hat es kürzlich eine Ausstellung gegeben unter dem Titel „Wiederentdeckung von Zemlinsky unter Schützenhilfe von Adorno". Da wurde erwähnt, dass Adorno 1959 einen Rundfunkvortrag gehalten hat, in dem er Zemlinsky als Komponist propagiert hat. Adornos Vortrag war aber nur zwei, drei Jahre bevor Sie im Antiquariat die Partitur des dritten Streichquartetts gefunden haben.

WL:
Ja, den Vortrag kenne ich, kannte ihn 1959 aber noch nicht. Da habe ich mich überhaupt noch nicht für Zemlinsky interessiert. Man muss ja irgendwann überhaupt erstmal darauf kommen! Aber Adorno kannte Zemlinsky ja schon von vorher. Er war schon in den 1920er Jahren in Wien und in Prag immer der Zwischenträger für Alban Berg und Hanna Fuchs gewesen, also er kannte Zemlinsky in Prag als Dirigenten von Schönbergs und Bergs Werken. Es überrascht mich daher nicht, dass Adorno an Zemlinsky interessiert war. Er hat über Zemlinsky auch verschiedentlich schon vorher geschrieben.

RS:
Sie haben ja Frau Zemlinsky persönlich kennengelernt. Wie hat sich das ergeben?

WL:
Das hatte damit zu tun, dass das LaSalle-Quartett im Juni 1965 für eine Fernsehaufnahme in New York war, und zwar für das Morgenprogramm „Good Morning America", ein tägliches Fernsehprogramm, zu dem alle möglichen Leute eingeladen wurden, um interviewt zu werden. Das war ein Dreistundenprogramm, das in aller Herrgottsfrühe anfing. Die langjährige Moderatorin war Barbara Walters, die dann später sehr berühmt wurde. Und zu diesem Programm war auch das LaSalle-Quartett eingeladen. Wir mussten um vier Uhr aufstehen, um fünf Uhr da sein und geschminkt werden: grauenvoll. Um sechs Uhr oder halb sieben haben wir gespielt: Davon haben wir sogar eine Aufnahme.

RS:
Haben Sie da ein Quartett von Zemlinsky gespielt?

WL:
Ich glaube, wir haben Lutoslawski gespielt. Jedenfalls waren wir etwa um sieben Uhr fertig und hatten den ganzen Tag vor uns: Was macht man jetzt mit dem angebrochenen Tag? Man konnte sich ja nicht wieder hinlegen! Also sind wir zuerst ausgiebig frühstücken gegangen, und dann sind Evi und ich ins Kino gegangen, *Zorba the Greek* haben wir gesehen, ein wunderbarer Film. Dann war es immer erst ungefähr elf Uhr. Der Tag war sehr lang,

Alexander Zemlinsky (1871–1942)

und am Nachmittag sind wir irgendwann mal in den Russian Tearoom gegangen, der neben der Carnegie Hall an der 57. Straße liegt. Damals war das ein richtiges Künstler-Café, da gingen alle hin, wenn man nicht in die Carnegie-Delikatessen ging. Also gingen wir in den Russian Tearoom, um gepflegt Tee zu trinken und die schönen Süßigkeiten zu genießen, wunderbar. Und da trafen wir Lotte Klemperer, die Tochter von Otto Klemperer, mit der wir schon lange befreundet waren. Wir setzten uns zusammen und unterhielten uns, und dann kam irgendwann ein uns unbekannter Herr dazu, und Lotte stellte uns vor, ein Korrepetitor von der Metropolitan Opera, Hans Brück. „Ach, LaSalle-Quartett, das ist ja toll! Was spielen sie denn momentan?" Wir arbeiteten gerade an Zemlinsky, ich glaube, es war das dritte Quartett. „Ach, Sie spielen Zemlinsky! Das ist ja hochinteressant! Das sollten Sie aber seiner Frau sagen, die würde sich sehr freuen." Ich sagte: „Wie bitte? Jetzt ist 1965[19], Zemlinsky ist seit über 20 Jahren tot, und auch wenn seine Frau jünger war, ist es ja unwahrscheinlich, dass sie heute noch lebt!" „Doch, doch, sie war sehr viel jünger als er, und sie lebt durchaus und unterrichtet Gesang. Sie lebt auf der West End Avenue."[20] Er ging in die Telefonzelle, holte das Telefonbuch und machte auf: „Louise Zemlinsky, bitte schön, Sie können sie anrufen, sie wird sich wahnsinnig freuen." Also hatte ich nichts Schnelleres zu tun, als in die Telefonzelle zu eilen und die Nummer anzurufen. Und da meldete sich tatsächlich Louise Zemlinsky, und ich sagte: „Herr Brück hat mir gesagt, ich könnte bei Ihnen anrufen, mein Name ist Walter Levin, wir sind ein Streichquartett, das LaSalle-Quartett. Wir spielen ein Stück Ihres Mannes und finden es wirklich wunderbar und wollten Sie gerne fragen, ob Sie nicht vielleicht mal zu uns nach Cincinnati kommen wollen. Und ich wollte Sie überhaupt mal fragen, ob ich Sie vielleicht einmal besuchen kann." „Ja, wo sind Sie denn?" „Ich bin im Moment in New York." „Also kommen Sie doch morgen Nachmittag zum Tee zu mir." Und so bin ich zu Frau Zemlinsky zum Tee gegangen. Das war ein erstaunlicher Besuch. Eine ganz ruhige, reizende Frau, ganz bescheiden. Eine schöne Wohnung mit Klavier und ein Wohnzimmer mit altmodischen Möbeln. Die Wände waren voll mit Bildern von den unglaublichsten Musikern, natürlich für mich unglaublich, alle Alexander Zemlinsky persönlich gewidmet, von Brahms, von Mahler, von Berg, von Webern, von allen großen Komponisten und Instrumentalisten. Die ganze Wiener Musikgeschichte hing da an der Wand und die Österreichische, die Prager und Böhmische noch dazu. Sie ging hinaus, um Tee zu machen, und als sie die Tür aufmachte, kam ein Windstoß vom Balkon, und da flogen einige Briefe, die auf dem Flügel gestapelt lagen, auf den Boden. Ich hob sie auf, und das waren Briefe von Brahms, von Schönberg … Ich meinte, ich sehe nicht recht: alles Originale! Ich legte sie vorsichtig wieder auf das Klavier, und als sie wieder hereinkam, sagte ich: „Frau Zemlinsky, diese Briefe haben Sie hier einfach so auf dem Klavier liegen?" „Ja, warum nicht? Die interessieren doch niemand!" „Wie bitte? Und

---

[19] Das LaSalle-Quartett hat Zemlinskys drittes Streichquartett zum ersten Mal am 17. März 1964 gespielt.
[20] Louise Sachsel (ursprünglich Luise) wurde 1900 in Podwoloczyska (Ukraine) geboren. 1901 kehrte die Familie nach Nový Bydžov im heutigen Tschechien zurück, dem Heimatort von Louises Vater Ludwig Sachsel, und ließ sich später in Prag nieder. Zemlinsky hat Louise Sachsel 1915 in Prag kennengelernt, als sie für den Chor des Prager Theaters vorsang und er ihr einige Gesangsstunden gab. Louise Sachsel hat an der Wiener Musikakademie Gesang studiert, sang 1924 in Prag als Solistin vor und wurde für kleinere Rollen engagiert. Louise war auch eine begabte Malerin; sie studierte 1918–21 an der Prager Kunstakademie. Nachdem am 31. Januar 1929 Zemlinskys Frau Ida Guttmann nach schwerer Krankheit gestorben war, heiratete er am 4. Januar 1930 Louise Sachsel. Als sie mit dem Singen aufgehört hatte, widmete sie sich ganz der Malerei und der Anthroposophie Rudolf Steiners.

die Library of Congress?" „Nein, sagte sie, ich habe sie dort schon angeboten, und die sind daran nicht interessiert." So habe ich Frau Zemlinsky kennengelernt. Daraus wurde dann eine ziemlich intensive Bekanntschaft. Ich habe dann auch vermittelt, dass die Deutsche Grammophon die *Lyrische Symphonie* aufnehmen sollte. Die hatten davon bei der Grammophon noch nie gehört, also habe ich ihnen die Partitur besorgt, und dann haben sie Dietrich Fischer-Dieskau und Julia Varady dafür interessiert, das mit den Berliner Philharmonikern unter Lorin Maazel aufzunehmen.[21] Die Deutsche Grammophon hat ihr diese Platte geschickt, und da rief sie mich an und sagte: „Diese Platte ist katastrophal, da sind ja ganze Takte ausgelassen! Das kann man doch nicht machen!" „Moment mal, Frau Zemlinsky, ich habe die Platte auch und habe sie mit der Partitur angehört. Da fehlt überhaupt nichts." „Doch, doch! Auf meinem Plattenspieler tönt das unmöglich!" „Vielleicht liegt es an Ihrem Plattenspieler. Ich komme in einer oder zwei Wochen nach New York und werde mir Ihren Plattenspieler ansehen." Dann habe ich aber meinen Sohn Thomas hingeschickt, der damals an der Yale University studierte und in New York wohnte. Ich habe Frau Zemlinsky gesagt, dass Thomas kommen würde, er sei ein Experte für Plattenspieler. Er hat sich diesen Plattenspieler angeschaut und sagte uns, das wäre ein Plattenspieler aus einer Zeit, als es noch gar keine Plattenspieler gab. Das war völlig hoffnungslos. Ich habe Thomas gesagt, er soll zu LaFayette oder Sam Goodies gehen und ihr einen neuen, anständigen Plattenspieler kaufen und schauen, ob ihre Lautsprecher in Ordnung seien, sonst würden wir ihr eine neue Anlage besorgen, und Thomas solle sie anschließen, damit sie ihre Platten vernünftig abspielen kann. So geschah es, Thomas hat alle nötigen Dinge besorgt, ist hingefahren und hat ihr alles eingerichtet.

EL:
Inzwischen wohnte sie nicht mehr an der West End Avenue, sondern in einer Alterssiedlung außerhalb von New York, einer Anthroposophen-Siedlung.

WL:
Sie war dann ganz hingerissen, erstens von Thomas und zweitens von dieser Art, wie man Platten spielen konnte. Sie hatte die ganzen Platten, die sie da hatte, eigentlich überhaupt noch nie gehört: Das war unmöglich, sie hatte keine Ahnung!

RS:
Die Platte war also dann doch in Ordnung!

WL:
Die Platte war tadellos in Ordnung. Wir haben ihr dann natürlich auch das zweite Quartett geschickt und im Laufe der Zeit auch die anderen Quartette, und sie war einfach davon hingerissen. Sie hat dann eine Stiftung ins Leben gerufen, die an der University of Cincinnati eingerichtet wurde, und dorthin sollten die Tantiemen von Alexander Zemlinsky: Das war eine ganze Menge Geld. Und als sie ins Altersheim zog, musste sie sich einengen und hat uns sehr viele ihrer Erinnerungsstücke vermacht, auch von ihren eigenen Ölbildern. Sie hat ja auch gemalt, sehr schön, erstaunlich schön gemalt.

---

[21] Die Aufnahme der *Lyrischen Symphonie* unter Lorin Maazel entstand im März 1981. Sie ist inzwischen wieder bei Brilliant Classics erhältlich: Bestellnummer 9120.

Alexander Zemlinsky (1871–1942)

RS:
Wo ist das in Cincinnati hingekommen?

WL:
Die Bilder und die Erinnerungsstücke sind jetzt in einem Zemlinsky-Zimmer in der Musikbibliothek der University of Cincinnati. Das ist ein separates Gebäude, riesig, und in diesem Gebäude ist das Zemlinsky-Zimmer, und dort sind alle ihre Erinnerungsstücke, Möbel und alle möglichen kleinen Sachen.

RS:
Das ist sicher auch auf Ihre Veranlassung zustande gekommen?

WL:
Natürlich. Bei der Einweihung haben wir gespielt, und da habe ich auch einen Einführungsvortrag für dieses Zemlinsky-Zimmer gehalten.[22]

EL:
Die Tantiemen, die sie nach Cincinnati überwiesen hatte, waren für einen Komponistenwettbewerb gedacht. Und vor ungefähr sechs Jahren hat der zum ersten mal stattgefunden.[23] Henry Meyer hat sich darum gekümmert.

Aber als die Universität bei Frau Zemlinsky anfragte, ob sie denn die Tantiemen bei der Steuerbehörde angemeldet hätte, hat sie das sehr übel genommen und alle Beziehungen abgebrochen. Daraufhin wurde der Zemlinsky-Fonds in Wien gegründet, der bis heute sehr gute Dinge leistet. Zum Beispiel durfte das Penguin-Quartett auf unsere Empfehlung hin den Namen Zemlinsky-Quartett annehmen. Die Stiftung an der University of Cincinnati existiert aber weiterhin.

WL:
Sie glaubte auch, dass ich eine Reinkarnation von Zemlinsky wäre, meine Persönlichkeit und mein ganzes Wesen sei die Reinkarnation von Zemlinsky. Das war ganz merkwürdig. Sie war etwas mystisch veranlagt.

RS:
Das hat mit ihrer Beschäftigung mit der Anthroposophie Rudolf Steiners zu tun. Das ist aber eine unübliche Reinkarnation, weil Ihre beiden Leben ja überlappen.

WL:
Ja, eben. Aber ich war ein Typ, den es eigentlich in Amerika nach dem Krieg nicht mehr gab: gutes Deutsch sprechend, der mit der deutschen Literatur vertraut war, der kritisches Denken gewohnt war durch meine Freunde Hildesheimer, Brün und Rosenberg, und der mit

---

[22] Die Einweihung des Alexander Zemlinsky Study Room in der Carl Blegen Library der University of Cincinnati fand am 21. Januar 1986 statt. Das LaSalle-Quartett spielte Zemlinskys viertes Quartett, und Walter Levin hielt einen Einweihungsvortrag unter dem Titel „Zemlinsky Rediscovered".

[23] Der Alexander Zemlinsky Prize for Composition wird alle sechs Jahre vergeben. Die erste Verleihung fand im akademischen Jahr 1999/2000 statt.

einigen der philosophischen Texte vertraut war: Ich kannte Adorno-Texte. Frau Zemlinsky war absolut erschrocken, dass ich alle diese Leute kannte, ich sei doch viel zu jung: „Woher kennen Sie das eigentlich alles, und wieso? Warum sind Sie an diesen Sachen interessiert und kennen sich damit aus? Diese ganzen Bilder: Sie wissen genau Bescheid, wer das alles ist! Ich kenne hier niemanden, der darüber Bescheid weiß!" Natürlich gab es noch einige ältere Leute, aber jemanden, der Anfang 40 war und sich mit all dem auskannte? Nun gut, ich hatte den Riesenvorteil, dem mörderischen Nazi-Deutschland als 14-Jähriger entkommen zu sein. Und in dem Moment, wo junge Leute anfangen, sich für irgendetwas zu interessieren, kam ich nach Palästina. Das war ja nun ein ganz besonderes Pflaster. In was für Gesellschaft man da kam! Sowohl von Lehrern, die älter waren, als von Freunden: Wo gab es für einen 14-Jährigen Freunde wie Herbert Brün, Wolf Rosenberg und Wolfgang Hildesheimer, die sieben bis neun Jahre älter waren? Rosenberg war neun Jahre älter als ich, das ist in dem Alter ein riesiger Unterschied! Und ich wurde einfach in diesen Freundeskreis aufgenommen und konnte mir das alles aneignen. Damit kam ich natürlich in eine deutsche Kultur, die eigentlich in Deutschland ausgerottet worden war und die es auch heute nicht mehr gibt. Die Weimarer Kultur und deren Abkömmlinge: Die Leute waren, wenn sie überleben wollten, entweder nach Amerika, nach England oder nach Palästina gegangen. Und in diese Kreise kam ich jetzt: Die Musiker waren aus Deutschland, Österreich, Tschechien, Polen, Holland, usw. Das Palästina-Orchester bestand aus lauter Emigranten.

RS:
Aber es ist dann eigentlich doch erstaunlich, dass Frau Zemlinsky in Amerika niemand aus diesem Kulturkreis gefunden hat, denn viele waren ja gerade nach Amerika ausgewandert.

WL:
Nein, sie hat da nur Gesangsunterricht gegeben. Sie war wohl sehr scheu, jüngere Leute kannte sie kaum.

RS:
Und sie wollte auch nicht mehr zurück nach Europa?

WL:
Vielleicht doch, aber es war schwer. Wohin sollte sie denn gehen: nach Prag? Das war jetzt kommunistisch geworden. Sie stammte aus einer gutsituierten jüdischen Familie und hatte in Prag auch Immobilien, aber sie war völlig enteignet worden. Das ist die Tragik der Leute, die von den Nazis zuerst enteignet wurden, und als es dann die Möglichkeit gegeben hätte, nach der Befreiung Restitution zu bekommen, wurde es kommunistisch. Jetzt, vor drei Tagen stand es in der *Herald Tribune*, ist die Wiedergutmachung für das Kaufhaus Wertheim in Ost-Berlin, das riesige Kaufhaus, abgeschlossen worden. Das ist das erste Mal! Tietz und Wertheim, das waren die beiden großen Kaufhäuser, und das KaDeWe natürlich, das „Kaufhaus des Westens", wurden alle durch jüdische Inhaber gegründet und aufgebaut. Das wurde alles enteignet und die Nachkommen hatten bis heute nicht einen Pfennig dafür bekommen. Der Grundbesitz selbst ist Multimillionen wert, und das wurde einfach enteignet. Und erst jetzt, nach der Wiedervereinigung, ist es dazu gekommen, dass es für die Leute, die dafür jahrzehntelang vor Gericht gekämpft haben, eine Eini-

gung gibt. Wie lange ist das jetzt her? Über 70 Jahre! Kurz nach 1933 wurde das alles enteignet!

EL:
Hermann Tietz, das wurde dann Hertie, das gibt es ja heute noch.

WL:
Der Inhaber von Tietz war die Familie Lazarus. Die waren dann zum großen Teil in Palästina und waren enge Freunde meiner Eltern. Meine Schwester hat einen Lazarus geheiratet: Meine Schwester Eva war Eva Lazarus, und ihre Kinder, das heißt meine Nichten, sind Lazarus-Kinder.[24]

Und jetzt übernimmt Karstadt, was auch eine jüdische Firma war, Hertie. Alle diese Leute haben natürlich wahnsinnig davon profitiert, dass diese Sachen einfach den jüdischen Besitzern weggenommen wurden. Da konnten sie billig ein Kaufhaus kriegen. Auch meines Vaters Fabrik, die Ucko Herrenkleiderfabrik an der Klosterstraße, wurde 1938 genauso enteignet. Das waren Zeiten … Na gut. Ich habe damit einen unglaublichen Vorteil gehabt, also ein Glück gehabt, von dem ich gar nicht wusste, was für ein Glück es ist, bis ich dann nachher langsam gemerkt habe, dass ich durch all diese Umstände eine Erziehung bekommen habe, die mir sonst überhaupt verschlossen gewesen wäre, oder die ich erst sehr viel später hätte bekommen können. Aber als Teenager unter solche Leute zu kommen, wie mein Lehrer Rudolf Bergmann, ein hochgebildeter, geistiger Mensch, der mich da einfach hineinerzogen hat. Und ich war ja ein Schüler von Frank Pelleg, der aus Prag stammte, und Frank Pelleg hatte bei Szell gelernt am Prager Deutschen Opernhaus, und der Lehrer von George Szell war Zemlinsky. So habe ich sehr viel über das Prager Musikleben, über Karl Kraus und über das Deutsche Theater in Prag erfahren. Das war mir also alles bekannt durch meine Lehrer: Durch Frank Pelleg kannte ich das Vorkriegs-Prag! Ja, wer hat denn das in Deutschland noch kennengelernt? Niemand! Es war ja verboten, die Weimarer Republik gab es nicht mehr. Das Prag der Vorkriegszeit? Frau Zemlinsky war sehr erstaunt, jemanden zu finden, der darüber noch Bescheid wusste, der aber ihrer Ansicht nach eigentlich zur Enkelgeneration gehörte. Denn eigentlich waren die Leute, die Bescheid wussten über diese Zeit, Emigranten, die in den 1930er Jahren als Erwachsene ausgewandert waren. Bereits deren Kinder sprachen kein Deutsch oder Tschechisch mehr, die sprachen nur noch Amerikanisch. Dass dann doch jemand aus einer Enkelgeneration wieder fließend Deutsch konnte, das war selten.

---

[24] Walter Levins jüngere Schwester Eva hat 1949 in zweiter Ehe Ernst Schreuer geheiratet.

10
Auftragswerke und Uraufführungen

ROBERT SPRUYTENBURG:

Wie wir schon anlässlich unseres Gesprächs über die Neue Wiener Schule festgestellt haben, bildete die Musik der Gegenwart von Anfang an einen Schwerpunkt im Repertoire des LaSalle-Quartetts. Eine prägende Erfahrung in dieser Beziehung war Ihre Teilnahme an den Darmstädter Ferienkursen für Neue Musik, wo Sie ab 1954 die jungen Komponisten Ihrer Generation kennenlernten.[1] Aufgrund dieser Bekanntschaften ist im Lauf der Jahre dank der Unterstützung der „Sunday Group" in Cincinnati eine ganze Reihe von Streichquartetten entstanden, die Sie uraufgeführt haben. In chronologischer Folge waren das die Quartette von Gottfried Michael Koenig (1960), Henri Pousseur (1962), Franco Evangelisti (1962), Giuseppe Englert (erstes Quartett: 1964; zweites Quartett: 1971), György Ligeti (1969), Mauricio Kagel (1974) und Luigi Nono (1980). Krzysztof Penderecki hat sein Streichquartett zwar nicht für das LaSalle-Quartett komponiert, aber Sie haben es 1962 uraufgeführt. Das Quartett von Witold Lutoslawski seinerseits entstand als Auftragswerk für den Schwedischen Rundfunk und wurde 1965 in Stockholm anlässlich des zehnjährigen Jubiläums der Konzertreihe „Nutida Musik" vom LaSalle-Quartett uraufgeführt. In dieser Phase des LaSalle-Quartetts ragt das Jahr 1962 mit fünf Uraufführungen heraus: nebst den schon erwähnten Quartetten von Pousseur, Penderecki und Evangelisti auch noch das dritte Quartett von Herbert Brün und das dritte Quartett von Wolf Rosenberg. Aus dieser eindrücklichen Reihe von neuen Werken sind die Quartette von Lutoslawski und Nono sowie das zweite Quartett von Ligeti mittlerweile zu Klassikern des Repertoires avanciert.

WALTER LEVIN:

Das stimmt: Das Lutoslawski-Quartett und das zweite Quartett von Ligeti sind sicher die beiden erfolgreichsten Stücke aus der zweiten Hälfte des 20. Jahrhunderts in unserem Repertoire.

RS:

Ich schlage vor, dass wir uns zuerst über diese beiden Werke und über das Quartett von Nono unterhalten.

10.1 Witold Lutoslawski (1913–94)

RS:

Das Auftragswerk, das Sie, glaube ich, mit Herzenslust am meisten gespielt haben, ist das Quartett von Witold Lutoslawski.[2]

---

[1] Siehe dazu Kapitel 3 „Die Geschichte des LaSalle-Quartetts".
[2] Von der Uraufführung bis zur letzten Aufführung am 27. März 1983 sind 98 Aufführungen durch das LaSalle-Quartett dokumentiert.

WL:
Das ist aber auch ein echtes Spielstück, das gut klingt und einem Spaß macht, es immer wieder zu spielen. Es spricht auch das Publikum immer an und vermittelt etwas: ein Stück richtiger, guter Musik! Es ist auch nicht schwer im Repertoire zu halten, nachdem man es einmal gelernt hat, und daher auch ein angenehmes Stück, um es auf Tournee zu nehmen. Sicher, es gibt schon Stellen, die man üben muss, Kadenzen und einzelne Soli, aber es ist nicht wirklich schwer wie das „Allegro Misterioso" in Alban Bergs *Lyrischer Suite* oder wie das zweite Ligeti-Quartett, wo es diese irrsinnig schnellen Passagen mit ständigen Saitenwechseln gibt, die in der geforderten Geschwindigkeit einfach technisch schwer zu machen sind. Das Quartett von Lutoslawski ist dagegen sehr gut spielbar, und es klingt ausnehmend gut.[3]

RS:
Witold Lutoslawski gehört nicht zu den Bekanntschaften von den Darmstädter Ferienkursen für Neue Musik. Wo haben Sie ihn kennengelernt?

WL:
Das war in Warschau. Als das LaSalle-Quartett im Februar 1964 von einer Mittelmeer- und Osteuropatournee zurückkam, spielten wir als letztes Konzert einen Abend in der Philharmonie in Warschau, und anschließend gab es beim amerikanischen Kulturattaché einen Empfang: ein denkwürdiger Anlass. Bei diesem Empfang waren viele der prominenten polnischen Musiker zugegen, und wie üblich gingen wir vom einen zum anderen, sprachen mit diesem und jenem, und nach einiger Zeit tauchte auch Witold Lutoslawski auf. Er eilte gleich auf uns zu und sagte: „Wie schön, dass ich Euch sehe! Ich freue mich so, dass Ihr mein neues Streichquartett uraufführen werdet!" Wir waren wie von der Keule geschlagen. Das muss sich wohl in unserer Physiognomie gezeigt haben, denn er sagte: „Wie? Wisst Ihr das denn nicht?" Wir hatten tatsächlich nichts davon gehört, weder von seinem neuen Quartett, noch dass wir es uraufführen würden. Es stellte sich heraus, dass der Schwedische Rundfunk für das zehnjährige Jubiläum seiner Reihe „Nutida Musik" (Neue Musik) bei zwei Komponisten Auftragswerke bestellt hatte: Ligeti sollte ein Requiem schreiben und Lutoslawski ein Streichquartett. Und da man beim Schwedischen Rundfunk wusste, dass das LaSalle-Quartett gerne neue Musik spielt, hatten Sie bei Margarete Haegefeld, unserer schwedischen Managerin, angefragt, ob wir Lutoslawskis Streichquartett uraufführen könnten. Sie hatte gleich zugesagt und während unserer nächsten Tournee in Schweden, die für März 1965 schon geplant war, gleich ein Datum vereinbart. Nur hatte sie es versäumt, auch uns darüber zu verständigen. Die Situation war Lutoslawski natürlich sehr peinlich, aber er beschwichtigte uns sogleich, es wäre keineswegs ein schwieriges Stück und auch gar nicht sehr lang. Nach unserer Erfahrung können sich jedoch sowohl Komponisten als auch Interpreten arg verschätzen bezüglich der erforderlichen Zeit, um einerseits ein Werk zu schreiben, andererseits es zur Uraufführung vorzubereiten. Ein Jahr bis zur Uraufführung war also eine sehr kurze Zeit, zumal das Quartett noch nicht einmal fertiggeschrieben war.

---

[3] Die Aufnahme des LaSalle-Quartetts für die Deutsche Grammophon von Lutoslawskis Streichquartett wurde bei Brilliant Classics neu aufgelegt: Bestellnummer 9187. Die „Vor-Uraufführung" am 16. Februar 1965 in Cincinnati ist auf CD Nr. 62 in der Paul Sacher Stiftung dokumentiert und befindet sich auf der CD-Beilage.

Witold Lutoslawski (1913–94)

Abb. 36: Das LaSalle-Quartett mit Witold Lutoslawski vor dem Lecture-Recital, Cincinnati März 1977

Abb. 37: Walter Levin und Witold Lutoslawski nach dem Lecture-Recital, Basel Februar 1990

Wir bekamen tatsächlich erst im November desselben Jahres ein großes Paket, und zu unserem Schrecken enthielt dieses Paket nichts weiter als die vier Stimmenhefte, und zwar nicht einmal des ganzen Quartetts, sondern nur vom ersten Teil. Zudem gab es keine Partitur.

RS:
Und Sie waren mit dem LaSalle-Quartett seit je gewohnt, komplexe und vor allem neue Stücke aus der Partitur zu lernen und zu spielen.

WL:
Natürlich! Es soll ja jedes Quartettmitglied wissen, was die anderen drei spielen und wie sich die vier Stimmen zu einem Ganzen fügen. Wir baten also Lutoslawski, uns doch bitte eine Partitur zu schicken. Es stellte sich aber bald heraus, dass es einen guten Grund gab, warum es keine Partitur gab, denn in diesem Stück gebraucht Lutoslawski eine Technik, die er „kontrollierte Aleatorik" nennt. Er meint damit, dass es Abschnitte gibt, in denen der einzelne Spieler seinen Part in einem vorgegebenen Rahmen selbstständig gestalten kann, ohne auf die drei anderen Rücksicht zu nehmen. In diesen Ad-libitum-Abschnitten wird das Zusammenspiel demnach in gewisser Weise dem Zufall überlassen. Auf unsere dringende Bitte nach einer Partitur bekamen wir von Lutoslawski eine lange briefliche Erklärung, warum das in diesem Stück nicht möglich sei. Das ist ein sehr interessantes Zeugnis, das ich Ihnen gerne vorlese:

> „Sie schrieben mir, dass Sie eine Partitur haben möchten, damit jeder genau weiß, was der andere zu tun hat, und an welchen Stellen Dinge zusammentreffen. Eine der grundlegenden Techniken, die ich in meinem Stück benutze, ist nun aber gerade, dass in vielen Teilen jeder einzelne Spieler nicht wissen soll, was die anderen tun, oder jedenfalls seine Stimme so spielen soll, als ob er nichts höre als seinen eigenen Part. In solchen Abschnitten soll er sich nicht darum kümmern, ob er den anderen voraus oder hinterher ist. Dieses Problem existiert einfach nicht, weil Vorkehrungen getroffen wurden, alle unerwünschten Folgen solcher Freiheit zu vermeiden. Wenn jeder Ausführende die Instruktionen, die in seiner Stimme stehen, genau befolgt, kann nichts passieren, was der Komponist nicht vorausgesehen hätte. Keine mögliche Verlängerung oder Verkürzung der Stellendauer durch den einzelnen Spieler kann das Endresultat entscheidend beeinflussen. Das Fehlen einer Partitur ist zum Teil kompensiert durch ein vielfältiges System von Signalen in den Stimmen, auch sind Teile des Stückes traditionell notiert und es gibt viele Hilfsnotenlinien. In eine jeweilige Stimme habe ich oft den Part eines anderen Instrumentes notiert, die es zu begleiten gilt. Sie mögen fragen, warum ich solch großen Wert auf die Nicht-Existenz einer Partitur zu meinem Stück lege. Die Antwort ist ganz einfach: wenn ich eine normale Partitur schreiben würde, die Stimmen mechanisch übereinander platziert, wäre das falsch, irreführend. Es würde ein anderes Stück darstellen. Es würde suggerieren, dass Noten, die übereinander stehen, immer im gleichen Moment zu spielen seien. Das ist aber entgegen meiner Absicht. Es würde den einzelnen Spielern verhindern, frei zu sein in der Ausführung von Rubato, Ritardando, Accelerando, von Pausen, vor allem aber seines Tempos. Das

würde aber das Stück seines Mobile-Charakters[4] berauben, also seiner wichtigsten Eigenschaft. Um Ihrem Wunsch jedoch nachzukommen, habe ich dennoch eine Art Partitur geschrieben, die allerdings erheblich von einer normalen abweicht. Sie werden darin sehen, dass es im ganzen Stück nur wenige Momente gibt, in denen die Stimmen genau zusammentreffen. Kurze Stellen in traditioneller Partitur-Notation werden normal gespielt. Ansonsten, in der übrigen Partitur, spielt jeder Musiker gänzlich unabhängig von den anderen. Wie Sie sehen werden, wird jede einzelne Stimme in der Partitur so gelesen wie ein individueller Part. Das habe ich absichtlich gemacht, um der falschen Annahme vorzubeugen, es sollten bestimmte Noten zusammentreffen."

RS:
Was war für Lutoslawski die Grundidee seines Streichquartetts?

WL:
Er wollte, wie er sagt, „die überreichen Möglichkeiten des Solomusizierens" auf das Gebiet der Ensemblemusik übertragen. Dazu hat er das Konzept des kollektiven Ad-libitum-Spiels entworfen. Das heißt, dass jeder Einzelne frei spielen können soll, ohne durch genau notierte rhythmische Relationen gefesselt zu sein. Und trotzdem sollte es ein auskomponiertes Stück sein, das heißt vom Material her nicht durch die Spieler improvisiert. Ein gewagtes Unternehmen, aber ein geniales Konzept, das er in mehreren Werken realisiert hat, zuerst 1961 in *Jeux vénitiens* und 1963 in den *Trois poèmes d'Henri Michaux* und später, 1967, in der Zweiten Symphonie. Im Streichquartett betrifft das kollektive Ad-Libitum-Spiel vor allem die normale, gemeinsame Zählzeit: das, was ein Dirigent normalerweise schlägt und was man im Quartettspiel als selbstverständlich voraussetzt. Diese gemeinsame Zählzeit fällt nun aber weg, und dadurch, dass jeder seinen Part unabhängig von den anderen spielt, ergeben sich aleatorisch sehr komplexe rhythmische Strukturen und jedesmal neue Zusammenhänge, das heißt eine rhythmische Textur von ungeahnter Flexibilität, die sich konventionell gar nicht notieren ließe. Und wenn man es versuchen würde, sie zu notieren, wäre es wohl beinahe unmöglich, sie genau wiederzugeben. Es ist nämlich eine der Entwicklungen der Musik des 20. Jahrhunderts, dass sie oft einen Grad von rhythmischer Komplexität erreicht hat, der an die Grenzen des für Menschen Ausführbaren geht. Ich denke zum Beispiel an den Misterioso-Satz aus Alban Bergs *Lyrischer Suite* oder an das zweite Streichquartett von György Ligeti. Dort sind die kompliziertesten Rhythmen genau ausgeschrieben und man muss sich an sie halten, wenn man das Stück spielt. Das ist aber eine ungeheure

---

[4] Zum „Mobile"-Charakter seines Streichquartetts gibt Lutoslawski die folgende Erklärung: „Als ich mich des Ausdrucks ‚mobil' bediente, hatte ich die variable Länge der einzelnen Sektionen in den verschiedenen Stimmen im Auge, die sich aus dem Ad-libitum-Ensemblespiel ergibt. Da es nun in diesem Werk sehr lange, mehrere Minuten dauernde Sektionen gibt, entstehen große Unterschiede zwischen den einzelnen Aufführungen. Daher bedurfte ich eines Terminus, der die durch die Aufführungsweise bedingte Beweglichkeit der Schichten des Werkes bezeichnet. In diesem Zusammenhang sei jedoch betont, dass diese Variabilität der langen Sektionen nicht das Ziel dieser Technik war; vielmehr handelt es sich hier einfach um gelockerte zeitliche Beziehungen, um eine spezifische Faktur, die man bildlich als ‚fließend' bezeichnen könnte in dem Sinne, wie man etwa von ‚fließendem' Gewebe, ‚fließender' Seide spricht. Das Komponieren nach dieser Methode ließe sich, so paradox das klingen mag, mit dem Skulptieren aus unvollständig festem, beinahe flüssigem Material vergleichen." Zitiert nach: Tadeusz Kaczyński, *Gespräche mit Witold Lutoslawski*, Verlag Philipp Reclam jun., Leipzig 1976, S. 25–26.

Belastung für die Freiheit jedes einzelnen Spielers, und es dauert oft sehr lange, bis man sich ein solches Stück derart angeeignet hat, dass man frei genug ist, es so zu spielen wie ein Mozart- oder Beethoven-Quartett. Dieses Problem fällt jetzt bei Lutoslawski weg. Seine begrenzte Aleatorik erlaubt es, eine unbegrenzte rhythmische Vielfalt zu erzielen, die aber für die Spieler keinerlei Fessel bedeutet, denn sie spielen ja ihren Part nach Lust und Laune. Das Streichquartett hat denn auch eine ungeheure Lebendigkeit im Klang und tönt im Detail jedesmal neu. Es ist zudem, wie immer bei Lutoslawski, eine äußerst starke Ausdrucksmusik.

RS:
Wie sah denn die „Art Partitur" aus, die Lutoslawski schließlich doch noch zusammengestellt hat? Denn für sein Konzept des kollektiven Ad-libitum-Spiels eignet sich eine konventionelle Partitur wohl tatsächlich nicht.

WL:
Nein. Zuerst einmal besteht das Stück aus verschiedenen Sektionen, die jeweils auf einer eigenen Seite notiert sind. Die vier Stimmen sind zwar in der üblichen Reihenfolge übereinander notiert, aber jeder Part befindet sich in einem eigenen Rahmen oder Kasten und wird wie ein individueller Part unabhängig von den anderen gespielt. Es ist somit unmöglich, die vier Stimmen vertikal zu lesen. Dort wo verschiedene Stimmen ausnahmsweise zusammentreffen sollen, sind sie durch eine vertikale, gestrichelte Linie miteinander verbunden. Jeder Spieler soll seinen Part wiederholen, bis ein Signal eintritt: Am Ende einer Sektion steht zum Beispiel in den drei oberen Stimmen: „Wiederholen, bis das Cello eintritt, dann zur nächsten Sektion übergehen." Oder an anderer Stelle steht in der Stimme der ersten Geige: „Sofort aufhören, wenn die zweite Geige zwei Oktaven spielt." Solche Signale ermöglichen die Kontinuität des ganzen Stückes. Der Zuhörer merkt davon jedoch nichts, denn wenn die Spieler das Stück einmal gut kennen, geht alles nahtlos ineinander über.

RS:
Lutoslawski erwähnt in seinem Brief an Sie zudem, dass jeder einzelne Spieler auch frei sein soll in der Ausführung von Rubato, Ritardando, Accelerando, von Pausen, vor allem aber seines Tempos. Diese Asynchronität ist auch eine Neuerung. Was beabsichtigte er damit?

WL:
Ja, das hat es in dieser Art vorher noch nicht gegeben. Das Fehlen eines gemeinsamen Metrums ermöglicht eine weitere rhythmische Freiheit, durch die eine rhythmische Textur von ungeahnter Flexibilität entsteht. Aber Sie sehen, dass man ein solches Stück ohne Partitur nicht lernen kann, denn wie soll man sonst wissen, was die anderen in ihrer Stimme haben, und ob man unabhängig oder zusammen spielen soll? Und da jeder etwas völlig Anderes spielt, möchte ich auch wissen, ob sie tatsächlich spielen, was in ihrer Stimme steht und die Anweisungen befolgen, die drinstehen. Für diese Übersicht genügte die „Art Partitur", die Lutoslawski uns schließlich geschickt hat, durchaus. Die Form dieser Partitur war übrigens die Idee von seiner Frau, Danuta: Sie hat die einzelnen Stimmen ausgeschnitten und auf große Bögen übereinander geklebt.

RS:
War sie auch Musikerin?

WL:
Nein, aber sie hat ihm immer sehr geholfen.

RS:
Ein Problem, das im Zusammenhang mit der begrenzten Aleatorik in Lutoslawskis Werken oft angesprochen wird, ist, wie er die Harmonik kontrollieren kann, wenn doch über weite Strecken der Zusammenklang des Stückes von den Spielern abhängt.

WL:
Ja, das ist ein technisches Problem, welches Lutoslawski mithilfe der mathematischen Konzeption der Kombinatorik gelöst hat: Er war ja ein ausgebildeter Mathematiker.[5] Wenn nun bei langsamer harmonischer Bewegung ein bestimmter Akkord eine gewisse Zeit liegen bleibt, ist er unabhängig davon, in welcher Reihenfolge seine Töne erscheinen: Man hört ein Klangfeld, das aus einer bestimmten Anzahl von Tönen besteht. Die Alberti-Bassbegleitung in der Klassik beruht ja auf dem selben Prinzip, das heißt, wenn ein Akkord im Arpeggio gespielt wird, ist es egal, welche Note des Arpeggios zuerst kommt: Man hört den Akkord als Ganzes, als Klangfeld, unabhängig von der Reihenfolge seiner Töne. Dieses Prinzip der altbekannten komplementären Harmonik wendet Lutoslawski nun in neuer Weise so an, dass er zum Beispiel für eine Sektion im Streichquartett einen Elftonklang definiert, dessen Töne auf die drei oberen Instrumente verteilt werden: Die erste Geige und die Bratsche wiederholen je vier der elf Töne und die zweite Geige die drei anderen, jeder in wechselnder Reihenfolge und rhythmisch variiert. So entsteht ein fluktuierendes, statisches Klangfeld, in dem die Harmonik trotz der internen Bewegung ganz stabil ist, nämlich immer derselbe, arpeggierende Elftonklang. Bei der Komposition solcher frei zu spielenden Sektionen muss sich der Komponist vorstellen können, welche die schlechteste harmonische Kombination ist, die durch das Ad-libitum-Spielen entstehen könnte, und prüfen, ob dieser ungünstigste Zusammenklang noch seine Anforderungen erfüllt. Wenn dies der Fall ist, können folglich alle anderen Tonkombinationen nur besser sein und seinen Ansprüchen genügen. Im gegenteiligen Fall, zum Beispiel bei zu schnellen Harmoniewechseln, wird die Stelle konventionell notiert, das heißt man muss genau Ensemble spielen. Ein zusätzlicher Grund für die konventionell notierten Abschnitte ist, dass die stationären Klangfelder in den Ad-Libitum-Teilen einen relativ langsamen Harmoniewechsel voraussetzen und daher statisch klingen. Um diesen Nachteil zu kompensieren, wechselt Lutoslawski in den Werken, in denen er seine Technik der begrenzten Aleatorik anwendet, Ad-Libitum-Stellen mit konventionell notierten Stellen ab, in denen sich die Harmonie rascher ändern kann.

RS:
Wie sind die konventionell notierten Stellen beschaffen?

---

[5] Lutoslawski studierte 1931–33 Mathematik an der Universität Warschau, bevor er sich definitiv entschied, Musiker und Komponist zu werden.

WL:
Auch sie sind rhythmisch komplex, aber ausgeschrieben. Zum Beispiel spielt die erste Geige im 9/8-Takt, und ihr Tempo ist punktierte Viertel = Metronom 120. Die zweite Geige spielt zur selben Zeit im 2/2-Takt Viertel = 160. Die Viola spielt im 3/4-Takt Viertel = 120, und das Cello spielt im 5/8-Takt Achtel = 200, alle genau zusammen. Jeder spielt also in einem anderen Tempo und in einem anderen Metrum. Wenn man das aber ausrechnet, entdeckt man, dass im selben Takt die erste Geige neun Noten spielt, die zweite acht, die Bratsche sechs und das Cello fünf, und auf eins müssen alle zusammen sein, wie es in der Partitur durch eine gestrichelte, vertikale Linie angegeben ist. Die konventionell notierten Teile des Stückes klingen aber nicht anders als die Ad-Libitum-Teile, und der Hörer kann die Notationsunterschiede nicht wahrnehmen.

RS:
Zum Lernen war das Quartett von Lutoslawski wohl eine ziemliche Umgewöhnung für Sie, weil man immer gewohnt ist, zusammenzuspielen.

WL:
Durchaus: Anfänglich, bis wir das Stück wirklich gut kannten, stieß es auf gewisse Hemmungen, seinen Part unabhängig von den anderen zu spielen, und wir ertappten uns immer wieder dabei, unwillkürlich zuzuhören, was die anderen machen, um mit ihnen genau zusammenzuspielen. Es gibt zum Beispiel Stellen, wo jeder seinen Part spielt und nach einer gewissen Zeit aufhören soll, unvorhersehbar: Der eine spielt noch, der andere hört schon auf, und man wartet, bis alle aufgehört haben. Es konnte aber passieren, dass wir alle auf die Sekunde gleichzeitig aufhörten: also genau falsch! Man musste sich wirklich zusammennehmen, um selbstständig zu spielen. Diese Selbstständigkeit wird einem in der westlichen, klassischen Musik aber weitgehend ausgetrieben.

RS:
Wenn Sie heute das Stück unterrichten, haben die jungen Quartette dieses Problem auch?

WL:
Genau so, sie wollen unbedingt immer zusammenspielen.

RS:
Bei allen kompositorischen Neuerungen ist Lutoslawskis Streichquartett bezüglich der Klangerzeugung aber deutlich weniger avanciert als einige Stücke anderer Komponisten aus der gleichen Periode.

WL:
Ja, das stimmt, es kommen kaum ungewöhnliche Klänge vor. Es gibt viel Pizzicato, mit Dämpfer wird in einigen Sektionen gespielt, aber es gibt kaum „sul ponticello" (das Spielen am Steg), überhaupt kein „col legno" (das Streichen oder Schlagen mit der Bogenstange). An einigen Stellen benutzt Lutoslawski die Vierteltonabstände als intensivierendes Ausdrucksmittel. Auch macht er von Glissandi großzügig Gebrauch. Es werden aber keinerlei neue Geräusche erzeugt, wie sie ja sonst schon lange in der Avantgardemusik Gang und

Gäbe sind. Was Neuerungen in der Klangerzeugung betrifft, ist das Quartett also ein eher zurückhaltendes Stück, dafür aber im Ausdruck ungeheuer intensiv.

RS:
Nachdem Sie schließlich von Lutoslawski seine „Art Partitur" bekommen und das Quartett einstudiert hatten, hatten Sie dann noch Gelegenheit, es vor der Uraufführung mit ihm durchzuarbeiten?

WL:
Nein, wir haben mit ihm nur über gewisse Fragen, die wir hatten, korrespondiert, aber mit ihm gearbeitet haben wir nicht. Nur war er verunsichert dadurch, dass wir immer wieder auf eine Partitur gedrungen haben, und dachte bis zum Schluss, wir hätten sein Stück völlig missverstanden. Er hat also geschrieben, dass er das Quartett vor der Uraufführung gerne einmal hören möchte. So haben wir es ihm morgens in der Bar des Hotels Vakuna in Helsinki zum ersten Mal vorgespielt. Wir waren natürlich selbst gespannt, wie er darauf reagieren würde. Ich habe vorgeschlagen, dass wir es zuerst einmal ganz durchspielen, so wie wir es gearbeitet hatten, und dass er anschließend seine Kommentare geben würde. Er und seine Frau Danuta saßen da und hörten sich unser Vorspiel an. Und als wir fertig waren, war Todschweigen, minutenlang, schien uns. Wir waren ganz entmutigt, denn wir dachten, wir hätten seine Absichten völlig verfehlt und sein Stück nicht erfasst. Und endlich sagte er: „Ändern Sie überhaupt nichts, lassen Sie alles genau so!" Er hat später auch oft in Artikeln und Gesprächen gesagt, dieses Vorspiel wäre für ihn ein überragendes und unvergessliches Erlebnis gewesen, denn in seiner Erfahrung stimmte bei Proben gewöhnlich nichts.[6] Auch die Uraufführung in Stockholm war ein sensationeller Erfolg. Dazu gab es aber noch eine wunderbare Begebenheit. Am Anfang des Stückes steht nämlich ein Doppelstrich mit Wiederholungszeichen und der Anmerkung: „Repeat the phrase between the repeat marks until you see the audience has become completely quiet." Das ist, wenn man gerade auf die Bühne kommt, sich hinsetzt und ein Stück anfangen will, ja oft der Fall: Man muss ein bisschen warten, bis Ruhe einkehrt. Das Ruhigwerden des Publikums hat Lutoslawski mit einkomponiert. Ich hatte diese Anfangsphrase also eben zweimal gespielt, es war völlig ruhig geworden, und gerade wollte ich weiterspielen, als eine Tür zuknallte und jemand mit lauten Schritten ins Auditorium kam und sich ungeniert in die zweite Reihe drängte, sodass alle aufstehen mussten: Es gab einen großen Aufruhr, und ich habe den Anfang immer weitergespielt: Es dauerte ewig! Lutoslawski fand das herrlich! Denn die Nerven, so

---

[6] „Ich bin gewohnt, bei Proben ein totales Chaos zu erleben, wo sich mein Stück nur in vagen Umrissen andeutet. Häufig spielt man nicht einmal die geforderten Noten. Dann beginnen sich erst langsam, allmählich die gröbsten Konturen herauszuschälen, und nach ein paar Aufführungen klingt das Werk endlich so, wie ich es mir vorgestellt hatte. Proben können daher einen Komponisten oft deprimieren: Er denkt, es liege an ihm, und befürchtet, dass sein Stück niemals so kommen wird, wie er es sich wünscht. Weil ich mit dieser Misere vertraut bin, war es für mich eine schon fast lähmende Überraschung, als das LaSalle-Quartett mir zum ersten Mal mein Streichquartett vorspielte. Das war in Helsinki, wenige Tage vor der Uraufführung, als an der Interpretation schon kaum mehr etwas verändert werden konnte. ... Ich saß fast bewegungslos unter der Wirkung dieses Erlebnisses. Niemals hatte ich geglaubt, dass mein Quartett mit solcher artistischer Perfektion dargeboten werden könne, so voller Empfindung. Ich konnte nur sagen: Lassen Sie es wie es ist! Lassen Sie alles so! Verändern Sie nichts!" Zitiert nach: Bálint András Varga, *Neun Stunden bei Lutoslawski*, in: Tadeusz Kaczyński, *Gespräche mit Witold Lutoslawski* (siehe Anmerkung 4), S. 211–212.

lange den Anfang zu verzögern, die hätte ich normalerweise nie gehabt. Meine beruflichen Kollegen, die im Auditorium saßen, auch György Ligeti war da, haben nachher behauptet, ich hätte diesen Mann extra dafür engagiert. Dem war durchaus nicht so, möchte ich betonen.

10.2 György Ligeti (1923–2006)

RS:
Im Gegensatz zum Streichquartett von Lutoslawski, das Sie zwar uraufgeführt haben, das aber ein Auftragswerk des Schwedischen Rundfunks war, ist das zweite Streichquartett von György Ligeti vom LaSalle-Quartett angeregt worden. In der Partitur steht „Komponiert im Auftrag von J. K. S. und des Südwestfunks Baden-Baden" und „In memory of Alfred J. Friedlander".

WL:
Ja, Jane K. Steinfirst war Alfred Friedlanders Frau.[7] Nachdem Alfred gestorben war, hat sie später einen Kritiker aus Pittsburgh geheiratet. Aber um sich von der Tragödie von Alfreds Tod abzulenken, fuhr sie mit uns auf Europatournee. Sie ist überall mitgefahren, war hier in Basel und dann auch in Wien. Und in Wien hat die Schwester von Ann Santen im Bristol Hotel eine Riesenparty gegeben: Dazu hatte sie den ganzen Ballsaal gemietet. Und da war auch Ligeti, mit dem wir schon befreundet waren, seitdem er nach seiner Emigration 1956 aus Ungarn zum ersten Mal an den Darmstädter Ferienkursen für Neue Musik teilnahm. Mit ihm hatten wir bereits seit etwa zehn Jahren wegen eines Quartettauftrags verhandelt. Auch während dieser Party in Wien haben wir wieder darüber gesprochen, und er hat gesagt: „Ja, aber wer soll das bezahlen? Das kostet Euch viel Geld." Darauf hat Jane geantwortet: „Das zahle ich!" Und der Südwestfunk hat sich auch beteiligt: Wir haben immer versucht, das so zu arrangieren, damit der SWR die Rechte für die Ausstrahlung der Erstaufführung bekam.

Abb. 38: György Ligeti, Darmstädter Ferienkurse für Neue Musik, späte 1950-er Jahre

RS:
Genau wie Lutoslawski ist auch Ligeti ein unglaublich eigenständiger Komponist, aber völlig anders orientiert. Wie würden Sie die Eigenheiten von Ligetis zweitem Streichquartett beschreiben?[8]

---

[7] Zu Alfred Friedlander siehe Kapitel 3 „Die Geschichte des LaSalle-Quartetts", Unterkapitel „Cincinnati".
[8] Ein Interview von Ann Santen mit Walter Levin vom 8. Februar 1983 über Ligeti ist in der Sammlung LaSalle-Quartett in der Paul Sacher Stiftung auf CD Nr. 233 dokumentiert.

György Ligeti (1923–2006)

WL:
Es ist in vielerlei Hinsicht ein viel klassischeres Quartett als man auf den ersten Blick vermuten würde. Das Stück ist nämlich fünfsätzig und bezieht sich damit auf eine mehr als 200 Jahre alte Tradition der Gattung Streichquartett: Bei Haydn sind es mehrheitlich vier Sätze, aber schon Beethovens Opus 132 zum Beispiel ist fünfsätzig. Für Ligeti von zentraler Bedeutung sind jedoch das vierte und fünfte Quartett von Bartók: Beide sind ebenfalls fünfsätzig. Überhaupt spielt Ligetis Zweites Quartett mit der Tradition. Hinter dem vordergründig Neuen erscheinen wie durch einen dünnen Vorhang Elemente älterer Stile, versteckte Anspielungen, formale Reminiszenzen, oft traumhaft verzerrt, zeitlich extrem gerafft oder zu gelähmtem Stillstand gedehnt. Wörtliche Zitate gibt es keine, die Musik zitiert vielmehr das Gehabe, den Gestus der traditionellen Musik, das heißt die gestischen und rhetorischen Grundtypen, aber abstrahiert von ihrer Erscheinungsweise in der traditionellen Musik. Es fehlen also die gewohnten Orientierungsstützen beim Hören: keine Themen, keine Motive, keine thematisch-motivische Arbeit, keine Durchführung, auch jede erkennbare Taktmetrik wird vermieden. So entsteht ein vielschichtiger, hintergründiger Bezug zur Tradition als subtile Matrix einer völlig neuen Musik. In einem Gespräch anlässlich der Uraufführung in Baden-Baden hat Ligeti seine ambivalente Einstellung zur Tradition so formuliert: „Die Tradition negieren, indem ich etwas Neues mache, aber irgendwie indirekt die Tradition doch durch Allusionen durchscheinen zu lassen: Das ist für mich ganz wesentlich. Ich weiß nicht, wie das psychologisch zu begründen ist. Vielleicht habe ich irgendwo das Bedürfnis, wenn ich mich von der Tradition so weit loslöse, doch im Geheimen eine Nabelschnur zu behalten, so wie ein Weltraumfahrer, der doch durch eine Schnur mit dem Satelliten verbunden ist, obwohl er sich frei im Raum bewegt."

RS:
Es ist eben wohl doch der Eindruck des absolut Neuen, der beim Hören vor allem überwiegt.

WL:
Ja, aber trotzdem ist vieles einfach eine Überhöhung von Dingen, die es auch vorher schon gab: Die Parameter der traditionellen Musik werden ins Extreme geführt. Im ersten Satz zum Beispiel werden in den einzelnen Stimmen simultane Abläufe von vier, fünf, sechs und sieben Noten überlagert, das heißt also Tempoverläufe, die minimal voneinander abweichen, sodass eine ungeheure Kontrapunktik entsteht, die ganz genau notiert ist. Sie ist aber so schnell und so komplex, dass sie mit dem Ohr nicht mehr nachzuvollziehen ist. Es ist eine Musik an der Grenze des Nachvollziehbaren. Das ist aber das Misterioso aus Alban Bergs *Lyrischer Suite* auch: ein kanonischer Satz, wie er im Buche steht – man kann in der Partitur jede Note nachvollziehen, aber hören können Sie das nicht: Die Musik ist so schnell, und sie klingt durch das Spielen am Steg und mit Dämpfer so verfremdet, das man sie akustisch nicht mehr nachvollziehen kann. Ligetis Quartett kommt also auch aus der Tradition der *Lyrischen Suite* von Alban Berg. Aber das Resultat ist eine völlig neuartige Musik.

RS:
Charakteristisch für Ligeti ist auch seine Fähigkeit, mit traditionellen Instrumenten unerhörte Klänge zu erzeugen.

255

WL:
Ja, das ist sehr typisch für Ligeti. Wenn man zum Beispiel eine Aufnahme seines Orchesterstückes *Atmosphères* hört, hat man keine Ahnung, wie die Klänge zustande kommen: Es tönt wie elektronisch erzeugte Musik. Es wird aber durch ein großes, ganz traditionelles Symphonieorchester gespielt, wobei ausschließlich altbekannte Spieltechniken angewandt werden. Aber die Klangmischung, die dadurch entsteht, ist im wahrsten Sinne des Wortes unerhört. Ligeti besitzt eine einzigartige Fähigkeit, eine Klangvorstellung, die er im Kopf hat, zu einem außerordentlich genauen Grad mit traditionellen Instrumenten zu realisieren. Allein schon diese Meisterschaft machte ihn zu einem der bedeutendsten Komponisten unserer Zeit.

RS:
Wie äußert sich diese besondere Klangvorstellung in seinem zweiten Streichquartett?

WL:
Ein gutes Beispiel dafür ist der zweite Satz, der übrigens die Aura des traditionellen langsamen Satzes hat. Die vier Instrumente setzen nacheinander ein, alle mit dem gleichen Ton *Gis*. Dessen Klangqualität ist sehr genau definiert: Alle vier Instrumente setzen unmerklich ein, mit Dämpfer, am Griffbrett gestrichen, ohne Vibrato, pianissimo. Für vier Takte bleibt das *Gis* der einzige Ton, es ändert sich nur seine Klangfarbe: anfänglich am Griffbrett gestrichen, dann Flautando, das heißt flötenähnlich, dann gewöhnlich, zuletzt am Steg; dazu im vierten Takt etwas Vibrato, dann viel Vibrato. Verändert wird zudem die Saite, auf der das *Gis* zu spielen ist: eine subtile Verfärbung des Klanges, da der gleiche Ton, auf verschiedenen Saiten gespielt, unterschiedlich klingt. Allmählich werden die Einsatzabstände kürzer, die Farbveränderungen folgen schneller: Es entsteht ein Farbaccelerando, eine Bewegung also innerhalb eines einzigen Tones, des Unisono-*Gis*. Dieser Satzanfang erinnert an den des langsamen Satzes in Bartóks viertem Quartett, auch das kanonartige Schichten eines stationären Klanges, zuerst ohne, dann mit Vibrato. Bei Bartók wird anfangs ebenfalls ein liegender Akkord aufgebaut, der jedoch später als harmonisches Fundament für ein großes Cellosolo dient. Bei Ligeti folgt kein Solo, das Klangfarbenband selbst ist hier Gegenstand der Darstellung und Substanz für den ganzen Satz. Textur und Klangfarbe allein artikulieren seinen Fortgang. Das ist neu: eine Musik, die praktisch auf alle traditionellen Gestaltungsmittel verzichtet. Die Idee aber, dass sich die Funktion einer Melodie, also die Folge verschiedener Tonhöhen, durch eine Folge von verschiedenen Klangfarben darstellen ließe, dass selbst ein einziger Ton durch wechselnde Klangfarben eine quasi-melodische Bewegung suggerieren kann, hat Arnold Schönberg 1911 als Erster in seiner *Harmonielehre* beschrieben. Von ihm stammt der Begriff „Klangfarbenmelodie", der besagt, dass sich eine der Melodie analoge Bewegung mit Klangfarben allein erzeugen lässt, ferner durch Schichtung verschiedener Klangfarben eine Klangfarben-Harmonie und durch wechselnde Dichte der Farbveränderungen ein Rhythmus: dass man also mit Klangfarben nach denselben Gesetzen komponieren könne wie vorher mit Tonhöhen. Schon 1909 hat Schönberg diese Idee im dritten seiner *Fünf Orchesterstücke* Opus 16 kompositorisch erprobt. Das Stück hieß denn auch ursprünglich „Farben". Systematisch erprobt wurde diese Idee jedoch erst ab 1950 durch die Entwicklung der elektronischen Musik. Mit deren Mitteln lässt sich die innere Zusammensetzung eines jeden Klanges, sein Frequenzspektrum, von

dem seine Färbung abhängt, beliebig verändern. Die Erfahrungen Ligetis im elektronischen Studio des WDR in Köln haben wohl entscheidend dazu beigetragen, ihm die Möglichkeiten der Komposition mit Klangfarben technisch zu erschließen. Die Vorstellung einer derartigen Musik jedoch hatte er schon viel früher, vor seiner Emigration aus Ungarn. In einem Gespräch berichtet Ligeti, die Vorstellung einer Musik, die weder Melodien noch Akkorde noch Rhythmen benötige, sei ihm schon 1950 plötzlich wie eine nächtliche Vision gekommen, wie eine Halluzination, gleichsam optisch gesehen und gehört: eine stehende Fläche, eine stehende Musik, die nur schimmert und irisiert, eine Musik, die in allen Farben changiert. Eine solche Vorstellung zu realisieren gelang ihm erst Jahre später, nach seiner Emigration in den Westen und der Bekanntschaft mit der westlichen Avantgardegeneration eines Stockhausen, Boulez und Nono und dem Studium der elektronischen Musik in Köln. Resultat dieser Entwicklung waren die Orchesterwerke *Apparitions* (1958–59) und *Atmosphères* (1961), das Werk, dessen sensationeller Erfolg bei seiner Uraufführung ihn mit einem Schlag in die vorderste Reihe der westlichen Avantgarde katapultierte. Der zweite Satz des Streichquartetts sowie Teile der anderen Sätze sind die Übertragung dieser statischen Formvorstellung in die Transparenz der Kammermusik.

RS:
Die Klangfarbenveränderungen spielen also eine zentrale Rolle in Ligetis Musik und im Speziellen auch in seinem zweiten Streichquartett. Wie hat er sie aber in der Partitur notiert?

WL:
Das ist tatsächlich ein Problem. Während es zum Beispiel für die graduelle Tonhöhenveränderung in der klassischen Notation ein rudimentäres Zeichen gibt, indem man die Ausgangsnote eines Glissandos mit der Zielnote durch einen Strich verbindet, gibt es für graduelle Klangfarbenveränderungen keinerlei Notationssymbole. Man benutzt bis heute in der Instrumental- und Vokalmusik grundlegend eine Notation, die in ihren Ursprüngen über 700 Jahre alt und für eine Musik von fundamental anderer Beschaffenheit entstanden ist. Wiederholte grundlegende Reformierungsversuche haben sich nicht durchsetzen können, sodass die Komponisten ab der zweiten Hälfte des 20. Jahrhunderts für ihre neuen Stücke ihre eigene Notation entwickeln mussten. Als Spieler musste man also für jedes Stück eine neue Musiknotation lernen. Das hat das Lernen von neuen Stücken sehr erschwert und viele Leute davon abgehalten, sie einzustudieren. Besonders bei rein grafischen Notationen: Bilder, die man interpretieren muss. Das genaue Notieren anhand von einer Musikschrift, die für etwas ganz Anderes geschaffen war, wurde also zunehmend schwieriger. Ligeti ist im zweiten Streichquartett denn auch auf eine umständliche verbale Beschreibung des Bewegungsablaufs angewiesen, die hier die Klangfarbe verändert. Mit solchen Problemen haben aber auch Schönberg und Berg schon gekämpft. Sehen Sie sich zum Beispiel eine Partitur von Alban Berg an: was er da alles hineingeschrieben hat, damit die Leute verstehen, was er will. Das macht die Sache an sich zwar unmissverständlich, aber für den Spieler äußerst mühselig, sie in die Praxis umzusetzen.

RS:
Standen diese verbalen Anweisungen von Anfang an schon in der Partitur, oder hat er sie aus Anlass Ihrer Einstudierung hinzugefügt?

WL:
Nein, die standen schon drin. Wegen uns hat er nicht mehr viel geändert, denn er wusste ganz genau, was er wollte. Er notiert seine Klangvorstellung immer ganz genau und überlässt nichts dem Zufall. Den Zufall in der Musik, der bei einigen Komponisten Mode wurde, nachdem John Cage 1958 zum ersten Mal an den Darmstädter Ferienkursen für Neue Musik aufgetreten war, hat Ligeti in seinen Werken nie verwendet.

RS:
Eine weitere Eigenheit von Ligetis Musik sind die beiden Extreme von Statik und frenetischer Hektik.

WL:
Ja, diese beiden Bewegungsextreme traten bisher in Ligetis Werken getrennt auf: die flächig-statische zum Beispiel in seinem Orchesterwerk *Atmosphères*, und damit radikal kontrastierend die heftig-zerhackte wie in den beiden Stücken *Aventures* und *Nouvelles Aventures*. Diese beiden Bewegungsextreme werden nun im zweiten Streichquartett zueinander in Beziehung gebracht, sodass gelähmter Stillstand und heftiger Ausbruch einander nicht nur abrupt konfrontieren, sondern auch vielfältig durchdringen. Diese grundlegende Bewegungsstrategie verbindet die fünf Sätze in charakteristischer Abwandlung, wie eine Folge von Variationen. Besonders im ersten Satz prallen die extremen Gegensätze unvermittelt aufeinander: hektische Aktivität und gelähmter Stillstand, flüsterndes Pianissimo und explosives Fortissimo.

RS:
Vielleicht können wir uns noch kurz über den dritten und vierten Satz unterhalten, die beide auch typische Charaktere von Ligetis Musik repräsentieren.

WL:
Der dritte Satz ist eine Art Scherzo-Intermezzo, mit „Come un meccanismo di prezisione" bezeichnet, „Wie ein Präzisionsmechanismus". Ein etwas anfälliger Mechanismus allerdings, wohl eines Uhrmachers Albtraum. Seine Präzision lässt zu wünschen übrig, die Maschinerie hat scheinbar Sand im Getriebe, gerät zusehends ins Klappern und verliert den festen metrischen Halt. Gegen Ende zerbirst etwas mit einem lauten Knacks, und nach kurzem Stocken versickert das Ticken friedlich im Nichts. Maschinelles Ticken hat Ligeti immer wieder fasziniert: Er schrieb sogar ein Stück für 100 Metronome. Hier im Quartett ist es ein Pizzicatosatz und knüpft damit auch an eine Tradition an: Pizzicato-Scherzo-Sätze gibt es schon in den Quartetten von Debussy und Ravel. Ligetis Modell jedoch ist hier wohl der Pizzicatosatz aus dem vierten Quartett von Béla Bartók. Der dritte Satz im Ligeti-Quartett ist sicher der witzig-unterhaltsamste des Stückes, allein schon dank der virtuosen Vielfalt seiner Pizzicatoklänge. Neben dem normal gezupften gibt es das Pizzicato am Steg und das perkussiv auf das Griffbrett zurückschlagende, sogenannte „Bartók-Pizzicato", sowie das Pizzicato am Griffbrett. Dann mit der Fingerkuppe aufklopfen, statt zu zupfen. Dann das schnarrende Pizzicato, das man erzeugt, indem man den Finger mit dem Nagel zwischen die Saiten hält und die Saite so anzieht, dass sie an den Fingernagel zurückschlägt. Das verbraucht viele Fingernägel auf die Dauer. Nebenbei ist der Satz aber auch

eine versteckte Persiflage des Ensemblespiels, ein später Ableger von Mozarts *Musikalischem Spaß*, dem sogenannten „Dorfmusikanten-Sextett". Man beobachtet vier Musiker, die sich redlich bemühen, möglichst genau zusammenzuspielen. Das ist gar nicht so leicht, es ist sogar sehr schwierig, und manchmal geht es schief. Anfangs ist man brav zusammen, doch schon ein kleines Accelerando der ersten Geige bringt alles durcheinander, die anderen kommen nicht mit, es gibt eine heillose Verwirrung, doch dann findet man sich überraschend wieder, jedoch nicht für lange. „Auf Wiedersehen bei der Fermate", hieß es schon im „Stillvergnügten Streichquartett", der Bibel aller Amateurquartette. Das ist alles von Ligeti ganz genau notiert: Die Verwirrung ist komponierte Absicht, keineswegs Willkür oder Unvermögen der Spieler. Am Anfang des Stückes beginnen alle zusammen mit vier Noten pro Tempoeinheit, aber schon im vierten Takt macht die erste Geige ein kleines Accelerando: Sie fängt an, fünf Töne pro Einheit zu spielen, die anderen sind noch bei vier, sie merken es aber, und die zweite Geige, als erste, zieht mit, will auch fünf spielen. Da ist aber die erste Geige schon bei sechs angelangt, die anderen sind noch bei vier: Es dauert bei den tieferen Instrumenten immer ein bisschen länger. Dann ist die erste Geige bei sieben Noten pro Tempoeinheit angelangt, die zweite bei sechs, inzwischen die Bratsche schon bei fünf und das Cello immer noch bei vier. Im sechsten Takt sind es dann neun in der ersten Geige, acht in der zweiten, sieben in der Bratsche und sechs im Cello, und Sie können sich vorstellen, was das für ein Chaos ist. Jetzt soll man aber langsam wieder zusammenfinden, indem die drei anderen aufholen: Die erste Geige bleibt bei zwölf stehen, und bei Takt neun ist man wieder genau zusammen. Sinnlose Präzision wird evoziert, gedankenloses Mitlaufen auf Schritt und Tritt: Auch das hat Tradition. Es ist eine Regelmäßigkeit, die sich aber graduell verwirrt, in Chaos umschlägt. Ein klarer Puls, der sich durch Beschleunigung verheddert, zur statisch irisierenden Fläche gerinnt. Solche Texturverwandlungen kamen schon im ersten Satz vor, und im zweiten die langsamen Klangfarbentransformationen sowie das Schleichen in Mikrotönen. Hier im Pizzicatosatz ist es nun graduelle Beschleunigung, schleichende Veränderung von Tonhöhe und von Klangfarbe, alles zur gleichen Zeit. Die Tonhöhe wird durch Gleiten der linken Hand nach oben oder unten langsam verändert, gleichzeitig wird die Pizzicatobewegung beschleunigt, von anfangs circa zehn Anschlägen pro Sekunde bis zu 16. Bei 16 Anschlägen pro Sekunde liegt aber die Grenze des Auflösungsvermögens unseres Gehörs, diskrete Anschläge noch als einzelne wahrzunehmen. Danach entsteht ein Verwischungseffekt, indem die einzelnen Anschläge ineinander verfließen. Gleichzeitig sind aber 16 Anschläge pro Sekunde auch die Grenze des manuell ausführbaren Wiederholens. Immer wieder spielt Ligeti auf diese Art mit physiologischen Grenzbereichen von Wahrnehmung und Ausführung, in denen Aktionen in eine neue Qualität umschlagen.

RS:
Der vierte Satz ist nochmals eine Art Scherzo. Wie unterscheidet sich dessen Charakter vom vorherigen Satz?

WL:
Es ist ein bitter-böses Scherzo, „Presto furioso, brutale, tumultoso" [sic!] überschrieben. Es gibt nur zwei dynamische Stärkegrade: Trippel-Fortissimo und Trippel-Pianissimo, keinerlei Übergänge, keine Klangfarbenpoesie. In diesem Sinne ist der vierte mit dem ersten Satz

verwandt. Zum manisch-eruptiven Charakter des vierten Satzes gibt es übrigens eine interessante Geschichte. Anlässlich der ersten privaten Voraufführung des Stückes 1968 in Cincinnati bemerkte ein mit uns befreundeter Neurologe, die Folge von spastischen Zuckungen und plötzlichem Stillstand in diesem Satz hätte eine verblüffende Ähnlichkeit mit dem Ablauf eines epileptischen Anfalls mit seinen charakteristischen Bewusstseinsausfällen von etwa 5–30 Sekunden Dauer, genau den gelähmten Halten im Quartett entsprechend. Solche medizinischen Analogiediagnosen eines Musikstückes sind gar nicht so selten: wohl die verblüffendste war die Frage eines Arztes an uns nach Anhören des Presto-delirando-Satzes aus Alban Bergs *Lyrischer Suite*, ob der Komponist an Asthma gelitten hätte: der Satz wäre nämlich das akustische Protokoll einer Asthmaattacke. Berg war in der Tat ein Asthmatiker. Ligeti hingegen war gesund, so viel ich weiß. Er selbst hat einmal in einem Südwestfunk-Interview zu diesem Satz eine ganz andere Analogie beschrieben: „Hier ist alles, was bisher passierte, zusammengepresst. Es gibt in der Astronomie Zwergsterne: die gleiche Masse, die in unserer Sonne enthalten ist, wird auf einen millionsten Teil von Volumen zusammengedrängt und hat eine unglaubliche Dichte, aber ist noch immer dieselbe Masse." In der Partitur hingegen steht ganz sachlich als Anweisung für die Spieler: „Dieser Satz ist in übertriebener Hast, wie verrückt, zu spielen (mit Ausnahme von einigen Pianissimo-Stellen), stets mit äußerster Kraft: den Bogen stark auf die Saiten drücken (Kratzgeräusch). Richtig wurde gespielt, wenn zum Schluss viele Haare des Bogens lose geworden sind."

RS:
Wie war es damals für Sie, Ligetis zweites Streichquartett einzustudieren?

WL:
Es gehört sicher zu den schwersten Stücken, die wir gespielt haben, das kann ich Ihnen versichern. Der erste Satz ist so schwer, dass man oft daran verzweifelt, ob man ihn überhaupt je lernen kann. Die Noten sind einfach so schnell und so schwer, und es wiederholt sich nichts. Das alles zu lernen, ist wirklich manchmal deprimierend, und ehe man dazu kommt, das Stück im musikalischen Sinne spielen zu können, dauert es ziemlich lange. Wir haben denn auch die Uraufführung um ein Jahr verschieben müssen, weil wir das Stück nicht schnell genug lernen konnten. Aber wenn man es einmal gelernt hat, ist es ein sehr dankbares Stück, das man gerne spielt. Aber es ist kein Stück, das man einfach im Repertoire halten kann, denn man muss immer wieder hart daran arbeiten. Es ist auch heute immer noch sehr schwer zu lernen. Für den Komponisten stellt sich immer die Frage, wie weit er mit technischen Schwierigkeiten gehen kann. Sonst kann es passieren, dass die Interpreten einfach sagen, das kann man sowieso nicht hören, wir machen was wir wollen. So kam einmal ein Quartett zu mir und hat versucht, den ersten Satz zu spielen, aber sie konnten es gar nicht. Sie hatten sich wohl gesagt, ich würde das nicht hören.

RS:
Da waren sie aber bei Ihnen gerade an der richtigen Adresse!

WL:
Allerdings. Umso erstaunlicher war deswegen, als uns das damals noch unbekannte Vogler-Quartett 1986 das Ligeti-Quartett am Concours d'Evian für Streichquartett makellos vor-

spielte.⁹ Sie hatten es an der Hochschule für Musik „Hanns Eisler" im vormaligen Ost-Berlin mit Eberhard Feltz gründlich erarbeitet: wirklich bewundernswert! Sie haben denn auch den ersten Preis gewonnen.

RS:
Haben Sie für die Einstudierung seines zweiten Streichquartetts mit Ligeti zusammengearbeitet?

WL:
Erst sehr spät. Nachdem wir die Noten bekommen hatten, haben wir für nähere Angaben mit ihm korrespondiert, worauf er in der Partitur immer wieder kleine Änderungen vorgenommen hat, um seine Vorstellungen präziser und klarer darzustellen. Nachdem wir das Stück gelernt hatten, haben wir es ihm vorgespielt. Da hat er uns das Leben aber sehr schwer gemacht. Es war absolut faszinierend, denn er konnte außerordentlich genau zuhören, wusste ganz genau, was er wollte und gab einfach nie auf. Er war äußerst kritisch, dabei aber sehr charmant. Er konnte zum Beispiel sagen: „Wie ihr das spielt ist absolut wunderbar, aber es stimmt überhaupt nicht mit meiner Vorstellung überein!" Dann fing man wieder von vorne an. Er konnte aber auch unangenehm werden. Als wir das Quartett vor der Aufnahme für die Deutsche Grammophon in Köln für den WDR aufgenommen haben, war er auch dabei. Da hat er uns nochmals ganz schön zugesetzt.

RS:
Was waren denn seine Einwände?

WL:
Es war ihm immer noch nicht genau genug.

RS:
Nicht genau genug in allen Parametern?

WL:
Ja, er hatte noch eine ganz andere Vorstellung davon, und die war sehr genau. Genau genug ist eine Frage der Vorstellung, nicht dass man es technisch nicht kann, aber dass man es sich nicht so vorgestellt hat. Wann ist es genug „ponticello", wann ist es genug „leise", wie sind die Relationen zwischen Klangfarbe und Dynamik: Da war er sehr empfindlich. Er hatte eine sehr genaue Vorstellung davon, was er wollte, und die war noch viel extremer als das, was wir uns vorgestellt hatten. Dann haben wir es in seinem Beisein für die Deutsche Grammophon aufgenommen, genau wie auch das Quartett von Luigi Nono im Beisein von Nono aufgenommen worden ist. Das sind schon authentische Aufnahmen.¹⁰

---

⁹ Das LaSalle-Quartett saß 1986 in corpore in der Jury des Concours d'Evian.
¹⁰ Die Aufnahme des LaSalle-Quartetts für die Deutsche Grammophon von Ligetis zweitem Streichquartett ist noch erhältlich. Die „Vor-Uraufführung" am 11. November 1969 in Cincinnati ist auf CD Nr. 99 in der Paul Sacher Stiftung dokumentiert und befindet sich auf der CD-Beilage.

Auftragswerke und Uraufführungen

Abb. 39: Das LaSalle-Quartett mit György Ligeti, Aufnahme für die Deutsche Grammophon, München Dezember 1969

RS:
Das Stück haben Sie im ganzen 54 Mal dokumentiert gespielt, und zwar von 1969 bis 1974 jede Saison regelmäßig. Während dieser Zeit war es also ein richtiges Repertoirestück. Dann haben Sie es aber erst knapp zehn Jahre später, 1983, nochmals aufgegriffen, jedoch nur viermal aufgeführt. Wissen Sie noch, was der Anlass war, es nach dieser langen Zeit nochmals aufzugreifen?

WL:
Das war, weil man in Wien einen Zyklus haben wollte mit drei wichtigen Werken, die uns gewidmet waren oder die wir uraufgeführt hatten: das zweite Streichquartett von Ligeti, das Quartett von Lutoslawski und das Quartett von Nono. Die haben wir in gemischten Programmen in drei Konzerten aufgeführt.[11]

---

[11] Wien 5. März 1983: Webern op. 28, Nono, Beethoven op. 132; Wien 8. März 1983: Haydn op. 20 Nr. 3, Ligeti Nr. 2, Smetana e-Moll; Wien 11. März 1983: Apostel op. 7, Lutoslawski, Brahms op. 67.

Luigi Nono (1924–90)

Abb. 40: David, Thomas und Walter Levin in Flims, 14.09.1999

EVI LEVIN:
Das war zu meinem 60. Geburtstag. Unsere beiden Söhne, Thomas[12] und David[13], kamen als Überraschung nach Wien, und Luigi Nono war mit Nuria im selben Hotel mit uns.

WL:
Im Hotel Schubert am Schubert-Ring, und dann waren wir bei Hatto Beyerle[14] für eine Party.

10.3 Luigi Nono (1924–90)

RS:
Auch Luigi Nono hatten Sie bei den Darmstädter Ferienkursen für Neue Musik schon Mitte der 1950er Jahre um ein Streichquartett gebeten.

---

[12] Thomas Yaron Levin (*Cincinnati 24.9.1957), Associate Professor im Department of German, Princeton, New Jersey.
[13] David Jonathan Levin (*Cincinnati 12.11.1960), Associate Professor im Department of Germanic Studies, University of Chicago, Illinois.
[14] Hatto Beyerle war 1970–81 der Bratscher des Alban-Berg-Quartetts.

WL:
Richtig. Er hat damals versprochen, dass er es sich überlegen würde. Er hat es sich dann überlegt, reiflich, etwa 25 Jahre lang. Es entstand zwischen Juli 1979 und Januar 1980 als Auftragswerk der Stadt Bonn für das 30. Beethoven-Fest. Wir haben es am 2. Juni 1980 in Bad Godesberg uraufgeführt.[15]

RS:
Weiß man, warum Nono eine so lange Reifungszeit gebraucht hat?

WL:
Luigi Nonos Komponieren hat sich im Verlaufe der Jahrzehnte ziemlich geändert. Seine frühen Werke bis hin zur Oper *Intolleranza* von 1960 sind alle unmittelbar gegenwartsbezogen, gekennzeichnet vom politisch wachen Bewusstsein eines kämpferischen Mitglieds der kommunistischen Partei Italiens. Dann, ab 1960, arbeitete Nono im elektronischen Studio in Mailand, und in dieser Zeit integrierte er neue Materialien in seine Musik: dokumentarische Klänge, elektronisch verfremdet, oft mit live erzeugten Instrumentalklängen kombiniert, die auf konkrete gesellschaftliche Ereignisse Bezug nehmen: in *Fabbrica illuminata* 1964 auf die Situation von Metallarbeitern, in *Ricorda cosa ti hanno fatto in Auschwitz* 1966 auf den Prozess gegen die Henker von Auschwitz. In *Musica-manifesto no. 1* 1968–69 auf die Studentenrevolte. Eine derartige Haltung erforderte Mut, denn es kam immer wieder zu Skandalen, bei der Uraufführung der Oper *Intolleranza* in Venedig 1961 gar zu einer regelrechten, faschistisch organisierten Randale mit Stinkbomben. Die meisten Werke aus den 1960er Jahren sind also quasi musikalische Manifeste, die die Solidarität mit den Arbeitern, den Opfern des Krieges, der Folter, der Unterdrückung demonstrativ dokumentieren. In den 1970er Jahren verändert sich nun dieser agitatorische Gestus. Mit ... *sofferte onde serene* ..., ein Stück für Klavier und Tonband, beginnt eine Entwicklung hin zu ruhigeren, zarten Texturen, leisen, fast kammermusikalischen Klangflächen: eine subjektiv-expressive, oft introvertierte Musik. Es ist viel argumentiert worden, ob dies eine Wende in Nonos Überzeugung signalisierte, gar einen Verrat, was er selbst aber vehement bestritten hat. Die Jünger sind von je her entsetzt, wenn ihre Propheten dem vermeintlich postulierten Dogma zu widersprechen scheinen, wenn etwa Schönberg gegen Ende seines Lebens auch wieder tonale Stücke schreibt, oder wenn Strawinsky, der Antipode der Zwölftonorthodoxie, nach Schönbergs Tod selbst Zwölftonstücke produziert. Es scheint jedenfalls, dass in der Folge von Nonos Entwicklung in den 1970er Jahren jetzt der Weg frei war, an die Komposition eines Streichquartetts zu gehen, einer Gattung, die immer auch die große klassisch-romantische Tradition impliziert. Das aber hatte Nono bisher vermieden. In seinem Streichquartett verweigert Nono der Tradition aber gerade in entscheidenden Belangen die Gefolgschaft.

RS:
Trotzdem ist Nonos Streichquartett aus der Sicht der Gattungstradition ein sehr würdiges Werk, weil es sehr vielschichtig ist und vielfach zitiert.

---

[15] Am Vortag der Uraufführung, dem 1. Juni 1980, fand eine Podiumsdiskussion zwischen Luigi Nono und dem LaSalle-Quartett statt. Eine Transkription davon befindet sich in: Kay-Uwe Kirchert, *Wahrnehmung und Fragmentierung – Luigi Nonos Kompositionen zwischen Al gran sole carico d'amore und Prometeo*, PFAU Verlag, Saarbrücken 2006, S. 202–218. Dieser Studie ist zudem eine CD mit dem Podiumsgespräch beigelegt.

WL:
Es ist aber eine Vielschichtigkeit, die nicht mit offensichtlichen, sondern mit versteckten Anspielungen arbeitet, die man als Hörer nicht erkennen kann. Man kann es mit Alban Berg vergleichen, der auch zitiert, aber auch bei ihm muss man genau hinschauen und genau hinhören. Und man muss auch wissen, woher die Zitate kommen. Was nützt es einem, dass man Bergs *Lyrische Suite* hört und die *Lyrische Symphonie* von Zemlinsky gar nicht kennt? Und die hat ja kein Mensch gekannt, als Bergs Stück berühmt wurde, denn damals wurde die *Lyrische Symphonie* von Zemlinsky kaum gespielt, und ein paar Jahre später wurde sie überhaupt verboten. Wenn man jedoch weiß, worum es sich handelt, hört man die Musik anders.

RS:
Ich kann mir vorstellen, dass Nonos Streichquartett wegen seines intellektuellen Anspruchs auch eine Art Hommage an das LaSalle-Quartett war.

WL:
Das glaube ich nicht. Die Komponisten, die wir um Auftragswerke gebeten haben, hatten ihr eigenes Niveau. Die brauchten nicht uns, um sie dazu zu animieren. Vielleicht haben sie aber auch anspruchsvolle Stücke geschrieben, weil sie wussten, dass wir uns bei der Aufführung ernsthaft darum bemühen würden. Denn sie wussten ja, wie wir es mit schwieriger Musik der Vergangenheit hielten. Unsere Attitüde neuen und älteren Werken gegenüber war ihnen bekannt. Es lohnte sich also, etwas sowohl technisch als auch geistig besonders Schwieriges zu komponieren, und das haben sie in den meisten Fällen auch getan.

RS:
Das Streichquartett trägt den vielschichtigen Titel *Fragmente – Stille, An Diotima*. Darauf werden wir später noch zurückkommen. Wie würden Sie die wesentlichen Charakteristika von Nonos Streichquartett umschreiben?[16]

WL:
Nun, etwas von der ruhigen Bedächtigkeit des 25-jährigen Reifens ist in das Werk selbst eingegangen: Es lässt sich Zeit. Das Stück ist lang, etwa 40 Minuten, von Pausen durchsetzt, aber ohne Unterbrechung zu spielen. Es besteht aus einer Folge von relativ kurzen Abschnitten sehr unterschiedlicher Textur: die „Fragmente" des Titels, traumhaft-meditative Bilder, manchmal unvermittelt von blitzhaft einbrechenden Splittern unterbrochen. Dazwischen, die Fragmente rahmend oder von ihnen gerahmt, Stille, lange Pausen und lang ausgehaltene Fermatenruhepunkte. Es überwiegen hohe Töne: ein heller, irisierender Klang. Die tiefen Register von Cello und Bratsche sind selten. Es stellt sich somit kein klassisch-ausgewogener, satter Quartettklang ein, wie er noch bei Bartók und Schönberg vorherrscht, und es gibt kaum eine Möglichkeit für Vibrato, für den notorisch „schönen Ton". Entgegen dem klassischen Ideal polyphoner Mehrstimmigkeit ist das Stück vorwiegend akkordisch-homophon, am Anfang fast einstimmig mit sparsamen Harmonietönen.

---

[16] Eine eingehende Analyse von Nonos Streichquartett findet sich in: Hermann Spree, *„Fragmente – Stille, An Diotima"*, Ein analytischer Versuch zu Nonos Streichquartett, PFAU Verlag Saarbrücken 2. Auflage 2004.

Wichtigstes Intervall, harmonisch wie melodisch, ist der Tritonus, schon vom Mittelalter her als der Inbegriff der Dissonanz verpönt. Es gibt keine ausgedehnten Melodien, also auch keine melodische Imitation oder polyphone Entwicklung. Das thematische Element beschränkt sich vorwiegend auf drei- und viertönige Motivzellen und kurze rhythmische Modelle. Aus der gleichzeitigen Verwendung verschiedener Streicherklangfarben, am Griffbrett, am Steg, hinter dem Steg, mit dem Bogenholz geschlagen oder gestrichen, flötenähnliches Flageolett und Flautandospiel, entsteht ein eigentümlicher Mischklang. Charakteristisch für diese Klangfarbenmischung ist der hohe Geräuschanteil dieser Stricharten. Die Bewegung ist improvisatorisch, zögernd, und neigt zum Innehalten. Es gibt kein festes Metrum, sodass fast niemals das Gefühl eines regelmäßigen Pulses zustande kommt. Selbst dort, wo Metrum entstehen könnte, wird es durchkreuzt durch eine Vielzahl von Fermaten und Pausen unterschiedlichster Dauer.

RS:
Diese Pausen sind offenbar ein so grundlegendes Merkmal des Stückes, dass sie zum Titel des Stückes beigetragen haben.

WL:
Genau, und mit diesen Fermaten und Pausen hatte Nono Extremes im Sinn, viel extremer als wir uns das vorgestellt hatten. Er wollte sie sehr lang und sehr unterschiedlich, und für diese Fermaten und Luftpausen hatte er eine ganze Skala von neuen Zeichen erfunden, die am Anfang der Partitur aufgeführt sind. Aber mit diesen Fermatenzeichen hatten wir beim Einstudieren für die Uraufführung immer wieder Probleme, denn wie lang ist „sehr lang"? Und wie kurz etwa eine „lange Luftpause"? Nono waren die Pausen und Fermaten zwischen den Klanginseln nicht differenziert genug und fast alle zu kurz: Es kam ihm immer wieder zu sehr vor wie die *Bagatellen* von Webern: Es klang ihm zu metrisch. Seine Vorstellung von der Musik in der Niederschrift zu realisieren, war für ihn aber sehr schwer, immerhin jedoch nicht ganz so schwer wie anscheinend für György Kurtág, der seine Absichten einfach gar nicht mehr in die Partitur schreibt. Deshalb kann man bei Kurtág aus der Partitur überhaupt nicht ersehen, wie das Stück gehen soll. Und wenn man mit ihm redet, ändert er seine Meinung von einem zum anderen Mal.

RS:
Hat auch Nono seine Meinung geändert?

WL:
Nein, er wusste sehr genau, was er wollte, nur hat er es in der Partitur nicht spezifiziert. Ich habe ihn aber überredet, die Dauer der Pausen durch Hinzufügen von Grenzwerten in Sekunden etwas genauer zu definieren, so etwa sieben bis elf Sekunden für eine mittellange Fermate: Das lässt dem individuellen Gefühl immer noch reichlich Spielraum. Er hat sich aber lange sehr dagegen gesträubt, die Pausen zu definieren: Er wollte unbedingt, dass das dem individuellen Gefühl überlassen bliebe, und er hat immer gehofft, dass wir es dahin bringen, die Notwendigkeit dieser Längen zu spüren.[17] Und offensichtlich geschult an der

---

[17] Im Vorwort der Partitur versucht Nono, das Gefühl für diese Fermaten durch einen poetischen Text zu vermitteln: „Die Fermaten sind immer verschiedenartig zu empfinden, mit offener Phantasie für träumende Räume, für

neuen Musik, die wir bis dahin kannten, waren wir damit überfordert. Wir waren darin geübt, Stücke zu lernen, in denen der Komponist uns zumindest ungefähr sagte, was er sich vorgestellt hat, und haben es nie ganz nach Nonos Zufriedenheit geschafft, bis er uns diese zeitlichen Definitionen gegeben hat. So wurde das Stück mit der Zeit immer länger: Bei der Uraufführung dauerte es knapp 30 Minuten, auf unserer Aufnahme bei der Deutschen Grammophon drei Jahre später schon etwa 38 Minuten, und diese Verlängerung besteht ausschließlich in dem längeren Aushalten von Fermaten, Akkorden und Pausen. Acht Minuten längere Pausen, das sind etwa 25 Prozent des Stückes!

RS:
Haben Sie den Eindruck, dass Nono die Fähigkeit hatte, genau zu wissen, wie lange er eine Pause zwischen zwei bestimmten Fragmenten empfindet und wie lange zwischen zwei anderen Fragmenten zehn Minuten später im Stück?

WL:
Doch, das traue ich ihm durchaus zu. Wie Ligeti auch: Diese Leute wissen ganz genau, was sie wollen, nur müssen sie es so hinschreiben, dass die Absicht auch für die Interpreten klar verständlich ist.

RS:
Können Sie sich vorstellen, dass heute andere Ensembles aus ihrer eigenen Subjektivität oder Intuition heraus die Pausen und Fermaten auch ohne diese Zeitangaben im Sinne von Nono richtig aushalten könnten?

WL:
Doch, das kann ich mir schon vorstellen, aber jetzt steht es ja in der Partitur! Sie haben also das Problem nie gehabt. Heutzutage gibt es aber Interpreten, denen man solche Unbestimmtheiten überlassen kann, weil sie viel mehr Erfahrung mit dieser Art Musik haben und vielleicht dafür auch besonders empfänglich und begabt sind. Das Arditti-Quartett zum Beispiel kann das. Für uns war es damals ganz neu. Wir waren ja nicht so avantgardistisch, überhaupt nicht.

RS:
Sie hatten eine Pionierfunktion.

WL:
Ja, aber wir waren vielleicht ein bisschen unbegabt in dieser Richtung und mussten es erst mühselig durch schriftliche Angaben beigebracht bekommen. Andere können es vielleicht fühlen, wir konnten es nicht!

---

plötzliche Ekstasen, für unaussprechliche Gedanken, für ruhige Atemzüge und für die Stille des zeitlosen Singens."

RS:
Wir haben bis jetzt ausgiebig über die Pausen gesprochen, die Nonos Quartett so grundlegend artikulieren. Sie umrahmen aber die Klanginseln, das heißt die im Titel des Werkes erwähnten „Fragmente".

WL:
Ja, das Stück besteht aus einer Kette kontrastierender Fragmentinseln, oft nur sekundenlange, intuitiv traumhafte Gedankenassoziationen, die aus der Stille auftauchen und in die Pausen hinein verklingen.

RS:
Können Sie beschreiben, wie diese Klanginseln beschaffen sind?

WL:
Es gibt mehrere Charaktere, die das ganze Stück in vielen Abwandlungen beherrschen: Es sind die Grundelemente, aus denen es sich aufbaut. Das Stück fängt an mit einem Solorezitativ der ersten Geige, fast asketisch einstimmig mit sparsamen Harmonietönen. Wichtigstes Intervall, harmonisch, wie melodisch, ist, wie schon erwähnt, der Tritonus, ein Abstand von drei Ganztonschritten. Hier am Anfang sind es die Töne *A* und *Es*: wohl kein Zufall beim Schwiegersohn von Arnold Schönberg. Die Töne dieses Geigenrezitativs werden verfärbt durch Tonverdoppelungen der anderen Instrumente, alle mit hohem Geräuschanteil, so die zweite Geige am Steg mit dem Bogen geschlagen, der letzte Ton mit dem Holz gestrichen. Die Bratsche am Steg, dann mit dem Holz geschlagen, der letzte Ton am Steg mit dem Holz gestrichen. Das Cello verdoppelt nur den letzten Ton mit dem Holz geschlagen. Nach diesem ersten Takt ein erster Fermatenhalt: „Erste Geige und Cello so lang wie möglich", steht in der Partitur, dazu genauer definierend neun bis 13 Sekunden. So lange einen Akkord in einer Fermate zu halten, ist, wenn man auf der Bühne sitzt, praktisch unendlich. Es kommt einem vor, als ob einem das Publikum jede Sekunde weglaufen wird, wenn nicht jetzt bald etwas geschieht.
    Eine zweite Textur basiert auf Quintolen, huschenden Fünfergruppen, im Tremolo gespielt. Die Klangfarbe wechselt zwischen Griffbrett und „sul ponticello", am Steg. Drittens gibt es eine „gettato"-Textur, hohe Flageolettöne, abwechselnd am Griffbrett gehalten und trommelwirbelartig mit geworfenem Bogen, also „gettato" am Steg gespielt, alle vier Instrumente in selbstständigem Rhythmus. Hier werden die traditionellen Halbtonabstände der chromatischen Skala durch Vierteltöne verfremdet: Vierteltöne als Färbung spielen eine wichtige Rolle im Stück. Als weiteres Element eine kurze, signalartige Fanfare: die rhythmisch straffste Figur des Stückes, auch sie später mehrmals wiederholt. Die vier Instrumente spielen alle Tritonusdoppelgriffe. Genau in seiner Mitte dann die zentrale, lyrische Phrase des Stückes, seine schmerzlich verhaltene Essenz, konzentriert in nur fünf Takten: „Mit innigster Empfindung" steht darüber, „pianissimo, sotto voce". Diese Vortragsanweisung zitiert aber ein anderes Quartett persönlichster Erfahrung: Sie steht im berühmten *Heiligen Dankgesang*-Satz von Beethovens Quartett Opus 132. Die Stelle ist besonders aufschlussreich für Nonos ambivalentes Verhältnis zum Ausdruck: Die homophone Harmonie ist reich, achtstimmig, alle vier Instrumente spielen Doppelgriffe. Doch es ist eine gestörte Harmonie: Vierteltöne stellen sich quer zur reinen Obertonassonanz. Die Intonation der

weiträumigen Harmonik, gefährdet allein schon durch die vielen Lagenwechsel, wird durch die Doppelgriffe, noch dazu mit Vierteltontrübungen, alles im Pianissimo, Sotto voce, Legato, zum halsbrecherischen Wagnis. Und das alles trotzdem „mit innigster Empfindung". An weichen Vibratoklang ist hier aber schon technisch gar nicht zu denken. Und doch: Es ist die einzige Stelle in diesem Stück, an der alle vier mit normaler Tongebung spielen. Nono hat die Anweisung immer wieder beschworen, in Gesprächen und Briefen: „Mit innigster Empfindung". Im Weiteren wird noch sechsmal an diese Phrase erinnert, ausschnitthaft, verlangsamt und jedesmal mit dem Zusatz „mit innigster Empfindung". Es ist die am meisten wiederholte Textur des Stückes.

Als extremer Gegensatz zu solch introvertiert-nachdenklicher Lyrik erscheint eine rhythmisch belebte, fantasiereiche Invention über einen Sechsklang: *C E Fis G A B*. Jedes der Instrumente spielt nur einen, beziehungsweise zwei dieser Töne, wechselt aber ständig Register, Farbe, Artikulation und Einsatzrhythmus. So entsteht aus einem einzigen, statischen Sechstonklang eine witzig-bewegte, durchsichtige Textur. Das sind also einige Grundelemente des Stückes.

RS:
Sie haben eben das Zitat aus Beethovens Quartett Opus 132 erwähnt. Das Zitieren scheint überhaupt eine Besonderheit von Nonos Quartett zu sein.

WL:
Ja, es wird in diesem Stück vielfach zitiert, doch immer versteckt, quasi subkutan, unterirdisch: Der Hörer merkt es nicht. Das Zitat „mit innigster Empfindung" ist für den Hörer nicht zu erkennen, sondern nur für die Spieler. Dann, gegen Ende des Stückes, hat Nono eine Renaissance-Chanson des Niederländers Johannes Ockeghem versteckt. „Malor me bat" ist der Titel dieser Chanson.[18] Es ist eine Liebesklage, in Nonos Partitur in Anführungszeichen als Zitat ausgewiesen: „Malor me bat de Ockeghem" steht da, und in Klammern: „Versione libera". Libera, in der Tat frei bis zur Unkenntlichkeit sind hier Lied und Stück verschränkt. Diese Melodie befindet sich ausschließlich in der Bratsche, und somit ist das die einzige Stelle in diesem Quartett, in dem es eine längere Melodie in einem Instrument gibt. Wenn man das aber unvorbereitet hört, ist das überhaupt nicht zu erkennen: nur wenn man weiß, um was es sich handelt, denn es sind genau dieselben Töne wie bei Ockeghem, nur rhythmisch völlig verfremdet, auseinandergezogen und von anderen Tönen umrahmt. Übrigens hat für unseren Bratscher dieses Solo das Stück gerettet.

RS:
Wie ist Nonos Quartett technisch komponiert? Handelt es sich um Zwölftonmusik?

WL:
Nein, es basiert nicht auf einer Zwölftonreihe, wie man es beim Schwiegersohn Schönbergs vermuten könnte, es ist jedoch atonal. Aber das genetische Tonmaterial, aus dem das Stück gebaut ist, sein strukturelles Rückgrat, ist auch versteckt. Es basiert nämlich auf der sogenannten „Scala Enigmatica", einer Erfindung des Bologneser Komponisten Adolfo Cres-

---

[18] „Malor me bat": „Ein Unglück hat mich ereilt" oder „Leid hat mich geschlagen".

centini: eine merkwürdige, eigenwillige Mischung aus Elementen der Dur-, Moll-, Ganzton- und chromatischen Skala, die 1888 in der *Gazzetta Musicale di Milano* veröffentlicht wurde mit der Aufforderung, sie zu harmonisieren. Das taten denn auch viele Komponisten, so auch Giuseppe Verdi im ersten seiner vier *Pezzi Sacri*, einem Ave Maria für vierstimmigen A-cappella-Chor. Wenn man das aber nicht weiß, ist das auch bei Verdi sehr schwer zu hören. Für Nono sind die Elemente der Scala Enigmatica Rohmaterial für das Quartett, sie sind für die Harmonien und Zusammenklänge strukturierend. Die Scala enthält zwei Tritonusintervalle, was sicher, neben der versteckten Hommage an Verdi, zur Wahl der Scala Enigmatica als Tonreservoir beigetragen hat. Der Tritonus ist ja ein Grundelement des Stückes. Gesprächsweise hat Nono die Wahl der Skala aber auch in Verbindung gebracht zum lydischen Modus des *Heiligen-Dankgesang*-Satzes aus Beethovens Opus 132, aus dem er ja schon das Sotto voce „Mit innigster Empfindung" geliehen hatte.

RS:
Soweit haben wir über die beiden ersten Aspekte des Stückes gesprochen, die im Titel von Nonos Quartett erscheinen: „Fragmente – Stille". Wie als Widmung steht zuletzt aber noch „An Diotima".

WL:
Das ist eine weitere verborgene Schicht des Quartetts, die auf Friedrich Hölderlin verweist. Diotima, die fiktive Priesterin in Platons *Symposion*, die den Sokrates über das Wesen der Liebe belehrt, ist bei Hölderlin der Name der Frauengestalt in seinem Roman *Hyperion*, aber auch der dichterische Name für Suzette Gontard, die Frau des Frankfurter Bankiers Friedrich Gontard, in deren Haus Hölderlin als Hauslehrer angestellt war und mit der ihn eine leidenschaftliche und tragische Liebesgeschichte verband. Ein vielfach vorbelasteter Name also, beziehungsreich und zur Spekulation einladend. An 53 Stellen hat Nono Zitatbruchstücke aus Gedichten Friedrich Hölderlins sowie aus Briefen an Suzette Gontard in die Partitur eingetragen. Über die Bedeutung dieser Zitate ist seit der Uraufführung sehr viel spekuliert worden, aber sie bleibt trotz intensiver Nachforschung und Analyse immer noch verborgen. Die Hölderlin-Zitate in der Partitur sind aber nur für die Spieler gedacht, in keinem Falle als naturalistische, programmatische Hinweise für die Aufführung. Für den Hörer existieren sie also nicht. Geheime Texte und in der Partitur versteckte Botschaften gab es schon früher: „Muß es sein?" in Beethovens Opus 135, und Franz Liszt hat 1857 in die Partitur seiner symphonischen Dichtung *Die Ideale* Verse aus Schillers gleichnamigem Gedicht eingetragen. Zahllose Namensanagramme gibt es bei Alban Berg, in der *Lyrischen Suite* ein Zitat aus Zemlinskys *Lyrischer Symphonie* und im letzten Satz sogar ein unterdrücktes Baudelaire-Gedicht.

RS:
Man weiß also nicht, was Nonos Botschaft mit diesen Zitaten war?

WL:
Nein. Sie scheinen jedenfalls von einem Mitteilungsbedürfnis zu zeugen, das über die Möglichkeit von Tönen hinausgeht, letztlich ein Bedürfnis nach der menschlichen Stimme. Schönberg hat das zum ersten Mal in der Streichquartettliteratur in seinem zweiten Quartett

gewagt: zwei Sätze mit Sopran zu Gedichten von Stefan George. Nono hat es sich versagt: Die Texte werden verschwiegen.[19] Er hat aber ihre Herkunft in der Partitur akribisch belegt, was suggeriert, dass Nono sich auch auf den Sinn der Zitate in ihrem ursprünglichen Kontext bezieht. Dass die Spieler darüber informiert seien, schien ihm so wichtig, dass er uns seinerzeit die zweisprachige deutsch-italienische Adelfi-Ausgabe der Diotima-Texte schickte, nach der er gearbeitet hat. Darin sind die verwendeten Zitatstellen alle unterstrichen.

RS:
In einem Brief Nonos an Hans-Jürgen Nagel, den Leiter des Bonner Beethoven-Festes, schreibt er: „Die Fragmente von Hölderlin sollten in jedem der Herren des LaSalle-Quartetts vibrieren, unabhängig von der Musik." Hat es bei Ihnen vibriert?

WL:
Das ist eine schwierige Frage, denn was meinte er damit? Die Textfragmente von Hölderlin und anscheinend auch dessen ganze Geschichte haben für ihn eine große Bedeutung gehabt. Um die Gedichte verstehen zu können, muss man aber die ganze Geschichte von Hölderlin kennen. Und vielleicht meinte er das. Es ist ja auch eine versteckte Angelegenheit dahinter, aber mir widerstrebt, mich mit Nonos privaten Gefühlswelten auseinanderzusetzen, genauso wie mir die Geschichte mit Hanna Fuchs in Alban Bergs *Lyrischer Suite* widerstrebt.

RS:
Haben Sie sich im Zusammenhang mit Nonos Quartett also nicht besonders mit Hölderlin befasst?

WL:
Doch, ich habe mich mit der zweisprachigen Ausgabe, die er uns geschickt hat, auseinandergesetzt. Ich bin aber überhaupt nicht so ein großer Lyrikfreund und Experte, dass das für mich eine entscheidende Bedeutung gehabt hätte, und besonders im Hinblick auf das Stück. Die Verbindung herzustellen zwischen diesem Stück und den Textfragmenten war und ist für mich schwierig. Das ist aber mein Problem, nicht seines.

RS:
Wann haben Sie angefangen, das Quartett mit Nono zu arbeiten?

WL:
Das war in Vaduz, als wir dort Anfang September 1979 auf Tournee waren.[20] Da gab es aber noch keine Noten, er hatte uns nur einige Vorschläge auf Notenpapier geschrieben,

---

[19] Im Vorwort der Partitur schreibt Nono: „Die Fragmente aus Gedichten von Hölderlin sind aber vielfältige Augenblicke, Gedanken, Schweigen, Gesänge aus anderen Räumen, aus anderen Himmeln, um auf andere Weise die Möglichkeit wiederzuentdecken, der Hoffnung nicht Lebewohl zu sagen." (Dies ist übrigens ein Zitat aus einem Hölderlin-Brief an Suzette Gontard.) „Die Ausführenden mögen sie singen, ganz nach ihrem Selbstverständnis, nach dem Selbstverständnis von Klängen, die zu den zarten Tönen des innersten Lebens hinstreben."

[20] Am 2. September 1979 spielte das LaSalle-Quartett in Vaduz die *Lyrische Suite* von Alban Berg und das Quartett Opus 51 Nr. 2 von Brahms.

und die sollten wir jetzt ausprobieren. Von einem Stück oder irgendwelchen Zusammenhängen konnte da noch gar keine Rede sein. Er wollte aber gemeinsam mit uns mit Klängen und Klangkombinationen experimentieren. Und wenn sie seiner Vorstellung entsprachen, hat er sie sich aufgeschrieben. Er wollte immer wieder hören, wie es klingt, wenn man verfremdete Klänge oder Intonationstrübungen oder Reibungen auf den Instrumenten erzeugt. Zunächst waren das nur einzelne Klangkombinationen, als Experiment quasi. Einige Zeit nach diesem Treffen in 1979 begann er einzelne Teile des Quartetts nach Cincinnati zu schicken, bis wir uns dann in Perugia nochmals trafen, während der folgenden Tournee 1980, als wir alle Schönberg-Quartette gespielt haben.[21] Da war er mit Nuria, seiner Frau, um die Schönberg-Quartette zu hören, aber er war so depressiv, dass er überhaupt nicht zu den Konzerten kommen konnte. Aber in Perugia konnten wir ihm immerhin schon Teile des Stückes vorspielen, damit er seine klangliche Vorstellung und deren Niederschrift mit dem akustischen Resultat unseres Spielens vergleichen konnte. Es ist natürlich unerhört spannend, bei der Genese eines neuen Stückes von einem Komponisten der Struktur, der Qualität und der Intelligenz eines Nono dabei zu sein und akustisch mitzuexperimentieren an dem, was ihm vorschwebt: ein Prozess der Genese, den man gewöhnlich bei einem Komponisten nicht nachvollziehen kann. So beneide ich immer die Mitglieder des Schuppanzigh-Quartetts, die mit Beethoven gearbeitet haben, und wir wünschten oft, wir hätten lauschen können oder hätten einen Mitschnitt von diesen Arbeitstreffen. So haben wir mit Nono immer wieder weiter an seinem Quartett gearbeitet, auch nachdem wir es in Bad Godesberg uraufgeführt und in Badenweiler gespielt hatten.[22] Dann haben wir in Baden-Baden eine Fernsehaufzeichnung vom Quartett gemacht, zusammen mit Nono und Peter Wapnewski[23], „Notenschlüssel" heißt diese Sendung.[24] Bei all diesen Anlässen haben wir immer wieder mit ihm gearbeitet. Oft glaubt man nämlich, dass eine Komposition, nachdem sie uraufgeführt wurde, für den Komponisten abgeschlossen ist. Aber bei der Uraufführung oder schon beim ersten Ausprobieren können sich in der Wahrnehmung des Komponisten noch wichtige Dinge verändern. Wir wissen zum Beispiel aus einem Brief Leopold Mozarts an seine Tochter Nannerl, dass Wolfgang die seinem Freund Joseph Haydn gewidmeten Streichquartette in seiner Wohnung ausprobiert hat.[25] Vermutlich spielte Haydn mit, und dabei muss es über diese neuen Stücke zu Diskussionen gekommen sein, in denen Mozart von seinen Mitspielern eine Vielzahl von dynamischen Nuancen gefordert hat. Wir können uns vorstellen, dass Haydn darauf geantwortet hat: „Wie soll man das denn wissen, davon steht nichts in den Noten. Wenn Du das so willst, dann schreibe es bitte

---

[21] Das LaSalle-Quartett hat in Perugia am 15. März 1980 das erste und das dritte Quartett von Schönberg gespielt sowie am 16. März 1980 das zweite und vierte Quartett. Das D-Dur-Quartett (1897) war am 5. März 1978 gespielt worden, zusammen mit Schönbergs viertem Quartett und Mozarts d-Moll-Quartett KV 421.

[22] Die Aufführung von Nonos Streichquartett in Badenweiler fand am 8. November 1980 statt.

[23] Peter Wapnewski (* Kiel, 7.9.1922) ist Altgermanist und emeritierter Professor für mediävistische Germanistik und Autor von Büchern zur Deutschen Dichtung des Mittelalters sowie zur Literatur und Kultur des 19. und 20. Jahrhunderts. 1981–86 war er Gründungsrektor des Wissenschaftskollegs zu Berlin.

[24] Die Fernsehaufnahme in Baden-Baden fand am 17. November 1980 statt.

[25] Am 22. Januar 1785 schreibt Leopold Mozart an seine Tochter: „Diesen Augenblick erhalte 10 Zeilen von deinem Bruder, wo er schreibt, … dass er vergangenen Samstag (Anm. des Autors: den 15. Januar) seine 6 quartetten, die er dem Artaria für 100 duccaten verkauft habe, seinem lieben Freund Haydn und anderen guten freunden habe hören lassen." Leider sind die „10 Zeilen" verloren gegangen, und es ist fraglich, ob wirklich an dem Tag alle sechs Quartette gespielt wurden. Das letzte, KV 465, wurde sogar erst am 14. Januar 1785 vollendet.

hinein!" Nun waren die Handschriften aber inzwischen schon beim Drucker. Die Verbesserungen wurden also direkt auf den Druckerplatten vorgenommen und in den Handschriften nie nachgetragen. So können wir heute im Nachhinein nachvollziehen, was damals wohl bei Mozart zu Hause geschehen ist.

RS:
Sie haben einmal erzählt, dass Sie nach einem Konzert Nonos Kommentare zur Aufführung im Briefkasten gefunden hätten.

WL:
Das war nach dem Konzert in Badenweiler.

RS:
Wollte er seine Bemerkungen nicht mündlich vermitteln?

WL:
Nein, er wollte es aufschreiben. Er hat weiter darüber nachgedacht und dann aufgeschrieben, was ihm dazu einfiel, auf große Bögen, kreuz und quer über das Papier, damit man es beim Einstudieren nachlesen konnte.

RS:
Also völlig unstrukturiert und spontan. Das war für Sie sicher nicht einfach, aus diesen unstrukturierten Notizen etwas Zusammenhängendes abzuleiten.

WL:
Nein, diese Mühe haben wir uns aber gemacht.

RS:
Was waren denn seine wichtigsten Einwände?

WL:
Immer wieder die Pausen und Fermaten, die ihm nicht lang genug und nicht verschieden genug waren. Und dann die Intonation im Zusammenhang mit den Vierteltönen.

RS:
Hatte er davon eine genaue akustische Vorstellung?

WL:
Sicher, und an diesen Vierteltönen und hohen Lagen haben wir in Vaduz sehr gearbeitet, dass die Intonation nicht „rein" sein, es also keine reinen Intervalle geben soll, sondern gezielt unrein, scharf und widerspenstig. Das war ein schwieriger Punkt für uns, denn auch diese Intonationsabweichungen waren für uns neu. Wie groß sollten diese Abweichungen von der reinen Intonation denn sein? Und das gepaart mit weiten Lagenwechseln, wo man in ganz extremer Lage auch noch nicht ganz reine Doppelgriffe machen muss: Das ist in den hohen Lagen bei Geigen, wo die Töne schon sowieso sehr eng beieinanderliegen, sehr

Auftragswerke und Uraufführungen

Abb. 41: Das LaSalle-Quartett mit Luigi Nono, Hamburg Dezember 1983

schwierig. Man darf nicht vibrieren, denn sonst vibriert man an den Vierteltönen vorbei. Das war technisch schon anspruchsvoll, und daran musste man hart arbeiten, denn wir hatten ja immer das Umgekehrte geübt, dass man zwar weite Lagenwechsel macht, aber rein.

RS:
War er letztlich irgendwann mit Ihrer Interpretation zufrieden?

WL:
Im Dezember 1983 haben wir in Gegenwart von Nono die Aufnahme bei der Deutschen Grammophon gemacht,[26] und mit dieser Aufnahme war er dann einigermaßen zufrieden, sonst hätte er ihre Veröffentlichung nicht erlaubt.

RS:
Nonos Quartett haben Sie, glaube ich, nicht sehr oft unterrichtet. Was sind dabei die häufigsten Probleme? Sind die Pausen und Fermaten auch wieder die Stolpersteine?

---

[26] Die Aufnahme des LaSalle-Quartetts von Nonos Streichquartett ist momentan nicht erhältlich. Die „Vor-Uraufführung" am 19. Mai 1980 in Cincinnati ist auf CD Nr. 173 in der Paul Sacher Stiftung dokumentiert. Auf der CD-Beilage befindet sich die Aufführung vom 18. Januar 1983 in Cincinnati (CD Nr. 200 in der Paul Sacher Stiftung), die bezüglich der Länge der Pausen der Aufnahme bei der Deutschen Grammophon entspricht.

WL:
Ja, es geht aber auch um die Rhythmen, um das Zusammenspiel und darum, dass die richtigen Noten gespielt werden. Es gibt einige Stellen, die rhythmisch schwirig sind, denn alles ist ausgeschrieben, es ist kein aleatorisches Stück. Es gibt sehr viele Schwierigkeiten in dem Stück, auf allen Ebenen, zum einen Technisches: Ricochets, „col legno", „gettato", zum anderen Klangliches, Dynamisches.

RS:
Sie haben das Stück nach der Uraufführung zwischen Juni 1980 und Januar 1986 mit nur wenigen Pausen sehr regelmäßig gespielt, im ganzen 33 Mal.

WL:
Wirklich? Das hätte ich nie für möglich gehalten: Ich hätte gesagt zwölfmal. Aber die Leute haben sich dafür interessiert, denn es gab eine Kontroverse, ob es ein reaktionäres Stück von Nono wäre. Dadurch ist man auf das Quartett aufmerksam geworden und hat uns gefragt, es zu spielen, sogar in der Mailänder Scala haben wir es zweimal gespielt! Es hat aber eine Weile gedauert, bis andere Quartette es aufgeführt haben. Das Diotima-Quartett in Paris hat es in den späten 1990er Jahren gelernt, auch das Pellegrini-Quartett, und dann das Arditti-Quartett: Es gibt sogar einen ganzen Film über das Nono-Quartett mit ihnen. Es wurde langsam zu einem Epochenstück, und dadurch interessiert es natürlich auch jüngere Quartette, denn damit, dass man ein so schweres Stück spielt, kann man sich Ruhm erwerben. Genau wie das zweite Quartett von Ligeti: Auch das ist inzwischen ein Repertoirestück geworden.

RS:
Hat sich Ihre Interpretation des Stückes im Verlauf dieser sechs Jahre noch geändert?

WL:
Nein, kaum, genau wie sich bei uns zum Beispiel auch die Interpretation der Beethoven-Quartette nicht sonderlich geändert hat: Da muss man schon sehr genau zuhören. Natürlich verändert sich jedes Stück: Wenn man vertrauter damit ist, kann man sich anderen Aspekten widmen. Wahrscheinlich hat es nach einer Weile besser geklungen. Wir haben es realisieren können, ohne so viel Mühe, oder ohne uns so viel auf die Ausführung im Einzelnen konzentrieren zu müssen, auf das Zusammenspiel zum Beispiel; so konnten wir uns darauf konzentrieren, wie man es ausführt.

10.4 Franco Evangelisti (1926–80)

RS:
Sie haben in einem Gespräch einmal gesagt, dass die Auftragswerke manchmal überhaupt nicht ihren Erwartungen entsprachen.

WL:
Ja, das stimmt, aber wir haben uns solche Erwartungen sehr schnell abgewöhnt. Wir konnten uns nur an die Komponisten halten, so wie wir sie als Person kannten und an einige ihrer Stücke, die wir gehört hatten. Aber das war bei Weitem nicht ausreichend, um sich eine Idee zu machen, was so jemand wohl machen würde, wenn er ein Streichquartett schreibt: Da kann man sein blaues Wunder erleben! Lieber ist es mir, wenn es das Streichquartett schon gibt! Aber um neue Streichquartette zu bekommen, musste man sie erst einmal bestellen.

RS:
Manchmal wurden sie aber auch unaufgefordert geschrieben. Zum Beispiel hat der griechische Komponist Anestis Logothetis[27] 1964 für das LaSalle-Quartett ein Stück mit dem Titel *Osculationen* geschrieben. Das war offenbar eine rein grafische Partitur?

WL:
Ja, das haben wir auch nicht gespielt. Wir waren nicht so fantasievolle Interpreten, die sich damit zurechtgefunden haben, nicht ausgeschriebene Musik zu interpretieren. Dafür waren wir schlichtweg unbegabt. Es gibt Leute, die davon ungeheuer angeregt werden, wir nicht, im Gegenteil. Das weiteste, was wir in dieser Beziehung gemacht haben, ist *Aleatorio* von Franco Evangelisti.[28] Das ist ein Auftragswerk, um das wir ihn gebeten hatten, nachdem wir ihn in Darmstadt kennengelernt hatten.[29] Mit *Aleatorio* wollte Evangelisti ein Werk schaffen, in dem die Spieler bis zu einem gewissen Grad in den Kompositionsprozess einbezogen werden. Es ist ein kurzes, dreiteiliges Stück, zu dem es nur eine Vorlage mit Anweisungen gibt, in der Evangelisti ein Grundmaterial suggeriert, aber einem weitgehend überlässt, was man daraus macht.[30] Es gibt die verschiedensten Zeichen: „cambio metronom"

---

[27] Anestis Logothetis (Pyrgos 27.10.1921 – Wien 6.1.1994) ließ sich 1942 in Wien nieder, wo er bis 1944 an der Technischen Hochschule Maschinenbau und 1945–51 an der Musikakademie Komposition studierte. Nach Kursen in Rom und Darmstadt arbeitete er 1957 im elektronischen Studio in Köln. Bis 1959 komponierte er serielle und Zwölftonstücke in traditioneller Notation. Später wandte er sich zugunsten flüssigerer Formen grafischen Methoden zu. Die daraus entstandenen Partituren, die große Freiheit in der Instrumentation und allen anderen Parametern erlauben, sind oft faszinierende visuelle Kunstwerke.

[28] Franco Evangelisti (Rom 26.1.1926–28.1.1980) hat in Rom und Freiburg studiert, seine Studien in den elektronischen Studios in Rom, Köln, Warschau und Gravesano fortgesetzt und später am Casella Konservatorium und an der Accademia Nazionale di Santa Cecilia in Rom Komposition unterrichtet. Er hat in den verschiedensten Ländern Vorträge gehalten und viele Artikel geschrieben. Sein theoretisches Vermächtnis *Vom Schweigen zu einer neuen Klangwelt* hat Evangelisti nicht vollenden können. Eine soweit wie möglich redigierte Fassung ist veröffentlicht in: Musik-Konzepte 43/44 *Franco Evangelisti*, edition text + kritik, München 1985. Als Komponist ist Evangelisti abseits vom Betrieb völlig kompromisslos seinen Weg gegangen, ähnlich wie Anton Webern. Besonders in Italien hat Evangelisti Festivals neuer Musik organisiert und 1964 die „Gruppo d'Improvvisazione di Nuovo Consonanza" gegründet.

[29] *Aleatorio* wurde 1959 komponiert und am 14. Juli 1962 in Kranichstein im Rahmen der Darmstädter Ferienkurse für Neue Musik vom LaSalle-Quartett uraufgeführt. Auf dem Programm standen außerdem das dritte Quartett von Herbert Brün, die *Ode pour Quatuor* von Henri Pousseur sowie die Uraufführung von Pendereckis 1960 komponiertem Streichquartett.

[30] In der Einleitung zu *Aleatorio*, die man als „Spielregeln" des Stückes auffassen kann, schreibt Evangelisti: „*Aleatorio* ist eine Synthese der von Streichinstrumenten gebotenen Klangmöglichkeiten. Es besteht aus drei Teilen, α, β und γ, von denen α und γ je vier, β acht Takte zählt. Jeder dieser Teile ist gekennzeichnet durch typische Spielarten der Streichinstrumente. α verwendet traditionelle Klangfarben (mit dem Bogen gestrichen) und hat somit den traditionellsten Klangcharakter. β bietet die größtmögliche Vielfalt, Dynamik, Zeitlauf, Ausdruck und Klangfarbe zu verändern und zu kombinieren. γ, der dritte Teil, benutzt vorwiegend Geräusche: ,col

(C. M.), das heißt eine Änderung des Tempos, oder „cambio intensità" (C. I.), eine Änderung der Intensität und Zeichen dafür, dass man eine Pause machen kann. Alle diese Vorschläge kann man befolgen oder auch nicht, aber man kann sie nur dort befolgen, wo sie angegeben sind. Auch kann die Anordnung der drei Teile vertauscht werden, allerdings kann die Anordnung der Takte innerhalb eines Teiles nicht permutiert werden. Die Folge dieser Spielanweisungen ist also, dass etwas völlig Anderes dabei herauskommt, wenn zwei verschiedene Ensembles dasselbe Material nehmen und daraus ein Stück zusammenstellen.[31]

RS:
Hat Evangelisti aber eine Vorstellung gehabt, wie das Stück klingen soll?

WL:
Nur eine sehr allgemeine Vorstellung, die oft ex negativo war: Er wusste ganz genau, was es nicht sein sollte. Wir haben einmal versucht, mit seinen Anweisungen etwas zu machen, was so weit wie möglich wie „Hänschen klein" klingen sollte. Denn er wollte solche Möglichkeiten eben gerade verhindern. Als wir es ihm vorgespielt haben, ist er beinahe vom Stuhl gefallen, denn das war der Beweis, dass seine Anweisungen noch nicht gründlich genug waren, um solches unmöglich zu machen.

RS:
Ging es ihm vor allem um klangliche Aspekte?

WL:
Um klangliche und rhythmische Aspekte und darum, alles das zu vermeiden, was auch Webern in den *Bagatellen* Opus 9 schon vermeiden wollte: keinerlei Wiederholungen, immer verschiedene Klänge, nicht nur von einem Instrument zum anderen, sondern innerhalb jedes Instrumentes schon verzerrte Klänge. In der unveröffentlichten Bagatelle mit Gesang von Webern gibt es Ähnliches,[32] nur Geräusch und eine Sprechstimme mit einzelnen Silben, ganz merkwürdig. Und in diese Richtung ging dann die Musik überhaupt. Die Komponisten wollten nichts mehr, was schön wäre oder romantisch klänge oder auch ir-

---

legno', ‚sul ponticello', Klopfen auf dem Instrumentenkörper, Bartók-Pizzicato, usw. Bei einer Aufführung kann *Aleatorio* wiederholt werden, vorausgesetzt, dass der Charakter der Teile grundlegend verändert wird, sodass ein ständiger Wechsel des Zeitablaufs, der Klangfarbe und der Intensität resultiert. Für die Aufführung von *Aleatorio* ist Folgendes wichtig: Die Spieler vereinbaren den Charakter eines jeden Teiles, die Reihenfolge, in der die Teile gespielt werden sollen, und die Tempi. Diese Entscheidungen werden gemeinsam vor der Aufführung getroffen, dürfen also nicht dem freien Ermessen des einzelnen Spielers überlassen bleiben. Viele Versionen sind möglich, jedoch sollen nicht mehr als zwei pro Konzert gespielt werden, von je fünf Minuten Dauer höchstens. Sie können durch eine Pause getrennt werden. Der Komponist empfiehlt den Spielern, ihre jeweils ausgearbeiteten Versionen in Form von Partituren auszuschreiben."

[31] Über zwei Aufnahmen von *Aleatorio*, die 1998 bei Edition RZ veröffentlicht wurden, schreibt Frank Hilberg in *Die Zeit*, 49/1998: „Die Società Cameristica ‚greift' sich das Stück rauhbeinig und demonstriert die Rebellion gegen den bürgerlichen Schönklang in Klang und Tat, während das LaSalle-Quartett die gleichen Noten mit derselben überirdischen Würde ausstattet, mit der es auch den späten Webern und den noch späteren Nono zelebriert – gleichsam mit Hölderlin'scher Transzendenz überwölbt."

[32] Das LaSalle-Quartett hat Weberns Bagatelle für Streichquartett und Sopran zusammen mit Bethany Beardslee am 12. Juli 1972 beim Ravinia Festival aufgeführt.

gendwie nur daran erinnerte, was in der eben gerade überwundenen Musikperiode als akzeptabel erschien. Die Komponisten wollten einmal wirklich „entartete Musik" machen.

RS:
Wie ist *Aleatorio* notiert? Im Heft der Musik-Konzepte über Evangelisti wird das Stück *Campi Integrati Nr. 2* besprochen, das in der Form von Grafiken notiert ist, sogenannte „Magische Quadrate".[33]

WL:
Nein, *Aleatorio* ist nicht so notiert. Evangelisti schreibt Noten vor, aber mit vielen Anweisungen, was man damit tun soll. Er will, dass man seine Stimme aus den Anweisungen, aus den vorgegeben Takten, jeweils neu zusammenstellt. Man kann sie zum Beispiel in einer anderen Reihenfolge spielen, man kann alle möglichen Tongebungen und Rhythmen anwenden, auch Tempi. Wenn er jedoch an einer bestimmten Stelle einen Tempowechsel angibt, bleibt es einem selbst überlassen, welches Tempo man nimmt. Er gibt einem also ein Rohmaterial an Noten, das man taktweise in verschiedene Anordnungen bringen und so verändern kann, dass es nicht mehr zu erkennen ist. Man nimmt sich eine Grundidee vor, zum Beispiel, dass es rhythmisch ganz einfach sein soll und wie ein Wiener Walzer klingen soll. Oder, im Gegenteil, dass man hanebüchene Sachen macht: keinen normalen Ton, lauter Geräusche. Jeder muss sich also jedes Mal ein neues Stück zurechtbauen, indem er aufgrund der Anweisungen mit dem Material bastelt und schaut, was daraus wird, wenn man die vier Stimmen zusammenfügt. Es können also ganz verschiedene Klänge dabei herauskommen.

RS:
Haben Sie allein diese Arbeit dann für alle vier Stimmen gemacht?

WL:
Nein, gemeinsam. Jeder hat Vorschläge gemacht, nicht nur für die eigene Stimme, sondern auch für die anderen sowie für eine übergeordnete Idee. Es war sozusagen ein Komponieren zu viert. Wir haben viele Stunden damit zugebracht, um zu sehen, was man machen könnte, und haben es ausprobiert. Dann hat jeder seine Stimme ausgearbeitet, und schließlich haben wir zwei Versionen verfasst, die wir behalten haben. Evangelisti hat immer wieder neue Systeme erfunden, als Anleitung, ein Stück selbst zu basteln. Und *Aleatorio* ist so eine Bastelanregung.

RS:
War er mit Ihren Fassungen einverstanden?

---

[33] Claudio Annibaldi, „Über Franco Evangelisti", in: „*Franco Evangelisti*", Musik-Konzepte 43/44, edition text + kritik, München 1985, S. 8–39.

WL:
Es blieb ihm nichts anderes übrig. Wir haben die zwei sehr kontrastierenden Versionen oft hintereinander gespielt. Und das fand er sehr schön. Von den beiden Stücken gibt es übrigens eine Rundfunkaufnahme, die auf CD veröffentlicht worden ist.[34]

RS:
Evangelistis Konzept der Aleatorik, des Zufalls, ist also wieder ganz anders gelagert als bei Lutoslawski, John Cage und Earle Brown.[35]

WL:
Ja, bei Evangelisti geht es um eine Verbindung zwischen einem klaren Gedankensystem mit Regeln, Referenzsystemen und Strukturen einerseits und der Unmittelbarkeit einer Improvisation andererseits.

RS:
Was haben sich Komponisten wie Evangelisti und Earle Brown dabei gedacht, als Autor zurückzutreten, um den Interpreten sozusagen den Vorrang zu geben?

WL:
Das ist aber nur bis zu einem gewissen Grad der Fall. Sie wollten die Spieler wieder mit einbeziehen in den Prozess der Gestaltung eines Stückes, wie es auch im Barock der Fall war. Damals war der Unterschied zwischen Komponist und Spieler weitaus geringer als nach dem 18. Jahrhundert, wo der Komponist das Stück schrieb. Im 18. Jahrhundert waren Komponist und Aufführender oft noch eine Personalunion: Mozart hat seine eigenen Klavierkonzerte und Violinkonzerte gespielt. Aber dann, als die virtuose Literatur aufkam, trennte sich das. Schon Beethoven hat seine Quartette nicht mehr selbst mit komponierenden Kollegen aufgeführt, wie das bei Mozart noch der Fall war, sondern er brauchte Berufsquartette. Ein paar Jahre später im 19. Jahrhundert wurde die Komposition so kompliziert, dass sich die beiden Berufszweige trennten. Gut, Schumann hat noch seine eigenen Werke gespielt, Brahms auch, und Louis Spohr hat seine eigenen Quartette aufgeführt, die jedoch nicht von hohem Rang sind. Aber nach dem Schuppanzigh-Quartett, das das erste wirkliche Berufsquartett in Europa war, haben die Berufsquartette nur noch Quartett gespielt, jedoch nicht mehr selbst komponiert. Brahms hat seine Quartette nicht gespielt, das hat er seinem Freund Joachim überlassen, mit dem er auch über die Aufführung seiner Werke korrespondiert hat. Und diese Trennung der Berufszweige hat auch negative Folgen gehabt, denn die Interpreten wussten bald nicht mehr genau Bescheid, was der Komponist sich gedacht hatte, und kümmerten sich manchmal auch herzlich wenig darum. Und Evangelisti und andere wollten dann wieder, dass etwas mehr von Seiten der Interpreten einfließt.

RS:
Aber nicht als bewusster Rückgriff auf vorklassische Zeiten?

---

[34] Edition RZ 1011–12, Das Gesamtwerk von Franco Evangelisti auf zwei CDs. Die „Vor-Uraufführung" durch das LaSalle-Quartett am 19. März 1963 in Cincinnati ist auf CD Nr. 48 in der Paul Sacher Stiftung dokumentiert und befindet sich auf der CD-Beilage.

[35] Zu Earle Brown siehe Kapitel 10.15.

Auftragswerke und Uraufführungen

WL:
Doch, aber kein bewusster Rückgriff auf den Stil, sondern ein bewusster Rückgriff auf die Praxis, die Interpreten mehr zu beteiligen, statt ihnen nur Vorschriften zu machen. Es war eine Reaktion gegen die überbevorschriftete Musik der späten Wiener Schule. In Alban Bergs *Lyrischer Suite* stehen in jedem Takt so viele Anweisungen zur Dynamik, Agogik und Phrasierung, dass man vor lauter Worten und langen Anweisungen oft die Musik nicht mehr sieht.

RS:
Oder auch Bartók, der die Aufführungsdauer eines Stückes bis auf die Sekunde vorschreibt.

WL:
Genau, auch das ist ein Beispiel. Die Komponisten hatten aber nicht nur die Interpreten mit Vorschriften in eine Zwangsjacke gedrängt, sondern auch sich selbst, denn in den 1950er Jahren, der Hochblüte der seriellen Musik, verfolgten die Komponisten das Ideal eines autonomen Kunstwerks. Sie wollten die subjektiven Entscheidungen, die sie bei jedem Schritt während des Kompositionsprozesses treffen müssen, durch immer komplexere Regelsysteme ersetzen, welche die Entscheidungen regeln und rechtfertigen sollten. Indem die Musik sich anhand eines externen Mechanismus quasi selbst komponierte, hoffte man, dem Fluch der Subjektivität zu entrinnen. Das ließ natürlich kaum eine Entscheidungsfreiheit für den Komponisten mehr zu: Er hielt sich an seine selbst gestellten Regeln, und das wurde sehr schnell sehr beengend. Und dann, als John Cage 1958 zum ersten Mal bei den Darmstädter Ferienkursen für Neue Musik auftrat, kam die böse Entdeckung, dass Kompositionen, die auf einem solchen fixen System beruhten, solchen sehr ähnlich waren, die mit absoluter Willkür vom Zufall geschaffen werden. Es galt also, aus dieser selbst fabrizierten Beschränkung wieder auszubrechen. *Aleatorio* von Franco Evangelisti sowie die Quartette von Earle Brown und Witold Lutoslawski sind Resultate dieser Bewusstwerdung.

10.5 Mauricio Kagel (1931–2008)

RS:
Auch Mauricio Kagel war eine Bekanntschaft von den Darmstädter Ferienkursen für Neue Musik, die Sie um ein Streichquartett gebeten hatten. Ich habe mir die Aufnahme der Aufführung in Cincinnati angehört: Das Publikum lacht aus vollem Halse.[36] Was ist denn da los auf der Bühne?

WL:
Es ist ein Stück instrumentales Theater, wie so oft bei Kagel, und meist sehr kritisch und sarkastisch, satirisch und witzig. Zudem ist es auch eine Persiflage auf das LaSalle-

---

[36] Das Konzert in Cincinnati fand am 15. Januar 1974 statt und ist auf CD Nr. 123 in der Paul Sacher Stiftung dokumentiert. Der erste, theatralische Teil des Quartetts befindet sich auf der CD-Beilage.

Quartett, denn es ist auf dessen vier Mitglieder zugeschnitten. Es fängt damit an, dass unser etwas phlegmatischer und gutmütiger Cellist, Jack Kirstein, mit seinem Instrument alleine auf die Bühne kommt. Er geht an seinen Stuhl, stützt sich einen Moment auf die Lehne, geht langsam um die anderen Stühle herum und stützt sich auf die Stuhllehne der ersten Geige, guckt etwas in die Kulisse, setzt sich probehalber auf den Stuhl der ersten Geige und schaut in dessen Noten. Es ist psychologisch ein sehr deutlicher Hinweis, dass er auch gerne mal das Quartett führen möchte, aber dann denkt er sich: „Na, wollen wir es doch lieber nicht darauf ankommen lassen." Das ist ein wunderbarer Anfang von einem Quartett. Und das Publikum fing an, leicht zu kichern. Der Cellist geht also zurück zu seinem Platz, setzt sich hin und fädelt eine Stricknadel zwischen die Saiten, guckt auf die Noten und zupft mit einem absolut idiotischen Gesichtsausdruck an seiner Stricknadel (imitiert das Geräusch): völlig verrückt! Im Laufe des Stückes spielt Henry Meyer eine wunderbare Kantilene, aber ich nehme ein Handtuch und decke damit seine Finger und die Geige ab, denn ich will das nicht hören, aber er spielt immer weiter. Dann ziehe ich mir ganz feine Glacé-Handschuhe an und spiele jetzt mit Glacé-Handschuhen. Lauter solche skurrile Einfälle. Das Publikum hat am Boden gelegen vor Lachen, weil man das vom LaSalle-Quartett überhaupt nicht erwartet hat. Wir waren doch eine eher zugeknöpfte, ernsthafte Gruppe, die seriös Musik gemacht hat. Und plötzlich spielten wir Theater!

RS:
War die Regie in der Partitur vorgeschrieben?

WL:
Ja, völlig, und ganz genau. Deshalb ist es auch so schwer, dieses Stück an verschiedenen Orten aufzuführen. Zum Beispiel müssen Henry und ich hinter der Bühne zu spielen anfangen, also ohne dass uns das Publikum sehen kann, und dann sind die Schritte auf der Bühne ganz genau vorgegeben. Es musste somit alles inszeniert und genau ausprobiert werden: sehr schwierig.

RS:
Sie haben es also nicht sehr oft spielen können?

WL:
Nein, es war zu schwer.[37]

RS:
Da es sich um instrumentales Theater handelt, wie sah denn die Partitur aus?

WL:
Sie enthält natürlich viele verbale Anweisungen, aber auch normale Noten, denn man muss auch spielen. Aber die Regieanweisungen stehen in der Partitur: „Zieht sich einen Glacé-

---

[37] Außer in Cincinnati sind noch die folgenden Aufführungen von Kagels Streichquartett durch das LaSalle-Quartett dokumentiert: University of California Los Angeles (25.1.1974), Hamburg (NDR, 25.2.1974), Frankfurt (Hessischer Rundfunk Sendesaal, 8.12.1974), University of Illinois (Urbana-Champaign, 2.4.1975).

Handschuh über die linke Hand", oder: „Nimmt ein Handtuch und wirft es über die Geige des zweiten Geigers." Und man musste verschiedene Bögen verwenden: Auch das steht vorne in der Partitur.

RS:
Sie haben einmal gesagt, dass man einen ganzen Werkzeugkasten braucht, um das Stück zu spielen. War definiert, was für Werkzeuge das waren?

WL:
Ja, die musste man sich anfertigen lassen. Zum Beispiel eine gezackte Stange, damit sie Geräusche macht, wenn man sie über die Saiten zog. Sie durfte aber nicht so gezackt sein, dass sie die Saiten zerschnitt, das war nicht die Absicht. Wir hatten also einen ganzen Kasten voll Werkzeuge, um die geforderten Geräusche produzieren zu können, und es gab einen Katalog von solchen Werkzeugen, die der Spieler mitbringen muss. Gewöhnlich gibt es bei diesen neuen Werken am Anfang der Partitur einen Anweisungskatalog, der ziemlich lang sein kann und worin sehr viel über die Notation steht, denn für die neuen Effekte muss der Komponist ja auch neue Zeichen erfinden, und die muss man erst lernen. So eine Liste gibt es aber auch schon bei Schönberg: Da wird am Anfang definiert, was Hauptstimme bedeutet oder wie er sich dynamische Nuancen vorstellt, das heißt, alles, was ihm für die musikalische Darstellung wichtig erschien. Diese Anweisungskataloge wurden im Laufe der Musikentwicklung immer länger, und die muss man sich genau anschauen. Manchmal ist das so schwierig, dass man zuerst zwei Seiten lang Gebrauchsanweisungen lernen muss, wenn man ein neues Stück einstudiert. Und die muss man auch allmählich umsetzen können, damit man nicht ständig nachschauen muss, um das Stück zu spielen.

RS:
War das Quartett von Kagel für Sie besonders schwierig zu lernen, oder war es doch ein Spielstück?

WL:
Es war völlig neu für uns, denn es ist ein Theaterstück, und man musste zum Beispiel lernen, im Gehen zu spielen.

RS:
Kagel hat das Quartett 1965-67 komponiert, gespielt haben Sie es aber erst 1974.

WL:
Das ist, weil er es einem anderen Quartett zur Uraufführung gegeben hat. Das kann man nicht machen mit einem Auftragswerk, für das man bezahlt hat. Das haben wir ihm sehr übel genommen und uns daraufhin etwas Zeit gelassen. Dann wollte er unbedingt, dass wir sein Quartett bei der Deutschen Grammophon aufnehmen. Aber nachdem wir es einige Male gespielt hatten, habe ich Rainer Brock, dem Aufnahmeleiter, gesagt, dass eine Schallplatte keinen Sinn hat, denn ohne den visuellen Bestandteil kann das keiner verstehen, und vom rein Akustischen ist das Stück nicht überzeugend. Entscheidend ist eben die Kombination visuell und akustisch, wie oft bei Kagel, und auch witzig. Man müsste es auf Video

Abb. 42: Walter Levin, Dorothee Koehler (Deutsche Grammophon), Mauricio Kagel, Hamburg Februar 1974

aufnehmen, aber damals gab es noch keine Videos und Bildplatten: Das wäre natürlich ideal dafür gewesen. Das hat Kagel nicht wahrhaben wollen und es uns für Jahre so übel genommen, dass er nicht mehr mit uns gesprochen hat. Das hat sich aber später wieder gebessert.

RS:
Sie haben sein Quartett also nicht mit ihm einstudiert.

WL:
Nein, unsere Erstaufführung haben wir in Cincinnati ohne ihn gemacht, und zwar nur den jetzigen ersten Teil. Den zweiten hatte er uns noch nicht geschickt, den haben wir erst viel später bekommen: Der ist aber weitaus weniger theatralisch und als Quartett viel traditioneller als der erste Teil. Wir haben es dann in Hamburg und in Frankfurt in seinem Beisein gespielt. Ich glaube schon, dass er mit unserer Aufführung zufrieden war.

10.6 Gottfried Michael Koenig (*1926)

RS:
Eine weitere Bekanntschaft aus Darmstadt, die Sie um die Komposition eines Streichquartetts gebeten haben, war Gottfried Michael Koenig. Sein 1959 geschriebenes Stück ist

überhaupt das erste Auftragswerk, das Sie uraufgeführt haben.[38] Koenig gilt als einer der prominenten Theoretiker der seriellen Musik.[39] Wie ist sein Streichquartett komponiert?

WL:
In der Anlage ist es ein streng serielles Stück, das heißt, dass die Tonhöhe, die Dauer und die Klangfarbe alle als Funktion der Zeit beschrieben sind: In diesem Sinne hat Koenig alle Parameter der Musik serialisiert. Das Kompositionsverfahren ist aber aleatorisch, das heißt, dass die Parameterwerte durch Zufallsoperationen ausgewählt werden, und zwar mit einem Computerprogramm. Diese Auswahl überlässt er also nicht den Interpreten: Das Stück ist völlig auskomponiert und ganz traditionell notiert. Im Band der *Musik-Konzepte* über Koenig gibt es eine detaillierte Analyse des Streichquartetts.[40]

RS:
Die eine Frage ist, wie es gemacht ist, die andere Frage ist, wie es wirkt. Wie empfinden Sie das Stück heute?

WL:
Wenn ich es heute höre, finde ich es ein besonders attraktives, vielfältiges und sehr erfolgreich komponiertes Stück.

RS:
Aber wie haben Sie es damals beurteilt, als Sie es aufgeführt haben?

WL:
Ich habe mir damals selten über die neuen Stücke ein Urteil erlaubt. Anfänglich ist man mit dem Lernen und Aufführen so befangen, dass man kaum je genügend Abstand bekommt, um das Stück sozusagen als Außenstehender zu hören. Man hört immer nur, was einem nicht gelungen ist. Es hat zum Beispiel auch lange gedauert, ehe ich mir das dritte und vierte Schönberg-Quartett als „Außenstehender" anhören konnte, als Stück. Das ist mir beim zweiten Carter-Quartett genauso gegangen, bis ich es nach Jahren wieder gehört und mich gefragt habe, was ich denn damals für ein Problem damit hatte: Heute finde ich es ein großartiges Stück![41]

RS:
Koenigs Streichquartett haben Sie aber nicht oft aufgeführt: im Ganzen nur viermal.

---

[38] Die Uraufführung von Koenigs Streichquartett durch das LaSalle-Quartett fand am 5. April 1960 in Cincinnati statt und ist auf den CDs Nr. 37 und Nr. 89 in der Paul Sacher Stiftung dokumentiert.
[39] Wolf Frobenius, „Gottfried Michael Koenig als Theoretiker der seriellen Musik", in: *Gottfried Michael Koenig*, Musik-Konzepte 66, edition text + kritik, München 1989, S. 77–104.
[40] Karlheinz Essl, „Zufall und Notwendigkeit, Anmerkungen zu Gottfried Michael Koenigs Streichquartett 1959 vor dem Hintergrund seiner kompositionstheoretischen Überlegungen", ebenda, S. 35–76.
[41] Zu Elliott Carter siehe Kapitel 12.1.

WL:
Die Veranstalter waren leider nur selten interessiert es anzunehmen. Wir haben es in München und in Köln aufgeführt[42] und in Köln auch aufgenommen: Davon gibt es eine CD.[43]

RS:
Kennen Sie das zweite Quartett, das Koenig 1987 komponiert hat?[44]

WL:
Nein, das würde mich aber sehr interessieren, auch ob es eine Aufnahme davon gibt.[45]

RS:
Hatten Sie damals häufiger Kontakt mit Koenig?

WL:
Sicher, er kam auch zu unseren Konzerten. Mit ihm hatte ich auch einmal eine Auseinandersetzung, denn er hat uns gefragt: „Warum verschwendet Ihr eigentlich Eure Zeit damit, Mozart und überhaupt solche altmodische Musik zu spielen? Nur damit Ihr in den Kammermusikgesellschaften auftreten könnt, wo nur alte Leute sitzen? Seid Ihr etwa Museumshüter? Spielt doch neue Musik! Das macht Ihr doch wunderbar!" Er wollte eigentlich ein Quartett haben, wie das Arditti-Quartett heute eines ist. Ich hielt diese Ansichten für ziemlich doktrinär.

10.7 Henri Pousseur (1929–2009)

RS:
Eine weitere Bestellung aus dem Kreis der Darmstädter Ferienkurse für Neue Musik war das Streichquartett von Henri Pousseur mit dem Titel *Ode pour Quatuor*. Wenn man die Rezensionen in den Zeitungen liest, muss das Stück damals auf großen Widerstand gestoßen sein.[46]

WL:
Das war sicher die problematischste Bestellung für Streichquartett, die wir je gemacht haben. Zuerst bekamen wir nur einen Teil, der aus einzelnen, immer wieder von Pausen un-

---

[42] Das Konzert in München fand am 28. Februar 1961 statt, dasjenige in Köln am 10. März 1961. Im Reiseprogramm ist noch ein Konzert am 13. März 1961 in Brüssel erwähnt, von dem in der Paul Sacher Stiftung jedoch kein Programm erhalten ist.
[43] Gottfried Michael Koenig, „Kammermusik", 2 CDs, Label RZ Nr. 2003/4.
[44] Koenigs zweites Streichquartett wurde am 24. Juni 1988 vom Arditti-Quartett in Pontinia, Italien, uraufgeführt.
[45] Eine Würdigung beider Quartette Gottfried Michael Koenigs befindet sich in: Konrad Boehmer, „Doppelter Ausbruch: über die Streichquartette 1959 und 1987 von Gottfried Michael Koenig", *Neue Zeitschrift für Musik*, 2/2006, Verlag Schott Musik.
[46] Die Uraufführung von Pousseurs Streichquartett durch das LaSalle-Quartett fand am 6. Februar 1962 in Cincinnati statt und ist auf CD Nr. 44 in der Paul Sacher Stiftung dokumentiert.

terbrochenen Perioden bestand. Dieser erste Teil war schon ziemlich lang, aber Pousseur schrieb uns, es gebe noch einen zweiten Teil. Als wir den erhielten, stellte sich heraus, dass er sich vom ersten Teil nicht sonderlich unterschied. Jedenfalls ist der Eindruck dieses Stückes, das immerhin knapp 20 Minuten dauert, für das Publikum einfach lähmend. Es ist auch das einzige Werk, bei dem es zu einem Aufstand des Publikums gekommen ist, als wir es in Paris beim „Domaine Musical" von Pierre Boulez aufführten.[47]

RS:
Ein Kritiker hat sich zu diesem Werk den Kalauer „Die Öde von Pousseur" einfallen lassen.

WL:
Das ist eine schöne Trouvaille! Aber nicht unberechtigt, denn nach einer Weile ist man von diesem Stück erschöpft: Man weiß schon, was als Nächstes kommen wird, und dann kommt es immer wieder, durchsetzt von Pausen. Es ist aber das einzige Stück, mit dem wir dermaßen hereingefallen sind. Wir haben es jedoch nicht einfach leichtfertig liegen lassen, aber es ist uns doch die Lust vergangen, es weiter aufzuführen.[48]

RS:
Pousseur war offenbar ein begnadeter Redner.

WL:
Ja, und er sprach auch fließend Deutsch und Englisch. Überhaupt war er ein hochintelligenter Mann und auch ein sehr guter Lehrer: Er hat immer Stellen als Dozent bekommen, so auch in Buffalo. Dort hat er einmal einen Vortrag über Webern gehalten und wir haben anschließend die *Fünf Stücke* Opus 5, die *Bagatellen* Opus 9 und das Streichquartett Opus 28 aufgeführt.[49]

10.8 Krzysztof Penderecki (*1933)

RS:
Krzysztof Penderecki haben Sie nicht in Darmstadt bei den Ferienkursen für Neue Musik kennengelernt, sondern in Wien. Bei welcher Gelegenheit war das?

WL:
Im Juni 1961 bin ich nach Wien gefahren, um die Aufführung von Schönbergs *Die Jakobsleiter* zu hören, die von Winfried Zillig fertig instrumentiert worden war.[50] Dort bin ich

---
[47] Das Konzert im Rahmen des „Domaine Musical" fand am 13. Februar 1963 statt. Dies war die letzte dokumentierte Aufführung der *Ode pour Quatuor* durch das LaSalle-Quartett.
[48] Es sind neun Aufführungen von Pousseurs Streichquartett durch das LaSalle-Quartett dokumentiert.
[49] Dieser Anlass fand am 2. Mai 1966 statt.
[50] Das Oratorium *Die Jakobsleiter* war bis zu Schönbergs Tod unvollendet geblieben, doch auf Wunsch der Witwe erstellte Winfried Zillig in der Folge eine Aufführungsversion. Diese besteht aus der Orchestrierung von 700 Takten, die Schönberg 1917–22 komponiert hatte, erstellt auf der Basis von Schönbergs eigenem Particell,

Krzysztof Penderecki (*1933)

Jozef Patkowski begegnet, einem Musikwissenschaftler aus Warschau, den ich über Herbert Brün kennengelernt hatte.[51] Patkowski war von einem jungen Komponisten begleitet: Das war Krzysztof Penderecki. Padkowski sagte zu mir: „Penderecki hat ein Streichquartett geschrieben, dass niemand spielen will. Willst Du es Dir nicht einmal anschauen?" Wir sind also am nächsten Tag zusammen Kaffee trinken gegangen, und ich habe mir das Quartett angeschaut, das Penderecki mitgebracht hatte.[52]

RS:
Worum wollte es denn niemand aufführen?

Abb. 43: Das LaSalle-Quartett mit Krzysztof Penderecki, Warschau 1962

---

welches genaue Anmerkungen zur Instrumentierung enthielt. Das Libretto, das Schönberg selbst schrieb, gliedert sich in zwei Teile, die durch ein großes symphonisches Zwischenspiel getrennt sind. Die veröffentlichte Version umfasst den gesamten Teil I sowie zumindest einen Teil des orchestralen Zwischenspiels. Die Erstaufführung von Winfried Zilligs Fassung fand am 16. Juni 1961 in Wien mit dem Kölner Rundfunk-Symphonie-Orchester unter der Leitung von Rafael Kubelik statt (zitiert nach: *Arnold Schönberg, Interpretationen seiner Werke*, herausgegeben von Gerold W. Gruber, Laaber Verlag, Laaber 2002, Bd. 2, S. 253).

[51] Jozef Patkowski (Wilna 15.11.1929 – Warschau 26.10.2005) studierte Musiktheorie an der Musikhochschule Warschau sowie Musikwissenschaft und Physik an der Universität Warschau. Nach einer Forschungsreise durch Europa zu den damals wichtigsten Studios für elektronische und konkrete Musik in Paris, Köln und Mailand gründete er 1957 das Experimentalstudio des Polnischen Rundfunks, dessen Leiter er bis 1985 blieb. 1975–78 war Patkowski Vorsitzender des Avantgardefestivals „Warschauer Herbst".

[52] Penderecki hat sein erstes Streichquartett 1960 komponiert.

WL:
Sein Quartett vermeidet fast alles, was man damals mit dem Klangbild eines Streichquartetts verband. Er verwendet ein Kontinuum von Geräusch bis zum genau fixierten Ton. Ganze Sektionen bestehen praktisch nur aus ganz hohen Tönen, die nicht genau definiert sind, und überhaupt gibt es in diesem Stück ein gewisses Element der Freiheit sowohl in den Tonhöhen, als auch im Rhythmus. Es gibt kaum noch einen normalen Streicherklang, sondern fast nur verfremdete Klänge und Geräusche. Diese Charakteristiken waren zur Zeit, als Penderecki das Quartett komponiert hat, derart erschreckend für die meisten Streicher, dass es für eine gewisse Zeit ungespielt blieb. Außerdem hat er uns erklärt, dass man in seinem Stück auf die Körper der Streichinstrumente klopfen und schlagen müsse. Das wiederum führe zu lautem Protest der Musiker: „Aber Herr Penderecki, wir können auf unsere Stradivaris doch nicht klopfen und schlagen!" Dieses Problem hatten wir aber nicht, denn wir hatten keine Stradivaris. Zudem hat uns so etwas nicht gestört. Wir haben ihm also gesagt, dass wir sehr interessiert wären, sein Streichquartett aufzuführen.[53]

RS:
Was war für Penderecki die leitende Idee bei der Komposition seines Streichquartetts?

WL:
Als Reaktion auf den traditionellen „schönen Ton" wollte er nur Geräusche benutzen. Es gibt also viele geschlagene, perkussive Klänge, verschiedene Schlagtechniken, für die er eine neue Notation erfinden musste, denn solche Klänge hatte es bis dahin auf Streichinstrumenten noch nicht gegeben. Sobald in einem neuen Stück Klänge vorkommen, die es vorher noch nicht gegeben hat, muss jeder Komponist dazu eine neue Notation erfinden, und damit müssen sich die Interpreten auseinandersetzen.

RS:
Gibt es in Pendereckis Quartett aber noch Notensysteme und traditionelle Dynamikanweisungen?

WL:
Sicher, es ist sonst noch relativ „normal" notiert, denn es kommen auch „normale" Klänge vor.

RS:
Haben Ihnen Pendereckis Anweisungen zur Notation genügt, oder hat er sie vervollständigen müssen, nachdem Sie es einstudiert hatten?

---

[53] Die Uraufführung von Pendereckis Streichquartett durch das LaSalle-Quartett fand am 14. Juli 1962 in Kranichstein im Rahmen der Darmstädter Ferienkurse für Neue Musik statt. Auf dem Programm standen außerdem das dritte Quartett von Herbert Brün, die *Ode pour Quatuor* von Henri Pousseur sowie die Uraufführung von Franco Evangelisti *Aleatorio*. Die Aufnahme des LaSalle-Quartetts von Pendereckis Streichquartett wurde bei Brilliant Classics neu aufgelegt: Bestellnummer 9187. Die „Vor-Uraufführung" am 30. Oktober 1962 in Cincinnati ist auf CD Nr. 46 in der Paul Sacher Stiftung dokumentiert und befindet sich auf der CD-Beilage.

Krzysztof Penderecki (*1933)

WL:
Nein, für uns waren sie klar genug: Immerhin gab es am Beginn der Partitur ganze zwei Seiten an Instruktionen!

RS:
Jede neue Notation wirft aber ein Problem bezüglich der Überlieferung an zukünftige Generationen auf, denn im Falle einer Generationenlücke geht die Aufführungstradition verloren.

WL:
Dazu gibt es ja diese Anweisungen am Anfang der Partitur, wir haben auch nicht mehr gehabt als das.

RS:
Sie konnten aber Penderecki fragen.

WL:
Ja schon, aber wir haben das Stück zuerst gelernt und es ihm erst kurz vor der Uraufführung vorgespielt. Sie haben jedoch recht, die Partituren müssen selbsterklärend sein, sonst können die Absichten und Vorstellungen des Komponisten nicht überliefert werden.

RS:
Sie haben Pendereckis Streichquartett offenbar sehr gerne gespielt, denn es gibt während zehn Jahren eine fast ununterbrochene Aufführungsserie.[54]

WL:
Es ist ein unterhaltsames, klanglich und rhythmisch interessantes Stück, zudem ist es kurz: Es dauert nur ungefähr sieben Minuten. Und wenn man es einmal gelernt hat, ist es nicht schwer und eignet sich sehr gut als Repertoirestück.

RS:
Später, 1968, hat Penderecki noch ein zweites Streichquartett geschrieben.

WL:
Das haben wir aber nie gespielt. Penderecki wurde bald zu einem kommerziellen Komponisten, meiner Ansicht nach. Es war sehr offensichtlich, dass er eine Masche gefunden hatte. Aber damals in Warschau war er ein lustiger junger Mann, und wir haben uns sehr gut mit ihm verstanden.

---

[54] Von der Uraufführung am 14. Juli 1962 bis zum 18. Februar 1971, der letzten Aufführung, sind 41 Aufführungen durch das LaSalle-Quartett dokumentiert.

Auftragswerke und Uraufführungen

10.9 Giuseppe Englert (1927–2007)

RS:
Sie haben sicher gelesen, dass Giuseppe Englert gestorben ist?[55]

WL:
Ja, das war ein guter Freund. Er hat für uns zwei Streichquartette komponiert, das erste 1962–63, *Les Avoines folles*, und das zweite 1965–66, *La Joute des Lierres*.[56]

RS:
Wo haben Sie Giuseppe Englert kennengelernt?

WL:
Auch in Darmstadt, schon früh, Mitte der 1950er Jahre: Er war 1955 zum ersten Mal dort.

Abb. 44: Das LaSalle-Quartett mit Giuseppe Englert, Warschau 1962

---

[55] Giuseppe Englert, 22.7.1927–29.3.2007. Dieses Gespräch mit Walter Levin fand am 6. April 2007 statt.
[56] Eine Aufnahme des LaSalle-Quartetts beider Streichquartette von Englert befindet sich bei Grammont: Grammont Portrait CTSP 49-2, http://www.musiques-suisses.ch/shop/grammont_portrait/49.php?lang=d (letzter Zugriff am 14.10.2010).

RS:
Nach der Komposition der beiden Quartette hat er eine andere Richtung eingeschlagen und sich der Computermusik zugewandt. Demnach sind die Quartette sozusagen noch Frühwerke.

WL:
Ja, es sind aber sehr gute Stücke. Für ihre Komposition hat er aber auch schon einen Computer als Hilfsmittel eingesetzt.

RS:
Damals schon?

WL:
Ja, er hat zu jener Zeit seine Reihen schon mit dem Computer ausgearbeitet. Er war sehr mathematisch orientiert, das hat ihn sehr gelockt. Diese Reihen sind ja in Wirklichkeit „Permutationen", und das ist ein mathematischer Begriff. Man kommt aber rasch in Teufels Küche, wenn man Reihen permutieren will und alle Möglichkeiten, die einem das Material bietet, selbst von Hand ausarbeiten muss. Dazu hat er sich ein System entworfen, das zwar eine Vielfalt des Grundmaterials erlaubt, ihn aber nicht damit jahrelang aufhält alles auszurechnen. Dazu hat er den Computer benutzt, aber die Grundgestalten waren seine: also eine Kombination einerseits von Komponieren im klassischen Sinne, bei dem man das Material selbst erfindet, und andererseits des Ausarbeitens der Permutationen mit Hilfe des Computers.

RS:
Offenbar war er dabei hauptsächlich am Unvorhergesehenen interessiert, das heißt, wie er selbst sagt, neue und unerwartete Ergebnisse zu erzielen, die ihn sogar selbst überraschen. Diese Überraschungen vermittelten ihm ein Glücksgefühl, und sinnigerweise stand der Nachruf in der *Neuen Zürcher Zeitung* unter dem Titel „Das Glück des nie Gehörten".[57]

WL:
Ja, das was Evangelisti etwas später auch gemacht hat. Englert ist aber, glaube ich, nicht so weit gegangen, in den Quartetten jedenfalls bestimmt nicht, dass er den Interpreten Freiheit gegeben hat, selbst zu entscheiden, was sie spielen. Er hat auch keine aleatorische Musik geschrieben, in der es nicht genau festgelegt ist, was passieren wird, sondern in der man den Verlauf mit Hilfe von bestimmten Angaben selbst entscheiden muss: Das hat Evangelisti in *Aleatorio* gemacht, einem in dieser Hinsicht grundlegenden Stück. Aber das ist bei Englert nicht so. Die beiden Quartette sind denn auch konventionell notiert. Er hat dieses

---

[57] *Neue Zürcher Zeitung* vom 31. März 2007, „Das Glück des nie Gehörten" von Alfred Zimmerlin: „Englert war glücklich, wenn er etwas hörte, was er noch nie gehört hatte. Noch in der Probe änderte er sein Computerprogramm und im Konzert gab er andere Variablen ein. Die Klänge und Strukturen waren eigenartig: ähnlich und doch immer wieder neu, streng und doch offen. Das Zuhören führte an ein Zeitempfinden heran, wie es in dieser Weise selten zu erleben ist. Die Musik, die Englert schrieb, erhielt bei jeder Aufführung eine andere Gestalt. Sie war so persönlich und auch sperrig, dass er es nicht leicht hatte, sich als Komponist durchzusetzen."

Unerwartete benutzt, um selbst überrascht zu werden davon, was man mit seinem Material komponieren kann, und hat es dann aufgeschrieben.

RS:
Englert bezieht sich in seinen beiden Streichquartetten auf Texte von Verlaine und vom belgischen Dichter Ghelderode.[58] Haben Sie ihn einmal gefragt, was für ihn der Sinn des Bezugs auf diese Gedichte war?[59]

WL:
Nein, darüber haben wir nie geredet. Offenbar war es für ihn eine Anregung, und etwas darin hat ihn inspiriert, aber ich weiß nicht was.

RS:
Englerts erstes Streichquartett haben Sie 1964, das heißt etwa ein Jahr nach Vollendung der Komposition uraufgeführt[60], das zweite haben Sie aber erst 1971 gespielt, das heißt fünf Jahre nach Abschluss der Komposition.

WL:
Ja, da war ein Zwischenfall dazwischen, denn Englert hat dasselbe gemacht wie Mauricio Kagel: Er hat es schon von der Società Cameristica in Rom spielen lassen. Daraufhin haben wir unsere Aufführung verschoben.[61] Das Werk war uns gewidmet, für uns geschrieben, und dann hat er es jemand anderem zur Uraufführung gegeben, ohne uns etwas davon zu sagen. Das war nicht ganz in Ordnung.

RS:
Das nennt man in der Diplomatensprache einen „unfreundlichen Akt".

WL:
Allerdings. Das war deplatziert, denn wir haben ihn sehr gerne, er war ein enger Freund. Er wusste auch, dass das nicht in Ordnung war.

---

[58] Michel de Ghelderode, Pseudonym von Adémar Adolphe-Louis Martens (1898–1962). Seine Werke werden dem Absurden Theater zugerechnet. Seine Liebe zum Mittelalter und zur Renaissance schlägt oft in der Wahl seiner Sujets durch. Das bekannteste Werk Ghelderodes ist *La Balade du grand Macabre*, die auch als Vorlage für Ligetis Oper *Le Grand Macabre* diente.

[59] Der Titel *Les Avoines folles* ist dem Gedicht „Colloque Sentimental" von Paul Verlaine entnommen. Der Titel *La Joute des Lierres* wurde von Ghelderodes Novelle *Le Jardin Malade* inspiriert. Dort gibt es den Passus: „Les lierres, les glycines, les vignes vierges se livrent un combat de poulpes, étouffant les arbustes et bousculant les murailles." „Joute" bezeichnet einen mittelalterlichen Zweikampf von Lanzenreitern. Nach Aussage von Englert ist sein Quartett *La Joute des Lierres* eine Tripelfuge. Vielleicht ist der „Kampf von Tintenfischen" ein Hinweis auf die Themen einer Fuge, die sich umschlingen und „bekämpfen".

[60] Die Uraufführung von *Les Avoines folles* durch das LaSalle-Quartett fand am 13. Oktober 1964 in Cincinnati statt und ist auf CD Nr. 58 in der Paul Sacher Stiftung dokumentiert.

[61] Das LaSalle-Quartett hat *La Joute des Lierres* zum ersten Mal am 11. Mai 1971 in Cincinnati gespielt. Diese Aufführung ist auf CD Nr. 108 in der Paul Sacher Stiftung dokumentiert.

10.10 Pierre Boulez (*1925) und Karlheinz Stockhausen (1928–2007)

RS:
Pierre Boulez und Karlheinz Stockhausen sind zwei weitere prominente Vertreter von Darmstadt, aber von ihnen haben Sie keine Quartette bestellt.

WL:
Nein. Boulez hatte schon eines geschrieben, das *Livre pour Quatuor*, aber er wollte nicht, dass wir es spielen, und er hat uns die Noten nicht gegeben.[62]

RS:
Warum denn nicht?

WL:
Er mochte es nicht. Er fand, er müsste es nochmal überarbeiten. Das hat er auch getan, er hat es für Kammerorchester bearbeitet. Und erst nachdem er es gründlich nach seiner neuen Auffassung überarbeitet hatte, hat er Quartetten erlaubt, das Stück auch als Quartett zu spielen.

RS:
Und auch später wollte er kein Quartett mehr schreiben?

WL:
Nein, das war ihm zu konventionell. Es war ihm nicht klar, wie man mit dieser traditionsbelasteten Form umgehen soll, ohne dass man sich damit selbst untreu wird, oder ohne dass man dieser Tradition untreu wird, die ja ein gewisses Format voraussetzt. Ich glaube aber, dass ihn die Auseinandersetzung mit dieser Frage letztlich nicht interessierte. Die Komponisten interessierten sich damals für neue Klänge und unkonventionelle Instrumente wie Schlagzeug, überhaupt für perkussive Klänge, oder präpariertes Klavier. Aber präpariertes Quartett, darauf war man damals noch nicht gekommen. Das macht Helmut Lachenmann heute, aber das ging damals zu weit. Wobei, eigentlich wollte Karlheinz Stockhausen das damals auch schon. Mit ihm haben wir mehrfach über einen Streichquartettauftrag gesprochen, und an sich wollte er auch ein Stück für uns schreiben. Er hat immer wieder angefragt: „Wärt Ihr aber bereit, dabei verschiedene Gongs zu bedienen?" Auch er wollte also durch andere Instrumente die Klangfarbe des Quartetts verfremden, und zwar mit Gongs, und zwar sehr großen Gongs, die man zuerst nach seinen Klangvorstellungen herstellen müsste. Ich erinnere mich an ein Gespräch, das ich irgendwo in Amerika mit ihm hatte, und

---

[62] Das *Livre pour Quatuor* wurde 1948/49 komponiert. Die Teile I und II wurden am 15. Oktober 1955 in Donaueschingen durch das Marschner-Quartett uraufgeführt, die Teile V und VI am 19. August 1961 in Darmstadt durch das Parrenin-Quartett sowie Teil III am 8. Juli 1962 ebenfalls in Darmstadt durch das Parrenin-Quartett. Eine „Fast-Gesamtaufführung" der Teile I–III und V–VI erfolgte erst am 31. März 1985 in Baden-Baden durch das Arditti-Quartett. Boulez hat Teil I 1968 für Kammerorchester transkribiert.

da habe ich gesagt: „Wie sollen wir denn auf Tournee große Gongs mitnehmen? Man lässt uns noch nicht einmal unsere Geigen und das Cello mit ins Flugzeug nehmen." Das hat ihn aber nicht interessiert.

RS:
Wie schon Beethoven sagte: „Ich kümmere mich nicht um eure elenden Fideln, wenn der Geist über mich kommt."[63]

WL:
Genau: „Was interessieren mich Eure Tourneen! Für das Stück, das ich schreiben will, habe ich eine gewisse Klangvorstellung, und dazu brauche ich Gongs." Diese Idee hat er aber nicht verwirklicht, sondern viel später hat er ein Helikopter-Quartett geschrieben: Auch da sind andere Geräusche dabei.[64] Letztlich entsprachen Stockhausens Vorstellungen aber nicht unserer Ausrichtung.

RS:
Haben Sie Boulez und Stockhausen auch nach Cincinnati eingeladen?

WL:
Sicher, denn die Leute in unserer „Sunday Group", denen wir immer die neuen Quartette vorgespielt haben, wollten wissen, wie die Avantgardemusik der Komponisten aus dem Darmstädter Kreis denn beschaffen sei und wie sie sich von den Werken, die wir ihnen bisher vorgestellt hatten, unterschied. Also haben wir Boulez und Stockhausen eingeladen, um über ihre neue Musik Vorträge zu halten und sie mit Tonbändern zu demonstrieren. Das war noch in den späten 1950er und frühen 1960er Jahren, als sie noch nicht so berühmt waren.

Stockhausen wollte auch unbedingt in die neurologische Abteilung der Universität gehen, denn seine als depressiv geltende Mutter war 1941 im Zuge der nationalsozialistischen Krankenmorde umgebracht worden. Maurice Levine, James Levines Onkel, war nicht nur ein großer Förderer des LaSalle-Quartetts, sondern auch der Leiter dieser riesigen neurologischen Abteilung in Cincinnati, und Stockhausen wollte sich über Euthanasie informieren lassen. Maurice Levine bildete seine Psychiatrie-Studenten nicht nur zu Spezialisten aus, sondern wollte ihnen einen breiten Wissenshorizont vermitteln. Dazu hat er jeweils am Freitag Leute aus anderen Fachgebieten eingeladen, vor seinen Studenten in einem Seminar, das er das „Perhaps-Seminar" getauft hatte, einen Vortrag zu halten. Zu diesem Seminar wurde auch Stockhausen eingeladen. Übrigens habe ich dort auch einmal einen Vortrag

---

[63] Zitiert nach *Rudolf Kolisch, Tempo und Charakter in Beethovens Musik*, Musik-Konzepte 76/77, München 1992, S. 9, Anmerkung 3.
[64] Stockhausens Helikopter-Quartett wurde am 26. Juni 1996 beim Holland Festival in Amsterdam uraufgeführt. Es spielte das Arditti-Quartett in Hubschraubern der Niederländischen Luftstreitkräfte. Eine Aufführung erfordert, nebst dem Streichquartett, vier Hubschrauber mit Piloten und Tontechnikern, einen Hörsaal mit vier Fernsehgeräten und Lautsprecheranlagen, einen Tontechniker mit Mischpult und einen Moderator. Jeder Hubschrauber ist mit drei Mikrophonen, einer Kamera, einem Fernsehübertragungsgerät und drei Tonübertragungsgeräten ausgestattet. Die Rotorengeräusche der Helikopter sollen sich so in den Klang der Streichinstrumente einfügen, dass Letztere immer lauter sind als die Rotorengeräusche.

darüber gehalten, wie man ein neues Quartett auswählt. Ein schöner Vortrag über die zehn Gebote, nach welchen Kriterien man ein Stück auswählt. „Was mir gefällt" ist ja kein Kriterium![65]

10.11 Herbert Brün (1918–2000)

RS:
Wir kommen nun zu den mit Ihnen eng befreundeten Komponisten, Herbert Brün[66], Wolf Rosenberg und Michael Gielen. Herbert Brün hat drei Streichquartette komponiert, die Sie auch alle gespielt haben: Waren das alles Bestellungen von Ihnen?

Abb. 45: Das LaSalle-Quartett mit Herbert Brün, Cincinnati 1962

---

[65] Die Übersetzung dieses Vortrags vom 2. Mai 1968 befindet sich im Anhang Kapitel VI.
[66] Herbert Brün (9.7.1918–6.11.2000).

Auftragswerke und Uraufführungen

WL:
Das erste Quartett nicht, das hat er schon 1952 komponiert, das heißt, bevor wir mit Hilfe der „Sunday Group" in Cincinnati Quartettaufträge vergeben haben. Aber die beiden anderen Quartette waren Auftragswerke, die wir auch uraufgeführt haben.[67]

RS:
Wie hat Herbert Brün damals komponiert? Denn nachdem er die beiden Quartette für Sie geschrieben hatte, hat er sich der elektronischen Musik und der Komposition mit Hilfe des Computers zugewandt. Gründen aber seine drei Quartette noch auf der Schönberg-Schule?

WL:
Ja, insofern als Brün bei Stefan Wolpe studiert hat, und das war durchaus Schönberg-Schule, aber Brün ist immer einen sehr eigenen Weg gegangen, und es gibt in seinem Komponieren eine Komponente, die anders ist als bei den meisten Schönberg-Schülern. Brün war nämlich ein genialer Jazzspieler. In Palästina hat er seinen Lebensunterhalt damit verdient, dass er abends im Café, in einer Bar, oder in einem Hotel als Pianist mit einem Bassspieler und einem Schlagzeuger Jazz gespielt hat. Er hat am Klavier genial improvisieren können, schon als ganz junger Mensch: Damit ist er praktisch geboren. Und diese Komponente des Rhythmischen, des Jazz, die aus einer ganz anderen Richtung kommt, geht immer in die Musik von Brün ein: Das gibt seiner Musik einen ganz anderen Anklang als die reine Zwölftonmusik. Pierre Boulez hat das sofort mit Missfallen erkannt, als wir im „Domaine Musical" in Paris Brüns drittes Quartett aufgeführt haben.[68] Er hat gesagt, das sei Unterhaltungsmusik. Aber ich mochte die Brün-Quartette sehr gerne, und wir haben sie mehrfach gespielt. Es ist nicht jedermanns Geschmack. Sie sind in ihrer Qualität erstklassig, aber man spürt eine Art Dickköpfigkeit, wie er eine Kompositionsidee umsetzt, und ich bin mir nicht sicher, ob ihm das immer gelungen ist. Es gibt einige Stellen in seinen Stücken, wo es Wiederholungen und einen Stil von Musik gibt, die ich gar nicht mag, aber im Großen und Ganzen habe ich die Stücke sehr gerne.

RS:
Gibt es eine Entwicklung vom ersten zum dritten Quartett?

WL:
Ja, durchaus. Er ist sehr viel asketischer geworden in seinem Stil, er hat seine eigene Zwölftönigkeit entwickelt. Zwölftonmusik oder atonale Musik zu schreiben, ist aber an sich keine Bestimmung des Stiles: Man kann das Opus 28 von Webern mit der *Lyrischen Suite* von Alban Berg nicht vergleichen, es liegen Welten dazwischen. Es ist ähnlich, wie wenn man sagt, jemand hat tonal komponiert. Was heißt das schon? Es geht darum, was kann man mit

---

[67] Das LaSalle-Quartett hat Herbert Brüns erstes Streichquartett am 21. Juni 1954 während des IGNM-Festes in Tel Aviv zum ersten Mal gespielt. Die Uraufführung des 1957 komponierten zweiten Quartetts durch das LaSalle-Quartett erfolgte am 1. April 1958 in Cincinnati. Dieses Konzert ist auf CD Nr. 27 in der Paul Sacher Stiftung dokumentiert. Die Aufnahme einer weiteren Aufführung am 4. Oktober 1960 befindet sich auf CD Nr. 39. Brüns 1961/62 komponiertes drittes Quartett wurde am 20. März 1962 in Cincinnati vom LaSalle-Quartett uraufgeführt. Dieses Konzert ist auf CD Nr. 45 in der Paul Sacher Stiftung dokumentiert.
[68] Das Konzert mit Brüns drittem Quartett im Domaine Musical fand am 13. Februar 1963 statt. Bei diesem Anlass wurde auch die *Ode pour Quatuor* von Henri Pousseur gespielt: siehe dazu Kapitel 10.7.

diesem System alles machen? Selbst Schönberg hat sein Zwölftonsystem nicht streng befolgt, und wenn man ihm das nachgewiesen hat, ist er wütend geworden.

RS:
Wie war Herbert Brün als Person? Sie haben einmal ein paar Briefe von Wolf Rosenberg vorgelesen, und der muss einen unglaublichen Witz gehabt haben. War Brün auch so?

WL:
Er war strenger. Er hat sehr genau geschrieben, auch witzig, aber in einer sehr scharfen und doch familiären Art. Er war auch wie ein Familienmitglied, da meine Eltern mit seinen Eltern und der ganzen Familie Brün engstens befreundet waren. Herbert kannte mich, seitdem ich ein neugeborenes Kind war. Und wir haben miteinander musiziert, seitdem ich sechs oder sieben Jahre alt war.[69]

10.12 Wolf Rosenberg (1915–96)

RS:
Über Ihren lebenslangen Freund Wolf Rosenberg habe ich biografisch nirgends etwas gefunden, und ich weiß daher über ihn nicht viel.[70]

WL:
Das wundert mich nicht. Weder als Person noch als Komponist ist er jemand, von dem man viel weiß. Zu Rosenbergs 70. Geburtstag hat Paul Fiebig am Südwestfunk mit einigen seiner engsten Freunde und Bekannten, auch mit mir, Interviews durchgeführt, die anschließend publiziert wurden: Darin befindet sich eine umfassende Würdigung seiner Person, als Mensch und als Komponist.[71] Seine Frau, Pamela, ist jetzt Intendantin der Berliner Philharmoniker.[72]

RS:
Er war älter als Sie, nicht wahr?

WL:
Ja, Rosenberg wurde 1915 in Dresden geboren, er war also neun Jahre älter als ich. Seine Eltern waren gestorben, er war in Dahlem bei seinem Großvater aufgewachsen und ist da auch aufs Gymnasium gegangen. Er war von früh an ein Opernfanatiker, ist in die Staats-

---

[69] Siehe dazu auch Kapitel 1, „Walter Levins Jugend-und-Ausbildungsjahre".
[70] Wolf Rosenberg (Dresden 17.1.1915 – Frankfurt/M. 18.1.1996)
[71] Eine Abschrift der Sendung vom 20. Januar 1985 auf Südwestfunk Baden-Baden „Wolf Rosenberg zum 70. Geburtstag" (mit Beiträgen von Wolf Rosenberg, Wolfgang Hildesheimer, William DeFotis, Hans G Helms, Uwe Schweikert, Herbert Brün, Walter Levin; Redakteur: Paul Fiebig) befindet sich zusammen mit Beiträgen zu Rosenbergs Tod von Nike Wagner, Gottfried Michael Koenig, Paul Fiebig, Ulrich Dibelius in: *Fragmen* [sic!], Heft 31 (Herausgeber Helmuth Kreysing), PFAU Verlag 1999.
[72] Pamela Rosenberg (geboren 1945) war 2006–2010 Intendantin der Berliner Philharmoniker.

oper gegangen und kannte die Opern in- und auswendig. Ich habe ihn aber erst über Herbert Brün in Palästina kennengelernt. Beide waren ja zusammen bei Stefan Wolpe in Jerusalem am Konservatorium. Ich war damals 14 und er 23, in jenem Alter also ein Riesenunterschied. Als ich am Ende des Krieges nach New York an die Juilliard School ging, ist Rosenberg als Barpianist nach Zypern gegangen. Er hat sich immer als Barpianist durchgeschlagen, auch schon in Jerusalem. Bereits damals war er ein fanatischer Plattensammler und Plattenhörer: Er hatte eine riesige Sammlung von alten 78er Schellack-Aufnahmen. Von ihm stammen meine Opern- und Mahler-Kenntnisse. Meine erste Begegnung mit Mahlers *Lied von der Erde* zum Beispiel habe ich ihm zu verdanken, in der Aufnahme aus dem Jahre 1938 mit den Wiener Philharmonikern unter Bruno Walter. Rosenberg war auch ein großer Experte für Gesang und hat ein hochinteressantes Buch über die Gesangskunst geschrieben, mit einer Plattenbeilage: *Die Krise der Gesangskunst*.[73] Er hat auch viele Sendungen im Südwestfunk gemacht.

RS:
Wolf Rosenbergs Biographie und Ihre hatten offenbar vieles gemeinsam.

WL:
Ja, unbewusst, denn wir kannten uns damals nicht, wohnten aber nur fünf Minuten voneinander entfernt, in Dahlem ausgerechnet, und er ging wie ich in die Staatsoper. Dann sind wir beide nach Palästina ausgewandert und sind uns dort begegnet. Es gibt solche Fügungen. Woher kommt es denn, dass ich im Dezember 1945 in Paris im selben Konzert mit Henry Meyer war, ohne ihn damals schon gekannt zu haben? Das stellte sich erst ein paar Jahre später heraus!

RS:
War Rosenberg sozusagen nur nebenbei Komponist?

WL:
Ja, aber wer ist heute schon hauptsächlich Komponist? Damit hat er sein Geld nicht verdient. Er hat nicht sehr viel komponiert, unter anderem drei Streichquartette, von denen wir das zweite und dritte bestellt und uraufgeführt haben.[74] Das Erste wurde beim Brand in Stefan Wolpes Wohnung zerstört und ist nie gespielt worden.[75] Das dritte Quartett haben wir auch für die Deutsche Grammophon aufgenommen.[76]

---

[73] Wolf Rosenberg, *Die Krise der Gesangskunst*, Verlag G. Braun, Karlsruhe 1968.
[74] Rosenbergs zweites Streichquartett, komponiert 1957, wurde am 17. Dezember 1957 vom LaSalle-Quartett in Cincinnati uraufgeführt (CD Nr. 25 in der Paul Sacher Stiftung). Von diesem Werk sind keine weiteren Aufführungen dokumentiert. Rosenbergs drittes Streichquartett, komponiert 1962, wurde am 18. Dezember 1962 in Cincinnati vom LaSalle-Quartett uraufgeführt (CD Nr. 47 in der Paul Sacher Stiftung). Bis zum 31. März 1969 sind noch zehn weitere Aufführungen dokumentiert (u. a. am 12. November 1968 in Cincinnati: CD Nr. 84).
[75] Rosenbergs erstes Streichquartett wurde 1945 komponiert.
[76] Zusammen mit dem Quartett von Earle Brown und dem zweiten Quartett von Ligeti. Die Quartette von Brown und Rosenberg wurden aber nicht auf CD wiederveröffentlicht.

RS:
Es gibt ein Interview in Cincinnati mit Hans G Helms vom WDR[77], indem er über die Quartette von Rosenberg sagt, „dass es die exquisiten Ergebnisse der Zusammenarbeit zwischen Komponist und Interpreten sind" und „dass die interpretatorische Konzeption und kompositorische Konzeption sich vermählen". Das widerspricht dem, was ich sonst von Ihnen zu wissen meine, dass Sie bei der Komposition nie Einfluss genommen haben.

WL:
Was Herr Helms sagt, ist durchaus nicht abwegig, denn wir haben ja mit Komponisten zusammengearbeitet, die auch unsere Art zu spielen schätzten sowie unsere Art, mit Musik umzugehen. Wir haben ja keinen Hehl daraus gemacht, dass wir Stücke wollten, die auch einem gewissen gedanklichen Anspruch genügten. Insofern hat unsere Art zu spielen mit unserer Wahl und unserer Sympathie mit Komponisten, vielleicht nicht direkt, aber indirekt, schon einen Zusammenhang geschaffen. Und das ist wahrscheinlich, was Herr Helms anspricht. Wenn Sie sich die Liste der Komponisten und Stücke ansehen, die wir gespielt haben, dann sehen Sie, dass alles in eine einzige, gedanklich strenge Richtung geht, die mit unserem Interpretationsstil sehr viel zu tun hat. Die Auftragswerke und unser Interpretationsansatz sind nicht unabhängig voneinander. Das war bewusst, wie wir gespielt haben. Wir haben so gespielt, weil wir so wollten, nicht weil wir so fühlten. Wir haben so gefühlt wie wir gewollt haben, nicht umgekehrt! Herr Helms kannte uns auch sehr gut, schon aus der Zeit von Darmstadt. Und er wusste, dass wir einiges auch nicht spielten. Warum haben wir denn Schostakowitsch nicht gespielt? Nie! Ganz früh schon nicht. Warum lachst Du?

EL:
Ich schaue mir gerade Rosenbergs Briefe an Dich an. Er begrüßt Dich mit: „Lieber Charles!" und „Lieber Aloisius!" Gezeichnet „Tabula Rasenberg". Lauter solchen Nonsense!

WL:
Ja, so waren Rosenberg und Brün: So bin ich aufgewachsen.

10.13 Michael Gielen (*1927)

RS:
Der nächste langjährige Freund ist Michael Gielen. Wie haben Sie ihn kennengelernt?

WL:
Wir haben ihn über Eduard Steuermann, seinen Onkel, 1954 in Salzburg kennengelernt. Dort assistierte Gielen bei einer Opernaufführung, *Dantons Tod* glaube ich. Er war zu jener Zeit Korrepetitor an der Staatsoper in Wien und hat dort dirigiert. Gielen war natürlich sehr interessiert an der Wiener Schule. Aus Anlass von Schönbergs 75. Geburtstag 1949 hatte er

---

[77] Interview von Hans G. Helms mit Walter Levin „Mit der Intensität der Verzweiflung" (WDR, September 1980), in der Paul Sacher Stiftung auf CDs Nr. 231 und 232 dokumentiert.

in Buenos Aires sämtliche Solostücke für Klavier aufgeführt. Überhaupt teilten wir dieselben musikalischen Interessen und Auffassungen und haben uns gleich sehr gut verstanden. Und im Verlauf der Jahre haben wir uns immer wieder getroffen, denn wir mochten uns. Er kam zu unseren Konzerten in den Städten, wo er jeweils als Dirigent unter Vertrag stand, so in Brüssel, in Amsterdam, und er war Musikdirektor in Stockholm, als wir die Uraufführung vom Lutoslawski-Quartett spielten.[78] Wir waren auch in Darmstadt noch ab und zu zusammen. Einmal waren wir zur Eröffnung der Darmstädter Ferienkurse beim Bürgermeister zum Essen eingeladen, da saß ich neben Gielen. Zu dieser Zeit stellte sich gerade die Frage, wo Jimmy Levine hingehen sollte, um Dirigieren zu lernen. „Ich habe einen wirklich außerordentlich begabten Schüler, der Dirigent werden möchte. Wo würdest Du ihn hinschicken?" Er sagte: „Nach Wien." Ich war verblüfft: „Wie bitte, nach Wien?" „Ja", sagte er, „zu Karajan." Ausgerechnet! Gielen sagte: „Wenn jemand Dirigieren lernen will, dann muss er ja lernen, wie er seine Auffassung dem Orchester beibringt, und das kann meiner Meinung nach niemand so gut wie Karajan. Du magst vielleicht seine Ansichten nicht, aber er kann seine Absichten jedem Orchester in kürzester Zeit beibringen, und zwar nur mit Handbewegungen. Er ist ein Meister in der Kunst des Dirigierens. Unterschätze das nicht! Ich kann das nicht, ich muss reden." Und dann hat er mir folgende Geschichte erzählt. Gielen war Assistent an der Staatsoper in Wien und hat oft für Karajan Sänger oder auch das Orchester vorbereitet, und Karajan schätzte ihn anscheinend sehr, denn er sagte zu ihm: „Ich bin engagiert worden, um an der Mailänder Scala *Tristan und Isolde* zu dirigieren. Können Sie mir einen Gefallen tun und nach Mailand fahren und mit dem Orchester *Tristan* einstudieren?" Da sagte Gielen: „Ich, Herr von Karajan? Wie ich *Tristan* einstudiere, hat wahrscheinlich wenig, wenn nicht gar nichts mit dem zu tun, wie Sie *Tristan* dirigieren wollen." Karajan antwortete: „Ja, deshalb will ich Sie ja hinschicken! Ich möchte, dass das Orchester das ganz genau lernt, so wie Sie das einem Orchester eben beibringen. Dafür habe ich nicht die Zeit. Machen Sie das so, wie Sie es für richtig halten, das ist genau, was ich will." Also ist Gielen nach Mailand gefahren und hat mit dem Orchester gearbeitet, er bekam jede Anzahl von Proben und hat das Orchester einstudiert nach Gielens Art, und die konnten den *Tristan* aus dem Effeff. Dann kam Karajan zur ersten Probe, Gielen setzte sich ins Auditorium, und Karajan fing an, zu dirigieren. Das Orchester spielte, wie Gielen es ihnen beigebracht hatte, und er erzählt, es war nicht zu fassen: Innerhalb von wenigen Minuten verwandelte sich der Klang dieses Orchesters zu einem Karajan-Klang. Und die ganze Art zu spielen veränderte sich, ohne dass er auch nur einen Ton gesagt hätte. „Im Nu war das ein Karajan-Orchester, und von mir war nicht das Geringste übrig geblieben. Ich war entsetzt, und in der Pause ging ich zu Karajan und wollte mich entschuldigen, aber Karajan sagte: ‚Gielen, fabelhaft! Die spielen genau wie ich das will!'" Das muss man können! Aber das geht nur, wenn das Orchester das Stück ganz genau kennt, dann können sie sich nur auf den Dirigenten konzentrieren.

---

[78] Michael Gielen (* Dresden 20.7.1927) war 1960–65 Chefdirigent der Königlichen Oper in Stockholm. Dort dirigierte er 1963 die Uraufführung von Ligetis Requiem. 1968–73 war Gielen Chefdirigent des Belgischen Nationalorchesters in Brüssel, 1973–75 Chefdirigent der Niederländischen Oper in Amsterdam. 1977–87 war das legendäre Jahrzehnt von Gielens Tätigkeit als Generalmusikdirektor und Operndirektor in Frankfurt. Während dieser Zeit, 1980–86, war Gielen zudem Musikdirektor des Cincinnati Symphony Orchestra, dann 1986–96 Chefdirigent des Sinfonieorchesters des SWR.

Michael Gielen (*1927)

RS:
Da war Jimmy Levine also in guten Händen.

WL:
Nein, er ist nie hingegangen: Das haben wir verhindert. Die Atmosphäre von Wien wäre für Jimmy verderblich gewesen. Und dann, ab 1980 kam Gielen auf unserer Veranlassung als Musikdirektor nach Cincinnati, und dadurch wurde unsere Beziehung natürlich sehr viel enger. Mit dem Orchester hat er unglaubliche Sachen gemacht, das war eine fantastische Zeit, eine Blütezeit. Die Aufnahmen davon! Er hat lauter Werke dirigiert, die nie gespielt wurden: Bernd Alois Zimmermann zum Beispiel, und lauter Solisten eingeladen, die kein Mensch je gehört hatte, er hat die ganze Wiener Schule aufgeführt und einen Beethoven-Zyklus gemacht, das muss man hören! Die erste Aufnahme, die er mit dem Cincinnati-Orchester gemacht hat, Beethovens *Eroica*, ist noch heute eine der besten *Eroica*-Aufnahmen, die es überhaupt gibt.[79] Das war also unsere Beziehung zu Gielen.

RS:
Wie ist Gielens Streichquartett zustande gekommen?

WL:
Die Radiostation WGUC in Cincinnati[80] wollte zu ihrem 25-jährigen Jubiläum ein bedeutendes Werk in Auftrag geben, und die Leiterin, Ann Santen, hat mich gefragt, wen man damit beauftragen könnte. Ich habe gleich Michael Gielen vorgeschlagen, denn er war zu jener Zeit Musikdirektor in Cincinnati, ist Komponist und hatte, seit er ein junger Mann war, kein Streichquartett mehr komponiert.[81]

RS:
Wie würden Sie Gielens Streichquartett beschreiben?

WL:
Es besteht aus fünf Sätzen und ist formal symmetrisch konzipiert: Die beiden Außensätze sind kurz, die Sätze zwei und vier deutlich länger, während der mittlere als inhaltliches Zentrum der längste ist. Gielen bezieht sich im zweiten und vierten Satz auf zwei Gedichte von Charles Baudelaire, große Allegorien des Verfalls: „Une Charogne" (Ein Aas) und „Le Cygne" (Der Schwan). Der Titel des Stückes, „Un Vieux Souvenir" stammt aus der letzten Strophe des „Schwans". Ursprünglich wollte er einen musikalischen Satz mit einer Sprecherin, aber weil das Stück dadurch wegen Terminschwierigkeiten und höherer Kosten seltener aufgeführt werden würde, habe ich es ihm ausgeredet. Der Bezug auf Baudelaires Gedichte wird jetzt verdeutlicht durch einzelne Textzeilen, die von den Musikern gesprochen oder gerufen werden.

---

[79] Moss Music Group (MMG), MCD 10032, Aufnahme vom Oktober 1980.
[80] WGUC ist Cincinnatis öffentliche Rundfunkanstalt für klassische Musik und hatte ursprünglich eine Konzession für die University of Cincinnati.
[81] Michael Gielens *Variationen für Streichquartett* stammen aus dem Jahre 1949.

Der erste Satz fängt mit zwei Hörbildern an, den Grundelementen des Werkes: Das „ricochet col legno"[82] auf gedämpften Saiten im Cello stellt den Schwan dar, der nicht mehr fliegen kann und im Straßenstaub machtlos mit den Flügeln schlägt, dann ein Glissando in verminderten Quinten in der Bratsche, welches für das Glitschige des verfaulenden Aases steht. Die beiden Außensätze weisen zudem einen theatralischen Aspekt auf. Der erste Satz spielt auf die Gruppendynamik der vier Musiker an, insbesondere auf das Konkurrenzverhalten der beiden Geiger. Der zweite Geiger spielt verträumt eine schöne Melodie aus Zemlinskys *Lyrischer Symphonie*: eine Hommage an diesen und an Alban Berg, der in seiner *Lyrischen Suite* für Streichquartett ebenfalls ein Thema aus der *Lyrischen Symphonie* zitiert. Die Funktion des Zitats ist hier ähnlich wie die „madeleine" bei Marcel Proust: Es ruft die Aura der Erinnerung hervor. Daher auch der Titel des Werkes. Die erste Geige, die doch immer die Hauptperson sein will, fährt ärgerlich dazwischen. Allmählich tauschen die beiden Geigen ihre Rollen, bis die erste Geige die schöne Melodie übernommen hat und der zweite Geiger sich ärgert. Auch der Bratschist und der Cellist tauschen im Verlauf des Satzes allmählich ihre Materialien aus, ein Vorgang, der formal durch einen Krebskanon dargestellt wird.

Der zweite Satz mit dem Untertitel „Une Charogne" wird von zwei achtstimmigen Glissandofeldern eingerahmt: das Bild des verrottenden Aases. Der Satz enthält rezitativische, ariose sowie scherzoartige Elemente. Der Mittelteil des Satzes ist die „seltsame Musik", die sich nach Baudelaires Worten aus der Fäulnis erhebt.

Der zentrale dritte Satz besteht aus einer Montage von Variationen verschiedener Ideen in einer „Moment-Form", das heißt einer Folge von Fragmenten, die sich ohne Verbindung fremd gegenüberstehen: Es wird ständig mit harten Schnitten gearbeitet, „sharp cuts" in der Filmsprache. Das Gemeinsame dieser „Momente" oder Fragmente ist ihr gespannter, zwanghafter Charakter. Die Dauer der „Momente" und der Pausen wird übrigens durch die sogenannte Fibonacci-Reihe bestimmt.[83] Neben den gesprochenen und gerufenen Textfetzen kommt in diesem Satz noch eine akustisch gewaltsame Lärmsphäre dazu: das Stampfen mit den Füßen.

Der vierte Satz, „Le Cygne", ist eine Weiterentwicklung der Variationen des dritten und eine veränderte Reprise des zweiten Satzes. Nur ein neues Element tritt hinzu: eine Melodie in parallelen Akkorden, verwandt mit der Gregorianik, die Gielen „Schwanengesang" nennt. Dieser Gesang wird fünfmal variiert und bei jeder Erscheinung hymnischer, rauschender, während alle anderen Materialien einem Zersetzungsprozess unterliegen. Am Ende zerbricht auch der Schwanengesang.

Im letzten Satz ist das Thema die Entfremdung, die Vergeblichkeit der zwischenmenschlichen Beziehungen, was auch gestisch gezeigt wird: Die Musiker wenden sich voneinander ab. Die Idee, die dieser Satz auszudrücken versucht, ist, Widerstand zu leisten im Bewusstsein der Vergeblichkeit: Unter übergroßem Druck zerbricht der Klang.

Ich finde dieses Quartett auch heute noch ein äußerst anspruchsvolles und ungemein starkes Stück mit seiner Grundidee dieser Gedichte von Baudelaire. Aber wir haben uns mit dem Quartett nicht leicht getan, es ist kein leichtes Stück und wird auch nur von Wenigen

---

[82] Ricochet col legno: Wurfbogen mit dem Holz des Bogens.
[83] Leonardo Fibonacci (1170–1240), italienischer Mathematiker. Die nach ihm benannte Reihe wird gebildet durch Addition je zwei aufeinanderfolgender Zahlen: 0, 1, 1, 2, 3, 5, 8, 13, …

gespielt. Wir haben uns nie leicht getan mit dem Lernen neuer Werke, und wir haben uns dafür immer sehr viel Zeit gelassen.

RS:
Was waren für Sie die spezifischen Probleme beim Einstudieren von Gielens Quartett?

WL:
Es gab einige Elemente, die es bisher noch nicht gegeben hatte: dass man während des Spielens sprechen, deklamieren, schreien und mit den Füßen stampfen muss. Es gab zum Teil auch schwere rhythmische und klangliche Probleme, das waren wir jedoch gewohnt. Aber außerordentlich ungewöhnlich war das rhythmische Stampfen mit den Füßen, das in der Partitur ganz genau festgelegt ist. Man musste also lernen, zu spielen und zur gleichen Zeit in einem anderen Rhythmus mit den Füßen zu stampfen: Es ist gar nicht leicht, sich auf die gleichzeitige Ausführung von zwei verschiedenen Bewegungen zu konzentrieren, das ist ein schwieriges Koordinationsproblem. Außerdem, wenn man mit den Füßen stampft, wackelt die Geige und kommt der Bogen leicht ins Rutschen. Man muss also lernen, den Körper beim Geigenspielen ruhig zu halten, während man mit den Füßen stampft. Und wenn dann auch noch alle vier Spieler verschiedene Dinge machen, sind die Genauigkeit und das Zusammenspiel halsbrecherisch gefährdet.

RS:
Das heißt, dass es im Gegensatz zum Quartett von Lutoslawski in demjenigen von Gielen durchaus auf das Zusammenspiel ankommt.

WL:
Ja, bei Gielen ist alles genau notiert, und es ist nicht seine Absicht, den Spielern diesbezüglich Freiheiten zu geben. Auch das Singen oder Sprechen von Texten in verschiedenen Sprachen, während man spielt, war für uns sehr schwer. Zudem hatte er ganz genaue Vorstellungen, wie er die Texte deklamiert haben wollte: Es war mehr für Schauspieler gedacht. Mit dem Schauspiel kannte er sich auch aus, denn sein Vater, Josef Gielen, war Regisseur. Wir hatten so etwas aber noch nie gemacht!

RS:
War es in der Partitur bezeichnet, wie er die Texte deklamiert haben wollte?

WL:
Nein, das steht nicht in der Partitur. Es stehen nur die Texte darin mit der Dynamik, und der Rhythmus ist ebenfalls genau bezeichnet.

RS:
Wie soll dann in zukünftigen Generationen ein Quartett, das weder Gielen noch Sie kennt, wissen, wie es gemeint ist?

WL:
Ja, wie sollen sie es wissen? Schönberg hat schon im *Pierrot Lunaire* versucht zu definieren, wie die Sprechstimme klingen soll, und was nützt es ihm? Pierre Boulez findet das

nicht gut, was Schönberg angibt und lässt die Sprechstimme die Töne singen, und das ist genau was Schönberg eben nicht will. Aber Boulez findet es schöner und hat es so aufgenommen. Dagegen ist kein Komponist gefeit, denn letztlich ist die Notation eines Musikstückes nie eindeutig. Zudem ist sie Jahrhunderte hinterher, und die Komponisten erfinden immer Neues, wofür es noch keine Notation gibt. Aber im Falle Gielens kann man sich Aufnahmen anhören wie unsere, die in seinem Beisein entstanden ist[84], und mit der er einverstanden war, und wenn es noch andere Aufnahmen gibt, die er gehört hat, kann man damit vergleichen. Das gibt schon einen gewissen Hinweis. Ansonsten muss man sich bemühen, das was in der Partitur steht so genau wie möglich zu realisieren und sich möglichst nach akustischen Zeugnissen des Komponisten umsehen. Gielen hat mit uns ja mehrfach Lecture-Recitals gemacht, wo wir mit ihm gesprochen und das Quartett demonstriert haben. Dort spricht er auch solche Fragen der Realisierung an.

RS:
Haben sie das Stück erst am Schluss mit Gielen gearbeitet oder fortlaufend?

WL:
Erst ziemlich spät. Wir haben ihn schon Einiges gefragt, wenn er in Cincinnati war, als wir es studiert haben. Vorgespielt haben wir es ihm aber erst relativ kurz vor der Uraufführung und haben auch dann noch einiges daran geändert.[85] Außerdem hat er es zum Teil noch umgeschrieben, denn es war rhythmisch unnötig schwer notiert.

RS:
Es stellte sich also erst spät heraus, dass er sich das Deklamieren anders vorgestellt hatte?

WL:
Ja, und auch noch bei der Aufnahme hat er mehrfach wegen der Dynamik, dem Sprachgestus und der richtigen Aussprache des Französischen reklamiert.

RS:
Waren das also Aufnahmesitzungen bei der Deutschen Grammophon, die weniger glatt verlaufen sind als üblich?

WL:
Nicht wirklich, zudem sind mir die Kommentare des Komponisten sehr wertvoll. Ich wünschte, Beethoven wäre bei unseren Aufnahmen dabei gewesen! Ich hätte sehr gerne seinen Kommentar gehabt und hätte den aufgenommen anstelle von unserer Aufnahme. Es ist schade, dass man aus früheren Zeiten solche Äußerungen von Komponisten zum Spiel ihrer Interpreten nicht hat. Wir haben allerdings vom Rosé-Quartett Aufnahmen einiger Stücke von Brahms, die sie mit ihm studiert haben, und sie haben mit ihm zusammen auch das Klavierquintett gespielt. Da kommt man schon an sogenannte authentische Aufführ-

---

[84] Die Aufnahme des LaSalle-Quartetts von Gielens Streichquartett ist momentan nicht erhältlich.
[85] Die Uraufführung von Gielens Streichquartett fand am 15. Oktober 1985 in Cincinnati statt und ist auf CD Nr. 230 in der Paul Sacher Stiftung mit einer Einführung durch Michael Gielen und Walter Levin dokumentiert: siehe dazu die CD-Beilage.

rungspraxis heran. Dass sich die Aufführungspraxis dann im Laufe der folgenden Jahre ziemlich radikal verändert hat, spricht dafür, dass eine solche Tradition, wie es ursprünglich gespielt wurde, unter Umständen nicht sehr verbindlich ist. Denn es verändert sich der Musikbegriff mit jedem Stück, das neu komponiert wird, und mit jedem neuen Stil ändert sich auch unsere Sicht auf die Vergangenheit. Heute, nachdem wir Schönberg und die ganze Zwölftonschule gelernt haben und noch vieles was danach kam mit Klangfarben, Tempi und mit der Durchhörbarkeit von Kontrapunktik, können wir doch ganz anders spielen, als man es sich noch vor 50, 75 Jahren überhaupt gedacht hat, geschweige denn vor 100 Jahren.

RS:
Vielleicht hat Brahms sich auch einfach zufrieden geben müssen mit dem, was damals überhaupt möglich war.

WL:
Sicher, Komponisten wie Brahms waren glücklich, so ein Quartett zu haben wie das Rosé-Quartett. Wenn man sich aber anhört, wie sie Beethoven spielen, wie das klingt: Ob das wirklich das Ideal war, was Beethoven sich vorgestellt hat? Sie waren ja näher an Beethoven und an der Tradition, denn die Lehrer zur Zeit von Brahms haben die Stücke zum Teil noch in Beethovens Zeit gespielt. Da ist man schon gleich bei der zweiten Generation nach Beethoven, denn Joseph Böhm hat Beethovens letzte Quartette gespielt und Opus 127 mit ihm erarbeitet. Und Böhm war der Lehrer von Joseph Joachim, und bei Joachim haben schon die Lehrer meiner Generation alle gelernt, in Berlin. Auch mein Lehrer Bergman hat Joachim vorgespielt. Und die Tradition von Böhm hat Joachim in seinen Gesamtaufführungen der Beethoven-Quartette weitergeführt. Ob so eine Tradition über die Jahrzehnte und Jahrhunderte aber verbindlich ist, ist eine große Frage, denn die Musik entwickelt sich in andere Richtungen und öffnet unsere Ohren für Möglichkeiten, die man damals noch nicht als möglich erkannt hat.

RS:
Zudem, zwischen Tradition und Verrat liegt nur ein kleiner Schritt, wie man auf Französisch und auf Italienisch leicht erkennen kann: „tradition" und „trahison" sowie „tradizione" und „traditore" (Verräter) sind etymologisch eng verwandt. Aber ein grundsätzliches Problem ist, dass die Notation für neue Klänge und für neue Arten des Ausdrucks oder des Vortrags schlichtweg ungenügend ist.

WL:
Ja, die Notation für Musik ist und bleibt ungenügend.

10.14 Friedhelm Döhl (*1936)

RS:
Friedhelm Döhl kann man vielleicht entfernt auch zum Darmstadt-Kreis zählen: Er hat ja eine Dissertation über Webern geschrieben.

Auftragswerke und Uraufführungen

WL:
Ja, sehr interessant. Er ist ein fabelhafter Musiker.

RS:
Wo haben Sie ihn kennengelernt?

WL:
Wir haben ihn in Berlin kennengelernt. Unser Au-pair-Mädchen, das bei mir studierte, Hete Nolte, hat uns von ihm erzählt. Sie kam aus Münster, hatte in Detmold studiert, spielte Geige und wollte unbedingt mit mir Geige studieren. Sie kam in Köln im Hotel Ernst am Domplatz zu mir um vorzuspielen. Ich habe ihr gesagt, dass ich nur in Cincinnati unterrichte, dass sie also nach Cincinnati kommen müsse. „Sie können bei uns wohnen, wenn Sie bei uns Au-pair-Mädchen werden wollen, wir haben zwei kleine Kinder." Das fand sie wunderbar, hat also bei uns gewohnt und bei mir in Cincinnati Geigenstunde gehabt. Während ihres Studiums in Detmold war sie mit einem Komponisten namens Friedhelm Döhl befreundet gewesen: „Sie müssen unbedingt meinen ehemaligen Freund Friedhelm kennenlernen, das ist ein wunderbarer Mann, der würde Ihnen großartig gefallen." Als wir das nächste Mal in Berlin ein Konzert an der Akademie spielten, kam nach dem Konzert ein Herr ins Künstlerzimmer und sagte: „Ich bin Friedhelm Döhl, ich habe einen Brief von meiner ehemaligen Freundin Hete bekommen, ich soll Sie doch einmal begrüßen, und wir sollten uns kennenlernen." Nach dem Konzert sind wir essen gegangen, er und seine Frau Julia, und das war auf Anhieb eine großartige Begegnung. Hete hatte völlig recht, das war ein Typ, der mir sehr gefiel. Ein richtiger deutscher intellektueller Musiker, und ihn interessierte, was wir machten. Dann sagte er: „Ich habe gerade eine Stelle als Rektor an der Musikhochschule in Basel angenommen. Ich möchte unbedingt, dass Sie in Basel einen Sommerkurs für Kammermusik unterrichten." So haben unsere Kurse in Basel angefangen, als Döhl hier Direktor wurde. Das war ein goldenes Zeitalter für diese Schule. Das war ein Rektor! Was der alles unternommen hat, was publiziert wurde und wo er Geld aufgetrieben hat, er hat die ganze Stadt aufgescheucht! Ein phänomenaler Rektor für diese Musikschule. Und wir waren hier glücklich, wir haben hier jeden Sommer zwei Wochen Quartettkurs gemacht, und die Quartette kamen von überall her, nur nicht aus der Musikhochschule Basel, damals schon, wie heute.

RS:
Aber eigentlich entspricht ein solches Konzept, diese kurzen Unterrichtsphasen, ja nicht Ihrem Wunsch.

WL:
Nein, das stimmt. Aber immerhin haben wir in Basel Fuß gefasst mit Unterrichten in Europa. Das hatten wir vorher noch nie gemacht. Und dann, als Friedhelm Döhl nach einigen Jahren nach Lübeck ging, hatte er nichts Eiligeres zu tun, als mich dorthin zu zitieren. So bin ich für die Kammermusikkurse nach Lübeck gekommen. Und wenn ich jetzt in Lübeck bin, treffe ich immer Friedhelm Döhl, er ist inzwischen pensioniert, aber er ist nach wie vor einer der klügsten Köpfe und ein sehr guter Komponist. Er hat unter anderem ein Streich-

quartett geschrieben, das wir auch aufgeführt haben.[86] Wir haben es auch an der Musikhochschule Basel gespielt.[87] Unsere Aufnahme der Aufführung in Cincinnati ist inzwischen auch auf einer kommerziellen CD erschienen.[88] Solche Stücke von Komponisten-Freunden haben uns immer interessiert: Unsere Wahl von Stücken hatte eben auch eine menschliche Komponente. Auch Brün und Rosenberg haben wir gespielt, weil sie unsere Freunde waren.

RS:
Der Titel des Werkes bezieht sich auf eine Meeresenge in Schottland. Im Programmheft der Uraufführung schreibt Döhl: „… weil in der schottischen Landschaft ‚Sound of Sleat' vielleicht die (innere) Komposition begann. Doppeldeutigkeit: ‚sound'- Sund und Klang, ‚sleat', der Ort und die monochrome Atmosphäre, wo Himmel und Meer am Horizont ineinander übergehen."[89] Das ist offenbar der Hintergrund dieser Komposition.

WL:
Das kann durchaus so sein. Ich mache mir nie sehr viele Gedanken, was der Hintergrund des Komponierens ist: Mir kommt es auf das Komponierte an.

RS:
Wie wirkt das Stück heute auf Sie?

WL:
Es ist ein schönes Stück, in der Webern-Nachfolge, es zitiert auch dessen Opus 5.

10.15 Earle Brown (1926–2002)

RS:
Auch Earle Brown[90] nahm ab 1956 an den Darmstädter Ferienkursen für Neue Musik teil und hat dort auch Vorträge gehalten. Haben Sie damals sein Streichquartett bei ihm in Auftrag gegeben?

---

[86] Friedhelm Döhls Streichquartett *Sound of Sleat* war ein Auftragswerk für den WDR, 1971–72 komponiert für die Wittener Tage für neue Kammermusik (sound = der Sund, die Meeresenge). Die Erstauführung in den USA fand am 20. April 1982 durch das LaSalle-Quartett in Cincinnati statt. Diese Konzert ist auf CD Nr. 186 in der Paul Sacher Stiftung dokumentiert.
[87] Das Konzert an der Musikhochschule Basel fand am 9. Juni 1982 statt.
[88] Friedhelm Döhl Edition Vol. 1, Dreyer Gaido Musikproduktionen, CD 21013.
[89] „Friedhelm Döhl versteht seine Musik allerdings, unabhängig von ihrer Affinität zu Natur und Bild, nicht als ‚Programmmusik', sondern als autonome ‚Klang-Landschaft' oder ‚Klangszene' für Streichquartett. Dabei geht es, nach dem Vorwort der Partitur (Breitkopf & Härtel) ‚nicht um individuelle Stimmen, sondern um die klangliche Summe, gleichsam eine bewegte Fläche, in der die einzelnen Stimmen und Momente mal weniger, mal mehr hervortreten, ineinander verschwimmen'" (aus der Beilage zur CD: Friedhelm Döhl Edition Vol. 1, Dreyer Gaido Musikproduktionen, CD 21013).
[90] Earle Brown, Lunenburg (Massachusetts) 26.12.1926 – Rye (NY) 2.7.2002.

WL:
Ja, und wir haben es 1965 bei den Festspielen für Zeitgenössische Musik in Donaueschingen uraufgeführt[91].

RS:
Welcher Stilrichtung würden Sie Earle Browns Streichquartett zurechnen?

WL:
Wie im Streichquartett von Lutoslawski und in *Aleatorio* von Evangelisti erlaubt Earle Brown den Spielern ein gewisses Maß an Freiheit in der Gestaltung des Stückes, aber innerhalb von Grenzen, die er genau vorgibt. Im Gegensatz zur „begrenzten Aleatorik" von Lutoslawski stützt sich Brown jedoch nicht auf den Zufall, sondern er bietet innerhalb eines Rahmens, den er kontrollieren kann, eine Auswahl von Möglichkeiten an, und er erwartet, dass die Spieler diese Möglichkeiten während der Auffführung gemeinsam improvisatorisch frei gestalten. Er schreibt zum Beispiel die Tonhöhen, die Spielart und die Dynamik zwar vor, aber weder Rhythmus noch Metrum. Die Dauer der Töne soll jeder Spieler nach seinem persönlichen Empfinden aus der grafischen Notation ableiten: Wenn sie auf der Zeitachse der Partitur nahe zusammen sind, sind die Töne kürzer, wenn sie weiter auseinander sind, länger. Das heißt also, dass jeder Spieler seinen Part unabhängig von den anderen spielt. Die Stellen, an denen ein Zusammenspiel der vier Instrumente verlangt ist, kennzeichnet Brown durch einen vertikalen Pfeil über jeder Stimme. Diese Art von Einbeziehung der Spieler in den kreativen Prozess nennt Brown „kreative Ambiguität". Er geht dabei aber nicht soweit wie Evangelisti in *Aleatorio*.

RS:
Wie ist Browns Streichquartett klanglich konzipiert?

WL:
Er verwendet das ganze Repertoire an Spieltechniken: sowohl normal gestrichene Töne, als auch Pizzicato, sul ponticello, mit dem Holz des Bogens gestrichen oder geschlagen, zudem noch alle diese Spielweisen hinter dem Steg oder auch „unartikuliert", wie er es bezeichnet: Die Töne sollen dann nicht voll zum Klingen gebracht, sondern mittels eines undeutlichen Schleifens des Bogens nur angedeutet werden. Diese Stellen sind in der Partitur nicht mit definierten Tonhöhen, sondern mit einer Art Arabesken in den Notenbalken notiert, die relative Tonhöhen, Dauer und Rhythmus andeuten. Die absoluten Töne sind der Entscheidung der einzelnen Spieler überlassen, während dagegen die Spieltechnik festgelegt ist.

RS:
Wie würden Sie Earle Browns Quartett formal beschreiben?

---

[91] Earle Browns Streichquartett wurde 1965 komponiert. Die Uraufführung durch das LaSalle-Quartett fand am 16.10.1965 in Donaueschingen statt.

WL:
Wie im Falle der Quartette von Evangelisti, Penderecki und Koenig handelt es sich um ein relativ kurzes Stück: Es dauert etwa zehn Minuten. Zudem ist es einsätzig, besteht aber aus mehreren Abschnitten mit unterschiedlichen Charakteren. Der Übergang von einem Abschnitt zum nächsten ist übrigens auch flexibel gestaltet, unterliegt also dem individuellen Entscheid jedes Spielers. Der Übergang soll dann aber durch alle vier Spieler innerhalb von fünf bis sechs Sekunden erfolgen.

Den letzten Abschnitt, der zwischen einer und zwei Minuten dauern soll, bezeichnet Brown als „offene Form", die darin besteht, dass jedem Spieler acht bis zehn „Ereignisse" zugewiesen sind – Brown nennt sie „events" –, die er beliebig oft, in beliebiger Reihenfolge und in beliebigem Tempo spielen kann. Zu dieser offenen Form wurde Brown nach seiner eigenen Aussage durch Alexander Calders Mobiles inspiriert. Die Dynamik, die Spielart und der Rhythmus sind zum Teil dem Entscheid der einzelnen Spieler überlassen, ansonsten müssen die Vorgaben befolgt werden. Das Material dieser „Ereignisse" stammt aus den vorangegangenen Abschnitten des Stückes, aber nicht immer aus derselben Stimme. Dieser letzte Abschnitt bildet also eine freie Coda, die von den Spielern spontan zusammengefügt werden soll.

RS:
Haben Sie bei der Einstudierung des Quartetts mit Brown zusammengearbeitet?

WL:
Sicher, er lebte in New York, es war also nicht schwer, ihn zu treffen. Auch vor der Uraufführung in Donaueschingen, und als wir es beim Südwestfunk aufgenommen haben, war er dabei. Später haben wir noch eine zweite Version verfasst und in Cincinnati in seinem Beisein aufgeführt.[92] Davon war er ganz begeistert. Ich finde es auch heute noch ein sehr gutes Stück.

RS:
Es gehört denn auch zu den Auftragswerken, die Sie am meisten gespielt haben.[93]

10.16 Robert Mann (*1920)

RS:
Robert Mann, der erste Geiger des Juilliard-Quartetts, hat offenbar auch komponiert, denn es gibt von ihm ein Streichquartett, *Five Pieces for String Quartet*.

---

[92] Earle Brown war im Wintersemester 1985–86 Composer in Residence am College-Conservatory of Music in Cincinnati. Am 10. Februar 1986 fand mit ihm und dem LaSalle-Quartett ein Lecture-Recital über sein Streichquartett statt.
[93] Von Earle Browns Streichquartett sind zwischen 1965 und 1976 32 Aufführungen durch das LaSalle-Quartett dokumentiert. Eine letzte fand nach einer zehnjährigen Pause am 11. Februar 1986 in Cincinnati statt.

WL:

Allerdings, das haben wir anlässlich unseres Abschiedskonzerts in Colorado Springs uraufgeführt[94], denn seine Quartettkollegen haben sich geweigert, es zu spielen: Das hat beinahe zu einem unüberbrückbaren Krach geführt. Wir haben es dann auch in Cincinnati und an der Juilliard School aufgeführt: Davon gibt es eine Aufnahme.[95]

RS:

In der Paul Sacher Stiftung gibt es von diesem Stück nach dem Konzert in Cincinnati eine verheerende Zeitungskritik: ein Totalverriss. Wir haben uns die Aufnahme vom Konzert in der Juilliard School angehört und konnten überhaupt nicht nachvollziehen, was damals eine solch vernichtende Kritik ausgelöst haben könnte. Wir fanden es sehr unterhaltsam und abwechslungsreich, auch mit Humor, es gibt ja ein Zitat aus Beethovens Quartett Opus 59 Nr. 2. Es ist sehr energisch, über große Strecken sogar sehr heftig. Wirklich ein sehr gutes Stück!

WL:

Ja, aus der Distanz ist das Stück immer besser geworden. Damals fand ich es etwas grob und oberflächlich, nicht ganz mein Fall. Aber die Konfrontation mit so vielen verschiedenartigen Stücken im Verlauf der Jahrzehnte führt dazu, dass man seine früheren Urteile immer wieder revidieren muss.

RS:

Hat Robert Mann später auch noch komponiert?

WL:

Ja, seine Frau war eine Erzählerin. Er hat also für Kinderkonzerte die Musik zu Märchen und zu Rudyard Kiplings „Just-So-Stories" komponiert.[96]

10.17 Gerhard Samuel (1924–2008)

RS:
Ein weiterer langjähriger Freund war Gerhard Samuel.[97]

---

[94] Das Abschiedskonzert in Colorado Springs fand am 11. März 1953 statt. Auf dem Programm standen außerdem Haydns Quartett Opus 77 Nr. 2 und das Quartett von Ravel.

[95] Das LaSalle-Quartett hat Robert Manns Streichquartett in Cincinnati zweimal aufgeführt: am 31. März 1953 und am 11. Februar 1958. In der Paul Sacher Stiftung ist davon keine Aufnahme vorhanden. Die Aufführung an der Juilliard School fand am 24. April 1953 statt: Davon gibt es eine Aufnahme, die aber in der Paul Sacher Stiftung nicht vorhanden ist.

[96] Robert Mann hat mehr als 30 Werke für Erzähler und verschiedene Instrumente komponiert, die er mit seiner Frau, der Schauspielerin Lucy Rowan, aufgeführt hat. Weiter eine Orchestral Fantasy, die von Dimitri Mitropoulos aufgeführt wurde; ein Duo für Violine und Klavier, ein Duo für Cello und Klavier sowie ein Konzert für Orchester.

[97] Gerhard Samuel (Bonn 20.4.1924 – Seattle 25.3.2008). Nach seinem Abschluss an der Eastman School of Music (Rochester, NY) als Bachelor of Music (1945, summa cum laude) studierte er an der Yale University

Gerhard Samuel (1924–2008)

WL:
Ja, wir haben ihn als Professor für Musik und als Dirigenten des Philharmonia Orchesters ans College-Conservatory nach Cincinnati geholt.[98] Er war ein phänomenaler Dirigent und Orchestererzieher. Mit dem Philharmonia Orchester gibt es Aufführungen, die den Vergleich mit jedem professionellen Orchester aufnehmen können. Was die am Konservatorium alles einstudiert haben! Unter anderem Beethovens und Mahlers Neunte Symphonien. Da war Christian Tetzlaff Konzertmeister: So ein Orchester war das, die konnten spielen! Gerhard Samuel hat auch interessante Sachen ausgegraben, zum Beispiel die Symphonie von Hans Rott. Die Aufnahme davon ist außerordentlich.[99] Er konnte ein Orchester dazu bringen, wirklich glänzend zu spielen. Er ist von der Schlagtechnik her ein geborener, wunderbarer Dirigent und ein erstklassiger Musiker, aber irgendwie hat er den Durchbruch zur Weltspitze nie geschafft.

RS:
Wie ist es zu Ihrem Auftrag für ein Streichquartett gekommen.[100]

WL:
Wir hatten einige seiner Werke gehört und waren von ihrem lyrischen Charakter, ihrer Expressivität und Empfindsamkeit überrascht, denn das waren eher seltene Eigenschaften in der Musik der Jahrzehnte nach dem Zweiten Weltkrieg. Nach all diesen Jahren, während denen die Komponisten intensiv experimentierten und eine neue Sprache und neue Ausdrucksmittel suchten, fand ich diese Rückkehr zu gewissen romantischen und emotionalen Aspekten in der Musik erstaunlich und interessant. Andererseits kann diese Art Nostalgie aber auch sehr fragwürdige Dinge wieder aufleben lassen, sowohl in der Komposition, als auch in der Interpretation. Aber bis zu einem gewissen Grad hat eine solche Umkehr ihre Berechtigung. Gerhard Samuel hat immer Stücke lyrischen und romantischen Charakters geschrieben und ist dabei seinen ganz eigenen Weg gegangen.

RS:
Würden Sie sein Streichquartett deswegen als ein traditionelles und nicht experimentelles Stück bezeichnen?

WL:
Auf jeden Fall verwendet er kompositorisch viele Techniken, die das Stück als Erbe des 18. bis 20. Jahrhunderts ausweisen. Es ist aber ein Zwölftonstück, denn Gerhard Samuel hat

---

Komposition bei Paul Hindemith und arbeitete während zweier Sommer mit Serge Koussewitzky in Tanglewood. Anschließend war er Assistent von Dimitri Mitropoulos am Minneapolis Symphony Orchestra. In 1959 wurde er zum Musikdirektor des Oakland Symphony Orchestra (Kalifornien) berufen, dem er dank seiner innovativen Programmgestaltung zu internationalem Ruf verhalf. 1970–73 war Samuel zweiter Dirigent des Los Angeles Philharmonic Orchestra und 1976–97 Professor für Musik und Leiter des Philharmonia Orchesters am College-Conservatory of Music in Cincinnati.

[98] Das Philharmonia Orchester ist das Studentenorchester des Cincinnati College-Conservatory of Music.
[99] Hans Rott (1858-84), Symphonie E-Dur: Cincinnati Philharmonia Orchestra, Dirigent: Gerhard Samuel, Hyperion CDA 66366. Hans Rotts Symphonie in E-Dur nimmt in ihrem thematischen Material und ihren Kompositionstechniken die Symphonien seines engen Freundes Gustav Mahler voraus.
[100] Gerhard Samuels erstes Streichquartett wurde 1978 komponiert.

sich nach seinen Studien bei Hindemith intensiv mit Zwölftonmusik befasst und bewunderte Schönbergs und Bergs Musik außerordentlich. Das Quartett besteht aus einem Satz von etwa 15 Minuten und basiert ganz auf einer Anzahl von Zwölftonreihen, die er durch verschiedene Permutationen und Kombinationen aus einer Grundreihe abgeleitet hat. Einzelne Reihen sind mit einem spezifischen Instrument, mit bestimmten Sektionen oder Übergängen assoziiert. Und da alle Reihen miteinander zusammenhängen, erkennt man beim Hören Gemeinsamkeiten. Es ist ein komplexes, intellektuell forderndes Stück.

RS:
Werden im Quartett auch klanglich vorwiegend traditionelle Mittel verwendet?

WL:
Ja, es kommen zum Beispiel kaum verfremdete Klänge wie „sul ponticello" oder „col legno battute" vor, auch sonst keine perkussiven Klänge wie das Klopfen auf den Instrumenten. Das war nicht, was ihn interessierte. Ihm waren ein klarer formaler Aufbau und sorgfältig organisiertes Material wichtig, aber vor allem auch ein beredter Ausdruck, damit die Musik sich dem Hörer mitteilt. Das hat mit instrumentalen Gesten zu tun, die eng mit den vokalen Gesten der menschlichen Stimme verwandt sind. Das einzige klangliche Element, das dieses Quartett besonders kennzeichnet, sind längere Glissandopassagen. Dazu hat Gerhard Samuel erzählt, dass das letzte Stück, das er mit dem Philharmonia Orchester vor der Komposition des Quartetts einstudiert hatte, *Don Quixote* von Richard Strauss war, in dem der letzte Ton ein sehr langes Glissando ist, welches Don Quixotes Tod darstellt. Und dieses Glissando hätte ihn lange Zeit verfolgt und Eingang in das Werk gefunden. Es stellt aber natürlich keine neue Spieltechnik dar.

RS:
Integriert Gerhard Samuel auch Zufallselemente und Improvisation, wie es in den 1960er und 1970er Jahren oft üblich war?

WL:
Nein, das Stück ist völlig ausgeschrieben, es gibt keine Zufallselemente, und es wird von den Spielern nicht verlangt, zu improvisieren oder sonst zum Kompositionsprozess beizutragen. Es gibt einzig einige rubatoartige Stellen, die rhythmisch frei und metrisch nicht fixiert sind: Sie vermitteln das Gefühl, gemeinsam eine Kadenz zu spielen. Aber auch das ist an sich nicht neu. Es handelt sich durchwegs um ein traditionell komponiertes Stück, das keine neuen Lösungen erfordert. Das war aber auch nicht Gerhard Samuels Absicht: Es war der Inhalt des Stückes, der ihn interessierte. In Kenntnis der Werke, die wir von ihm schon kannten, entsprach das Quartett dem, was wir erwartet und erhofft hatten.

RS:
Gerhard Samuel hat dann wenige Jahre später noch ein zweites Quartett geschrieben.[101] Haben Sie das auch aufgeführt?

---

[101] Gerhard Samuels zweites Streichquartett wurde 1981 komponiert.

WL:
Nein, das haben wir nie gespielt. Es wurde vom Sequoia-Quartett uraufgeführt, in dem Robert Martin der Cellist ist.[102]

10.18 William DeFotis (1953–2003)

RS:
Sie haben auch einige Male ein Streichquartett von William DeFotis gespielt. Wer war er?[103]

WL:
William DeFotis war ein Schüler von Herbert Brün und Wolf Rosenberg und war auch an der University of Illinois in Urbana-Champaign.[104] Er war damals 24 als er das Quartett für uns geschrieben hat, er war ein außerordentlich begabter Musiker.[105]

RS:
Wie war sein Quartett komponiert?

WL:
Es ist ganz kurz, etwa fünf Minuten und ein derivates Stück: Er zitiert Webern, unter anderem. Es ist sicher kein sehr bedeutendes Werk, aber er bewunderte das LaSalle-Quartett und hat es für uns geschrieben. Also, allen Respekt für das Werk eines jungen Kompositionsstudenten! Ich finde das übrigens auch eine Aufgabe, jungen Kompositionsstudenten die Gelegenheit zu geben, ihre Werke zu hören. Das macht das Arditti-Quartett in ganz großem Maßstab. Wir haben es viel zu wenig gemacht. Wenn es an einer Musikhochschule eine gute Kompositionsabteilung gibt, müsste man die Studentenquartette dazu anregen, die Stücke ihrer Kommilitonen zu spielen, um ihnen die Gelegenheit zu geben, ihre Werke zu hören. Das möchte ich eigentlich auch in Basel einmal einführen. Es braucht ja nicht konzertreif zu sein. Inzwischen ist William DeFotis leider gestorben. Ganz jung, schon mit 27 Jahren, ist er an multipler Sklerose erkrankt. Schrecklich, er war immer mehr gelähmt und schließlich nur noch im Rollstuhl. Er hat aber weiterhin noch komponiert.

RS:
Offenbar war er auch, wie Gerhard Samuel, ein begnadeter Dirigent. Nachdem er gelähmt war, konnte er ausschließlich mit dem Gesichtsausdruck dirigieren.[106]

---

[102] Zu Robert Martin siehe Kapitel 7 „Die Lehrtätigkeit".
[103] William DeFotis (1953–2003), Komponist hauptsächlich experimenteller elektronischer Musik. Zuletzt war er Professor am William and Mary College in Williamsburg, Virginia.
[104] Eine Würdigung von William DeFotis seines Lehrers Rosenberg befindet sich in *Fragmen* [sic!] Heft 31 (Herausgeber Helmuth Kreysing), PFAU Verlag 1999: siehe auch Kapitel 10.12 „Wolf Rosenberg", Anmerkung 71.
[105] Das Streichquartett von William DeFotis wurde 1977 komponiert.
[106] „So attuned was he to his music and so at one was he with his orchestra that, when he lost motor control and could no longer hold the baton, he conducted a Haydn symphony with facial movements. His orchestra of stu-

Auftragswerke und Uraufführungen

10.19 László Kalmár (1931–95)

RS:
László Kalmár ist bei uns auch heute noch ein unbekannter Komponist. Was hat Sie veranlasst, sein Streichquartett *Morfeo* aufzuführen?[107]

WL:
Wir hatten ein Konzert in Budapest, und anschließend kam Bálint Varga zu uns, der damals die Promotionsabteilung des Staatsverlags Editio Musica leitete und diesen Verlag im Ausland vertrat. Bálint Varga hat uns empfohlen, das Quartett *Morfeo* von László Kalmár zu lernen. Wir haben es dann im großen Saal der Liszt-Akademie uraufgeführt.[108] Das war für

Abb. 46: Das LaSalle-Quartett mit László Kalmár, Budapest 1982

---

dents responded as though they, their conductor and Haydn were indistinguishable. As far as DeFotis was concerned, nothing, including multiple sclerosis, could stop the music." *The Virginia Gazette*, Williamsburg VA, February 8, 2003.

[107] Das Streichquartett *Morfeo* von László Kalmár wurde 1977 komponiert. Das Werk dauert ca. viereinhalb Minuten und besteht aus acht kurzen Sätzen im Stile der *6 Bagatellen* Opus 9 von Anton Webern.

[108] Die offizielle Uraufführung von Kalmárs *Morfeo* in der Liszt-Akademie fand am 30. Mai 1982 statt. Auf dem Programm standen außerdem Haydn Opus 20 Nr. 4, Webern Opus 28 und Beethoven Opus 132. Das LaSalle-Quartett hatte *Morfeo* allerdings schon am 29. April 1980 in Cincinnati aufgeführt. Dieser Anlass ist auf CD Nr. 167 in der Paul Sacher Stiftung dokumentiert. Eine zweite Aufführung von *Morfeo* in Cincinnati fand am 2. Februar 1982 statt (CD Nr. 192).

Kalmár offenbar ein ganz großer Anlass, denn er war nicht sehr bekannt und offenbar ein bescheidener Mann. Als wir mit Bálint Varga zu seinem Verlag gegangen sind, haben wir dort György Kurtág kennengelernt.

RS:
Kennen Sie noch weitere Kompositionen von László Kalmár?

WL:
Nein, ich weiß nichts über sein weiteres kompositorisches Schaffen, auch sein Werdegang und seine Lebensumstände sind mir nicht bekannt.[109]

10.20 Hans Erich Apostel (1901–72)

RS:
Nachdem Sie bei Fred Smith, dem Leiter des College of Music in Cincinnati, durchgesetzt hatten, gleich im ersten Konzert des LaSalle-Quartetts als Quartet in Residence Bartóks fünftes Streichquartett aufzuführen, haben Sie offenbar Ernst gemacht mit Ihrer Ankündigung, in jedem Konzert ein zeitgenössisches oder sonst unbekanntes Werk aufzuführen. Denn gleich im zweiten Konzert stand schon das erste Streichquartett Opus 7 von Hans Erich Apostel[110] auf dem Programm, der damals unbekannt war.[111]

---

[109] László Kalmár, Budapest 19.10.1931 – ebenda 27.5.1995. Die nachfolgenden Angaben sind Bálint András Varga zu verdanken, aus dessen Brief an den Autor zitiert sei: „Kalmár studierte Komposition am Béla Bartók Musikgymnasium bei Ervin Major und anschließend privat bei Ferenc Farkas, der auch der Lehrer von György Ligeti und György Kurtág war. 1957 trat er dem ungarischen Staatsverlag Editio Musica in Budapest bei und arbeitete dort, zuletzt als Chefredakteur und künstlerischer Leiter, bis zu seinem Tod. Als Chefredaktor gingen alle neuen Partituren seiner ungarischen Kompositionskollegen durch seine Hände: Er las Partituren wie andere Leute Bücher. Als ich einmal einen Text über Kurtágs *Acht Chöre über Gedichte von Dezsö Tandori* brauchte, nahm er sich Zeit, eine Analyse anzufertigen, wobei man spürte, wie er die Feinheiten, die musikhistorischen Querverweise, die schiere Genialität der Partitur genoss. Gleich von Anfang an stand mir László Kalmár zur Seite, wann immer ich seine Hilfe, seinen Rat brauchte, und beantwortete meine Frage in Form einer kurzen Vorlesung: er war ein Allwissender, ein poeta doctus der Musik. Ich hatte enormen Respekt vor ihm und bewunderte ihn maßlos. Für lange Jahre schrieb Kalmár nur Kammermusik und Chorwerke, immer äußerst fein, transparent, sich vielleicht an Webern orientierend, meistens leise und eher melancholisch. Dann kam ein Stück, das er *Lectiones* nannte – das war nicht mehr für den Konzertsaal gemeint, sondern nur zum Lesen. Wie er mir sagte, sei er an einem Punkt angelangt, wo ihm klar wurde, dass je komplizierter seine Berechnungen wurden, die der kompositorischen Arbeit vorausgingen, desto karger, dünner wurde die Musik, die als Ergebnis geboren wurde. Und Anfang der 1980er Jahre geschah, was ich nie von ihm erwartet hätte: Er schrieb ein großes, üppiges, fast spätromantisches Orchesterwerk, *Horae* (1982). Ihm folgten weitere Werke in ähnlichem Stil."

[110] Hans Erich Apostel, Karlsruhe 22.1.1901 – Wien 30.11.1972. Apostel ging 1921 nach Wien und studierte zuerst bei Arnold Schönberg, dann, als dieser 1925 an die Preußische Akademie der Künste in Berlin berufen wurde, bei Alban Berg. Apostel blieb Zeit seines Lebens in Wien. Zur weiterführenden Lektüre über Apostel sei auf die Monographie von Harald Kaufmann verwiesen: *Hans Erich Apostel. Eine Studie*, Verlag Lafite, Wien 1965.

[111] Dieses Konzert fand am 12. Januar 1954 statt. Als weitere, damals ebenfalls wenig bekannte Werke standen Haydns Opus 50 Nr. 1 und das Quartett von Giuseppe Verdi auf dem Programm. Das Konzert ist auf den CDs Nr. 11 und Nr. 12 in der Paul Sacher Stiftung dokumentiert.

WL:
Ja, Apostel gehörte zu den Komponisten, dessen Werke von den Nazis als „entartete Kunst" gebrandmarkt wurden. Sie verschwanden also in Deutschland und Österreich aus den Konzertprogrammen. Daran hat sich bis heute leider nichts geändert.

RS:
Wie sind Sie auf Apostels Streichquartett Opus 7 gestoßen?

WL:
Das war auch eine Entdeckung bei der Frank Music Company, dem Antiquariat in New York, wo ich später das dritte Streichquartett von Zemlinsky gefunden habe.[112] Dort bin ich 1952 auf eine Taschenpartitur von Apostels Quartett Opus 7 gestoßen und fand sogleich, dass es sich um ein eigenwilliges und lohnendes Werk handelte. Es war auch nicht schwierig, meine Kollegen davon zu überzeugen, dass wir das Stück spielen müssten. Apostel war mir zudem bekannt als Schüler von Arnold Schönberg und Alban Berg. Das Werk entstand 1935, dem Todesjahr Bergs, und Apostel hatte es seinem Lehrer, den er sehr verehrte, zum 50. Geburtstag widmen wollen. Als Berg jedoch im selben Jahr starb, war das ursprünglich fünfsätzig geplante Werk noch unvollendet, und Apostel entschloss sich, das Quartett mit dem langsamen vierten Satz ausklingen zu lassen.

RS:
Wie haben Sie dem Publikum dieses Werk schmackhaft gemacht?

WL:
Gleich wie bei Bartóks fünftem Streichquartett: Wir haben am Sonntag vor dem Konzert ein Lecture-Recital veranstaltet, diesmal im Taft-Museum, wo mehr Platz war als in unserem Künstlerzimmer am College of Music, und haben das Stück analysiert, demonstriert und vorgespielt. Bei diesem Anlass war übrigens auch Virgil Thomson anwesend, der Kritiker der New Yorker *Herald Tribune*. Er kannte uns, da er damals Carol Truax empfohlen hatte, uns als Quartet in Residence nach Colorado Springs zu engagieren.[113] Er hat über dieses Lecture-Recital für seine Zeitung einen Bericht geschrieben.[114]

---

[112] Siehe dazu Kapitel 9 „Alexander Zemlinsky".
[113] Zu Virgil Thomson siehe Kapitel 3 „Die Geschichte des LaSalle-Quartetts".
[114] Über das Lecture-Recital zu Apostels Streichquartett Opus 7 am 9. Januar 1954 in Cincinnati schrieb Virgil Thomson: „Es war in Cincinnati, dass ich am 9. Januar im Taft Museum zum ersten Mal ein Stück des österreichischen Komponisten Hans Erich Apostel hörte, und zwar ein Streichquartett, komponiert zu Ehren seines Lehrers Alban Berg. Der starb aber, bevor es beendet war. Das LaSalle-Quartett, in Residenz am College of Music, analysierte das Stück, enthüllte seine Form und Materialien, und spielte es dann. Die Aufführung mit Partitur verfolgend, wurde mir bewusst, wie ausgezeichnet sie es spielten. Atonal im Klang, aber nicht in der Zwölfton-Reihentechnik komponiert, erinnert das Quartett sowohl im Klang, als auch in der Empfindung an Bergs wunderschöne *Lyrische Suite*. Diese Empfindung ist romantisch, introvertiert, zart emotional, fragend, gesanglich. Seine Stimmung ist tatsächlich so authentisch und echt, dass die Verwandtschaft des Stückes mit Bergs Quartett ihm nicht zum Nachteil gereichen darf. Im Gegenteil, es bietet den Liebhabern von Bergs Musik ein weiteres Werk, das sie in ihr Herz schließen können. Ich wäre nicht überrascht, wenn sich Apostels Streichquartett künftig einer echten Popularität erfreuen würde. Schließlich gibt es nicht viele chromatisch-atonale Stücke, die so tief empfunden und so bewundernswert komponiert sind."

Hans Erich Apostel (1901–72)

RS:
Sie haben einmal gesagt, Apostel wäre der einzige Komponist der Neuen Wiener Schule, den Sie persönlich kennengelernt haben. Wie ist diese Begegnung zustande gekommen?

WL:
Wir haben ihm geschrieben wegen einiger Fragen, die sich uns bei der Einstudierung seines Quartetts Opus 7 gestellt hatten. Daraus ergab sich ein längerer Briefwechsel, und während unserer ersten Europatournee 1954 haben wir ihm das Quartett in Wien vorgespielt. Er wurde zu einem wirklichen Freund. Als wir einige Jahre später sein zweites Quartett in Graz und Linz aufgeführt haben, kam er immer mit.[115] Bei diesen Anlässen war er so vergnügt, lustig und vor allem angetan, dass endlich eines seiner Stücke gespielt wurde. Offenbar haben wir es gut gespielt, denn es wurde vom Publikum sehr gut aufgenommen. Das ist immer das Problem mit neuer Musik, überhaupt mit schwieriger Musik, dass sie nicht zu ertragen ist, wenn sie schlecht gespielt wird. Daraus kann man keinem Publikum einen Vorwurf machen. Darunter haben auch die Quartette von Schönberg und Berg lange Zeit gelitten, und Beethovens Quartette leiden heute noch darunter.

RS:
War es in Wien während Ihrer ersten Europatournee, dass Sie sein zweites Quartett bei ihm in Auftrag gegeben haben?

WL:
Genau. Wir fanden Apostels erstes Quartett Opus 7 ein sehr schönes Stück und wollten ihn mit einem Auftrag für ein Streichquartett finanziell unterstützen, denn er musste damals mit Klavier- und Kompositionsunterricht und einer Stelle als Lektor bei der Universal Edition notdürftig sein Auskommen finden. Da Apostels Werke bei der Universal Edition in Wien verlegt waren, habe ich an den Darmstädter Ferienkursen für Neue Musik einmal mit Otto Tomek gesprochen, dem Leiter der Abteilung für Neue Musik am WDR, der damals noch bei der Universal Edition war und als Vertreter des Verlags nach Darmstadt gekommen war. Er fand die Idee eines Auftrags ausgezeichnet, und ich habe ihn gefragt, was ein solcher Auftrag kosten würde. Er sagte: „Wie wäre es mit 200 Dollar?" An sich kein großes Honorar, aber Mitte der 1950er Jahre war das in Österreich viel Geld. Das zweite Quartett Opus 26 hat Apostel dann 1956 komponiert, und wir haben es im nächsten Jahr in Cincinnati uraufgeführt.[116]

RS:
Wie würden Sie den Kompositionsstil von Apostels erstem Streichquartett beschreiben? Handelt es sich um ein Zwölftonstück?

WL:
Nein, es ist kein striktes Zwölftonstück, sondern in freier Atonalität geschrieben, wie Bergs Quartett Opus 3. Apostel greift zudem auf klassische Formmodelle zurück: Der erste Satz

---
[115] Diese Konzerte fanden am 15. und 16. Oktober 1958 statt.
[116] Die Uraufführung von Apostels zweitem Streichquartett Opus 26 fand am 23. April 1957 in Cincinnati statt. Dieser Anlass ist auf CD Nr. 21 in der Paul Sacher Stiftung dokumentiert.

ist ein Allegro in Sonatensatzform, der zweite Satz beruht auf dem Prinzip der „entwickelnden Variation", die schon Brahms und Schönberg gern verwendet haben. Das Material, das Apostel in diesem Satz entfaltet, basiert auf dem Wozzeck-Thema aus Bergs Oper. Der dritte Satz ist ein skurriles Scherzo von mitreißender rhythmischen Vitalität: Es ist gewiss der charakteristischste Satz des Stückes. Es basiert auf Motiven, die aus den Initialen der Namen Alban Berg (A-B) und Hans Erich Apostel (H-E-A) gebildet sind. Das Quartett schließt mit einem Largo im Charakter eines ausgedehnten Klagegesangs, der thematisch auf die vorangegangenen Sätze Bezug nimmt, vor allem auf den Variationensatz.[117] Die Musik Apostels zeichnet sich durch eine ausgesprochen rhythmische Komponente und durch metrische Unregelmäßigkeiten aus. Seine Werke sind immer sehr formklar, von ungeheurer emotionaler Dichte und extremer Konzentration der kompositorischen Mittel. Er ist ein sehr eigenständiger Komponist. Dieses Quartett hat eine emotionale Qualität, die es ganz besonders absetzt von beinahe allem, was zu jener Zeit geschrieben wurde. Apostel ist meiner Ansicht nach ein ganz großer Komponist, dessen Orchesterwerke, auch Lieder und weitere Kammermusik es durchaus verdienen, im Repertoire zu erscheinen. Das tun sie aber heute immer noch nicht.

RS:
Zwischen der Komposition des ersten und des zweiten Streichquartetts liegt eine Zeitspanne von 21 Jahren. In so einer langen Zeit könnte man, wenn schon nicht einen Stilwandel, zumindest eine Stilentwicklung erwarten. Unterscheiden sich in dieser Hinsicht die beiden Quartette?

WL:
Nein, nicht grundlegend. Das zweite ist noch konzentrierter, denn es besteht aus einem einzigen Satz in zyklischer Form. Es ist ein schwieriges Stück, auch schwierig zu spielen, aber meiner Ansicht nach weitaus zugänglicher als zum Beispiel das dritte Schnabel-Quartett.[118] Ob es aber eine Stilentwicklung gibt, kann ich nicht sagen, weil ich kaum andere Stücke von Apostel kenne. Wo soll man sie denn auch hören? Niemand spielt sie! Aber zum zweiten Quartett: Ich erkenne sofort, dass es Apostel ist.

RS:
Apostels erstes Quartett haben Sie im ganzen etwa 20 Mal gespielt, wobei auffällt, dass Sie es nach der ersten Aufführung 1954 in Cincinnati erst Anfang der 1970er Jahre wieder aufgeführt haben, jedoch auch nur dreimal, dann vor allem aber Anfang der 1980er Jahre. Vom zweiten Quartett hingegen sind im Ganzen nur fünf Aufführungen dokumentiert, die letzten vier 1958, dem Jahr nach der Uraufführung. War das zweite Quartett eine Enttäuschung?

---

[117] Die ursprüngliche Aufnahme bei der Deutschen Grammophon von Apostels erstem Streichquartett durch das LaSalle-Quartett ist bei Brilliant Classics wieder erhältlich, zusammen mit den vier Streichquartetten von Alexander Zemlinsky: Katalognummer 9188.
[118] Zum dritten Streichquartett von Artur Schnabel siehe Kapitel 11.1.

WL:
Nein, es war keine Enttäuschung. Das Problem war, dass kein Mensch Apostel hören wollte. Dazu brauchte es immer viel Überzeugungsarbeit. Das erste Quartett ist ein gewichtigeres Stück, das man besser präsentieren konnte. Zudem sind uns Stücke manchmal näher gekommen und ans Herz gewachsen, während wir uns mit anderen Stücken sehr viel Mühe geben mussten. Trotzdem finde ich Apostels zweites Quartett ein wunderschönes Stück. Das kann man heute durchaus spielen, ohne jeden Zweifel. Ich habe es kürzlich mit dem Doric-Quartett gearbeitet, und die haben es mit großem Erfolg in England gespielt.

RS:
Später, 1962, hat Apostel noch die *6 Epigramme* Opus 33 für Streichquartett geschrieben.

WL:
Ja, wir hatten aber keine Gelegenheit, sie zu spielen. Es ist ein serielles Stück im Stil von Webern, nur etwa sieben Minuten lang und folgt einer Tempoprogression von Grave bis Vivace.

10.21 Igor Strawinsky (1882–1971)

RS:
Als wir uns über Zemlinsky unterhalten haben, erwähnten Sie, dass Igor Strawinsky in Cincinnati zu Besuch war.[119] Aus welchem Anlass war das?

WL:
In einer Kunstgalerie, deren Besitzer wir kannten und die auch immer zu unseren Konzerten kamen, fand 1964 eine Ausstellung von Strawinskys Frau Vera statt, die Malerin war. Wir waren zur Vernissage eingeladen. Dass auch Igor mitkommen würde, erfuhren wir erst im letzten Moment und haben die Gelegenheit beim Schopf gefasst, ihn kennenzulernen. Wir sind sofort ins Gespräch gekommen, und er hat uns gefragt, was wir denn in unserem gerade anstehenden Konzert spielen würden, zu dem er hoffte, kommen zu können. Als wir ihm sagten, dass wir Zemlinskys drittes Streichquartett aufführen würden, war er hingerissen, denn er wusste nicht, dass Zemlinsky auch komponierte.[120] Und er fügte ein ekstatisches Lob über den Dirigenten Zemlinsky an, unter dessen Leitung er in Prag Mozarts *Hochzeit des Figaro* gehört hatte. Leider ist er am nächsten Tag unpässlich geworden und konnte nicht zu unserem Konzert kommen. Das ist ewig schade.

---

[119] Siehe dazu Kapitel 9 „Alexander Zemlinsky".
[120] Die Aufführung von Zemlinskys drittem Streichquartett in Cincinnati fand am 17. März 1964 statt.

RS:
Haben Sie ihn bei dieser Gelegenheit auch gefragt, ob er bereit wäre, ein neues Streichquartett zu komponieren?[121]

WL:
Natürlich! Er hat gesagt: „Warum nicht? Reden Sie mit Robert Craft!" Robert Craft war sein Assistent und Berater in musikalischen Angelegenheiten, den wir bestens kannten, denn er hatte gleichzeitig mit uns an der Juilliard School studiert, ein hochintelligenter und sehr begabter Mann.[122] Er hat für Strawinsky alle Verhandlungen geführt und sagte: „Ein Streichquartett? Das ist hoffnungslos, das würde Euch 5000 Dollar kosten und er macht keine Konzessionen. Und wie lange es ist, kann ich Euch nicht sagen. Es kann zwei, aber auch zwölf Minuten sein." Aber 5000 Dollar waren für uns unerschwinglich, dachten wir, denn wir wollten mit einer solchen Forderung nicht zu unseren Freunden gehen, die uns für Kompositionsaufträge unterstützten: Die waren an 200 Dollar oder höchstens 250 Dollar gewöhnt. Es ist keine Frage, das war falsch gedacht. Das hätten wir selbst bezahlen sollen. Aber im Nachhinein ist man immer klug.

RS:
Deswegen gibt es das neue Quartett von Strawinsky also nicht?

WL:
Deshalb gibt es leider keines.

10.22 Betrachtungen zu den Auftragswerken

RS:
Wenn man zurückschaut auf die Klassik und Romantik, gab es die Sonatensatzform mit Exposition, Durchführung und Reprise, es gab die thematische Arbeit und Bezüge zwischen den Stimmen, und letztlich ab Brahms gibt es keine Nebenstimmen mehr, alles ist thematisch. Bei den Komponisten, die eine völlig neue Kompositionstechnik anwenden, wie zum Beispiel Evangelisti, Brown, auch Ligeti und vielleicht auch Lutoslawski, gilt das alles nicht mehr, und

---

[121] Von Igor Strawinsky gibt es die folgenden Werke für Streichquartettbesetzung: *Drei Stücke für Streichquartett* (1914, uraufgeführt am 8. November 1915 in Chicago durch das Flonzaley-Quartett, Ernest Ansermet gewidmet); *Concertino für Streichquartett* (1920, Uraufführung 1920 durch das Flonzaley-Quartett während einer Amerikatournee); *Double Canon for String quartet* (1959), eine Miniatur als Huldigung an den Maler Raoul Dufy.

[122] Robert Craft (*Kingston, NY 20.10.1923) interessierte sich bald nach seinen Studien an der Juilliard School für die Musik von Claudio Monteverdi, Heinrich Schütz und Johann Sebastian Bach sowie für zeitgenössische Komponisten und die Neue Wiener Schule. Er hat als erster Amerikaner Alban Bergs *Wozzeck* und *Lulu* dirigiert und zudem bahnbrechende Aufnahmen von Werken Schönbergs, Varèses und Weberns dirigiert. 1948 lernte er Strawinsky kennen und hat praktisch dessen gesamtes symphonisches Schaffen dirigiert und aufgenommen. Zu seinen vielfältigen Schriften über Strawinsky gehören u. a.: *Conversations with Igor Stravinsky*, Garden City, NY 1959, und Stravinsky, *Glimpses of a Life*, London 1992.

trotzdem ist es „gute Musik". Woraus besteht also der intellektuelle Anspruch dieser Art neuer Musik?

WL:
Dieser Anspruch ist je nach Komponist sehr unterschiedlich. Im extremsten Falle geht es darum, mit den Mitteln eines klassischen Instrumentariums Klänge zu erzeugen, die mit diesem Instrumentarium normalerweise überhaupt nicht in Verbindung gebracht werden: zum Beispiel indem durch Klopfen und Schlagen auf den Instrumentenkörpern aus einem Streichquartett ein Schlagensemble gemacht wird. Das klingt völlig anders als irgendein anderes Instrument.

RS:
Aber ist das dann ein Streichquartett, oder ist es eine Musik für vier Streichinstrumente?

WL:
Das ist Musik für vier Streichinstrumente. Aber Streichquartett ist ein sehr dehnbarer Begriff. Wenn man mit dem Instrumentarium eines Streichquartetts, zwei Geigen, einer Bratsche und einem Cello, wie auch immer geartete Klänge erzeugt, kann man sagen, dass es ein Streichquartett ist.

RS:
Gut, Sie erwarten aber einen gewissen geistigen Anspruch, denn die Quartette von Schostakowitsch sind im angesprochenen klassischen Sinne nicht unbedingt Streichquartette, sondern Musik für vier Streichinstrumente, die Sie nicht spielen wollen. Wo liegt also der Unterschied?

WL:
Ich finde, der Anspruch kann auf beiden Seiten des sogenannten klassischen Streichquartetts angesiedelt sein. Man kann mit den Mitteln der Harmonie, der Wiederholung und des Ostinatos eine reaktionäre und entleerte Musik erzeugen, die so einfach und banal ist, dass sie mich nicht interessiert. Man kann natürlich sagen, dass es auch einfache Musik gibt: Wenn sie ehrlich einfache Musik ist, ist sie völlig in Ordnung, nur interessiert sie mich nicht. Und mich interessiert Schostakowitsch nicht, weil seine Musik für mich keinerlei neue Informationen birgt. Diese Musik steht also auf der rückwärtigen Seite des bereits Bekannten. Dann gibt es aber eine Musik, die auf der anderen Seite des bereits Bekannten steht, die all das hinter sich lässt oder weglässt, was bekannt ist und nicht einen einzigen normalen Ton verwendet. Das ist eine Musik, die mich interessiert. Ob sie gut oder schlecht ist, kann ich nicht beurteilen. Das ist auch eine Frage, die mich nicht interessiert. Mich hat beim Penderecki-Quartett gereizt, dass es ein Stück ist, das nur mit der Klangmodulation arbeitet, dass das Stück nur mit perkussiven Geräuschen anfängt, dann immer mehr Töne dazukommen, also normale Töne, und dass der Klang dann wieder ganz verfremdet und das Stück rhythmisch immer komplexer wird. Es handelt sich also um eine Form, die aus der Verwandlung des Klangs und aus rhythmischer Verdichtung besteht: Das hat mich interessiert. Zudem war es eine Herausforderung, denn kein Mensch wollte so ein Stück spielen. Wir kannten so etwas noch nicht und waren der Ansicht, dass man das doch mal

probieren müsse. Ob es einem dann gefällt ... Ich finde die ganze Idee fragwürdig, dass man Musik nur spielt, wenn sie einem gefällt. Musik hat immer genau dann angefangen mich zu interessieren, wenn sie mir nicht gefallen hat, und zwar, weil ich sie nicht verstanden habe, weil sie so komplex war oder so anders war, dass ich sie nicht einordnen konnte. Darum hat mich auch Schönberg gereizt, als ich seine Quartette zum ersten Mal bei Gradenwitz auf dem Dach seiner Wohnung gehört habe. Das soll ein Streichquartett sein? Immer dieselbe Frage. Als ob es so etwas gibt, eine für alle Ewigkeit unwandelbare Kategorie. Wenn es das gäbe, hätte Beethoven nie einen Ton geschrieben! Wenn man immer nur das komponiert, was es schon gibt, kann keine Erneuerung in der Musik stattfinden. Cage zum Beispiel ist in der Musik jemand, der jeden vor den Kopf stößt: So eine öde und langweilige Musik darf es doch nicht geben! Das ist schon „minimal music" zu einer Zeit, als es den Begriff noch gar nicht gab. So etwas hat mich gereizt. Und ich wusste nie vorher, ob es mir gefallen würde. Dann, wenn wir es gelernt und gespielt hatten, und es uns dann nicht gefiel, dann konnten wir es ja lassen, so wie beim zweiten Carter-Quartett. Warum? Fragen Sie mich nicht, denn heute finde ich das ein sehr gutes Stück!

RS:
Wenn man den engen Zeitraum betrachtet, in dem die großen Quartette entstanden sind, die Sie uraufgeführt haben, wie zum Beispiel diejenigen von Lutoslawski, Ligeti, Nono, Kagel und Gielen, ist es erstaunlich, wie diametral entgegengesetzt sie alle von der Faktur her sind. Und Evangelisti sowie Koenig vertreten nochmals völlig andere Richtungen.

WL:
Allerdings, die Unterschiede im Kompositionsansatz sind enorm.

RS:
War es zu erwarten, dass die eben angesprochenen Stücke dermaßen unterschiedlich ausfallen würden, als Sie sie in Auftrag gegeben haben?

WL:
Doch, sicher, das konnte man wissen, denn wir haben uns absichtlich Komponisten ausgesucht, die aufgrund ihrer Werke, die wir schon gehört hatten, eine große individuelle Charakteristik hatten. Sie waren uns ja nicht unbekannt.

RS:
Aber bei Ligeti hat es zehn Jahre gedauert, bis er sein Quartett geschrieben hat, und bei Nono 25. In dieser Zeit hat sich zumindest Nono sehr verändert.

WL:
Deshalb war Nonos Quartett dann auch für uns eine so große Überraschung, als wir zuerst damit konfrontiert wurden. Aber als Person und Komponist war er uns schon von langer Hand her bekannt. Gut, Komponisten ändern sich von Werk zu Werk und manchmal von Monat zu Monat, aber sie ändern sich nicht in der Ernsthaftigkeit und Charakteristik ihres Kompositionsansatzes. Ein Ligeti wird nicht plötzlich zu einem Walzerkönig, er wird nicht zu einem Unterhaltungskomponisten, der oberflächliche Erfolgshascherei betreibt. Er hat

ganz klare Gedanken, wo seine Musik hinführen soll. Was er nach seiner Emigration in den Westen für Orchesterwerke geschrieben hat: Das war schon ungeheuer! Und man konnte sehen, das ist jemand, der sich wirklich über seine Musik Gedanken macht. Wir kannten zwar sein erstes Quartett nicht, denn das hat er quasi geheim gehalten und wollte es auch nicht aufgeführt haben. Aber wir haben uns gedacht: Ligeti könnte man doch einen Quartettauftrag erteilen. Und es ist dann auch etwas ganz Besonderes geworden, dieses zweite Quartett von Ligeti. Nicht immer waren die Auftragswerke jedoch für uns so befriedigend wie gerade die Quartette, die Sie genannt haben. Es gab hie und da mal ein Stück, das wir nicht sonderlich liebten und auch etwas links liegen gelassen haben. Aber im Großen und Ganzen waren wir doch ziemlich sicher, dass die Komponisten, deren Orchesterwerke und Kammermusik für gemischte Ensembles wir zum Beispiel in Darmstadt hörten, Komponisten waren, die sich durchaus nicht um den Geschmack des Publikums kümmerten, sondern ihre eigene Richtung, ihre eigenen Ideen verwirklichten auf Teufel komm raus, und deren Musik in jedem Fall sehr starken eigenen Charakter und Gewürz hatte. Und genau das wollten wir.

RS:
Wenn man sich jetzt noch vor Augen hält, dass die Quartette von Lutoslawski, Kagel und Ligeti einerseits und diejenigen von Nono und Gielen andererseits jeweils in einem Zeitraum von nur fünf Jahren komponiert wurden und alle fünf innerhalb von nur 20 Jahren, wird der extreme Unterschied im Kompositionsansatz dieser Werke noch augenfälliger. Ich weiß nicht, ob es in der Musikgeschichte schon einmal in so kurzer Zeit so große Extreme gegeben hat. Ich glaube zum Beispiel nicht, dass die Zeitgenossen von Haydn und Mozart deren Quartette als dermaßen extrem unterschiedlich empfunden haben. Eher vielleicht schon die Quartette von Beethoven und Schubert, aber selbst in diesem Fall beruht die Kompositionstechnik auf demselben Ansatz. Wie würden Sie die extremen Unterschiede im Kompositionsansatz der „neuen" Komponisten erklären?

WL:
Das hat damit zu tun, dass seit dem Anfang des 20. Jahrhunderts ein verbindlicher Stil, der irgendeine stilistische Einheit verspricht, völlig verloren gegangen ist. Alle Komponisten waren, jeder für sich, auf der Suche nach einer neuen Sprache und nach neuen Ausdrucksmitteln. Es gibt nur noch gewisse Aspekte, die allen gemeinsam sind: die Atonalität zum Beispiel und die zunehmende Wichtigkeit von Klangfarbe: In all diesen Stücken spielen Klangfarbe, ihre ständige Veränderung und Erweiterung, auf den traditionellen Instrumenten eines Streichquartetts, eine immer wichtigere Rolle. Im Penderecki-Quartett zum Beispiel muss man auf die Instrumente schlagen, um perkussive Klänge zu erzeugen, in anderen Stücken kommen kaum noch normale, sondern fast nur noch verfremdete Töne vor, wie das Spielen am oder hinter dem Steg oder mit dem Holz des Bogens geschlagen oder gestrichen. Auch die Kriterien der Form, die man früher als selbstverständlichen Bestandteil der Komposition vorausgesetzt hat, haben sich radikal geändert: die feststehenden Formen wie die Sonatensatzform, die Liedform in langsamen Sätzen, die Variationsform, die Rondoform, an denen man Stücke in formaler Hinsicht immer wieder erkennen konnte, auch wenn sich der Inhalt veränderte, spielen kaum mehr eine Rolle. In den späteren Stücken des 20. Jahrhunderts hat die Form mit derjenigen der klassischen und romantischen Werke also kaum noch etwas zu tun.

Wenn Sie sich als Beispiel die Quartette von Lutoslawski, Kagel, Nono und Gielen anschauen, sind das Werke, die alle Kriterien jeweils neu definieren, sodass sich zwischen ihnen auch keinerlei Gemeinsamkeiten feststellen lassen. Das zweite Quartett von Ligeti hingegen ist noch ein fünfsätziges Stück, das sich an erkennbaren Formen orientiert. Es gibt also seit vielen Jahren keine verbindlichen Kriterien der musikalischen Darstellung mehr. Dass es jetzt in den letzten Jahren wieder rückläufige Tendenzen gibt und neokonservative, neoklassische und neoromantische Werke erscheinen, in denen das Extreme zurückgenommen wird, damit es für den Hörer wieder verständlicher wird, das steht auf einem anderen Blatt. Aber zu der Zeit, an der wir an der Neuen Musik besonders interessiert und beteiligt waren durch unser Interesse und unsere Fähigkeit, sie aufzuführen, war die Musik in eine extreme Vielfältigkeit und Verschiedenheit geraten: Zwischen zwei Werken bestand kaum eine Gemeinsamkeit, und man musste jedes Stück zuerst wie das Alphabet von Grund auf lernen, sodass es oft sehr schwierig war, sich diese Werke anzueignen.

RS:
Ist eine solche Art von Komposition, wie die Quartette von Brown, Evangelisti und Lutoslawski, in denen die Spieler zum Kompositionsprozess beitragen müssen, noch analysierbar im üblichen Sinne?

WL:
Es braucht eine neue Form der Analyse. Analysierbar ist alles, natürlich, man kann ja sehen, wie ein Stück „gemacht" ist: Jedes Stück ist irgendwie „gemacht". Die Komponisten schreiben einem zudem auch, wie es gemacht ist. Auch wenn man als Interpret aufgefordert ist, zum Kompositionsprozess beizutragen, bedeutet das noch nicht, dass sie nicht etwas „komponiert" haben, im ursprünglichen Sinne des Wortes. Man muss auch das analysieren, was man in Stücken wie *Aleatorio* von Evangelisti oder im Quartett von Earle Brown als Spieler zur Komposition beiträgt. Das heißt, dass man manchmal nicht nur die Notenköpfe analysieren muss, sondern auch die Anleitung, die der Komponist zu seinem Stück geschrieben hat.

RS:
Und dann gilt immer noch, was Schönberg gesagt hat: „Wichtig ist nicht, wie es gemacht ist, sondern was es ist."[123]

WL:
Ja, und wie es klingt! Natürlich, Schönberg hat sich dagegen gewehrt, Zwölftonmusik zu analysieren. Was dabei herauskommt ist wichtig. Man kann auch schlechte Zwölftonmusik schreiben, akademische Zwölftonmusik, die zwölf Töne benutzt und alle Regeln befolgt und dabei banal ist. Denn ein System schützt vor Dummheit nicht. Schönberg hat sich, nachdem er es erfunden hat, kaum jemals mehr an sein System gehalten! Es war ihm langweilig!

---

[123] Das vollständige Zitat lautet: „Ich kann nicht oft genug davor warnen, diese Analysen zu überschätzen, da sie doch nur zu dem führen, was ich immer bekämpft habe: zur Erkenntnis, wie es *gemacht* ist; während ich immer erkennen geholfen habe: was es *ist*!" (Hervorhebung durch Schönberg). Brief vom 27. Juli 1932 an Rudolf Kolisch zitiert aus: *Arnold Schönberg, Ausgewählte Briefe*, hrsg. von Erwin Stein, Mainz 1958, S. 179.

11
Weitere Komponisten des 20. Jahrhunderts

11.1 Artur Schnabel (1882–1951)

ROBERT SPRUYTENBURG:
Ein gewichtiges Ausnahmestück, das Sie ausgegraben haben, war das dritte Quartett von Artur Schnabel. Wie sind Sie darauf gekommen?

WALTER LEVIN:
Erstens war mir Artur Schnabel schon von Kind auf als herausragender Pianist und Musiker ein Begriff. Bereits als Jugendlicher in Berlin kannte ich Beethovens erstes Klavierkonzert in der Aufnahme von Schnabel mit dem London Symphony Orchester unter Sir Malcolm Sargent, und er hat in den 1930er Jahren die erste Gesamteinspielung der Beethoven-Sonaten gemacht. Zudem hat meine Mutter während der ganzen Berliner Zeit bei Georg Grünberg studiert, dem Vetter von Schnabel, einem fabelhaften Pianisten, der aber unter Lampenfieber litt und keine Konzerte spielen konnte. Von ihm sagte Schnabel, er wäre ein weitaus begabterer Pianist als er selbst. Schnabel war damals auch in Berlin und hatte den Bechstein-Flügel ausgesucht, den meine Mutter gekauft hat. Dann, in Palästina, hat mein Lehrer Bergmann mich gefragt: „Kennst Du ‚Die Kunst des Violinspiels' von Carl Flesch? Die musst Du Dir sofort anschaffen." Ich habe sie gesucht, aber sie gab es nicht in den Antiquariaten. Dann habe ich Herbert Brüns Onkel Paul geschrieben, der in Berlin geblieben war, ob er mir die Ausgabe schicken könne. So bekam ich 1939, noch knapp vor Ausbruch des Kriegs, die *Kunst des Violinspiels* nach Palästina geschickt.[1] Im zweiten Band *Künstlerische Gestaltung und Unterricht* gibt es im Anhang zwölf Notenbeispiele von verschiedenen Musikstilen. Auf der einen Seite sind jeweils die Noten, auf der Rückseite sind Takt für Takt die Probleme analysiert: phänomenal! Dorther kenne ich das a-Moll-Konzert Opus 47 von Louis Spohr „In Form einer Gesangsszene". Und das vorletzte Beispiel heißt: „Artur Schnabel, Fünf Stücke (in Form einer Suite) für Violine allein, drittes Stück". Carl Flesch war bekanntlich Schnabels Geigenpartner, mit dem er in Berlin Sonatenabende gespielt hat, und zusammen haben sie die Violinsonaten von Mozart und Brahms herausgegeben, mit den Fingersätzen und Interpretationszeichen von Schnabel in der Klavierstimme sowie Bögen und Fingersätzen in der Violinstimme von Carl Flesch. So habe ich erfahren, dass Schnabel avantgardistische Musik komponierte. Die Solosonate ist ein riesiges Stück, 45 Minuten lang und ohne Taktstriche notiert. Das war meine erste Begegnung mit Schnabels Musik: Da war ich 15, und das habe ich nie vergessen. Ich traute meinen Augen nicht! Schnabel schreibt solche Musik und spielt selbst nur klassisches Repertoire?

RS:
Das ist allerdings erstaunlich. Hat er sich nicht um die Verbreitung seiner Kompositionen gekümmert?

---

[1] Carl Flesch, *Die Kunst des Violinspiels*, Band 1: *Allgemeine und angewandte Technik*; Band 2: *Künstlerische Gestaltung und Unterricht*, Verlag Ries & Erler, Berlin 1928/29.

WL:
Er hat jedenfalls kaum Propaganda für seine Kompositionen gemacht und hat sich nicht aktiv um ihre Aufführung gekümmert. Jemand, der ihn gut kannte, hat mir einmal erzählt, dass Schnabel diesbezüglich in einem Dilemma war: Für eine ganze Generation von Musikliebhabern war er berühmt als Pianist der Wiener Klassik, das heißt als großer Interpret der Musik Mozarts, Beethovens und Schuberts. Und offenbar befürchtete er, sein Publikum mit der Tatsache zu verwirren, dass er auch ein Avantgardekomponist war, der Musik in einem sehr originellen, atonalen Idiom schrieb: Er kannte Schönberg persönlich und alle anderen Wiener Komponisten seiner Zeit, denn er war in Wien aufgewachsen. Er wollte die Leute damit nicht vor den Kopf stoßen, dass ihr Idol eine Art von Musik schrieb, der sie zurückhaltend, wenn nicht gar feindselig gegenüber standen. Und so ist es heute noch: Kaum jemand führt Werke Artur Schnabels auf. Als die Akademie der Künste in Berlin 2001 den Schnabel-Nachlass übernommen hat, wurde eine Konzertreihe veranstaltet, in der immerhin fast seine gesamte Kammermusik aufgeführt wurde. Für die Streichquartette hatte ich das Minguet-Quartett, das Vogler-Quartett, das Pellegrini-Quartett und das Petersen-Quartett empfohlen. Christian Tetzlaff sollte mit Stefan Litwin die Sonate für Violine und Klavier spielen und Tetzlaff die Solosonate.[2] Beide Werke hatten sie schon bei mir in Cincinnati gelernt. Davon gibt es übrigens eine fabelhafte Aufnahme.[3] In Amerika hat Schnabel auch drei große Symphonien komponiert, aber auch die hört man nie.[4]

RS:
Hatten Sie aber auch Kenntnis von Schnabels fünf Streichquartetten?[5]

---

[2] Stefan Litwin war 1984–85, Christian Tetzlaff 1985–86 am College-Conservatory of Music in Cincinnati. Schnabels Sonate für Violine solo wurde 1919 komponiert, die Sonate für Violine und Klavier 1935. In der Konzertreihe an der Akademie der Künste wurde die Sonate für Violine und Klavier von Marc Sabat und Stephen Clarke gespielt.

[3] Artur Schnabel: Solosonate für Violine, Sonate für Violine und Klavier, Christian Tetzlaff (Violine), Stefan Litwin (Klavier), Arte Nova, Bestell-Nummer 74321 27798 2. Die Sonate für Violine und Klavier wurde zudem von Paul Zukovsky und Ursula Oppens eingespielt: cp^2 records, CD 102, die Solosonate für Violine ebenfalls von Paul Zukovsky: cp^2 records, CD 110; Internet-Adresse: http://www.musicalobservations.com/recordings/cp2_110.html (letzter Zugriff am 14.10.2010).

[4] Schnabels Erste Symphonie wurde im Dezember 1946 von Dimitri Mitropoulos mit dem Minneapolis Symphony Orchestra uraufgeführt. Interpretatorisch setzt sich in neuerer Zeit vor allem der amerikanische Geiger und Dirigent Paul Zukovsky (*22.10.1943 in Brooklyn, NY) für Schnabels Werke ein. Die Symphonien Nr. 2 und 3 wurden von ihm uraufgeführt. Die Einspielungen sind bei cp^2 records veröffentlicht worden: Nr. 1 + 3 auf CD 109, Nr. 2 auf CD 104. „Komplex sind Schnabels Partituren, gemessen an ihrer Entstehungszeit, aufs Extremste. Die 1938 vollendete, dreiviertelstündige Erste ist das wildeste, strukturell verschlungenste Werk, dessen aggressiver Schluss seinesgleichen sucht. Die Zweite Symphonie, komponiert 1941–43 in New Mexico, offenbart mit einer Stunde Dauer am vorzüglichsten Schnabels außergewöhnliche Fähigkeit, die zentrifugalen Tendenzen der so unterschiedlichen musikalischen Gestalten zu kontrollieren und zu einem sofagt unentrinnbaren Ganzen zu bündeln. Extreme Divergenz kontrapunktischer Auftürmungen und fahle, ersterbende Vereinzelung bilden die Gegenpole in diesem eindrücklichen Drama ohne Worte, dessen Elan und Energie nie erlahmen. Die ‚fortschrittlichste' Klangsprache exponiert die 1948 geschriebene Dritte Symphonie, mit ihren komplizierten Metrumwechseln und dazu kontrastierenden polyphonen Schichtungen durchaus ein Vorbote Elliott Carters." (Quelle: Christoph Schlüren, http://www.musikmph.de/rare_music/composers/s_z/schnabel_artur/2.html?nr=2 [letzter Zugriff am 14.10.2010]). Die Zweite Symphonie wurde im Rahmen der von der Akademie der Künste veranstalteten Konzertreihe am 16. September 2001 vom Deutschen Symphonie Orchester Berlin unter der Leitung von Jürg Wyttenbach aufgeführt.

[5] Artur Schnabel: Quartett Nr. 1 (1918), Nr. 2 (1921), Nr. 3 (1922), Nr. 4 (1930), Nr. 5 (1940). Das erste Quartett wurde 1919 in Frankfurt/M. durch das Premyslav-Quartett uraufgeführt. Nach dem Zweiten Weltkrieg nahm es das Juilliard-Quartett in sein Repertoire auf. Die Uraufführung des zweiten Quartetts fand 1924 statt. Die ge-

WL:
Ja, das erste Quartett gab es schon seit 1927 bei der Universal Edition. Das zweite, dritte und vierte wurden noch in Berlin komponiert, das fünfte in Amerika, in Colorado sogar. Ich habe mir dann von der Schnabel-Gesellschaft[6] die handschriftlichen Partituren kopieren lassen, und nachdem ich sie mir angeschaut hatte, fand ich das Dritte das avancierteste Stück, und das wollte ich unbedingt lernen, zum großen Kummer meiner Kollegen: ein langes, sehr schweres Stück, mehr als 35 Minuten lang und als Publikumsstück unbrauchbar. Ich weiß auch nicht, ob es bis dahin seit der Uraufführung durch das Kolisch-Quartett 1929 in Berlin je noch gespielt wurde.

RS:
Wussten Sie damals, dass es vom Kolisch-Quartett uraufgeführt worden war?

WL:
Nein, das wurde mir erst 1980 anlässlich des Kolisch Memorial im Schönberg Center in Los Angeles bewusst. Dort gab es Vorträge, und wir haben das dritte Schönberg-Quartett gespielt.[7] Davon gibt es eine Kritik, in der es heißt: „Es war interessant zu sehen, dass das LaSalle-Quartett das dritte Schönberg-Quartett auch aus Partituren spielt", und die Partituren vom Kolisch-Quartett waren ausgestellt, genau dieselben Partituren, die wir zusammengeklebt hatten, hatten die auch zusammengeklebt: Das sieht genauso aus! Und da war das dritte Schnabel-Quartett, auch in Partitur ausgeklebt, und wir waren gerade dabei, das zu arbeiten.

RS:
Was hat Sie an Schnabels drittem Streichquartett so besonders fasziniert?

WL:
Ich finde es ein erstaunliches Stück, denn es ist so verschieden von allem, was wir kennen, auch von jedem Vorbild, das er vielleicht im Kopf hatte, und absolut originell in seiner Form und Diktion. Schon diese Charakteristiken allein weisen ihn als genialen Komponisten aus. Er schreibt zwar in einem harmonisch ausgesprochen atonalen Idiom, aber es ist klar erkennbar, dass er sich auf die Tradition der Klassik bezieht: Er führt seine Themen durch, er verwendet die Variationstechnik sowie eine sehr erweiterte Sonatensatzform. Zudem kann man drei Sätze unterscheiden, obschon das Werk an sich aus einem einzigen, durchkomponierten Satz besteht, ein Modell, das wir schon von Schönbergs erstem (1905) sowie von Zemlinskys zweitem Streichquartett (1913–14) her kennen. Alle diese Elemente verweisen auf die klassische Tradition, aber die Art, wie das Stück komponiert ist, ist abso-

---

nauen Umstände der Uraufführung des vierten Quartetts sind nicht überliefert; angeblich fand sie in New York statt. Das fünfte Quartett wurde am 23. Februar 1941 vom Galimir-Quartett in der New Yorker Town Hall uraufgeführt. (Die Angaben zu den Uraufführungen verdanken wir Dr. Werner Grünzweig, Programmbuch zur Konzertreihe anlässlich der Ausstellung „Artur Schnabel – Musiker/Musician 1882–1951" in der Akademie der Künste Berlin 2001, Wolke Verlag Hofheim.)

[6] Es handelt sich wahrscheinlich um das Artur Schnabel Memorial Committee, das 1961 auch die Drucklegung des dritten Quartetts bei Boosey & Hawkes veranlasste.

[7] Das Konzert fand am 12. April 1980 statt.

lut originell. Ich kenne kein anderes Stück, das auch nur im entferntesten so klingt wie Schnabels drittes Quartett. Manchmal erinnert es einen an Reger, Bartók, Schönberg oder Berg, aber immer nur beiläufig für einen ganz kurzen Moment. Ich finde es faszinierend, wenn es einem Komponisten gelingt, etwas völlig Eigenständiges zu komponieren: Das ist eine außerordentliche Leistung!

RS:
Finden Sie das vierte und das fünfte Quartett weniger interessant als das dritte?

WL:
Ja, sie sind harmonisch weniger komplex. Wenn ich sie lese, finde ich sie etwas primitiver, etwas bäuerlicher, könnte man sagen. Aber ich müsste sie einmal hören. Ich ändere meine Meinung manchmal sehr, wenn ich ein Stück höre, das ich nur gelesen habe. Aber eben, wer spielt diese Quartette schon?[8]

11.2 Mátyás Seiber (1905–60)

RS:
Ein Komponist, den Sie besonders schätzen, ist Mátyás Seiber.[9]

WL:
Allerdings, und ich verstehe nicht, dass seine Werke so selten aufgeführt werden. Er war ein ungarischer Erzmusiker und hat einen interessanten Werdegang: Nach seinen Kompositionsstudien in Budapest bei Zoltán Kodály war er 1927 Cellist im Tanzorchester auf einem Überseedampfer, bereiste Süd- und Nordamerika und hatte Gelegenheit, in New York Jazz zu hören. Ab 1928 unterrichtete er am Hoch'schen Konservatorium in Frankfurt, rief dort den weltweit ersten wissenschaftlichen Jazz-Studiengang ins Leben und dirigierte in Frankfurt an Theatern.[10] Seine Musik hat also eine ähnliche Komponente wie diejenige Herbert Brüns: Das sind Komponisten, denen der Jazz im Blut liegt. Es gibt bei Seiber eine ausge-

---

[8] Es gibt eine Aufnahme von Artur Schnabels fünftem Streichquartett mit dem Pellegrini-Quartett: cpo (classic production osnabrück), Bestellnummer 999 881–2. Die CD enthält zudem auch das Klaviertrio (1945), gespielt vom Ravinia-Trio, und die bemerkenswerten *Sieben Klavierstücke* (1946/47), gespielt von Benedikt Koehlen. Eine Aufnahme des ersten Streichquartetts mit dem Whitman String Quartet sowie des vierten Streichquartetts mit dem New York City Freelance String Quartet befinden sich bei cp^2 records auf CD Nr. 115–6 (zusammen mit der Sonate für Cello solo [1931] gespielt von Joel Krosnick). Die Aufnahme des LaSalle-Quartetts vom dritten Streichquartett bei der Deutschen Grammophon (1985) ist leider vergriffen.

[9] Mátyás Seiber (Budapest 4.5.1905 – Kruger-Nationalpark, Südafrika 25.9.60).

[10] In seinen Frankfurter Jahren war Mátyás Seiber zudem Cellist im Lenzewski-Quartett. 1933 verließ Seiber Deutschland, nachdem ihm aufgrund des „Gesetzes zur Wiederherstellung des Berufsbeamtentums" die Stelle am Hoch'schen Konservatorium gekündigt worden war, und ließ sich 1935 in England nieder. Dort wirkte er auf Einladung von Michael Tippett ab 1942 am Londoner Morley College als Kompositionslehrer. Seiber schrieb in den folgenden Jahren u. a. auch viel Filmmusik: Am bekanntesten ist seine Partitur zur Verfilmung von George Orwells *Animal Farm* (1955). Kurz vor dem Aufstand lernte er 1956 in Budapest György Ligeti kennen, dem er sehr geholfen hat, in Westeuropa eine Anstellung zu finden. Ligeti hat seine *Atmosphères* (1961) dem Andenken Mátyás Seibers gewidmet.

Mátyás Seiber (1905–60)

sprochen rhythmische Komponente, und er übernimmt gerne Tanzformen: In seinem zweiten Streichquartett gibt es einen Blues-Satz. Aber auch Bartók und Schönberg haben sein Komponieren beeinflusst. Insofern ist seine Musik auch außerordentlich attraktiv, und ich finde das zweite und das dritte Streichquartett wirklich sehr gut. Das erste kenne ich nicht, ich weiß nicht, ob das überhaupt erhalten ist.[11]

RS:
Sie haben die beiden Quartette von Seiber aber nicht oft gespielt, vom dritten, dem *Quartetto Lirico*, ist sogar nur eine einzige Aufführung dokumentiert.[12]

WL:
Wir haben es aber aufgenommen, ich glaube in London. Ein sehr schönes Stück! Es ist dem Amadeus-Quartett gewidmet, das es auch uraufgeführt hat. Sie mochten es aber nicht, denn es war ihnen zu modern. Es sollte auch 1954 beim IGNM-Fest in Israel gespielt werden, bei dem wir die amerikanischen Quartette spielten.[13] Als wir dort ankamen, war Mátyás Seiber ganz unglücklich, weil das israelische Quartett, das sein *Quartetto Lirico* spielen sollte, es anscheinend nur am Wochenende einmal durchgespielt hatte. Das war so schlecht, dass er gesagt hat, so könne er das nicht spielen lassen. Daraufhin hat er uns gefragt, ob wir es nicht spielen würden.

RS:
Aus dem Stegreif?

WL:
Ja. Dazu hätte er das Arditti-Quartett gebraucht, die hätten das sofort gemacht, und zwar sehr gut.

RS:
Also dort haben Sie Mátyás Seiber kennengelernt, 1954. Sind Sie ihm nachher noch weiter begegnet?

WL:
Wir haben noch mit ihm korrespondiert, gesehen haben wir ihn aber nie wieder. Er war ein wunderbarer, feiner Mann, ein ähnlicher Typ wie Lutoslawski, ernst und gebildet.

---

[11] Seibers erstes Streichquartett wurde 1924 komponiert und ist ein schon erstaunlich reifes Werk mit einem ausgeprägt individuellen Charakter, das eine vorzügliche Beherrschung des Mediums zeigt. Das zweite Streichquartett stammt aus dem Jahr 1935, das dritte wurde zwischen 1948 und 1951 komponiert.
[12] Von Seibers zweitem Streichquartett sind vom LaSalle-Quartett vier Aufführungen dokumentiert, davon zwei in Cincinnati: Ein Mitschnitt des Konzerts vom 15. Dezember 1959 befindet sich auf CD Nr. 35 in der Paul Sacher Stiftung. Vom dritten Streichquartett ist nur das Konzert vom 12. Februar 1957 in Cincinnati dokumentiert (CD Nr. 20 in der Paul Sacher Stiftung).
[13] Am IGNM-Fest in Haifa spielte das LaSalle-Quartett am 31. Mai 1954 das zweite Quartett von Roger Sessions und am 4. Juni 1954 das erste Quartett von Leon Kirchner.

Weitere Komponisten des 20. Jahrhunderts

11.3 Theodor W. Adorno (1903–69)

RS:
Kann man sagen, dass Adorno[14] an den Darmstädter Ferienkursen für Neue Musik eine zentrale Figur war?

WL:
Nein, das kann man so nicht sagen. Er gehörte zu einer älteren Generation. Er hat dort zwar wichtige Vorträge gehalten, aber er war eine Art „Gegenfigur". Es gibt ja das Streitgespräch zwischen ihm und Heinz-Klaus Metzger über das „Altern der Neuen Musik". Adorno war eine Figur, die einerseits ungeheures Prestige genoss, andererseits aber auch zu Widerspruch herausforderte, gerade dieser jungen Generation an den Darmstädter Ferienkursen. Zudem war er ihnen unheimlich als Vertreter der Leute, die nach Amerika emigriert waren.

RS:
Und die es „gut" hatten.

WL:
Ja, sie haben angenommen, dass sie es alle wunderbar gut hatten. Wenig Ahnung haben sie gehabt, was für ein schweres Schicksal die Emigration für sehr viele Leute bedeutet hat. Dass es einige gab, die auch unter diesen widrigen Umständen reüssiert haben, wie Lion Feuchtwanger und Thomas Mann in Los Angeles, war ja eher die Ausnahme. Für einen Mann wie Schönberg war die Emigration ein ganz schwieriges Schicksal. Es gibt Sachen, die man sich als jüngere Generation einfach nicht vorstellen kann. Man kann darüber lesen, und man kann versuchen es nachzuvollziehen, aber es ist nicht dasselbe wie wenn man es erlebt. Und Adorno war in England und in New York gewesen, bevor er sich in Los Angeles niederließ. Dort war er in Kontakt mit Thomas Mann wegen *Doktor Faustus*, und auch der *Doktor Faustus* war vielen ein Dorn im Auge: All diese Dinge erzeugten sogar unter hochintelligenten Leuten einen Widerspruch und einen Widerwillen. So wie Toscanini Widerspruch erzeugte: Das waren Leute, die mit ihrem moralischen Widerstand gegen Hitler Ernst gemacht hatten. Aber, denen wurde vorgeworfen: „Ihr konntet gut reden, Ihr wart draußen und könnt nicht wissen, wie schwer es war, wenn man im Lande war!" Alle diese Widersprüche bestanden auch im Verhältnis zu Adorno, überhaupt zu der älteren Generation, auch zu Hermann Scherchen. Einerseits bewunderte man sie und wusste auch von ihren großen Taten während der Weimarer Republik, andererseits war es auch schwer, die Nachkriegszeit zu bewältigen. Wie sollte man sich denn jetzt zu dieser deutschen Vergangenheit verhalten? Ein immer noch schwieriges Problem für die meisten Deutschen und für eine junge Generation schon sowieso: Vielleicht hat Deutschland erst heute wieder zu sich selbst gefunden. Zudem spielte die Abhängigkeit des Westens von Amerika, und über-

---

[14] Theodor Wiesengrund Adorno (Frankfurt/M., 11.11.1903 – Visp 6.8.1969). Seine Eltern waren Oscar Alexander Wiesengrund und Maria Barbara Calvelli-Adorno. Aus dem Doppelnamen seiner Mutter wählte er später als Hauptnamen „Adorno", während in der Emigration das „Wiesengrund" des Vaters zu „W." verkürzt wurde.

haupt das Verhältnis zu Amerika, in Darmstadt auch eine Rolle. Denn viele der Leute, die nach Darmstadt kamen, wie zum Beispiel Stefan Wolpe, vertraten die Generation der Weimarer Republik, entstammten dem Kreis um Schönberg, zuerst in Wien und dann in Berlin, und waren nach Amerika emigriert. Das war den Leuten unheimlich, denn es hatte alles mit der „Wiedergutmachung" zu tun. Schönberg selbst ist ja nicht nach Darmstadt gekommen, obschon man ihn da sehr gerne gehabt hätte: Er ist leider zu früh gestorben.

RS:
Adorno hatten Sie bei diesem denkwürdigen Anlass kennengelernt, als Sie Rudolf Kolisch für seinen Kurs über die Streichquartette der Neuen Wiener Schule ersetzen mussten.[15] Haben Sie später noch Kontakt mit ihm gehabt?

WL:
Nein, das habe ich tunlichst vermieden. Er konnte niemanden dulden, der in den Fußstapfen seines Gottes Kolisch ging. Wir haben aber in Darmstadt am Webern-Gedenkkonzert teilgenommen, in dem Rudolf Kolisch mit Eduard Steuermann Weberns Violinstücke gespielt und Carla Henius mit Adorno am Klavier Lieder gesungen hat, und wir haben Weberns Streichquartette gespielt.[16] Das war ein sehr schönes Konzert. Es waren viele berühmte Leute daran beteiligt, wir waren eher die Juniorpartner. Aber immerhin, sie haben uns zugehört: Auch Adorno hat uns gehört, und Kolisch hat sehr genau zugehört, denn er hat zu uns gesagt: „Wisst Ihr eigentlich, dass Ihr zwischen den *Bagatellen* längere Pausen macht, als die *Bagatellen* selbst lang sind?" Das war uns tatsächlich nicht bewusst, und das haben wir dann sehr schnell geändert!

RS:
Wie sind Sie darauf gekommen, die *Zwei Stücke für Streichquartett* von Adorno zu spielen?

WL:
Die habe ich entdeckt, als Heinz-Klaus Metzger und Rainer Riehn 1980 in der edition text + kritik Adornos Kompositionen herausgegeben haben.[17] Adornos Werke wurden ziemlich lange von Rolf Tiedemann[18], der den Nachlass von Adorno verwaltet hat, zurückgehalten. Adorno war nicht sonderlich daran interessiert, dass seine Kompositionen verbreitet würden, und hat selbst nichts für ihre Veröffentlichung unternommen. Erst nach einer Weile ist es Metzger gelungen, die Zustimmung von Tiedemann zu bekommen, Adornos Werke zu

---

[15] Siehe dazu Kapitel 3 „Die Geschichte des LaSalle-Quartetts".
[16] Das Webern-Gedenkkonzert fand am 11. September 1958 in Kranichstein statt. Das LaSalle-Quartett spielte Weberns Werke für Streichquartett Opus 5, Opus 9 und Opus 28.
[17] Theodor W. Adorno: *Kompositionen Band 1: Lieder für Singstimme und Klavier*, edition text + kritik, München 1980; *Kompositionen Band 2: Kammermusik, Chöre, Orchestrales*, edition text + kritik, München 1980; *Kompositionen Band 3: Kompositionen aus dem Nachlass*, edition text + kritik, München 2007; *Klavierstücke*, edition text + kritik, München 2001.
[18] Rolf Tiedemann (* Hamburg 24.9.1932) promovierte 1964 bei Theodor W. Adorno und Max Horkheimer mit der ersten Dissertation über Walter Benjamin. Seit 1959 war er wissenschaftlicher Mitarbeiter, später persönlicher Assistent Adornos am Frankfurter Institut für Sozialforschung. Ab 1970 übernahm er die Herausgeberschaft der Gesamtausgabe von Adornos Schriften und war 1985–2002 Direktor des Theodor W. Adorno Archivs in Frankfurt. Hier initiierte er u. a. die Ausgaben der *Nachgelassenen Schriften* Adornos, von denen er selbst sechs Bände herausgegeben hat.

veröffentlichen. Die *Zwei Stücke für Streichquartett* wurden übrigens 1988 auch bei der großen Adorno-Tagung in Frankfurt gespielt, ebenso seine Orchester- und Chorstücke.[19] Darüber hat Sigfried Schibli, der über Adorno promoviert hat, ein kleines Büchlein geschrieben.[20] Das war ein sehr schönes Fest, bei dem ich viel Musik von Adorno zum ersten Mal gehört habe.

RS:
Wer hat dort die *Zwei Stücke für Streichquartett* gespielt?

WL:
Das Buchberger-Quartett.[21] Es gibt von dieser ganzen Veranstaltung eine CD.[22]

RS:
Sie haben Adornos *Zwei Stücke für Streichquartett* 1986 gespielt.[23] Das war das letzte Stück, das Sie vor dem Ende Ihrer Karriere noch gelernt haben. Ich habe es mir angehört: Es ist ein gutes, typisches Stück der Schönberg-Schule.

WL:
Ja, durchaus. Alban Berg hat auch sehr schön darüber an Schönberg geschrieben, dass es zu seiner Schule und sonst nirgends hin gehöre, und hat Adorno Schönberg empfohlen.[24] Schönberg mochte Adorno aber nicht. Als Schüler von Berg in Wien wurde Adorno mit den Methoden und Praktiken des Schönberg-Kreises genauestens vertraut. Er hielt sich aber abseits und stand der neuen Orthodoxie skeptisch gegenüber. Adorno hat sich Zeit seines Lebens gegen alle a-priori-Systeme gewehrt, auch beim Komponieren. An die Gesetze der Schönberg'schen Methode hat er sich jedenfalls nie gehalten – Schönberg übrigens auch nicht –, und auf Kritik aus den eigenen Reihen hat Schönberg allergisch reagiert. Wahrscheinlich empfand er auch die Zurückhaltung Adornos der Zwölftonmethode gegenüber als Verrat.

---

[19] Das Konzert fand am 17. September 1988 in der Alten Oper Frankfurt statt aus Anlass einer Veranstaltungsreihe zum 50. Jahrestag der Pogromnacht.
[20] Sigfried Schibli ist Musikredakteur bei der *Basler Zeitung*. Das von Walter Levin erwähnte Büchlein ist das Programmbuch zum Adorno-Symposium: Sigfried Schibli, *Der Komponist Theodor W. Adorno*, Frankfurter Bund für Volksbildung, Frankfurt/M. 1988. Ein Teil der Symposiumsreferate ist in dem von Heinz-Klaus Metzger und Rainer Riehn herausgegebenen Band 63/63 der Musik-Konzepte enthalten: *Theodor W. Adorno, Der Komponist*, edition text + kritik, München 1989.
[21] Zum Buchberger-Quartett siehe auch Kapitel 11.4 „Ernst Toch".
[22] Theodor W. Adorno „Kompositionen", herausgegeben bei Wergo: WER 6173-2
[23] Die einzige Aufführung von Adornos *Zwei Stücken für Streichquartett* durch das LaSalle-Quartett fand am 28. Oktober 1986 in Cincinnati statt.
[24] Brief Alban Bergs vom 13. Dezember 1926 an Arnold Schönberg anlässlich der Uraufführung von Adornos Quartettstücken durch das Kolisch-Quartett am 11. Dezember: „Die Aufführung von Wiesengrunds rasend schwerem Quartett war ein Husarenstück des Kolischquartetts, das es in acht Tagen studiert hatte und ganz klar zur Darstellung brachte. Ich finde die Arbeit Wiesengrunds *sehr gut* und ich glaube, dass sie auch Deine Zufriedenheit finden wird, wenn Du sie einmal kennen lernen wolltest. - Jedenfalls ist es in seinem Ernst, seiner Knappheit, und vor allem der unbedingten Reinlichkeit der ganzen Faktur würdig, als zur Schule Schönbergs (und nirgends anders hin!) gehörig bezeichnet zu werden." Zitiert aus: Walter Levin, „Adornos Zwei Stücke für Streichquartett op. 2", in: Musik-Konzepte 63/64, *Theodor W. Adorno, Der Komponist*, edition text + kritik, München 1989.

RS:
Könnten Sie die *Zwei Stücke für Streichquartett* vielleicht kurz beschreiben?[25]

WL:
Beide Stücke sind mehrdeutige Mischformen, welche sich einer traditionellen Analyse entziehen und für die neue Methoden der Analyse erst aus den Strukturen heraus entwickelt werden müssen. Die beiden Stücke wurden einzeln komponiert, das eine 1925 in Wien, das andere 1926 in Frankfurt, und erst nachträglich zum Opus 2 zusammengestellt, noch dazu in chronologisch umgekehrter Reihenfolge. Formal sind beide ambivalent. Das erste Stück lässt sich als Sonatensatz auffassen oder auch als Rondo. Die Entwicklung der musikalischen Gedanken, der thematischen Substanz, erfolgt immer im Sinne von Schönbergs „permanenter Variation" durch stete Veränderung und Entwicklung aus Vorangegangenem. Wörtliche Wiederholung widerspräche dem Selbstverständnis dieser Musik als „Schicksal erleidend": ein Lieblingsbegriff Schönbergs und Bergs. Merkwürdig ist in diesem Satz die Wahlverwandtschaft des Berg-Schülers mit Schönberg: Die Musik klingt streckenweise wie das vierte Quartett Schönbergs von 1936. Das zweite Stück ist ein Thema mit zwölf Variationen. Indem er die Variationen verwandten Charakters und Tempos zu größeren Einheiten verbindet, gestaltet Adorno den Satz zu einer durchkomponierten, großen dreiteiligen Liedform. Was auffällt, ist die Ähnlichkeit dieses Satzes in der Gesamtdisposition und in vielen Details mit dem dritten Satz aus Schönbergs zweitem Streichquartett, „Litanei" überschrieben.

11.4 Ernst Toch (1887–1964) und Ernst Krenek (1900–91)

RS:
Sie haben damals Apostel unterstützt und sich für Zemlinsky eingesetzt, der vergessen war. Der am meisten vergessene Komponist des 20. Jahrhunderts war, nach eigener Aussage, Ernst Toch.[26] Haben Sie sich um ihn nicht kümmern wollen? Er hat immerhin 13 Quartette geschrieben.[27]

---

[25] Eine detaillierte Analyse Walter Levins von Adornos *Zwei Stücken für Streichquartett* befindet sich in: ebenda, S. 74–99.

[26] Ernst Toch (Wien 7.12.1887 – Santa Monica, CA 1.10.1964) eignete sich früh autodidaktisch musikalische und kompositorische Grundkenntnisse an und schrieb in erster Linie Kammermusik. Mit der Uraufführung seines sechsten Streichquartetts durch das weltbekannte Rosé-Quartett wurde die Musik des erst 17-Jährigen in Wien bekannt. Trotz des Erfolges schrieb sich Toch an der Universität Wien nicht für Musik, sondern für das Fach Medizin ein. Nachdem ihm 1909 für seine 1906 komponierte Kammersymphonie der Mozart-Preis für Komposition der Stadt Frankfurt/M. verliehen wurde, brach Toch das Medizinstudium ab und studierte 1909–13 am Hoch'schen Konservatorium in Frankfurt Klavier und Komposition. 1913 wurde er als Dozent für Komposition und Musiktheorie an die Musikhochschule Mannheim berufen, wo er bis auf eine vierjährige Unterbrechung als Soldat in der k.u.k.-Armee an der Italienfront bis 1928 unterrichtete. 1933 emigrierte Toch über Paris zuerst nach London, dann 1935 nach New York. 1936 wurde er Professor für Komposition und Musiktheorie an der University of Southern California in Santa Monica. Für die Filmproduktionsfirma Paramount schrieb Toch 16 Filmkompositionen. Ab 1950 komponierte Toch u. a. sieben Symphonien, in denen er wieder zur spätromantischen Musiksprache seiner Jugend zurückkehrt. Für seine Dritte Symphonie (1954) erhielt er 1957 den Pulitzer-Preis. Seinen Stellenwert als Komponist konnte er in Europa nicht wieder herstellen, der Erfolg blieb auf Amerika beschränkt.

[27] Ernst Tochs Streichquartette Nr. 1–5 entstanden in den Jahren 1902–03. Die weiteren Quartette entstanden 1904–05 (Nr. 6, op. 12), 1908 (Nr. 7, op. 15), 1910 (Nr. 8, op. 18), 1919 (Nr. 9, op. 26), 1921 (Nr. 10, op. 28),

WL:
Nun, Apostel ging es im Nachkriegs-Österreich wirklich zum Verhungern schlecht. Toch war in Amerika, in Hollywood, dem ging es überhaupt nicht schlecht. Er war zwar Immigrant, hatte aber als Professor für Komposition und Musiktheorie an der University of Southern California in Santa Monica und mit Filmmusikaufträgen der Filmproduktionsfirma Paramount ein Auskommen. An den Filmstudios waren sehr gute Komponisten und Musiker. Die Mitglieder des Hollywood-Quartetts zum Beispiel spielten alle in den Studioorchestern von Warner Brothers und 20th Century Fox. Hollywood zu dieser Zeit war schon ein unglaubliches „Weimar des Westens".[28]

Ich kannte einige Stücke von Ernst Toch, aber irgendwie haben sie mich nicht sonderlich gereizt. Einmal muss man einen Anstoß bekommen: Es hätte sein können, dass ich irgendwann ein Toch-Quartett gefunden hätte und dann ein begeisterter Toch-Förderer geworden wäre. Aber dem ist nicht so gewesen. So gab es auch einige Komponisten im weiteren Umkreis von Schönberg in Berlin, die aber nicht zum engen Kreis gehörten, für die ich mich wenig interessiert habe. Roberto Gerhard zum Beispiel ist eine Entdeckung, die ich erst kürzlich gemacht habe, durch die Schwester von Catherina Lendle, einer Studentin von mir, die eine Arbeit über Roberto Gerhard verfasst und ihre Schwester angeregt hat, sein erstes Quartett zu spielen. Vorher habe ich ihn auch nicht gekannt.[29] So gibt es noch einige Komponisten, die wir hätten aufführen sollen. Wir haben uns aber ganz bewusst etwas beschränkt, denn schnell lernen, so wie einige Quartette das heute können, das konnten wir nie. Wir haben langsam gelernt, und deshalb war notwendigerweise unser Repertoire etwas beschränkt und hat sich erst im Laufe der Zeit verbreitert, aber das ganze Quartettrepertoire spielen kann man sowieso nie. Wir haben zum Beispiel auch keine Streichquartette von Ernst Krenek gespielt.[30] Das ist gewiss kein schlechter Komponist, im Gegenteil. Ich habe mir einige seiner Quartette immer wieder angeschaut, aber es war nicht mein Geschmack. Hans Landesmann, damals der Generalsekretär des Wiener Konzerthauses, hat angefragt, ob das LaSalle-Quartett nicht Krenek-Quartette spielen würde, wahrscheinlich zu dessen 80. Geburtstag. Auch Krenek selbst hat uns aus Los Angeles geschrieben, ob wir nicht einmal ein Quartett von ihm spielen würden. Es ist aber nicht dazu gekommen.

1924 (Nr. 11, op. 34), alle in Europa. Die Quartette Nr. 12, op. 70 (1946) und Nr. 13, op. 74 (1953–54) entstanden in Amerika.

[28] Zum damaligen kulturellen Stellenwert von Hollywood siehe auch Kapitel 3 „Die Geschichte des LaSalle-Quartetts".

[29] Roberto Gerhard (25.9.1896–5.1.1970). Sein Streichquartett Nr. 1 wurde 1950–55 komponiert. Ein zweites Quartett entstand 1961–62.

[30] Ernst Krenek (Wien 23.8.1900 – Palm Springs, CA 22.12.1991) hat acht Streichquartette komponiert: Quartett Nr. 1, op. 6 (1921); Nr. 2, op. 8 (1921); Nr. 3, op. 20 (1923, UA 1923 durch das Amar-Quartett); Nr. 4, op. 24 (1923-24, UA 1924 durch das Amar-Quartett); Nr. 5, op. 65 (1930, UA 1930 durch das Kolisch-Quartett); Nr. 6, op. 78 (1936); Nr. 7, op. 96 (1943-44); Nr. 8, op. 233 (1980).

Ernst Toch (1887–1964) und Ernst Krenek (1900–91)

RS:
Wussten Sie übrigens, dass das Buchberger-Quartett, das auch einmal in Cincinnati bei Ihnen im Kammermusikunterricht war[31], einige Streichquartette von Ernst Toch aufgenommen hat?[32]

WL:
Sehen Sie! Sozusagen aus zweiter Hand kommt Herr Toch also doch noch zu seinen Ehren! Hubert Buchberger ist ein sehr feiner Mann und Professor für Kammermusik an der Frankfurter Musikhochschule.

---

[31] Das Buchberger-Quartett hat im Frühjahr 1986 in Cincinnati beim LaSalle-Quartett studiert.
[32] Bei cpo (classic produktion osnabrück) sind die folgenden Streichquartette von Ernst Toch erhältlich: Nr. 7 und Nr. 10, Buchberger-Quartett, Katalognummer 999 775-2; Nr. 11 und Nr. 13, Buchberger-Quartett, Katalognummer 999 687-2; Nr. 6 und Nr. 12, Verdi-Quartett (Köln), Katalognummer 999 776-2; Nr. 8 und Nr. 9, Verdi-Quartett, Katalognummer 999 686-2.

12
Amerikanische Komponisten

12.1 Elliott Carter (*1908)

ROBERT SPRUYTENBURG:
Eines der Werke im Repertoire des LaSalle-Quartetts, das Sie auffallend wenig gespielt haben, ist das zweite Streichquartett von Elliott Carter.

WALTER LEVIN:
Ja, wir haben es gespielt im Jahr, nach dem es vom Juilliard-Quartett uraufgeführt worden war[1], einmal an der Brandeis University in Gegenwart von Carter, einmal in Cincinnati und noch einmal auf Tournee in Amerika, und dann nie wieder. Es war damals nicht unser Fall. Vom Konzert in Cincinnati gibt es jedoch eine Aufnahme, die ich sehr gut finde.[2] Heute höre ich sie mir mit großem Vergnügen an und kann überhaupt nicht verstehen, warum das Stück uns damals nicht gefallen hat. Es ist sehr merkwürdig, und ich kann darüber auch keine Rechenschaft ablegen, aber im Laufe der Zeit kann sich der Geschmack sehr ändern, sowohl in die eine, als auch in die andere Richtung.

RS:
Man lernt natürlich im Verlauf der Karriere auch so viel dazu, dass einem plötzlich die Ohren geöffnet werden.

WL:
Ja, dann hört man es ganz anders. Und wenn man es außerdem vom Standpunkt des nicht Beteiligten einfach nur als ein Stück Musik hört, ohne sich daran zu erinnern, wie schwer es zu lernen war, dann hört man es nochmals ganz anders.

RS:
Hat Carters zweites Quartett auf Sie so abschreckend gewirkt, dass Sie sich auch mit seinen weiteren Quartetten nicht mehr befasst haben?[3]

WL:
Mit Carter kann man sich nicht nur beiläufig befassen, sondern man muss seine Stücke wirklich sehr hart erarbeiten. Aber das hat uns nicht mehr sonderlich zugesagt, nachdem wir das zweite Quartett sehr intensiv studiert hatten und es uns nicht gefallen hat. Und so

---

[1] Elliott Carters zweites Streichquartett wurde 1959 komponiert und am 25. März 1960 vom Juilliard-Quartett in New York uraufgeführt.
[2] Die Aufführung von Carters zweitem Streichquartett in Cincinnati durch das LaSalle-Quartett fand am 16. Mai 1961 statt. Dieses Konzert ist auf CD Nr. 42 in der Paul Sacher Stiftung dokumentiert. Die beiden weiteren Aufführungen von Carters zweitem Streichquartett durch das LaSalle-Quartett fanden am 16. Juni 1960 am Marshall College (Bedford, Connecticut) und am 13. Juli 1960 an der Brandeis University, Massachusetts, statt.
[3] Carters erstes Streichquartett stammt aus den Jahren 1950–51 und wurde am 26. Februar 1953 vom Walden-Quartett in New York uraufgeführt. Zum zweiten Quartett siehe Anmerkung 1. Das dritte Quartett wurde 1971 komponiert und am 23. Januar 1973 vom Juilliard-Quartett in New York uraufgeführt. Das 1986 komponierte vierte Quartett wurde im selben Jahr am 17. September vom Composer's Quartet in Miami uraufgeführt. Das fünfte Quartett von 1995 wurde am 19. September 1995 vom Arditti-Quartett in Antwerpen uraufgeführt.

haben wir die anderen beiseite gelassen. Es gibt jetzt übrigens eine wunderbare Partiturausgabe von allen fünf Carter-Quartetten,[4] und das junge Pacifica-Quartett hat eine Gesamtaufnahme vorgelegt[5].

12.2 Wallingford Riegger (1885–1961)

RS:
Sie haben einige Male das zweite Streichquartett von Wallingford Riegger aufgeführt, das erste Mal in Cincinnati, offenbar anlässlich seines 70. Geburtstags.[6] Haben Sie Riegger noch persönlich gekannt?[7]

WL:
Ja, Riegger habe ich 1946 beim Yaddo Musikfestival in der Nähe von Albany im Staat New York kennengelernt. Während des ersten Sommers bei Ivan Galamian war ich dort Konzertmeister, und wir haben Rieggers Orchesterwerk *Dichotomy* aufgeführt, eines seiner ersten Zwölftonstücke. Riegger war ein sehr intelligenter, angenehmer und gebildeter Mann. In Yaddo gab es damals überhaupt lauter interessante Leute: Nebst Riegger war auch Dika Newlin als Komponistin da, die Schülerin von Schönberg.[8] Sie hatte gerade ihre

---

[4] Associated Music Publishers, Inc. – Hendon Music – Boosey & Hawkes 1998, HPS1341 ISMN M-051-21341-2.
[5] Das Pacifica-Quartett wurde 1994 gegründet und gewann 1998 den renommierten Naumburg Chamber Music Award. Es ist Quartet in Residence an der University of Illinois in Urbana-Champaign, zudem sind die vier Musiker Resident Performing Artists an der University of Chicago. Ihre Aufnahmen der fünf Quartette von Elliott Carter wurden bei Naxos Records publiziert: Quartette Nr. 1 und Nr. 5, Katalognummer 8.559.362; Quartette Nr. 2–4, Katalognummer 8.559.363. Außerdem hat das Arditti-Quartett 1988 die Quartette Nr. 1–4 aufgenommen: Etcetera Records, Katalognummer KTC 1065/1066, Neuauflage als Doppelalbum, Katalognummer KTC 2507. Eine Aufnahme des Composer's Quartet aus dem Jahre 1970 der Quartette Nr. 1 und Nr. 2 ist bei Nonesuch Records erhältlich, Katalognummer 71249.
[6] Wallingford Rieggers zweites Streichquartett Opus 43 wurde 1948 komponiert. Sein erstes Streichquartett Opus 30 entstand 1938–39. Die Aufführung in Cincinnati von Rieggers zweitem Streichquartett durch das LaSalle-Quartett fand am 8. Mai 1955 statt. Eine zweite Aufführung am 21. Mai 1968 ist auf CD Nr. 85 in der Paul Sacher Stiftung dokumentiert.
[7] Wallingford Riegger (Albany, GA 29.4.1885 – New York 2.4.1961) gehörte 1907 zum ersten Jahrgang, der am 1905 gegründeten Institute of Musical Art (der späteren Juilliard School of Music) das Musikstudium abschloss. In den Jahren folgenden Jahren vertiefte er seine Cello- und Kompositionsstudien an der Hochschule für Musik in Berlin. 1911–14 war Riegger erster Cellist im St. Paul Symphony Orchestra in Minnesota. 1914 kehrte er nach Deutschland zurück und war zweiter Dirigent und Korrepetitor am Stadttheater Würzburg, im Jahr darauf in Königsberg. In der Saison 1916–17 dirigierte er das Symphonische Blüthner Orchester Berlin. Zurück in Amerika konnte er sich als Dirigent nicht etablieren und war gezwungen, mit Lehraufträgen seinen Lebensunterhalt zu sichern. In dieser Zeit fing Riegger ernsthaft an, zu komponieren. Zu den wichtigsten Förderern seiner Werke gehörten die Dirigenten Leopold Stokowski, Erich Kleiber und Hermann Scherchen.
[8] Dika Newlin (Portland, OR 22.11.1923 – Richmond, VA 22.7.2006) war Komponistin und Musikwissenschaftlerin. Schon mit 16 Jahren bekam sie Kompositionsunterricht bei Arnold Schönberg in Los Angeles. Ihr Tagebuch dieser Zeit hat sie veröffentlicht: *Schoenberg Remembered: Diaries and Recollections (1938–76)*, New York 1980. Mit sieben Jahren begann sie zu komponieren, und ihr mit elf Jahren komponiertes symphonisches Stück *Cradle Song* wurde drei Jahre später vom Cincinnati Symphony Orchestra unter Vladimir Bakaleinikoff aufgeführt. Zu ihren Klavierlehrern gehörten Artur Schnabel und Rudolf Serkin. Ihr Werkverzeichnis umfasst drei Opern, eine Symphonie für Chor und Orchester, ein Klavierkonzert sowie Kammermusik. Dika Newlin hat Arnold Schönbergs wichtigste Schriften auf Englisch übersetzt und herausgegeben.

Doktorarbeit über Bruckner, Mahler, und Schönberg geschrieben, in der sie die Verwandtschaft der drei Komponisten als Erben der romantischen Tradition darlegt.[9] Eine unglaubliche Studie, die ich damals gleich gelesen habe. Was sie da alles an Informationen zusammengetragen hat: kolossal! Das war jemand, der sich wirklich auskannte. Aber meine Liebe zu Bruckner ist damit nicht gewachsen.

RS:
War Riegger also ein Zwölftonkomponist?

WL:
Ja, durchaus, er hat als einer der ersten amerikanischen Komponisten atonale und Zwölftonmusik geschrieben und gehörte zur amerikanischen Avantgarde. Er war auch einer der ganz wenigen amerikanischen Komponisten, die damals in Europa in den Kreisen der Neuen Musik ernst genommen wurden. Die starke Wirkung seiner Musik beruht oft auf einer ungestümen, sogar aggressiven Rhythmik. Sein zweites Streichquartett haben wir 1968 auf der Südamerikatournee mehrmals aufgeführt sowie auch das Streichquartett von Earle Brown, denn es war verlangt worden, dass wir amerikanische Streichquartette aufführten.

RS:
War Riegger zugegen, als Sie sein zweites Quartett 1955 in Cincinnati gespielt haben?

WL:
Nein. Wir sind ihm leider nie wieder begegnet.

EVI LEVIN:
Ich habe bei ihm in New York auf Veranlassung von Herbert Brün ein paar Stunden in Musiktheorie genommen.

WL:
Wallingford Riegger war ein guter Komponist, der sich auch für die Neue Wiener Schule interessierte. Auch Roger Sessions war eine außerordentliche Persönlichkeit. Beim IGNM-Fest 1954 in Israel haben wir sein zweites Streichquartett aufgeführt.[10]

RS:
Sessions muss ein kolossaler „Kopf" gewesen sein. Zum Beispiel hat er Französisch, Deutsch, Italienisch und Russisch gelernt und mit Serge Koussewitzky auf Russisch korrespondiert: unglaublich!

---

[9] Dika Newlin, *Bruckner, Mahler, Schoenberg* (Dissertation, Columbia University, 1945; New York 1947, 2. Auflage Norton, New York 1978, deutsche Übersetzung 1954).
[10] Roger Sessions' zweites Streichquartett wurde 1950–51 komponiert und am 28. Mai 1951 in Madison, Wisconsin vom Pro Arte Quartett mit Rudolf Kolisch als erstem Geiger uraufgeführt.

12.3 John Cage (1912–92)

RS:
Wann haben Sie John Cage persönlich kennengelernt?

WL:
Ich weiß nicht mehr, ob wir John Cage in Darmstadt kennengelernt haben[11] oder schon vorher in Kalifornien über unseren Studienkollegen Robert Craft.

RS:
In der Paul Sacher Stiftung gibt es den wunderbar unstrukturierten, sozusagen aleatorischen Vortrag von John Cage, den er im Februar 1967 in Cincinnati gehalten hat.[12] Wie haben Sie Cage damals nach Cincinnati gelotst?

WL:
Cage hat bekanntlich nicht nur komponiert, sondern auch gemalt. Und einmal hat Alice Weston in Cincinnati eine Ausstellung im Contemporary Arts Center veranstaltet, wo unter anderem auch Glasmalereien von John Cage ausgestellt waren. Zu diesem Anlass hat er einen Vortrag gehalten, zu dem auch wir eingeladen waren. Im Anschluss haben wir ihm gesagt: „Wir sind gerade dabei, Dein Streichquartett einzustudieren und möchten gerne mit Dir daran arbeiten.[13] Wie wäre es, wenn wir Dich als Gast an der Fakultät des College-Conservatory of Music nach Cincinnati einladen würden?" Er war sofort einverstanden, und wir haben über Alice Weston das erforderliche Geld organisiert. So war Cage ein ganzes Jahr in Cincinnati als Composer in Residence und hat am College-Conservatory Komposition unterrichtet und Vorträge gehalten.

RS:
Waren das immer solch unstrukturierte Vorträge?

WL:
Ja, völlig. So war Cage.

EL:
Ich habe ihn auch einmal gehört beim Women's Club. Als er mit seinem Vortrag anfangen wollte, ging eine der Damen auf die Bühne, um das Fenster zu schließen. Da sagte er: „No! Don't close the window! The noises outside are part of my lecture!"

---

[11] John Cage hat 1958 zum ersten Mal an den Darmstädter Ferienkursen für Neue Musik teilgenommen und dabei die seriell komponierenden Komponisten zutiefst verstört mit seinem aleatorischen, strikten Gesetzen abholden Kompositionsansatz.
[12] Dieser Vortrag von John Cage ist auf CD Nr. 72 in der Paul Sacher Stiftung dokumentiert. Siehe dazu auch die CD-Beilage.
[13] Das LaSalle-Quartett hat Cages *String Quartet in Four Parts* zum ersten Mal am 14. Februar 1967 in Cincinnati gespielt (CD Nr. 73 in der Paul Sacher Stiftung) und dann zwischen 1970 und 1973 einige Male. Die Aufführung vom 24. November 1970 in Cincinnati ist auf CD Nr. 105 in der Paul Sacher Stiftung dokumentiert.

WL:
Er war ungeheuer verschmitzt und hatte einen solchen Sinn für Humor! Und er hat immer so herzlich über sich selbst lachen können.

RS:
Sein Lachen im Vortrag in Cincinnati ist unnachahmlich! Er erzählt die Anekdote, wie er auf dem Parkplatz eines Supermarkts eine Quittung in den Papierkorb werfen will, dass der Wind sie aber fortweht und er sich keinerlei Mühe gibt, sie wieder einzufangen und dadurch eben auch zu dieser Gesellschaft gehört, die den Unrat einfach liegen lässt. Und darauf bricht er in eine unglaublich ansteckende Heiterkeit aus.

WL:
Ja! Das ist typisch Cage. Er hatte eine Art zu sprechen und eine Art, sich über sich selbst lustig zu machen, die ihn sofort sympathisch machten. Sein Lachen war in der Tat sehr ansteckend. Er hatte eine kolossale Ausstrahlung und besaß die Gabe, komplexe Sachverhalte so darzustellen, dass auch der nicht Professionelle sie verstehen konnte. Er war ein wunderbar sympathischer Mensch.

RS:
Hatten Sie häufig Kontakt mit Cage während des Jahres, als er in Cincinnati war?

WL:
Sicher! Das war wunderbar, dieses Jahr. Er war oft bei uns zu Hause, auch seine Freunde. Das waren schon Höhepunkte. Und wir haben natürlich sein *Quartet in Four Parts* mit ihm geprobt.

RS:
Wie war es, mit Cage zusammenzuarbeiten?

WL:
Er konnte sehr genau hören und war sehr kritisch. Wenn er mit etwas nicht einverstanden war, hat er das in sehr netter Weise gesagt, aber nicht durchgelassen. Cage wurde jedoch nie unangenehm, denn er war ein freundlicher Mensch. Das war bei György Ligeti ganz anders: Der konnte oft sehr unangenehm werden. Cage hingegen hat auch über sich selbst gelacht, wenn er eine Kritik hatte, und ihr damit jede Schärfe genommen.

RS:
Cages *String Quartet in Four Parts* wurde 1949–50 komponiert, das heißt vor seiner „chance music". Ging es ihm im Quartett vor allem um Klangfarben?

WL:
Der Höreindruck ist altmodisch, es klingt wie mittelalterliche Musik. Harmonisch ist es aber doch neu[14].

---

[14] Die Aufnahme des LaSalle-Quartetts von Cages *String Quartet in Four Parts* bei der Deutschen Grammophon (Dezember 1972) wurde bei Brilliant Classics neu aufgelegt: Bestellnummer 9187.

RS:
Es tönt aber tatsächlich sehr archaisch. Im *New Grove Dictionary of Music and Musicians* heißt es: „The string quartet translates the sonic imaginary of the prepared piano to the medium of string quartet."

WL:
Das stimmt aber nur bedingt – es ist auf eine Art ein „prepared string quartet", obschon das „präparierte Streichquartett" im eigentlichen Sinn erst später von Helmut Lachenmann eingeführt wurde. Bei Cage sind jedem Spieler bestimmte Noten zugewiesen, die immer auf einer jeweils vorgeschriebenen Saite zu spielen sind, und zwar meist unbequem in hohen Lagen. Dadurch entsteht eine Klangqualität, die vom üblichen Streicherklang völlig abweicht. Die jedem Spieler zugewiesenen Noten werden immer wieder neu kombiniert, sodass daraus jedesmal ein anderer Klang entsteht. Cages Absicht besteht darin, dass die von den einzelnen Spielern gleichzeitig erzeugten Töne zu einem einzigen, neuen Klang verschmelzen. Das setzt einerseits ein vibratoloses Spiel voraus: daher der Höreindruck „mittelalterlicher Musik". Bedingung ist aber andererseits auch, dass sich die Spieler über die Länge jeder Note ganz genau einig sind. Es zwingt die Spieler also zu einer ungeheuren Ensemble-Disziplin.

RS:
Ich schließe daraus, dass das Stück konventionell notiert ist.

WL:
Ja, ganz konventionell.

RS:
Im Vortrag in Cincinnati zitiert Cage auch einen Komponistenkollegen, der nach der Uraufführung gesagt hätte: „Das einzig Interessante an dem Stück ist, wie es klingt." Worauf er wieder in sein unnachahmliches Lachen ausbricht.

WL:
Genau, das ist so typisch für ihn!

RS:
Im besagten Vortrag erwähnt Cage auch, dass einzelne Mitglieder des LaSalle-Quartetts sich nicht darauf gefreut hätten, das Stück zu spielen, was ihn auch wieder zu großer Heiterkeit anregt.

WL:
Meine Kollegen haben sehr oft zuerst so reagiert. Sie waren manchmal reaktionär und reagierten abweisend auf alles, was sie nicht kannten, genau wie auch die Musikhörer. Meine Kollegen waren nicht davon angezogen, genau das lernen zu wollen, was man nicht kennt. Sie wollten lieber das spielen, was sie schon kannten. Als Henry Meyer neu im Quartett war und wir gerade Bartóks drittes Quartett studierten, fand er das scheußlich. Erst als wir der Reihe nach auch die anderen Bartók-Quartette erarbeiteten, wurde ihm der Stil allmählich vertraut, und dann war es kein Problem mehr. Aber es war immer wieder dieselbe Reaktion. Auch Webern war ihnen zuerst eher fremd. Ich musste sie dazu überreden oder

ihnen erklären, warum es gut und wichtig ist, solche Stücke zu spielen. Man kann durchaus auch mal etwas spielen, was man nicht mag. Das mussten sie erst lernen. Sie dachten, Quartett spielen heißt, nur das zu spielen, was man mag.

RS:
Letztlich haben Sie Cage keinen Auftrag erteilt, ein Quartett für Sie zu schreiben. Wäre es ein aleatorisches Stück geworden?

WL:
Ich glaube, dass die Richtung, in die Cage ging, doch nicht unserer Ausrichtung entsprach. Mit *Aleatorio* von Franco Evangelisti und dem Quartett von Earle Brown haben wir durchaus aleatorische Stücke gespielt, bei denen man sich auch als Interpret am Kompositionsprozess beteiligen muss. Das ging aber doch über das hinaus, was uns als unsere Stärke erschien. Wir waren alle keine Komponisten, und ich habe gelernt, nicht etwas machen zu wollen, wofür man nicht das notwendige Talent hat. Das wäre Dilettantismus, und das liegt mir nicht.

12.4 Leon Kirchner (1919–2009)

RS:
Leon Kirchner muss eine ziemlich beeindruckende Persönlichkeit gewesen sein.

WL:
Das ist er immer noch. Wir haben gerade von James Levine ein Foto vom letztjährigen Sommerfestival in Tanglewood bekommen (2006).[15] Jimmy hatte Kirchner für das Boston Symphony Orchestra einen Kompositionsauftrag gegeben. Der ist mit 87 Jahren noch ganz vital! Er war unter den Komponisten, die anwesend waren, der jüngste, denn Elliott Carter und Milton Babbitt waren auch da.[16] Sie haben gemeinsam unter Jimmys Leitung Strawinskys *Geschichte vom Soldaten* in den Sprechrollen aufgeführt. Das muss sensationell gewesen sein! Ich hoffe, es wird eine Aufnahme davon geben.

RS:
Leon Kirchners erstes Streichquartett war eines der amerikanischen Quartette, die Sie 1954 am IGNM-Fest in Haifa aufgeführt haben.

---

[15] Dieses Gespräch mit Walter Levin fand am 18. Mai 2007 statt. Leon Kirchner (24.1.1919, Brooklyn, NY – Manhattan 17.9.2009), der amerikanische Komponist, Pianist und Dirigent, ist inzwischen gestorben. Ernst Toch war von seiner musikalischen Begabung beeindruckt und empfahl ihn 1938 Arnold Schönberg, der für Kirchner zum prägenden Lehrer und Mentor wurde. Später studierte Kirchner an der University of California in Berkeley bei Ernst Bloch, dann bei Roger Sessions. Kirchner hat sich in seinen Kompositionen nicht durch die Gesetze der Zwölftonmusik einengen lassen. Von 1961 bis 1989 war Kirchner Professor an der Harvard University.

[16] Elliott Carter ist Jahrgang 1908, Milton Babbitt Jahrgang 1916.

WL:
Ja, um dieses sowie Roger Sessions zweites Streichquartett aufzuführen, waren wir als amerikanisches Quartett über Peter Gradenwitz nach Israel eingeladen worden.[17] Solche Stücke konnte in Israel sonst niemand spielen. Auf der Rückreise haben wir Kirchners erstes Quartett in Paris im Französischen Rundfunk aufgenommen. Es ist ein gutes Stück. Joseph Szigeti hat es anlässlich der Uraufführung als das siebte Bartók-Quartett bezeichnet. So würde ich es jedoch wirklich überhaupt nicht bezeichnen. Inzwischen gibt es übrigens vier Streichquartette von Kirchner.[18] Ich habe gerade eine Kritik in der *New York Times* gelesen über deren Gesamtaufführung durch ein mir unbekanntes Quartett.[19] Das hat mich angeregt, mir sein erstes Quartett wieder einmal anhören zu wollen: Ich habe es sehr lange nicht mehr gehört.[20]

RS:
Haben Sie Kirchner auch persönlich kennengelernt?

WL:
Ja, aber erst viel später, als er auf Einladung des Chicago Symphony Orchestra als Composer in Residence auch am Ravinia-Festival war.

12.5 Gunther Schuller (*1925)

RS:
Ein Musiker und Komponist, der mich sehr beeindruckt, ist Gunther Schuller.[21] Sie haben damals sein erstes Streichquartett einige Male aufgeführt. Wo haben Sie Gunther Schuller kennengelernt?

---

[17] Siehe dazu auch Kapitel 3 „Die Geschichte des LaSalle-Quartetts".
[18] Leon Kirchners erstes Streichquartett wurde 1949 komponiert und 1950 in New York vom Juilliard-Quartett uraufgeführt. Das zweite Quartett wurde 1958, das dritte 1966 komponiert. Das vierte Quartett wurde 2006 geschrieben und im August desselben Jahres in San Diego vom Orion-Quartett uraufgeführt. Eine Gesamteinspielung aller vier Quartette durch das Orion-Quartett ist bei Albany Records erhältlich: Katalognummer TROY1030. Die drei ersten Quartette sind zudem in einer Aufnahme des Boston Composers String Quartet (1994) ebenfalls bei Albany Records erhältlich: Katalognummer TROY137.
[19] *New York Times* vom 9. März 2007. Es handelt sich um eine Gesamtaufführung durch das Orion-Quartett, Quartet in Residence in der Chamber Music Society of Lincoln Center und in der Indiana University Jacobs School of Music.
[20] Das LaSalle-Quartett hat Leon Kirchners erstes Streichquartett in drei Phasen gespielt: im Frühjahr 1954, im Herbst 1956 (am 23. Oktober 1956 in Kranichstein) und zuletzt im Mai 1965. Beim Konzert in Kranichstein handelt es sich um das erste Konzert des LaSalle-Quartetts in Deutschland, das auf Einladung von Wolfgang Steinecke, dem Leiter der Darmstädter Ferienkurse für Neue Musik, stattfand: siehe dazu auch Kapitel 3 „Die Geschichte des LaSalle-Quartetts". Von der Aufführung in Cincinnati am 9. März 1954 ist in der Paul Sacher Stiftung keine Aufnahme vorhanden. Die Aufführung vom 4. Mai 1965 hingegen ist auf CD Nr. 61 dokumentiert.
[21] Gunther Schuller (* New York 22.11.1925), amerikanischer Komponist und Dirigent, war schon am Ende der Mittelschule ein Hornist von professionellem Format. Mit 16 Jahren spielte er im NBC-Orchester unter Arturo Toscanini in der amerikanischen Erstaufführung von Schostakowitschs Siebter Symphonie mit (das Konzert fand am 19. Juli 1942 statt). Sein Buch *Horn Technique* ist bis heute ein Standardwerk geblieben (1962, 2. Auf-

Gunther Schuller (*1925)

WL:
Auch in Darmstadt.

RS:
Das ist aber überraschend!

WL:
Ja! Ich war mit Otto Tomek, dem Leiter der Abteilung für neue Musik am WDR, wegen Hans Erich Apostel im Gespräch, den das LaSalle-Quartett mit einem Auftrag für ein Streichquartett finanziell unterstützen wollte.[22] Da drehte sich jemand am Tisch hinter uns um und sagte: „Ich höre gerade, dass Sie beabsichtigen, ein Quartett zu bestellen. Ich komponiere auch: Wollen Sie nicht bei mir auch ein Quartett bestellen?" Das war Gunther Schuller, der gerade sein erstes Quartett geschrieben hatte, das bei der Universal Edition erschienen ist.[23] Er war in Darmstadt, um eines seiner Werke zu dirigieren: So lernten wir ihn kennen. Wir haben dann sein erstes Streichquartett einstudiert und ihn eingeladen, als wir es in Cincinnati aufgeführt haben, und er war begeistert vom Konzert.[24] Es war bei diesem Anlass, dass er sich bei uns zu Hause Aufnahmen des LaSalle-Quartetts angehört und einen Vertrag bei Columbia Records in New York empfohlen hat.[25] Gunther Schuller hat übrigens eine Zeit lang in Cincinnati am College of Music studiert, als es noch das katholische College war, dort wo wir auch unterrichtet haben, als wir nach Cincinnati kamen. Mit 17 Jahren wurde er erster Hornist im Cincinnati Symphony Orchestra, bevor er vom Orchester der Metropolitan Opera in New York engagiert wurde.

RS:
Nachdem Gunther Schuller in Darmstadt gefragt hatte, ob Sie bei ihm nicht auch ein Streichquartett bestellen wollten, sind Sie seiner Aufforderung offenbar nicht nachgekommen.

---

lage 1992, Oxford University Press). Ab 1943 war Schuller erster Hornist im Cincinnati Symphony Orchestra, mit dem er 1945 unter der Leitung von Eugene Goossens sein erstes Hornkonzert uraufführte. 1945–59 war Schuller Hornist im Orchester der Metropolitan Opera in New York. Gunther Schuller war mit Rudolf Kolisch und Eduard Steuermann befreundet, und Schönbergs Lehre, Leben und Werk übten auf ihn einen prägenden Einfluss aus. Nachdem er in Cincinnati Duke Ellington gehört hatte, wurde der Jazz zu einer wichtigen Quelle für sein kompositorisches Schaffen. Schuller schrieb die wohl erste analytisch anspruchsvolle Studie über den Jazz (*Early Jazz: Its Roots and Development*, London and New York 1968), später gefolgt von *The Swing Era: the Development of Jazz 1930–1945* (New York and Oxford 1989), die als Standardwerke der Jazz-Forschung gelten. Seine Erfahrungen und Beobachtungen als obsessiver und enzyklopädischer Schallplattenhörer hat Schuller in *The Compleat Conductor* festgehalten, eine Übersicht über Geschichte, Philosophie und Kunst des Dirigierens mit Analysen von Aufnahmen von acht Werken des Standardrepertoires und schonungslosen Kommentaren über berühmte Dirigenten (Oxford University Press 1997).

[22] Siehe dazu Kapitel 10.20 „Hans Erich Apostel".
[23] Gunther Schullers erstes Streichquartett wurde 1957 komponiert.
[24] Das LaSalle-Quartett hat Gunther Schullers erstes Streichquartett in Cincinnati am 2. Februar 1960 und am 4. Mai 1965 aufgeführt. Diese Konzerte sind auf den CDs Nr. 36 und Nr. 61 in der Paul Sacher Stiftung dokumentiert.
[25] Siehe dazu Kapitel 6 „Schallplattenfirmen".

WL:
Nein: Ich wollte zuerst einmal das Quartett kennenlernen, das er gerade geschrieben hatte. Es ist ein sehr schönes Stück, nicht leicht, aber gut. Hat er nicht inzwischen noch weitere Streichquartette geschrieben?

RS:
Ja, heute gibt es vier Streichquartette,[26] und 1988 hat er zudem noch ein Konzert für Streichquartett und Orchester komponiert.

WL:
Das ist aber interessant! Diese Stücke kenne ich alle nicht. Wir haben Schuller etwas aus den Augen verloren, als er nach Boston ging und Direktor des New England Conservatory of Music wurde.[27] Jimmy Levine mag ihn sehr und führt gerne seine Werke auf.

RS:
Es ist eigentlich schade, dass Sie den Kontakt zu Gunther Schuller verloren haben, denn wenn man sein *Compleat Conductor* liest mit den Analysen der Werke, die er als Beispiele nimmt …

WL:
… das entspricht sehr unserer Linie, absolut. Und wenn ich mir die Platte anhöre, die Sie uns kürzlich mitgebracht haben: Die ist wirklich unglaublich![28] Das zeigt wieder einmal, dass es keine guten Orchester an sich gibt, es gibt nur gute Dirigenten, die wissen, wie man mit dem Orchester arbeitet. Denn das Orchester auf dieser Platte ist sogar nur ein „hand-picked" Orchester![29]

RS:
Zudem durfte Gunther Schuller aus gewerkschaftlichen Gründen gar nicht proben!

WL:
Aber wenn man dirigieren kann und die Orchestermusiker spielen können, dann geht das ohne Weiteres! Ein gutes, aber eingebildetes Orchester ist sogar hinderlich. Es gibt nur individuelle, potenziell gute Spieler, die aber erst dann gut spielen, wenn sie von einem Dirigenten geleitet werden, der dieses Niveau fordert: Dann kann man fabelhafte Sachen machen. Das NBC-Orchester zum Beispiel bestand aus lauter Virtuosen, aber als Orchester war es unmöglich. Glänzend war es nur, wenn es gut dirigiert wurde, wie von Toscanini.

---

[26] Gunther Schullers zweites Streichquartett wurde 1966 komponiert, das dritte Streichquartett 1986 (Uraufführung durch das Emerson-Quartett) und das vierte Streichquartett 2002 (Uraufführung im September 2002 durch das Juilliard-Quartett).

[27] Gunther Schuller war 1967–77 Direktor des New England Conservatory of Music. Vorher hatte er an der Manhattan School of Music Horn (1950–63) und an der Yale University Komposition unterrichtet (1964–67). 1963–84 wirkte er außerdem als künstlerischer Direktor beim Tanglewood Berkshire Music Center.

[28] Beethoven Symphonie Nr. 5, Brahms Symphonie Nr. 1. Dirigent: Gunther Schuller. GM Recordings Inc., 167 Dudley Road, Newton Centre, MA 02159, USA; Bestellnummer GM2051CD.

[29] Der Konzertmeister ist David Nadien: zu ihm siehe Kapitel 1 „Walter Levins Jugend- und Ausbildungsjahre", Unterkapitel „New York".

Wir schlagen Gunther Schuller als Dirigenten für das Symphonie-Orchester Basel vor: Wäre das nicht eine schöne Idee?

RS:
Er ist ein Jahr jünger als Sie.

WL:
Also noch ein junger Mann! Für Dirigenten ist das sowieso ein jugendliches Alter. Pierre Monteux hat im Alter von 86 Jahren mit dem London Symphony Orchestra einen Vertrag für die nächsten 25 Jahre abgeschlossen, mit einer Klausel für eine Verlängerung.

13 Fragen zur musikalischen Interpretation

13.1 Beständigkeit des Interpretationskonzepts und Änderungen

ROBERT SPRUYTENBURG:
Wenn man wie ich seit Jahren als Hörer an Ihren Kammermusikkursen teilnimmt, ist man immer wieder erstaunt, wie Sie auch heute noch jedes Werk, das Sie mit den jungen Ensembles einstudieren, wie neu betrachten, und dass Ihre bisherige musikalische Interpretation offenbar nicht das letzte Wort war.

WALTER LEVIN:
Das ist richtig, es ist immer „work in progress". Das letzte Wort gibt es meiner Ansicht nach nicht: bei der Interpretation nicht, beim Spielen nicht, beim Üben nicht – bei uns gab es kein letztes Wort. Und auch das ist anders als bei vielen Quartetten.

RS:
Ja. Das habe ich bei Ihnen von Anfang an bemerkt, und das ist, was ich sehr bewundere: dass Sie nie stehen bleiben.

WL:
Nein, ich würde es langweilig finden. Auch rein theoretisch finde ich es unmöglich: Es kann gar keine endgültige Interpretation geben. Es gibt nur einen Weg, den man geht, und den man immer wieder hinterfragen muss: Stimmen die Entscheidungen noch, die ich ständig treffe? Wenn nicht, dann muss man sie ändern.

RS:
Und manchmal gibt es wieder ein Zurück zu einem früheren Wort.

WL:
Das kann durchaus passieren.

RS:
Dafür gab es einmal ein schönes Beispiel, und zwar als Sie mit dem jungen Ullmann-Quartett Beethovens Opus 127 gearbeitet haben. Da es zu den letzten Quartetten keine Metronombezeichnungen gibt, stellt sich die Frage, wie schnell das einleitende Maestoso sein soll. Sie haben das Ullmann-Quartett angeregt, es relativ rasch zu spielen, und ich habe mir erlaubt, auf meine Uhr zu schauen: Das Maestoso dauerte 14 Sekunden, genau wie auf Ihrer Live-Aufnahme von 1974 aus Cincinnati.[1] Ich war ganz überrascht, denn in der Aufnahme bei der Deutschen Grammophon vom Juni 1976 sind es etwa 20 Sekunden: Das ist fast die Hälfte mehr.

---

[1] Es handelt sich um die Aufnahme vom 15. Oktober 1974, die in der Paul Sacher Stiftung auf CD Nr. 130 dokumentiert ist.

WL:
Das ist erstaunlich, allerdings!

RS:
Und erstaunlich ist eben, dass Sie heute wieder auf jenes frühere Tempo zurückgekommen sind.

WL:
Es ist manchmal auch etwas Anderes, ob man selbst spielt oder ob man nur zuhört.

RS:
Wenn man sich aber die Live-Aufnahmen des LaSalle-Quartetts aus Cincinnati und von diversen Rundfunkanstalten anhört, fällt einem bald auf, dass die Interpretation eines Werkes trotz „work in progress" letztlich über die Jahrzehnte unglaublich konstant geblieben ist. Aber ich erinnere mich, dass Sie in einem Kammermusikkurs einmal gesagt haben: „Wenn man sich gewisse Stücke wieder vornimmt, greift man sich manchmal an den Kopf: So kann man das Stück doch nicht spielen!" Daraufhin bin ich auf die Suche gegangen nach Beispielen, welche Stücke Sie im Verlaufe der Zeit anders gespielt haben. Es war sehr frustrierend, weil ich kaum fündig geworden bin, mit ganz wenigen Ausnahmen. Eine davon ist der dritte Satz vom Debussy-Quartett, das Andantino. Dazu haben Sie in einer Diskothek im Zwei[2] mit Roman Brotbeck einmal gesagt, dass Sie sehr unglücklich mit Ihrer Aufnahme bei der Deutschen Grammophon wären, denn Sie würden den Satz heute nicht mehr so langsam spielen.

WL:
Nein, das stimmt.

RS:
Nur kann man das mit Live-Aufnahmen aus Cincinnati nicht belegen, weil Sie das Quartett von Debussy nach dem Frühjahr 1972 nicht mehr gespielt haben.[3] Debussy schreibt Achtel = 80 vor, das LaSalle-Quartett spielt Achtel = 60, und in einem Kurs haben Sie dem jungen Amar-Quartett einmal vorgeschlagen, Achtel = 72 zu spielen.[4]

WL:
Haben sie das dann auch gemacht?

---

[2] Eine Sendung des Deutschschweizer Radios mit Schallplattenvergleichen. Die betreffende Sendung zum Quartett von Debussy wurde am 26. November 1991 ausgestrahlt.

[3] Die Aufnahme des Quartetts von Debussy bei der Deutschen Grammophon fand im Juni 1971 statt. In der Paul Sacher Stiftung sind drei Live-Aufnahmen aus Cincinnati vorhanden: Die Späteste ist vom 13. Oktober 1970 (CD Nr. 104), d. h. vor der Aufnahme bei der Deutschen Grammophon; die beiden anderen sind vom 7. Februar 1956 (CD Nr. 14) sowie vom 5. April 1960 (CD Nr. 37). Das LaSalle-Quartett spielt in allen genannten Aufnahmen Achtel = 60. Es sei noch angemerkt, dass das Andantino in der Aufnahme vom Juni 1971 bei der Deutschen Grammophon und die 14 Jahre ältere vom 7. Februar 1956 beide Male genau 7'05'' dauert. Zur Fähigkeit des LaSalle-Quartetts, ein gewähltes Tempo über Jahre reproduzieren zu können, siehe die Fortsetzung des Gesprächs weiter unten.

[4] Dieser Kammermusikkurs fand am 26. April 1993 an der Musikhochschule Basel statt. Es handelt sich um das 1987 von Anna Brunner gegründete Streichquartett, das seit 1995 den Namen Amar-Quartett trägt.

RS:
Ich kann es nicht bezeugen, denn ich habe keine Aufnahme vom Abschlusskonzert in der Musikhochschule. Auf der CD, die sie später veröffentlicht haben, spielt das Amar-Quartett jedoch Achtel = 63.[5]

WL:
Wenn Debussy Achtel = 80 vorschreibt, würde ich es heute auf jeden Fall probieren, auch wenn es gegen alles verstößt, was man gewohnt ist. Man kann auch mal etwas anders machen als das Gewohnte! Dass wir es nicht gemacht haben, hängt vielleicht auch damit zusammen, dass ich nicht immer nur meine Meinung durchsetzen konnte, denn ein Quartett besteht immerhin aus vier Leuten, und bei uns wurde tatsächlich über solche Fragen ernsthaft diskutiert. Wir haben es bestimmt ausprobiert und uns dann auf das Tempo der Aufnahme bei der Deutschen Grammophon geeinigt. Haben Sie einmal geschaut, was allgemein für Tempi gespielt werden in diesem Satz?

RS:
Ja, das LaSalle-Quartett spielt, was man ein „landläufiges" Tempo nennen könnte.[6]

WL:
Es war mir, muss ich ganz ehrlich sagen, nicht so entscheidend von Bedeutung wie bei Beethoven. Das Quartett von Debussy haben wir letztlich auch nicht so oft gespielt.[7] Es gibt aber eine Aufnahme vom Capet-Quartett: Das ist direkt an der Quelle, denn es hat es mit Debussy einstudiert. Ich würde mir gerne einmal anhören, wie schnell Capet den langsamen Satz vom Debussy-Quartett spielt. Ich habe die Platte irgendwo, die Aufnahme gibt es bei Columbia.[8]

Es gibt aber noch andere Kriterien als das Tempo, über die man diskutieren kann. Es gibt bei uns schon Unterschiede in der Interpretation, nur handelt es sich um kleine Dinge. Wir haben ein Stück nicht radikal völlig anders gespielt als früher. Denn das müsste gute Gründe gehabt haben, zum Beispiel wenn uns Informationen zugekommen wären, die wir vorher nicht gehabt hätten. Das ist aber nur in seltenen Fällen geschehen.

---

[5] Das Abschlusskonzert in der Musikhochschule Basel fand am 2. Mai 1993 statt. Die Aufnahme des Quartetts von Claude Debussy mit dem Amar-Quartett (Januar 2003) ist beim Label en avant records erhältlich, Bestellnummer: ear 316 442. Trotz den im Vergleich zum LaSalle-Quartett etwas flüssigeren Achteln = 63 (am Satzanfang gemessen) dauert das Andantino in der Interpretation des Amar-Quartetts 7'34" gegenüber den 7'05" des LaSalle-Quartetts.

[6] Folgende Quartette spielen Achtel = 58: Kodály, Végh, Ysaÿe, Ebène (58–60); Lindsay: Achtel = 56;
folgende Quartette spielen Achtel = 60: Budapest, Cleveland, Juilliard, LaSalle, Simon, Orpheus;
folgende Quartette spielen Achtel = 63: Alcan, Amar, Borodin, Carmina, Klenke, Pro Arte, Sine Nomine;
folgende Quartette spielen Achtel = 66: Acies, Belcea, Schoenberg;
folgende Quartette spielen Achtel = 69: Auryn, Casals, Keller.
Die oben angegebenen Tempi wurden jeweils am Satzanfang gemessen.

[7] Das LaSalle-Quartett hat das Quartett von Debussy im Frühjahr 1956 gespielt, dann in 1960 einmal sowie später noch in der Saison 1970/71 und im Frühjahr 1972. Im Ganzen sind 21 öffentliche Aufführungen durch das LaSalle-Quartetts dokumentiert.

[8] Die Aufnahme aus den Jahren 1927/28 des Quartetts von Debussy mit dem Capet-Quartett ist erhältlich auf Biddulph Recordings, Bestellnummer LAB 133/4. Im Andantino spielt das Capet-Quartett Achtel = 48, und der Satz dauert 10'07" gegenüber 7'05" in der Aufnahme des LaSalle-Quartetts mit Achtel = 60. So verselbstständigen sich die Dinge schon zehn Jahre nach dem Tod des Komponisten. So viel zur Authentizität des Capet-Quartetts.

Fragen zur musikalischen Interpretation

RS:
Wie zum Beispiel das Piano im ersten Takt und das Forte im zweiten Takt am Anfang des ersten Satzes von Mozarts F-Dur-Quartett KV 590, die man mit einem Crescendo verbinden muss.

WL:
Ja, genau, das haben wir nicht gemacht, weil wir damals nicht wussten, dass eine solche dynamische Bezeichnung ein Crescendo impliziert. Oder Verzierungen, Vorschläge auf den Takt oder vor dem Takt. Eine Frage ist zum Beispiel, wie lange sind die Vorhalte im Thema am Anfang des ersten Satzes vom D-Dur-Quartett KV 575 von Mozart?[9] Auch damit haben wir viel experimentiert. (Singt):[10]

Das sind alles mögliche Varianten, die wir vielleicht auch mal in einem Konzert ausprobiert haben.[11] Die Entscheidung war auch meinen Kollegen überlassen: Die tendierten aber meistens eher zu etwas Konventionellerem. Ich war immer derjenige, dem daran lag, etwas gegen den Strich zu probieren: „épater le bourgeois." Tempi bei Mozart haben sich bei uns auch zum Teil geändert. Es ist bei uns nicht immer alles schneller geworden, manchmal auch langsamer.

---

[9] Es handelt sich um die Vorschläge im dritten und vierten Takt des ersten Satzes des Quartetts KV 575.
[10] Zu diesem Beispiel siehe die CD-Beilage.
[11] In der Neuen Mozart Ausgabe (Bärenreiter Verlag, Kassel – Basel – London) ist folgende Variante angegeben:

RS:
Ich habe mir zum Beispiel alle Live-Aufnahmen des LaSalle-Quartetts vom Quartett KV 590 angehört. Die von 1950 ist wahnsinnig schnell, aber nachher sind sie alle fast auf die Sekunde gleich.[12]

WL:
Ja, das ist bei uns so. Wir hatten zum Beispiel bei der Deutschen Grammophon das erste Schönberg-Quartett aufgenommen und waren ein Jahr später für eine ganz andere Aufnahme wieder da, und man hatte uns gebeten, das erste Schönberg-Quartett wieder mitzubringen, weil sie eine Stelle nochmals brauchten. Es war im selben Saal und die Aufstellung wurde wieder genauso gemacht wie ein Jahr zuvor, sodass die beiden Aufnahmen auch akustisch übereinstimmen würden. Und als wir die fragliche Sektion gespielt hatten, sagte Rainer Brock, der Aufnahmeleiter: „Ihr seid aber seit letztem Jahr beinahe eine Sekunde langsamer geworden", und es handelte sich um eine Sektion von immerhin etwa fünf Minuten Länge. Das war bei uns so, wir konnten ein Tempo tatsächlich bis auf die Sekunde reproduzieren. Das brauchten wir auch gar nicht zu prüfen, das war einfach so. Die Empfindlichkeit für Geschwindigkeiten war bei uns sehr hoch entwickelt. Aber wenn wir das Tempo ändern wollten, konnten wir auch das: Es war dann nicht so, dass wir im Konzert dann doch wieder ins eingefahrene Gleis des früheren Tempos zurückgefallen wären.

RS:
Das wundert mich umso mehr, als Sie die Stücke ja nie stur in einem fixen Tempo durchgespielt haben, sondern es gibt Agogik, es gibt Rhetorik, und es lebt und trotzdem: Am Ende war der Satz genau gleich lang wie in einer früheren Aufführung. Wirklich erstaunlich!

WL:
Ja. Tempogefühl muss man entwickeln, es fällt einem nicht einfach so zu. So konnte man eben auch nach einem Jahr etwas einfügen, was absolut den gleichen Duktus und Klang hatte sowie auch sonst in jeder Hinsicht gleich war, außer vielleicht den einen oder anderen Fingersatz.

Aber zurück zu Ihrer Frage wegen Änderungen im Interpretationskonzept: Bei Beethoven hat sich bei mir, seit ich angefangen habe, seine Werke ernsthaft zu spielen, im Großen und Ganzen am Konzept nichts geändert. Denn bereits an der Juilliard School war ich vertraut mit Rudolf Kolischs Studie über das Tempo bei Beethoven, die er 1943 im *Musical Quarterly* veröffentlicht hatte.[13] Die Originalausgabe habe ich mir damals angeschafft und

---

[12] Als Beispiele mögen genügen: erster Satz: 27. April 1976, 8'25" (CD Nr. 140 in der Paul Sacher Stiftung) und zehn Jahre später, am 28. Oktober 1986, 8'21" (CD Nr. 222);
zweiter Satz: 27. April 1976, 6'43" (CD Nr. 140); 28. Oktober 1986, 6'44" (CD Nr. 222);
dritter Satz: 27. April 1976, 4'12" (CD Nr. 140); 28. Oktober 1986, 4'07" (CD Nr. 222);
vierter Satz: 27. April 1976, 4'37" (CD Nr. 140); 28. Oktober 1986, 4'38" (CD Nr. 222).

[13] Rudolf Kolisch, „Tempo and Character in Beethoven's Music", in: *Musical Quarterly* vol. 29/2 (April 1943), p. 169-187 (part 1); vol. 29/3 (July 1943), p. 291-312 (part 2). Beethoven hat die meisten seiner für die Öffentlichkeit bestimmten Hauptwerke mit Metronomangaben versehen und 1817 bei Steiner in Wien in zwei Broschüren publiziert: für die Symphonien Nr. 1–8, die Streichquartette bis inklusive Opus 95 und das damals sehr

genau studiert. Zudem kannten wir durch das Juilliard-Quartett Eugene Lehner, den Bratscher vom Kolisch-Quartett. Mit ihm hätte ich mich alle Tage über Tempofragen unterhalten können. Wir haben also von Anfang an Beethovens Metronombezeichnungen beachtet. Ob wir sie immer gespielt haben, ist etwas Anderes. Denn man muss sich schon Gedanken machen, wie weit die Metronombezeichnungen absolut zu nehmen und inwieweit sie zu relativieren sind. Kolisch selbst hat anlässlich der erweiterten Ausgabe, die er mit David Satz erarbeitet hat, viele Aspekte neu überlegt, erweitert und präzisiert sowie die Tempokategorien, die er ausgearbeitet hatte, nochmals ganz geändert.[14] Das alles zeigt, dass es sich bei Tempofragen nicht um eine exakte Wissenschaft handelt, sondern dass es ein sehr komplexes Thema ist, bei dem viele Aspekte zu berücksichtigen sind, über die man sich genau Gedanken machen muss. Aber grundsätzlich finde ich Beethovens Metronombezeichnungen von entscheidender Wichtigkeit, und die Argumente, die gegen ihre Gültigkeit angebracht werden, sind meist banal.[15]

RS:
Und trotzdem muss man auch heute immer noch dafür kämpfen!

WL:
Ja, und ich bin der Letzte, der nicht dafür kämpft. Ich habe übrigens gerade von einem früheren Studenten, der jetzt in Amerika Dirigent ist, eine E-Mail bekommen, in der er für die Beethoven-Symphonien ausgerechnet hat, wie lange jeder Satz dauern muss, wenn man ihn genau nach den Beethoven'schen Metronombezeichnungen spielt. Er hat die Dauer sowohl mit, als auch ohne Wiederholungen ausgerechnet. Und wenn man das Ergebnis mit den Aufnahmen verschiedener Dirigenten vergleicht, ist man sehr überrascht. Es gibt einige Sätze, die bei Toscanini auf die Sekunde genau so lange dauern, wie sie nach der theoretischen Berechnung dauern müssten. Dabei spielt niemand einen ganzen Satz einer Beethoven-Symphonie unbeugsam ohne rhetorische Nuancen in einem einzigen, festen Tempo. Aber das ist schon erstaunlich, wie nah manche Dirigenten an diese Zeiten kommen. Das finde ich ein hochinteressantes Thema. Deswegen beschäftige ich mich lieber mit anderen Interpreten als mit mir selbst.

---

populäre Septett Opus 20. Die Metronomangaben zur Neunten Symphonie befinden sich in einem Brief vom 13. Oktober 1826 an Beethovens Verleger Schott, diejenigen zur Klaviersonate Opus 106 „Hammerklavier" in einem Brief vom 16. April 1819 an Ferdinand Ries. Bei Opus 112, *Meeresstille und glückliche Fahrt*, befinden sich die Metronombezeichnungen von Beethovens Hand im Manuskript. Die bahnbrechende Arbeit Rudolf Kolischs bestand im Versuch, aufgrund einer Analyse von Themen und Motiven hinsichtlich ihres musikalischen Charakters, in Verbindung mit Beethovens Metronomangaben Tempo-Kategorien zu definieren, um so für Beethovens Werke ohne Metronomangaben zu einem kohärenten System zur Bestimmung des Tempos zu gelangen.

[14] Erweiterte deutsche Fassung: Musik-Konzepte 76/77, edition text + kritik, München 1992: *Rudolf Kolisch, Tempo und Charakter in Beethovens Musik*. Die englische Übersetzung der erweiterten Fassung wurde veröffentlicht in *Musical Quarterly*, vol. 77 (1993), p. 90–131 (part 1), p. 268–344 (part 2), mit einer Einleitung von Thomas Y. Levin (p. 81–89).

[15] Zu den häufigsten gegen die Gültigkeit von Beethovens angebrachten Argumenten siehe: *Rudolf Kolisch, Tempo und Charakter in Beethovens Musik*, erweiterte deutsche Fassung, Musik-Konzepte 76/77, edition text + kritik, München 1992, S. 3–11. Siehe auch: Arnold Schönberg, „Über Metronomisierung" in: *Beethoven, das Problem der Interpretation*, Musik-Konzepte 8, edition text + kritik, München 1985.

RS:
Das einzige andere Beispiel einer Konzeptänderung, das ich nebst dem Andantino im Quartett von Debussy gefunden habe, betrifft aber genau Beethoven: Es handelt sich um das Menuett des A-Dur Quartetts Opus 18 Nr. 5. Dieses Menuett spielen Sie 1953 in Cincinnati im von Beethoven angegebenen Tempo, d. h. punktierte Halbe = 76,[16] aber in 1962 haben Sie das Tempo reduziert auf punktierte Halbe = 60–63.[17]

WL:
Das ist allerdings ein markanter Unterschied. Ich kann Ihnen nicht sagen, warum wir zu dieser Entscheidung gekommen sind. Wir haben aber doch Opus 18 Nr. 5 auch in unserem Debütkonzert in Cincinnati gespielt, mit Schuberts Quartettsatz und dem fünften Quartett von Bartók?[18]

RS:
Genau um dieses Konzert handelt es sich. Es ist ein interessantes Beispiel, weil in Rudolf Kolischs Tempokategorien für Beethovens Werke ohne Metronomangaben das Menuett aus Opus 18 Nr. 5 eine der Referenzsätze für die Menuette vom Walzertyp darstellt, zu denen auch der zweite Satz des Quartetts Opus 132, das Allegro ma non tanto, gehört. Für diesen Satz schlägt Kolisch punktierte Halbe = 72 vor, während bei Opus 18 Nr. 5 Beethovens Vorschrift punktierte Halbe = 76 lautet. Nun sind Sie beim Allegro ma non tanto in Opus 132 der Meinung, dass Kolischs Tempovorschlag zu schnell ist.

WL:
Ja, viel zu schnell.

RS:
Genau, und das Menuett von Opus 18 Nr. 5 haben Sie 1962 gegenüber Beethovens Vorschrift im selben Maß langsamer genommen als das Allegro ma non tanto in Opus 132 gegenüber Kolischs Tempovorschlag.[19]

WL:
Das ist also eine bewusste Entscheidung gewesen. Es kann passieren, dass einem eine Vorschrift des Komponisten „contre-cœur" geht. Dass wir grundsätzlich mit einer Beethoven'schen Tempovorschrift nicht einverstanden waren, und dass wir sie wirklich radikal geändert haben, war relativ selten. Und dann haben wir damit experimentiert, und in sol-

---

[16] Es handelt sich um das Debütkonzert des LaSalle-Quartetts in Cincinnati am 17. November 1953 (Beethovens Opus 18 Nr. 5 ist auf CD Nr. 10 in der Paul Sacher Stiftung dokumentiert).
[17] Es handelt sich um das Konzert vom 30. Oktober 1962 in Cincinnati (CD Nr. 46 in der Paul Sacher Stiftung). Zu diesem Beispiel siehe auch die CD-Beilage.
[18] Walter Levin erinnert sich tatsächlich nach über 50 Jahren genau an das Programm, ohne nachschlagen zu müssen.
[19] In den Live-Aufnahmen spielt das LaSalle-Quartett im Allegro ma non tanto des Quartetts Opus 132 punktierte Halbe = 60, in der Aufnahme bei der Deutschen Grammophon hingegen punktierte Halbe = 54. Die meisten Quartette wählen ebenfalls ein Tempo im Bereich von punktierten Halben = 58. Einzig das Hagen-Quartett kommt mit punktierten Halben = 69 in die Nähe von Kolischs Tempovorschlag, während das Emerson-Quartett punktierte Halbe = 52 spielt.

chen Fällen kann ich mir auch vorstellen, dass sich die Aufführungen über die Jahre unterscheiden können, denn wenn man einmal anfängt, ein Tempo anzuzweifeln, dann arbeitet man immer wieder daran: Ist das, was wir jetzt geändert haben, auch wirklich gerechtfertigt? Es gibt aber schon einzelne Sätze, bei denen wir uns von Anfang an für ein von Beethovens Vorschrift abweichendes Tempo entschieden haben.

RS:
Zum Beispiel den langsamen Satz aus Opus 74, das Adagio ma non troppo, spielen Sie etwas langsamer als Beethovens Metronomangabe.

WL:
Ja, aber immer noch weit schneller, als es gewöhnlich gespielt wird.[20]

RS:
Ein anderes Beispiel betrifft das Tempo des zweiten Satzes von Opus 18 Nr. 1: Für dieses Adagio schreibt Beethoven als Tempo Achtel = 138 vor, also ein sehr flüssiges Tempo, das niemand spielt, auch das LaSalle-Quartett nicht: Sie spielen Achtel = 120–112.[21]

WL:
Wir haben es bestimmt versucht, nehme ich an. Wir haben das Stück aber nicht oft gespielt.

RS:
Im Ganzen nur zweimal, und es gibt aus Cincinnati nur eine einzige Aufnahme.[22]

WL:
Ja, schade, denn so hat man keinen Beleg, ob wir damals auch andere Tempi ausprobiert haben. Andererseits gibt es Tempi bei Beethoven, die man nicht während eines ganzen Satzes durchhalten kann, nämlich dann, wenn es sich um komplexe Sätze handelt, in denen extrem unterschiedliche Charaktere kontrastieren. Im ersten Satz von Opus 95 zum Beispiel spielen wir Beethovens Tempo nur am Anfang und jedesmal wenn dieses Thema wiederkehrt. Aber das lyrische Kontrastthema, das unvermittelt folgt, kann ich nicht im aggressiven Tempo des Anfangs spielen: Das ist auch nicht so gedacht, meiner Ansicht nach.[23]

RS:
Bei diesem Satz drängt sich der Vergleich mit gewissen Stücken von Robert Schumann auf, mit den kontrastierenden Charakteren Eusebius und Florestan. Bei Opus 95 sind es ja auch zwei völlig inkongruente Themen.

---

[20] Beethovens Metronomangabe ist Achtel = 72. Das LaSalle-Quartett spielt Achtel = 60, oft hört man aber Achtel = 50. In den bewegteren Teilen, Takte 87–102 und 115–136, erreicht das LaSalle-Quartett Beethovens Tempovorschrift. Die einzige Aufnahme von Beethovens Quartett Opus 74 durch das LaSalle-Quartett stammt vom Konzert am 26. Oktober 1965 in Cincinnati und ist auf CD Nr. 60 in der Paul Sacher Stiftung dokumentiert.
[21] Im dramatischen Mittelteil des Satzes erreicht das LaSalle-Quartett Achtel = 126. Nur das Hagen-Quartett wählt mit Achtel = 126 ebenfalls ein flüssiges Grundtempo für diesen Satz, alle anderen Ensembles sind deutlich langsamer.
[22] Die einzige Aufnahme des LaSalle-Quartetts von Beethovens Opus 18 Nr. 1 stammt vom Konzert am 11. Februar 1958 in Cincinnati und ist auf CD Nr. 26 in der Paul Sacher Stiftung dokumentiert.
[23] Zu diesem Beispiel siehe auch die CD-Beilage.

WL:
Eben, genau. Und das ist bei Beethoven in vielen Stücken so, im ersten Satz der *Eroica*-Symphonie zum Beispiel, gibt es ebenfalls diese Kontraste zwischen verschiedenen Sektionen. Aber, zusammengehalten wird ein solcher komplexer Satz eben immer durch die Klammer des Haupttempos.

RS:
Nun gibt es aber in der Klassik die „Regel", dass das erste und das zweite Thema eines Sonatenhauptsatzes ungefähr im gleichen Tempo gespielt werden sollen, das heißt, dass der Unterschied „unspürbar" sein soll.[24] In diesem Kontext gibt es einen Fall, der mich immer sehr erstaunt hat, nämlich der erste Satz von Beethovens Opus 18 Nr. 6. Das erste Thema spielen Sie Ganze = 72–76, das heißt, wie sonst niemand, fast im von Beethoven angegebenem Tempo[25], das zweite Thema hingegen Ganze = 54, also ein radikaler Unterschied. Die Frage ist daher: „Was hat sich der Künstler dabei gedacht?"

WL:
Ich bin mir schon bewusst, dass das der Fall ist. Ich kann einfach dieses zweite Thema im Opus 18 Nr. 6 im von Beethoven angegebenen Tempo nicht nachvollziehen: Für mich stimmt es einfach nicht, in diesem Tempo. Wie vorhin schon angesprochen, gibt es noch andere Stücke von Beethoven, in denen das für mich ebenso der Fall ist, und der erste Satz von Opus 95 ist einer davon.

RS:
Genau das war meine Frage: Sehen Sie den ersten Satz aus Opus 18 Nr. 6 in derselben Kategorie wie den ersten Satz von Opus 95?

WL:
Ähnlich, ja. Dieses erste Thema im Opus 18 Nr. 6 ist ausgesprochen vorwärtsdrängend: dafür und immer wenn es wiederkehrt, gilt das extreme Tempo, das Beethoven für den ersten Satz vorschreibt. Aber dann gibt es andere Charaktere in diesem Satz, und ich finde, dass die Charaktere bei Beethoven dramatisch viel verschiedener sind, als sie es bei Haydn und Mozart jemals sind. Dieser Aspekt kennzeichnet vor allem den späten Beethoven, und einige seiner früheren Stücke nehmen den späten Beethoven schon vorweg: Das Opus 18 Nr. 6 und das Opus 95 sind gewissermaßen schon „späte" Beethoven-Stücke. Da stimmt das Konzept eines einheitlichen Tempos für einen ganzen Satz nicht mehr. Gut, man kann sich fragen, ob es so radikal sein muss, wie wir es spielen. Wenn der Unterschied hingegen nicht gemacht wird, kann ich nicht verstehen, was sich denn die Leute dabei vorgestellt haben.[26]

---

[24] Daniel Gottlob Türk, *Clavierschule*, S. 372 (1. Ausgabe 1789), S. 416 (2. erweiterte Ausgabe 1802); Johann Nepomuk Hummel, *Ausführliche theoretisch-practische Anweisung zum Pianoforte Spiel*, Teil 3, S. 41 (Wien, 1828). Beide zitiert in Sandra Rosenblum, *Performance Practices in Classic Piano Music* (Indiana University Press 1988), S. 372, resp. S. 363.

[25] Beethovens Metronomangabe für den ersten Satz von Opus 18 Nr. 6 ist Ganze = 80.

[26] Zu diesem Beispiel siehe auch die CD-Beilage.

Fragen zur musikalischen Interpretation

RS:
Ich habe versucht, mit anderen Ensembles zu vergleichen, aber der Vergleich scheitert daran, dass kein einziges Quartett das erste Thema im von Beethoven angegebenen Tempo spielt. Ich habe Emerson, Juilliard, Alban Berg und Pražak verglichen, und es ist erstaunlich, dass auch Quartette, die mit Ihnen gearbeitet haben, wie das Berg-Quartett und das Pražak-Quartett, bei weitem nicht das von Beethoven angegebene Tempo spielen, sondern Ganze = 69. Und dann ist natürlich der Unterschied zu einem reduzierten Tempo für das zweite Thema viel geringer.

WL:
Ja, die wagen es alle nicht! Es gibt viele Quartette, die mit uns oder später mit mir studiert haben, die mutig anfangen und solche Stücke wie Opus 18 Nr. 6 meiner Ansicht nach sehr gut spielen, und ein paar Jahre später ist es ziemlich abgeflacht.

RS:
Schade!

WL:
Ja, ich finde es auch immer wieder schade, wenn etwas, was wirklich Charakter hat, plötzlich wieder zum Gemeinplatz wird. Die Leute haben alle Angst vor der eigenen Courage! „Epater le bourgeois", war immer mein Lebensinhalt. Es gibt aber einige Quartette, die diesen Charakter bis zu einem gewissen Grad doch beibehalten, auch jetzt, aber wenige.

13.2 Die Tempoangaben von Béla Bartók

RS:
Ein weiterer Komponist, dessen Metronomangaben für Diskussionsstoff sorgen, ist Béla Bartók. Wie sind Sie mit seinen merkwürdigen Metronomangaben und Spieldaueranweisungen umgegangen? Denn in einigen Stücken gibt er für die einzelnen Sektionen die Spieldauer bis auf die halbe Sekunde genau an und schreibt Metronomzahlen vor, die es auf einem konventionellen Metronom gar nicht gibt. Wie hat er die Tempi denn selbst bestimmt, wenn er als Metronomzahlen z. B. 130, 70 oder 35 angibt, und es die auf dem Metronom nicht gibt? Zudem bezeugt Rudolf Kolisch wie er mehrmals erlebt hat, dass Bartók die geringsten Abweichungen von seinen Vorgaben auch registriert hat.[27]

WL:
Ja. Diesbezüglich teile ich aber Kolischs Meinung nicht. Bartók hat sich selbst nicht an seine eigenen Metronombezeichnungen gehalten. Es gibt Aufnahmen, zum Beispiel die, in

---

[27] *Rudolf Kolisch, Tempo und Charakter in Beethovens Musik*, Musik-Konzepte 76/77, edition text + kritik, München 1992, S. 11, Anmerkung 4.

der er mit Joseph Szigeti seine Sonaten für Violine und Klavier spielt, zu denen es auch Metronomangaben gibt: Da spielt er, was er will.

RS:
Gut, er ist auch der Komponist.

WL:
Das ist es eben! Es ist ein Unterschied, ob man als Komponist der Interpret eigener Werke ist, oder ob man als Komponist jemand anderem möglichst genau angeben will, wie man etwas dargestellt haben will. Dass er rigoros nur genau an diesen Tempi interessiert war, kann ich bis zu einem gewissen Grad nachvollziehen und glauben, aber er war sicher auch an anderen Aspekten der musikalischen Darstellung interessiert. Eugene Lehner, der Bratscher des Kolisch-Quartetts, hat erzählt, Bartók wäre nach Wien gekommen, sie hätten ihm eines seiner Quartette vorgespielt, und er hätte sich ausschließlich über die Tempi geäußert, alles andere war ihm völlig egal. Das glaube ich einfach nicht. Entweder haben sie es so gut gespielt, dass er darüber nichts zu sagen hatte, oder das was Lehner sagt, stimmt nicht. Ich glaube schon, dass Bartók eine sehr genaue Vorstellung von Temporelationen hatte und darauf großen Wert gelegt hat. Und dass er ein sehr genaues Tempogefühl hatte, kann ich mir auch vorstellen. Wenn er Tempi verlangt, die es auf dem Metronom nicht gibt, wie z. B. 130, dann heißt das einfach, dass er es ein klein bisschen langsamer haben will als 132, die nächst höhere Zahl auf dem Metronom. Aber eben, wenn man ihn selbst spielen hört, hält er sich nicht nur sehr wenig an seine eigenen Tempoangaben, sondern spielt auch Klassiker sehr romantisch, das heißt mit großen Temposchwankungen. Unter diesem Gesichtspunkt sind seine Metronomangaben also nicht als absolut zu betrachten. Aber als Interpret sollte man sich wenigstens bemühen, sich dem angegebenen Tempo so weit wie möglich anzunähern.

RS:
Heute haben wir natürlich elektronische, digitale Metronome, sodass man jede beliebige Metronomzahl einstellen kann. Haben Sie Bartóks Metronomzahlen ausprobiert, oder haben Sie gleich Abstand davon genommen?

WL:
Wir hatten damals auch bereits elektronische Metronome mit einer kontinuierlichen Skala, auf der man beliebige Zwischenwerte einstellen konnte, und wir hatten zudem die Tempo-Watch, mit der man Tempi überprüfen konnte. Wir haben es ziemlich genau genommen. Ob es uns immer gelungen ist, ist eine andere Frage.

RS:
Die Spieldauerangabe für den letzten, äußerst komplexen Satz des fünften Quartetts zum Beispiel ist so kurz, dass es rein physisch schlicht nicht realisierbar ist.

WL:
Wir haben uns aber Mühe gegeben, es nach Bartóks Tempoangaben zu lernen. Wenn man das Stück dann aber genau kennt, kann man sich zugunsten der musikalischen Gestaltung

auch einige Abweichungen erlauben, auch bei Beethoven. Aber es stimmt: Bartóks Tempo- und Zeitangaben in den beiden letzten Quartetten muss man schon fast als manisch bezeichnen. Aber man kann sich ja anhören, wie das Kolisch-Quartett das fünfte Quartett gespielt hat; es gibt davon eine Aufnahme.[28]

13.3 Das Tempo in Alban Bergs Streichquartett Opus 3

RS:
Wir haben etwas früher über die Eigenschaft des LaSalle-Quartetts gesprochen, für ein gegebenes Stück über viele Jahre dasselbe Tempo reproduzieren zu können. Nun bin ich auf einen Fall gestoßen, der in diesem Zusammenhang sehr untypisch scheint: das Quartett Opus 3 von Alban Berg, das Sie zwischen 1959 und 1986 sehr viel und fast ohne Unterbrechung gespielt haben.[29] Nun zeigen die Aufnahmen aus Cincinnati, die ich angehört habe, nämlich die früheste, ein paar mittlere und die letzte, dass in diesem Stück beide Sätze im Verlauf der Jahre langsamer geworden sind. War das ein bewusster Entscheid?

WL:
Das glaube ich kaum.

RS:
Die Unterschiede sind recht groß. Um es in Minuten und Sekunden auszudrücken: 1959 dauerte der erste Satz 8'14" und 1986 9'05", das sind immerhin 50 Sekunden Unterschied. Und der zweite Satz hat sich von 8'48" auf 9'43", das heißt um fast eine Minute, verlangsamt.

WL:
Ja, das sind etwa zehn Prozent.

RS:
Und in der Mitte dieser Zeitspanne liegt die Dauer der beiden Sätze auch etwa in der Mitte: sehr erstaunlich.[30]

---

[28] Bartók gibt für den letzten Satz seines fünften Quartetts eine Spieldauer von 6'21.5" an. Das Kolisch-Quartett benötigt 6'34" (Biddulph LAB 107), das LaSalle-Quartett 6'48" (13. November 1953, CD Nr. 11 in der Paul Sacher Stiftung), resp. 6'56" (NDR, 12. März 1963), resp. 7'06" (30. Januar 1979, CD Nr. 162 in der Paul Sacher Stiftung). Die Spieldauer des Juilliard-Quartetts beträgt 6'49" (1950, Pearl GEMS 0147), resp. 6'50" (1963, Sony 5062312).
[29] Zwischen dem 24. März 1959 und dem 5. März 1986 sind 97 Aufführungen von Alban Bergs Quartett Opus 3 durch das LaSalle-Quartett dokumentiert, sieben davon sind in der Paul Sacher Stiftung auf CDs vorhanden: CDs Nr. 30 (24. März 1959), Nr. 40 (4. April 1961), Nr. 78 (7. November 1967), Nr. 134 (21. Januar 1975), Nr. 147 (12. April 1977), Nr. 169 (1. Mai 1979) und Nr. 216 (14. Januar 1986).
[30] Nach Anhören sämtlicher vorhandenen Aufnahmen aus Cincinnati (siehe vorige Anmerkung) muss die nachfolgende Diskussion relativiert werden: In den mittleren Aufnahmen zwischen 1961 und 1979 bewegt sich der erste Satz immerhin nur zwischen 8'28" und 8'47" (die Aufnahme bei der Deutschen Grammophon von März 1968 erreicht mit 8'55" fast die Dauer der langsamsten Live-Aufführung vom 14. Januar 1986), während der

WL:
Ich kann es Ihnen nicht sagen. Es gibt leider für dieses Stück keine Metronom-Bezeichnungen.

RS:
Nein, aber ich habe versucht, das Werk mit dem Metronom und mit der Tempo-Watch zu hören, es hat jedoch so viele Tempowechsel, dass es nicht geht. Deswegen gebe ich auch die Dauer in Minuten und Sekunden an, da ich die Unterschiede nicht in Metronomzahlen ausdrücken kann.

WL:
Ja, das stimmt, denn dieses Stück ist ein auskomponiertes Rubato, da ist ständig Bewegung. Es ist auch ganz genau, sogar übergenau bezeichnet, aber eben nur relativ. Ich würde sagen, dass unser Langsamerwerden mit einem Bestreben nach Deutlichkeit und Klarheit zu tun hat, die mir mit der Zeit ein immer wichtigeres Desiderat der Darstellung wurden, und die lassen sich manchmal nur durch ein etwas gemesseneres Tempo erkaufen. Wenn dadurch aber die Dramatik verloren geht, wäre das schade. Ich hoffe, dass das nicht der Fall ist.

RS:
Nein, das ist absolut nicht der Fall! Wobei die früheste Aufnahme von 1959 noch besonders jugendlich impetuos ist.

WL:
Ja, da ging es noch heftig zu. Bergs Opus 3 ist ein sehr komplexes Stück, und wahrscheinlich ist mir im Laufe der Zeit erschienen, dass es nicht deutlich genug ist, was im Stück passiert, dass man es eigentlich nicht nachvollziehen kann. Dass ist überhaupt eines der Probleme der frühen Stücke der Neuen Wiener Schule, auch das erste Schönberg-Quartett zum Beispiel ist derartig dicht und von einer derartig komplexen Polyphonie, dass man es überhaupt nicht verstehen kann, wenn es zu schnell am Ohr vorüberzieht und zwischen Haupt- und Nebenstimmen nicht sehr deutlich differenziert wird und die verschiedenen motivischen Elemente nicht klar und deutlich zum Ausdruck kommen. Beide sind zudem keine Stücke, die rigoros in einem Tempo sein müssen, da sie auch nicht den Vorwärtsdrang eines Beethoven-Quartetts haben, sondern das sind Stücke, die sozusagen an- und abschwellen und sehr rhetorisch und sprachähnlich sind, daher eben das auskomponierte Rubato. Und das Bestreben nach Deutlichkeit und Klarheit geht unter Umständen auf Kosten des Tempos. Da muss man genau ausbalancieren: Es gibt Leute, die so langsam spielen, dass man alles durchbuchstabieren kann. Dann wird es aber wiederum undeutlich, weil man den Zusammenhang nicht mehr erfassen kann. Es geht eben um Deutlichkeit,

---

zweite Satz ohne klare Tendenz zwischen 9'04" und 9'30" variiert. Im Gegensatz zum Quartett Opus 3 zeugen die Live-Aufführungen der *Lyrischen Suite* durch das LaSalle-Quartett über 36 Jahre, das heißt zwischen der ersten Aufführung vom 11. Februar 1951 und der letzten vom 21. April 1987, von einer schon fast unheimlichen Konstanz. In der Reihenfolge der sechs Sätze: 2'39"–2'49"; 5'12"–5'28"; 3'07"–3'16" (nur die Aufnahme von 1951 ist mit 2'55" spürbar schneller); 4'45"–4'52" (die Aufnahme von 1951 ist mit 4'29" die schnellste, diejenige von 1961 mit 5'06" die langsamste); 4'15"–4'26"; 5'15"–5'32" (die Aufnahme von 1951 ist mit 5'07" die schnellste).

Detail und Zusammenhang, aber auch um vorwärtsgehenden Fluss. Das alles in Einklang zu bringen, ist bei manchen Stücken sehr schwer. Darum ist Bergs Opus 3 denn auch innerhalb von Quartetten bekannt als „Stein des Anstoßes", weil es so viele Möglichkeiten gibt, es darzustellen. Wenn man ein Quartett möglichst schnell zum Aufgeben bewegen will, soll man ihnen Opus 3 zum Lernen geben.

RS:

Bergs Opus 3 haben Sie nicht in Phasen gespielt, sondern praktisch durchgehend. Ich nehme daher an, dass Sie es sich jeweils nicht grundsätzlich neu erarbeitet haben.

WL:

Nein, wir haben aber immer wieder daran gearbeitet, wenn auch nicht von Grund auf.

RS:

Kann sich dabei dann trotzdem ein anderes Tempo ergeben, obschon Sie die gewählten Tempi in die Partitur schreiben?

WL:

Das kann durchaus passieren, denn wir konnten unsere früheren Entscheide ja durchaus infrage stellen. Aber wie verhält es sich denn mit unseren Aufführungen vom ersten Schönberg-Quartett? Haben Sie dazu schon mal Vergleiche angestellt? Das würde mich sehr interessieren, denn dazu gibt es auch keine Metronombezeichnungen, und es ist auch ein äußerst komplexes Stück.

RS:

Ja, genau aus diesem Grund habe ich mir alle vorhandenen Live-Aufnahmen aus Cincinnati angehört. Überraschenderweise ist nur der zweite Teil im Verlauf der Jahre leicht langsamer geworden, die anderen bewegen sich in einem erstaunlich engen Zeitrahmen.[31]

WL:

Und wie ist es zum Beispiel mit Beethovens Opus 127, überhaupt mit den späten Beethoven-Quartetten? Denn dazu gibt es ebenfalls keine Metronombezeichnungen.

RS:

Unter den späten Quartetten habe ich mir vor allem Opus 127 genauer angeschaut. Auch in diesem Fall liegen die Aufführungsdauern bei den Live-Aufnahmen über den ganzen Zeit-

---

[31] Bei Schönbergs erstem Quartett Opus 7 handelt es sich um ein durchkomponiertes, aber an sich viersätziges Werk, dessen vier Teile ohne Unterbrechung zu spielen sind; erster Teil: Anfang bis Buchstabe E in der Partitur; zweiter Teil: Buchstaben E bis K; dritter Teil: Buchstaben K bis M; vierter Teil: Buchstaben M bis Ende. In der Paul Sacher Stiftung gibt es aus Cincinnati fünf Live-Aufnahmen des LaSalle-Quartetts: CD Nr. 55 (14. April 1964), CD Nr. 71 (1. November 1966), CD Nr. 94 (20. Mai 1969), CD Nr. 129 (15. Oktober 1974) und CD Nr. 165 (22. Januar 1980);
erster Teil: 11'46", resp. 11'36" in den beiden ersten Aufnahmen, 11'58" und 11'55" in den beiden letzten;
zweiter Teil: 10'53" in den beiden ersten Aufnahmen (!), 11'35" und 11'28" in den beiden letzten;
dritter Teil: 11'13" bis 11'16" in den drei ersten Aufnahmen, 11'37", resp. 10'56" in den beiden letzten;
vierter Teil: zweite, dritte und fünfte Aufnahme: 7'03–7'07"; erste Aufnahme: 7'15", vierte Aufnahme: 7'24".

raum meist in einem unglaublich engen Rahmen.[32] Es scheint sich bei Bergs Opus 3 also wirklich um einen Ausnahmefall zu handeln.

WL:
Ja, das scheint der Fall zu sein.

13.4 Tempovergleich zwischen Studio- und Live-Aufnahmen

RS:
Was beim Vergleich aller Aufnahmen des LaSalle-Quartetts auffällt, ist, dass die Live-Aufnahmen meist schneller sind als die Studioaufnahmen.

WL:
Das ist klar.

RS:
Warum ist das so?

WL:
Weil man in einem öffentlichen Konzert ein Publikum hat, und das gibt einem einen ganz anderen Adrenalinschub, als wenn man in einem kalten Studio um elf Uhr morgens bei Tageslicht die Atmosphäre einer Live-Aufnahme erzeugen soll. Das ist schwer, und manchmal ist es uns gelungen, aber nicht immer.

RS:
Haben Sie also im Konzert schneller oder im Studio langsamer gespielt als beabsichtigt? Denn, wie wir vorhin gesehen haben, verfügen Sie doch über ein ausgesprochenes, sehr genaues Gefühl für Tempo: Ist Ihnen dieser Unterschied nie aufgefallen?

WL:
Man ist natürlich bei einer Aufnahme vorsichtiger, weil man Ausrutscher vermeiden will. Das kann schon ein etwas langsameres Tempo zur Folge haben. Aber, wie viel ist denn der Unterschied, haben Sie das mal gemessen?

---

[32] Stellvertretend für die fünf letzten Quartette Beethovens seien nachfolgend die Aufführungsdauern der sechs Live-Aufnahmen des LaSalle-Quartetts von Opus 127 angegeben, die in der Paul Sacher Stiftung vorhanden sind: CD Nr. 70 (4. Oktober 1966), CD Nr. 130 (15. Oktober 1974), CD Nr. 139 (27. Januar 1976), CD Nr. 161 (Oktober 1978), CD Nr. 170 (1. Mai 1979) und CD Nr. 174 (19. Mai 1980);
erster Satz: 5'36"–5'38" (Aufnahmen 3–6); zweiter Satz: 13'03"–13'07" (Aufnahmen 1 und 3–5); dritter Satz: 7'46"–7'52" (Aufnahmen 3–6); vierter Satz: 6'12"–6'16" (Aufnahmen 2–5).
In der Studioaufnahme bei der Deutschen Grammophon betragen die entsprechenden Zeiten: 6'12"; 14'35"; 8'22", 6'42". Zu den Unterschieden im Vergleich zu den Live-Aufnahmen siehe Kapitel 13.4.

Fragen zur musikalischen Interpretation

RS:
Ja, ich habe mir einige Werke, von denen es sowohl Live-Aufnahmen, als auch kommerzielle Aufnahmen bei der Deutschen Grammophon gibt, genauer angeschaut. Es handelt sich dabei natürlich um Stücke, für die es keine Metronombezeichnungen gibt.[33] Ein gutes Beispiel ist das Quartett Opus 67 von Brahms.[34] Im ersten Satz ist Ihr Grundtempo in den Live-Aufnahmen beständig punktierte Halbe = 104, in der Studioaufnahme dagegen punktierte Halbe = 96–100, sodass dieser Satz mit 9'35" etwa eine halbe Minute länger dauert als die schnellste Live-Aufnahme.[35] Im zweiten Satz ist Ihr Grundtempo in den Live-Aufnahmen etwa Viertel = 120, in der Studioaufnahme etwa Viertel = 104, und der Satz dauert mit 7'18" gut eine Minute länger als die schnellste Live-Aufnahme[36]. Auch im dritten Satz ist das Grundtempo mit Halbe = 126–132 in den Live-Aufnahmen spürbar schneller als die Halbe = 120 der Studioaufnahme.[37]

WL:
Das sind in der Tat schon deutliche Unterschiede.

RS:
Ja, aber gerade deswegen mag ich generell Ihre Live-Aufnahmen ganz besonders, wegen ihrer Energie und Intensität auf Teufel komm raus. Auch bei Beethovens Opus 127 ist die Studioaufnahme der Deutschen Grammophon deutlich die langsamste: Im ersten Satz liegt der Unterschied vor allem, wie wir schon gesehen haben, im langsameren, einleitenden Maestoso, aber im zweiten Satz ist das Grundtempo in der Studioaufnahme punktierte Viertel = 92 gegenüber 104 in den Live-Aufnahmen: Dadurch ist der zweite Satz in der Studioaufnahme etwa anderthalb Minuten länger.[38] Auch die beiden letzten Sätze sind in der Studioaufnahme um etwa eine halbe Minute langsamer: Im Scherzo ist das Grundtempo in der

---

[33] Im Zusammenhang mit den langsameren Studioaufnahmen wurden im Speziellen folgende Werke betrachtet: Beethovens fünf letzte Streichquartette inklusive *Große Fuge* Opus 133, die drei Quartette von Brahms, die vier Quartette von Schönberg und die beiden Quartette von Alban Berg. Als herausstechende Ausnahmen sind die frühesten Live-Aufnahmen des LaSalle-Quartetts von Schönbergs drittem und viertem Quartett mit Abstand die langsamsten (CD Nr. 4, 23. Februar 1950, resp. CD Nr. 32, 12. Mai 1959), wobei die entsprechenden Studioaufnahmen bei der Deutschen Grammophon in den meisten Sätzen immer noch langsamer sind als die restlichen, in der Paul Sacher Stiftung dokumentierten Live-Aufführungen. Im Falle der beiden Quartette von Berg unterscheiden sich die Studioaufnahmen bezüglich der Satzdauer nicht vom Durchschnitt der in der Paul Sacher Stiftung dokumentierten Live-Aufnahmen.
[34] In der Paul Sacher Stiftung sind von Brahms' Quartett Opus 67 sechs Live-Aufnahmen aus Colorado Springs und Cincinnati vorhanden: CD Nr. 8 (Colorado Springs, 29 November 1951); CD Nr. 48 (19. März 1963), CD Nr. 112 (25. April 1972), CD Nr. 140 (27. April 1976), CD Nr. 211 (30. Oktober 1984) und CD Nr. 222 (28. Oktober 1986). Die frühe Aufnahme aus Colorado Springs ist in allen Sätzen wesentlich schneller als alle nachfolgenden. Die Studioaufnahme von Opus 67 bei der Deutschen Grammophon entstand im Mai 1978.
[35] Mit der schon angemerkten Ausnahme der frühen Aufnahme aus Colorado Springs (CD Nr. 8), in welcher der erste Satz mit einem Grundtempo von punktierten Halben = 116 in 8'30" dauert. Es versteht sich, dass nur Aufnahmen verglichen werden, in denen die Wiederholung der Exposition gespielt wird. Zu diesem Aspekt siehe Unterkapitel 13.5 „Wiederholungen in Sonatenhauptsätzen".
[36] Zu diesem Beispiel siehe auch die CD-Beilage.
[37] Andere Ensembles wählen deutlich langsamere Tempi als das LaSalle-Quartett: Im ersten Satz spielt zum Beispiel das Quartetto Italiano punktierte Halbe = 88, das Alban-Berg-Quartett punktierte Halbe = 96; im zweiten Satz spielt das Quartetto Italiano Viertel = 92, während das Alban-Berg-Quartett mit Viertel = 112–104 im Bereich des Tempos in der Studioaufnahme des LaSalle-Quartetts liegt.
[38] In der Aufnahme bei der Deutschen Grammophon dauert das Adagio von Opus 127 14'35", in vier der sechs Live-Aufnahmen in der Paul Sacher Stiftung 13'03"–13'07".

Studioaufnahme 60 ganze Takte pro Minute, in den Live-Aufnahmen 62–63 ganze Takte pro Minute, und im Finale spielen Sie in der Studioaufnahme Halbe = 112–116 gegenüber Halbe 120–126 in den Live-Aufnahmen.[39]

WL:
Ja, auch das sind deutliche Unterschiede. Bei den späten Beethoven-Quartetten haben wir eine Entwicklung durchgemacht und unsere Meinung im Laufe der Zeit teilweise geändert. Es dauert ja eine Weile, ehe man solche Stücke wirklich intus hat, und manchmal ändern sich die Darstellungskriterien. Heute empfinde ich zum Beispiel das „Alla Danza Tedesca" von Opus 130 in unserer Aufnahme schlicht als zu langsam.

RS:
Ja, in der Aufnahme bei der Deutschen Grammophon spielen Sie ganze Takte, das heißt punktierte Viertel = 56–58, und in den Konzertaufnahmen 60–63. Das ist ein deutlicher Unterschied. Rudolf Kolisch schlägt für diesen Satz punktierte Viertel = 72 vor, ein Tempo, welches nur das Hagen-Quartett spielt. Das Busch-Quartett spielt sogar punktierte Viertel = 76, und das ist wegen der komplexen Mikrodynamik und Rhythmik schon jenseits des technisch sauber Ausführbaren.

WL:
Ja, ich finde aber auch Kolischs Tempovorschlag zu schnell. Der Charakter dieses Stückes ist für mich nicht schnell. Es ist durchaus kein harmloser Satz, sondern er ist, wie Sie sagen, in vielerlei Hinsicht äußerst komplex. Zudem möchte ich die Melodie als solche hören und nicht die bewegte Begleitung. Alle diese Aspekte sprechen für mich zugunsten eines gemäßigten Tempos. Diesbezüglich musste ich auch mit meinen Kollegen argumentieren, und möglicherweise habe ich daraufhin bei der Aufnahme meine Absicht überbetont und ist das Tempo dabei zu langsam geworden: Das kann passieren.[40]

RS:
Es gibt natürlich Ensembles, auch Solisten, die ausgesprochene Künstler für das Studio sind, zum Beispiel Glenn Gould.

WL:
Ja, der hat zuletzt überhaupt nur noch im Studio gespielt.

RS:
Und andere sind eben Musiker für die Bühne: Die sollte man live aufnehmen.

WL:
Sicher, damals hat man das aber nicht gemacht. Zum Beispiel haben wir anlässlich der Uraufführung von Ligetis zweitem Streichquartett in Baden-Baden auch Beethovens Opus

---

[39] Zum Vergleich der Satzdauern in Beethovens Opus 127 siehe Anmerkung 32. Zu diesem Beispiel siehe auch die CD-Beilage.
[40] Zu diesem Beispiel siehe die CD-Beilage.

Abb. 47: Walter Levin mit Küchentuch in Flims, September 2004: Arbeitsferien wie üblich ...

130 mit der *Großen Fuge* gespielt, und dieses Konzert wurde vom Südwestfunk mitgeschnitten.[41] Ein paar Tage vorher haben wir beim Südwestfunk noch eine Studioaufnahme gemacht. Aber die Live-Aufnahme ist fabelhaft, finde ich. Live kommt eben noch ein unglaublicher Schmiss dazu. Die sollten Sie sich anhören, die habe ich irgendwo, ich habe mir ja immer alle unsere Aufnahmen kommen lassen.

RS:
Wenn Sie einmal Ferien haben, werden wir das alles einmal ordnen.

WL:
Ja, ich habe mir fest vorgenommen, im Jahre 2017 mindestens vier Wochen Ferien zu machen.[42]

13.5 Wiederholungen in Sonatenhauptsätzen

RS:
Ein anderes Thema sind die Wiederholungen in Sonatenhauptsätzen. Von Anfang an bis 1960 haben Sie ganz treu alle Wiederholungen in Sonatenhauptsätzen gespielt. Und dann

---

[41] Dieses Konzert in Baden-Baden fand am 14. Dezember 1969 statt.
[42] Dieses Gespräch fand am 6. April 2007 statt.

gibt es eine Periode ab 1961 bis etwa 1973–75, während der Sie die Wiederholungen nicht spielen, aber nachher und bis zum Ende der Karriere wieder alle. Das Konzert vom 25. April 1972 scheint eine Art Wendepunkt darzustellen, denn da erscheint das d-Moll-Quartett KV 421 von Mozart zum ersten Mal wieder mit der Wiederholung der Exposition im ersten Satz, im selben Konzert führen Sie aber Brahms Opus 67 immer noch ohne die Wiederholung auf: Die spielen Sie erst wieder ab 1976, als Sie das Werk wieder neu ins Programm aufgenommen haben. Wie kam der Entscheid zustande, die Wiederholungen wegzulassen?

WL:
Das kann ich Ihnen heute nicht mehr sagen. Offensichtlich war es uns bewusst, dass das ein Problem ist, und wir haben wahrscheinlich so wie alle Interpreten geglaubt, man könnte das je nach der Länge des Programms einrichten, und wenn das Programm uns zu lang oder zu anstrengend erschien, haben wir die Wiederholung kurzerhand ausgelassen, ohne viel darüber nachzudenken, dass das eigentlich ziemlich sinnlos ist, was wir da machen. Die Untersuchungen und Gedankengänge zur Frage der Wiederholungen sind mir eigentlich erst in den letzten 20 Jahren sehr bewusst geworden, das heißt nach Ende des LaSalle-Quartetts. Vorher wusste ich darüber zwar auch etwas, aber es ist in den letzten Jahren viel zum Thema Wiederholungen und ihre Unerlässlichkeit publiziert worden. Ob man sie macht oder weglässt, ist keineswegs die Entscheidung des Interpreten, sondern des Komponisten. In der Klassik gilt die Regel, dass der Komponist es hinschreiben muss, wenn er eine Wiederholung nicht haben will.[43] Mit diesen Untersuchungen und der Literatur dazu habe ich mich eigentlich erst ernsthaft beschäftigt, als wir von Oktober 1991 bis Juni 1992 in Berlin im Wissenschaftskolleg waren. In den letzten Jahren habe ich also viel gelernt, was ich vorher hätte lernen sollen, dann wäre das schon beim LaSalle-Quartett konsequenter angewandt worden.

RS:
Aber am Anfang haben Sie die Wiederholungen ja gespielt.

WL:
Ja, wir haben es gemacht, weil ich es rein gefühlsmäßig als Balance immer falsch empfunden habe, wenn man in Sonatenhauptsätzen nicht zumindest die Exposition wiederholt. Ob man jedoch auch die Durchführung und die Reprise wiederholen soll? Für heutige Ohren scheint es vom dramatischen Aufbau her meist nicht sinnvoll, den dramatischsten Teil des Satzes zu wiederholen. Aber Haydn und Mozart unterscheiden zumindest in ihren Spätwerken sehr genau, ob sie die Wiederholung der Exposition und/oder des zweiten Teils ihrer Sonatenhauptsätze wollen oder nicht.[44] Auch Beethoven unterscheidet in seinen Quartetten

---

[43] Als Beispiele seien aufgeführt: In den Streichquartetten KV 387 und KV 575 schreibt Mozart für die Reprise des Menuetts nach dem Trio „Menuetto da capo senza repliche", d. h. ohne die beiden Wiederholungen. Einen komplexen und aufschlussreichen Fall stellt das zweite Menuett in Mozarts Streichtrio („Divertimento") KV 563 dar, welches die Form Menuett – Trio 1 – Menuett – Trio 2 – Menuett aufweist. Nach dem ersten Trio schreibt Mozart „Menuetto da capo, la replica piano", d. h. bei der Wiederholung soll das Menuett leise gespielt werden. Nach dem zweiten Trio schreibt Mozart „Menuetto da capo senza replica", d. h. ohne Wiederholung.

[44] Als Beispiele: Unter Mozarts letzten sechs Symphonien ist Nr. 38 KV 504 („Prager") die einzige, in der im ersten Satz die Wiederholung von Durchführung und Reprise vorgeschrieben ist. In den Symphonien Nr. 36–41

Opus 59 diesbezüglich sehr genau.[45] Ich habe immer dafür plädiert, dass man im ersten Satz des e-Moll-Quartetts Opus 59 Nr. 2 die Durchführung und die Reprise wie vorgeschrieben wiederholt. Wir haben es aber nie gemacht. Dabei ist es völlig klar, dass es Beethoven mit der Wiederholung ernst meint, denn er schreibt sogar vier Überleitungstakte, die man sonst nie hört!

RS:
Schade, weil mit beiden Wiederholungen der erste Satz etwa gleich lang ist wie der zweite!

WL:
Eben! Das sind dann ganz andere Proportionen: Es ist ein Fehler, in diesem Stück die Wiederholung der Durchführung und Reprise nicht zu spielen. Um Ihre anfängliche Frage ganz krass zu beantworten: Dass wir die Wiederholungen nicht gemacht haben, beruht auf Unbildung!

RS:
Und es ist auch der Zeitgeist, denn in den 1960er Jahren haben die meisten Interpreten die Wiederholungen nicht gespielt. So haben wir einige Schallplatten mit dem Amadeus-Quartett, auch mit Mozarts Quartett KV 590. Die eine Aufnahme ist etwa von 1955, und da spielen sie ebenfalls die Wiederholung der Exposition im ersten Satz, aber nicht in der späteren Aufnahme, die wir haben. Auch in Symphonien werden in den 1960er Jahren die

---

ist die Wiederholung von Durchführung und Reprise im letzten Satz vorgeschrieben. In der Symphonie Nr. 41 KV 551 („Jupiter") hat Mozart im letzten Satz außerhalb des zweiten Doppelstrichs sogar eine ausgedehnte Coda angefügt. Die Wiederholung der Exposition im ersten und vierten Satz ist in den Symphonien Nr. 36–41 vorgeschrieben, während es im ersten und vierten Satz der Symphonie Nr. 35 KV 385 („Haffner") gar keine Wiederholungen gibt. Mit den vorgeschriebenen Wiederholungen dauern die Symphonien Nr. 36 und Nr. 41 ca. 40 Minuten, Nr. 38 (drei Sätze) ca. 37 Minuten und Nr. 40 ca. 35 Minuten. Zum Vergleich: Mit den von Beethoven vorgeschriebenen Tempi dauert die als revolutionär lang bekannte *Eroica*-Symphonie Opus 55 ca. 44 Minuten.

Haydn bleibt bezüglich der vorgeschriebenen Wiederholungen in Sonatenhauptsätzen länger konventionell als Mozart. In seinen Streichquartetten schreibt er bis inklusive Opus 76 Nr. 3 (1797) im ersten Satz die Wiederholung sowohl der Exposition, als auch der Durchführung und Reprise vor. Dass es ihm damit ernst ist, sieht man im genannten Quartett daran, dass er am Ende der Reprise „la seconda volta più presto" notiert, d. h. eine „Verdi-Stretta" vor dem Satzende. Erst in den Quartetten Opus 76 Nr. 4 (1797), Opus 77 Nr. 1 und Nr. 2 (1799) verlangt er im ersten Satz nur noch die Wiederholung der Exposition. In den Finalsätzen schob ab Opus 74 Nr. 3 nur noch die Wiederholung der Exposition (Ausnahmen bilden Opus 76 Nr. 5, dessen Finale durchkomponiert ist, sowie Opus 76 Nr. 6, in dem ein letztes Mal die Wiederholung beider Satzteile gefordert ist). Im Falle der Symphonien ist Nr. 96 (1791), d. h. die chronologisch erste der zwölf Londoner Symphonien, die letzte, in der im ersten Satz beide Wiederholungen vorgeschrieben sind. Bei den Finalsätzen ist die doppelte Wiederholung bis inklusive Symphonie Nr. 92 (1789) vorgeschrieben. Im Finale der Symphonie Nr. 90 (1788) nutzt Haydn aber gerade die von der Konvention erwartete Wiederholung von Durchführung und Reprise aus, um sein Publikum schalkhaft an der Nase herumzuführen: Indem er an einer strategischen Stelle am Anfang der Reprise nach einem Scheinschluss viereinhalb Takte Pause einbaut, die den Applaus geradezu herausfordern, gelingt es ihm, den unachtsamen Zuhörer über das tatsächliche Satzende bis zuletzt im Zweifel zu lassen. In der wunderbaren Live-Aufnahme von Simon Rattle mit den Berliner Philharmonikern kann man mit Schadenfreude miterleben, wie das hochkarätige Berliner Publikum seine Unbildung offenbart, indem es dreimal hintereinander auf Haydns blendender Irreführung hereinfällt (EMI, Bestellnummer 0946 3 94237 2 9).

[45] Im Quartett Opus 59 Nr. 1 gibt es im ersten Satz keine Wiederholungen, im vierten Satz wird nur die Exposition wiederholt. Im ersten Satz von Opus 59 Nr. 2 schreibt Beethoven die Wiederholung beider Teile des Sonatenhauptsatzes vor, im Finale gar keine, in Opus 59 Nr. 3 im ersten Satz nur die Wiederholung der Exposition und im Finale auch gar keine.

Wiederholungen einfach nicht gespielt. Wenn man sich zum Beispiel die Gesamtaufnahme der Beethoven-Symphonien mit Karajan aus den 1960er Jahren anhört, werden die Wiederholungen weggelassen.

WL:
Es scheint also schon auch die Epoche eine Rolle zu spielen. Ich weiß nicht, nach welchen Kriterien sich Karajan gerichtet hat, das Amadeus-Quartett bestimmt nach dem Gefühl, nicht nach irgendwelchen Informationen, die waren ihnen völlig egal. Aber warum sie es erst gemacht haben und dann wieder nicht, kann ich nicht sagen. Es ist merkwürdig, mich stört es heute sehr, wenn Quartette die Wiederholungen einfach weglassen.

RS:
Es gibt aber zwei Stücke, bei denen Sie die Wiederholung der Exposition, soweit sich anhand von Live-Aufnahmen nachweisen lässt, über die ganze Karriere nie gespielt haben: Das eine Beispiel ist der erste Satz von Mozarts Quartett KV 499, und der ist an sich kurz.

WL:
Der erste Satz? Das kann ich mir nicht vorstellen. Gespielt haben wir ihn garantiert häufig mit Wiederholung. Denn wir haben es 1954 auf unserer Debüttournee in Europa als erstes Stück im Programm gespielt, nebst dem dritten Quartett von Bartók und Beethovens Quartett Opus 59 Nr. 3, und da haben wir die Wiederholung garantiert gespielt.

RS:
Es ist schade, dass es sich nicht mehr belegen lässt, denn die früheste Live-Aufnahme, die ich gefunden habe, ist von 1964[46], und unter allen späteren Live-Aufnahmen aus Cincinnati und vom Südwestfunk bis zur letzten Aufführung in 1981 gibt es keine einzige mit der Wiederholung.[47]

Das andere Beispiel betrifft den ersten Satz von Beethovens Quartett Opus 130: Soweit sich nachweisen lässt, haben Sie auch hier die Wiederholung der Exposition nie gespielt. War das vielleicht wegen der Länge des ganzen Quartetts mit der *Großen Fuge* als Finale?[48]

WL:
Das ist sicher auch ein Aspekt. Ich bin jedoch nicht überzeugt, dass man diese Wiederholung wirklich machen muss. Die späten Beethoven-Quartette sind ja ein völlig anderer Stil. Heute würde ich die Wiederholung aber ebenfalls machen, denn meine Kriterien sind heute andere.

---

[46] Es handelt sich um das Konzert vom 14. April 1964 in Cincinnati, das in der Paul Sacher Stiftung auf CD Nr. 55 dokumentiert ist.

[47] Die weiteren Live-Aufnahmen von Mozarts Quartett KV 499 aus Cincinnati sind in der Paul Sacher Stiftung auf folgenden CDs dokumentiert: Nr. 60 (26. Oktober 1965), Nr. 106 (2. Februar 1971), Nr. 118 (22. Mai 1973), Nr. 182 (6. Oktober 1981). Vom Konzert am 9. März 1954 sowie von demjenigen in Colorado Springs am 13. November 1952 fehlen leider die Mitschnitte. Die Aufnahme des Südwestfunks stammt vom Konzert am 26. März 1965 in Schloss Bruchsal.

[48] Mit der Wiederholung der Exposition im ersten Satz und der *Großen Fuge* als Finale dauert Beethovens Quartett Opus 130 ca. 50 Minuten.

13.6 Ausdrucksvolle Interpretation der Neuen Wiener Schule

RS:
Sie haben einmal gesagt, dass es den Anhängern des Serialismus ein Dorn im Auge war, wie Sie Webern gespielt haben, weil Sie seine Stücke eben nicht sozusagen „quadratisch-seriell" gespielt haben, sondern sehr romantisch und ausdrucksvoll. Woher kam dieser Interpretationsansatz?

WL:
Ein Dorn im Auge war es vor allem den jungen Komponisten in Schweden. Wir haben in Stockholm großen Krach gehabt, als wir dort einmal im Rahmen eines Konzerts von Avantgardemusik das dritte Quartett von Schönberg gespielt haben. Diese Leute waren sehr engagiert in der Neuen Musik, auch Ligeti hat sie ja unterrichtet. Sie kamen also „en force" zu unserem Konzert, und wir haben auch das dritte Quartett von Schönberg romantisch, also mit Ausdruck gespielt, das heißt mit Portamenti und Rubato. Wir haben es immer als ein spätromantisches Werk gespielt. Überhaupt empfanden wir Schönberg als einen Komponisten, der mit Themen, Begleitung und ausdrucksvollen Melodien arbeitet, auch in seinen Zwölftonwerken, und haben die Stücke auch so gespielt. Diese Leute in Stockholm waren wütend! Wie man Schönberg so spielen könnte, das wäre eine Verfälschung sondergleichen! Ich habe sie gefragt: „Wie würdet Ihr es denn spielen? Trocken und ekelhaft und mit miesem Ton? Wo steht denn das geschrieben?" Wir sind uns in die Haare geraten, aber ich habe ihnen ins Gesicht gesagt, dass sie völlig auf dem Holzweg sind. Das stimmt überhaupt nicht, das steht nirgends geschrieben, dass man die Werke der Neuen Wiener Schule so spielen muss! Auch das Kolisch-Quartett hat sie nicht so gespielt, und es war Schönberg durchaus recht, dass ausdrucksvoll gespielt wurde. Er empfand sich ja als einen klassisch-romantischen Komponisten in der Nachfolge von Brahms, der diesen Stil einfach weitergeführt hat. Gut, harmonisch, und in der Art, wie es gemacht ist, ist es Zwölftonmusik und atonal. Aber was heißt das schon? Das ist genau, was ihm Boulez vorgeworfen hat: Er habe zwar atonal, aber sonst wie Brahms weiterkomponiert, und das fand er inkonsequent. Wenn man die Harmonie atonal macht, müssten doch auch alle anderen Parameter der Musik entsprechend angepasst, das heißt letztlich serialisiert werden.

RS:
Dann gibt es doch noch die Ausgabe der Klaviervariationen Opus 27 von Webern, die Peter Stadlen herausgegeben hat.

WL:
Ja, die gibt es immer noch bei der Universal Edition. Stadlen war ein großer Gegner dieser seriellen Art, Webern zu interpretieren, oder ihn als Serialisten auszulegen, sondern er sagt, dass Webern ein Ausdruckskomponist war, ein extremer Ausdruckskomponist. Und diese Variationen, die heute als der Höhepunkt der Zwölftönigkeit dargestellt werden, in denen es nur noch einzelne, verteilte Töne gibt, wo es also „quadratisch" zugeht, das wollte Webern überhaupt nicht so gespielt haben: Er empfand das als ein sehr romantisches, mit Rubato zu spielendes Stück. Und das hat er Stadlen beigebracht, der Weberns Aufführungsanweisun-

gen in die Partitur hineingeschrieben hat: Die sind also veröffentlicht. Stadlen hat auch die Uraufführung dieser Klaviervariationen gespielt. Stadlen war überhaupt ein sehr romantisch veranlagter Mann. Er hat zum Beispiel eine große Studie über die Tempi bei Beethoven veröffentlicht, in der er sehr gegen die Metronombezeichnungen argumentiert und Vergleiche anstellt aufgrund von Aufnahmen mit verschiedenen Dirigenten: Das ist alles sehr tendenziös und zum Teil auch falsch.[49] Aber er war jemand, der sich sehr stark für die Neue Musik eingesetzt hat, zum Beispiel, indem er diese Variationen von Webern gespielt hat.

RS:
Diese Art, Webern und überhaupt die Werke der Neuen Wiener Schule romantisch, mit Ausdruck zu spielen, hat sich dann offenbar trotzdem nicht durchgesetzt.

WL:
Ich meine, inzwischen schon. Auch das Juilliard-Quartett hat Webern keineswegs so seriell wie die Darmstädter Schule gespielt. In Darmstadt wurde zwar einerseits im Zuge der Serialisierung aller Parameter der Musik auch die Interpretation dementsprechend rigoros. Aber, immerhin hat in Darmstadt auch Hermann Scherchen dirigiert, und der war ein außerordentlich ausdrucksvoller Ausleger der Neuen Wiener Schule: Man kann sich seine Aufnahmen ja anhören, und ich habe *Pelleas und Melisande* von Schönberg zum ersten Mal in Palästina unter Hermann Scherchen gehört, ein hochromantisches Stück.[50] In Darmstadt wurde also nicht nur das eine propagiert, aber die junge Generation hat sich gegen diese ausdrucksvolle Art der Interpretation sehr stark gewehrt. Man muss es auch verstehen als Reaktion darauf, was dieser Neuentdeckung der Wiener Schule, die in Europa erst nach dem Zweiten Weltkrieg einsetzen konnte, vorangegangen war. Diese jungen Leute wollten mit der Musik, mit den Musikern und der Art, Musik zu machen, die den Nazis genehm war, nichts mehr zu tun haben, weil es eben das repräsentierte, von dem sie auch politisch nichts mehr wissen wollten. Das kann ich sehr gut nachvollziehen. „Schönberg est mort!", hat Boulez geschrieben. Das sind alles zeitgebundene, tendenziöse Attitüden: Inzwischen hat auch Boulez sich sehr geändert.

RS:
Der zweite Teil eines solchen Satzes heißt ja sinngemäß meistens auch: „Es lebe Schönberg!"

WL:
Genau. Es gab übrigens gestern eine wunderbare, zweistündige Sendung im RBB, im Rundfunk Berlin Brandenburg, zum 50. Todestag und 140. Geburtsjahr von Toscanini, in der dies alles auch zur Sprache kam, und dass diese Art zu interpretieren, die Toscanini repräsentierte, auch heute immer noch ein Dorn im Auge ist.[51] Was darüber in Europa alles für Mythen geschrieben worden sind! Besonders in Deutschland, wo man davon noch eigentlich gar keine Ahnung hat: Man hört sich die Aufnahmen ja nie an! Und wenn man sie

---
[49] Peter Stadlen, „Beethoven und das Metronom", in: *Beethoven. Das Problem der Interpretation*, Musik-Konzepte 8, S. 12–33, edition text + kritik, München 1979 und 1985.
[50] Siehe dazu Kapitel 1 „Walter Levins Jugend- und Ausbildungsjahre".
[51] Die angesprochene Sendung wurde am 17. Mai 2007 ausgestrahlt.

sich dann anhört, stellt sich heraus, dass all die Behauptungen überhaupt nicht stimmen, sondern dass da ein Interpretationsniveau, eine Durchdringung aller Komponenten der Musikdarstellung in der feinsten Abwägung erfolgt ist, die in Europa nur in geschmacklosester Übertreibung überhaupt wahrnehmbar war. Wenn man in Europa sagt, jemand dirigiere metronomisch, heißt das nur, dass er nicht die wildesten Rubato-Sprünge macht. Das war eine großartige Sendung, und Sie hätten hören sollen, was gesagt wurde über den Stil, der damals während der Hitler-Zeit in Deutschland und in Österreich genehm war und groß angekommen ist. Der Hauptverantwortliche dafür, der ja auch mit den Nazis kooperiert und für sie gespielt hat, war Wilhelm Furtwängler. Und seine Aufführungen soll man sich anhören: Es ist nicht nachzuvollziehen, wie man so spielen kann.

RS:
Die Aufnahmen von Toscanini sind ja mitnichten metronomisch!

WL:
Nein, überhaupt nicht! Im Gegenteil! Manchmal sind sie mir rhythmisch sogar beinahe zu frei. Wie er Beethovens *Coriolan*-Ouvertüre dirigiert hat, ist kaum zu glauben! Da muss man die Probe hören! Ich war bei einer dieser Proben dabei[52] und dann im Konzert, als Myra Hess nach der *Coriolan*-Ouvertüre Beethovens Drittes Klavierkonzert gespielt hat.[53] Das muss man gehört haben, wie er mit dem NBC-Orchester an diesen Rubati gearbeitet hat! In Beethoven! Bei Fragen der Interpretation wird leider immer viel geschwätzt ohne Kenntnis der Fakten. Das hat sehr viel mit Politik zu tun und mit einer Politik, mit der die jungen Leute damals nichts mehr zu tun haben wollten. Und darum wollten sie auch mit jeder Andeutung dieser Art von Rubato und romantisierender Musikdeutung, wie wir sie angewandt haben, nichts zu tun haben: Das kann man nachvollziehen.

---

[52] Toscaninis Probe der *Coriolan*-Ouvertüre vom November 1946 ist dokumentiert.
[53] Dieses Konzert fand am 24. November 1946 statt.

14 Nachwort

Das Gewissen des Streichquartetts

Nachwort von Werner Grünzweig

Im Nachlass des aus Deutschland stammenden amerikanischen Komponisten Herbert Brün, eines engen Freundes von Walter Levin seit ihrer gemeinsamen Kindheit in Berlin, fand sich eine undatierte Notiz zum Thema „Streichquartett":

> *How to become a string quartet.*
> *How to be a string quartet.*
> *How to remain a string quartet.*
>
> *How to chose a repertoire and then the yearly new work.*
> *What does it mean: to look for a new composition for string quartet.*
> *The score: experiences, requirements, notations, competence, etc.*
>
> *String quartet: the conscience of the composer.*
> *Interpretatio.*
> *Musical ideas which require a string quartet.*[1]

Den Zweck, dem diese Notiz dienen sollte, kennen wir nicht. Wahrscheinlich waren die Gedanken als Leitfaden für eine Diskussion mit Studenten an der University of Illinois gedacht, wo Brün seit 1963 unterrichtete. Ursprünglich war der Begriff „Streichquartett" eine reine Besetzungsangabe, die aber im Laufe der Musikgeschichte eine Nobilitierung erfuhr und seit den Werken Haydns, Mozarts und Beethovens als musikalische Gattung verstanden wird, ähnlich wie die Symphonie oder die Sonate. (Brün vermerkte sogar, dass es musikalische Ideen gebe, zu deren Realisierung ein Streichquartett erforderlich sei.) Wenn Brün diese Gattung als „Gewissen des Komponisten" bezeichnete, so wollte er damit wohl auf das Terrain verweisen, wo ein Komponist zum „Kern" seiner Arbeit finden muss, zum Grundgerüst des Tonsatzes, in dem der gesamte musikalische Inhalt, von der Großform bis zur farblichen Nuance, enthalten ist.

Aber schon aus seiner eigenen engen Bekanntschaft mit Walter Levin heraus wird Brün das LaSalle-Quartett selbst gemeint haben, das zwei seiner Streichquartette uraufgeführt hat und das viele Komponisten als ideale Ausprägung dieser Ensembleform ansahen, weil es jede Art von Musik kompromisslos deutete und sich über Klischees, welche ältere Musik unter sich begruben, ebenso hinwegsetzte wie es Vorurteile gegen die neue Musik erfolgreich abzubauen half. So würde es nicht verwundern, wenn Brün diesem Ensemble auch wegen dessen Autorität in der älteren *und* der neuen (und neuesten) Musik eine Gewissensfunktion zuschrieb. Und wenn das LaSalle-Quartett so etwas wie das „Gewissen des Komponisten" repräsentierte, so war sicherlich dessen Primarius Walter Levin wiederum das Gewissen dieses Quartetts. Levin hat sich von Beginn seiner professionellen Karriere an ganz dieser Gattung verschrieben. Er hat sie für sich absolut gesetzt, weil er in ihr alles

---

[1] Akademie der Künste, Berlin, Herbert-Brün-Archiv.

realisieren konnte, was ihm musikalisch vorschwebte. Die Gattung umfasst ein unvergleichlich reiches Repertoire aus dem 18. und 19. Jahrhundert, und darüber hinaus haben die Komponisten in den ersten Jahrzehnten des 20. Jahrhunderts gezeigt, welches Potential sie auch für die neue Musik besaß. (Für die Musiker der Wiener Schule um Arnold Schönberg und viele ihrer Zeitgenossen wurde das Quartett sogar zum kompositorischen Experimentierfeld *par excellence*.) In einer Zeit, in der die Kammermusik aus der Mode kam, weil sie zu Hause nur mehr selten gepflegt wurde und das Orchesterrepertoire immer stärker beansprucht, die Ensemblemusik schlechthin zu repräsentieren, war es Levins Leitgedanke, diese Musizierform wieder fest im Konzertleben zu verankern. Ihre musikalischen Qualitäten, die er so schätzte, wollte er für eine neue Komponistengeneration bewahren und weiterentwickeln: Die Konzentration, die in der Beschränkung auf die vier Stimmen liegt, das enge und virtuose Zusammenspiel von vier quasi-solistischen Musikern, die großen Möglichkeiten, neues musikalisches Terrain zu erschließen.

Die Frage, die Brün gleich am Anfang stellt, wie man ein Streichquartett werde, sei und bleibe, ist ein Thema, das Levin ebenfalls immer wieder beschäftigte. Junge Quartette für diese Problematik zu sensibilisieren, schien ihm zwingend erforderlich, weil einige der bedeutendsten Quartettensembles des 20. Jahrhunderts an den schwierigen Arbeitsbedingungen und inneren Verschleißerscheinungen zerbrochen waren, wie etwa das Wiener Kolisch-Quartett, dessen musikalische Arbeitsweise ansonsten für das LaSalle-Quartett in vielerlei Hinsicht vorbildhaft war.[2] Da ein Quartett erst nach vielen Jahren der gemeinsamen Arbeit jene Verständigung entwickelt, die schließlich die höchste künstlerische Qualität gewährleistet, müssen Wege gefunden werden, wie sich vier Musiker über längere Zeit hinweg arrangieren können, sodass man nicht nur gut miteinander auskommt, sondern sich auch künstlerisch weiterentwickelt. Hier hat Levin eine der wichtigsten Aufgaben erkannt, die einem Quartettprimarius zukommt: Das Durchsetzen einer strikten Arbeitsdisziplin, um das einmal erreichte Niveau nicht zu gefährden.

Die wichtigsten Entscheidungen, die ein Quartettensemble einvernehmlich zu treffen hat, umfassen, wie Brün notierte, die Wahl des Repertoires und vor allem dessen Erweiterung durch ganz neue Werke. Für das LaSalle-Quartett verband sich damit immer auch die Frage, wie man sich nach neuen Quartettkompositionen umsehen oder bei wem man sie in Auftrag geben solle. Angesichts heutiger Fließband-Interpretationen erscheint es erstaunlich, dass sich das LaSalle-Quartett bei der Hereinnahme neuer Werke noch freiwillig enge Schranken auferlegte – Brün schreibt vom „jährlichen neuen Werk". Man war davon überzeugt, dass gerade ein neues und daher unbekanntes Werk nur in der höchsten Vollendung gespielt werden dürfe – und um nur ja nicht die Qualität zu gefährden, verschob man schon einmal eine bedeutende Uraufführung um ein ganzes Jahr. Quantität war hier niemals ein Kriterium. Vielmehr setzten sich die Musiker langfristig und mit großem Engagement für sorgfältig ausgewählte neue Werke ein – oder für Komponisten, die sie besonders schätzten und an die sie deshalb Aufträge vergaben. Nicht wenige der so entstandenen und auf höchstem Niveau uraufgeführten Werke gingen denn auch in das allgemeine Quartettrepertoire ein. Eine solche Arbeitsweise würde auch heute noch Orientierung schaffen, wo inmitten

---

[2] Vgl. den Beitrag von Claudia Maurer Zenck, „‚Ein Sauberuf!' Der Alltag des Kolisch Quartetts auf Reisen in der Zwischenkriegszeit", in: *Annäherungen. Festschrift für Jürg Stenzl zum 65. Geburtstag*, hrsg. von Ulrich Mosch, Matthias Schmidt, Silvia Willi, Saarbrücken: PFAU Verlag 2007, S. 187–221.

einer unüberschaubar reichhaltigen Produktion viele Werke ihre Uraufführung nicht „überleben", einfach weil sie in schlecht studiertem Zustand keinen Eindruck von ihrem tatsächlichen Wert vermittelten. (Durch schlechte Erstaufführungen sind wohl ähnlich viele Werke für das Musikleben verloren gegangen, wie durch Aufträge und Stipendien entstanden sind.)

***

Immer wieder erstaunt an Walter Levins Gesprächen mit Robert Spruytenburg, wie sehr alle Ereignisse in Levins Leben einem einzigen Zweck, einem einzigen Ziel zu dienen scheinen. Alles scheint seinen im Nachhinein erkennbaren Sinn zu haben, weil es auf sein späteres Lebensprojekt, das Quartett, ausgerichtet war. Wenn man will, kann man schon in seinem Auftritt als Schlagwerker in der Uraufführung der *Kindersymphonie* Herbert Brüns im Berlin des Jahres 1933 die Grundlage für das spätere rhythmisch pointierte Spiel sehen, für das das LaSalle-Quartett berühmt war. Und so dunkel und unvorhersehbar Levins Schicksal im gelebten Augenblick auch gewesen sein mag, hatte ihm die erzwungene Emigration nach Palästina doch Lehrer verschafft, die er in Berlin nicht gehabt hätte. Der Wunsch wiederum, sich aus der Enge des Landes zu befreien, in das seine Familie ausgewandert war, eröffnete ihm alle Möglichkeiten, die das kulturell aufstrebende und vor ökonomischer Vitalität strotzende Amerika in der Mitte des 20. Jahrhunderts zu bieten hatte. In New York hat er sehr bewusst seine musikalische Ausbildung auf eine breite Basis gestellt, die aber niemals ihren Zweck nur in sich selbst hatte, sondern ihn zu einem möglichst guten Quartettspieler machen sollte.

Der Eindruck, das Leben Levins sei wie aus einem Guss, entsteht natürlich auch aus der Art seiner Darstellung. Wenn Levin erzählt, verdichtet sich sein Leben zu einer Einheit, in der auch disparate und zufällige Dinge sich einem sinnvollen Ganzen einfügen, sodass man schließlich das Gefühl hat, die Dinge konnten nur so und nicht anders sein. In seinen beiden großen Interviewserien – zum einen mit Robert Spruytenburg und zum anderen mit Deutschlandradio Kultur[3] – diente ihm seine Lebensgeschichte als roter Faden, der den Leser bzw. Zuhörer durch die jüngere (Musik-)Geschichte Europas, Palästinas, der Vereinigten Staaten und darüber hinaus vieler weiterer Länder, in denen ein „europäisches" Musikleben gepflegt wurde, leitete. Damit hat er aber die eigene Person nicht überbewertet: Wichtig war ihm vielmehr das, was der Leser (oder Zuhörer) aus diesem Leben für *sich* lernen könnte – über die Musik, über die jüngere Geschichte, über das Leben schlechthin. Dazu kam die Lust am geschliffenen Formulieren, an der schönen, oft mehrdeutigen Anekdote, die mit Humor, der bis zur Selbstironie reichte, vorgetragen wurde. Alles in allem drängt sich als stärkster Eindruck auf, dass Levin wirklich etwas wie ein Gewissen verkörperte, eine moralische Autorität, auch wenn er, anstatt seine Erfahrung zu verabsolutieren, lieber zum kritischen Selberdenken anregen wollte. Für sich selbst war er unerbittlich auf der Suche nach *Wahrheit* – nach moralischer, künstlerischer und historischer Wahrheit. Die Beweismittel dafür hat er seit Jahrzehnten akribisch gesammelt: Er kann auf ein erstaunliches persönliches Archiv zurückgreifen, dessen Tonaufnahmen eigener Auftritte beispielsweise bis in die späten 1940er Jahre zurückreichen; dazu kommen seltene Aufnahmen an-

---

[3] *Walter Levin und das LaSalle-Quartett. Eine musikalische Biographie in 26 Folgen. Wolfgang Hagen und Werner Grünzweig im Gespräch mit Walter Levin*, Deutschlandradio Kultur 2009.

derer Musiker, Noten, Familien- und Arbeitsdokumente, Briefe, persönliche Aufzeichnungen, Zeitungsausschnitte und Fotografien – eben alles, was ein reichhaltiges Künstlerarchiv ausmacht. Die knapp 39 Gesprächsstunden mit Walter Levin, die 2009 auf Deutschlandradio Kultur gesendet wurden, waren nicht schwer zu füllen; schwirig war zu entscheiden, was man weglässt. Die ungeheure Intensität seines Erinnerns, die aus dem Zufälligen seines Lebens eine zwingende Einheit formte, war auch für den, der schon mit vielen Künstlern über ihr Leben gesprochen hat, einmalig. Einiges von dem, was für die Radiosendungen zu speziell und detailliert war, kann man nun dem vorliegenden Buch entnehmen, das Musikern und Musikinteressierten in Zukunft als Kompendium zu vielen Aspekten der Musik und des Musikdenkens in der zweiten Hälfte des 20. Jahrhunderts dienen wird.

Im Grunde genommen wollte Walter Levin immer diejenige Musik in ihr Recht setzen, die ihm wichtig war und die im Musikbetrieb unterzugehen drohte. Für ihn war das eine Frage seiner moralischen Integrität, und dies bedingte, dass Levin sein Leben lang für eben diese Musik kämpfte und stritt. Er wollte etwas erreichen, das zunächst kaum durchführbar schien, etwa die selbstverständliche Integration ganz neuer Werke in „normale" Konzertprogramme. Der Status quo interessierte ihn niemals. Genauso wenig übrigens, wie für ihn die Beschränkung auf die Musikausübung in Frage kam. Der Musiker Levin ist nur in Personalunion mit dem Lehrer, dem Organisator, dem Anreger, dem Auftraggeber, dem Historiker, kurz: dem Vermittler zu verstehen. Oder anders formuliert: Da Musik für Walter Levin immer eine kommunikative Aufgabe darstellte, so sind auch seine Lebensschilderungen, seine Unterrichtstätigkeit und seine organisatorischen Strategien nicht von seinem Musikbegriff zu trennen. Das „Projekt Levin" war eine unauflösliche Einheit.

Das Unterrichten, das Levin sein Leben lang gepflegt hat, kam dabei seinem Naturell besonders entgegen. Die Lehre ist der Ort, wo der Lehrer sein intuitives künstlerisches Verständnis theoretisch auf den Begriff bringt, nicht nur für seine Schüler, sondern auch für sich selbst. Wenn Schönberg formulierte, seine als *Harmonielehre* getarnte Musikphilosophie von seinen Schülern gelernt zu haben, so meinte er genau jenen Übergang vom Verständnis zum Wissen. Für einen immer wissbegierigen, intellektuellen Künstler wie Levin wurde das Unterrichten daher zum idealen Betätigungsfeld, weil er dort gezwungen war, für seinen intuitiven Zugriff auf die Musik rationale Begründungen zu finden. Ganz nach Schönbergs Verständnis versuchte er, *gemeinsam* mit seinen Schülern musikalische Probleme zu lösen, anstatt von oben zu verkünden, was richtig und was falsch sei. Jedes Einstudieren eines bedeutenden Werks förderte neue, auch dem Lehrer unbekannte Aspekte zutage, und somit musste, wie Schönberg formulierte, sich der Lehrer dabei auch nicht als der Unfehlbare zeigen, sondern als der Unermüdliche, der immer sucht und manchmal findet.

Levin genügte die Ausbildung von Musikern jedoch keineswegs: Er wollte auch das Publikum erziehen. Ohne sensibilisierte Zuhörer, so sein lebenslanges Credo, bleiben alle Bemühungen von Komponisten wie von Musikern vergebens. Die Gesprächskonzerte, die Lecture-Recitals, die das LaSalle-Quartett wahrscheinlich erfunden hat und die Walter Levin auch nach dem Rückzug des Quartetts mit großem Erfolg öffentlich weiterführte, haben der ernsthaften Beschäftigung mit Musik zahlreiche Freunde gewonnen. Er bewies damit, dass die konventionelle Form des Konzerts nicht einfach dadurch aufgehoben wird, dass man das steife Ambiente auflockert. Verderblich am konventionellen Konzertbetrieb schien ihm vielmehr eine Situation, in der das Publikum die Musik, die ihm präsentiert wurde, zumeist nicht kannte und auch gar nicht kennen konnte (oder wollte), während es durch Levins Strategie, durch Erläuterungen, Beispielfolgen und wiederholte Aufführungen zu einem aktiven Verständnis, zu einer wirklichen Annäherung an die Musik gelangte. Somit liegt in der Lebensleistung des Musikers Walter Levin auch ein gesellschaftliches Element – aber nicht in einem allgemein-politischen Verständnis, sondern in dem Sinn, dass er das künstlerische Potential, das in vielen Menschen steckt, freilegte und förderte. Wenn man so will, lehrte Levin mehr als nur Musik: Er unterrichtete *Musikalität*, weil er die Vorstellung davon, was Musik sein kann, erweiterte. Indem er der älteren Musik durch genaues Quellenstudium ihre Authentizität zurückgewann, machte er sie für den heutigen Hörer ebenso attraktiv wie er Musiker und Zuhörer für den kreativen Impuls sensibilisierte, aus dem ein ganz neues Werk entsteht. Auf diese Weise wurde die Kunst als Teil des Lebens verstanden, um den zu bemühen es sich immer wieder lohnt.

Anhang

I. Repertoire des LaSalle-Quartetts

Die in diesem und in den beiden nachfolgenden Kapiteln angegebene Anzahl Aufführungen basiert auf der Auswertung sämtlicher Konzertprogramme des LaSalle-Quartetts im Archiv der Paul Sacher Stiftung in Basel. Der Vergleich mit den Tourneeprogrammen zeigt allerdings, dass von manchen Konzerten die Programme fehlen. Dies betrifft hauptsächlich die Israeltournee 1954, die Asientournee 1956 sowie einige USA-Tourneen. Es handelt sich folglich um die Anzahl **dokumentierter** Aufführungen. Bei einzelnen Werken kann also die tatsächliche Anzahl Aufführungen etwas höher sein.

Nr.	Komponist	Werk	Aufführungen
1	Th. W. Adorno	*Zwei Stücke für Streichquartett* Opus 2	1
2	H. E. Apostel	Opus 7	20
3		Opus 26	5
4	B. Bartók	*Mikrokosmos*	15
5		Quartett Nr. 1	8
6		Quartett Nr. 2	10
7		Quartett Nr. 3	78
8		Quartett Nr. 4	36
9		Quartett Nr. 5	19
10		Quartett Nr. 6	56
11	L. v. Beethoven	Opus 14 Nr. 1	39
12		Opus 18 Nr. 1	2
13		Opus 18 Nr. 2	15
14		Opus 18 Nr. 3	29
15		Opus 18 Nr. 4	23
16		Opus 18 Nr. 5	6
17		Opus 18 Nr. 6	8
18		Opus 59 Nr. 1	16
19		Opus 59 Nr. 2	32
20		Opus 59 Nr. 3	22
21		Opus 74	9
22		Opus 95	117
23		Opus 127	36
24		Opus 130	42
25		Opus 131	58
26		Opus 132	74
27		Opus 133 *Große Fuge*	148
28		Opus 135	12
29	A. Berg	Opus 3	97
30		*Lyrische Suite*	100

Nr.	Komponist	Werk	Aufführungen
31		7 Frühe Lieder	1
32	L. Boccherini	Opus 41 Nr. 2	1
33	J. Brahms	Sextett Opus 18	10
34		Opus 51 Nr. 1	23
35		Opus 51 Nr. 2	42
36		Opus 67	98
37	E. Brown	String Quartet	33
38	A. Bruckner	Quartett c-Moll	6
39	H. Brün	Quartett Nr. 1	4
40		Quartett Nr. 2	6
41		Quartett Nr. 3	10
42	J. Cage	String Quartet in four Parts	9
43	E. Carter	Quartett Nr. 2	3
44	C. Debussy	Streichquartett Opus 10	21
45	W. DeFotis	String Quartet	3
46	F. Döhl	Sound of Sleat	2
47	G. Donizetti	Quartett Nr. 5	10
48	M. Dumler	Opus 47	1
49	A. Dvořák	Opus 96 Amerikanisches Quartett	3
50	G. Englert	Quartett Nr. 1 Les Avoines Folles	6
51		Quartett Nr. 2 La Joute des Lierres	4
52	F. Evangelisti	Aleatorio	34
53	M. Gielen	Un Vieux Souvenir	11
54	J. Haydn	Opus 9 Nr. 4	51
55		Opus 20 Nr. 2	42
56		Opus 20 Nr. 3	30
57		Opus 20 Nr. 4	42
58		Opus 33 Nr. 2	8
59		Opus 33 Nr. 3	9
60		Opus 33 Nr. 5	26
61		Opus 42	1
62		Opus 50 Nr. 1	6
63		Opus 50 Nr. 2	40
64		Opus 50 Nr. 6	11
65		Opus 55 Nr. 1	28
66		Opus 64 Nr. 1	25
67		Opus 64 Nr. 5	22
68		Opus 64 Nr. 6	11
69		Opus 71 Nr. 2	80
70		Opus 71 Nr. 3	1

Nr.	Komponist	Werk	Aufführungen
71		Opus 74 Nr. 1	30
72		Opus 76 Nr. 6	18
73		Opus 77 Nr. 1	3
74		Opus 77 Nr. 2	20
75	P. Hindemith	Quartett Nr. 3	15
76	M. Howe	String Quartet	1
77	B. Johnston	9 Variations	2
78	M. Kagel	Quartett Nr. 1	5
79	L. Kalmár	Morfeo	4
80	L. Kirchner	Quartett Nr. 1	15
81	G. M. Koenig	Quartett Nr. 1	4
82	G. Ligeti	Quartett Nr. 2	58
83	W. Lutoslawski	Streichquartett	98
84	R. Mann	Five Pieces for String Quartet	7
85	T. Mayuzumi	Prelude for String Quartet	18
86	F. Mendelssohn	Opus 12	22
87		Opus 13	32
88	W. A. Mozart	KV 155	3
89		KV 387	17
90		KV 421	105
91		KV 428	50
92		KV 458	39
93		KV 464	95
94		KV 465	3
95		KV 499	61
96		KV 575	29
97		KV 589	12
98		KV 590	48
99		KV 405 Präludien und Fugen	44
100		KV 546 Adagio und Fuge	38
101		KV 617 Adagio und Rondo	2
102	L. Nono	Fragmente – Stille, An Diotima	33
103	K. Penderecki	Quartett Nr. 1	41
104	W. Piston	Quartett Nr. 1	29
105	H. Pousseur	Ode pour Quatuor	9
106	H. Purcell	Fantasien	124
107	M. Ravel	Streichquartett	199
108	M. Reger	Opus 121	10
109	W. Riegger	Quartett Nr. 2 Opus 43	7
110	W. Rosenberg	Quartett Nr. 2	1

Anhang

Nr.	Komponist	Werk	Aufführungen
111		Quartett Nr. 3	12
112	G. Samuel	Quartett Nr. 1	10
113	A. Schnabel	Quartett Nr. 3	8
114	A. Schönberg	Quartett D-Dur (1897)	16
115		Quartett Nr. 1 Opus 7	61
116		Quartett Nr. 2 Opus 10	25
117		Quartett Nr. 3 Opus 30	59
118		Quartett Nr. 4 Opus 37	57
119		Opus 4 *Verklärte Nacht*	11
120		Opus 41 *Ode an Napoleon*	5
121		Streichtrio Opus 45	25
122		Konzert für Streichquartett	1
123		Lieder Opus 2	2
124	F. Schubert	Opus 125 Nr. 1 D 87	33
125		Opus 125 Nr. 2 D 353	3
126		Quartett D 173	4
127		Quartettsatz c-Moll D 703	57
128		Quartett a-Moll D 804	57
129		Quartett d-Moll D 810	21
130		Quartett G-Dur D 887	15
131		Streichquintett D 956	12
132	G. Schuller	Quartett Nr. 1	11
133	R. Schumann	Opus 41 Nr. 2	20
134		Opus 41 Nr. 3	7
135		Klavierquintett Opus 44	14
136	M. Seiber	Quartett Nr. 2	4
137		Quartett Nr. 3	1
138	B. Smetana	Quartett Nr. 1 *Aus meinem Leben*	33
139	L. Spohr	Konzert für Streichquartett	2
140	I. Strawinsky	*Concertino*	26
141		*3 Pieces for String Quartet*	70
142	G. Turchi	*Concerto breve*	1
143	G. Verdi	Quartett e-Moll	31
144	A. Vivaldi	Sonata a quattro	8
145	A. Webern	Quartett 1905	73
146		Rondo 1906	47
147		Klavierquintett 1907	9
148		*Fünf Stücke* Opus 5	96
149		*Sechs Bagatellen* Opus 9	243
150		Opus 28	125

Nr.	Komponist	Werk	Aufführungen
151		Streichtrio Opus 20	14
152		Bagatelle mit Sopran	2
153	H. Wolf	Quartett d-Moll	15
154		*Italienische Serenade*	6
155	A. Zemlinsky	Quartett Nr. 1 Opus 4	9
156		Quartett Nr. 2 Opus 15	13
157		Quartett Nr. 3 Opus 19	25
158		Quartett Nr. 4 Opus 25	68
		TOTAL	4725

II. Aufführungshäufigkeit nach Komponisten

Nr.	Komponist	Aufführungen
1	L. v. Beethoven	688
2	A. Webern	609
3	W. A. Mozart	546
4	J. Haydn	504
5	A. Schönberg	262
6	B. Bartók	222
7	F. Schubert	202
8	M. Ravel	199
9	A. Berg	198
10	J. Brahms	173
11	H. Purcell	124
12	A. Zemlinsky	115
13	W. Lutoslawski	98
14	I. Strawinsky	96
15	G. Ligeti	58
16	F. Mendelssohn	54
17	K. Penderecki	41
18	R. Schumann	41
19	F. Evangelisti	34
20	E. Brown	33
21	L. Nono	33
22	B. Smetana	33
23	G. Verdi	31
24	W. Piston	29

Nr.	Komponist	Aufführungen
25	H. E. Apostel	25
26	C. Debussy	21
27	H. Wolf	21
28	H. Brün	20
29	T. Mayuzumi	18
30	P. Hindemith	15
31	L. Kirchner	15
32	W. Rosenberg	13
33	M. Gielen	11
34	G. Schuller	11
35	G. Donizetti	10
36	G. Englert	10
37	M. Reger	10
38	G. Samuel	10
39	J. Cage	9
40	H. Pousseur	9
41	A. Schnabel	8
42	A. Vivaldi	8
43	W. Riegger	7
44	R. Mann	7
45	A. Bruckner	6
46	M. Kagel	5
47	M. Seiber	5
48	L. Kalmár	4
49	G. M. Koenig	4
50	E. Carter	3
51	W. DeFotis	3
52	A. Dvořák	3
53	F. Döhl	2
54	B. Johnston	2
55	L. Spohr	2
56	Th. W. Adorno	1
57	L. Boccherini	1
58	M. Dumler	1
59	M. Howe	1
60	G. Turchi	1
	TOTAL	4725

III. Aufführungshäufigkeit nach Werken

Nr.	Komponist	Werk	Aufführungen
1	A. Webern	Sechs Bagatellen Opus 9	243
2	M. Ravel	Streichquartett	199
3	L. v. Beethoven	Opus 133 Große Fuge	148
4	A. Webern	Opus 28	125
5	H. Purcell	Fantasien	124
6	L. v. Beethoven	Opus 95	117
7	W. A. Mozart	KV 421	105
8	A. Berg	Lyrische Suite	100
9	J. Brahms	Opus 67	98
10	W. Lutoslawski	Streichquartett	98
11	A. Berg	Opus 3	97
12	A. Webern	Fünf Stücke Opus 5	96
13	W. A. Mozart	KV 464	95
14	J. Haydn	Opus 71 Nr. 2	80
15	B. Bartók	Quartett Nr. 3	78
16	L. v. Beethoven	Opus 132	74
17	A. Webern	Quartett 1905	73
18	I. Strawinsky	3 Pieces for String Quartet	70
19	A. Zemlinsky	Quartett Nr. 4 Opus 25	68
20	W. A. Mozart	KV 499	61
21	A. Schönberg	Quartett Nr. 1 Opus 7	61
22	A. Schönberg	Quartett Nr. 3 Opus 30	59
23	L. v. Beethoven	Opus 131	58
24	G. Ligeti	Quartett Nr. 2	58
25	A. Schönberg	Quartett Nr. 4 Opus 37	57
26	F. Schubert	Quartettsatz c-Moll D 703	57
27	F. Schubert	Quartett a-Moll D 804	57
28	B. Bartók	Quartett Nr. 6	56
29	J. Haydn	Opus 9 Nr. 4	51
30	W. A. Mozart	KV 428	50
31	W. A. Mozart	KV 590	48
32	A. Webern	Rondo 1906	47
33	W. A. Mozart	KV 405 Präludien und Fugen	44
34	L. v. Beethoven	Opus 130	42
35	J. Brahms	Opus 51 Nr. 2	42
36	J. Haydn	Opus 20 Nr. 2	42
37	J. Haydn	Opus 20 Nr. 4	42
38	K. Penderecki	Quartett Nr. 1	41

Anhang

Nr.	Komponist	Werk	Aufführungen
39	J. Haydn	Opus 50 Nr. 2	40
40	L. v. Beethoven	Opus 14 Nr. 1	39
41	W. A. Mozart	KV 458	39
42	W. A. Mozart	KV 546 Adagio und Fuge	38
43	B. Bartók	Quartett Nr. 4	36
44	L. v. Beethoven	Opus 127	36
45	F. Evangelisti	*Aleatorio*	34
46	E. Brown	*String Quartet*	33
47	L. Nono	*Fragmente – Stille, An Diotima*	33
48	F. Schubert	Opus 125 Nr. 1 D 87	33
49	B. Smetana	Quartett Nr. 1 *Aus meinem Leben*	33
50	L. v. Beethoven	Opus 59 Nr. 2	32
51	F. Mendelssohn	Opus 13	32
52	G. Verdi	Quartett e-Moll	31
53	J. Haydn	Opus 20 Nr. 3	30
54	J. Haydn	Opus 74 Nr. 1	30
55	L. v. Beethoven	Opus 18 Nr. 3	29
56	W. A. Mozart	KV 575	29
57	W. Piston	Quartett Nr. 1	29
58	J. Haydn	Opus 55 Nr. 1	28
59	J. Haydn	Opus 33 Nr. 5	26
60	I. Strawinsky	*Concertino*	26
61	J. Haydn	Opus 64 Nr. 1	25
62	A. Schönberg	Quartett Nr. 2 Opus 10	25
63	A. Schönberg	Streichtrio Opus 45	25
64	A. Zemlinsky	Quartett Nr. 3 Opus 19	25
65	L. v. Beethoven	Opus 18 Nr. 4	23
66	J. Brahms	Opus 51 Nr. 1	23
67	L. v. Beethoven	Opus 59 Nr. 3	22
68	J. Haydn	Opus 64 Nr. 5	22
69	F. Mendelssohn	Opus 12	22
70	C. Debussy	Streichquartett Opus 10	21
71	F. Schubert	Quartett d-Moll D 810	21
72	H. E. Apostel	Opus 7	20
73	J. Haydn	Opus 77 Nr. 2	20
74	R. Schumann	Opus 41 Nr. 2	20
75	B. Bartók	Quartett Nr. 5	19
76	J. Haydn	Opus 76 Nr. 6	18
77	T. Mayuzumi	*Prelude for String Quartet*	18
78	W. A. Mozart	KV 387	17
79	L. v. Beethoven	Opus 59 Nr. 1	16

III. Aufführungshäufigkeit nach Werken

Nr.	Komponist	Werk	Aufführungen
80	A. Schönberg	Quartett D-Dur (1897)	16
81	B. Bartók	*Mikrokosmos*	15
82	L. v. Beethoven	Opus 18 Nr. 2	15
83	P. Hindemith	Quartett Nr. 3	15
84	L. Kirchner	Quartett Nr. 1	15
85	F. Schubert	Quartett G-Dur D 887	15
86	H. Wolf	Quartett d-Moll	15
87	R. Schumann	Klavierquintett Opus 44	14
88	A. Webern	Streichtrio Opus 20	14
89	A. Zemlinsky	Quartett Nr. 2 Opus 15	13
90	L. v. Beethoven	Opus 135	12
91	W. A. Mozart	KV 589	12
92	W. Rosenberg	Quartett Nr. 3	12
93	F. Schubert	Streichquintett D 956	12
94	M. Gielen	*Un Vieux Souvenir*	11
95	J. Haydn	Opus 50 Nr. 6	11
96	J. Haydn	Opus 64 Nr. 6	11
97	A. Schönberg	Opus 4 *Verklärte Nacht*	11
98	G. Schuller	Quartett Nr. 1	11
99	B. Bartók	Quartett Nr. 2	10
100	J. Brahms	Sextett Opus 18	10
101	H. Brün	Quartett Nr. 3	10
102	G. Donizetti	Quartett Nr. 5	10
103	M. Reger	Opus 121	10
104	G. Samuel	Quartett Nr. 1	10
105	L. v. Beethoven	Opus 74	9
106	J. Cage	*String Quartet in Four Parts*	9
107	J. Haydn	Opus 33 Nr. 3	9
108	H. Pousseur	*Ode pour Quatuor*	9
109	A. Webern	Klavierquintett 1907	9
110	A. Zemlinsky	Quartett Nr. 1 Opus 4	9
111	B. Bartók	Quartett Nr. 1	8
112	L. v. Beethoven	Opus 18 Nr. 6	8
113	J. Haydn	Opus 33 Nr. 2	8
114	A. Schnabel	Quartett Nr. 3	8
115	A. Vivaldi	Sonata a quattro	8
116	R. Mann	*Five Pieces for String Quartet*	7
117	W. Riegger	Quartett Nr. 2 Opus 43	7
118	R. Schumann	Opus 41 Nr. 3	7
119	L. v. Beethoven	Opus 18 Nr. 5	6
120	A. Bruckner	Quartett c-Moll	6

Anhang

Nr.	Komponist	Werk	Aufführungen
121	H. Brün	Quartett Nr. 2	6
122	G. Englert	Quartett Nr. 1 *Les Avoines Folles*	6
123	J. Haydn	Opus 50 Nr. 1	6
124	H. Wolf	*Italienische Serenade*	6
125	H. E. Apostel	Opus 26	5
126	M. Kagel	Quartett Nr. 1	5
127	A. Schönberg	Opus 41 *Ode an Napoleon*	5
128	H. Brün	Quartett Nr. 1	4
129	G. Englert	Quartett Nr. 2 *La Joute des Lierres*	4
130	L. Kalmár	*Morfeo*	4
131	G. M. Koenig	Quartett Nr. 1	4
132	F. Schubert	Quartett D 173	4
133	M. Seiber	Quartett Nr. 2	4
134	E. Carter	Quartett Nr. 2	3
135	W. DeFotis	String Quartet	3
136	A. Dvořák	Opus 96 *Amerikanisches Quartett*	3
137	J. Haydn	Opus 77 Nr. 1	3
138	W. A. Mozart	KV 155	3
139	W. A. Mozart	KV 465	3
140	F. Schubert	Opus 125 Nr. 2 D 353	3
141	L. v. Beethoven	Opus 18 Nr. 1	2
142	F. Döhl	*Sound of Sleat*	2
143	B. Johnston	*9 Variations*	2
144	W. A. Mozart	KV 617 Adagio und Rondo	2
145	A. Schönberg	Lieder Opus 2	2
146	L. Spohr	Konzert für Streichquartett	2
147	A. Webern	Bagatelle mit Sopran	2
148	Th. W. Adorno	*Zwei Stücke für Streichquartett* Opus 2	1
149	A. Berg	*7 Frühe Lieder*	1
150	L. Boccherini	Opus 41 Nr. 2	1
151	M. Dumler	Opus 47	1
152	J. Haydn	Opus 42	1
153	J. Haydn	Opus 71 Nr. 3	1
154	M. Howe	String Quartet	1
155	W. Rosenberg	Quartett Nr. 2	1
156	G. Turchi	*Concerto breve*	1
157	A. Schönberg	Konzert für Streichquartett	1
158	M. Seiber	Quartett Nr. 3	1
		TOTAL	**4725**

IV. Liste der Auftragswerke und Uraufführungen

Die nachfolgend mit einem Sternchen gekennzeichneten Werke sind Auftragswerke des LaSalle-Quartetts. Sämtliche Werke in der Liste wurden vom LaSalle-Quartett uraufgeführt.
Auftragswerke und Uraufführungen alphabetisch nach Komponisten:

Nr.	Komponist	Werk	Komposition	Uraufführung
1	H. E. Apostel	Quartett Opus 26 (*)	1956	Cincinnati 23.4.1957
2	E. Brown	String Quartet (*)	1965	Donaueschingen 16.10.1965
3	H. Brün	Quartett Nr. 2 (*)	1957	Cincinnati 1.4.1958
4		Quartett Nr. 3 (*)	1961–62	Kranichstein 14.7.1962
5	W. DeFotis	String Quartet (*)	1977	Cincinnati 2.10.1979
6	G. Englert	Nr. 1 Les Avoines Folles (*)	1962–63	Cincinnati 13.10.1964
7		Nr. 2 La Joute des Lierres (*)	1966	Cincinnati 11.5.1971
8	F. Evangelisti	Aleatorio (*)	1959	Kranichstein 14.7.1962
9	M. Gielen	Un Vieux Souvenir (*)	1983	Cincinnati 15.10.1985
10	M. Kagel	Quartett Nr. 1 (*)	1965–67	Cincinnati 15.1.1974
11	L. Kalmár	Morfeo	1977	Budapest 30.5.1982
12	G. M. Koenig	Quartett Nr. 1 (*)	1959	München 28.2.1961
13	G. Ligeti	Quartett Nr. 2 (*)	1968	Baden-Baden 14.12.1969
14	W. Lutoslawski	Streichquartett	1964	Stockholm 12.3.1965
15	R. Mann	Five Pieces for String Quartet	1951	Colorado Springs 11.3.1953
16	L. Nono	Fragmente – Stille, An Diotima (*)	1980	Bad Godesberg 2.6.1980
17	K. Penderecki	Quartett Nr. 1	1960	Kranichstein 14.7.1962
18	H. Pousseur	Ode pour Quatuor (*)	1961	Kranichstein 14.7.1962
19	W. Rosenberg	Quartett Nr. 2 (*)	1957	Cincinnati 17.12.1957
20		Quartett Nr. 3 (*)	1962	Köln 8.2.1963
21	G. Samuel	Quartett Nr. 1 (*)	1978	Cincinnati 31.10.1978

Anhang

Auftragswerke und Uraufführungen chronologisch nach Kompositionsjahr:

Nr.	Komponist	Werk	Komposition	Uraufführung
1	R. Mann	Five Pieces for String Quartet	1951	Colorado Springs 11.3.1953
2	H. E. Apostel	Quartett Opus 26 (*)	1956	Cincinnati 23.4.1957
3	H. Brün	Quartett Nr. 2 (*)	1957	Cincinnati 1.4.1958
4	W. Rosenberg	Quartett Nr. 2 (*)	1957	Cincinnati 17.12.1957
5	F. Evangelisti	Aleatorio (*)	1959	Kranichstein 14.7.1962
6	G. M. Koenig	Quartett Nr. 1 (*)	1959	München 28.2.1961
7	K. Penderecki	Quartett Nr. 1	1960	Kranichstein 14.7.1962
8	H. Pousseur	Ode pour Quatuor (*)	1961	Kranichstein 14.7.1962
9	H. Brün	Quartett Nr. 3 (*)	1961–62	Kranichstein 14.7.1962
10	W. Rosenberg	Quartett Nr. 3 (*)	1962	Köln 8.2.1963
11	G. Englert	Nr. 1 Les Avoines Folles (*)	1962–63	Cincinnati 13.10.1964
12	W. Lutoslawski	Streichquartett	1964	Stockholm 12.3.1965
13	E. Brown	String Quartet (*)	1965	Donaueschingen 16.10.1965
14	G. Englert	Nr. 2 La Joute des Lierres (*)	1966	Cincinnati 11.5.1971
15	M. Kagel	Quartett Nr. 1 (*)	1965–67	Cincinnati 15.1.1974
16	G. Ligeti	Quartett Nr. 2 (*)	1968	Baden-Baden 14.12.1969
17	W. DeFotis	String Quartet (*)	1977	Cincinnati 2.10.1979
18	L. Kalmár	Morfeo	1977	Budapest 30.5.1982
19	G. Samuel	Quartett Nr. 1 (*)	1978	Cincinnati 31.10.1978
20	L. Nono	Fragmente – Stille, An Diotima (*)	1980	Bad Godesberg 2.6.1980
21	M. Gielen	Un Vieux Souvenir (*)	1983	Cincinnati 15.10.1985

V. Diskografie des LaSalle-Quartetts

Folgenden Aufnahmen entstanden für die Deutsche Grammophon:

	Werk	Aufnahme	Veröffentlichung
1	Lutoslawski, Penderecki, Toshiro Mayuzumi	Dez. 1967	1968
2	Hugo Wolf, Quartett d-moll	Dez. 1967	1968
3	Schönberg Opus 7, Berg Opus 3, Webern Opus 9, Webern Streichquartett 1905	März 1968	1971
4	Berg *Lyrische Suite*, Webern Opus 28	Dez. 1968	1971
5	Webern Opus 5	März 1969	1971
6	W. Rosenberg Quartett Nr. 3, E. Brown *String Quartet*	März 1969	1970
7	Mendelssohn Opus 12, Opus 13	März 1969	1970 (nur in Japan)
8	Schönberg Opus 10, Opus 37	Juli 1969	1971
9	Ligeti Streichquartett Nr. 2	Dez. 1969	1970
10	Schönberg Opus 30 + Streichquartett D-Dur (1897)	März 1970	1971
11	Debussy, Ravel	Juni 1971	1972
12	Cage *String Quartet in Four Parts*	Dez. 1972	1976
13	Beethoven Opus 130 + Opus 133 (*Große Fuge*)	Dez. 1972	1973
14	Beethoven Opus 132	Dez. 1975	1976
15	Beethoven Opus 127	Juni 1976	1977
16	Beethoven Opus 135 + Alternativ-Finale zu Opus 130	Dez. 1976	1977
17	Beethoven Opus 131	März 1977	1977
18	Zemlinsky Quartett Nr. 2 Opus 15	Juni 1977	1978
19	Schubert Streichquintett D 956	Dez. 1977	1979
20	Brahms Opus 67	Mai 1978	1981
21	Brahms Opus 51 Nr. 1	Dez. 1978	1981
22	Brahms Opus 51 Nr. 2	Dez. 1979	1981
23	Schumann Klavierquintett Opus 44	Okt. 1980	1981
24	Zemlinsky Quartette Nr. 1 Opus 4 + Nr. 3 Opus 19	Dez. 1980	1982
25	Zemlinsky Nr. 4 Opus 25 + Apostel Nr. 1 Opus 7	Dez. 1981	1982
26	Schönberg Sextett *Verklärte Nacht* Opus 4	Nov. 1982	1984
27	Schönberg Streichtrio Opus 45	Dez. 1982	1984
28	Nono *Fragmente – Stille, An Diotima*	Dez. 1983	1986
29	Webern Streichtrio Opus 20 + Satz für Streichtrio Opus posth.	Dez. 1983	1986
30	Schönberg *Ode to Napoleon* Opus 41 + Webern Rondo für Streichquartett (1906) + Webern Klavierquintett (1907)	August 1985	1986

	Werk	Aufnahme	Veröffentlichung
31	Schnabel Quartett Nr. 3	Dez. 1985	1987
32	Mozart Präludien und Fugen KV 405	Dez. 1985	1988
33	Gielen *Un Vieux Souvenir*	Feb. 1987	1987
34	Beethoven Opus 14 Nr. 1	Feb. 1987	1988

Mit Ausnahme des zweiten Quartetts von Ligeti, Schönbergs Streichtrio Opus 45 und *Verklärter Nacht* Opus 4 sind die Aufnahmen bei der Deutschen Grammophon allesamt vergriffen. Bei Brilliant Classics wurden die folgenden Aufnahmen in Lizenz neu aufgelegt:

1. Neue Wiener Schule: Katalognummer 9016
2. Beethovens Späte Streichquartette: Katalognummer 94064
3. Zemlinskys vier Streichquartette, Apostel Opus 7: Katalognummer 9188
4. Lutoslawski, Penderecki, Mayuzumi, Cage: Katalognummer 9187

Laut Auskunft der Deutschen Grammophon (Juli 2010) sind dies in nächster Zeit die einzigen Lizenzveröffentlichungen von Aufnahmen des LaSalle-Quartetts bei Brilliant Classics. Bei anderen Schallplattenfirmen wurden folgende Aufnahmen veröffentlicht:

1. Live aus Salzburg (20.8.1976): Schubert Quartettsatz, Lutoslawski, Ravel, Beethoven Opus 130 Alternativ-Finale (Zugabe): Orfeo C 632 041 B, Veröffentlichung 2004.
2. Gottfried Michael Koenig, Streichquartett Nr. 1 (1959): Edition RZ 2003/4, „Kammermusik" (2 CDs).
3. Franco Evangelisti, *Aleatorio* (1959): Edition RZ 1011–12, „Das Gesamtwerk von Franco Evangelisti" (2 CDs).
4. Friedhelm Döhl, *Sound of Sleat* (1971-72): Friedhelm Döhl Edition Vol. 1, Dreyer Gaido Musikproduktionen, CD 21013.
5. Giuseppe Englert, *Les Avoines Folles*, *La Joute des Lierres*, Grammont Portrait, CTS-P 49-2 (zusammen mit weiteren Werken Englerts).

VI. Vortrag von Walter Levin „Wie man ein Stück wählt"

Übersetzung des Vortrags für das *PERHAPS* Seminar Cincinnati, 2. Mai 1968
[Brownbag Lunch Seminar Dr. Maurice Levine[1], Psychiatrie Abteilung, Universität Cincinnati]

Wir müssen alle auswählen. Ich bin Streichquartettspieler, und aus der großen Anzahl neuer Werke, die jedes Jahr geschrieben werden, müssen wir jede Saison die zwei oder drei aussuchen, welche wir Zeit haben zu lernen.

Tatsächlich hat man nur selten Gelegenheit, überhaupt zu wählen. Der Druck von Managern, Konzertveranstaltern, Radiostationen, Plattenfirmen, Festivals und Gedenktagen – sie alle tendieren dazu, die persönliche Wahl zu verhindern. Solchen Druck abzuwehren ist daher die unerlässliche Voraussetzung, eine Wahl überhaupt zu ermöglichen.

Die Frage ist, wie wir bei einer solchen Auswahl vorgehen: Welche sind die Kriterien, was ist zu berücksichtigen? Auf den ersten Blick scheint dies ein rein ästhetisches Problem zu sein. Wenn das so wäre, befürchte ich, dass wir vier im Quartett uns nie auf auch nur ein einziges Stück würden einigen können, angesichts dessen, dass die Ästhetik neuer Musik eine besonders umnebelte Angelegenheit ist. Im letzten Stadium der Auswahl spielt Ästhetik in der Tat eine Rolle, aber bis dahin haben andere Faktoren das Feld schon auf ein überschaubares Maß eingeschränkt. Diese Faktoren haben mit der seltsamen Lage der Musik in der heutigen Zeit zu tun. Noch nie vorher hat eine solch astronomische Distanz die voll entwickelte Tonsprache neuer Musik vom Repertoire unseres offiziellen Musiklebens getrennt und dadurch das Versteinern der „ewigen Meisterwerke" unvermeidlich vorangetrieben. Symphonieorchester, Solisten und Operngesellschaften neigen dazu, Werke abzulehnen, die beim Publikum, bei der Presse sowie in Bezug auf Kasseneinnahmen Anstoß erregen könnten. Oft werden Werke nur aus solcher Rücksichtnahme eliminiert.

Das Resultat dieser Art des Denkens lässt sich weltweit in Konzertprogrammen beobachten: die fatale Neigung, sich an das Sichere und Anerkannte zu klammern. Da nun aber – ihrer grundlegenden Natur gemäß – die Musik der letzten 50–60 Jahre weder sicher noch anerkannt ist, wird durch diese Haltung ein Großteil der bedeutsamen Musik unseres Jahrhunderts eliminiert.

Das war nicht immer so. Eine Art Verständigung charakterisierte die Beziehung zwischen Komponist, Ausführenden und Publikum während eines Großteils des 19. Jahrhunderts. Sozial akzeptiert, finanziell unterstützt, arrangierten sich die Komponisten, indem sie Anklang zu finden suchten, zuweilen auf Kosten der Werkqualität, selbst bei den besten Komponisten wie Beethoven und Schubert. Dieser temporäre Burgfriede wurde dann durch den Ersten Weltkrieg unwiederbringlich zerstört. Diese Katastrophe gab aber nur den letzten Anstoß zu jener längst vorbereiteten Wegteilung. Die letzten Beethoven-Quartette, *Tristan*, *Parsifal* und die Mahler-Symphonien hatten die Interessengemeinschaft schon längst aufgehoben und erhielten dafür eine Probe der Wut auf die Nonkonformisten.

Durch das Kriegschaos von den Fesseln alter Bindungen befreit, brach die Musik der 1920er Jahre praktisch mit allen geheiligten Traditionen. Im Wunsch, ihren eigenen Gesetzen zu folgen, meuterte sie gegen diejenigen der konventionellen Gesellschaft – und diese

---

[1] Dr. Maurice Levine ist ein Onkel von James Levine.

Gesellschaft rächte sich mit Exkommunikation. Die wichtige neue Musik wurde strikt isoliert – und das gilt noch heute: für spezielle Gruppen wie etwa die IGNM (Internationale Gesellschaft für Neue Musik). Dasselbe gilt auch für Neue Kunst: zum Beispiel das Museum of Modern Art in New York.

Es scheint fast, als ob ihre Feinde die explosive Natur dieser Musik besser verstehen würden als ihre Verteidiger. Sie ist radikal, immer provokativ, ihre Geste oft aggressiv, ihr spezifischer Ton bedrohlich. Während es unmöglich ist, ihren Inhalt festzulegen, wird ihre Suggestionskraft bestätigt durch die Angst, die sie in totalitären Regimes, aber auch in unserer eigenen Kulturindustrie generiert: Angst vor dem Neuen, Unkategorisierten, Individualistischen. Ihre kritische, ästhetische Selbstreflexion scheint soziale Relevanz zu besitzen. Wenn es uns frei steht zu wählen, wählen wir Stücke dieser Art.

10 GEBOTE

1. Ist es schön – sollte man es vermeiden.
2. Wenn die Kritiker es verreißen – sollte man es sich anschauen.
3. Wenn die Kritik es lobt – lässt man besser die Finger davon.
4. Wenn es in einem neuen Notensystem geschrieben ist, sollte man versuchen, es in ein konventionelles System zu transkribieren – wenn das gelingt, kann man es vergessen.
5. Wenn es naiv ist – lassen Sie es.
6. Wenn es sehr naiv ist: schauen Sie es sich genau an, vielleicht haben Sie den wesentlichen Punkt übersehen.
7. Wenn es komplex scheint, vergewissern Sie sich, dass es nicht einfach nur schwer ist.
8. Wenn es vertraute Akkorde berührt oder angenehme Saiten anschlägt, empfehlen Sie es einem Musikliebhaber.
9. Erfüllt es jeden Deiner Wünsche, verzichte darauf: Ein gutes Stück erfordert, den Wunsch erst zu erfinden, den es erfüllt.
10. Klingt es wie ein Streichquartett, ist es nicht notwendigerweise schlecht, aber wahrscheinlich doch.

Übersetzung: Walter Levin und Robert Spruytenburg

Bildnachweis

Bildnachweis*

1	Alfred und Erna Levin, Ramat Gan (Tel Aviv)	ca. 1943	Privat
2	Walter Levin als Kind mit Geige in Berlin	ca. 1936	Privat
3	Walter, Eva und Friedelore Levin in Dahlem, Cäcilienallee 47 (heute Pacelliallee 47)	ca. 1936	Privat
4	Theodor Herzl Schule, Kaiserdamm 78, Berlin		unbekannt
5	Richard Kapuscinski, Frank Pelleg, Erich Levin, Rudolf Bergmann, Walter Levin, Ernst Schreuer (Mann von Eva, geb. Levin)	1954	Photo Pan, Tel Aviv
6	Plakat Konzert Walter Levin in Tel Aviv 15.2.1941	1941	unbekannt
7	Plakat Konzert Walter Levin in Tel Aviv 27.3.1943	1943	unbekannt
8	Ivan Galamian in Meadowmount	1948?	Privat
9	Herbert Brün, Evi Levin, Tanglewood Summer School of Music	1948	Howard S. Babbitt Jr., Pittsfield, Mass.
10	LaSalle-Quartett mit Walter Levin, Max Felde, Jackson Wiley, Henry Meyer	1949	Fred Stein, New York City
11	Jackson Wiley, Max Felde, Walter Levin, Mrs. Burpee, Ruth und Isidore Cohen, Meadowmount	1948?	Privat
12	LaSalle-Quartett mit Peter Kamnitzer (Bratsche) und Paul Anderson am Cello, Colorado Springs	1951	Knutson Bowers Photography, Colorado Springs
13	LaSalle-Quartett: W. Levin, H. Meyer, R. Kapuscinski, P. Kamnitzer	1952/53	KLT Photos, 323 Hammond, Cincinnati
14	Jack Kirstein, hobby is flying	09.11.59	Allan Kain, Staff photographer, Cincinnati Enquirer
15	LaSalle-Quartett mit Lee Fiser als Cellisten, Salzburg 1976	1976	unbekannt
16	Evi Levin, Klavierklasse Eduard Steuermann, Colorado Springs Summer School	1949	unbekannt
17	Frances Bible, on tour at Colorado Springs, joins LaSalle-Quartet in children's program	1952	unbekannt
18	Frederick Schmidt, President of the Cincinnati College of Music, with LaSalle-Quartet (tour concert)	März 1953	unbekannt
19	LaSalle-Quartet, Rembert Wurlitzer, William Albers, with Stradivari instruments on loan from R. Wurlitzer before concert in Alberly Manor	Sept. 1953	KLT Photos, 323 Hammond, Cincinnati
20	LaSalle-Quartett mit Max Rudolf	April 1966	Keller Studio, 220 W. 3rd, Cincinnati, Ohio 45202
21	Walter Levin mit seinen Eltern, Alfred und Erna Levin, nach einem Konzert in Tel Aviv	1954	Photo Pan, Tel Aviv

Bildnachweis

22	LaSalle-Quartet arrives at London Airport (Feltham)	15.05.54	Brenard Photographic Service, London Airport, Feltham, Middlesex
23	Ankunft des LaSalle-Quartetts in Hawaii, Welttournee 1956	1956	unbekannt
24	Evi und Walter Levin kontrollieren Tonbänder	09.11.59	Allan Kain, Staff photographer, Cincinnati Enquirer
25	Walter und Evi Levin in Sofia, mit Plakaten + Logo des LaSalle-Quartetts im Hintergrund	1965	unbekannt
26	Peter Kamnitzer, trained instrument maker, carries tools etc. on tour	09.11.59	Allan Kain, Staff photographer, Cincinnati Enquirer
27	LaSalle-Quartett mit Amadeus-Quartett, Hamburg	1976	Caspar Haffke, 2 Hamburg 52, Oevelgönne 103
28	James Levine, Evi und Walter Levin, Richard Wagner Festival Bayreuth	1966	Privat
29	Schülerin von Henry Meyer, Linda Sharon, Alex Cirin, Jack Kirstein anlässlich Bach Doppelkonzert	1956?	unbekannt
30	Linda Sharon, James Levine, Walter Levin, Robert Martin	1955	Jerry Cornelius, Cincinnati Enquirer
31	James Levine, Walter Levin, Linda Sharon, Robert Martin, Ravinia Festival	1993	Privat
32	Children's demonstration program (for String Teachers of America), Boulder, Colorado	Dez. 1952	Floyd G. Walters, Photographic Dept., University of Colorado, Boulder, Colorado
33	LaSalle-Quartett mit James Levine, Schumann Klavierquintett, Cincinnati	Sept. 1980	Sandy Underwood, 1784 McMillan Street, Cincinnati, 45206 Ohio
34	H. Meyer, P. Kamnitzer, Walter Levin, Hans Moldenhauer, Jack Kirstein, Amalie Waller, Maria Halbich (Webern-Töchter) und Ernst Krenek in Mittersill	Aug. 1965	unbekannt
35	LaSalle-Quartett mit Benita Valente, Perugia	16.03.80	Laboratorio Fotografico Benvenuti Elio
36	LaSalle-Quartett mit Witold Lutoslawski, Lecture-Recital in Cincinnati	01.03.77	Sandy Underwood, Cincinnati, Ohio
37	Walter Levin und Witold Lutoslawski nach dem Lecture-Recital in der Musikakademie Basel	28.02.90	Heinz Dürrenberger, Kirchstrasse 10, 4127 Birsfelden, 061 312 40 57
38	György Ligeti, Darmstädter Ferienkurse für Neue Musik (späte 1950-er Jahre)		Privat
39	LaSalle-Quartett mit György Ligeti, München	1969	Werner Neumeister, München
40	David, Thomas und Walter Levin, Flims	14.09.99	Privat
41	LaSalle-Quartett mit Luigi Nono	Dez. 1983	Susesch Bayat, Berlin

Bildnachweis

42	Walter Levin, Dorothee Koehler (DGG), Mauricio Kagel, Hamburg	Febr. 1974	Privat
43	LaSalle-Quartett mit Krzysztof Penderecki	1962	Andrzej Zborski, Warschau-Muranów
44	LaSalle-Quartett mit Giuseppe Englert in Warschau	1962	Andrzej Zborski, Warschau-Muranów
45	LaSalle-Quartett mit Herbert Brün	1962	Fred Straub, Staff photographer, Cincinnati Enquirer
46	LaSalle-Quartett mit László Kalmár, Budapest	30.05.82	unbekannt
47	Walter Levin in Flims mit Küchentuch am Telefon: Arbeitsferien wie üblich …	2004	Günther Pichler (Alban-Berg-Quartett)

* Nicht in allen Fällen konnten die Rechteinhaber von Fotos einwandfrei ermittelt werden. Bei berechtigten Ansprüchen bitten wir, Kontakt mit dem Verlag aufzunehmen.

CD-Trackliste

CD-Trackliste

Sämtliche Musikbeispiele stammen aus dem Archiv des LaSalle-Quartetts, das sich in der Paul Sacher Stiftung (PSS) in Basel befindet. Eine Ausnahme bilden einzig die drei Ausschnitte aus Studio-Aufnahmen, deren Veröffentlichung auf dieser CD die Deutsche Grammophon freundlicherweise genehmigt hat.

Das LaSalle-Quartett hat die neuen Streichquartette, die es bestellt hat, oder deren Uraufführung ihm anvertraut wurden, vor der offiziellen Uraufführung immer zuerst in Cincinnati gespielt. Diese sozusagen brühwarmen „Vor-Uraufführungen" der wichtigsten neuen Streichquartette sind dieser CD beigefügt. Eine Ausnahme bildet einzig das Quartett von Luigi Nono: Da sich zwischen der Uraufführung am 2.6.1980 und der Aufnahme bei der Deutschen Grammophon (Dez. 1983) die Pausen im Stück (die „Stillen" des Werktitels) auf Nonos Wunsch insgesamt um ca. 8 Minuten verlängert haben, wurde die Aufnahme aus Cincinnati gewählt (18.01.1983), die zeitlich näher an der Studio-Aufnahme liegt.

Track	Titel	Dauer	Datum	Quelle
Ausschnitte aus den Gesprächen mit Walter Levin				
1	Die Musterung	7'19"	08.10.2006	
2	Arnold Schönberg am Colorado College	6'30"	13.12.2003	
3	Der Vertrag als Quartet in Residence in Cincinnati	2'11"	04.02.2007	
4	Die gestohlenen Zlotys	4'02"	14.10.2007	
5	Rembert Wurlitzer – Eine Geige in 88 Teilen	4'21"	04.02.2007	
6	Die Schumann-Aufnahme für Radio Zürich	4'22"	13.12.2003	
7	Jenny Wagners Vorspiel beim Chicago Symphony Orchestra	5'19"	26.01.2008	
Pausengespräch am Radio WGUC in Cincinnati				
8	Pausengespräch von Ann Santen mit Walter Levin und James Levine	13'06"	30.09.1980	PSS CD 172
Musikbeispiele zum Text (Ausführende: LaSalle-Quartett)				
9	David Kraehenbuehl: Variations on „Pop goes the Weasel" – Gespräch	1'39"	13.12.2003	
10	David Kraehenbuehl: Variations on „Pop goes the Weasel" – Aufführung	21'36"	1951	PSS CD 9
11	Béla Bartók: Duette für zwei Violinen (Walter Levin, Henry Meyer)	12'26"	21.03.1951	PSS CD 7
12	Beethoven: Transkription der Klaviersonate Opus 14 Nr. 1 – Lecture-Recital	16'13"	03.02.1987	PSS CD 224
13	Beethoven: Transkription der Klaviersonate Opus 14 Nr. 1 – Quartettfassung, 1. Satz, Allegro moderato	6'09"	03.02.1987	PSS CD 224
14	Beethoven: Transkription der Klaviersonate Opus 14 Nr. 1 – Klavierfassung, 1. Satz, Allegro (Stefan Litwin)	6'05"	03.02.1987	PSS CD 224
15	Webern: Fünf Stücke für Streichquartett Opus 5 – Walter Levin singt den Anfang	0'57"	13.12.2003	
16	Webern: Fünf Stücke für Streichquartett Opus 5 – Gedenk-Konzert in Salzburg	12'20"	03.08.1965	PSS CD 65
17	Das Quartett von Mauricio Kagel – Gespräch	5'28"	13.12.2003	
18	Mauricio Kagel: Streichquartett, 1. Teil	13'54"	14.01.1974	PSS CD 123
19	John Cage: Vortrag am College-Conservatory of Music, Cincinnati	21'44"	Febr. 1974	PSS CD 72

CD-Trackliste

20	Änderungen des Interpretationskonzepts – Mozart, Streichquartett KV 575, Anfang des 1. Satzes – Gespräch	2'23"	06.04.2007	
21	Mozart: Streichquartett D-Dur KV 575, Anfang des 1. Satzes, Allegretto	0'33"	12.10.1963	PSS CD 52
22	Zum Tempo des Menuetts von Beethovens Streichquartett A-Dur Opus 18 Nr. 5 – Gespräch	2'10"	06.04.2007	
23	Beethoven: Menuetto des Streichquartetts Opus 18 Nr. 5 (Anfang), punktierte Halbe = 76	1'10"	17.11.1953	PSS CD 10
24	Beethoven: Menuetto des Streichquartetts Opus 18 Nr. 5 (Anfang), punktierte Halbe = 63	1'29"	30.10.1962	PSS CD 46
25	Zum Tempo des 1. Satzes von Beethovens Streichquartett f-Moll Opus 95 (Gespräch)	0'55"	06.04.2007	
26	Beethoven: Streichquartett f-Moll Opus 95, 1. Satz, Allegro con brio	4'00"	22.01.1980	PSS CD 166
27	Zum Tempo des 2. Themas im 1. Satz von Beethovens Streichquartett B-Dur Opus 18 Nr. 6 – Gespräch	3'07"	18.05.2007	
28	Beethoven: Streichquartett B-Dur Opus 18 Nr. 6, 1. Satz (Exposition), Allegro con brio	1'33"	14.02.1967	PSS CD 73
29	Tempovergleich zwischen Studio- und Live-Aufnahmen – Gespräch	6'27"	08.10.2006	
30	Brahms: Streichquartett B-Dur Opus 67, 2. Satz (Anfang), Andante, Live	0'43"	25.04.1972	PSS CD 112
31	Brahms: Streichquartett B-Dur Opus 67, 2. Satz (Anfang), Andante, Studio	0'52"	Mai 1978	Deutsche Grammophon
32	Beethoven: Streichquartett Es-Dur Opus 127, 4. Satz (Anfang), Allegro, Live	0'54"	19.05.1980	PSS CD 174
33	Beethoven: Streichquartett Es-Dur Opus 127, 4. Satz (Anfang), Allegro, Studio	1'04"	Juni 1976	Deutsche Grammophon
34	Beethoven: Streichquartett B-Dur Opus 130, 4. Satz, Alla Danza Tedesca (Anfang), Allegro assai, Live	0'50"	31.10.1978	PSS CD 159
35	Beethoven: Streichquartett B-Dur Opus 130, 4. Satz, Alla Danza Tedesca (Anfang), Allegro assai, Studio	1'03"	Dez. 1972	Deutsche Grammophon

Auftragswerke und Uraufführungen

	Witold Lutoslawski: Streichquartett, Vor-Uraufführung in Cincinnati		16.02.1965	PSS CD 62
36	Introductory Movement	8'19"		
37	Main Movement	15'55"		
	György Ligeti: Streichquartett Nr. 2, Vor-Uraufführung in Cincinnati		11.11.1969	PSS CD 99
38	Allegro nervoso	4'49"		
39	Sostenuto, molto calmo	4'39"		
40	Come un meccanismo di precisione	3'24"		
41	Presto furioso, brutale, tumultoso [sic!]	2'07"		
42	Allegro con delicatezza – stets sehr mild	5'53"		

	Luigi Nono: *Fragmente – Stille, An Diotima*, Aufführung in Cincinnati		18.01.1983	PSS CD 200
43	Ansage	2′30″		
44	Anfang	18′00″		
45	Fortsetzung	18′04″		
	Franco Evangelisti: *Aleatorio*, Vor-Uraufführung in Cincinnati		19.03.1963	PSS CD 48
46	Einleitung durch Walter Levin	0′52″		
47	*Aleatorio*, Fassung Nr. 1	2′17″		
48	*Aleatorio*, Fassung Nr. 2	2′03″		
	Krzysztof Penderecki: *Quartetto per archi*, Vor-Uraufführung in Cincinnati		30.10.1962	PSS CD 46
49	Quartetto per archi	7′02″		
	Michael Gielen, *Un Vieux Souvenir*, Uraufführung in Cincinnati		15.10.1985	PSS CD 230
50	Einführung mit Walter Levin, Ann Santen und Michael Gielen	17′15″		
51	1. Teil	3′40″		
52	2. Teil *Une Charogne*	8′52″		
53	3. Teil	11′50″		
54	4. Teil *Le Cygne*	11′29″		
55	5. Teil	4′06″		
	Earle Brown: *Quartet*, Erstaufführung in Cincinnati		01.03.1966	PSS CD 64
56	Quartet	9′58″		
	Gesamtdauer	**5h58′31″**		

Register

Namenregister

Die Seitenzahlen in gerader Schrift verweisen auf Namen im Haupttext, Zahlen in Kursivschrift auf Namen in den Anmerkungen. Namen in den Abbildungen wurden nicht referenziert.

Abbado, Claudio   160
Abendroth, Hermann Richard   26, *103*
Acies-Quartett   357
Adam, Claus   92, *92*, 201, *201*
Adorno, Theodor W.   115, *115*, 118, 123, 124, 167, *167*, 232, 237, 241, 332, *332*, 333, *333*, 334, *334*, 335, *335*, 389, 394, 398
Alban-Berg-Quartett   13, 118, *147*, 150, 166, *263*, *370*
Albers, William   112, 113, 114
Albinska-Frank, Malgorzata   13
Albrecht, Gerd   235, *236*
Amadeus-Quartett   158, 185, 331, 374, 375
Amar-Quartett   203, *204*, *336*, 356, *356*, 357, *357*
Amati   *30*, 114, 142, 147, 148, 149, 150, 151
Amati, Antonio   150
Amati, Girolamo   150
Amati, Nicolò   150
Anderson, Paul   89
Annibaldi, Claudio   278
Ansermet, Ernest   320
Apel, Willi   22, *22*, 104, *104*
Apostel, Hans Erich   262, 315, *315*, 316, *316*, 317, *317*, 318, *318*, 319, 335, 336, 349, *349*, 389, 394, 396, 398, 399, 400, 401, 402
Arditti-Quartett   185, 267, 275, 285, *285*, *293*, *294*, 313, 331, *341*, *342*
Artis-Quartett   166
Auer, Leopold   126
Auryn-Quartett   357

Babbitt, Milton   347, *347*
Bach, Johann Sebastian   32, 36, 38, 39, 48, 49, 70, 71, 107, *116*, 172, 173, 174, 192, 193, 209, *320*
Bachmann, Max   63
Badura-Skoda, Paul   167
Bakaleinikoff, Vladimir   342
Bampton, Rose   109, *109*
Bänziger, Paul   148
Barbirolli, Sir John   56
Barbizet, Pierre   206
Bartók, Béla   9, *31*, 81, 86, 99, 100, *100*, 101, *101*, 103, 109, *109*, 115, *117*, 122,

126, 178, 179, 181, 199, 201, 210, 211, *211*, 212, *212*, 213, 214, *214*, 215, *215*, 216, *216*, 255, 256, 258, 265, *277*, 280, 315, *315*, 316, 330, 331, 346, 348, 361, 364, 365, 366, *366*, 375, 389, 393, 395, 396, 397
Baudelaire, Charles-Pierre   270, 301, 302
Beardslee, Bethany   224, *224*, *277*
Beaumont, Antony   235
Beaux Arts Trio   42, 46, 87, *87*
Beethoven, Ludwig van   11, 19, 20, 28, 29, 33, 34, 39, 40, 41, *41*, 42, *42*, 43, *43*, 44, 45, 48, 63, *74*, 81, 94, 99, 100, 101, *101*, 107, *107*, *109*, 115, 116, *116*, 120, *120*, 122, 124, *124*, 125, 137, 139, 152, 155, 166, 167, *167*, 172, 173, 178, 185, 186, 187, 189, 194, 195, *195*, 196, *196*, 197, *197*, 198, *198*, 199, *199*, 200, 201, 202, 203, 204, 212, *212*, 214, 236, 250, 255, 262, 264, 268, 269, 270, 271, 272, 275, 279, 294, *294*, 301, 304, 305, 310, 311, *314*, 317, 322, 323, 327, 328, *350*, 355, 357, 359, *359*, 360, *360*, 361, *361*, 362, *362*, 363, *363*, 364, *364*, 366, 367, 368, 369, 370, *370*, 371, *371*, 373, 374, *374*, 375, *375*, 377, *377*, 378, 381, 389, 393, 395, 396, 397, 398, 401, 402, 403
Belcea-Quartett   357
Ben-Haim, Paul (siehe auch Frankenburger, Paul)   10, 35, *35*, 36, 49, 50
Benedetti, René   10, 83
Benjamin, Walter   *333*
Berg, Alban   9, 20, 42, *42*, 43, 71, 72, *72*, 81, 94, *100*, 137, *158*, 167, *167*, 173, *173*, 174, 186, 214, 217, *217*, 218, 220, 221, 222, *222*, 223, 227, 231, *231*, 232, *234*, 237, 238, 246, 249, 255, 257, 260, 265, 270, 271, *271*, 280, 296, 302, 312, 315, 316, *316*, 317, 318, *320*, 330, 334, *334*, 335, 366, *366*, 367, 368, 369, *370*, 389, 393, 395, 398, 401
Berganza, Teresa   224
Berger, Erna   27, *27*
Berger, Carl   147
Bergmann, Rudolf   10, 30, *30*, 32, 33, *33*, 34, 35, 38, 39, 41, 44, 48, 49, 50, 55, 58, 140, 166, 242, 327
Bernstein, Leonard   70

419

Béroff, Michel 206
Bertini, Gary 35
Beyerle, Hatto 263, *263*
Bible, Frances 109, *109*
Blech, Leo 27, 201
Bloch, Ernst *347*
Bodenheimer, Dr. 62
Boehmer, Konrad 285
Böhm, Joseph 33, 305
Böhm, Karl 174
Boothroyd, Frederick 109
Borodin, Alexander 192
Borodin-Quartett *357*
Boulanger, Nadia 42, 70
Boulez, Pierre 116, *116*, 123, *223*, 257, 286, 293, *293*, 294, 296, 303, 304, 376, 377
Brahms, Johannes 20, 25, 26, *28*, 31, 32, 33, 34, 41, 47, 70, 94, *107*, 116, *116*, 126, 139, 166, 204, 206, *206*, 216, 218, 227, *227*, 238, *262*, *271*, 279, 304, 305, 318, 320, 327, *350*, 370, *370*, 373, 376, 390, 393, 395, 396, 397, 401
Brahms-Quartett 166, 178
Brandstetter, Dr. 60, 61
Brock, Rainer 159, 160, 161, 282, 359
Brotbeck, Roman 356
Brown, Earle 94, 279, *279*, 280, *298*, 307, *307*, 308, *308*, 309, *309*, 320, 324
Browning, John 343, 347, 390, 393, 396, 399, 400, 401
Brück, Hans 238
Bruckner, Anton 20, 48, 209, 210, *210*, 343, *343*, 390, 394, 397
Brün, Heinz 46
Brün, Herbert 34, 36, 43, 46, *46*, 47, 48, 70, 71, 82, *82*, 101, 174, 217, 240, 241, 245, *276*, 287, *288*, 295, 296, *296*, 297, *297*, 298, 299, 307, 313, 327, 330, 343, 381, *381*, 382, 383, 390, 394, 397, 398, 399, 400
Brün, Richard 47
Brün, Steffa 47
Brunner, Anna 356
Buchberger, Hubert 337
Buchberger-Quartett 166, 334, *334*, 337, *337*
Bücken, Ernst *34*
Budapest-Quartett 46, *46*, 209, *357*
Burpee, Mrs. 86, 110, 135
Busch, Adolf 31, *55*
Busch, Fritz 31, 165
Busch, Hermann 31
Busch-Quartett 42, 197, 371
Busoni, Ferruccio 44, *117*

Cage, John 92, 116, *116*, 258, 279, 280, 322, 344, *344*, 345, *345*, 346, 347, 390, 394, 397, 401, 402
Calder, Alexander 117, *117*, 309
Calvelli-Adorno, Maria Barbara *332*
Calvet, Joseph 42, *42*
Calvet-Quartett 41, 42, *42*, 43, 195, *195*, 197
Capet, Lucien 54, 57, 58, *58*, 357
Capet-Quartett 357, *357*
Carlyss, Earl 87
Carmina-Quartett *357*
Carter, Elliott 185, 284, *284*, 322, 328, 341, *341*, 342, *342*, 347, *347*, 390, 394, 398
Caruso, Enrico 57, 102
Casals, Pablo 31, 61
Cavelier, René Robert (siehe auch LaSalle, Sieur de), *112*
Celibidache, Sergiu 35
Cerone, David 174
Ceruti, Giovanni Battista 147, *147*, 148, 151
Chailly, Riccardo 236
Chopin, Frédéric *107*
Chotzinoff, Samuel 74, 75
Chung, Kyung-Wha 54
Clarke, Stephen *328*
Cleva, Fausto 171, *171*, 174
Cleveland-Quartett *357*
Cliburn, Van 170, *170*
Cohen, Ethel 71
Cohen, Isidore 86, 87, *87*, 88
Cohen, Ruth 86
Copland, Aaron 70, 82, 103
Craft, Robert 320, *320*, 344
Crescentini, Adolfo 269
Cuarteto Casals *357*
Curtis, Helene 223
Czerny, Carl 167, *167*

D'Attili, Dario *148*
Dannenberg, Peter 233, 235, *235*
Dänzer, Georg *157*
Debussy, Claude 52, *52*, *107*, 205, *205*, 258, 356, *356*, 357, *357*, 361, 390, 394, 396, 401
DeFotis, William *297*, 313, *313*, 314, 390, 394, 398, 399, 400
DeLay, Dorothy 119, *119*, 178
Dénes, István 236
Dent, Edward J. 204
Déthier, Edouard 55
Deutsche Grammophon 9, *120*, 155, 156, 158, *158*, 159, 160, 172, 186, 193, 197, 199, 200, 202, 204, *204*, 219, 223, 224,

420

226, 232, 233, *233*, 239, *246*, 261, *261*, 267, 274, *274*, 282, 298, 304, *318*, *330*, *345*, 355, 356, *356*, 357, 359, *361*, *366*, *369*, 370, *370*, 371, 401, 402
Diamand, Peter   127, 128
Dibelius, Ulrich   *297*
Dichter, Misha   *170*
Dick, Marcel   *100*
Dieudonné, Amédée   *148*
Dobroven, Issay   64, *64*
Döhl, Friedhelm   168, 305, 306, 307, *307*, 390, 394, 398, 402
Döhl, Julia   306
Donath, Ferdinand   114, 115
Donizetti, Gaetano   202, *202*, 204, 290, 294, 297, 390, 394, 397
Dorati, Antal   *35*
Doric-Quartett   319
Duffey, Beula   *103*
Dufy, Raoul   *320*
Dumler, Martin   209, *209*, 210, 390, 394, 398
Dushkin, Samuel   52, 126, *126*
Dvořák, Antonín   200, 201

Einstein, Alfred   *138*
Eisenhower, Dwight D.   10, 82
Eisenstaedt, Chanan   45
Eisler, Hanns   118
Ellington, Duke   *349*
Emerson-Quartett   *350*, *361*, 364
Emery, John J.   117, *117*
Enescu, George   10, 83
Englert, Giuseppe   123, 245, 290, *290*, 291, *291*, 292, *292*, 390, 394, 398, 399, 400, 402
Ernst, Anton   *157*
Essl, Karlheinz   *284*
Evangelisti, Franco   123, 245, 275, 276, *276*, 277, 278, *278*, 279, *279*, 280, *288*, 291, 308, 309, 320, 322, 324, 347, 390, 393, 396, 399, 400, 402

Fackler, Lona   *65*
Farkas, Ferenc   *315*
Farrell, Richard   74
Feder, Georg   *187*
Feininger, Lyonel   86
Felde, Max   79, 80, 81
Feltz, Eberhard   166, 261
Fenyves, Lorand   30, *30*, 41
Ferras, Christian   206
Feuchtwanger, Lion   118, 332
Feuermann, Emanuel   *40*, 118, 149, *201*

Fibonacci, Leonardo   302, *302*
Fiebig, Paul   297, *297*
Fischer, Edwin   23, *27*
Fischer-Dieskau, Dietrich   239
Fiser, Lee   90, 93, 94, *95*, 96, 151, 160, 161
Flagstad, Kirsten   109
Fleezanis, Jorja   177
Flesch, Carl   20, 24, 25, 26, 28, 31, 32, 33, *33*, 44, 58, 85, 178, *208*, *227*, 327, *327*
Flonzaley-Quartett   320
Floros, Constantin   *231*
Foley, Madleine   61
Fournier, Pierre   126
Franco, Francisco   31, 67
Frankenburger, Paul: siehe Ben-Haim, Paul
Freud, Sigmund   114
Fricsay, Ferenc   *35*
Frieberg, Carl   *92*
Fried, Miriam   *54*
Friedlander, Alfred J.   149, 166, 254, *254*
Frobenius, Wolf   *284*
Fuchs, Hanna   231, 237, 271
Fuchs, Joseph   72, *72*
Fürst, Paula   85
Furtwängler, Wilhelm   31, 378

Gál, Hans   *30*
Galamian, Ivan   25, 54, *54*, 55, 56, *56*, 57, 58, 61, 79, 80, 86, 87, 110, 119, 125, 126, 135, 166, 174, 342
Galimir, Geschwister   *39*
Galimir, Adrienne   41, *41*, *42*
Galimir, Felix   41, *41*, 42, *42*, 101
Galimir, Marguerite   41, *41*
Galimir, Renée   41, *41*, 42
Galimir-Quartett   41, *41*, 42, *42*, 329
George, Stefan   271
Gerhard, Roberto   336, *336*
Gerigk, Herbert   83
Gertler, André   *31*
Geyer, Stefi   *31*
Ghelderode, Michel de (siehe auch Martens, Adémar Adolphe-Louis)   292, *292*
Giannini, Dusolina   27, *27*
Giannini, Ferruccio   *27*
Giannini, Vittorio   *27*
Gidwitz, John   223, 224
Gielen, Josef   303
Gielen, Michael   122, 123, 131, 159, 186, *235*, 295, 299, 300, *300*, 301, *301*, 302, 303, 304, *304*, 322, 323, 324, 390, 394, 397, 399, 400, 402
Glock, William   *204*
Goethe, Johann Wolfgang von   48, 187, *187*

Namenregister

Goldberg, Ala 59
Gontard, Friedrich 270
Gontard, Suzette 270, *271*
Goode, Richard 206
Goossens, Eugene 349
Gordon, Edward 118
Gould, Glenn 371
Gradenwitz, Peter 43, *43*, 122, 217, 322, 348
Graf, Hans 236
Grauer, Ben 73
Greenhouse, Bernard 46
Greiner, Stefan-Peter 147, *147*
Greitzer, Sol 101
Grünberg, Erich 39
Grünberg, Georg 322
Grünzweig, Werner 13, *329*, 381, *383*
Guilet, Daniel 42, *42*, 46, *87*
Guilet-Quartett 42
Guttmann, Ida 238

Hadid, Zaha 117
Haegefeld, Margarete 246
Hagen, Wolfgang 383
Hagen-Quartett 11, *147*, 178, *361*, *362*, 371
Haiberg, Uwe 166, 178
Hamann, Sebastian 191
Hamburger, Peter 18
Händel, Georg Friedrich 38, 109, *109*, 116, 224, *226*
Harrell, Lynn 93, 94, 177, 206
Harris, Roy 103, *103*
Harty, Sir Hamilton 47, *47*, 126
Hauser, Emil 46, *46*
Haydn, Joseph 9, 11, 20, 40, 41, 44, 81, 100, 107, 108, *108*, 138, 139, 140, *140*, 152, 166, 172, 173, 181, 187, *187*, 188, *188*, 189, 190, *190*, 199, 255, *262*, 272, *272*, *310*, *314*, *315*, 323, 363, 373, *374*, 381, 390, 393, 396, 397, 398
Heger, Robert 27, *27*
Heifetz, Benar 100
Heifetz, Jascha 24, 25, 58, 74, 118
Heine, Heinrich 48
Helldorf, Heinrich Graf von 24
Hellmesberger, Joseph 202
Helms, Hans G *297*, 299, *299*
Henius, Carla 333
Herrmann, Emil 148, *148*
Herzl, Theodor 21, 85, 104
Hess, Myra 378
Hickenlooper, Lucy Mary Agnes: siehe Samaroff, Olga

Hilberg, Frank 277
Hildenbrandt, Gerhard 178, 179
Hildesheimer, Wolfgang 36, 47, *47*, 48, 240, 241, *297*
Hilfman van Dam, Frau 128
Hill, Alfred 148
Hindemith, Paul 70, 104, 105, *105*, 203, 215, *311*, 312, 391, 394, 397
Hinkel, Hans 84, 85
Hitler, Adolf 62, *71*, 84, 234, 332, 378
Hoffmann, Henrike 13
Hölderlin, Friedrich 270, 271, *271*, *277*
Hollywood-Quartett 219, 336
Horkheimer, Max 333
Howe, Mary 209, *209*, 391, 394, 398
Hubay, Jenö 30, *30*, 31, *31*, 32
Huberman, Bronislaw 26, 30, *30*, 31, *31*, 32, 33, 34, *35*, 42, 49
Humperdinck, Engelbert 64
Hutcheson, Leonard 74

Inghelbrecht, Désiré-Emile 52, *52*
Israel-Quartett 31
Ives, Charles 59, *59*

Janssen, Herbert 63, *63*
Jaray, Hans 63, *63*
Jeral, Wilhelm 39
Jirák, Karel Boleslav 226
Joachim, Heinz 122, 123
Joachim, Joseph 31, 33, 216, 279, 305
Johnson, Thor 103, *103*, 172
Juilliard-Quartett 9, 59, *59*, 60, *60*, 87, *87*, 92, *92*, 99, 100, *100*, 101, 102, 157, 158, 196, *201*, 209, 210, 211, *211*, 212, *215*, 218, 226, 234, 309, *328*, 341, *341*, 348, *350*, *357*, 360, *366*, 377

Kaczyński, Tadeusz 249, *253*
Kagel, Mauricio 123, 204, 245, 280, *281*, 282, 283, 292, 322, 323, 324, 391, 394, 398, 399, 400
Kaiser, Joachim 159
Kalmár, László 13, 314, *314*, 315, *315*, 391, 394, 398, 399, 400
Kaminski, Jozéf 30, *30*, 41
Kamnitzer, Peter 10, 80, *80*, 81, 86, 104, 106, 108, 141, 142
Kandinsky, Wassily 31
Kantorow, Jean-Jacques 179
Kapell, William 74, 109, *109*
Kapuscinski, Richard 89, 90, 91, *91*, 92
Karajan, Herbert von 300, 375
Kashkashian, Kim *147*

422

Namenregister

Kaufmann, Harald 315
Keller, Hans 140, *140*
Keller-Quartett 357
Kelterborn, Rudolf 168
Kennedy Scott, Charles 224
Kestenberg, Leo 44, 45
Keulen, Isabelle van 147
Khuner, Felix 100
Kipling, Rudyard 310
Kipnis, Alexander 23, 28, *28*, 63, 85
Kirchert, Kai-Uwe 264
Kirchner, Leon 116, 122, *123*, *331*, 347, *347*, 348, *348*, 391, 394, 397
Kirkendale, Warren 192, 193
Kirstein, Jack 91, *91*, 92, 95, 135, 141, 151, 281
Kirstein, Jeanne (siehe auch Rosenblum Kirstein, Jeanne), *92*
Kitzinger, Fritz 64, *64*
Kitzler, Otto 210
Kleiber, Erich 342
Kleist, Heinrich von 48
Klemperer, Lotte 238
Klemperer, Otto 26, *35*, 227, 236, 238
Klengel, Julius 39, 40, *40*
Klenke-Quartett 357
Kneisel, Franz 55, *55*, 72
Kneisel-Quartett 55, *55*
Kodály, Zoltán 31, *216*, 330
Kodály-Quartett 357
Koeckert-Quartett 210
Koehlen, Benedikt 330
Koenig, Gottfried Michael 245, 283, 284, *284*, 285, *285*, 297, 309, 322, 391, 394, 398, 399, 400, 402
Koff, Robert 59, *59*, 87
Kolisch, Rudolf 100, 123, *123*, 124, *124*, 125, 140, *141*, 196, 197, *197*, 218, *218*, 294, 324, 329, 333, *343*, 348, 349, 359, *359*, 360, *360*, 361, *361*, 364, *364*, 371
Kolisch-Quartett 9, 11, 42, 43, *43*, 100, *100*, 124, *124*, 125, 139, 140, 195, 196, 217, 218, *218*, 219, 226, 227, 329, *334*, *336*, 360, 365, 366, *366*, 376, 382, *382*
Kolski, Rosel 63
Kortner, Fritz 71, *71*, 222
Kortner, Marianne 71
Koussewitzky, Serge 70, *103*, 212, *311*, 343
Kraehenbuehl, David 105, *105*, 106, *106*, 107, *107*, 122
Krasner, Louis 42, 72, *72*
Kraus, Karl 36, 114, 242
Kreisler, Fritz 32, 58, *126*
Krenek, Ernst 167, 335, 336, *336*

Kretzschmar, Wendell 22
Kreutzer, Rodolphe 34
Kreysing, Helmuth 297, *313*
Krosnick, Joel 92, *330*
Kulenkampff, Georg 23
Kulturbund-Quartett 83, 86
Kurtág, György 266, 315, *315*

Lachenmann, Helmut 293, 346
Laird, Helen 224
Landesmann, Hans 336
Landowska, Wanda 36
Langer, Franz 45
LaSalle, Sieur de (siehe auch Cavelier, René Robert), 112, *112*
LaSalle-Quartett 9, 10, 11, 12, 13, 41, 42, 43, 46, *57*, *60*, 71, 79, 80, 82, 83, 88, 90, 95, 99, 100, *101*, 102, *107*, *108*, 110, 112, 113, 114, *117*, 118, *120*, 122, 123, 124, 125, 126, *126*, 129, 130, 131, 135, 137, 139, 141, 147, 150, 151, *151*, 152, 155, 158, *158*, 165, 166, 168, 170, 173, 174, *174*, 176, 180, 185, 187, *187*, 188, *188*, 189, *189*, 190, *190*, 192, *192*, 193, 194, *198*, 199, *199*, *201*, 202, 203, 205, 206, *206*, 208, *208*, 209, *209*, 210, 211, 212, 213, *213*, 214, 215, *215*, 216, *216*, 217, *217*, 220, 221, 222, 223, 224, 227, 233, *233*, 235, 237, 238, *238*, *240*, 245, *245*, 246, *246*, 248, *253*, 254, *254*, 261, 264, 265, 271, *271*, 272, 274, 276, *276*, 277, 279, 281, *281*, 284, 285, 286, 288, 289, 290, 292, 294, 296, 298, 304, *307*, 308, *309*, 310, 313, *314*, 315, *316*, *318*, 329, *330*, 331, 333, *334*, 336, *337*, 341, *341*, 342, 344, 345, 346, *348*, 349, *349*, 356, *356*, 357, *357*, 359, *361*, 362, *362*, 366, *366*, 367, *368*, 369, *369*, *370*, 373, 381, 382, 383, *383*, 384, 389, 399, 402
Lazarus, Eva: siehe Levin, Eva
Lehmann, Lotte 224
Lehner, Eugene 100, *100*, 125, 196, 218, *218*, 226, 360, 365
Leibowitz, René 123
Lendle, Catherina 336
Lenzewski-Quartett *330*
Leschitizky, Theodor 64
Lessing, Gotthold Ephraim 48
Letz, Hans 55, *55*, 74
Leventritt, Rosalie 55, *55*, 180, *180*
Leverkühn, Adrian 22
Levin, Alfred 17, *17*
Levin, David Jonathan 263, *263*
Levin, Erich 30

423

Namenregister

Levin, Erna (siehe auch Zivi, Erna), 17, *17*
Levin, Eva (siehe auch Lazarus, Eva und Schreuer, Eva), 40, 242, *242*
Levin, Evi (siehe auch Marcov, Evi und Mayer, Evi), 10, 11, 12, 13, *62*, 71, 72, 73, 81, 103, 104, 118, 119, 122, 123, 126, 129, 130, 141, 162, 167, 170, 172, 196, 211, 218, 237
Levin, Friedelore   27, 39
Levin, Thomas Yaron   *124*, 239, 263, *263*, 360
Levin, Walter   10, 11, 12, 13, 14, *17*, 18, *24*, 26, *27*, *49*, 51, 59, 73, 82, 87, *94*, 104, 106, 112, *118*, 124, 149, 157, 170, *170*, 173, 176, 178, *191*, *197*, *201*, *209*, *212*, *235*, 238, *240*, 242, 254, 290, 297, 299, *304*, *334*, 335, *347*, 361, 381, 382, 383, *383*, 384, 385
Levine, Helen   169
Levine, James (Jimmy)   93, *94*, 169, 170, *170*, 171, 174, *174*, 175, *200*, 204, 206, 223, 224, 226, 227, 231, 294, 300, 301, 347, 350, *403*
Levine, Lawrence   *170*
Levine, Maurice   294, 403, *403*
Lhévinne, Joseph   *170*
Lhévinne, Rosina   170, *170*, *174*
Ligeti, György   9, 123, 125, 137, 138, 166, 223, 245, 246, 249, 254, *254*, 255, 256, 257, 258, 259, 260, 261, *261*, 262, 267, 275, *292*, *298*, *300*, *315*, 320, 322, 323, 324, *330*, 345, 371, 376, 402
Lindsay-Quartett   *357*
Liszt, Franz   270
Litauer (Musikaliengeschäft), 44, 49, 211
Litwin, Stefan   *120*, 168, 177, 178, 200, 328, *328*
Lloyd, Norman   60
Lockhart, James   225, *225*
Logothetis, Anestis   276, *276*
Lowenthal, Jerome   74
Lubowsky, Julius   39
Lutoslawski, Danuta   250, 253
Lutoslawski, Witold   9, 94, 125, 155, 179, 220, 237, 245, 246, *246*, 248, 249, *249*, 250, 251, *251*, 252, 253, *253*, 254, 262, 279, 280, 300, 303, 308, 320, 322, 323, 324, 331, 402

Maazel, Lorin   239, *239*
Mága, Othmar   208
Mahler, Gustav   35, 44, 47, *47*, 70, 81, 172, 210, 231, 235, 236, *236*, 238, 298, 311, *311*, 343, *343*, 403

Major, Ervin   *315*
Mann, Lucy (siehe auch Rowan, Lucy), 168, *310*
Mann, Robert   99, 100, 101, 102, 168, 309, 310, *310*
Mann, Thomas   22, 37, 61, 62, 118, 332
Marcov, Alexander   69
Marcov, Evi (siehe auch Levin, Evi und Marcov, Evi), 104
Markowetzki, Itzhak   38
Markus, Ernst   48
Markus, Irene   48
Marschner-Quartett   *293*
Martens, Adémar Adolphe-Louis (siehe auch Ghelderode, Michel de), *292*
Martin, Robert   174, 175, 313, *313*
Mason, William   *116*
Maurer Zenck, Claudia   *382*
Mayer, Evi (siehe auch Levin, Evi und Marcov, Evi), *62*
Mayer, Hugo   63
Mayer, Inge   63, 64
Mayer, Kurt   66
Mehta, Mehli   56, *56*
Mehta, Zarin   56
Mehta, Zubin   56
Mendel, Leni   61
Mendel, Walter   61
Mendelssohn, Felix   24, 32, 94, 107, 172, 186, 192, 206
Mense, Jaakov   39
Menuhin, Yehudi   24, 25, 104
Metzger, Heinz-Klaus   124, 332, 333, *334*
Meyer, Felix   13
Meyer, Henry   10, 81, 82, 86, *86*, 87, 101, 104, 109, 123, 131, 136, 141, 142, 143, 147, 151, 213, 240, 281, 298, 346
Milstein, Nathan   55, 83, 147, 148
Minguet-Quartett   328
Miró, Joan   117, *117*
Mitlehner, Wolfgang   160
Mitropoulos, Dimitri   *310*, *311*, *328*
Moldenhauer, Hans   219, *219*, 234, *234*
Moldenhauer, Rosaleen   *219*, *234*
Monteux, Pierre   351
Monteverdi, Claudio   320
Mosch, Ulrich   *382*
Mostras, Konstantin   54
Mozart, Leopold   167, *167*, 272, *272*
Mozart, Nannerl (Maria Anna)   272
Mozart, Wolfgang Amadeus   11, 20, 24, 25, 27, *27*, 28, 33, 34, 36, 41, 44, 45, 47, 48, 74, 81, 94, 100, *100*, *101*, 113, 116, 120,

424

122, 137, 138, 151, *151*, 152, *152*, 155, 165, 166, 167, 169, 172, 175, 176, 179, 187, 190, 191, *191*, 192, 193, 194, *199*, 204, 209, *209*, *212*, *224*, *225*, 236, 250, 259, 272, *272*, 273, 279, 285, 319, 323, 327, 328, *335*, 358, *358*, 363, 373, *373*, 374, *374*, 375, *375*, 381

Nadien, David   55, *55*, 56, *350*
Nagano, Kent   235
Nagel, Hans-Jürgen   271
Naumburg, Walter W.   55, *92*, *109*, *342*
New Music Quartet   201, *201*, 202
New York City Freelance String Quartet   330
Newlin, Dika   342, *342*, *343*
Newman, Alfred   43
Ney, Elly   55, *55*, 56, *350*
Nicolić, Gordan   235
Nigrine, Henry   79, 81, 82, 86
Nolte, Hete   306
Nono, Luigi   9, 123, 137, 156, 245, 257, 261, 262, *262*, 263, 264, *264*, 265, *265*, 266, *266*, 267, 268, 269, 270, 271, *271*, 272, *272*, 273, 274, *274*, 275, 277, 322, 323, 324
Nono, Nuria (siehe auch Schönberg, Nuria),   123, 263, 272

Ockeghem, Johannes   269
Oesterhelt, Berndt   13
Oistrach, David   *167*
Oppens, Ursula   328
Orion-Quartett   *357*
Ormandy, Eugene   31
Orpheus-Quartett   *357*
Orwell, George   330
Ostrovsky, Fredy   64, *64*, 69

Pacifica-Quartett   185, 228, 342, *342*
Paray, Paul   35, 52, *52*
Parrenin-Quartett   293
Partos, Ödön   31, *31*
Patkowski, Jozef   287, *287*
Patton, George   82
Peerce, Jan   224
Pelleg, Frank (siehe auch Pollak, Frank),   10, 35, *35*, 36, 39, 45, 49, 50, 242
Pellegrini-Quartett   275, 328, *330*
Penderecki, Krzysztof   9, 123, 155, 220, 245, *276*, 286, 287, *287*, 288, *288*, 289, 309, 321, 323, 402
Penguin-Quartett   240
Perle, George   231

Perlman, Itzhak   54
Persinger, Louis   104
Peschko, Sebastian   27, *27*
Peters, Roberta   171
Petersen-Quartett   328
Petrov, Ivan   69
Pfretzschner, Hermann Richard   20, *20*
Piatigorsky, Gregor   *40*, 118, 150, 192
Pichler, Günther   13, 147, *147*, 150
Piston, Walter   216, *216*
Plaut, Alice   120
Pollak, Frank (siehe auch Pelleg, Frank),   10, 35, *35*
Pollini, Maurizio   160
Ponche-Quartett   166
Pousseur, Henri   123, 245, *276*, 285, *285*, 286, *288*, 296
Prati, Francisco   202, *202*, 203
Pražák-Quartett   118, 166, 364
Premyslav-Quartett   *328*
Pressler, Menahem (Max)   *42*, 45
Price, Margaret   224, *224*, 225, *225*, 226
Prill, Karl   *201*
Pro Arte Quartett   100, *124*, 218, *343*, 348, *357*
Prokofieff, Sergej   *170*, 174
Proust, Marcel   302
Puccini, Giacomo   27, 235
Pullman, Simon   39, *41*
Purcell, Henry   157, 189

Quartetto Italiano   203, 204, *370*
Quatuor Alcan   *357*
Quatuor Diotima   275
Quatuor Ebène   *357*
Quatuor Simon   *357*
Quatuor Sine Nomine   *357*
Quatuor Ysaÿe   *357*

Rabin, Michael   54
Ranan, Theodor   127
Rattle, Simon   182, *374*
Rauh, Fritz   143
Ravel, Maurice   52, *113*, 181, *198*, 205, *205*, 258, *310*, 402
Reger, Max   20, 235, 330
Reich, Willi   167, *167*
Reiner, Fritz   117, *117*
Reinhardt, Max   63
Rémy, Guillaume   126
Richard Starling, Dorothy   119, *119*
Riegger, Wallingford   342, *342*, 343
Riehn, Rainer   333, *334*
Robbins, Rena   59

Rode, Pierre   33
Rodzinsky, Arthur   72
Ronis, Jürgen   20, 26, 33
Rosbaud, Hans   123
Rose, Leonard   89, *91*
Rosé, Arnold   30
Rosé-Quartett   304, 305, *335*
Rosenberg, Pamela   297, *297*
Rosenberg, Wolf   34, 36, 43, 46, *46*, 47, *47*, 48, 101, 217, 240, 241, 245, 295, 297, *297*, 298, *298*, 299, 307, 313, *313*
Rosenberger, Dr. Karl   46, 51
Rosenblum, Sandra   363
Rosenblum Kirstein, Jeanne (siehe auch Kirstein, Jeanne), 92
Rosenfeld, Samuel   201
Rossi, Giuseppe   148
Rothko, Mark   104
Rothschild, Chaim   40
Rothschild, Fritz   100
Rott, Hans   311, *311*
Roussel, Albert   52
Rowan, Lucy (siehe auch Mann, Lucy), *310*
Rubinstein, Arthur   118
Rudolf, Max   120, *120*, *121*, *174*, 208, *208*
Rufer, Josef   43

Sabat, Marc   328
Sacconi, Simone Fernando   148, *148*
Sachsel, Louise (Luise) (siehe auch Zemlinsky, Louise), *238*
Sachsel, Ludwig   238
Saint-Saëns, Camille   27, 52
Salmond, Felix   89, *91*
Salzmann, Theodor   39, *39*, 41
Samaroff, Olga (siehe auch Hickenlooper, Lucy Mary Agnes), 74, *74*, *109*
Samuel, Gerhard   176, *176*, 231, *231*, 235, 310, *310*, 311, *311*, 312, *312*, 313
Santen, Ann   235, *235*, 254, *254*, 301
Sargent, Sir Malcolm   25, 327
Sarnoff, David   74, 75
Sassmannshaus, Kurt   119, *119*
Satz, David   125, 360
Sauer, Emil   64
Scheibe, Klaus   160
Schenkman, Edgar   60, 61, 74, 103, 212
Scherchen, Hermann   48, 49, *49*, 332, *342*, 377
Scherliess, Volker   13, *17*
Schibli, Sigfried   334, *334*
Schiff, Heinrich   147
Schiller, Friedrich von   48, 270
Schlüren, Christoph   328

Schlusnus, Heinrich   27, *27*
Schmidt, Frederick   110, 114
Schmidt, Margaret   58
Schmidt, Matthias   *382*
Schmidt, Rainer   11, 177, 178
Schmitt, Florent   52
Schnabel, Artur   36, 44, 126, 127, 159, 178, *178*, *204*, 219, *219*, 227, *227*, 318, *318*, 327, 328, *328*, 329, *329*, 330, *330*, 342
Schneider, Alexander   157
Schneiderhan, Wolfgang   64
Schnitzler, Anni   115
Schnitzler, Arthur   115
Schoenberg-Quartett   357
Schönberg, Arnold   9, 11, 12, 20, *26*, 31, 43, *43*, 44, 48, 49, 94, 95, 100, *100*, 103, *103*, 107, 108, *109*, 115, 118, 122, 123, *123*, 124, *124*, 125, 140, 155, *158*, 172, 174, 178, 189, *191*, 195, 201, 204, *204*, 206, 208, 211, 214, 217, *217*, 218, 219, 220, *220*, 222, *223*, 224, *224*, 225, 226, *226*, 227, *227*, 228, 232, *234*, 235, 237, 238, 256, 257, 264, 265, 268, 269, 270, 272, *272*, 282, 284, 286, *286*, *287*, 296, 297, 299, 303, 304, 305, 312, *315*, 316, 317, 318, *320*, 322, 324, *324*, 328, 329, 330, 331, 332, 333, 334, *334*, 335, 336, 342, *342*, 343, *347*, 349, 359, *360*, 367, 368, *368*, *370*, 376, 377, *382*, 384, 402
Schönberg, Gertrud   123, *124*
Schönberg, Nuria (siehe auch Nono, Nuria), 123, 263, 272
Schostakowitsch, Dmitri   47, 211, 299, 321, 349
Schrammel, Johann   157
Schrammel, Josef   157
Schrammel-Quartett   157, *157*
Schreiber und Fromm (Musikaliengeschäft), 44
Schreker, Franz   *123*, *234*
Schreuer, Ernst   242
Schreuer, Eva (siehe auch Lazarus, Eva und Levin, Eva), 242
Schubart, Mark   170, *170*
Schubert, Franz   20, 26, 34, 40, 81, 94, 99, 100, 108, *108*, 115, *120*, 137, 139, 166, 181, 206, 213, 323, 328, 361, 402, 403
Schulhoff, Erwin   45
Schuller, Gunther   92, 157, *157*, 348, *348*, 349, *349*, 350, *350*, 351
Schuman, William   59, *59*, 99
Schumann, Robert   20, 26, *100*, 139, 161, 162, 172, 174, 205, 206, 207, 279, 362
Schuppanzigh-Quartett   272, 279

Schuricht, Carl   32
Schütz, Heinrich   *320*
Schweikert, Uwe   297
Sembrich, Marcella   27
Senofsky, Berl   55, *55*, 56
Sequoia-Quartett   313
Serkin, Rudolf   55, 170, *342*
Serly, Tibor   *181*, 215
Sessions, Roger   122, *331*, 343, *343*, *347*, 348
Ševčik, Otakar   *123*
Sharon, Linda   174
Shaw, Robert   70
Silvers, Clara   122
Singer, Georg   45, *45*
Singer, Kurt   46, 85
Singher, Martial   224
Skriabin, Alexander   *170*
Smetana, Bedřich   200, 201, 236, *262*
Smith, Fred   110, 112, 113, 114, 115, 315
Soltesz, Stefan   *236*
Solti, Georg   35, 175, 176, 177
Sommerfeld, Kurt   85
Spohr, Louis   33, 34, 120, *120*, 208, *208*, 209, 226, 279, 327
Sprague Coolidge, Elisabeth   *43*
Spree, Hermann   265
Stadlen, Peter   376, 377, *377*
Starling, Frank M.   119
Steinberg, William (Hans Wilhelm)   25, *26*, *39*, 84, 85
Steinecke, Wolfgang   123, 124, *348*
Steiner, Rudolf   *238*, 240
Steinfirst, Jane K.   254
Stengel, Theophil   83
Stern, Michael   *121*
Steuermann, Eduard   103, *103*, 122, 204, 218, 299, 333, *349*
Stewart, Horace   181, 182
Stockhausen, Karlheinz   116, *116*, 123, 257, 293, 294, *294*
Stokowski, Leopold   74, 117, *117*, *152*, *342*
Stradivari, Antonio   30, 112, 113, 147, *148*, 149, 150, 288
Strauss, Gideon   37, 38, 40, 41, 99, 140
Strauss, Richard   *109*, 117, *225*, 235, 236, 312
Strauß, Johann   157
Strawinsky, Igor   52, 94, 107, 118, 126, *126*, 181, 182, 198, 235, 236, 264, 319, 320, *320*, 347
Strawinsky, Vera   319
Strohmayer, Anton   *157*
Stutschewsky, Joachim   *100*

Swarowski, Hans   160
Székely, Zoltán   *31*
Szell, George   55, 93, 173, *174*, 242
Szigeti, Joseph   *31*, 32, 47, 125, 126, *126*, 148, 212, 348, 365

Taub, Chaim   38
Tebaldi, Renata   224
Tetzlaff, Christian   147, *147*, 177, 178, 311, 328, *328*
Thomas, Theodore   116, *116*, 117
Thomson, Virgil   103, *103*, 316, *316*
Tiedemann, Rolf   333, *333*
Tietz, Hermann   241, 242
Tippett, Michael   330
Toch, Ernst   118, 335, *335*, 336, *336*, 337, *337*, *347*
Tomek, Otto   317, 349
Torkanowsky, Werner   39, 210
Toscanini, Arturo   11, 25, *26*, *27*, 28, *28*, 29, 31, *31*, 42, *42*, 52, 55, 72, 73, 74, 75, 100, 108, *109*, 117, 152, 172, 198, 224, 332, *349*, 350, 360, 377, 378, *378*
Toth, Andrew   61
Truax, Carol   102, 103, 108, 118, 316
Tschaikowsky, Peter   40, 176, 200
Tucker, Richard   171
Turchi, Guido   103, *103*

Ullmann-Quartett   208, 355

Valente, Benita   224, *224*
van Beek, Frau   128
Van der Stucken, Frank   *117*
van Swieten, Baron Gottfried   192, 193
Varady, Julia   239
Varèse, Edgar   320
Varga, Bálint András   13, 253, *253*, 314, 315, *315*
Végh-Quartett   *357*
Verdi, Giuseppe   27, 28, 203, 204, *204*, *224*, 225, 270, *315*, *374*
Verdi-Quartett   *337*
Verlaine, Paul   292, *292*
Vieuxtemps, Henry   34
Viotti, Giovanni Battista   33
Vivaldi, Antonio   38
Vogler-Quartett   166, 260, 328
von der Lühe, Barbara   *30*, *31*, *33*

Wagner, Jenny   175, 176, 177
Wagner, Nike   297
Wagner, Richard   27, *28*, 63, 109
Waldbauer, Imre   216, *216*

Waldbauer-Quartett 216, *216*
Walden-Quartett *341*
Wallenstein, Alfred *174*
Walter, Bruno 24, *27*, *33*, *35*, 47, *103*, 298
Walters, Barbara 237
Wapnewski, Peter 272, *272*
Warburg, Gerald 114, 149, 150
Watson, Jack 119
Webern, Anton 9, 34, *42*, 43, 49, 94, 100, *100*, *101*, *120*, 123, *123*, 140, *158*, 174, 177, 187, *198*, 205, 214, 217, 219, *219*, 220, *220*, 221, *221*, 222, *223*, 234, *234*, 235, 238, *262*, 266, *276*, 277, *277*, 286, 296, 305, 307, 313, *314*, *315*, 319, *320*, 333, *333*, 346, 376, 377
Weikert, Ralf *236*
Weingartner, Felix 28, 29, 236
Weiser, Peter 222, 223
Weismann, Julius *43*
Weissenberg, Alexis *74*
Weissgerber, Andreas 30, *30*, 41
Weissgerber, Joseph 41
Weissweiler, Eva *83*
Werfel, Franz 118
Weston, Alice 344
Whitman String Quartet *330*
Wieniawski, Henryk 34
Wiesengrund, Oscar Alexander *332*
Wiley, Jackson 57, 79, 81, 88
Willi, Silvia *382*

Winograd, Arthur 92, *92*, 99, 100
Wolf, Hugo 9, *100*, 155, 201, *201*, 202, *202*, 222
Wolfsohn, Dr. Georg *43*
Wolfsohn, Rosi *43*
Wolpe, Stefan 34, 42, 46, 47, 81, 101, *101*, 123, *201*, 212, *214*, 217, 296, 298, 333
Wurlitzer, Rembert 112, 113, *113*, 114, 117, 147, 148, *148*, 149, 150, 151
Wyttenbach, Jürg *328*

Ysaÿe, Eugène 55, 117, *117*, *119*, 150

Zelter, Carl Friedrich *187*
Zemlinsky, Alexander 9, *45*, 94, *220*, 231, *231*, 232, 233, *233*, 234, *234*, 235, *235*, 236, *236*, 237, 238, *238*, 239, 240, *240*, 242, 265, 270, 302, 316, *316*, *318*, 319, *319*, 329, 335, 402
Zemlinsky, Louise 234, 236, 237, 238, *238*, 239, 240, 241, 242
Zemlinsky-Quartett 240
Zillig, Winfried 286, *286*, *287*
Zimmerlin, Alfred *291*
Zimmermann, Bernd Alois 301
Zivi, Erna (siehe auch Levin, Erna), 17, *17*
Zivi, Paul 51, 61, 155
Zukerman, Pinchas *54*
Zukovsky, Paul *328*
Zweig, Marie 18, 24